증보판 사회복지법제론

Social Welfare Law

사회복지법제론

정종화·노기남 저

동문사

증보판 머리말

사회현상을 설명하고 예측하려는 사회복지의 궁극적 목적은 인류의 복지를 향상시키는 데 있다. "이 지구상의 모든 것들이 끊임없이 변하고 단 한 가지도 불변의 고정된 형태를 유지하는 것은 없다"는 루소의 말처럼 끊임없이 변화하는 시대적 상황은 기존 이론들의 진화를 요구하기 때문에 기존 이론을 수정·보완하거나 새로운 이론을 만들기 위한 좋은 사회복지법제론을 필요로 한다.

이 책의 목적은 사회복지학에 입문하는 사회복지학도들이나 사회복지실천현장에서 사회복지 법제 이론을 필요로 하는 실무자들에게 제공하는 데 있다. 이 책은 2017년 초판이 나온 이래 많은 분들의 건설적인 비평과 사회가 요구하는 법제 인프라의 변화에 따라 독자들이 법제론을 좀 더 쉽게 이해하고 현실에 적용할 수 있도록 초판을 보완하였다.

증보판에서는 2편 사회복지법학 각론 제6~13장의 개별 사회복지법의 개정된 내용을 중심으로 보완하였다. 특히 법적 안정성이 미약한 사회서비스법 영역인 사회복지사업법과 아동복지법을 대폭 수정하였고, 장애인복지에 관한 법 중 정신건강복지법을 새로이 추가·포함하여 그 설명의 방법을 새롭게 하는 데 최선을 다하였다. 이전 판보다 분량이 많이 늘어났을 뿐이지 공부할 범위가 많이 증가한 것은 아니다. 학생 혼자 읽어도 소화할 수 있어야 한다는 취지에서 읽고 또 읽으며 문장과 낱말을 다듬었다. 이 책의 증보판은 변화한 법령과 제도를 가급적 꼼꼼히 반영하도록 노력하였다.

지면을 빌어 그동안 직간접적으로 전국에서 이 책을 사랑해주시고 많은 지적을 해주신 교수님들과 학생들에게 심심한 감사를 드린다. 독자 학생과 실무자 여러분이 이 책을 통해 새로운 지식을 하나씩 쌓을 때마다 그리고 생활 속의 지혜로 스며들 때 저자들은 기쁨을 감출 수 없을 것이다.

Preface
증보판 머리말

끝으로 출판시장의 어려운 여건 속에서도 이 책의 출간을 흔쾌히 맡아준 동문사 이중수 사장님과 바쁜 일정 속에서도 노고를 아끼지 않은 임직원 여러분께 감사의 마음을 전한다.

2018년 8월
저자 일동

초판 머리말

법은 사회질서를 유지하고 자유와 평등, 인권보장, 정의실현을 위하여 반드시 필요한 것이다. 그러나 국민들의 법 감정은 사회지도층의 탈법행위와 권위적이고 친근하지 않은 법집행, 그리고 우리의 일상생활 속에 살아 숨 쉬고 있다는 인식을 심어 주는 실용적인 법 교육이 제대로 이루어지지 않았기 때문에 법에 대한 인식이 때로는 속박으로 느껴지기도 한다.

이에 『사회복지법제론』은 사회복지 실천현장에서 흔히 겪을 수 있는 문제들을 쉽고 재미있게 설명하기 위하여 심혈을 기울였다. 평소 법을 어렵게 느끼는 이들에게 보다 친근감을 느끼게 하는 내용으로 구성하고자 노력하였으며, 국민을 위한 복지서비스의 긍정적인 사회복지에 관한 법제의 의미를 부여하고자 노력하였다.

사회복지 관련법은 헌법 제34조에서 보장하는 국민의 기본적인 복지생활권을 보장하고 복지정책의 기본이 되는 생존권을 보장하며, 국민의 기초생활안정과 문화적인 생활을 보장하기 위한 정책의 근간을 이룬다. 그만큼 사회복지법제가 사회복지 영역의 실천과정에서 중요한 기준이 되고 있으며, 국가와 사회가 개인의 특수 상황에 맞춰 세심하게 지원하는 법제가 필요하다는 인식 하에 『사회복지법제론』을 집필하게 되었다. 이러한 인식 하에 본 교재는 다음과 같은 특징을 가지고 구성하게 되었다.

첫째, 본 교재는 대학 학부과정에서 한 학기 동안 강의용으로 사용할 수 있도록 구성하고자 하였다. 대부분은 학생들은 법제론 교과목을 재미없고 따분하다는 편견을 가지고 있으나 본 교재는 생동감을 불어 넣을 수 있도록 교제구성에 노력을 기울였다. 이를 위하여,

① 방대한 영역과 복잡한 내용을 혼자 반복적으로 읽어도 좋을 만큼 쉽게 체계적으로 엮은 효율적인 교재이다. 다시 말하면 주요 단락별로 내용을 확실하게 이해할 수 있도록 최대한 정리 작업을 완수하였다.

② 한국사회복지교육협의회 교과목지침서에 근거하여 집필했으며, 사회복지사 1급 국가시험 대비에 부족함이 없도록 내용 구성에 최대한 노력을 기울였다. 국가자격시험의 시험내용을 항목별 출제비율과 깊이에 따라 기초개념부터 서술하였다. 또한 대학교재로서의 수준은 사회복지전담공무원시험 등의 대응에도 충분히 대응할 수 있도록 하였다.

둘째, 이 교재의 구성대로 반복학습 한다면, 사회복지법제에 대한 흥미를 충분히 가질 수 있을 것으로 확신한다. 이러한 흥미유발을 위하여 다음과 같이 구성하였다.

① 사회복지법제에 해당하는 사회보험법, 공공부조법, 사회서비스법 등의 총 20개 법령(헌법과 법령)을 수록하고, 중요한 핵심이론과 법령의 주요 내용을 핵심으로 수험생의 눈높이에 맞추어 기출성향에 적합한 이론 구성으로 짜임새 있게 정리하였다.

② 이 교재는 난해하고 복잡하게 구성되어 있는 사회복지법학을 보다 쉽고 체계적으로 서술하여 처음 공부하는 학생들에게는 접근을 용이하게 하고, 한편으로는 기본적이고 중요한 개념을 비교적 상세하게 다룸으로써 사회복지학을 공부하는 학생들과 사회복지관련 실무자들에게 유용한 교과서가 되도록 노력을 기울였다.

③ 법적 안정성이 취약한 사회복지관련 법령은 지속적으로 제정 및 개정되고 있다. 따라서 2017년 2월 현재까지의 입법 예고된 개정 사회복지관련 법령의 내용을 섭렵이 가능한 범위에서 정리하여 반영함으로써 최신 법령의 동향파악에 유의하였다.

④ 현재 15주 강의 분량에 알맞게 제1편과 제2편으로 나누었으며, 전체 13장으로 구성하였다.

제1편은 사회복지법의 총론부문으로서 제1장부터 제5장으로 구성하여, 일반 법학과 사회복지법제에 대한 일반적 이론을 체계적으로 학습하도록 하였다.

제2편에서는 사회복지법의 각론부문으로서 제6장부터 제13장까지 구성하여 사회복지관련 개별법을 체계적으로 수록하여 사회복지실천과정에서 사회복지법제의 적용과 실천과의 연계를 모색하고 있다. 사회보장기본법의 분류에 따라 사회보험법, 공공부조법, 사회서비스법 등의 영역으로 구분하여 설명하고 있다.

앞으로 이 교재를 통하여 인연을 맺게 될 사회복지학도들에게는 길잡이가 되고, 전체적으로는 체계적·통일적인 사회복지 법제를 만들기 위하여 아직도 해야 할 일이 많고 추가적으로 정리하여야 하는 내용이 많다. 독자들의 질책과 비판을 겸허하게 받아들여 "네 시작은 미약하였으나, 나중은 심히 창대 하리라"라는 성경말씀에 용기를 얻어 법제의 제·개정에 따라 계속하여 수정·보완해 갈 것을 약속한다.

아무쪼록 이 교재가 출간되기까지 많은 분들의 관심과 배려의 도움을 많이 받았다. 교재에 대해 많은 조언을 해주신 선배·동료교수들과 함께한 교재의 피드백을 준 학생들에게도 감사를 표한다.

끝으로 출판시장의 어려운 여건 속에서도, 본 교재의 출간을 흔쾌히 맡아준 동문사 이중수 사장님과 바쁜 일정 속에서도 편집 등 노고를 아끼지 않은 임직원 여러분께 깊이 감사의 마음을 전한다.

2017년 2월 20일

삼육동 교정에서

불암산을 바라보면서

공동저자 드림

Contents
차 례

Contents
차 례

PART 01 사회복지법학의 총론

01 사회복지법학의 기초이론

02 사회복지법의 역사

03 사회복지수급권의 헌법적 기초

04 사회복지의 법률관계와 당사자

05 사회복지에 관한 국제법

CHAPTER 01

사회복지법학의 기초이론

1 법이란 무엇인가?

1. 법의 일반

1) 법의 개념

법의 개념은 시대와 환경, 그리고 사람의 가치관에 의하여 달리 정의될 수 있다. 그러므로 법이란 무엇인가라는 문제에 대해 개념을 정립하기가 쉽지 않다.

법은 모든 사람이 평온하고 질서 있는 안정된 각자의 사회생활을 만족스럽게 잘 지내는 상태를 유지하기 위하여 국가권력이 사회구성원들의 행동을 규율하는 강제적인 행위준칙이다(법은 강제성이 있는 일련의 행위준칙인 사회규범).

2) 법규범의 성격

법의 규범은 행위규범, 강제규범이며, 조직규범인 동시에 사회규범, 재판규범 등의 성격을 가지고 있다.

(1) 행위규범

법은 행위규범이다. 법은 사람이 자기의 생각(의사)에 따라 행하는 신체의 외부적 동정(모습)의 행위준칙이다. 규범은 스스로 존재하는 것이 아니라, 인간이 어떠한 목적을 달성하기 위하여 만들어 낸 기준이다. 이러한 점에서 법규범은 자연법칙과 구별되며, 마땅히 하여야 할 당위를 말한다(당위규범).

(2) 강제규범

법은 강제규범이다. 법은 그 내용을 실현하기 위해 '강제'라는 수단을 가지고 있다. 즉, 법의 일정한 명령(작위)이나 금지(부작위)를 위반할 경우 강제력을 발동하여 처벌하거나 강제집행(의무이행)을 한다.

이와 같이 법규범은 '…하여야 한다'고 하는 행위규범을 위반하면 '…처벌한다'는 강제규정으로 이루어져 있다. 예를 들면, 노인복지법에서 '노인의 신체에 상해를 입히는 행위(제39조의9 제1호)를 한 자는 7년 이하의 징역 또는 7천만 원 이하의 벌금에 처한다'라는 벌칙규정은 강제규범에 해당한다.

(3) 조직규범

법은 조직규범이다. 법은 한 국가에 있어서 법규범의 제정, 적용, 집행을 담당하는 조직과 그 조직을 구성하는 기관에 일정한 권한을 부여하는 규범이다. 예를 들면, 정부조직법, 법원조직법과 노인복지법의 노인보호전문기관의 설치(제39조의5) 또는 아동복지법의 아동정책조정위원회(제10조) 등의 벌칙규정이 이에 해당한다.

(4) 사회규범

법은 사회규범이다. 법은 사람들 사이의 분쟁이나 갈등을 해결하고 사회의 안정과 질서를 유지하며, 사회정의를 실현함으로써 사회생활을 평화롭게 하는 준칙이다. 이처럼 사회에는 규범이 반드시 있어야 한다(사회규범의 개념).

사회규범은 인간이 사회생활하면서부터 형성되어 온 도덕(道德), 종교(宗敎), 관습(慣習) 등의 제1차적 사회규범과 이것들로부터 분화·발전되어 온 사회생활의 행위규범인 제2차적 사회규범은 반드시 지켜야 할 법(法)이 다양한 형태로 구성되어 있다.

<표 1-1> 사회규범의 종류

도덕	사람이 마땅히 지켜야 할 도리 및 그에 준한 행위이며, 사회의 존속과 평화의 유지를 위한 가치기준을 제시해 준다. **예) 예의**(정신적 세계) + **범절**(신체적 세계) = **예절**
종교	종교상의 계율이 사회구성원의 행위 규범으로 인정된 것이며, 인간의 신앙심을 바탕으로 하여 구성원에게 행위의 기준을 제시해 준다.
관습	기본적인 생활에서 인정된 행동양식이며, 인간의 일정한 행위가 오랫동안 반복되어 온 사회적 행위의 기준을 제시해 준다.
법규범	①~③ 규범에서 법규범으로 내용과 집행 및 제재의 방법을 명료하게 제도화시켜 놓은 규범이다. 예컨대 도덕규범: 살인죄(형법 §250), 종교규범: 사회복지법, 관습규범: 양자제도(민법 §866)

그러나 법 중에는 도덕과 관련 없는 법도 있을 수 있기 때문에 법과 도덕이 완전히 일치하지는 않는다. 예를 들면, 도로교통법규에 있는 '차량의 우측통행'의 의미는 기술적으로 그렇게 약속한 것이지 처음부터 도덕과 관련이 있는 것은 아니다.

특히 사회복지법은 도덕과 종교, 관습 등이 법으로 제정된 대표적인 사회규범이라 할 수 있다.

(5) 재판규범

법은 재판규범이다. 이것은 법규범의 강제를 재판에 의하여 집행(실현)되므로 법원에서 법선언하는 과정에서 법관이 따라야 할 준칙이다. 예를 들면, 아동복지법 제17조 2호에서 아동에게 음행을 시키거나 음행을 매개하는 행위를 한 자 또는 아동에게 성적 수치심을 주는 성희롱 등의 성적 학대 행위를 자는 10년 이하의 징역 또는 1억원 이하의 벌금에 처한다'는 부분은 법관이 재판과정에서 따라야 할 규범이다.

2. 법의 목적

법의 목적이란 모든 법이 공통적으로 가지고 있는 일반적인 가치 내지 보편적 이념이다. 이는 법의 존재하는 이유, 효력의 근거, 법의 가치평가 척도 등이라 할 수 있다.

법의 목적[1])으로는 사회정의 실현, 법적 안정성, 법의 합목적성, 사회질서의 유지가 있다. 사회정의(正義, justice) 실현은 모든 법에 공통이 되는 법의 추상적 목적이고, 법적 안정성과 합목적성 및 사회질서의 유지는 추상적 목적인 정의를 달성하기 위한 구체적 목적이다.

1) 사회정의의 실현

(1) 개념

사회정의(Social Justice)의 개념은 시대, 장소와 학자에 따라 다소 다르게 표현되고 있기에 개념정립을 하기가 어렵다.

사회정의란 모든 사람에게 기본적으로 자유와 권리가 보장되고 법이 빈부귀천에 상관없이 동일한 잣대로 적용되는 평등한 상태를 말한다. 정의는 실정법이 나아가할 방향

1) 법의 이념 내지 목적은 독일의 법 철학자 라드브르흐(G. Radbruch 1878~1949)가 말한 정의의 실현과 합목적성, 법적 안정성의 세 가지를 들고 있지만, 다른 학자들은 사회정의, 법적 안정성, 사회질서의 유지의 3가지를 들고 있는 경우도 있다.

을 제시해주는 것이다.

[그림 1-1] 정의의 여신(Justitia)[3]

(2) 아리스토텔레스의 정의

아리스토텔레스(Aristoteles: B.C. 384~322)는 저서 『정의론』에서 정의의 본질을 평등에 있다고 보고, 정의를 '평균적 정의'와 '배분적 정의'로 구분하였다(허영민, 1991).

평균적 정의 (절대적·산술적·교환적·형식적 정의)	모든 사람에게 '같은 것은 같은 방법으로'의 원칙에 따라 공정하게 균형의 내용을 요구하는 것이다. 개인적 차이를 고려하지 않은 채 객관적 이해 그 자체의 조정의 평균이므로 산술적 비례에 의한 평균이다. 이는 절대적 평등을 그 본질로 한다. 개인 상호 간의 거래에 있어서 병렬관계로 급부와 반대급부, 손해와 배상, 범죄와 형벌 등이 공정하고 동등한 가치의 균형을 손해득실로 평균화하여 조정하는 것이다. ※ 평균적 정의(절대적 평등): 등가교환의 원칙 적용. 예) 1인당 1투표권 제공
배분적 정의 (비례적·상대적·실질적 정의)	평등자의 상하관계에 타당하다고 보는 것이며, 개인 각자의 가치 및 능력에 따른 개인의 차이를 인정하고 그에 따라 개인의 권리와 이익을 배려하는 것으로서 국가와 사회에 공헌하는 명예와 이익, 재화를 비율에 따라 나누어 주는 것을 말한다. 즉, 빈부에 따른 차등과세, 능력과 책임에 상응하는 보수지급 등과 같이 상대적 평등, 비례적 평등으로서 실천적 평등을 그 목표로 이루어진다(예, 장애인고용촉진 및 직업재활법의 장애인의무고용과 부담금제도 - 50인 사업장 5% 이내, 누진적인 소득세, 국민기초생활 보장법의 보충급여, 국민연금). ※ 배분적 정의(상대적 평등): 인간의 실질적 차이 인정. 예) 누진세, 성과급

※ 홍성우(2015), 존 롤스의 『정의론』 읽기[3)]

(3) 본서의 정의론

사회정의(Social Justice)란 '우리 모두가 옳다고 생각하는 양심'의 표현이며, 사회가 모든 사람에 대하여 정당한 능력과 공헌에 따라 명예와 이익, 재화 등을 배분하고, 평균적인 가치의 균형[4)]을 유지하는 것이다. 즉, 개인의 몫(자유와 권리)을 각자에게 어떤 신분(인종, 살색, 빈부귀천, 연령, 성별, 사회적 지위 등)에 상관없이 동일한 잣대를 가지고 똑같이 나눠 주는 상태(평등)를 말한다.

---

2) 여신이 오른손에 칼을 쥐고 있는 이유는 "법을 엄하게 집행한다"라는 의지의 표현이며, 인간의 행위에 대한 응분의 상벌을 의미한다. 왼손에는 저울을 들고 있는데, 그 저울모습은 어느 쪽에도 기울어져 있지 않다. 이는 옳고 그름, 선과 악, 의와 불의를 정확히 비교형량 평가하는 것, 즉 형평성, 공정성을 상징한다. 눈을 가린 이유는 누구에게나 편견을 버리고 평등하고 정의롭게 저울질하여 법을 집행하겠다는 의지의 표현이다.

3) 힘 있는 사람이 자신에게 가장 유리하게 사과를 쪼개는 방법은 똑같은 크기로 조각을 내는 것이다. 이것이 바로 롤스(John Rawls, 1921~2002) 이론의 핵심 중의 핵심이다. 즉, 못사는 사람에 대해 불쌍하기 때문에 도와주자는 감성적인 정의가 아니라, 자기 자신에게 이로운 대로 행동하는 이성적인 정의를 말한다.

4) 평균적인 가치의 균형이란 능력 등의 차이를 인정하되, 현실에서 인간존엄의 가치 실현과 자유와 권리의 보장을 위하여 지나친 차이는 안 된다는 것이다.

2) 합목적성

(1) 개념

합목적성(合目的性)은 어떤 목적에 알맞은 방향으로 결정하는 원리를 말한다. 법의 합목적성은 국가와 사회가 지향하는 이념에 구체적으로 합치되게 제정 및 실시되는 원리이다(타당성의 원칙). 이는 공공복리의 적합성으로서 추상적인 '정의'를 구체화하여 법이 요구하는 가치에 따라 현실화하는 것이다. 국민의 의식에 맞도록 나아가야 할 방향을 제시하는 것이다(김영옥, 1996).

따라서 이는 사회복지법상에서 행정권의 재량행위가 법목적(공익)에 적합하게 되어야 하는 것을 말한다(개인이익과 공공이익의 조화).

(2) 합목적성의 종류

가. 헌법상의 합목적성

현재 국가와 사회가 처해있는 현실 속에서 지향해야 하는 목적이다. 헌법 제10조 2항에서 '국가는 개인이 가지는 불가침의 기본적인 인권을 확인하고 이를 보장할 의무를 진다'고 규정하고 있다.

한편 헌법 제37조 2항에서는 '국민의 모든 자유와 권리는 국가안전보장・사회질서 유지・공공복리를 위하여 필요한 경우에 한하여 법률로써 제한할 수 있다'고 규정하여 사회공동체의 생활을 영위하는 자기와 타인과의 공존을 위하여 자유와 권리의 보장은 동시에 공공복리의 원칙과도 합치가 필요하다고 규정하고 있다. 공공복리는 공공의 이익을 추구하기 때문에 개인의 기본적 인권에 대한 제한의 근거를 작용할 수 있다.

나. 사회복지법상의 합목적성

사회복지법의 법률관계는 개별 사회복지법 제1조(목적)에서 제공하는 급여의 근거에 따라 인과적 동기의 법률관계와 합목적적 동기의 법률관계로 구분된다.

구분	내용
인과적 동기의 법률관계	사회복지급여의 지급사유가 있는 관계, 즉 개인의 기여를 전제로 하여 급여가 지급되는 것을 말한다(예: 사회보험의 급여).
합목적적 동기의 법률관계	특정한 원인에 의해 사회복지급여를 제공하는가 또는 기여금을 지불하는가 등의 사유와는 관계없이 사회복지급부를 제공하는 것을 말한다(개인의 책임을 따지지 않고 지급되는 공공부조나 사회서비스 급여 등).

예컨대 사회복지급여 중 합목적적 동기의 법률관계에 의해 지급되는 급여로는 ① 65세의 노인에게 지급되는 기초연금, ② 빈곤에 처한 가구에게 지급되는 생계급여, ③ 장애아동에게 지급되는 장애아동수당, 장애수당 등이 여기에 해당한다.

3) 법적 안정성

법적 안정성은 법에 따라 안심하고 사회생활을 할 수 있는 상태를 말한다.

법의 목적 중에서 사회법의 하나인 사회복지법이 상대적으로 약한 것은 법적 안정성이다. 예컨대 사회복지사업법은 1970년 1월 1일 제정된 이후 현재까지 40여회에 걸쳐 개정이 이루어지고 있다.

(1) 법의 제정적 측면

법의 제정과 개정은 신중히 이루어져야 하며, 널리 알려야 한다. 즉, 일반성, 명확성, 무모순성(합리성), 지속성, 장래성을 갖추고 공포되어야 한다.

일반성	법의 규율하는 대상이 누구든지 규율되어야 한다. 예컨대 특정인을 지목한 법을 만들어서는 아니 된다(예, 처분법 금지).
명확성	법의 내용은 알기 쉽고 간단해야 한다.
무모순성	법 내용의 모순이 되는 내용이 있어서는 아니 된다.
지속성	법이 자주 바뀌어서는 아니 된다. 법이 조령모개(朝令暮改)라면 국민의 생활에 혼란이 발생한다.
장래성	소급입법이 금지되어야 한다. 행위를 할 때의 존재하는 법에 따라 적용해야 하며, 새로 제정된 법에 따라 책임을 따져 묻는다면 안정성을 해칠 것이다.

(2) 법의 적용과 집행의 측면

법은 제정목적에 따라 법의 적용·집행이 일치되지 않는다면 또는 법적용기관이나 법집행기관이 법을 왜곡한다면, 국민의 생활에 혼란을 초래하게 된다. 따라서 제정된 법은 올바르게 실천되어야 하는데, 만일 국민이 법에 정해진 권리를 침해받았을 때, 반드시 구제받을 제도가 있어야 한다.

(3) 법적 안정성 확보의 요건

사회법의 하나인 사회복지법의 법적 안정성을 유지하기 위한 원칙은 일사부재리의 원칙, 법률불소급의 원칙, 소멸시효의 원칙[5] 타당성의 원칙 등이 있다. 그밖에도 공시제도, 외관주의 등도 이러한 목적을 가진 제도이다.

---

5) **시효제도**: 일정한 상태가 일정기간 계속한 경우에 이 상태가 진실한 법률관계에 합치하는가와 관계없이 법률상의 사실 상태에 대응한 법률 효과를 인정하는 제도이다.
① 소멸시효: 일정 기간 권리를 행사하지 않으면 권리가 소멸된다.
② 취득시효: 타인의 물건을 일정 기간 계속하며 점유하는 자는 그 소유권을 취득한다.
③ 공소시효: 어떤 범죄사건의 일정한 기간이 경과되면 형벌권이 소멸된다.

일사부재리의 원칙 (법원의 판결)	사건에 대한 사법부 3심의 재판(심리)이 끝나면 그 사건은 종료된다는 것이다. 법원의 판결은 일반적으로 불복방법에 의해 다툴 수 없게 되면, 비록 그것에 잘못이 있다고 하더라도 법원이 판단한 법률관계는 확정된다.
법률불소급의 원칙	원칙적으로 법은 시행 후에 생긴 사건에 관해서만 적용되고, 시행 이전에 생긴 사건에 관해서는 소급하여 적용되지 않는다는 원칙을 말한다.
소멸시효의 원칙	일정한 기간 동안 자신의 권리를 행사하지 않으면 그 기간이 경과함에 따라 권리가 소멸되는 것을 말한다(소멸시효의 예, 산업재해보상보험법 제112조 - 보험급여를 받을 권리: 5년, 산재보험 의료기관의 권리: 3년).
타당성의 원칙	사물의 이치에 맞는 옳은 성질, 즉 어떤 판단이 가치가 있다고 인식되는 일을 말한다. 법의 내용이 규정한 대로 실현(준수)되어질 것을 요구하고 있다는 사실에서 사리에 맞고 올바르게 효력을 가지는 것을 말한다. 가령, 법이 그 수범자를 구속할 수 있는 정당한 자격이나 권능을 갖는 것.

법적 안정성의 확보하기 위한 요건은 ① 법의 존재여부와 그 내용이 명확하고 쉬워야 한다(명확성). ② 함부로 쉽게 변경되어서는 아니 된다(결정의 안정성). ③ 실제로 실행이 가능한 것이어야 한다(실효성). ④ 법의 내용은 선량한 국민의 법의식과 현실에 일치(합치)되어야 한다(사실의 안정성) 등이 있다.

요컨대 법은 국민이 잘 알 수 있도록 널리 공포해야 한다. 입법부는 정해진 절차에 따라 법의 제정·개정을 신중히 하고, 사법부는 법을 공정하면서도 엄격히 적용하고 행정부는 법을 목적에 맞게 정확히 집행해야 한다.

4) 사회질서의 유지

법은 사회구성원이 공동체의 생활에 있어서 자발적 참여로 이루어지며, 법적 강제에 의해 사회질서가 유지 및 형성되는 것이 목적이며 가치이다. 사회질서는 사회적인 과정이 일관성이 있고, 사회의 각 부분이 각자의 기능을 수행하기 위해서 조화와 균형을 이루는 상태를 말한다.

법은 강제규범으로서 사회질서의 유지수단인 사회통제기술로서 작용하게 된다. 예컨대 교통에 있어 일정한 방향(우측통행)으로 보행한다는 법규가 없다고 하자. 차량은 각자의 마음대로 다니려고 할 것이며, 그리하면 길은 매우 혼란스러울 것이다. 또한 부딪혔을 경우 다툼이 일어날 수도 있을 것이다. 따라서 우측통행의 법규는 이러한 문제를 해결해 준다. 즉 차량은 우측통행하는 한, 교통에 불편을 느끼지 않을 것이다.

※ 사회복지법의 존재목적
① 인간다운 생활의 보장(생존권적 기본권의 보장) ② 사회복지의 권리증진 ③ 보건·의료서비스의 보장
④ 소득재분배를 통한 빈부격차 해소 ⑤ 사회형평과 사회통합(사회연대) ⑥ 자립 및 자활의 지원

3. 법 목적의 상호관계

법의 목적은 서로 어떠한 관계에 있는가? 그것은 상호모순의 관계가 되면서도 협력 및 보완하는 관계에 있다고 볼 수 있다. 법의 목적이 충돌하는 경우에 법적 안정성과 사회질서 유지의 바탕 위에 합목적성의 보충과 더불어, 사회정의의 실현을 최우선으로 함으로써 법이념 간의 상호관계를 조정하고 있다.

[그림 1-2] 법 목적의 상호관계

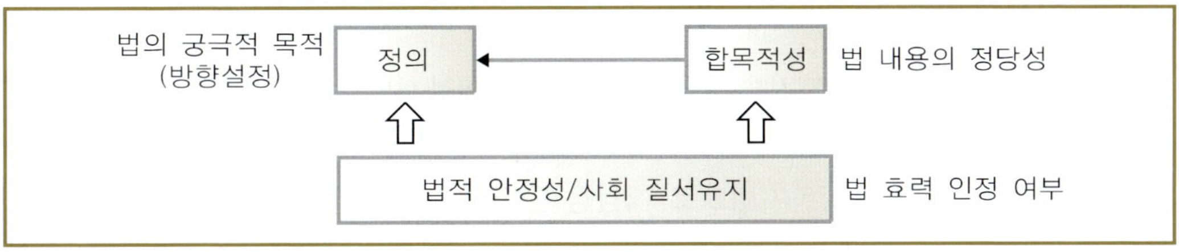

2 사회복지법의 개념과 성격

1. 사회복지의 개념

사회복지(社會福祉, Social welfare)[6]는 사회와 복지가 합쳐진 복합개념이다(사회 + 복지).

여기서 사회(社會)는 인간과 인간과의 관계, 즉 인간의 공동체적인 행위체계를 사회라 할 수 있다. 또한 복지(福祉)의 복(福 = 示+高+田)은 밭에서 나온 수확물이 쌓여 있는 형상의 물질적 풍요를 나타내는 말이며, 지(祉 = 示+止)는 인간이 욕망과 탐욕을 그친다면 정신적·심리적 안정을 얻을 수 있다는 말을 뜻하는 것이다. 따라서 복지란 사람이 물질적 풍요와 심리적인 안정(행복)상태에 있는 것을 의미한다.

이러한 사회복지는 사회구성원인 개인이 인간다운 생활을 유지하기 위해 모두가 평안하고 만족스럽게 잘 지내는 생활의 상태를 말한다(사회보장과 사회복지의 개념에 대한 논란).

- 사회 ⇒ 사회공동체에서 사회 내적인 관계를 기초로 구성원들의 모든 생애에 거쳐 건강하고 안락한 바람직한 삶을 추구하는 비영리적이며 이타적인 사회적 노력(상부상조, 나눔의 정신)
- 복지 ⇒ 개인의 문화적이고 건강한 삶을 사회적 제도로 최저한 보장해주는 상태(사회권 → 사회복지권)

---

6) Social Welfare: welfare는 well(만족스럽게, 잘)과 fare(생활을 하다, 지내다)를 합친 복합명사이다. 복지(welfare)란 "네 이웃을 네 몸과 같이 사랑하라"라는 하늘에서 내려준 명제, 사회적 행복한 삶을 지내는 생활 상태이다.

2. 사회복지법의 개념

사회복지법은 짧은 역사와 사회적 환경의 빠른 변화로 인해 사회복지법의 개념을 규정하는 것은 쉽지 않다. 따라서 관점에 따라 개념이 다양할 수 있다.

다음에서는 일반적 법 개념에 따라 형식적 의미의 사회복지법과 실질적 의미의 사회복지법으로 나누어 살펴보고자 한다.

1) 형식적 의미(좁은 의미)의 개념

(1) 형식적 의미의 사회복지법은 좁은 의미의 사회복지법에 해당한다고 할 수 있다. 이는 『사회복지법전』이라는 이름으로 외적 형식으로 가진 법규를 말한다. 즉, 사회복지법전이라는 법규를 사회복지법으로 개념을 규정하는 것으로서, 국가의 실정법상 외형에 사회복지라는 개념이 직접적으로 드러나면 사회복지법이라고 보는 것이다. 형식적 의미의 사회복지법의 개념은 사회보험법, 공공부조법, 사회서비스법 등의 개별법을 명시적으로 한정되어 있다.

> ※ **좁은 의미(협의)의 사회복지법 개념**: 스스로 자신의 생활을 누리지 못하고 출산·양육·실업·빈곤·질병·장애·노령·사망 등의 사회위험 속에 놓여 있는 사회적 약자만을 대상으로 하여 제한적인 도움(최소한의 인간다운 생활수준)을 제공하는 일련의 법규범이다. 여기에는 형식적 의미의 사회복지법이 해당한다고 할 수 있다.

(2) 우리나라의 경우, 헌법전, 민법전 등과 같은 단일의 사회복지법전은 존재하지 않고 사회보장기본법, 국민연금법, 국민기초생활 보장법, 사회복지사업법 등과 같이 다양한 개별 법률로 구성되어 있다. 즉, 별도의 사회복지법전이 존재하지 않는다.

독일의 경우는 1970년에 난립되어 있는 사회법규를 사회법전 속에 통합하고 있기 때문에 명시적으로 알 수 있다. 그러나 우리나라의 사회복지법은 역사적 생성과정이 산발적 · 복합적 · 정략적으로 이루고 있다. 매우 최근에 급속하게 변화하고 있는 법이기 때문에 통일법전의 형식을 갖추지 못하고 있다. 이와 같이 독립적인 사회법전이 존재하지 않으므로 해당범위가 명확하지 않은 단점이 있다.

(3) 형식적 의미의 개념은 사회복지법이 속하는 법의 범위를 체계적으로 확립할 수 있어 그 범위를 명확히 할 수 있는 장점이 있다. 다만 법의 발전단계에 있어서 법의 개념을 너무 경직시킬 위험성이 있고, 분명하지 않은 기준 때문에 누락되거나 불필요하게 포함될 위험성이 있는 단점이 있다.

2) 실질적 의미(넓은 의미)의 개념

(1) 실질적 의미의 사회복지법은 넓은 의미의 사회복지법에 해당한다고 할 수 있다.[7] 이는 그 존재의 형식과 외형적 명칭에 관계 없이 법규범의 내용, 목적, 기능에 따라 그 법규범에 내재하는 사회복지에 관련된 공통된 원리(사회정의, 사회형평, 사회연대, 사회통합, 인간다운 생활, 행복추구권 등) 내지 가치에 부합되는 법규를 사회복지법이라고 보는 것이다.

(2) 실질적 의미의 사회복지법은 형식적 의미의 사회복지법(사회보험법, 공공부조법, 사회서비스법)과 사회복지의 실현을 목적·내용·기능으로 하는 그밖에 복지관련 법인 자원봉사활동 기본법, 청소년기본법, 건강가정기본법, 최저임금법, 주택법, 교육법, 근로기준법 등 사회복지의 기본가치(원리)에 부합하는 모든 법을 의미한다.

(3) 실질적 의미의 사회복지법 개념의 장점과 단점은 형식적 의미 개념파악의 장점과 단점과 반대로 생각하면 된다.

실질적 의미의 사회복지법의 장점은 법의 개념이 발전단계에 있어 유연하게 적용될 수 있으며, 개념 규정이 경직되지 않아 필요한 규정이 누락되거나 불필요한 규정이 포함되는 것을 막을 수 있다. 반면, 법규의 범위를 형식적으로 확립하는 데 어려움이 있어 사회복지법의 범위와 고유성을 분명히 하는 데 한계가 있고, 사회복지법의 명확한 경계의 부재로 실제상의 편의에 어려움이 있다.

3) 본서의 사회복지법의 개념

사회복지법이란 사회구성원인 모든 국민의 물질적, 정신적, 사회적 기본욕구 및 특수욕구를 충족함으로써 인간다운 생활을 유지하고, 빈곤을 해결하여 삶의 질 향상을 위한 제도와 관련된 공사의 제반 사회복지와 관련된 법률을 말한다.

사회복지법의 제정의미는 헌법의 추상적인 사회복지관련 규정을 구체적으로 실현하기 위하여 사회복지 각 영역에 해당하는 법률이 실정법으로 존재하는 것이다.

이러한 사회복지법의 개념은 실질적 의미(넓은 의미의 개념)의 사회복지법 개념으로 규정하여 파악하는 것이 바람직하다.

3. 사회복지법의 체계적 성격

(1) 사회복지법은 헌법의 추상적인 내용을 구체화한 법이다. 이는 헌법의 추상적인

7) 넓은 의미의 사회복지법이란 모든 국민의 인간다운 생활을 위한 물질적·정신적·사회적 기본 욕구를 해결함으로써 인간다운 생활을 영위케 하는 사회보장과 보건의료, 교육, 주택, 그리고 대인적 서비스로 표현되는 제반 사회서비스가 포함된다.

사회복지관련 규정을 실현하기 위하여 구체적으로 각 영역에 해당하는 사회복지법을 제정한 것이다.

(2) 사회복지법은 자연법이 아닌 실정법에 해당하는 사회복지에 관한 실정법이다.

(3) 사회복지법은 주로 사회복지에 관한 실체법적 규정을 두고 있으며 절차법적 규정도 두고 있다. 이는 사회복지의 조직과 작용 및 권리구제에 관한 법이다. 따라서 실체법과 절차법적 규정을 두고 있다.

(4) 사회복지법은 사회복지에 관한 국내법이다. 국내법이란 한 국가의 내에서만 적용되는 법규범을 말한다.

(5) 사회복지법은 국내법의 체계에서 공·사법의 성격이 혼재된 사회법 영역에 속한다. 사회법은 공법과 사법의 원리가 혼재되어 있어 중간적 법 영역에 있다. 여기에는 노동법, 경제법, 사회복지법이 있다.

[문제] 사회복지법의 체계적인 성격으로 옳지 않은 것은?

3 사회복지법의 재판기준(법원)

1. 재판기준(법원: 法源)의 의의

사회복지법의 근원인 재판기준(법원: 法源)은 사회복지법의 존재형식[8], 성립하는 근거, 인식하는 자료를 말하는 것이다. 그 법의 존재형식은 표현방식에 따라 크게 성문법과 불문법으로 구분한다(성문법과 불문법 구분).

성문법으로는 상위법인 헌법, 법률, 명령(시행령·시행규칙), 자치법규(조례·규칙), 헌법에 의하여 체결·공포된 국제조약과 일반적으로 승인된 국제법규 등이 있다. 불문법에는 관습법, 판례법, 조리 등이 있다. 특히 대통령, 총리, 각부의 장관이 내리는 명령도 성문법에 해당한다.

대륙법계인 우리나라, 프랑스, 독일, 일본 등은 성문법주의 국가이며, 영미법계 국가인 영국, 미국, 캐나다, 호주 등은 불문법주의를 채택하고 있다. 우리나라 법계(法系: 법에 존재하는 어떤 계통)는 일본을 통해 독일, 프랑스의 대륙법을 수용하여 계수되었고, 광복 후에는 영미법의 영향을 받아 혼합적 법계를 이루고 있다.

8) 존재형식이란 법 규범이 어떠한 방식으로 존재하는가를 의미하는 것으로 '법의 연원(淵源)'이라고도 한다.

TIP 법계(法系): 법에 존재하는 어떤 계통

유럽대륙의 프랑스와 독일을 중심으로 하는 대륙법계와 영국과 미국을 중심으로 하는 영미법계로 크게 대별된다.

대륙법계 (로마·게르만)	실정법 중심의 성문법주의 원칙. 독일, 프랑스 등을 중심으로 한 유럽대륙의 법계이다. 전통적으로 제정법 중심이고 공권력을 사인과 특별히 취급을 해 공권력 중심·공법작용 중심의 법체계를 가진다. 성문법주의를 취하고 행정국가주의를 취하고 있다.
영미법계 (코먼로)	판례법 중심의 불문법주의 원칙. 영국과 미국 등을 중심으로 하는 법계이다. 전통적으로 판례법과 자연법을 중시하였고, 절차를 중시하는 사고(자연적 정의의 원칙)를 가졌다. 불문법주의를 지향하고 사법국가주의를 지향한다.

2. 성문법의 존재형식

성문법(成文法, written law)은 법의 내용이 일정한 형식의 문장에 의해서 표현되는 법규범이다. 여기에는 국내법과 국제법이 있다.

국제법에는 국제조약(헌법에 의해 체결·공포된 조약)과 국제법규(일반적으로 승인된 것) 등이 있다.

사회복지법의 성문법원이 될 수 있는 것은 일정한 형식과 절차에 따라 국가에 의하여 제정되는 헌법, 법률, 명령(시행령: 대통령령, 시행규칙: 총리령, 부령)과 지방자치단체에 의하여 제정되는 자치법규(조례와 규칙), 국제법에는 헌법에 의해 체결·공포된 국제조약과 일반적으로 승인된 국제법규 등이 있다. 예컨대, 성문법에는 ① 헌법, ② 법률, ③ 명령, ④ 자치법규, ⑤ 국제법 등이 속하지만 불문법인 조리는 속하지 않는다.

1) 헌법(제정권자: 국민)

우리나라의 헌법은 국회의 의결과 국민 투표에 의해 제정되는 것이다. ① 국가와 국민 간의 권리-의무에 관한 기본법(국민투표), ② 국가의 기본조직, 통치 작용, 국민의 기본권 등을 규정한 나라의 기본법이며 최고법이다. 즉, 국민의 기본권을 보장하는 규정을 가진 국가 최상위의 기본법이므로 하위법인 법률, 명령, 자치법규 등은 헌법에 위반하면 아니 된다(위헌법률심사제도: 위반하면 무효).

헌법은 복지국가의 실현을 위하여 사회복지법의 근거가 되는 사회권적 기본권을 명시함으로써 중요한 사회복지법의 법원이자 기본근거가 된다. 제헌헌법(1948년 7월 17일 공포)부터 생존권에 관한 규정을 두고 있다. 생존권 보장은 사회복지법의 이념 중 하나이다.

따라서 헌법은 사회복지법의 법원으로 가장 상위의 법규범이다. 현행 헌법에는 사회복지와 관련되는 제10조와 제34조 등의 조항이 있다. 사회복지법의 근거가 되는 헌법규정은 법적 권리로서 규범적 효력을 가지고 있다(선언적 효력 아님). 즉, 헌법은 법률에 의해 구체화되기 이전에도 사회복지법의 법원(法源)이 될 수 있다.

사회복지에 대한 국가의 책임이자 의무를 규정한 생존권적 기본권(생활권·사회권적 기본권)은 독일의 바이마르(weimar) 헌법(1919년) 제151조에서 세계 최초로 규정하였다.

2) 법률(제안권자: 국회와 대통령, 제정권자: 국회의결)

법률은 헌법의 범위에서 국민의 권리 · 의무에 관한 구체적 사항을 국민의 대표기관인 입법부에 의해서 일정한 형식과 절차(국회의 의결)를 반드시 거쳐 대통령이 서명 · 공포한 성문법이다. 우리나라에서는 법률을 제정하기 위해서는 반드시 국회의 의결을 거쳐야 한다. 즉, 개별 사회복지법률은 가장 중요한 법원이 된다.

(1) 법률의 제정절차

법률의 입법권은 국회의 권한에 속한다(국회 중심주의, 헌법 제40조). 그러나 법률안은 국회의원과 정부(대통령)가 제출할 수 있다(헌법 제52조). 입법절차는 법률안 제안(국회의원 10인 이상 찬성과 대통령) → 법률안 심의 → 법률안 의결 → 의결된 법률안 정부로 이송한 후에 대통령의 서명과 공포(15일 이내)로 효력이 발생한다. 만일 법제정 후 시행일이 정해져 있지 않을 경우 법의 효력은 공포일로부터 20일이 경과한 후 발생한다.

(2) 법률의 위치

법률은 상위법인 헌법에 위반되어 제정될 수 없고 하위법인 명령, 규칙에 대하여는

[그림 1-3] 법률의 제정절차

국회의원과 정부	국회의원 10인 이상 찬성으로 발의와 행정부의 대통령(국무회의의 심의를 거쳐 국무총리와 관계국무위원의 부서)이 제출한다.
↓ 제출	
국회의장	본회의에 보고(폐회 · 휴회 때는 생략가능)한 후 소관 상임위원회에 회부한다.
↓ 회부	
상임위원회	관련위원회의 심의(재적의원 1/4 이상의 요구) 또는 소위원회를 구성하여 법률안을 심사한다(필요한 경우에는 연석회의, 공청회, 청문회 개최).
↓ 상정	법제사법위원회(법률안의 자구와 체계 심사) 최소한 15일 또는 20일 지난 후에만 상정 가능
본회의	소관 상임위원장의 심사보고를 듣고 질의와 토론을 거쳐 표결처리한다. 재적의원 과반수의 출석과 출석의원 과반수의 찬성으로 의결한다. 재의결의 경우: 재적 과반수 출석, 출석 2/3 이상 찬성으로 의결한다.
↓ 이송	
대 통 령 ⇕ 국무회의의 심의(부서)	국회에서 의결된 법률안은 15일 이내에 대통령이 공포하고 국회에 통보한다. 재의결의 경우: 지체 없이 공포, 5일 이내에 대통령이 공포하지 않으면 국회의장이 공포 한다. [참고] 의결된 법률안에 이의가 있는 경우 이송된 날로부터 15일 이내에 국회의장에게 그 이유서를 첨부하여 환부거부를 할 수 있다.
↓ 공포	
효력 발생	특별한 규정이 없는 한 공포(관보에 게재)된 날로부터 20일을 경과하면 효력이 발생한다.

상위의 지위를 갖는 규범으로서 명령과 규칙을 지배한다. 즉, 헌법 바로 아래의 효력을 가지고 있는 하위의 법이다(위헌법률심사제도).

사회복지의 개별 법률에는 사회보장기본법, 국민연금법・국민건강보험법 등의 사회보험법, 국민기초생활 보장법・의료급여법 등의 공공부조법, 사회복지사업법・노인복지법 등의 사회서비스법, 최저임금법・청소년기본법 등의 사회복지와 관련된 실정법 등이 속한다.

※ 법과 법률의 구분
법률은 국회에서 의결되어 대통령이 공포한 법(예, 사회복지와 관련된 실정법들)이며, 법은 일반적으로 헌법을 비롯하여 법률, 행정입법인 시행령과 시행규칙, 자치법규인 조례와 규칙 등을 통칭하는 것이다.

3) 명령(행정입법: 시행령, 시행규칙)

명령은 행정입법이라고도 하며, 국회의 의결을 거치지 않고 대통령 이하의 권한이 있는 행정기관(국무총리, 각부장관 등)이 제정한 성문법(시행령, 시행규칙)을 말한다. 명령(행정입법)은 제정권자를 기준으로 대통령령, 총리령, 부령 등이 있다. 명령은 법률 아래의 효력을 가지는 법이다.

(1) 시행령(제정권자: 대통령) - 대통령령

시행령은 대통령이 제정하는 명령이다. 대통령의 명령은 대통령령으로 공포되는 것으로서, 법률에서 구체적으로 위임된 사항을 비롯하여 그 시행에 관하여 필요한 사항을 정한 것이다. '대통령령'은 성질 및 효력에 따라 '법규명령'과 '행정명령(행정규칙)'으로 구분된다.[9] 예컨대 시행령(대통령령)은 사회복지법상에 「○○○○법 시행령」 등으로 표시되어 있다.

(2) 시행규칙(제정권자: 국무총리-총리령, 각부 장관-부령)

시행규칙은 행정부의 국무총리나 각부처의 장관이 소관사무에 관하여 법률이나 대통령령의 위임 또는 직권으로 발하는 명령을 말한다. 주로 개별 법률의 총리령 또는 부령(보건복지부령, 여성가족부령)이라는 존재형식으로 되어 있다. 시행규칙은 제정된 법을 주관하는 국무총리나 각 부처의 장관이 소관사무에 대하여 법률이나 대통령령의 위임 또는 직권으로 부령을 발할 수 있다(시행규칙의 제정・공포). 따라서 국무총리는 소관사무에 대한 법률이나 대통령령의 위임없이 직권으로 총리령을 발할 수 있다.

---

9) '법규명령'은 국민의 권리와 의무에 관계되는 것으로서, 헌법이나 법률에서 구체적으로 범위를 정하여 위임받은 사항에 대해서만 효력을 발할 수 있다. 이에 반해, '행정명령'은 법률의 집행을 위하여 필요한 사항을 대통령이 직권의 범위에서 발하는 명령이다. 행정조직의 내부만을 규율하는 것으로서, 당연히 효력을 발할 수 있다.

보통 사회복지법의 법원으로서 시행규칙은 개별 법률과 시행령보다는 하위에 위치하며, 더 구체적인 내용이 규정된다. 예컨대 「○○○○법 시행규칙」(노인복지법 시행규칙) 등으로 표시되어 있다. 장애인복지법 시행규칙은 보건복지부장관이 제정한다.

<표 1-2> 시행규칙과 행정규칙의 차이

구분		
시행규칙	위임명령	총리나 행정부 각부의 장관이 법률이나 대통령령의 위임에 의해 발하는 명령
	집행명령	총리나 행정부 각부의 장관이 직권으로 발하는 명령
행정규칙	단지 대통령령의 집행을 위한 시행세칙, 다만, '집행명령'의 경우 법규사항을 규정할 수 없다. → 사회복지행정기관의 내부 문서정리를 위한 지침은 법령에 해당하지 않는다(학설대립).	

4) 자치법규(조례와 규칙)

자치법규는 자치에 관한 법규범으로서 원칙적으로 법령의 범위 안에서 효력이 있는 조례와 규칙이 있다. 자치법규는 헌법에 의하여 인정된 자치입법권(헌법 제117조)과 법률의 범위 안에서 지방자치단체가 자기의 사무나 주민의 권리·의무에 관하여 제정한 자치에 관한 성문법(조례, 규칙)을 말한다. 자치법규는 해당 지방자치단체 지역의 특성 및 복지욕구가 각각 다르기 때문에 그 지역 안에서만 효력을 가진다. 지방자치단체는 원칙적으로 법령의 범위 안에서 자치에 관한 조례와 규칙을 제정할 수 있다.

(1) 조례(제정권자: 지방의회)

조례는 지방자치단체(이하에서는 '지자체'라 함)가 법령(법률과 명령)의 범위 안에서 그 권한에 속하는 사무에 관하여 지방의회의 의결을 거쳐 제정한 자치법규를 말한다.

조례의 내용이 사회복지에 관한 규정이면 사회복지법의 법원이 된다. 사회복지조례는 보건복지부장관의 승인을 받아야 하는 것은 아니다. 이는 지자체의 지방의회에서 법령의 범위 안에서 제정한다. 법률을 위반하는 조례는 무효이다.

☆ 조례는 지방의회가 제정하며, 조례는 법률과 명령보다 하위에 있고 규칙보다는 상위에 있다.

(2) 규칙(제정권자: 지방자치단체의 장)

규칙은 법령 또는 조례가 위임한 범위 안에서 그 권한에 속하는 사무에 관하여 제정한 자치법규를 말하며, 각 지방자치단체의 장이 직접 만든 것이다. 법령과 조례보다 하위에 있으며, 규칙의 내용이 사회복지에 관한 규정이면 사회복지법의 법원이 된다.

5) 국제법

국제법은 국제조약과 국제법규로 구성되어 있다. 우리 헌법 제6조 1항은 "헌법에 의하여 체결·공포된 국제조약과 일반적으로 승인된 국제법규는 국내 법률과 같은 효력을 가진다"라고 규정하여 국제법을 국내법률의 의미와 같이 그 법원성을 명백히 인정하고 있다(법률과 동위설). 즉, 국제법은 '법단계설'로 볼 때 효력관계에 있어서 헌법 아래에 있다(통설).

> **TIP** 켈젠(H. Kelsen)의 법단계설(수직적 단계구조: 상위법 우선의 원칙)
> ① 헌법 → ② 법률(국제법) → ③ 명령(시행령 → 시행규칙) → ④ 자치법규(조례 → 규칙)

(1) 국제조약

국제조약은 국가와 국가 사이, 국가와 국제기구 사이에 맺은 문서에 의한 합의이다. 국제적 권리의무의 발생을 목적을 가지고 상호 간에 법적 효력이 있는 문서에 의한 합의를 말한다. 헌법에 의하여 체결·공포된 국제조약은 용어상에서 협정, 협약, 의정서, 규약 등으로 표현되고 있다. 헌법에 의하여 체결·공포된 사회복지관련 조약은 사회복지법원에 포함된다. 예컨대 장애인인권규약, 국제노동기구의 사회보장에 관한 협약, 사회보장협정(체약국: 이란 등 32개국) 등이 이에 속한다.

우리나라가 다른 국가와 맺은 사회보장협정이나 국제노동기구의 사회보장에 관한 조약은 체결 당사국의 비준에 의해 국내에서 국내법(법률)과 같은 구속력(강제력)의 효력이 발생한다. 이는 법률과 동일한 효력을 가진다.

(2) 국제법규 : 국제관습법 + 비체결 조약

국제법규는 우리나라가 직접 체결당사국이 아닌 조약으로서, 국제사회에 의하여 그 규범성이 일반적으로 승인된 법과 국제관습법을 말한다. 국제사회에서 일반적으로 승인된 국제법규의 경우는 우리나라의 명시적인 동의(서면 또는 구두)가 없더라도 국내법과 같은 효력을 가지게 된다(학설대립).

국제관습법의 경우는 일반적으로 승인된 국제법규라고 볼 수 있는 경우만 국내법과 같은 효력이 인정된다. 국제관습법(규범성: 비강제력)은 국제 불문법에 해당한다.

3. 불문법의 존재형식

성문법이 모든 인간생활의 사회현상에 관한 사항을 빠짐없이 규정한다는 것은 불가능하다. 사회는 끊임없이 유동적으로 변화하고 있기 때문에 그 법률 속의 불분명한 규정에 대한 구체적인 실현을 위해서는 보충적으로 불문법이 필요하다.

불문법(不文法, unwritten law)은 문장(문자)의 형식으로 표현되지 않은 법규범이다. 성문법이 아닌 법으로 입법기관에 의하여 일정한 절차에 따라 제정·공포된 법이 아니며, 비제정법(非制定法)이라고도 한다. 여기에 관습법, 판례법, 조리 등이 해당한다(자연법 ⇒ 불문법 = 관습법, 판례법, 조리).

1) 관습법

관습법이란 사회구성원이 오랫동안에 걸쳐 형성된 사회적 관행(사실)을 계속적이고 일반적으로 준수함으로써 국민의 법적 확신과 국가의 승인을 얻어 법으로서의 효력을 가지는 불문법이다(법적 확신설).

관습법이 성립하기 위한 요건으로는 장기적·일반적 관행(관습)이 존재(객관적 요건)하고 사회의 거듭된 관행이 선량한 풍속 및 사회질서에 위반되지 않고, 법적합성에 대한 관계자의 법적 확신에 따라 지지되어야 함(주관적 요건) 등이 필요로 한다. 법적 확신의 판단기준은 특정인이 아닌 일반인의 인식을 기준으로 한다.

관습법은 관행이 계속적으로 행해짐에 따라 법으로서의 효력을 가지게 된 경우, ① 내용은 가치와 상식에 부합해야 하며, ② 법에서 관행에 따를 것을 규정하고, ③ 그 내용이 법으로 인정(규정)하면 아니 된다 등의 경우이다.

관습법은 성문법에 규정이 없을 때, 그에 대한 보충법으로 효력이 인정된다(보충적 효력설). 단, 성문법을 개폐하는 효력은 없다(예, 법정지상권, 종중, 명의신탁, 사실혼 등).

2) 판례법

판례법은 법원이 내리는 판결(재판의 선례)을 법으로 인정하는 불문의 형식(불문법)을 말한다. 이는 법적분쟁과 관련하여 내용상 위헌심판, 헌법소원, 권한쟁의 심판의 결과로 형성된다. 주로 대법원 판례에 의해 형성·존재하는 불문법이다.

판례는 특정사건에 관해서만 구속력을 가지는 것이나, 동종의 사건이 발생하여 재판하게 될 경우에는 사실상 동종의 사건에도 구속력을 가지게 된다. 공익소송적 의미를 지니며, 성문법원의 보충적 기능을 한다. 선례구속의 원칙에 의하여 판례가 재판을 구속할 때 판례는 법원이 된다(영·미 채택).

현재 사회복지에 관한 판례로는 국민기초생활 보장법, 국민연금법, 산업재해보상보험법, 사회복지사업법, 노인복지법 등이 존재하고 있다.

TIP 공익소송적 의미

기업의 불법행위로 다수의 소비자들이 피해를 입었을 때 정부가 그들을 대신해 원고자격으로 소송을 제기, 해당 기업으로부터 배상을 받게 해주는 법제도이다. 이 제도가 시행되면 피해를 입고도 까다롭고 번거로운 소송절차, 비용 등의 이유로 소송을 하지 못해 배상을 못 받는 소비자들의 억울함을 정부가 나서 해소해 줄 수 있다. 특히 사회복지분야 공익소송의 궁극적인 목표는 "헌법 제34조의 생존권적 기본권의 구체적 권리성 확보를 통한 최저선 확보"라고 할 수 있다. 이처럼 공익성은 많은 사람의 이익과 행복을 추구하는 것으로 이해할 수 있다(예, 현대자동차의 에어백 과장광고사건).

3) 조리

조리는 사회구성원의 건전한 상식으로 판단할 수 있는 사물·자연의 본질적인 법칙이다. 즉, "사물의 합리적 도리·이치(합리성)[10], 사회적 통념"이라고 말한다. 이는 사람의 이성에 의하여 판단되는 규범이다. 예컨대 조리는 경우에 따라 사회정의, 사회의 일반적 가치, 사회적 타당성(상식), 공서양속, 신의성실의 원칙, 형평성, 법의 일반원칙(비례의 원칙, 평등의 원칙, 신뢰보호의 원칙, 부당결부금지의 원칙) 등으로 이해되고 있다.

조리는 성문법, 관습법, 판례법이 없을 경우에 법원이 된다. 조리의 재판기준이 되는 이유는, 재판에 적용해야 할 법이 없어도 법관은 법이 없다는 이유로 재판을 거부하지 못한다. 적용해야 할 제정법, 관습법, 판례법이 모두 없을 경우에도 재판은 반드시 해야 하기 때문이다. 따라서 조리는 성문법에 대한 보충적 효력을 가지고 있기 때문에 불문법으로서 강제력이 있다.

TIP 조리는 민법 제1조에서 "민사에 관하여 법률에 규정이 없으면 관습법에 의하고, 관습법이 없으면 조리에 의한다"라고 규정하고 있다. 이에 따라 조리가 가지는 기능을 보면 실정법 해석의 기능, 법의 흠결 시에 보충기능, 재판 불능의 방지 등이 있다. 이는 조리의 법원성을 인정하고 있는 것이다(다수설).

4. 성문법과 불문법과의 관계

우리나라의 법원은 원칙적으로 성문법주의를 취하고 있으나 불문법주의를 가미하고 있다. 성문법이 우선 적용하고, 불문법은 성문법이 없는 경우에 보충적인 효력을 가지고 있다.

따라서 사회복지 실천현장은 성문법이 중심이 되며, 불문법은 보충적 규범으로 적용된다.

※ 우리나라의 법원 효력: 원칙 – 성문법주의, 예외 – 불문법주의(보충적 효력인정)

10) 합리성: 행위가 능률적으로 행해지거나 수단과 방법이 목적에 적합성(능률성 + 합목적성)을 말한다. 합리성은 어떤 행위가 궁극적 목표달성의 최적 수단이 되느냐의 여부를 가리는 개념으로 사용되고 있다.

4 사회복지의 자치법규

지방자치단체(지자체, 지방정부)는 법령에 의하여 인정된 자치권의 범위 안에서, 그 관할구역 안의 자치사무(자기의 사무 또는 주민의 권리 · 의무: 주민의 복리에 관한 사무처리, 재산 관리) 처리에 관한 규정인 자치법규[11])를 제정한다.

우리나라 헌법 제117조 1항은 "지자체는 주민의 복리에 관한 사무를 처리하고 재산을 관리하며, 법령의 범위 안에서 자치에 관한 규정을 제정할 수 있다"라고 규정함으로써 자치입법권을 헌법적으로 보장하고 있다. 따라서 자치법규는 대외적 구속력이 있는 법규범에 해당한다.

이에 따라 지방자치법(제22조~제27조)의 자치입법권에 따라 지자체가 제정할 수 있는 자치법규로는 조례와 규칙을 들 수 있다.

1. 지방자치단체

지자체는 공적 사회복지 주체로서 그 역할이 점차 증가하고 있다. 지자체의 사무는 국민기초생활보장제도와 같은 공공부조나 사회서비스를 직접 국민에게 제공하는 데 중요한 역할을 담당하고 있다. 예컨대, 지자체는 지역사회복지관을 설립하고 그 사무를 사회복지법인 등 민간에 위탁할 수 있다. 그 사무를 반드시 지자체가 직접 운영해야 하는 것은 아니다.

지자체에는 의결기관으로 지방의회가 있고, 지방의회는 조례의 제정권을 갖는다. 그리고 지자체의 사무를 처리하고 지방의회의 의결사항을 집행하는 집행기관으로 지자체의 장이 있다. 지방자치단체의 장은 규칙의 제정권을 갖는다.

법체계상 지자체장의 전속권한에 속하는 것으로서 규칙으로 정하여야 하는 사항을 조례로 정하는 경우 위법에 해당한다.

2. 사회복지의 조례(제정권자: 지방의회)

1) 사회복지 조례의 개념

① 사회복지의 조례는 지자체가 자치입법권에 따라 상위법령의 범위 안에서 자기

11) 자치법규는 원칙적으로 그 지자체의 지방 안에서만 효력을 가진다. 자치법규는 해당 지역의 특성 · 복지욕구가 각자 다르기 때문에 각 지자체 내에서만 효력이 있다(자치법규의 필요성).

고유의 사무(지역사무)에 관하여 지방의회의 의결을 거쳐 제정한 법을 말한다. 조례의 제정권과 개폐권은 의결기관으로서 지방의회의 권한에 속한다.[12]

[참조] 사회복지 조례는 보건복지부 장관의 승인을 받아야 하는 것은 아니고, 지역주민(만 19세 이상)은 관련 법령에 따라 일정한 요건을 충족하여 조례를 제정·개정·폐지할 것을 청구할 수 있다(지방자치법 제22조 1항).

② 조례는 지방의회가 지자체의 고유사무인 자치사무와 개별법령에 의하여 지자체에 위임된 단체위임사무에 대하여 제정할 수 있다. 그러나 국가사무로서 지자체의 장에 위임된 기관위임사무에 관한 사항은 조례로 제정할 수 없다. 국가사무로서 지자체의 장에 위임된 기관위임사무는 조례로서 규정할 수 있는 사무가 아니다.

2) 사회복지 조례의 특성

① 조례는 위계적 특성을 가지고 있어 법률과 명령보다 하위의 법규범이다. 지자체는 법령이나 상급지자체의 조례에 위반하여 그 사무를 처리할 수 없다(지방자치법 제8조 3항). 예컨대, 시·군·구의 조례는 시·도의 조례에 위반하여서는 아니 된다.

조례는 지자체의 지방의회가 법령의 범위 안에서 제정하는 자치에 관한 법규에 해당한다(조례 제정권). 사회복지조례는 국가에 대해서 법적 구속력을 가지는 것이 아니다.

② 지자체는 주민의 복리에 관한 사무를 처리하고 재산을 관리하며, 법령의 범위 안에서 자치에 관한 규정을 제정할 수 있다(헌법 제117조 1항). 조례는 법령의 범위 안에서 그 사무(고유사무)에 관하여 법령위임이 없이 조례를 제정할 수 있다. 즉, 원칙적으로 상위법령의 위임이 없더라도 사회복지에 관한 수익적인 조례를 제정할 수 있다.

③ 지자체는 주민의 권리제한 또는 의무부과(재정적 부담)에 관한 사항이나 벌칙을 정할 때는 법률의 위임이 있어야 조례를 제정할 수 있다(지방자치법 제22조 단서조항).

☆ 주민의 권리제한 또는 의무부과에 대한 사항이나 벌칙을 정할 때는 법률의 위임없이 조례를 제정할 수 없다.

[문제] 지자체는 법률의 위임이 있어야만 조례를 제정할 수 있는 사항을 모두 고른 것은? ①

가. 주민의 권리 제한에 관한 사항	나. 의무 부과에 관한 사항
다. 벌칙에 관한 사항	라. 주민의 복리에 관한 사항

① 가, 나, 다　② 가, 다　③ 나, 라　④ 라　⑤ 가, 나, 다, 라

12) 사회복지 조례는 지역주민에게 법령보다도 가까이 있는 자가 규범을 제정하도록 하여 제정자와 준수하는 자와의 간격을 좁히고, 그 지역의 특성까지 고려하여 입법이 가능함으로써 입법자의 부담을 경감시키고 탄력적이고 유연한 규정을 만들 수 있다.

④ 조례는 자치업무의 내용상 포괄성을 가진다. 즉, 자치업무의 수행에 필요한 모든 분야를 포함하고 있다. 지자체는 사회복지에 관련된 업무의 수행을 위한 사회복지 조례도 제정할 수 있다.

⑤ 조례는 지역제한적인 특성을 가진다. 즉, 지자체에서는 고유의 사회복지조례를 제정하여 다른 지자체가 실시하고 있지 않는 사회복지사업을 독자적으로 실시하고 있다. 사회복지 조례는 원칙적으로 그 관할 지자체의 안에서만 효력을 가진다.

⑥ 조례는 지자체가 관할 지역주민 삶의 질을 균형적으로 발전시키는 데 기여하기 위하여 제정된다. 주민은 일정한 요건을 충족하면 사회복지관련 조례를 제정・개정・폐지할 것을 청구할 수 있다. 가령 사회복지의 조례는 주민의 조례에 대한 제정・개폐청구권의 대상이 될 수 있다. 주민은 사회복지 조례의 제정을 청구할 수 있다.

⑦ 일반적으로 조례가 제정되면 조례의 시행에 관하여 필요한 사항을 지방자치단체장의 규칙으로 정하고 있다. 사회복지사무의 집행을 위해 지방자치단체의 장이 제정하는 규칙은 사회복지 조례에 하위의 동등한 효력을 갖는다.

※ 사회복지 조례의 특징
① 조례는 지방의회에서 제정한다. 보건복지부 장관의 승인을 받을 필요가 없다.
② 지자체의 고유사무에 대한 조례는 법률의 위임이 없어도 가능하다.
③ 조례는 상위 법령의 범위 내에서만 유효하다.
④ 지자체 지역 내에서만 법적 구속력(효력)을 가진다. - 국가에 대해서 법적 구속력을 가지는 것은 아니다.

3) 조례의 효력

조례는 지자체의 법규범이기 때문에 장소적으로 지자체가 관할하는 지역 안에서만 효력을 가진다. 그러나 전체적인 법질서인 상위법령(헌법, 법률, 시행령, 시행규칙)에 모순되거나 위배되어서는 아니 된다. 법령에 위반한 조례는 효력이 없다. 따라서 조례는 수직적 법단계의 질서에 따라 법률과 명령보다 하위규범에 위치하며, 상위규범을 위반하는 조례는 무효가 된다. 가령 위법한 사회복지 조례는 무효소송으로 다툴 수 있는 것이 원칙이다(취소소송 안됨).

4) 사회복지의 조례로 정할 수 있는 경우

① 주민의 권리의무에 관한 조례와 지자체의 내부조직과 운영에 관한 조례
② 법령의 위임에 의하여 제정되는 위임조례와 위임이 없이 제정되는 직권조례
③ 법령이 조례로 정할 것을 규정한 필수조례와 지자체가 재량으로 제정하는 임의조례
④ 지방자치법에 따라 지방의회가 제정하는 사회복지조례

※ 사회복지법령상 조례를 필수적으로 제정해야 하는 사항
1. 자활기금의 설치에 관한 사항
2. 복지사무전담기구의 사무의 범위·조직에 관한 사항
3. 의료급여기금의 관리·운용에 관하여 법령 및 규칙에 정한 것 외에 필요한 사항
4. 아동위원에 관하여 필요한 사항

※ 사회복지법상 조례를 임의적으로 제정할 수 있는 사항(=사회복지법령에서 조례로 정하도록 위임하고 있는 사항)
1. 생활보장위원회의 기능을 대체할 다른 위원회가 있는 경우
2. 의료급여심의위원회의 기능을 대체할 다른 위원회가 있는 경우
3. 지역아동보호전문기관의 설치·운영에 관한 사항

[주의] 조례로 정할 수 없는 사무
① 국가존립에 필요한 사무 ② 전국적으로 통일적 처리를 요하는 사무 ③ 전국적 규모의 사무
◆ 사회보험법에 관한 사항을 조례로 제정할 수 없다.

3. 사회복지의 규칙(제정권자: 지방자치단체의 장)

사회복지의 규칙은 자치입법권에 따라 지방자치단체의 장이 법령 또는 조례가 위임한 범위 안에서 그 권한에 속하는 사무에 관한 사항을 제정하는 자치법규이다(제정권자: 지자체의 장). 규칙은 지자체의 법체계(집행기관과 직제)상 지방자치단체장의 전속권한에 속하는 것으로서, 전속사항(단체위임사무)이나 기관위임사무의 처리에 관한 것은 규칙으로 정하여야 하는 사항이다. 사회복지사무의 집행을 위해 지방자치단체의 장이 제정하는 규칙은 조례와 동등한 효력을 갖는 것이 아니다. 즉, 규칙으로 정하여야 하는 사항을 조례로 정하는 경우에는 위법이 된다.

5 사회복지법의 체계와 분류

1. 법의 일반체계

법의 체계는 일정한 법의 이념 내지 원리에 따라 통일된 법질서를 말한다. 법의 체계는 일정한 조직체계를 단계(계층, 위계)적으로 이루고 있다. 또한 상·하위의 단계가 있다고 주장하는 학설이 있다(법단계설 法段階說[13]).

법의 수직적 체계는 제정하는 자에 따라 법단계적으로 법구조가 '헌법(국민) → 법률(입법부/대통령) → 명령(행정기관) → 자치법규 조례(지방의회) → 자치법규 규칙(지방자

13) 한스 켈젠(H. Kelzen)은 법을 순수하게 논리적으로 고찰한 결과, 법질서의 전체는 단계를 이루고 연속하여 틀을 이루는 것이라고 하였다.

치단체장)'순으로 구성되어 있다. 특히 지방의회가 제정하는 조례와 지방자치단체장이 제정하는 규칙이 있다.

[그림 1-4] 사회복지법의 일반체계

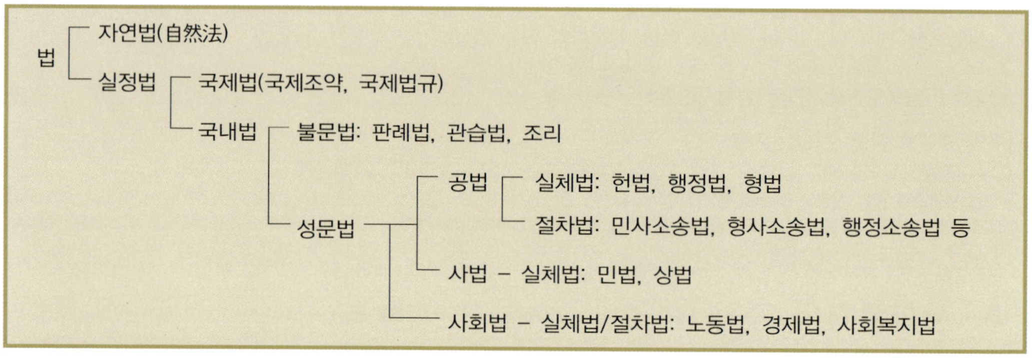

① 헌 법	최고의 상위법, 조직·통치구조와 기본권에 관한 추상적 사항
② 법 률	헌법에 관한 구체적·세부적 내용을 제정
③ 명 령	행정부에 위임·집행(행정입법: 시행령, 시행규칙)
④ 자치법규	자치단체 안에서만 적용(조례, 규칙)

2. 사회복지법의 체계

사회복지법의 체계는 실정법의 사회법으로서 사회복지에 관한 법의 위계구조이며, 실정법, 성문법, 사회법(실체법)에 속한다. 국내법과 국제법(협약, 권고, 선언) 등에서 존재하는 법이다. 사회복지법은 공법·사법의 성격이 혼합된 사회법영역에 속한다.

1995년의 제정된 사회보장기본법(제3조)의 정의에 따르고 있다. 사회보장이란 사회적 위험(출산·양육·실업·빈곤·질병·장애·노령·사망)으로부터 모든 국민을 보호하고 빈곤을 해소하며, 생활의 질(여건)을 향상시키기 위하여 제공되는 복지제도를 말한다.

따라서 우리나라 사회복지법의 체계는 실정법상 분류로 보면 '헌법 - 사회법 - 사회복지법(사회보장기본법 - 사회보험법·공공부조법·사회서비스법)' 등으로 구성되어 있다(사회보장기본법 제3조 1항).

한편 우리나라의 사회복지법은 독일의 사회법전(SGB 1970년)과 같은 통일된 단행법전의 체계로 구성되지 않고, 개별법의 형태로 구성되어 있다. 즉, 우리나라에는 별도의 사회복지법전(단일법전)이 존재하지 않고 여러 개별 법률로 구성되어 있다.

1) 사회보험법(보험기술: 건강, 소득, 고용 지원)

국민에게 발생하는 사회적 위험을 보험방식(기술)에 의하여 대처함으로써 건강과 소득 및 고용을 보장하는 법을 말한다. ☆ 국민연금법은 공공부조 영역에 속하지 않는다.

- 5大 사회보험법: 국민연금법, 국민건강보험법, 고용보험법, 산업재해보상보험법, 노인장기요양보험법
- 특수직역보험법: 군인연금법, 공무원연금법, 사립학교교직원 연금법, 별정우체국직원의 연금법

※ 고용보험 및 산업재해보상보험의 보험료징수 등에 관한 법률

2) 공공부조법(일반조세: 생활 빈곤자 지원)

국가 및 지자체의 책임 하에 생활유지능력이 없거나 생활이 어려운 국민의 최저생활을 보장하고 자립을 지원하는 제도이다. ☆ 기초연금법은 사회보험 영역에 속하지 않는다.

국민기초생활 보장법, 의료급여법, 기초연금법, 긴급복지지원법, 재해구호법, 장애인연금법 등

3) 사회서비스법(본인부담 및 보조: 생활 빈곤자 및 대상자 지원)

국가·지자체 및 민간부문(사회복지법인 및 개인)의 도움이 필요한 모든 국민에게 복지, 보건의료, 교육, 고용, 주거, 문화, 환경 등의 분야에서 인간다운 생활을 보장하고 상담, 재활, 돌봄, 정보의 제공, 관련 시설의 이용, 역량 개발, 사회참여 지원 등을 통하여 국민의 삶의 질이 향상되도록 지원하는 법이다.

「사회복지사업법」이 규정하고 있고 있는 28개의 법률과 건강가정기본법, 자원봉사활동 기본법, 장애인고용촉진 및 직업재활법, 청소년기본법 등

<표 1-3> 사회복지법의 분류체계

우리나라는 「사회복지법」이라는 용어는 하나의 개별 법률이 아닌 사회복지관련법률을 통칭하는 용어이며, 사회보장기본법 제3조의 정의에 따른 체계를 기본법으로 삼고 있다.

분 류	해당 법령	비 고
기본법	사회보장기본법	사회복지법의 일반법
사회보험법	국민연금법(보), 국민건강보험법(보), 고용보험법(노), 산업재해보상보험법(노), 노인장기요양보험법(보), 군인연금법(국), 공무원연금법(행), 사립학교교직원연금법(교), 별정우체국직원연금법(정)	고용보험 및 산업재해보상보험의 보험료징수 등에 관한 법률 관장: 공단
공공부조법	국민기초생활 보장법, 의료급여법, 긴급복지지원법, 재해구호법, 기초연금법, 장애인연금법	관장: 지방자치단체

분 류	해당 법령	비 고
기본법	사회보장기본법	사회복지법의 일반법
사회 서비스법	[사회복지사업법] – 사회복지사업법에 정해진 28법 국민기초생활 보장법, 아동복지법, 노인복지법, 장애인복지법, 한부모가족지원법, 영유아보육법, 정신보건증진 및 정실질환자 복지 서비스 지원에 관한 법률, 성매매방지 및 피해자 보호 등에 관한 법, 성폭력범죄의 처벌 및 피해자 보호 등에 관한 법, 입양특례법, 일제하 일본군 위안부 피해자에 대한 생활안정지원 및 기념사업에 관한 법, 사회복지공동모금회법, 장애인·노인·임산부 등의 편의증진에 관한 법, 가정폭력방지 및 피해자보호 등에 관한 법, 농어촌주민의 보건복지증진을 위한 특별법, 식품등 기부 활성화에 관한 법률, 의료급여법, 기초연금법, 긴급복지지원법, 다문화가족지원법, 장애인연금법, 장애인활동지원에 관한 법, 노숙인 등의 복지 및 자립지원에 관한 법, 보호관찰 등에 관한 법률, 장애아동복지지원법, 발달장애인 권리보장 및 지원에 관한 법률, 청소년복지지원법, 북한이탈주민의 보호 및 정착지원에 관한 법률, 그밖에 대통령령으로 정하는 법률 장애인고용촉진 및 직업재활법, 고령자고용촉진법, 청소년기본법, 자원봉사활동 기본법, 건강가정기본법, 국가유공자 등 예우 및 지원에 관한 법, 의사상자 예우에 관한 법	국민기초생활 보장법, 의료급여법, 기초연금법, 긴급복지지원법, 장애인 연금법 등은 공공부조에도 속한다. 관장: 지방자치단체

* 사회복지법의 분류체계는 사회보장기본법 제3조와 사회복지사업법 제3조에 따라 구성한 것임.

3. 사회복지법의 분류

1) 자연법과 실정법 – 법의 실증적으로 제정되는 여부에 따라 구분

(1) 자연법(自然法)

자연법은 인간과 사물의 본성에 근거하여 시간과 공간을 초월하는 영구불변의 초경험적·초현실주의적·이상적인 법칙을 말한다. 제도상의 실정법에 대응되는 의미로서 모든 시대·장소에 보편성·타당성, 항구성 등이 적용되는 영구불변의 초실정법적 성격을 갖는다. 자연법의 역사는 매우 오래되었지만, 실제로 근대자연법 사상은 18세기에 제창된 보통법(common law)에서 불문법(판례법, 관습법, 조리)에 해당한다.

(2) 실정법[14]

실정법은 현실에 제도적으로 제정·시행되고 있는 법으로서, 사회 질서유지의 목적달성을 위해 사회적 여건에 따라 생성·발전된 법을 말한다. 제정법 등과 같이 시간

14) 법의 목적을 달성하기 위해 제정·적용하며, 국가·장소·시대의 상황에 따라 변천하는 법이다.

과 공간에 한정된 현실 사회의 역사적 · 경험적 사실에 의해 성립되고 있다(법실증주의). 예컨대, 사회복지법은 대부분 실정법에 해당한다.

> **TIP** 법실증주의
>
> 법의 이론이나 해석 · 적용에 있어서 어떠한 정치적 사회적 · 윤리적 요소도 생각하지 않고, 법 자체만을 형식 · 논리적으로 파악하려는 입장이다. 즉 문리해석, 체계적 해석을 중시한다. 법외적인 요소를 개입시키는 것을 부정하는 입장에서 나오는 당연한 결과이며, 법관은 당연히 법에 구속된다. 이것은 실정법체계의 완전무결성에 대한 확신을 바탕으로 법관에 의한 법 창조라든지 자의적 판단을 배제하려는 사상이다. 법제정권자에 의하여 완벽하게 제정되었다고 보는 입장이다(자연법의 존재 부정).

(3) 자연법과 실정법의 관계

서로 다른 체계의 규범이지만, 반드시 서로 모순되거나 상반되는 것이 아니라 자연법은 실정법의 전제로서 모든 실정법의 정당화 기초가 되는 것이다.

2) 국내법과 국제법 – 국가의 주권이 미치는 범위에 따라 구분

(1) 국내법

한 국가에 의하여 인정되어 그 국가의 주권이 미치는 범위 안에서만 일정한 절차에 의해 효력을 가지는 법이다.

(2) 국제법

국제기관에 의하여 인정되어 국가와 국가 사이에 권리 · 의무를 규율하는 법규범을 말하며 국제조약과 국제법규로 구분될 수 있다. 국내법보다 위반에 대한 제재력이 약하고, 입법절차가 불완전하다. 우리나라는 조약으로서 사회보장협정(상호주의, 인도주의)을 체결하고 있다.

3) 공법과 사법 및 사회법 – 규율대상인 생활관계의 실체 기준에 따라 구분

(1) 공법

공법은 공익을 목적으로 국가 또는 그 밖의 공공단체와 사인의 관계 및 공공단체 상호 간의 법률관계를 규율하며 원칙적으로 지배복종의 관계를 정하는 법을 말한다.

다만 국가나 지자체가 개인과 대등한 자격으로 법률관계를 맺게 되는 경우에는 사법관계가 적용한다. 공법의 종류로는 헌법, 행정법[15], 형법, 소송법[16] 등이 있다.

---

15) 행정법: 행정에 관한 국내 공법을 의미하며, 행정권의 조직과 작용 및 행정구제에 관한 내용을 규정한다.

16) 소송법: 권리와 의무의 행사 · 보전 · 강제 등에 관하여 규율하는 법으로서 절차법에 해당한다. 내용에 따라 민사소송법, 민사집행법, 형사소송법, 행정소송법, 헌법소송법 등이 있다.

(2) 사법

사법은 사익을 목적으로 사인(국민)의 상호 간의 법률관계를 규율하며 원칙적으로 대등한 관계를 정하는 법을 말한다. 주로 당사자의 의사(합의)를 중요시하므로 임의법[17]이 많다. 사법의 종류로는 민법, 상법, 국제사법 등이 있다.

사법관계는 행정주체와 국민과의 관계 중에서 대등한 당사자의 법률관계를 형성하는 경우가 있다(예, 국고업무, 조달업무 등).

(3) 사회법(수정시민법)

사회법은 공익과 사익의 목적을 동시에 추구하는 법으로서, 공법(국가기관과 국가기관, 국가기관과 개인)과 사법(개인과 개인)의 내용을 모두 포함하고 있는 혼합 내지 상호보완으로 이루진 제3의 법 영역에 속하는 규범을 말한다. 하지만 사회법 속에는 공법적 내용이 많이 내포되어 있다고 볼 수 있다.[18] 이에 따라 사회법은 자본주의 모순에 대하여 국가가 공평의 원칙에 따라 수정・보완을 개입하는 것이 그 특색이 있다. 사회법의 종류로는 노동법, 경제법, 사회복지법 등이 있다(사회법의 발달 순서: 노동법 → 경제법 → 사회보장법・사회복지법).

※ 사회법의 구성

① 노동법: 헌법이 보장하는 근로의 권리와 노동3권을 구체적으로 실현하기 위한 법이다. 여기에는 근로기준법, 최저임금법, 남녀고용평등법, 직업안정법 등이 있다.
[참조] 산재보험법과 고용보험법은 노동법에도 속하면서 사회보험법에도 해당한다.

② 경제법: 국가가 자본주의 모순의 극복과 경제생활의 안정을 위하여 국민경제생활에 개입·규제하는 법이다. 여기에는 소비자보호법, 독점규제 및 공정거래에 관한 법률, 방문판매 등에 관한 법률, 물가안정에 관한 법률 등이 있다.

③ 사회복지법: 국민의 사회보장 권리 및 이를 실현하여야 할 국가의 권리의무를 규정한 사회복지제도에 관련된 법의 총체이다. 여기에는 사회보장기본법, 사회보험법, 공공부조법, 사회서비스법 등이 있다.

4) 일반법과 특별법 - 법의 효력이 미치는 범위(법의 적용영역의 표준)에 따라 구분

(1) 개념과 구분

일반법과 특별법은 법의 효력이 적용되는 범위, 즉 인적 범위(사람), 지역적 범위(장소), 사항적 범위(내용) 등을 표준으로 구별한다.

---

17) 임의법: 당사자 법 규정과 다른 내용으로 합의를 한 경우, 그 합의가 우선하여 적용되는 법을 말한다.

18) 사회법은 사법적 영역에 공공의 성격을 개입하여 자본주의의 불균형을 해결하기 위하여 생성된 법으로서 처음에는 계약법을 수정하여 노동자의 근로조건을 향상시키는 노동법의 발전을 본 후 국민경제의 균형이 있는 발전을 목적으로 국가경제의 통제를 다루는 경제법, 인간다운 생활을 보장하기 위한 사회보장법, 사회복지의 증진을 위한 사회복지법 등으로 발전한 것이다.

일반법	법의 효력이 미치는 범위, 사람, 사물, 장소, 사항이 일반적이고 제한이 없는 법을 말한다. 즉, 법의 적용이 특별한 제한이 없이 일반적으로 넓은 효력의 범위를 갖는 법이다.
특별법	법의 효력이 미치는 범위, 사람, 사물, 장소, 사항이 특정적이고 제한이 있는 법을 말한다. 법의 적용이 일정하게 한정된 사람, 장소, 사항에 따라 구별되어 적용되는 법이다.

일반법과 특별법의 구별은 고정불변의 정해진 것이 아니라 각 법률을 비교할 때마다 달라지는 상대적 개념이라 할 수 있다. 따라서 이 구별은 비교대상에 따라 일반법이 특별법으로 될 수도 있고, 특별법이 일반법으로 되는 경우도 있다.

※ 일반법과 특별법의 상대적 구별 예시
① 사회보장기본법과 국민연금법이 충돌하면 국민연금법을 우선 적용한다.
→ 사회보장기본법 내 "사회보장이란 사회보험, 공공부조, 사회서비스"라고 명시되어 있다.
② 사회복지사업법과 아동복지법이 충돌하면 아동복지법을 우선 적용한다.
→ 아동복지법은 사회복지사업법이 규정하는 27법에 포함되므로 특별법에 해당한다.
③ ☆ 사회보장기본법과 사회복지사업법이 충돌(상충)하는 경우에는 사회복지사업법이 우선 적용된다.
→ 사회보장기본법 내 "사회보장이란 사회보험, 공공부조, 사회서비스"라고 명시되어 있고 사회서비스에 관한 법이 사회복지사업법임 → 사회보장기본법 안에 사회복지사업법이 포함된다.
∴ 사회복지사업법이 사회보장기본법의 특별법에 해당한다.
④ 사회복지사업법과 국민연금법이 충돌하면 → 내용상 관련 없다(일반법과 특별법 관계가 아님).
사회복지사업법은 사회서비스, 국민연금법은 사회보험이므로 분류영역이 다르기 때문에 포함 관계가 아니다.
→ 사회복지사업법(일반법)은 27법(=특별법)을 규정한다.

(2) 일반법과 특별법의 구별실익(특별법우선적용의 원칙)

일반법과 특별법을 구별하는 실익은 '특별법은 일반법에 우선 적용한다'는 특별법우선적용의 원칙에 있다. 적용범위가 좁은 법률(특별법)부터 우선 적용하는 원칙이다. 예컨대, 구법인 특별법과 신법인 일반법 간에 충돌이 있는 경우에는 구법인 특별법이 우선 적용된다.

[문제] 다음 중 우선 적용될 법률부터 차례로 나열된 것을 고른 것은? ①
① 노인복지법 – 사회복지사업법 – 민법
② 민법 – 사회복지사업법 – 노인복지법
③ 노인복지법 – 민법 – 사회복지사업법
④ 사회복지사업법 – 노인복지법 – 민법
⑤ 사회복지사업법 – 민법 – 노인복지법

5) 강행법규와 임의법규 – 법의 강제성 유무 기준에 따라 구분

법의 적용이 강제적인가, 임의적인가를 기준으로 분류된다. 사회복지법령은 강행법규와 임의법규가 혼합적으로 함께 규정되어 있다.

(1) 강행법규

강행법규는 법률행위 당사자의 의사를 묻지 않고 절대적으로 법의 적용이 강요되어 효력이 발생하는 법을 말한다. 법규 형식상으로는 "~해야 한다"라고 규정되어 있다. 그 종류로는 헌법, 행정법, 형법, 형사소송법, 민사소송법 등의 공법분야 대부분에서 강행규정이 많이 있다.

(2) 임의법규

임의법규는 법률행위 당사자의 의사에 따라 자유롭게 적용될 수도 있고, 배제할 수도 있는 법을 말한다. 법규 형식상으로는 "~할 수 있다"라고 규정되어 있다. 그 종류로는 민법, 상법 등의 사법 분야에서 임의규정이 많이 있다.

6) 실체법과 절차법 - 법의 규정내용에 따라 구분

실체법과 절차법은 법이 규율하는 내용에 따라 나눌 수 있다. 실체법상의 권리는 절차법을 통하여 구체적으로 실현된다. 사회복지법은 주로 실체법에 해당하지만 절차법적 규정도 두고 있다. 즉, 사회서비스 영역의 법제는 주로 실체법적 규정과 절차법적 규정을 함께 두고 있다.

(1) 실체법

법규정의 실질적인 내용인 권리나 의무를 실현하기 위하여 법률의 규정내용에 대해 발생, 변경, 소멸, 성질, 내용, 범위 등의 실체적 법률관계를 규정하는 법으로 주법(主法)이라고도 한다. 그 종류로는 헌법, 형법, 행정법, 민법, 상법 등이 있다.

(2) 절차법

실체법상의 권리나 의무의 실질적 내용을 구체적으로 실현하기 위하여 필요한 권리구제의 절차를 규정한 법으로 조법(助法)이라고도 한다. 그 종류로는 헌법소송법, 형사소송법, 행정소송법, 민사소송법, 비송사건절차법, 파산법, 부동산등기법 등이 있다.

7) 상위법과 하위법(상위법 우선적용의 원칙) - 법의 수직적 체계에 따라 구분

법은 상·하위법의 수직적(위계적)으로 체계화되어 있다. 최고의 상위법인 헌법은 사회복지법의 법원으로 가장 상위의 법이며, 헌법 → 법률 → 명령(시행령-시행규칙) → 자치법규(조례-규칙)순으로 되어 있다.

> **※ 상위법 우선의 적용 원칙**
> 상위법의 이념 및 목적에 위반하여서는 아니 된다. 하위법은 상위법의 추상성을 구체화시켜 주지만, 상위법을 위반하면 위헌 또는 위법이 된다(효력발생: 무효). 여기에 위헌법률심사제도와 법률심사제도가 해당된다.

8) 원칙법과 예외법 - 일정한 사항에 대하여 일반적으로 기준이 적용 여부에 따라 분류

원칙법	일정한 사항에 대하여 일반적으로 적용되는 법(예, 법규정의 본문)
예외법	일정한 사항에 대하여 특별한 사정이 있는 경우에 그 원칙법을 적용하지 않을 것을 규정한 법(단서조항 - 예, 다만 ~ 한다: 확장해석금지)

6 사회복지법의 해석과 효력

대부분의 법조문은 그 스스로 현실에 적용될 목적을 갖고 규정된다. 하지만 법이 적용될 구체적 현실은 매우 다양하고 유동적이다. 전과 동일한 상황은 유지하지 않는다. 따라서 법조문을 현실에 실현하기 위해서는 해석이라는 작업이 필요하고 그 법의 효력이 발생해야 한다. 법의 실현은 사실관계를 확정하고, 재판근거인 법을 해석하고 적용하여 법적인 결론이 내려지게 되어 효력을 가지게 된다.

다음에서는 사회복지법의 해석과 적용, 그리고 그 효력에 대하여 살펴보고자 한다.

1. 사회복지법의 적용원칙

1) 상위법 우선의 원칙(헌법 제107조)

상위법과 하위법 간에 서로 충돌이 생기면 상위법이 먼저 적용한다는 원칙을 말한다. 헌법재판소는 법률이 헌법에 위반되는 여부를 심판한다고 규정하고 있고(헌법 제107조 1항), 대법원은 명령·규칙이 법률에 위반되는 여부를 최종적으로 결정한다고 규정하고 있다(헌법 제107조 2항). 이는 상위법과 하위법이 상충되는 경우 상위법이 우선한다는 것을 전제로 하고 있다.

2) 신법 우선의 원칙

신법이 구법보다 우선적으로 적용되는 원칙이다. 이는 대등한 법령 간에 충돌이 생긴 경우에는 나중에 만들어진 법령(신법)이 먼저 만들어진 법령(구법)에 우선한다는 원칙이다. 신법과 구법의 판단기준은 원칙적으로 그 법령의 제정시기(제정일 기준)에 따른다. 예컨대 법률을 국회에서 의결된 날짜와 시간의 선후에 의하며, 법률의 공포일이나 시행일을 기준으로 하지 않는다는 점이다.

3) 특별법 우선의 원칙

특별법이 일반법보다 우선적으로 적용된다는 원칙을 말한다. 판례는 신법 우선의 원칙과 특별법 우선의 원칙이 충돌될 경우에는 특별법 우선의 원칙이 적용된다고 하였다. 예컨대, [주의] 구법인 특별법과 신법인 일반법 간에 충돌이 있는 경우에는 구법인 특별법이 우선한다. 실무상으로는 해석상의 의문을 없애기 위해 새 법령을 제정하는 경우에 기존 법령과의 사이에 모순·저촉이 생기지 않도록 기존 법령의 규정을 개폐 또는 '○○법 제○조의 규정에 불구하고 …' 등을 이용하여 어느 쪽이 우선 적용될 것인가 또는 어느 쪽을 특별법으로 보아야 할 것인가를 명백히 하는 것이 바람직하다.

4) 법률 불소급의 원칙

새롭게 만들어진 법률시행 이전에 발생한 사실에 대하여는 소급하여 적용할 수 없다는 원칙을 말한다. 모든 법률에 공통된 원칙이지만, 특히 형법에서 문제된다. 죄형법정주의의 파생원칙의 하나로서 '형법불소급의 원칙' 또는 '소급입법금지의 원칙'이라고도 하고, 영미법에서는 '사후입법의 금지'라고도 한다.

그러나 예외적으로 중대한 공익상 사유, 사회의 실정, 정의, 형평성에서 요구가 있는 때에는 예외적으로 소급효가 인정될 수도 있다.

예컨대, 8·15 광복 후 일제강점기에 반민족행위를 한 사람을 특별법을 제정하여 소급처벌한 일, 4·19 혁명 후 3·15 부정선거 관련자와 반민주행위자 및 부정축재자, 2004년 일제강점기하 반민족행위 진상규명에 관한 특별법을 제정하여 소급처벌한 일 등이다.

5) 일사부재리의 원칙

일사부재리의 원칙(一事不再理原則)은 일단 판결이 확정되면 동일한 사건에 대하여 다시 재판의 심리를 하지 않고 처벌하지 않는다는 원칙을 말한다. 형사소송법에는 어떤 사건에 대하여 유죄 또는 무죄의 실체적 판결 또는 면소(免訴)의 판결이 확정되었을 경우, 판결의 기판력(旣判力: 판결의 구속력)의 효과로서 동일사건에 대하여 두 번 다시 공소의 제기를 허용되지 않는 원칙을 말한다. 이에 위배된 공소는 면소의 판결을 받는다.

이에 헌법은 "동일한 범죄에 대하여 거듭 처벌받지 아니한다"고 규정하여 이 원칙을 명문화하고 있다.

[문제] 사회복지법의 법적용 원칙으로서 새롭게 만들어진 법률시행 이전에 발생한 사실에 대하여 소급하여 적용할 수 없다는 원칙과 관련이 있는 원칙은? ③
① 상위법 우선의 원칙 ② 일사부재리의 원칙 ③ 법률 불소급의 원칙
④ 신법 우선의 원칙 ⑤ 특별법 우선의 원칙

2. 사회복지법의 해석

1) 사회복지법의 해석 의미

법의 해석은 일반적·추상적으로 규정되어 있는 내용을 구체적 사실에 적용하기 위하여 구체적으로 무엇을 뜻하는가를 법의 목적에 따라 법의 의미를 명확하게 밝히는 작업을 말한다.

법의 해석이 필요한 이유는 성문법의 불완전성을 들 수 있다. 입법자는 복잡한 사회생활의 관계를 모두 예견할 수 없다. 즉, 입법자가 입법할 당시의 모든 상황을 고려했다고 하더라도 변천하는 사회 속에서 인간행위의 모습은 성문법이 예견하지 못한 형태로 계속 생겨나게 된다. 따라서 사회현상에 탄력적으로 적용하기 위해서는 입법기술상 일반적이고 추상적인 용어로 표현하지 않을 수 없다.

2) 사회복지법해석의 방법

법해석의 방법은 법적 구속력을 가지는가의 여부와 해석주체의 기준에 따라 크게 나누어 유권해석과 무권해석(학리해석)으로 나눌 수 있다. 그리고 무권해석은 해석방법의 기준에 따라 문리해석과 논리해석으로 나누어진다.

(1) 유권해석(공권해석) – 권력분립에 따라 실시하는 입법해석, 행정해석, 사법해석 구분

유권해석이란 법적 구속력을 가지는 국가기관이 내리는 해석으로서 입법해석은 효력의 범위가 가장 크고, 행정해석은 행정부와 대외적 구속력이 있다. 사법해석은 최종적인 유권해석이다.

가. 입법해석

입법해석은 입법기관이 입법의 형식으로 하는 법조문상의 해석으로서, 입법자가 법규정 자체에 해석규정을 둠으로써 특정한 법규의 내용 또는 문구의 의미를 밝히는 해석을 말한다. 예컨대 입법자가 국민기초생활 보장법 제2조(정의)에서 “부양의무자란 수

급권자를 부양할 책임이 있는 사람으로서 수급권자의 1촌의 직계혈족 및 그 배우자를 말한다"라는 규정이라든지 또는 민법 제98조에서 "본법에서 물건이라 함은 유체물 및 전기 기타 관리할 수 있는 자연력을 말한다"라고 용어 자체를 확정하는 것이다.

나. 행정해석

행정해석은 행정기관에서 의해서 행하여지는 해석으로서, 상급 행정관청에서 하급 관청에 대한 훈령 · 지침 · 회신의 형식으로 행하는 해석을 말한다. 예컨대 법을 집행할 때 내리는 보건복지부장관(상급관청)의 훈령 · 지침, 시 · 군 · 구청장(하급관청)의 질

[그림 1-5] 사회복지법의 해석 방법

- 법해석
  - 유권해석
    - 입법해석: 법의 내용이나 개념의 해석을 법 규정의 형태로 정하는 해석이다.
      예, 본법에서 물건은 유체물 및 기타 관리할 수 있는 자연력을 말한다 (민법 제98조). - 입법부
    - 행정해석: 행정기관이 법 집행권에 근거하여 법의 내용을 규정하는 해석이다.
      예, 상급관청의 하급관청에 대한 회답 · 훈령 · 지침 등 - 행정부
    - 사법해석: 사법권에 근거하여 판결의 형식으로 내리는 해석이며, 해당 사건에 대한 최종적인 구속력을 갖는다.
      예, 형사상 공소제기나 민사상 제소 후에 법원이 내리는 판결 - 사법부
  - 무권해석 (학리해석)
    - 문리해석: 법 규정의 문구 · 문장을 그대로 충실하게 파악하는 해석이다.
    - 논리해석
      - 축소해석: 법문의 언어적 표현 자체보다 더 좁게 해석하는 것
        예) 절도죄는 재물을 동산만 한정함
      - 확대해석: 법문의 언어적 표현의 의미를 보다 넓게 해석하는 것
        예) 재물손괴죄는 물건의 형태를 파괴한 것뿐만 아니라 재물의 자질을 훼손하는 것도 포함, 양어장의 고기 방류, 밥그릇에 방뇨하는 것
      - 유추해석: 법령규정이 없는 사항에 대하여 그와 유사한 사항에 관한 규정을 적용하는 것
        예) 소, 돼지의 도축금지 - 말, 흑염소 도축금지 해당, 마차통행금지 - 우차도 포함
      - 반대해석: 법문이 규정하는 요건과 반대의 요건이 존재하는 경우에 법문의 규정과 반대로 추론하여 해석하는 것
        예) 차량통행금지 - 사람은 통행할 수 있다고 해석하는 것, 19세 미만자에게 담배판매 금지 - 19세 이상자는 판매가능
      - 물론해석(=당연해석): 법문의 내용, 그 밖의 사항도 당연히 포함되는 것으로 해석하는 것
        예) 大는 小를 포함함. 청소년보호법상 19세 미만자는 청소년 - 17세의 자도 청소년 포함, 쓰레기 투기 금지 - 담배꽁초 투기 금지도 포함
      - 비교해석: 외국의 입법례(立法例)와 비교하여 해석하는 것
      - 보정해석: 법문의 용어에 착오(錯誤)가 명백한 경우에 그 자구를 보정(補正)하여 해석하는 것
      - 목적해석: 법의 목적을 고려하여 그에 합당하게 해석하는 것
      - 연혁해석: 법의 제안이유서나 의사록 등을 고려하여 해석하는 것

의에 대한 상급관청의 회신 등은 관청상호 간에서 일정한 구속력을 갖는다.

다. 사법해석

사법해석은 법원이 내린 해석으로서, 특히 대법원의 판결의 결정, 판시형식으로 내린 해석을 말한다. 법원은 판결의 형식으로 법을 해석하여 적용하면 당사자의 분쟁에 대하여 가장 최종적 구속력을 가지게 된다. 재판과정은 사실을 확정한 다음에 법을 발견하여 해석한다. 그 다음 해석한 법을 사실에 적용한다.

※ 사실의 확정 → 법의 발견 → 법의 해석 → 사실에 대한 법 적용(재판과정)

(2) 무권해석(학리해석)

학리해석(學理解釋)[19]은 법조문이나 적용대상을 기초로 하여 강제력이 없는 학자들의 학문이론(학설: 학문적 이치)에 따라 법규의 뜻을 확정하는 것을 말한다(학문적 해석). 학리해석에도 해석방법에 따라 문리해석과 논리해석의 둘로 나눌 수 있다.

가. 문리해석

문리해석(文理解釋)은 가장 기초적이며 1차적인 해석으로서, 법 규정의 문구(자구) 및 문장의 내용을 검토하여 그 내용의미를 언어학적 의미에 의하여 밝히는 해석방법이다(문언해석). 예컨대, 우리가 흔히 쓰는 '선의 및 악의'와 같은 단어의 정의는 법적 정의와 다를 수 있다. 민법에서 「악의로」를 「어떤 사정을 알면서」라고 해석하는 것이다.

나. 논리해석(체계해석)

논리해석(論理解釋)은 입법의 목적이나 사회적 요구(합리성) 등을 고려하여 법질서 전체와 법 규정의 내용을 논리적 방법을 기초로 하여 법규의 의미를 확정하는 방법이다. 이는 법률을 하나의 통일된 체계로 해석하는 체계해석이라 할 수 있다.

논리해석 종류에는 유추해석(유사한 법문을 적용해 비슷하게 해석하는 것), 확대해석(법에 규정된 의미보다 넓게 해석하는 것), 축소해석(법에 규정된 의미 보다 좁게 해석하는 것), 반대해석(법의 규정한 것과 반대로 해석하는 것), 물론해석(=당연해석: 당연히 포함된다고 하는 해석, 전체와 부분관계에 있는 경우, 부분도 전체와 같이 보아 해석하는 것), 비교해석(다른 것과 비교하여 해석하는 것), 목적해석(법의 목적에 따라 해석하는 것), 보정(보충)해석(=변경해석: 법문이 잘못되어 있는 경우 이를 바로 잡아 해석하는 것), 연혁해석(=역사해석: 법의 제안이유서나 의사록 등을 참작하여 해석하는 것) 등의 여러 가지 방법이 있다.

---

19) 학리해석은 학자들이 법조항의 내용과 의미 · 입법취지 · 입법배경 · 상하위법간의 관계 등을 종합적으로 고려하여 내리는 학술적 해석이다.

※ 유추와 준용
- 유추: 법의 흠결인 경우 그 사항과 유사한 사항을 규정한 법규를 적용하여 동일한 법적 효과를 인정하는 것
- 준용: 입법기술상의 하나이며, 필요한 변경을 가하여 적용한다는 것

3. 사회복지법의 효력

법의 효력은 법의 내용이 의도한 대로 실현될 수 있는 상태에 있는 것을 말한다.

법의 효력 문제는 두 가지 측면에서 살펴보면, ① 실정법은 형식적 효력문제로서 시간적·공간적·인적으로 한정된 범위 안에서 효력을 갖는다는 점(타당성), ② 법은 실질적 효력문제로서 현실사회에서 그것이 실현되어야 하는 점(실효성)이 항상 포함되어 있는 것이다. 여기서 타당성과 실효성이 합치될 때 본래의 효력을 갖는다.

1) 법의 형식적 효력

(1) 때에 대한 법의 효력

① 법의 시행기간 - 효력발생기간 = 시행기간

법은 시행일로부터 폐지일까지 효력을 발생하는 것이 원칙이다. 그 기간 안에 발생한 사항에 대하여만 적용되고, 그 전 또는 그 후에 발생한 사항은 적용되지 않는다. 법에 시행일을 각각 개별적으로 정한 경우에는 그 정한 날로부터 시행되며, 시행일이 특별히 정해져 있지 않은 경우에는 공포[20]한 날로부터 20일이 경과함으로써 효력이 발생한다.

② 법의 폐지

법은 폐지가 되면 그 효력을 잃는다. 법의 폐지 종류에는 명시적 폐지와 묵시적 폐지가 있다.

법의 명시적 폐지	명문의 규정(부칙)에 의하여 법이 폐지되는 것을 말한다. 명시적 규정이 있는 경우에는 법령에 그 시행기간(유효기간)이 정해진 경우 그 기간의 종료로 인하여 법은 폐지된다(한시법[21]: 2005년 긴급복지지원법 → 2009년 한시규정 삭제). 그리고 신법에서 구법의 일부 또는 전부를 폐지한다고 명시한 때는 구법은 당연히 폐지된다(신법 우선의 원칙). 예컨대 국민연금법(1986년) 제정에 의해 국민복지연금법(1973년)의 폐지 등을 들 수 있다.
법의 묵시적 폐지	명문 규정에 의한 폐지가 아닌 것, 명시적 규정이 없는 경우에 폐지되는 것을 말한다. 동일한 사항에 대하여 신법(1999년 국민기초생활 보장법)과 구법(1961년 생활보호법)의 규정이 상반되는 경우는 그 저촉되는 범위 안에서 구법은 당연히 효력을 상실한다(신법우선의 원칙).

20) 여기서 공포라 함은 법을 널리 알리는 형식으로 국가의 법령에 있어서는 관보(행정안전부)에 게재하는 행위를 말하며, 조례·규칙에 있어서는 해당지자체의 공보나 신문에 게재하거나 게시하는 행위를 말한다.

③ 법률소급효금지의 원칙(=불소급의 원칙)

법률소급효금지의 원칙은 법이 시행 후에 발생한 행위에 대해서만 적용되며, 그 시행 이전에 발생한 행위에 대해서는 적용되지 않는다는 원칙을 말한다.

④ 효력의 소멸 = 시효

소멸시효는 개인이 국가에 대하여 가지고 있는 권리를 일정 기간 행사하지 않으면 그 권리를 행사할 수 없도록 소멸시키는 제도를 말한다.

※ 소멸시효의 예시

㉠ 국민연금법 제115조(시효) 규정	국민연금을 받을 권리는 5년간, 국민연금의 환수(제57조)에 따라 환수금, 연금보험료, 그 밖의 징수금 등을 징수할 권리는 3년간 행사하지 아니할 때에는 시효로 인하여 소멸한다.
㉡ 국민건강보험법 제91조(시효) 규정	보험료·연체금을 징수할 권리, 보험료·연체금으로 과오납부한 금액을 환급받을 권리, 보험급여를 받을 권리, 보험급여 비용을 받을 권리, 과다납부된 본인일부부담금을 돌려받을 권리, 건강보험공단의 권리 등의 권리는 3년 동안 행사하지 아니하면 소멸시효가 완성된다.

(2) 장소에 대한 법의 효력

① 원칙

국가의 영역은 법이 실제로 적용되는 지역적 범위로서 영토·영해·영공 등의 국토 전역에 걸쳐 그 효력이 미친다. 국가의 법은 기본적으로 그 국가의 영역 안에 거주하는 사람이면 내외국인을 불문하고 그 지역 안에 있는 모든 사람에게 일률적으로 적용되는 것이다(속지주의).

② 예외

장소에 대한 법의 효력은 예외가 인정된다. 일정한 경우에는 법이 국토의 일부에 한정하여 적용될 때도 있다. 예컨대, 치외법권을 가지고 외국에 있는 사람(외교관)의 경우에도 자국법이 적용되고, 외국에 있는 국민도 참정권, 병역의무 등 자국법이 적용된다. 자국 안에서도 지자체가 제정한 조례와 규칙은 그 지역 안에서만 효력이 있다.

(3) 사람에 대한 법의 효력

사람에 대한 법의 효력은 속지주의(屬地主義)[22], 속인주의(屬人主義), 절충주의(折衷主義)가 있다.

우리나라는 상호 간에 타국의 영역을 존중한다는 취지에서 속지주의를 원칙으로

---

21) 한시법은 종기가 도달할 때에 소멸한다.

22) 속지주의가 적용되지 않는 경우는 면책특권을 받는 대통령과 국회의원, 치외법권이 인정되는 외국인(국가원수, 대사, 공사 등), 한미행정협정(SOFA)의 미국군대의 구성원 등과 같이 직무수행의 편의상 주재국의 과세권·경찰권·재판권으로부터 면제를 받거나 본국법의 적용을 받는 경우이다.

채택하고, 우리나라 국토 안에서는 내·외국인 모두에게 우리나라의 법이 적용된다. 예외적으로 외국에 있는 우리나라 국민에게도 법이 적용된다. 즉, 속인주의를 예외적으로 보충·채택하고 있다. 따라서 우리나라의 대인적 효력에 관한 입법주의는 절충주의라고 할 수 있다.

속지주의	국토기준으로 자연인·법인·내국인·외국인을 불문하고 국가의 영역 안에 있는 사람이면 국가의 법을 적용하는 입법주의
속인주의	사람이 속하는 국적에 따라 외국에 사는 자국민에 대해서도 자국법을 적용하는 입법주의(외국에 있는 우리나라의 사람에게 적용한다)

[판례연구]
- 북한동포의 경우 → 북한국적의 소지자도 우리 사회복지법을 적용할 수 있다.
- 재일동포의 경우 → 한국인이 일본영주권을 가져도 한국의 국적을 상실하는 것은 아니다.

2) 법의 실질적 효력

법의 실질적 효력은 사회에서 규범적 타당성과 사실적 실효성, 그리고 법적 안정성이 결합되어 이루어지고 있다.

(1) 법의 타당성

법의 타당성은 법의 내용이 규정한 대로 실현(준수)되어질 것을 요구하고 있다는 사실에서 사리에 맞고 올바르게 효력을 가지는 것을 말한다(법규범의 객관적 당위성).

법은 형식적으로 적법절차에 의한 것이어야 하거나, 내용적으로 국민의 법감정에 부합되는 것일 때 정당성의 근거를 가진다. 적법절차에 의해 제정된 법이라고 해도 그 내용이 국민의 법감정에 반한다면, 그 법은 법으로서의 완전한 효력을 갖지 못한다. 반대로 국민의 법감정에 맞는 법이라고 해도 적법절차를 거치지 않았다면 법으로서의 완전한 효력을 갖지 못한다.

(2) 법의 실효성

법의 실효성은 국가권력이 강제력을 행사하여 그 실현을 보장하는 것을 말한다. 즉, 현실사회에서 법의 내용이 의도하는 대로 적용되어 실현되고 있는 것을 말한다. 법이 강제규범으로서 발동되는 것은 법의 실효성 문제이다.

※ 법의 타당성과 실효성의 관계

법의 효력이 완벽하게 발생하기 위해서는 타당성과 실효성을 함께 가지고 있어야 한다. 법에 있어서 타당성과 실효성은 법의 효력을 가지는 주된 요소로서 서로 밀접한 관련이 있다.

따라서 법이 타당성과 실효성 중 어느 하나라도 결한 경우를 '법과 현실의 괴리현상'이라고 한다. 이러한 괴리현상은 법의 사문화 경향을 초래하므로 바람직하지 못하다.

(3) 법적 안정성

국민이 법의 타당성과 실효성을 믿고 안심하고 사회생활을 할 수 있는 상태를 말한다. 안정성이 확보되어야 사회질서의 유지가 가능한 것이다.

※ 법적 안정성의 실현요건

① 법의 내용이 명확해야 한다.
② 법이 임의적으로 자주 변경되지 않아야 한다.
③ 실제로 실현가능해야 한다.
④ 국민의 일반적 법의식과 합치되어야 한다. 즉 모순되지 않아야 한다.

CHAPTER 01

사회복지법학의 기초이론 학습 핵심문제

01 사회복지법의 개념 및 성격에 관한 설명으로 옳지 않은 것은?

① 관점에 따라 개념이 다양할 수 있다.
② 시회복지법은 헌법을 구체화한 법이다.
③ 사회복지법은 공·사법의 성격이 혼재된 사회법 영역에 속한다.
④ 헌법에는 사회보장과 사회복지라는 용어가 사용되고 있다.
⑤ 우리 실정법상 사회보장의 정의규정은 존재하지 아니한다.

02 사회복지법의 법원(法源)에 관한 설명으로 옳은 것은?

① 사회복지법의 근거가 되는 헌법규정은 선언적일 뿐 규범적 효력은 없다.
② 사회복지법령은 임의법규이다.
③ 우리나라의 경우 단일의 사회복지법전은 존재하지 않고 여러 개별 법률로 구성되어 있다.
④ 위헌위법인 사회복지법령은 무효 또는 취소가 된다.
⑤ 사회복지행정기관의 내부 문서정리를 위한 지침은 법규명령에 해당한다.

03 자치법규에 관한 설명으로 옳지 않은 것은?

① 조례는 법률이나 명령보다 하위의 법규범이다.
② 주민의 권리제한에 관한 사항을 정할 때 법률의 위임 없이 조례를 제정할 수 있다.
③ 조례는 지방의회가 제정한다.
④ 관련 법령에 따라 일정한 요건을 충족한 주민은 조례를 제정·개정·폐지할 것을 청구할 수 있다.
⑤ 지방자치단체는 법령의 범위 안에서 자치에 관한 규정을 제정할 수 있다.

04 사회보장급여 중 인과적 관계와 달리 국가의 합목적성에 의해 지급되는 급여에 대한 설명으로 옳은 것은?

ㄱ. 60세의 노인에게 지급되는 노령연금
ㄴ. 빈곤 가구에게 지급되는 생계급여
ㄷ. 산업재해를 당한 개인에게 지급되는 요양급여
ㄹ. 장애아동에게 지급되는 장애아동수당

① ㄱ, ㄴ, ㄷ ② ㄱ, ㄷ ③ ㄴ, ㄹ ④ ㄹ ⑤ ㄱ, ㄴ, ㄷ, ㄹ

05 사회복지법령상 조례를 필수적으로 제정해야 하는 사항이 아닌 것은?

① 지역사회복지협의체의 운영에 관한 사항
② 공공시설 내 매점 및 자동판매기 운영 등에 관한 사항
③ 복지사무전담기구의 사무의 범위·조직에 관한 사항
④ 아동위원에 관하여 필요한 사항
⑤ 의료급여기금의 관리·운용에 관한 법령 및 규칙에 정한 것 외에 필요한 사항

06 조례에 대한 설명으로 옳지 않은 것은?

① 조례는 지방의회에서 제정한다.
② 사회복지위원회 조직에 관한 사항은 시·도의 조례로 정한다.
③ 조례는 법령의 범위 내에서만 유효하다.
④ 지방자치단체 내에서만 효력이 있다.
⑤ 지방자치단체의 고유사무에 대한 조례는 법률의 위임이 있어야 가능하다.

07 사회복지법원에 관한 설명으로 옳은 것은?

① 우리나라에서는 관습법은 인정하지 않는다.
② 판례는 법원으로 인정되지 않는다.
③ 우리나라에는 별도의 사회복지법전이 존재한다.
④ 헌법에서 노인에 대한 국가의 의무를 규정하고 있다.
⑤ 사회복지사업법은 사회보장기본법에 대해서 일반법의 성격을 가진다.

08 우리나라의 법령 제정에 관한 설명으로 옳은 것은?

① 시행령은 행정 각부의 장이 발하는 명령이다.
② 법률을 제정하기 위해서는 반드시 국회의 의결을 거쳐야 한다.
③ 대통령은 법률에서 구체적으로 범위를 정하여 위임받은 사항에 대해서만 대통령령을 발할 수 있다.
④ 국무총리는 소관 사무에 관하여 법률의 위임 없이 직권으로 총리령을 발할 수 없다.
⑤ 법률안 제출은 국회의원만 할 수 있다.

09 사회복지법에 관한 설명으로 옳은 것은?

① 헌법에는 사회복지관련 조항이 없다.
② 시민법은 사회복지법의 한계를 극복하기 위하여 출현하였다.
③ 생존권 보장은 사회복지법의 이념 중 하나이다.
④ 헌법에 의하여 체결·공포된 사회복지 관련 조약은 사회복지법의 법원(法源)에 포함되지 않는다.
⑤ 사회복지조례는 보건복지부장관의 승인을 받아야 한다.

10 사회복지조례에 관한 설명으로 옳은 것은?

① 사회복지조례는 국가에 대해서 법적 구속력을 가진다.
② 위법한 사회복지조례에 대해서는 취소소송으로 다툴 수 있는 것이 원칙이다.
③ 사회복지조례는 주민의 조례제정·개폐청구권의 대상이 될 수 없다.
④ 사회복지사무의 집행을 위해 지방자치단체의 장이 제정하는 규칙은 사회복지조례와 동등한 효력을 갖는다.
⑤ 법령에 위반한 조례는 효력이 없다.

11 사회복지법 체계에 관한 설명으로 옳지 않은 것은?

① 사회보장기본법은 국회에서 제정한 법률이다.
② 지방자치법규에서 지방의회는 조례를 정할 수 있다.
③ 헌법은 사회복지법의 법원으로 가장 상위의 법규범이다.
④ 장애인복지법 시행규칙은 보건복지부장관이 제정한다.
⑤ 조약은 법원의 판결에 의해 효력이 생긴다.

12 조례를 통해 정할 수 있는 것은?

① 사회복지시설 폐쇄에 관한 것
② 성매매 행위 처벌에 관한 것
③ 수급자 서비스 이용제한
④ 시·군·구에 설치한 종합복지관 운영에 관한 것
⑤ 아동학대행위에 대한 처벌에 관한 것

13 조례에 대한 설명으로 옳은 것은?

가. 법률을 위반하는 조례는 무효이다.	나. 지방자치단체의 고유사무에 관해서만 적용될 수 있다.
다. 지방의회에서 정한다.	라. 법률의 위임 없이는 제정될 수 없다.

① 가, 나, 다 ② 가, 다 ③ 나, 라 ④ 라 ⑤ 가, 나, 다, 라

14 한국 사회복지의 판례에 대한 설명으로 옳지 않은 것은?

① 불문법원이다.
② 공익 소송적 의미를 지닌다.
③ 법적 분쟁과 무관하게 형성된다.
④ 성문 법원의 보충적 기능을 한다.
⑤ 내용상 위헌심판, 헌법소원, 권한쟁의심판의 결과로 형성된다.

정답 01. ⑤ 02. ③ 03. ② 04. ③ 05. ② 06. ⑤ 07. ④ 08. ② 09. ③ 10. ⑤ 11. ⑤ 12. ④ 13. ② 14. ③

CHAPTER 02

사회복지법학의 역사

1 시민법과 사회법의 형성

1. 시민법

1) 시민법의 성립

중세 봉건제도를 무너뜨리고 성립한 시민법은 1789년 프랑스 시민혁명(부르주아 혁명)에 따라 탄생한 근대의 시민사회를 기초로 하여 만들어진 법이다. 시민법은 자본사회에 자유경제체제의 사법으로서 시민의 사적 이익 추구를 최대한도로 허용하고, 이를 권리로서 보장하여 시민사회의 질서를 유지하고 발전시키려는 근대사법이다.

TIP 시민법의 배경

- 중세 봉건사회의 신분질서를 타파로 자유롭고 서로 평등하며 이성적이면서 인격자로 보았다. 18세기 말부터 19세기 초에 자본주의 사회(시민사회)가 성립되고 시민법이 출현하게 되었다. 시민법의 사상은 르네상스(문예부흥)와 루터의 종교개혁 등에 영향을 받아 인본주의, 자본주의, 개인주의 등이 포함하고 있다. 자애심의 자유스럽고 완전한 발휘는 궁극적으로 사회전체의 복지를 증진하고, 이타심의 작용을 한다고 하는 낙천적 세계관이 지배하고 있다.
- 자본주의 사회출현의 결정적 역할은 정치혁명으로 프랑스혁명과 영국의 경제혁명으로는 산업혁명을 들 수 있다. → 이러한 혁명의 결과로 시민사회가 출현하게 되었으며, 시민사회의 법질서를 이끌어나갈 법체계가 필요하게 되었다.

※ 봉건제(선분제) → 자본주의 사회출현 ⇒ 시민법
① 1688년 영국 명예혁명 ② 1776년 미국 독립혁명 ③ 1789년 프랑스 대혁명

2) 시민법의 원리

근대 시민사회에서 자본주의 발달은 시민개인의 영리 추구, 자유권을 인정하였으며 경제적으로 자유경쟁주의, 자유방임주의(야경국가)로 나타났다. 즉, ① 소유권(사유재산) 절대보장의 원리, ② 계약자유(사적자치)의 원리, ③ 과실책임(과실에 대한 자기책임)의 원리 등으로 시민법의 자유경제주의 원리로 발전하여 왔다.

(1) 소유권 절대보장의 원칙(사유재산권 존중의 원칙)

시민사회에서 시민 개인은 모든 사유재산에 대한 완전한 소유를 인정하고, 서로 침해하지 않도록 하는 것이 개인생활의 안정을 이루는 것이다. 개인생활의 안정은 개인의 사유재산권에 대한 절대적 행사(지배)를 인정하고, 국가나 다른 개인은 이에 간섭하거나 제한하지 못하는 원칙을 말한다(소유권 절대지배 개념).

그러나 이 원칙은 자본을 가진 자의 자유(소유권)만을 보장하는 결과로 부(富)의 불평등을 더욱 심화시킨 문제점을 가져왔다. 부의 불평등은 자본가의 소유권에 비해 가지지 못하는 계급(노동자)이 형성되면서 노동자 빈곤 등의 사회문제가 발생하였다.

(2) 계약자유의 원칙(사적 자치의 원칙, 법률행위 자유의 원칙)

시민 개인은 사법상의 평등한 시민으로서 자유로운 의사표시에 따라 구체적 합의에 의해 법적인 권리·의무관계(법률관계)가 만들어진다는 원칙을 말한다.

그러나 자본주의적 생산수단이 발전할수록 자본가의 독점자본주의 단계로 이행하면서 사회적 불평등 계약이 보편화되었다. 노동자 계급에게는 강요된 노동에 종사하며 생존을 유지해야 하는 문제점이 드러나게 되었다.

(3) 과실책임의 원칙(자기과실에 대한 책임의 원칙)

시민 개인은 자신의 행위로 타인에게 끼친 손해에 대해서는 위법, 고의(故意) 또는 과실(過失)에 기초한 경우에 책임을 지고, 그렇지 않은 행위에 대하여서는 책임을 지지 않는다는 원칙을 말한다. 여기서 과실이나 고의의 입증책임은 노동자가 지도록 하고 있다.

그러나 이 원칙은 결국 자본가(유산자)를 위한 원칙으로서 과실에 대한 자기책임의 원칙은 가해자(자본가)의 명백한 과실이 인정될 수 없는 경우, 피해자(노동자)는 자신이 입은 손해(재해)에 대해서 자신의 과실로 인정해야 하는 문제점이 있다.

> **TIP** 과실책임의 원칙(자기 책임의 원칙)
>
> 개인이 타인에게 준 손해에 대해서 그 행위가 고의 또는 과실에 기인하는 경우에만 손해배상책임을 지고 고의나 과실이 없을 때에는 어떠한 책임도 지지 않는다는 원칙(사업자의 과실이 아니라면 근로자의 책임, 입증책임은 근로자임) ⇒ 자본가(유산자)를 위한 원칙

2. 사회법

1) 사회법의 성립

사회법은 시민법의 한계를 극복하기 위하여 출현하였다. 이는 자본주의의 한계로 인하여 노동자 등 경제적·사회적 약자의 생존권 보장이 필요하면서 자유주의적 체

제에 대한 반성과 개인의 생존보장에 대한 필요성이 대두되었다. 시민법의 형식적 자유보장은 사회적·경제적 불평등이 증가하여 실질적 평등을 내용으로 하는 사회정의 실현을 위해 자유보다는 평등을 더 강조하게 되었다(자유·평등사상의 변화). 따라서 사회법은 공공이익의 실현을 위해 국가가 개입할 필요성이 제기되면서 19세기 말에서 20세기 초에 걸쳐 등장한 법이다(공동체의 안녕 추구).

2) 사회법(수정된 시민법)의 기본원칙

시민법의 원칙은 주로 사법영역에서 발전하였고, 시민법의 3대 원칙이 강조되면서 사회문제가 발생하게 되었다. 시민사회의 경제·사회적 불평등을 유발한 시민법의 문제해결을 위해 시민법의 원칙을 수정한 내용이 사회법의 원칙이다. 사회법(사회복지법)은 시민법의 한계를 극복하기 위하여 출현한 것이다. 따라서 시민법의 원리를 수정한 사회법의 3대 원칙은 ① 소유권(사유재산)행사의 사회성(소유권 행사의 제한), ② 계약의 공정성(형평성), ③ 무과실책임의 원칙(=집합적 책임의 원칙) 등이 있다.

(1) 소유권 행사의 제한(=소유권 행사의 사회성, 공공성)

절대적 자유권으로서 소유권 절대보장의 원칙에 대한 비판은 사회의 공공복리(공익)를 위해서 개인의 소유권 행사에 대한 제한이 가능하게 되었다. 이것은 소유권 존중과 공공복지를 기준으로 소유권에 대한 제한을 가하게 되었다(예, 세금, 공공시설 설치를 위한 부동산의 강제수용 등).

(2) 계약자유의 원칙의 수정(=계약자유의 공정성)

계약의 자유가 형평성을 위하여 사회적 약자의 불평등을 초래하는 부정적인 결과를 가져옴에 따라 계약자유의 원칙은 공정한 계약의 원칙으로 수정되었다.

계약에 대한 국가개입과 공공복리, 질서유지, 신의성실 등의 법리로 계약의 자유를 제한한다(계약강제에 대한 제한: 근로자의 근로계약 체결).

(3) 무과실 책임주의(=집합주의)

무과실책임은 산업이 발달할수록 실제로 규명하기가 어려워짐에 따라 과실책임을 입증하는 것이 너무 많은 돈과 시간, 노력이 많이 들어가도 과실책임을 밝히는 것이 어렵게 되었다. 과실의 책임이 누구의 잘못으로 인한 것인지 따지지 않고 손해배상을 하는 것이다.

가령 우리나라의 산업재해보상보험법(집합주의, 단체주의)이 해당된다. 이 법은 과실

책임의 원칙이 업무상 재해에 대해 사업자의 모든 책임인 무과실의 책임원칙으로 전환되면서 등장하게 된 대표적인 사회복지법이다.

<표 2-1> 수정된 시민법의 기본원칙

① 계약자유의 원칙	계약의 공정성: 현실적 제도로 노동조합(근로계약서의 공정성)
② 재산권 절대보장의 원칙	재산권(소유권)의 사회성: 현실적 제도로 조세, 국기법 제도
③ 과실책임의 원칙	무과실책임주의(입증에 상관 없이 사업장 내 재해는 무조건 사업자 책임): 현실적 제도로 산재보험법이 해당함

3) 사회법의 성격

사회권은 노동권을 시작으로 경제권 · 사회복지권 등 사회법상 인정되는 권리이다. 이에 따라 개인에게는 사회권이라는 형태의 권리가 인정되게 되었다. 사회법은 공법과 사법이 혼합되어 있는 중간영역(제3의 법 영역)에 해당한다. 이러한 사회법의 종류로는 노동법(노동조합법, 근로기준법), 경제법(공정거래법, 소비자보호법), 사회보장법 · 사회복지법(국민연금법, 국민기초생활 보장법, 아동복지법, 사회복지사업법 등) 등이 있다.

TIP 사회법의 성격

19세기 말경, 독일에서 시민법의 원리에 대한 부분적 수정원리를 바탕으로 하여 나타난 것이다. 사회법은 자본주의 발전과정에서 노사대립을 방지하고 노동자의 생존권이 위협받지 않도록 하기 위해 근로조건을 개선하고, 자주적인 노동운동을 보장하여 근로자의 생활수준을 향상시키거나 자유방임적 경제질서하에 독점기업의 횡포를 규제하고 조정하기 위하여, 그리고 모든 국민의 기본적인 욕구를 충족시키고 인간다운 삶을 보장하며 사회정의를 구현하기 위한 법이다.

① 경제적 약자 보호와 사회적 불균형을 해결하는 것이다.
② 사회법의 이념은 배분적 정의이다.
③ 관여하는 제3자나 중요한 당사자로서 사회와 국가가 직·간접적으로 개입한다.
④ 자본주의 모순해결과 자유주의적 국가관에 대한 반성관점에서 발달한 것이다.

2 영국의 사회복지법 역사

영국 사회복지법의 발달은 빈민법에서 찾을 수 있다. 빈민법은 16세기 산업혁명과 봉건제도의 몰락으로 많은 부랑인, 노동자, 빈민을 통제와 구제하기 위한 국가의 책임에서 시작하였다.

따라서 다음에서는 빈민구제에 관한 국가책임을 세계 최초로 인정한 나라인 영국의 1601년 엘리자베스 빈민법을 기준으로 하여 그 이전과 이후의 사회복지법 역사에 대한 변천과정을 살펴보려고 한다.

TIP 영국 사회복지법의 시대적 배경

영국은 1485년에 시작된 사회구조에 큰 변화가 일어났는데 바로 농노제의 해체와 신흥 부르주아의 등장이다. 14세기만 해도 농민의 대다수가 농노였으나 16세기 들어 자유농민으로의 전환이 되었다. 또한 17세기 중엽이 되면서 전쟁의 복무 대신 이윤사업에 투자하여 부를 축적하는 부르주아가 나타나게 되었다. 이들은 광대한 토지경작, 인클로저를 통해 농업자본가로의 길을 걷게 되었고 영국 자본주의의 견인차 역할을 하게 되었다.

1. 엘리자베스의 빈민법 이전

엘리자베스 1세의 빈민법 이전에는 노동자법(1351년), 건장한 부랑자 및 걸인의 처벌에 관한 법(1536년), 장인법(1562년), 빈민구제법(1576년) 등이 있다.

1) **노동자법(1351년 제정)** - 노동자의 이주 통제 → 영주(지주) 보호

2) **건장한 부랑자 및 걸인의 처벌에 관한 법(1536년 제정)** - 빈민법 기본 골격

3) **장인법(1562년 제정)** - 장인 노동력 제공

4) **빈민구제법(1576년 제정)** - 강제노동을 통한 보호

2. 엘리자베스의 빈민법(구빈민법 1601년 제정)

1) 의의

사회복지법의 역사적 관점에서 볼 때, 영국 엘리자베스 1세 여왕의 빈민법(Elizabeth of poor law, 이하에서는 '빈민법'이라 함)은 1601년 이전에 있던 투더빈민법들을 모아서 집대성한 법이다. 교회(교구) 중심의 구호에서 국가(지방정부)주도로 변화는 빈민구제보다 빈민을 관리통제하기 위한 법이라 할 수 있다(음모이론).

2) 내용

① 빈민법은 교회가 아닌 국가(지방정부)가 최초로 빈곤을 책임졌다는 점에서 의의가 있다. 이를 위해 지방정부는 지방세금을 늘리고, 빈민세(구빈세)를 징수하였다.

② 각 교구에는 자체 빈민제도와 임명한 빈민감독관(구빈업무와 지방세 징수업무 담당)이 있었다. 빈민감독관은 지역질서 유지를 위해 파견된 왕립관료인 치안판사가 임명하고 감독하였다. 치안판사는 사실상 빈민법의 유지에 큰 역할을 하였다.

③ 빈민법은 노동력의 유무에 따라 공공부조의 대상자를 노동능력이 있는 빈민(가

치 있는 빈민)과 노동능력이 없는 빈민(가치 없는 빈민), 빈곤아동 및 고아(부모의 양육을 받을 수 없는 빈곤아동) 등으로 각각 분류하여 다른 처우하였다.

<표 2-2> 엘리자베스 빈민법의 대상자 분류

구 분	처우의 내용
노동능력이 있는 빈민	스스로 생활을 영위할 수 있는 노동능력을 가진 사람은 작업장과 교정원에 수용하였고, 강제로 일을 하도록 함(강제노동을 거부하는 자는 교정원에 투옥하였음)
노동능력이 없는 빈민	노령자, 만성병자, 맹인, 정신병자 등의 노동의 능력이 없는 빈민은 구빈원 또는 자선원에 수용되어 제한된 보호를 받도록 함(구빈원, 자선원 수용 구제)
빈곤아동 (고아, 사생아 등)	보호자 없는 아동(8~24세)은 도제로 삼는다는 방침을 세웠고, 빈곤아동들은 노예에 가까운 대우를 받았음(강제도제 혹은 입양)

3) 특징

빈민법은 빈민의 노동을 장려하기 위한 것과 동시에 노동통제와 빈민통제를 하기 위한 강제성이 동반된 법이다.

① 빈민법은 1601년 이전에 존재한 법들을 집대성하여 제정한 법이다. 1598년에 초안을 입법화한 것이다. 영국 자본주의의 축적기에 있던 빈민의 대량발생과 치안질서유지의 입장에서 당시에 산발적으로 있었던 빈곤제도(빈민관리법과 조례)들을 총 집대성한 법이다.

② 빈민법은 최초의 공공부조라는 것에 의의가 있다. 하지만 보편적인 의미의 공공부조가 아닌 상당히 선별적인 의미의 공공부조였다(공공부조법의 기원).

③ 모든 부모와 자녀는 상호 부양의무를 지우게 한다는 규정(가족책임의 원리)이 도입되었다(가족의 부양책임과 자산조사). 이 규정은 1601년 친족의 부양의무 범위가 조부모까지도 확대되었다. 그리고 1948년 구빈법을 폐지할 때까지 존속되었다.

④ 영국은 빈민법의 제정으로 빈민구제에 관한 국가의 책임을 가장 먼저 확립한 국가이다.

⑤ 실제 내용상으로는 빈민을 구제보다는 빈민 노동력의 통제와 빈민통제를 하기 위한 것이다. 노동능력의 유무에 따라 빈민을 구분하여 빈민을 통제하고 관리하기 위한 법이다.

※ 엘리자베스 구빈법의 주요 내용

① 빈민구제를 정부(지방정부)의 책임으로 인식, ② 행정기관의 설치, ③ 구빈세의 징수·활용, ④ 노동능력의 유무에 따라 빈민을 구분 처우, ⑤ 노동능력이 있는 빈민이라도 일자리를 얻지 못할 경우가 있다는 인식, ⑥ 빈곤아동의 보호, ⑦ 작업장과 구빈원의 활용, ⑧ 친족부양의 책임을 강조, ⑨ 걸인의 귀향조치

4) 빈민법의 문제점

① 보호자 없는 아동이 노동수단으로 이용(제외대상: 위탁 6세 이하만 해당)되었다.
② 정부의 통제 방식에 이용되어 빈민의 인권을 침해하였다.
③ 빈민구제를 위한 것이라기보다는 강제노동, 억압수단의 관리 방법이었다.
④ 사실상 왕권유지를 위한 빈민을 통제 관리하기 위한 목적이었다(음모이론).

3. 엘리자베스의 빈민법 이후

엘리자베스 1세의 빈민법~개정 빈민법 이전에는 정주법(1662년), 길버트법(1782년), 우애조합장려법(1793년), 스핀햄랜드법(1795년), 공장법(1802년) 등이 있다.

1) 정주법(1662년 제정) – 농촌노동력의 이동 통제

정주법(定住法)[23]은 빈민들이 거주할 수 있는 자격을 규정한 법이다. 정부가 빈민의 소속교구에 분명히 정착을 강제하여 빈민의 도시유입을 막고, 농촌노동력의 이동을 통제 제한함으로써 실업자와 요지원대상자가 증가하게 되었다.

2) 공동작업장 심사법(1722년 제정) – 노동력의 착취

작업장 심사법(작업장법)은 영국 브리스톨(Bristol)시에 교구 연합체를 형성하여 공동작업장을 설치하였다. 공동작업장 설치는 임금을 지불하고 직업보도 등을 처음으로 시작하였다. 목적은 빈민을 고용하고 국가적 부의 증대와 구빈재정의 지출을 억제하는 것이었다. 그 결과로 제품의 질 저하, 재료의 낭비, 노동력의 착취 등이 초래되었다.

3) 길버트법(1782년 제정) – 작업장 개선운동

길버트법은 토마스 길버트 의원(Thomas Gilbert)이 주장한 일종의 '작업장 개선운동'이며, 작업장에서 빈민의 비참한 생활과 착취를 개선할 목적으로 제정된 법이다(빈민들의 구제와 고용 개선법). 교구연합을 통한 효율적 구빈행정을 시도하였다. 노동력이 있는 근면한 빈민은 자신의 집에서 공공부조를 받게 되는 구빈원 밖의 구제[원외구제(=거택보호, 재가복지)제도의 효시]를 인정하였다.

23) 여기서 정주란 모든 사람은 법적으로 일정한 교구에 소속하며, 그 해당교구에서만 구제받을 자격을 가진다.

[문제] 노동은 가능하나 자활능력이 없는 빈민을 작업장에 보내는 대신 자기 가정 내에서 또는 인근에 있는 적당한 직장에서 취업하도록 알선해주는 원외구호를 실시한 영국의 법은? ②
① 정주법 ② 길버트법 ③ 우애조합장려법 ④ 스핀햄랜드법 ⑤ 공장법

4) 우애조합장려법(1793년 제정) - 공제조합

우애조합장려법은 원시적 협동의 기능을 우호적으로 수행하는 공제조합을 장려하기 위하여 법이다. 우애조합을 법정단체로 빈곤에 대응하기 위하여 조합의 조직결성을 장려한 법이다. 오늘날의 협동조합과 같은 의미가 있다.

5) 스핀햄랜드법(1795년 제정) - 임금보조제도 기초

스핀햄랜드법(Speenhamland Act)은 스핀햄랜드라는 지역에서 경제적 불황기에 노동자의 임금을 억제하기 위한 법이다. 이 법에 따라 국가는 가족(아동) 수에 따라 저임금 노동자의 생활비를 위해 임금을 보충해 줌으로써 빈민에 대한 처우개선을 위한 임금보조제도이다[24]. 이는 최저 생활비 미달의 임금에 대한 보조제도이다.

오늘날의 아동수당, 가족수당이나 임금보조의 기초를 이루었다는 점에서 그 뜻이 있다(최저임금제의 합법화 초래).

6) 공장법(1802년 제정) - 아동복지법의 성격

공장법(Factory Act)은 영국에서 최초로 산업혁명이 진행되면서 공장에서 비인도적인 처우를 받는 아동의 노동조건과 작업환경을 개선하기 위한 노동자보호에 관한 법이다. 이는 최초의 아동복지법 성격을 가진다.

[문제] 국가는 가족(아동) 수에 따라 저임금 노동자의 생활비를 위해 임금을 보충해 줌으로써 빈민에 대한 처우개선을 위한 임금보조법이다. 최저 생활비 미달의 임금에 대한 보조제도를 실시한 영국의 법은? ④
① 정주법 ② 길버트법 ③ 우애조합장려법 ④ 스핀햄랜드법 ⑤ 공장법

---

24) 스핀햄랜드의 버크셔 카운티(Berkshire County)에서 임금보충체계(Relief Allowance System)로 급여수당척도제도를 도입하였다. 교구는 빵 가격을 가족 중 아동의 수에 따라 노동자들의 임금을 생존 수준까지 보충하여 지급한다(최저소득 보장 - 부족분 보충급여 방식, 빵법: 아동 수에 따라 빵을 나눠줌).

4. 개정 빈민법(신빈민법 = 신구빈법, 1834년)

1) 시대적 배경

19세기 경제적 불황과 노동자 폭동 그리고 구빈비용의 급격한 증가 등 재정적 위기에 직면한 영국 정부는 구빈비용을 축소하기 위해 빈민법을 개정하였다.

개정 빈민법(neo poor law, 이하에서는 신빈민법이라 함)은 사회복지의 억제수단에 하나로 빈민이 국가에게 의존하지 않도록 하기 위하여 제정한 법이다(잔여적 빈곤구제법).

산업혁명의 결과로 중산층인 부르주아가 형성되어 수적으로 증가하고, 종래 지주인 부농에 의하여 좌우되던 의회가 부르주아에 의해서 운영관리하게 되었다. 이런 신흥 자본가는 최저임금제를 반대하고 구빈비용 지출의 증가에 반대하여 좀 더 억압적인 법을 요구하게 되었는데, 이것이 바로 1834년에 빈민법을 개정하게 되었다.

TIP 신빈민법 출현의 시대적 배경

① 1700~1800년대: 영국의 산업혁명기간 - 영주·대지주로부터 해방된 농민 → 도시로 이주
- 1776년: 아담 스미스의 국부론 출간
- 1789년: 프랑스 대혁명(자유, 평등, 박애)
- 1차 Enclosure Movement(종획운동): 방직공업 발달로 복합영농운동, 양모수요증가에 따라 목축 등이 중요하게 됨

② 농촌사회의 해체: 1830년 농민봉기(최후의 농민, 노동자 봉기)
자영농민 → 공업노동자로 몰락, 자영농민·영세소작농 → 임금노동자로 몰락(농지축산 → 곡가상승 → 빈민증가)

③ 불황기(1793년~1815년)와 1825년의 공황
기계파괴운동, 농민 및 노동자 폭동, 임금·실업문제 등의 노동운동 발생

④ 산업화로 빈곤 성격의 변화
곡물 값은 비싸지고, 농민과 도시근로자는 빈곤해짐 ※ 농촌의 부랑자 → 도시의 실업자로 몰락

[참고] 학습 외 올리버 트위스트 영화 - 고아 등의 강제도제제도: 시대적 상황 표현

2) 개정 빈민법의 원칙

(1) 열등처우의 원칙(=최저수준의 원칙)

열등처우의 원칙은 구제를 받는 빈민의 생활수준에 대한 처우는 자기가 생업에 종사하면서 생계를 유지하는 최하위층의 독립노동자 급여수준보다 열악한 급여수준으로 제공해야 하는 원칙을 말한다. 이는 국민의 나태를 방지하기 위한 것이다. 1834년 영국의 신빈민법에 처음 도입되어 사회복지의 주요원칙이 되고 있다. 따라서 열등처우의 원칙은 이후에 공공부조의 기본원칙이 되었다.

(2) 원외구제금지의 원칙(=원내구제의 원칙, 작업장 수용의 원칙)

노동력이 있는 건강한 빈민은 원내구제를 받기 위하여 작업장을 이용하고 노약자,

질병자 등의 예외적인 약자에게만 원외구제를 허용하는 원칙을 말한다. 원칙적으로 원내구제를 실시함으로써 노동력이 가능한 빈민 및 그 가족에 대한 구제는 작업장 내에 수용하여 실시한다는 원칙이다.

(3) 작업장 심사(처우)의 원칙(=작업장 테스트의 원칙)

빈민을 통제하기 위하여 단순한 자격조사 및 심사를 실시하여 빈민을 작업장에 수용하는 원칙을 말한다. 작업장을 폐지하는 것이 아니라, 노동능력이 있는 빈민은 원외구제를 금지하고 작업장의 입소를 통해야만 구제(급여)를 받을 수 있었다.

(4) 전국적 균일처우의 원칙(=전국적 행정통일의 원칙)

빈민구제는 지방정부가 아니라 중앙정부가 구빈행정을 집중 통제 및 관리하고, 각종 규칙의 시행을 감독하기 위하여 중앙통제기관을 설치하여 빈민의 처우수준을 전국적으로 균일하게 하는 원칙[25])을 말한다. 빈민에게 주어지는 구제는 중앙행정기관인 빈민법위원회에 의해 전국적으로 행정통일적인 구제수준과 방법으로 실시하였다(중앙통제기관에서의 구빈행정통일의 원칙).

3) 개정 구빈법의 주요 내용

① 길버트법, 스핀햄랜드법의 시행에 따른 빈민구제의 비용 증가에 대한 대책으로 비용절감을 목적으로 제정되었다(임금보조제 폐지). 길버트법에 의한 노동의 능력자에 대한 원외구제를 중지하고, 스핀햄랜드법의 임금보조제(아동수당 · 가족수당)를 폐지하였다.

② 노동이 가능한 빈민은 작업장에 수용 · 배치하였다. 이는 작업장 내의 수용원칙에 해당하며, 작업장을 폐지한 것이 아니다.

③ 원외구제는 원칙적으로 금지하면서 예외적으로 노유병약자와 아동이 딸린 과부에게만 원외구호를 허용하는 것이다.

④ 교구단위의 구빈 행정체제를 중앙집권적 구빈 행정체제로 하였다. 즉, 중앙구빈위원회와 지방 구빈위원회를 구성하고 전국적으로 구빈 행정체제를 갖추었다. 교구단위의 구호행정을 구빈 연합교구로 통합하였다.

⑤ 구제받는 빈민의 생활수준은 자립의 최하급 노동자의 생활조건보다 낮은 수준에서 보호하였다. 이는 열등처우의 원칙을 적용하였다.

⑥ 신빈민법은 114년 만에 1948년 국민부조법이 제정됨에 따라 폐지되었다.

25) 전국적 균일처우의 원칙은 교구별로 내는 구빈세가 다르기 때문에 문제가 발생하자 전국적으로 균일하게 내도록 하는 원칙이다.

5. 1900년대 이후

1) 노령연금법(1908년 제정) - 빈민: 무기여 방식의 수급(공공부조 형식)

2) 국민보험법(1911년 제정)

영국 최초의 사회보험법이며, 전국 단일 국가보험 형태로 시행하였다. 복지국가의 출발로 평가되기도 하지만 여러 가지 제한적인 측면도 있었다(사회보장제도의 중심). 이 법은 제1부 국민건강보험과 제2부 실업보험으로 구성되었다. 보험료는 기여제로 노동자와 사업자, 국가 등의 3자가 함께 부담하였다.

① 영국 최초 사회보험법 ② 독일의 영향을 받음 ③ 국민건강보험과 실업보험으로 구성(일정소득 이하의 근로자를 대상으로 함. 현물·현금 급여, 동일각출, 동일급여) ④ 전국 단일 국가보험형태로 정착함

3) 실업보험법(1921년 제정) - 국민보호법 수정 제정

4) 실업법(1934년 제정) - 실질적 현대의 의미의 공공부조제도 시작

5) 신체장애자 고용법(1943년) - 장애자 우선 채용의무(3%)

6. 1945년~1975년(복지국가의 확장기)

영국에서 복지의 확장기에는 사회보장제도의 완비, 복지대상자의 확대, 복지예산의 확충 등이 있었다. 일명 복지국가라 할 수 있는 시기였다.

① 지속적 경제성장을 통해 자본가의 이익보장, 사회복지급여 재정이 마련되었다.

② 완전고용정책의 실현으로 노동자 복지가 향상되는 경향이 있다.

③ 노동자 · 자본가 · 정부 · 국민 모두가 복지중심의 국가 정책을 펼치는 것에 합의가 있었다(코포라티즘).

TIP 영국의 1942년 베버리지 보고서(Beveridge Report) 내용

영국의 1942년 베버리지 보고서는 영국뿐만 아니라 각국 사회보장의 기본원칙과 이념을 제공하고 사회보장법을 크게 발전시킨 요인이 되었다.

가. 5대 악[결핍(빈곤), 질병, 무지, 불결(비위생), 나태]의 제거 강조
나. 기본 목적은 국민의 최저생활 수준을 보장하는 것(요람에서 무덤까지라는 생활보장의 원리 도입)
다. 강제가입의 사회보험제도 도입(영국의 사회보장의 근간)
라. 전제조건으로 아동수당제도, 국영의료서비스(포괄적 건강과 재활서비스), 완전고용 등 적용
→ 베버리지 사회보장의 성공조건은 가족(아동)수당제도, 국영의료서비스, 완전고용 등이다. 각종 사회보장제도 중 아직까지 우리나라에 도입되지 않은 제도는 가족(아동)수당제도이다.

*사회보험 6대 기본원칙	*사회보장원칙
① 균일액의 최저생활비 급여(정액생계급여의 원칙): 보편성 원칙에 따라 동일한 수준의 보험금을 받음	① 균일급여제공
② 균일액의 보험료 갹출(정액기여의 원칙): 소득에 관계없이 모든 국민이 동일한 금액의 보험료를 납부, 급여는 권리인정	② 균일기여방법
③ 행정책임의 통일원칙: 여러 사회보험을 하나로 통합하여 하나의 조직에서 보험료의 징수와 급여를 관리	③ 행정책임·운영통합
④ 급여의 적절성(충분성)원칙: 급여가 최소한의 생계를 유지할 수 있도록 적절하게 제공해야 함	④ 급여의 적절한 제공
⑤ 포괄성의 원칙: 모든 국민을 대상으로 모든 사고와 위험에 대해 포괄적으로 적용되어야 함(=적용범위의 포괄성의 원칙)	⑤ 위험대상의 포괄적 적용
⑥ 피보험자(대상자)의 분류: 국민을 근로자, 자영업자, 전업주부, 청소년 등 생활양식을 고려하여 유형별로 분류하고 보험적용을 달리함	⑥ 대상자의 분류

→ 이를 관철하기 위한 3가지의 원리 즉, 포괄성, 형식적 평등성, 최저보장의 원리로 집약된다.

[문제] 베버리지(Beveridge) 보고서에 관한 설명으로 옳지 않은 것은? ②

① 포괄적 보건의료서비스는 사회보장 전제 조건의 하나로 보았다.
② 국민최저선 보장을 위해 사회보장에서 공공부조가 가장 중요하다고 보았다.
③ 5대악 중 궁핍을 제거하기 위한 것이 사회보장이라고 보았다.
④ 완전고용을 사회보장 전제조건의 하나로 보았다.
⑤ 기본 목적은 국민의 최저생활 수준을 보장하는 것이었다.

1) 가족수당법(1945년 제정)

15세 미만의 부양아동, 재학 중인 15~18세의 아동, 15세 이상의 노동능력이 없는 아동 등으로 구분하여 가족수당과 아동소득공제를 지급하였다.

※ **가족수당법**: 국민보험산업재해법(1946년 제정), 국민보건서비스법(1948년 제정, NHS), 국민부조법(1948년 제정) 등과 더불어 베버리지 보고서를 근거로 구체화한 입법의 예이다.

2) 국민보험산업재해법(1946년 제정)

업무상의 재해에 따른 질병이나 상해에 대해 근로자에게 보상을 해주기 위해 제정한 법이다. 국민보험-산업재해법(National Insurance - Industrial Injuries Act)을 통과시킴으로써 산재보험제도는 사회보험법체계 안으로 편입되었다.

3) 국민보건서비스법(1948년 제정, NHS)

베버리지 보고서를 근거로 하여 대부분의 비용은 국고(조세)에서 부담하도록 함으로써 모든 국민에게 의료서비스를 원칙적으로 무료로 제공하였다(무차별 무료의료 혜택). 이 법에 따라 병원의 국영화를 통한 빈부의 구별 없이 의료제공의 일반화를 이루었다.

4) 국민부조법(1948년 제정) - 영국 빈민법의 완전폐지

국민부조법(1948년)이 제정됨에 따라 빈민법은 약 350여 년만에, 신빈민법 제정 이후 114년만에 폐지되어 공공부조법으로 전환되었다.

> ※ 국민부조법(1948년 제정)
> 국민부조법은 빈민을 위하여 국가가 재정적 원조를 해주는 국가부조와 지자체가 실시하는 숙박시설의 제공, 심신박약자를 위한 후생구호사업 등을 포함하고 있다.
> 350년 만에 빈민법(구빈법)은 실질적으로 완전히 폐지하고, 국가의 최저생활보장이라는 이념에 따른 공공부조제도로 바뀌게 되었다(형식적 폐지: 1929년 지방정부법).

7. 대처정부 이후(1975년~1997년) - 복지국가의 침체기

대처의 보수당 정권은 국제적으로 1973년 석유파동으로 인한 경제침체에 따라 사회복지재정의 감소, 복지제도의 축소라는 정책을 실시하였다. 따라서 자유주의로 회귀를 의미하는 신자유주의 체제에서 생산적 사회복지(노동연계 복지정책 실시), 경제발전도모라는 측면으로 변화하게 되었다.

대처정권 이후에는 사회보장법(1986년), 사회보장의 기여와 급여에 관한 법(1992년), 사회보장관리법(1992년) 등이 있다(복지국가의 위기: 1973년 석유파동 → 경제침체 - 신자유주의 등장).

8. 노동당 정권의 법(1997년, 토니블레어)

노동당 정권은 기든슨의 '제3의 길' 정책차원에서 근로연계복지정책, 생산적 복지정책 등을 실시하였다. ① 인적자원 투자(사회투자국가), ② 노인취업 지원, 실업대책, 평생교육제도 강조, ③ 복지다원주의 등이 있다.

1) 복지개혁과 연금법(1999년 제정) - 관리연금제(Stakeholder pension scheme)[26] 도입

2) 사회보장기여법(2001년 제정) - 국민연금기여금 지급에 관한 법

26) 2001년 도입된 관리연금제도(Stakeholder Pension Scheme)도 실질적으로는 기업연금의 역할을 대신하고 있다. 기업연금과 개인연금을 혼합한 관리연금제도는 개인 계정을 유지하되, 마케팅이나 징수는 집단적으로 이뤄지도록 해 징수 및 관리비가 절감되는 기업연금의 장점에다 노동이동성의 증가 등 변화하는 노동시장에 맞도록 유연성을 갖추는 개인연금의 장점을 혼합했다.

3 독일의 사회복지법 역사

독일은 집합주의 내지는 단체주의 사상에 따라 소득 재분배를 통해 사회복지에 국가가 직접 관여하는 사회보험제도를 세계에서 가장 먼저 도입한 국가이다. 저소득층이 국가의 보조에 힘입어 중산층의 생활수준을 누릴 수 있도록 하는 것이 사회보장제도의 함의이다. 다음에서는 독일 사회복지법에 대한 변천과정을 살펴보도록 한다.

1. 1870~1910년(비스마르크 시대)

1) 주소지보호법(1870년 제정) - 빈민층에 대한 주소지보호의 원칙을 규정한 법

2) 사회주의자탄압법(1878년 제정) – 채찍 정책

이 법은 노동자의 생활불안으로 사회주의운동이 활발히 전개하게 되었다. 비스마르크는 정권유지 차원에서 사회주의자(노동자)를 탄압하여 사회적 혼란을 안정하기 위하여 채찍정책의 하나로 실시한 법이다.

> **※ 비스마르크의 채찍과 당근 정책(음모이론)**
> 비스마르크는 사회주의자탄압법(1878년)을 제정·시행하고, 성장하는 노동자 계급을 위한 정책으로 3자부담 방식의 사회보험법(질병보험법)을 제시하였다.
> 세계 최초 사회보험법을 제정한 것은 독일의 1883년에 제정한 질병보험법이고, 1884년 재해보험, 1889년 노령 및 폐질보험순으로 비스마르크시대의 법을 제정하였다. 이것이 '비스마르크시대의 사회보험'으로 노동력의 보전과 '채찍과 사랑'의 논리에 의해 성립된 것이다.
> ※ 사회보험: 질병(의료)보험법(1883년) → 재해(산재)보험법(1884년) → 폐질 및 노령(연금)보험법(1889년)

3) 질병보험(의료)법(1883년 제정) – 당근 정책

비스마르크의 당근(사랑)정책인 질병보험(의료)법은 세계 최초의 사회보험법이다. 이는 노동자의 무료치료와 질병수당을 지급하는 의료보험에 관한 법이다. 광산, 공장, 철도, 수공업 등에 종사하는 모든 저소득 노동자를 강제가입하게 하였다.

4) 산업재해보험법(1884년 제정)

노동자에게 발생하는 재해에 대하여 사업자가 책임지는 법으로서 업무상 재해에 대한 사업자의 책임 제도를 확립하였다고 볼 수 있다(무과실책임제도).

5) 폐질 및 노령보험(연금)법(1889년 제정)

폐질 및 노령보험법은 노동이 불가능한 노동자에게는 폐질연금을 지급하는 법이다.

6) 제국보험법(1911년 제정)

제국보험법은 질병보험법(1883년), 산재보험법(1884년), 폐질 및 노령보험법(1889년) 등의 3대 보험법을 통합한 법이다. 가입자와 적용대상자가 확대되었다.

2. 1920~1960년

1) 공적보호법(1924년 제정): 각종 공적 보호제도의 적용대상자를 확대한 법

2) 사회보험의 구성에 관한 법률(1934년 제정): 사회보험법을 통합한 법

3) 사회법원법(1953년 제정): 사회보장의 문제를 전담하는 법원설립에 관한 법

4) 아동수당법(1954년 제정): 아동보호를 위하여 아동수당제도를 실시한 법

5) 연금법 개정(1957년 개정): 폐질 및 노령보험법(1889년)을 개정하여 연금액과 연금지급수준이 임금상승과 연계하는 임금변동 슬라이드제[27]를 채택·운영하는 법

6) 연방사회부조법(1961년 제정): 사회부조급여의 권리를 청구권으로 인정한 법

3. 1970년 이후

1) 사회법전(1970년 제정) – 총괄적인 법전 : 기존 각종 사회보장법(제국보험법 등)을 통합하여 통일적·체계적으로 제정한 법이다. 개별적인 사회보장법을 단행법전 형태로 편찬하여 통일법전으로서 그 의의가 있다.

2) 질병보험 구조개혁법(1988년 제정): 의료보험의 본인부담금을 인상하기 위한 법

3) 연금개혁법(1989년 제정): 연금개시연령을 단계적으로 올리기 위한 법

4) 수발보험법(개호보험법, 1994년 제정): 개호보험의 가입대상자를 법정질병보험 가입과 동시에 개호보험 가입자에 포함시켜 의료보험의 혜택을 확대한 법

27) 슬라이드제: 연금액을 물가상승률에 따라 계산하는 제도

4 미국의 사회복지법 역사

미국은 개인주의 사상이 아주 강한 국가이다. 개인주의의 원리인 개인의 자유, 자기책임의 존중과 지방분권주의의 원리인 주권존중 의식 등으로 인해 연방정부에서 집권관리를 하는 사회보험제도(강제가입)에 대하여 강한 거부감을 나타내고, 그 도입에 반대하여 왔다.

① 사회복지의 책임은 개인과 가정에 있는 것이고 국가와 사회에 주어져 있지 않다는 자조의 원리가 사회보장법제(근로의욕에 관한 규정)의 기초를 이루고 있다. 빈곤·의료 등의 문제를 해결함에 있어서 보편주의보다는 선별주의적 입장을 취하고 있다.

② 지방분권적 성격을 가지고 있다. 연방정부는 각종 사회보장법제를 실현함에 있어서 대부분의 경우, 주정부에 강제적인 방법을 사용하지 아니하고, 무상의 재정원조 요건만을 규정하고 주정부의 자발적인 참여 형태로 취하고 있다.

③ 사회보장법제의 실천은 정부의 행정조직을 통하기보다는 주로 전문가의 사회사업조직을 통하여 이루어지고 있다. 즉, 정부는 주로 민간조직과 계약을 통하여 위탁기관에게 사회복지서비스의 전달을 맡기고 있다.

1. 사회보장법(1935년 제정) - ‘사회보장’ 용어: 세계 최초 사용

① 미국의 사회보장법(Social Security Act)은 자본주의 국가에서 ‘사회보장’이라는 용어를 세계 최초로 사용하고, 사회보장이라는 새로운 법 영역을 만든 법이다.

② 1929년 대공황으로 인한 발생하는 사회문제의 확산이 법 제정의 계기가 되었다. 이는 케인즈의 국가개입주의(유효수요이론)가 반영되어 사회문제를 해결하기 위하여 사회보장에 대한 연방정부의 책임 확대를 가져 왔다. 그러나 법적용 과정에서 빈민계층의 보호는 많은 불평등을 초래하였다(각 주정부 간의 불평등 초래).

③ 연방정부가 운영하는 노령연금보험, 주정부가 운영하는 실업보험과 주정부가 운영하는 공공부조 및 사회복지서비스에 대한 연방보조금 등으로 구성되어 있다.

④ 노동력이 없는 노인과 장애인, 아동 그리고 유족에 한하여 사회보장급여가 제공되었으나 일반국민에 대한 의료보장규정은 거의 없다.

2. 사회복지관련법

1) 식품권법(1964년 제정)

식품권법은 미국 정부가 빈민의 건강한 문화생활을 누릴 수 있을 정도의 영양수준을 유지하도록 하기 위해 제공하는 쿠폰(바우처 voucher)으로서, 법에 의해 용도가 제한되고 정부가 지불보증을 한 식료품교환권에 대한 법이다.

2) 보건의료와 교육 조정법(2010년 제정)

보건의료와 교육 조정법(Health Care and Education Reconciliation Act)은 보편적인 공적 의료보장제도가 도입되지 않아 약 4,700만 명에 달하는 무보험자가 비싼 의료비로 고통을 겪어왔던 미국에서 2010년 3월 모든 국민이 보험에 가입하도록 강제하는 환자보호와 적정 의료법이 제정되었다. 이 법은 2014년에 강제가입을 실시되고 있다.

① 무보험자가 민간의료보험에 가입할 수 있게 됨으로써 오바마 정권은 미국의 의료보험 개혁 역사상 가장 커다란 성과를 거두었다고 평가받고 있다.
② 공화당, 민간보험사, 의료계 등의 반대로 보편적인 공적 건강보험제도(퍼블릭 옵션)가 도입되지 못하였다.
③ 또한 서류 미비자와 시민권을 취득하지 못한 합법 신분 체류자는 제외되어 의료개혁이 추가적으로 진행되어야 하는 과제를 안고 있다.
④ 2014년부터 국민 의무가입제를 실시하고 있다(Medicare: 65세 노인 + 장애인 50% 의료비 지원).
⑤ 민간보험 적용: 직장과 지역 가입자 – 가입자 선별

5 한국의 사회복지법 역사

우리나라의 사회복지법에 대한 제정 년도별과 특징, 제정순으로 그 변천과정을 살펴보려고 한다.

1. 일제 강점기와 미군정기

1) 일제 강점기(1910~1945년)

일제병탄시대의 사회복지입법은 일본구호법(1929년 제정)을 원용·제정한 1944년의 조선구호령은 정치적 목적으로 우리 국민을 회유하고 종속시키기 위하여 만든 명목상의 규정에 불과하였다.

야만족 · 침략자인 일본은 내선일체를 강요하며 사회복지정책이나 법제에는 실질적으로 관심을 갖지 않고 각종 약탈의 만행을 잔인하게 저질렀다.

> **TIP** 조선구호령(1944년): 근대적 공공부조 성격, 생활보호법 기초, 일본구호법(1929년) 원용
>
> ① 구호대상: 65세 이상의 노약자, 13세 이하 유아, 임산부, 불구 등 노동능력이 없는 자(제한적 부조의 입장)
> ② 급여내용: 생활부조, 의료, 조산, 생업부조, 장제부조 등
> ③ 급여원칙: ㉠ 자산조사를 전제로 하는 공공부조 ㉡ 비용은 국가와 지자체(도, 읍·면) 상호 분담
> ㉢ 구호는 거택보호를 원칙(예외적으로 구호시설 수용, 위탁 수용) ㉣ 자산조사의 실시
> ④ 광복 후 미군정기를 거쳐 1961년에 제정된 생활보호법의 형식적 기초가 되었다.

2) 미군정기(1945~1948년)

① 미군정기의 사회복지는 당시 광범위한 요구호 빈민들의 긴박한 필요에 대응하는 일시적인 구호사업 중심으로 이루어졌다. 따라서 체계적 · 획기적이고 장기적인 계획을 추진하지 않았다(열악한 경제상황 속에서 월남한 피난민과 국내 거주의 요구호 빈민에 대한 식량 · 의료 및 응급주택 공급, 기아의 방지 등에 중점을 둠).

② 1946년 미군정은 구호준칙으로 후생국보3호 C항을 제정하였는데 후생국보 3호의 C항은 조선구호령과 유사하다[이는 노동할 수 없는 빈민(65세 이상 노인, 13세 이하 아동 등)을 공공구호의 대상자로 규정함].

> **※ 미국 군정기의 사회복지법제 특징**
> ⓐ 빈곤과 사회적 혼란을 극복하는 것이 목적, ⓑ 빈곤정책은 임시적인 구호사업 중심으로 전개(구호적·응급적인 대책의 성격), ⓒ 구호사업은 식량, 의료, 주택공급이 주된 내용, ⓓ 구호준칙 후생국보3C호(노동할 수 없는 빈민: 이재민, 피난민, 빈곤자, 고아 등에 관한 응급처리와 임시구호를 규정) 규정, ⓔ 구호내용은 식량, 주택, 연료, 의류, 의료, 매장, 차표 등의 편의를 제공으로 분류 등이 있다.
>
> ⊞ **미국 군정기에 이루어졌던 아동복지관련 입법**
> ① 1946년 아동노동법규: 인도적·계몽적 원리에 따라 어린이의 노동보호
> ② 1947년 미성년자보호법: 미성년자는 유해·위험한 작업 또는 과중한 노동으로부터 보호하여 어린이의 건전한 발육과 정당한 이익 보장

2. 제1공화국~제4공화국

1) 제1공화국과 한국 전쟁기(정부수립과 6·25 전쟁기)

(1) 시대적 배경

① 1948년에 건국된 국가는 제헌 헌법(1948.7.17.)에서 생존권의 관한 규정을 두었다.

② 한국전쟁(6 · 25)으로 인한 사회적 욕구를 해결하기 위하여 많은 외국원조기관이 제공하는 자원을 효과적으로 배분하여 민생문제를 해결하는 것이 중요한 과제였다.

1952년에 늘어나는 전쟁고아의 수용보호시설 등 각종 보호 시설을 지도 · 감독하기 위해 사회부장관 훈령으로 후생시설운영요령을 제정하여 시설운영과 그 지도감독의 준칙

으로 삼았다(구자헌, 한국 사회복지사, 1991).

③ 1953년 5월 1일 제정한 근로기준법은 근로자보호제도의 기초가 되었다(근로자날).

④ 1956년에는 어린이헌장을 제정 · 공포하여 미래의 국가사회의 주역으로 성장할 어린이들을 밝고 건전하게 육성하려는 의지가 있었다.

⑤ 외국 민간원조 단체가 중심이 되어 고아원, 양로원 등 보호시설에 수용을 한 미국식 사회사업 개념을 도입하였다.

> **※ 한국(6·25) 전쟁기:** 경제적·사회적 손실, 식량난·인명피해 발생 – 민족의 비극적인 사건
> → ① 공공부조, ② 외국원조기관, ③ 시설보호의 수용 구제

(2) 사회복지법의 입법

① 제헌헌법의 생존권 규정(1948년 제정), ② 군사원호법(1950년 제정), ③ 후생시설 운영요령(1952년 제정), ④ 근로기준법(1953년 제정: 근로자의 날 - 5월 1일) 등이 있다.

> **※ 어린이 헌장(1956년):** 아동의 밝고 건전한 육성이 주요 목적

2) 1960~1970년대

(1) 시대적 배경

① 1960년대의 시대적 배경

> • 제3공화국은 사회복지발전 기대할 수 없었던 시기이며 경제성장위주의 정책을 실시함
> • 제3공화국 헌법 사회복지의 의미: 인간다운 생활을 할 권리(생존권) – 헌법 조항 신설

② 1970년대의 시대적 배경

> • 제3공화국(유신헌법)은 성장 속에 정치적 논리에 따라 법 제정됨
> • 고도의 경제성장(수출주도형 경제정책 실시) → 저임금, 저가의 곡물정책 → 사회취약계층의 발생(빈부격차 심화) – 소득분배에는 관심을 거의 두지 않아 빈부의 격차가 발생하기 시작함

(2) 1960년대와 1970년대의 사회복지입법의 특성

> ① 사회복지법을 만들어 시행할 만한 여건이 성숙되지 못하였다.
> ② 사회복지입법은 형식적으로 존재하지만 내용이 보잘 것 없는 법이라 할 수 있다.
> ③ 한국 현대 사회복지의 입법과정에서 기본적인 바탕을 마련했다고 볼 수 있다.
> ④ 선언적 내용과 임의규정은 법의 내용으로 핵심적인 사항이 시행되지 못하였다.
> ⑤ 사회복지의 입법과정은 점진적 변화이기는 하지만 사회보험 중심에서 공공부조와 사회서비스로 발전되고 있는 경향을 알 수 있다.

(3) 1960년대의 법제정

① 제3공화국 헌법(1962년 12월 26일 5차 개정): '인간다운 생활을 할 권리' 조항 추가

② 공무원연금법(1959년 제정 → 1960년 시행): 우리나라 사회보험법의 효시

③ 선원보험법(1961년 제정): 현재 미실시 중 – 사문법

④ 갱생보호법(1961년 제정): 가석방자 등에 대한 재범방지, 자립기반의 조성

⑤ 군사원호보상법(1961년 제정)

⑥ 윤락행위방지법(1961년 제정): 성매매방지 및 피해자보호에 관한 법률 대체

⑦ 생활보호법(1961년 제정)

- 국민기초생활 보장법의 전신
- 노령, 질병, 그밖에 근로능력의 상실로 인하여 생활유지의 능력이 없는 자 등에 대한 보호와 방법을 규정하여 사회복지의 향상에 기여함을 목적(자활 조성 ×)
- 공공부조 제도의 기틀 마련하여 본격 실시 시작
- 국민기초생활 보장법(2000년)이 시행될 때까지 공공부조의 일반법으로서의 역할 수행

⑧ 아동복리법(1961년 제정) – 아동복지법의 전신

- 보육사업의 내용을 구체적으로 규정하고 본격적 실시 → 탁아소를 법정 규정, 아동복지시설 인정
- 1968년 미인가 탁아시설 임시조치령 공포 → 탁아소에서 어린이집으로 명칭 변경
- 1981년 아동복지법 전면개정: 요보호대상 아동 → 전체아동으로 대상 확대

⑨ 재해구호법(1962년 제정)

⑩ 국가유공자특별원호법(1962년 제정): 국가유공자등예우및지원에관한법률(1984년)로 대체

⑪ 군인연금법(1963년 제정)

⑫ 산업재해보상보험법(1963년 제정): 5대 사회보험 중 가장 먼저 제정된 법

- 업무수행 중 재해 보호: 사업장에서 일하는 근로자들이 업무수행 중이거나 업무수행과 관련하여 부상·질병·신체장해 또는 사망한 경우에 근로자 본인의 치료나 본인 및 부양가족의 생계를 보장하기 위한 제도
- 사업자의 무과실 책임: 시민법의 3대원칙 중 과실책임의 원칙이 업무상 재해에 대해 사업자의 전적인 책임(무과실의 책임원칙)으로 실현되면서 등장한 법 – 집합주의 단체주의

⑬ 사회보장에 관한 법률(1963년 제정)

전체 7개의 조항으로 이루어져 있어 사회복지에 대한 국가의 실천의지가 미약함. 사회보장기본법의 전신으로 사회보험에 의한 급여와 무상으로 행하는 공적 부조라고 정의하고, 1995년 사회보장기본법 제정으로 폐지됨

⑭ 의료보험법(1963년 제정): 임의가입

- 국민의 질병·부상·분만 또는 사망 등에 대한 보험급여 실시(임의적용)
- 국민건강보험법(1999년) 제정으로 폐지함

(4) 1970년대의 법제정

① 사회복지사업법(1970년 제정)

> **※ 사회복지사업법의 특징**
> • 공정성·효율성·전문성을 향상시키는 법적 근거 마련
> • 내용의 유동성 때문에 법적 안정성이 취약함
> • 법규의 종류가 다양하기 시작 – 법규: 개정되고 있음
> • 사회법의 영역으로 날로 확대되어 가고 있음

② 사립학교교원연금법(1973년 제정)

③ 국민복지연금법(1973년 제정) (노령 → 소득상실): 제정 이후 10여 년 동안 시행 유보, 국민연금법(1986년 제정, 1988년 시행)으로 대체입법 - 2008년부터 완전노령연금 수급자 발생 시작

> **TIP** 1986년 국민연금법의 제정 → 1988년 국민연금법의 시행
> 국민연금법은 1980년대를 괄목할 만한 입법 중 하나이다. 국민복지연금법이 1973년 제정되었지만 오일쇼크 등 경제적 사정으로 집행이 계속 지체되어 왔고, 1986년에 제정되어 1988년에 비로소 실시되었다. 국민의 생활이 노동가능기간에는 자신의 임금에, 노후에는 공적 급여체계에 따라 보장받게 되었다.

④ 의료보호법(1977년 제정): 의료급여법(2001년)의 전신(취약계층 대상의료보장 실시)

⑤ 공무원 및 사립학교 교직원의료보험법(1977년 제정)

3. 제5공화국~제6공화국(현재)

1) 1980년대

(1) 시대적 배경

1980년대는 10.26 사태 후 광주민주화운동 등의 사회·정치적으로 혼란·갈등 속에 5공화국이 수립되었다. 국정목표로서 복지사회구현(사회국가)과 경제균형발전(도시화·핵가족화·산업재해·환경오염, 성장우선·후분배 정책실시)을 통해 빈부격차를 줄이고자 하였으나, 부의 분배가 제대로 이루어지지 않아 사회적 갈등의 과정이 지속되었다.

(2) 제5공화국 헌법(1980년 제8차 개정)

제5공화국 헌법에서는 ① 모든 국민의 행복추구권 추가(제9조 1항), ② 국가는 사회보장·사회복지의 증진에 노력할 의무(제32조 2항)를 명시하여 「사회복지」 용어를 새로이 추가하였다. 사회복지증진 의무 등을 최초로 규정하고 이를 근거로 사회복지법을 제정하였다.

(3) 아동복지법(1981년 제정): 아동복리법(1961년) 대체입법

> ※ 아동복리법(1961년) → 아동복지법(1981년) 대체입법
> ① 목적: 건강한 출생, 행복하고 안전한 성장, 아동복지 증진
> ② 전면개정에 따른 주요 내용
> ㉠ 보호대상 아동의 범위: 요보호 아동대상 → 모든 일반아동 대상 확대, ㉡ 어린이날(5월 5일) 제정
> ㉢ 무료탁아시설은 신고제로 전환(법인, 개인), ㉣ 아동복지에 대한 책임: 국민과 국가 및 지자체의 책임 규정

(4) 심신장애자복지법(1981년 제정): 1989년 장애인복지법 전신

심신장애자복지법(1981년)은 유엔이 정한 '세계장애인의 해'를 맞아 제정하고, 1988년 서울장애인올림픽개최를 계기로 장애인복지법(1989년) 전부개정 대체입법

> 심신장애자복지법(1981년) → 장애인복지법(1989년) 전부 대체입법

(5) 노인복지법(1981년 제정): 노인의 심신건강유지 및 생활안정에 대한 조치 규정

(6) 개정 사회복지사업법(1983년 전부개정)

> 기존 사회복지 종사자의 명칭 → 사회복지사로 변경, 사회복지사 자격기준 1~3등급 구분

(7) 국민연금법(1986년 제정): 국민복지연금법 폐지(신법우선적용의 원칙)

> 국민복지연금법(1973년) → [국민연금법(1986년) : 1988년 시행] → 2008년부터 완전노령연금 수급자 발생

(8) 최저임금법(1986년 제정): 근로자에게 최저임금액 이상 임금 지급의무

(9) 보호관찰법(1988년 제정): 보호관찰 등에 관한 법률(1995년) 전부개정 대체입법

(10) 모자복지법(1989년 제정, 1989년 시행): 모자가족의 건강·문화적인 삶 보장

> 1989년 모자복지법 → 모·부자복지법(2002년) → 한부모가족지원법(2007년 제정, 2008년 시행)

(11) 개정의료보험법(1989년 개정): 모든 국민 대상-건강의료보험 체제의 확립·실시

> [참조] 의료보험법
> 1963년 12월 제정되었으나 강제적용이 아닌 임의적용이었고, 1976년 12월에 의료보험법을 전면 개정하여 1977년 1월 1일부터 500인 이상 사업장을 대상으로 최초로 강제적용방식을 도입한 직장의료보험을 실시하였다. 의료보험법 개정(1988년)하여 농어촌 지역 실시와 1989년에 도시지역 확대 적용으로 모든 국민의 의료보험 체제가 확립되었다. 지역의료보험과 직장의료보험이 완전 통합된 국민건강보험은 1999년에 제정되었다.

(12) 장애인고용촉진 등에 관한 법률(1989년 제정, 1991년 시행)

(13) 장애인복지법(1989년 제정): 심신장애자복지법(1981년) 전면개정 법명 변경

2) 1990년대 – 사회복지의 침체기

(1) 시대적 배경

사회복지의 침체기로서 치욕적인 IMF와 경기침체로 인한 대량실업과 빈곤층이 대량 발생하였다. 이로 인해 다양한 사회문제와 욕구를 해결할 만한 사회복지의 법제도는 매우 미약하여, 한시적·즉흥적 임시방편으로 법제도를 제정·시행하였다.

(2) 영유아보육법(1991년 제정): 영유아의 심신보호와 건전교육을 제공

(3) 청소년기본법(1991년 제정)

(4) 개정 사회복지사업법(1992년 개정)

※ 1992년 사회복지사업법 개정: 사회복지전담공무원 – 사회복지행정의 전문성과 효율성을 높이기 위하여 일선 행정기관의 사회복지전담공무원에 대한 법적 근거 제시

(5) 고령자고용촉진법(1991년 제정)

(6) 일제하 일본군위안부에 대한 생활안정지원법(1993년 제정)

(7) 고용보험법(1993년 제정, 1995년 시행)

(8) 성폭력범죄의 처벌 및 피해자보호 등에 관한 법률(1994년 제정)

(9) 보호관찰 등에 관한 법률(1995년 제정): 보호관찰법(1989년 시행) 폐지 대체입법

(10) 사회보장기본법(1995년 제정): 개별 사회복지법률들의 일반법 역할

※ 사회보장에 관한 국민의 권리에 대처하는 국가의 의무 규정과 기본적 사항 등 규정(일반법)
1963년 제정된 사회보장에 관한 법률을 폐지하고, 우리나라의 경제·사회의 발전수준과 국민의 복지욕구에 부합하는 사회보장제도를 확립하여 국민복지의 증진을 꾀하기 위한 것(사회복지문제의 확대·다양한 개입 해결, 법: 실천의 근거)

(11) 정신보건법(1995년 제정): 정신질환자의 예방, 치료, 사회복귀

(12) 사회복지공동모금법(1997년 제정, 1998년 시행)

사회복지공동모금법(1997년 제정, 1998년 시행) → 사회복지공동모금회법(1999년)의 법명 개칭

(13) 가정폭력방지 및 피해자보호 등에 관한 법률(1997년 제정)

(14) 장애인·노인·임산부 등의 편의증진보장에 관한 법률(1998년 제정)

(15) 국민의료보험법(1997년 제정): 의료보험법(1963년) 폐지

(16) 청소년보호법(1997년 제정)

(17) 개정 사회복지사업법(1997년 개정)

① 국가시험에 합격한 자에게 사회복지사 1급 자격 취득(2003년부터 실시)
② 사회복지시설의 설치 운영에 대한 허가제를 신고제로 변경(시설의 설치 운영: 민간참여 확대)
③ 사회복지시설의 평가제 도입
④ 한국사회복지사협회 법정단체화
⑤ 자원봉사활동을 지원할 수 있는 법적근거 마련

(18) 개정 국민연금법(1998년 개정): 모든 국민의 연금실시

(19) 국민건강보험법(1999년 제정): 관리운용의 효율성과 보험료부담의 형평성 보장

① 1963년 의료보험법 제정: 임의적용, 강제적용(×)
② 1977년 500인 이상: 강제 가입적용 실시
③ 1989년 모든 국민 대상(도시지역 확대적용으로 모든 국민에 대한 의료보험체제의 확립)
④ 1997년 국민의료보험법 제정(대체입법): 국민의료보험관리공단 출범, 조합별 방식에서 통합 방식으로 변경
⑤ 1999년 국민건강보험법 제정(대체입법): 지역과 직장의료보험이 통합된 국민건강보험제도의 확립
⑥ 2003년 재정통합(완전통합): 지역과 직장의료보험이 완전 재정통합

의료보험법(1963년) → 국민의료보험법(1997년) → 국민건강보험법(1999년) 법명의 변경

(20) 국민기초생활 보장법(1999년 제정)

국민기초생활 보장법은 1999년 9월 7일에 제정하고 2000년 10월 1일 시행. 그동안 시행하던 생활보호법을 폐지하고 대체입법. 사회복지사업법에서는 국민기초생활 보장법의 그 제정의 일자(9월 7일)를 기념하기 위하여 「사회복지의 날」 → 국민의 사회복지에 대한 이해 증진을 꾀하려고 함

① 생활보호법(1961년) → 국민기초생활 보장법(1999년)의 제정: 수급자의 권리 향상(↑)
② 부양의무자와 소득인정액 기준: ㉠ 부양의무자가 있더라도 부양능력이 없는 경우, 부양받을 수 없는 경우 → 부양의무자가 없는 자로 간주, ㉡ 소득인정액: 최저생계비 기준
③ 근로조건부 급여 지급(생산적 복지차원)

3) 2000년대

(1) 사회적 배경

IMF 체제 외환위기의 후유증으로 인해 사회문제의 절대적으로 증가하고, 고령화에 따른 문제, 장애인의 고용문제, 남녀평등과 모성보호 등에 대한 저출산 문제가 제기되었다. 이에 근로와 복지를 상호연계시키는 생산적 복지 정책을 강조하고 있다.

- 2000년 – 사회복지의 날(9월 7일) 지정 → 국민의 사회복지에 대한 이해 증진 도모 목적
- 2003년 – 시·군·구 지역사회복지협의체 설치 의무화 → 재가복지우선제공의 원칙
- 2004년 – 자유무역협정 이후 농어촌 보건복지증진 도모 → 2004년 농어촌주민의 보건복지 증진을 위한 특별법 제정

(2) 장애인고용촉진 및 직업재활법(2000년 제정)

장애인고용촉진 등에 관한 법률(1989년) → 장애인고용촉진 및 직업재활법(2000년) 제정

(3) 의료급여법(2001년 제정): 의료보호법(1977년)의 법명을 변경

의료보호법(1977년) → 의료급여법(2001년) 제정: 생활이 어려운 저소득 국민의 건강증진

(4) 국민건강보험재정건전화특별법(2002년 제정): 재정수지의 균형

(5) 모·부자복지법(2002년 제정): 부자가정 지원 포함

모자복지법(1989년) → 모부자복지법(2002년 제정) → 한부모가족지원법(2007년) 법명 변경

(6) 일제하 일본군위안부 피해자에 대한 생활안정지원 및 기념사업 등에 관한 법률(2002년 제정)

(7) 개정 사회복지사업법(2003년 개정)

※ 시·군·구에 지역사회복지협의체 설치 / 재가복지서비스 우선 제공
① 재가복지서비스 활성화, 가정봉사원 양성
② 지역사회복지협의체 설치 의무화(시·군·구) – 지역사회복지계획 수립(시·군·구 사회복지위원회)

(8) 건강가정기본법(2004년 제정)

① 건강한 가정생활 보장 ② 가족제도의 유지와 발전 ③ 가정문제에 대한 적절한 해결

(9) 농어촌주민의 보건복지증진을 위한 특별법(2004년 제정): 자유무역협정 대처

(10) 입양촉진 및 절차에 관한 특례법(2004년 제정): 입양특례법(2011년)

(11) 성매매방지 및 피해자보호 등에 관한 법률(2004년 제정)

(12) 교통약자의 이동편의증진법(2005년 제정)

(13) 자원봉사활동기본법(2005년 제정)

(14) 긴급복지지원법(2005년 제정): 한시법 → 2009년 부칙 개정 한시법(×)

- 본래 5년의 시한(2005.12.22.~2010.12.22.)으로 한 한시법이었지만, 2009년 5월 28일 법을 개정하여 한시법이라는 부칙규정을 삭제하였다. 이제는 한시법이 아니다(영속법).
- 갑자기 위기상황에 처한 자에게 신속한 지원·보호조치를 통해서 이들을 위기상황으로부터 벗어나게 하며, 그들에게 인간다운 삶을 보장해주고자 마련된 제도이다. 공공부조와 사회서비스와의 연계를 모색한다(예, 태안반도 기름유출사고).

(15) 저출산·고령사회기본법(2005년 제정)

(16) 식품기부활성화에 관한 법률(2006년 제정)

(17) 장애인차별금지 및 권리구제에 관한 법률(2007년 제정)

(18) 한부모가족지원법(2007년 제정, 2008년 시행)

모자복지법(1989년) → 모·부자복지법(2002년) → 한부모가족지원법(2007년) 제정 명칭 변경

(19) 기초노령연금법(2007년 제정, 2008년 1월 1일 시행): 공공부조법 해당

(20) 노인장기요양보험법(2007년 제정, 2008년 7월 1일 시행)

- 고령, 노인성질환(간병, 장기요양문제) → 일상생활의 곤란 → 신체활동, 가사활동 지원, 급여를 제공함으로써 건강과 생활을 안정시키고자 하는 제도(사회적 연대원리: 노인의 노후생활 안정과 가족의 부양부담을 경감 목적으로 하고 있다.)

(21) 다문화가족지원법(2008년 제정)

※ 다문화가족의 상담, 부부교육 및 가족생활교육 등 추진, 언어교육, 법률상담 등의 서비스를 제공하는 법

(22) 건강검진기본법(2008년 제정)

(23) 국민연금과 직역연금의 연계에 관한 법률(2009년 제정)

(24) 아동청소년 성보호에 관한 법률(2009년 제정)

4) 2010년대 – 중산층 붕괴에 따른 양극화 발생

새로운 사회적 위험의 배경으로는 고령화에 따른 문제와 저출산 문제가 핵심이다. 노인부양비 증가, 출산율 감소, 1인 가족화, 여성의 경제활동 참여 증가로 일과 가정 양립문제 대두, 임시 일용직 등 비정규직 증가 등이 있다. 경제불황의 연속으로 인하여 경제적 중간계층이 빈민으로 전락하는 경향이 농후하고, 앞으로 경제 상황이 불투명하여 빈곤한 국민이 많이 발생될 것으로 사료된다.

※ 중산층의 몰락으로 빈부의 격차가 커져 양극화가 심화되어, 사회불안이 야기되어 사회복지법제의 총체적 대책 수립이 절대 필요한 시점이 되었다.

(1) 성폭력방지 및 피해자보호 등에 관한 법률(2010년 제정)

(2) 장애인연금법(2010년 제정): 18세 이상의 중증장애인(1~3급) 대상 연금 지급

(3) 장애인활동 지원에 관한 법률(2011년 제정): 장애인의 자립생활 및 가족 지원

(4) 노숙인 등의 복지 및 자립지원에 관한 법률(2011년 제정, 2012년 시행)

(5) 장애아동 복지지원법(2011년 제정)

(6) 입양특례법(2011년 제정): 입양촉진 및 절차에 관한 특례법(2004년) 대체입법

(7) 사회복지사 등의 처우 및 지위 향상을 위한 법률(2011년 제정)

(8) 자살예방 및 생명존중 문화조성을 위한 법률(2011년 제정)

(9) 아동의 빈곤예방 및 지원 등에 관한 법률(2011년 제정)

(10) 치매관리법(2011년 제정)

(11) 사회서비스의 이용 및 이용권관리에 관한 법률(2011년 제정)

(12) 아이돌봄지원법(2012년 제정)

(13) 발달장애인 권리보장 및 지원에 관한 법률(2014년 제정)

(14) 기초연금법(2014년 제정): 기초노령연금법(2007년) 대체입법

(15) 청소년복지지원법(2017년 제정)

<표 2-3> 주요 사회복지 법률의 제정 변천사

정부수립 이전	제1·2공화국(1948-1961)	제3·4공화국(1962-1979)	제5공화국(1980-1987)
조선구호령(1944년) 보건후생국(미군정기) 아동관심과 임시 구호 사업 전개	6.25 전쟁 후 공공부조 정책은 외국 민간원조 단체 중심으로 실시 1953년 근로기준법 1959년 공무원연금법 1961년 생활보호법 1961년 아동복리법	제5차 개헌 인간다운 생활권 신설 1962년 재해구호법 1963년 군인연금법 1963년 산업재해보상보험법 1963년 의료보험법 1970년 사회복지사업법 1973년 국민복지연금법 1973년 사립학교교원연금법	제5공화국 헌법(제8차 개헌) 행복추구권 추가 1981년 아동복지법 1981년 심신장애자복지법 1981년 노인복지법 1986년 국민연금법 1986년 최저임금법

제6공화국(1988-1999)	제6공화국(2000년대)	제6공화국(2010년대)
1988년 보호관찰법 1989년 모자복지법 1989년 장애인복지법 1991년 영유아보육법 1991년 청소년기본법 1991년 고령자고용촉진법	2000년 장애인고용촉진 및 직업재활법 2001년 의료급여법 2002년 모·부자 복지법 2004년 건강가정기본법 2004년 농어촌주민보건복지 증진을 위한 특별법	2010년 성폭력방지 및 피해자보호 등에 관한 법률 2010년 장애인연금법 2011년 장애인활동지원에 관한 법 2011년 노숙인등의 복지 및 자립지원에 관한 법

제6공화국(1988-1999)	제6공화국(2000년대)	제6공화국(2010년대)
1993년 일제하일본군위안부에 대한생활안정지원법 1993년 고용보험법 1995년 사회보장기본법 1995년 정신보건법 1995년 보호관찰등에관한법률 1997년 사회복지공동모금법 1997년 가정폭력방지및피해자보호등에관한 법률 1997년 국민의료보험법 1999년 국민건강보험법 1999년 국민기초생활 보장법 1999년 사회복지공동모금회법	2004년 입양촉진 및 절차에 관한 특례법 2004년 성매매방지 및 피해자보호등에 관한 법 2005년 자원봉사활동기본법 2005년 긴급복지지원법 2006년 식품기부활성화에 관한 법 2007년 한부모가족지원법 2007년 기초노령연금법 2007년 노인장기요양보험법 2008년 다문화가족지원법	2011년 장애아동복지지원법 2011년 입양특례법 2011년 사회복지사 등의 처우 및 지위 향상을 위한 법 2011년 자살예방 및 생명존중문화 조성을 위한 법 2011년 아동의 빈곤예방 및 지원 등에 관한 법 2011년 치매관리법 2011년 사회서비스의 이용 및 이용권 관리에 관한 법 2012년 아이돌봄지원법 2014년 기초연금법 2014년 발달장애인 권리보장 및 지원에 관한 법률 2016년 정신건강복지법 2017년 청소년복지지원법 2018년 북한이탈주민의 보호 및 정착지원에 관한 법률

[주의] 사회복지법의 제정 순서: 사회복지사업법(1970년) → 장애인복지법(1989년) → 고용보험법(1993년) → 기초노령연금법(2007년) → 아이돌봄지원법(2012년)

※ 우리나라의 사회복지 입법과정의 종합적 특성

① 명분은 있으나 실질적인 내용이 약한 사회복지입법이 지속적으로 제정되어 왔다. ② 일본의 법적·행정적 유산과 광복 이후에는 미국의 학문적 이론이 한국에 유입되었다. ③ 현실적으로 적용 가능한 계층부터 제도를 정착시켜 갔다. ④ 선별주의에서 보편주의로 확대해 가는 양상을 보였다. ⑤ 관련 시민이나 단체의 적극적인 활동이 1990년대로부터 점진적으로 활성화되는 한편, 소위 법적 쟁송과 같은 사법적 권리 구제활동이 두드러지게 출현하고 있다.

또한 ① 정치적 의도와 목적이 개입되었다. ② 개별법마다 서로 다른 시기에 입법되고 산재되어 있어 체계적이지 못하다. ③ 임의규정이 많아 법적 실효성이 떨어진다. ④ 적용범위에 있어서 선별주의에서 보편주의로 변화하고 있다. ⑤ 사회 통제적 면에서 사회 통합적인 면으로 변화하고 있다. ⑥ 우리나라 사회보험의 실시는 '산재보험 - 의료보험 - 연금보험 - 고용보험' 등의 순서로 제정되었다.

끝으로 사회복지법의 과제는 ① 각종의 사회복지법상에 규정되어 임의규정을 강제규정으로 바꾸는 작업이 선결되어야 할 것이다. ② 선진국 독일과 같은 통일 법전이 필요하므로 독자적으로 제정된 개별법이 계속 유지되도록 힘써야 할 것이다. ③ 각종 사회복지법을 장·단기적으로 어떻게 조정, 보완할 것인지를 연구하고 대비하여야 한다.

CHAPTER 02

사회복지법학의 역사 학습 핵심문제

01 시민법의 원리를 수정한 사회법의 원리가 모두 포함된 것은?

가. 사유재산 절대원리	나. 공정한 계약의 원리
다. 법률행위자유의 원칙	라. 무과실책임의 원리

① 가, 나, 다 ② 가, 다 ③ 나, 라 ④ 라 ⑤ 가, 나, 다, 라

02 사회복지에 관한 법들의 제정 시기가 바르게 배열된 것은?

① 1960년대 - 재해구호법, 산업재해보상보험법
② 1970년대 - 사회복지사업법, 국민기초생활 보장법
③ 1980년대 - 노인복지법, 긴급복지지원법
④ 1990년대 - 국민건강보험법, 노인장기요양보험법
⑤ 2000년대 - 영유아보육법, 다문화가족지원법

03 사회복지법의 역사적 변천에 관한 설명으로 옳은 것은?

① 사회복지사업법 제정 시 사회복지사 자격에 관한 규정이 있었으나 국가시험은 도입되지 않았다.
② 사회보장기본법 제정 시 사회보장사업이 국민의 자립정신을 저해하지 아니하도록 규정하였으나 1997년 외환위기 이후 이 규정은 폐지되었다.
③ 1961년 제정된 생활보호법의 목적은 생활유지능력이 없는 자에 대한 최저생활의 보장과 자활의 조성이었다.
④ 국민기초생활 보장법의 목적은 최저생활의 보장과 자활의 조성이다.
⑤ 사회복지사업법은 2003년 개정 법률부터 사회복지시설 평가제를 도입하였다.

04 우리나라 사회복지 입법 과정의 특성으로 옳지 않은 것은?

① 정치적 의도와 목적이 많이 개입되었다.
② 개별법별로 서로 다른 시기에 입법되었다.
③ 임의규정이 많아 법적 실효성이 떨어진다.
④ 사회통합적에서 사회통제적으로 변화하고 있다.
⑤ 적용 범위에 있어서 선별주의에서 보편주의로 변화하고 있다.

05 우리나라 5대 사회보험법이 제정된 순서가 바르게 된 것은?

① 의료보험법 - 산업재해보상보험법 - 고용보험법 - 국민연금법 - 노인장기요양보험법
② 의료보험법 - 국민연금법 - 산업재해보상보험법 - 고용보험법 - 노인장기요양보험법
③ 산업재해보상보험법 - 국민연금법 - 의료보험법 - 고용보험법 - 노인장기요양보험법
④ 산업재해보상보험법 - 의료보험법 - 국민연금법 - 고용보험법 - 노인장기요양보험법
⑤ 산업재해보상보험법 - 고용보험법 - 의료보험법 - 국민연금법 - 노인장기요양보험법

[해설] 산재보험은 1963년 11월 제정, 의료보험법 1963년 12월 제정, 국민연금법 1986년 12월 제정, 고용보험법 1993년 12월 제정, 노인장기요양보험법 2007년 제정

06 다음 중 가장 먼저 제정된 순서로 나열한 것은?

가. 국민기초생활 보장법　나. 사회복지사업법　다. 긴급복지지원법　라. 사회보장기본법

① 가 - 나 - 다 - 라　② 가 - 다 - 나 - 라　③ 라 - 가 - 나 - 다
④ 나 - 라 - 가 - 다　⑤ 나 - 가 - 다 - 라

07 미국의 1935년 사회보장법(Social Security Act)에 관한 설명으로 옳지 않은 것은?

① 케인즈식 국가개입주의가 반영되었다.
② 사회복지에 대한 연방정부의 책임 확대를 가져 왔다.
③ 사회보장이라는 용어가 최초로 사용되었다.
④ 대공황으로 인한 사회문제의 확산이 법 제정의 계기가 되었다.
⑤ 소득보장과 의료보험을 골자로 하였다.

08 엘리자베스 구빈법에 대해 잘못 설명한 것은?

① 국가가 처음으로 빈곤에 대한 책임을 인정하였다.
② 열등처우의 원칙이 적용되었다.
③ 모든 교구에 빈민 감독관을 파견하였다.
④ 당시에 산발적으로 있었던 빈곤정책들을 총 집대성하였다.
⑤ 빈민을 자격 있는 빈민, 자격 없는 빈민, 보호자가 없는 아동으로 구분하였다.

09 다은 중 가장 최근에 제정된 법률은?

① 장애인복지법　② 사회복지사업법　③ 고용보험법
④ 노인장기요양보험법　⑤ 산업재해보상보험법

정답 01. ③ 02. ① 03. ④ 04. ④ 05. ④ 06. ④ 07. ⑤ 08. ② 09. ④

CHAPTER 03

사회복지수급권의 헌법적 기초

1 시민권과 인권 및 기본권

1. 마샬의 시민권

영국의 사회학자인 마샬(Thomas H. Marshall, 1893~1980)은 사회복지제도의 변천을 시민권의 범위가 확대되면서 사회복지제도가 발전해 왔다고 주장한 바 있다. 즉, 시민권은 18세기의 공민권(평등 · 자유권), 19세기의 정치권(참정권), 20세기의 사회권(복지권) 순으로 기본권이 발전해 왔다고 보고 있다. 또한 마샬은 사회권을 복지권(welfare right)과 함께 사용하면서 복지권은 사회권에 포함한다고 주장한 것이다.

※ 마샬의 시민권 구성(시민권과 사회계급, 1950년)

• 공민권(18세기 ⇒ 평등 · 자유권)	언론의 자유, 신앙의 자유, 사유재산권, 남녀고용평등권 등과 같이 모든 인간이 태어나면서 보장받을 수 있는 권리
• 정치권(19세기 ⇒ 참정권)	개인이 정치활동에 참여할 수 있는 권리, 투표권과 공직에 참여할 수 있는 권리
• 사회권(20세기 ⇒ 복지권)	모든 국민이 인간다운 생활을 누리기 위하여 복지서비스를 국가로부터 보장받을 권리, 즉 사회의 지배적인 기준에 합당한 시민생활을 누릴 수 있는 권리, 사회권은 복지권을 의미함

요컨대 마샬은 시민권을 공민권, 정치권, 사회권으로 구성되어 있고, 복지권은 사회권(생존권)에 들어 있다고 주장하고 있다.

[문제] 사회복지 발달과정을 18세기 공민권, 19세기 정치권, 20세기 사회권 등 시민권의 확대 순서로 설명한 학자는? ①

① 마샬(T. H. Marshall) ② 케인즈(J. M. Keynes) ③ 스미스(A. Smith)
④ 티트머스(R. Titmuss) ⑤ 플라니(K. Polanyi)

2. 인권과 기본권

1) 인권

인권이라는 개념은 17세기와 18세기에 유럽에서 본격적으로 형성된 개념으로서, 자연법 사상[28]에 따른 권리로서 자연권에서 나왔다.

인권(人權, human rights)은 사람이 사람답게 살 수 있는 권리를 천부적으로 당연히 갖는 생태적 자연권을 말한다. 인간이 지녀야 할 가치로서 우주에서 인간으로 태어났다면 누구든지 가지고 있는 정치·경제·사회·문화적 권리 및 지위와 자격을 총칭하는 개념이다. 또한 기본권과는 달리 어떤 경우에든지, 어떤 법으로 박탈이 불가능하다. 법적 권리뿐 아니라 법이전의 자연권과 도덕적 권리를 포괄한다. 법의 관할 지역(jurisdiction)이나 그 밖의 민족이나 국적 등에 관계없이 적용되는 것으로 정의된다.

인권이 천부적인 자유와 권리로 인식되고 보장된 것은 미국의 1776년 Virginia 권리장전이 최초이며, 그 후 1789년 프랑스의 인권선언, 그리고 1948년 세계인권선언이 선포되었다.

TIP 세계인권선언문 제1조

"모든 사람은 날 때부터 자유롭고 동등한 존엄성과 권리를 가지고 있다. 사람은 천부적으로 이성과 양심을 가지고 있으며 서로 형제애의 정신으로 행동하여야 한다." 이 조항의 의미는 사람 위에 사람 없으며 사람 아래 사람이 존재할 수 없다는 자유 평등의 인류 양심적인 태도이다.

※ 인권보장의 역사

① 영국의 인권보장: 1212년 대헌장(마그나카르타), 일정한 귀족의 권리와 자유가 국민의 자유와 권리로 확대되었고, 이것은 왕권과의 싸움에 의하여 얻어졌다.
② 미국의 인권선언: 1776년 6월의 Virginia 권리장전, 1776년 7월의 독립선언
③ 프랑스의 인권선언: 1789년의 '인간과 시민의 권리선언'(프랑스 혁명)

2) 기본권

(1) 기본권의 개념

기본권은 국가 안에서 모든 국민이 인간답게 살기 위해 누려야 할 기본적 권리이며 헌법에 따라 보장되는 권리를 말한다. 그러나 국가적 위기 상황이나 꼭 필요한 상황에서는 일정 부분을 법률로써 제한할 수 있다. 헌법상의 기본권은 기본권 보장의 대원칙 규정하고, 생존권 보장의 기본 원칙과 사회복지수급권을 구체적으로 규정하여 근로자의 생존권 보장과 소득분배 관련되어 있는 권리이다. 즉, 기본권은 인권과 달리 헌법에서 보장하는 실정법상 인간의 기본적인 권리이다.

---

28) 자연법 이론은 국가의 권력이 실정법(헌법과 법률)을 근거로 개인의 권리를 제한할 경우에, 그 개인은 자연법을 근거로 해서 이에 대하여 소송이나 저항권을 행사할 수 있다. 이러한 자연법의 근거는 미국 연방 대법원에서 적법절차의 원리로 인정해주고 있다. 자연법의 사상은 세계인권선언과 헌법 속에서 불가침적·불가양적·절대적 천부인권 또는 자연권 등으로 인정되고 있다.

(2) 기본권의 종류

전통적으로 기본권은 내용상 포괄적 기본권, 개별적 기본권(자유권, 참정권, 사회권, 청구권) 등으로 분류된다.

가. 포괄적 기본권 – 인간의 존엄과 가치, 행복추구권, 평등권

포괄적 기본권은 최고의 헌법 원리이기 때문에 헌법 개정에 의해서도 폐지할 수 없는 개정금지권리이다. 특히 평등의 원칙은 법적용의 대상이 되는 모든 인간을 원칙적으로 평등하게 다루어야 한다는 법원칙이다. 그 중심내용은 '같은 것은 평등하게, 다른 것은 불평등하게' 다룸으로써 사회정의를 실현하려는 원리이다(기회균등, 자의금지).

나. 개별적 기본권 – 자유권적·사회권적·청구권적·참정권적 기본권

자유권적 기본권	자유권은 개인의 신체 및 재산에 대하여 국가공권력으로부터 구속(침해나 간섭)을 받지 아니할 권리이다. → 헌법에서는 자유권적 기본권으로서 신체의 자유, 사회·경제적 자유(거주·이전의 자유, 직업선택의 자유, 주거의 자유, 사생활 비밀의 자유, 통신의 자유, 재산권의 보장), 정신적 자유(양심의 자유, 종교의 자유, 언론·출판의 자유, 집회의 자유, 결사의 자유, 학문의 자유, 예술의 자유, 소비자의 권리) 보장
사회권적 기본권 **(=생존권적 기본권)**	사회권은 국민이 국가에 대하여 일상 생활에서 인간다운 수준과 최저한의 생활 보장을 적극적으로 요구할 수 있는 권리이다. 헌법상에 규정된 것은 세계 최초로 사회권적 기본권을 1919년 독일의 바이마르헌법(제151조)에서 경제생활의 질서, 인간다운 생활, 정의의 원칙 등을 규정하고 있다. 사회권은 ① 자유권을 기초로 한 자본주의 사회가 생산수단을 갖지 못한 근로자의 권리이다. ② 국민의 생존을 유지하거나 생활을 향상시켜 인간다운 생활을 위한 권리이다. ③ 생존권, 사회복지수급권, 사회보장수급권의 내용을 포함하고 있다. ④ 환경권, 주거권, 건강권, 교육권 등이 있다. 우리나라 헌법에서 규정한 사회권적 기본권은 단체주의, 실질적 사회적 법치주의, 복지국가 실현, 입법권만 구속하는 국가에 대해 급부나 배려를 요구하는 적극적 권리라 할 수 있다. ※ 사회권적 기본권의 범위 확대: 지원대상자 → 모든 국민(국내 합법체류의 외국인은 상호주의, 불법체류자는 인도주의에 따라 보장)
청구권적 기본권	청구권은 기본권으로 보호되는 법익에 대한 침해가 있거나 침해가 우려될 경우 국가에 대해 일정한 행위를 청구할 수 있는 권리(기본권 보장을 위한 기본권, 절차적 기본권)이다. 그 종류로는 청원권, 재판청구권, 국가배상청구권, 손실보상청구권, 범죄피해자구조청구권, 형사보상청구권 등이 있다. 청구권적 기본권의 성격은 헌법규정에서 직접 효력규정이다. 하지만 법률로 구체화되어야 권리로서 행사할 수 있다(→ 불완전한 구체적 권리, 기본권형 성적 법률유보). 그리고 입법권과 행정권·사법권뿐만 아니라 그밖에 모든 공권력을 구속한다.
참정권적 기본권	참정권은 국가의 의사형성에 직접 참여하거나 선거투표에 참여해서 공무원으로 선임될 수 있는 국민의 주관적 공권이다. 참정권의 종류에는 간접참정권(피선거권, 공무담임권)과 직접참정권(국민투표권에 참여할 권리)이 있다.

라. 참정권적 기본권	참정권적 기본권은 인간의 본성에 바탕을 둔 본능적 욕구, 인간의 제1차적 욕구, 헌법 개정으로도 폐지가 불가능하다. 헌법에 보장된 이상 모든 국가권력을 구속한다. 우리나라 국가형태의 특색은 간접민주정치를 원칙으로 하면서, 예외로 직접민주정치를 적용하고 있다.

[문제] 헌법에서 규정한 기본권 중 사회권에 해당하지 않는 기본권은? ②
① 교육권 ② 재산권 ③ 근로권 ④ 환경권 ⑤ 인간다운 생활을 할 권리

(4) 기본권의 제한 – 기본권의 법률유보 조항

기본적 권리와 자유는 헌법에 열거되지 아니한 이유로 경시될 수 없다(헌법 제37조 1항: 기본권 포괄)고 규정하여 국민에게 기본적 인권을 최대한 존중 · 보장한다고 선언하고 있다. 그러나 비상시에 원활한 대처를 위하여 "국가의 안전보장 · 질서유지 · 공공복리(공익)를 위하여 필요한 경우에 한하여 법률로 제한할 수 있으나 기본권의 본질적인 내용을 침해할 수는 없다"(제37조 2항: 한계와 제한). 이는 법률로서 기본권을 제한할 수 있지만 과잉금지의 원칙 등에 따라야 하고, 본질적인 내용은 침해할 수 없다.

3. 인권과 기본권의 관계

인권은 인간으로서 당연히 가지는 모든 권리이며, 인간의 본성에서 나오는 자연권을 의미한다. 반면에 기본권은 생래적인 자연권도 있지만 헌법상의 자유권 · 생존권 · 청구권 · 참정권적 기본권 등이 있다.

또한 인권은 기본권을 포괄하고 있다. 각국 헌법에서 보장하고 있는 기본권은 인권사상에 바탕을 두고 인간의 권리를 실현하려고 하는 것이므로, 인권이 기본권을 포함하고 있다. 이는 대체적으로 인권이 기본권보다 그 내용에 있어서 넓다고 볼 수 있다.

요컨대 인권은 인간의 존엄과 소중한 존재 가치로 평등하다고 헌법에 명시함으로써 법적 구속력을 가지고 있다. 따라서 누구도 인간의 존엄한 권리, 즉 인권을 침해할 수 없다.

[문제] 인권과 기본권의 권리에 관한 설명으로 옳은 것은? ①
① 기본권은 모두 인권이다 ② 기본권은 인권과 시민권이다.
③ 시민권이 모두 법적 권리인 것은 아니다. ④ 인권은 기본권과 사회권으로 구성된다.
⑤ 기본권은 기본법상의 권리이다
[해설] ☆ 기본권과 시민권은 모두 인권이다. 인권은 기본권이다.

2 사회복지수급권의 헌법규정과 법적 성격

1. 사회권으로서의 사회복지수급권

사회복지수급권은 출산, 양육, 실업, 빈곤, 질병, 장애, 노령, 사망 등 사회적 위험으로부터 보호를 필요로 하는 개인이 인간의 존엄에 상응하는 인간다운 생활을 하기 위하여 국가에 대해 일정한 내용의 급부와 배려를 적극적으로 요구할 수 있는 권리를 말한다(사회보장기본법 제3조 1항).

사회복지를 받을 권리(사회복지수급권)는 헌법상 사회권(생존권)적 기본권의 조항을 기반으로 하는 권리이다. 즉 헌법상 사회권과 관계가 있다. 생존권 보장은 사회복지법의 이념 중 하나이다. 이 권리는 사회복지의 개별 법령에 의하여 구체화된다. 가령 사회보장기본법 제9조에 의하여 사회보장수급권으로 명시적으로 규정하고 있다.

사회복지수급권은 그 대상이 지원대상자에서 모든 국민으로, 그리고 국내 체류 유자격 외국인도 상호주의와 인도주의에 입각해 확대 적용되고 있다.

※ 사회복지수급권의 범위 확대
지원대상자 → 모든 국민(국내 체류자격 있는 외국인 포함: 상호주의)으로 대상을 확대한다.
여기서 지원대상자란 보호를 절대적으로 필요로 하는 사람을 말한다.

따라서 사회권(사회복지수급권)이 공민권보다 오히려 대상범위가 더 넓게 확대되어 가는 추세이다.

2. 사회복지수급권의 헌법적 기초

1) 사회복지수급권의 헌법 규정

헌법은 사회권(생존권)적 기본권보장(사회복지수급권)에 관한 규정을 두고 있다. 헌법에는 사회복지 관련 조항이 있다. 헌법은 사회복지의 범위와 내용을 규정한 최상위의 규범이다.

<표 3-1> 헌법상 사회권(생존권)적 기본권 보장의 내용

조 항	내 용
전문(前文)	복지의 기회균등 제공: 국민생활의 균등한 향상과 자유와 행복을 확보할 것
헌법 제10조	기본권 보장의 대원칙 규정(인간으로서의 존엄과 가치, 행복추구권)
헌법 제31조	교육을 받을 권리

조 항	내 용
헌법 제32조	근로의 권리(생존권 보장)
헌법 제33조	근로자의 근로기본3권(단결권, 단체교섭권, 단체행동권)
헌법 제34조 1항	생존권 보장의 기본원칙(인간다운 생활을 할 권리: 생존권의 개념)
헌법 제34조 2~6항	사회복지권을 구체적으로 규정(사회복지수급권)
헌법 제35조	환경권 및 주거권(쾌적한 환경에서 생활할 권리)
헌법 제36조	혼인과 가정생활의 보호, 모성보호 및 보건권
헌법 제119조 2항	경제권(적정한 소득분배 유지와 경제의 민주화: 경제에 관한 규제와 조정 가능)

TIP 생존권과 행복추구권, 기본적 인권

제10조 모든 국민은 인간으로서의 존엄과 가치를 가지며, 행복을 추구할 권리를 가진다. 국가는 개인이 가지는 불가침의 기본적 인권을 확인하고 이를 보장할 의무를 진다. 1981년 제정된 제5공화국 헌법 제10조에 추가되었다.

2) 제34조 규정에 대한 분석

국민의 기본적 권리를 규정하는 최상위 규범인 헌법은 사회권(생존권: 인간다운 생활을 할 권리)에 대한 기본방향을 제34조 1항에서 "모든 국민은 인간다운 생활을 할 권리를 가진다"라고 근거를 규정하고, 그 구체적인 내용은 제34조 2항에서부터 6항까지 규정하고 있다. 「인간다운 생활」[29]이라는 용어가 추상적이기 때문에 헌법의 하위법인 국민기초생활 보장법 제4조 1항에 "이 법에 의한 급여는 건강하고 문화적인 최저생활을 유지할 수 있는 것이어야 한다"라고 규정하고 있어, 헌법의 내용을 보다 국민의 생활에 필요한 사항들을 구체화하고 있다(법률의 구체성).

※ 사회복지에 관한 헌법규정(제34조)

항	내용
1항	모든 국민은 인간다운 생활을 할 권리를 가진다(생존권적 기본권 보장).
2항	국가는 사회보장, 사회복지의 증진에 노력할 의무를 진다(사회보장·사회복지증진 의무).
3항	국가는 여자의 복지와 권익의 향상을 위하여 노력하여야 한다(여자의 복지와 권익 향상).
4항	국가는 노인과 청소년의 복지향상을 위한 정책을 실시할 의무를 진다(노인, 청소년 복지향상 의무).
5항	신체장애자 및 질병. 노령. 기타의 사유로 생활능력이 없는 국민은 법률이 정하는 바에 의하여 국가의 보호를 받는다(신체장애인과 취약계층).
6항	국가는 재해를 예방하고 그 위험으로부터 국민을 보호하기 위하여 노력하여야 한다(재해, 이재민 보호).

제1항부터 4항까지는 국가 의무의 규정(~에 노력하여야 한다. 또는 ~에 의무를 진다)을 강력히 명시하고 있으나, 제5항과 6항은 국가의 의무를 명시적으로 규정하고 있지 않다.
구체적으로 내용을 보면 제5항 신체장애자 및 질병, 노령, 그 밖의 사유로 생활능력이 없는 국민(장애인과 취약계층)은 '~법률이 정하는 바에 의하여 국가의 보호를 받는다'라고 규정함으로써 국가의 책임은 거의 없다고 볼 수 있다. 법적 권리로서의 성격이 약하다고 볼 수 있다(추상적 권리설: 판례의 입장).

29) 여기서 '인간다운 생활'이란 건강하고 문화적인 최저생활의 보장을 말한다(사회복지수급권의 기초).

3) 사회복지수급권의 학설

헌법에 규정된 사회권적 기본권의 조문은 그 자체에 권리설과 관련되어 있어 그 법적 성격을 가진다. 학설은 프로그램(program) 규정설, 법적 권리설, 복합설 등이 있다. 법적 권리설은 다시 추상적 권리와 구체적 권리로 구분된다.

(1) 프로그램 규정설(선언적 규정설, 입법방침규정설)

프로그램 규정설은 헌법규정이 직접 행정권과 사법권에 의해 구제받을 수 있는 권리가 아니라 입법자에게 입법의 방침만을 제시하는 학설을 말한다. 즉, 국가의 행정·재정적 능력에 의존하여 누릴 권리이기 때문에 프로그램 규정을 근거로 개인이 행정권에 대해 어떤 행위를 청구할 수 없는 권리이다.

> 프로그램 규정적 권리는 국가가 입법을 할 정치적·도의적 의무만 존재하는 것이다. 사회권적 기본권은 재판을 통해서 구제받을 수 있는 권리가 아니라, 국가가 국민에게 하나의 제도를 선언한 것에 지나지 않는다고 보는 입장이다. 즉, 사회권적 기본권의 실시는 국가의 자유 재량이다. 이는 일종의 반사적 이익으로 국가의 행정·재정적 능력에 의존하여 누릴 권리이다. 헌법 제34조 규정을 근거하여 사회복지급여를 제대로 받지 못한 국민은 재판과 국가나 지자체를 통해서 구제를 청구할 수 없다(소송 제기 ×).

예컨대 국가가 사회복지법을 실시하면 그 법에 대한 급여를 받을 수 있지만 국가의 재량에 따라 실시하지 않으면 그 급여를 받을 수 없을 뿐만 아니라, 국가를 상대로 청구할 수 없다. 그 실시는 국가의 자유재량행위이며, 반사적 이익에 속하기 때문에 침해하는 경우에는 급여청구권이 보장되지 않는다(예, 1961년 생활보호법).

> **TIP** 자유재량(裁量)행위
>
> 법규가 일의적으로 그 효과를 규정하지 않고, 복수의 행위 가운데서 일정한 행위를 행정청이 선택·결정할 수 있게 독자성을 부여한 경우 그 행정청의 행위를 말한다. 예컨대, "음주운전을 한 자에 대하여는 면허취소 또는 1년 이내의 면허정지를 과할 수 있다."라고 한 법률이 있는데 행정청은 면허취소와 면허정지 등의 여러 행정수단 중 자신의 판단아래 하나의 행위를 선택하여 행사할 수 있는 것이다.

(2) 법적 권리설

법적 권리설은 헌법규정이 입법권과 행정권 및 사법권을 구속하여 구제를 받을 수 있는 권리가 보장된다고 보는 학설을 말한다. 헌법에 규정된 사회복지수급권은 법적인 권리로서 국민 각자가 사회복지의 급여를 누릴 권리가 법으로 보장되어 있다. 국가는 이를 의무적으로 실시할 책임이 있다고 보는 학설이다. 이는 추상적 권리설과 구체적 권리설로 구분된다.

가. 추상적 권리설

추상적 법적 권리설은 국민은 헌법에 규정되어 있는 사회권을 국가에 대하여 사회복지의 급여를 받을 수 있는 추상적 권리를 간접 청구할 수 있고, 국가는 입법, 그밖에 정책상 필요한 조치를 강구할 추상적 의무를 진다고 보는 학설이다.

① 직접적이고 강제적으로 권리를 보장하고 있지 않다(간접적인 권리보장).
② 구체적인 청구권이 없는 법적 권리이다.
③ 국민에게 권리를 부여하고, 국가에게 의무를 부여하지만 추상적이다. 만일 이행하지 않거나 위반했을 때 재판을 통한 강제성이 없다.
④ 법적으로 강제되려면 개별 법률에 의하여 구체화가 되면 국민의 권리는 보장된다. 국민이 국가에 대하여 사회복지의 급여를 받을 수 있는 입법을 요구할 수 있다(예, 공공부조법과 사회서비스법: 국민기초생활 보장법상의 급여, 노인복지법상의 급여 등).

나. 구체적 권리설

구체적 법적 권리설은 헌법에 규정되어 있는 사회권을 국가에 대하여 직접 청구할 수 있는 권리로 보며, 국가는 적극적으로 응해야 할 의무가 있다고 보는 입장이다. 이는 헌법상의 보장된 권리이며 의무이기 때문에, 국민은 헌법의 정신을 기초로 국가기관에 직접 사회복지수급권의 보장·구제·주장을 청구할 수 있다. 구체적 권리설은 작위의무화 소송을 제기할 수 있다.현재의 다수설은 구체적 권리설을 따르는 것이라 할 수 있다.

또한 국민은 국가에 대하여 적극적인 입법을 요구할 권리가 있다. 사회복지에 관한 입법이 없거나 있더라도 그 내용이 불충분한 경우에는 법률의 제정이나 개정을 요구할 수 있다. 구체적인 입법이 별도로 존재하지 않더라도 헌법 규정 자체만으로도 권리를 실현할 수 있다. 헌법규정이 재판의 규범이 된다고 보는 것이다. 즉, 헌법 제34조 규정에 따라 사회복지급여를 제대로 받지 못한 국민은 재판과 국가나 지자체를 통해서 구제를 청구할 수 있다(예, 사회보험법상 급여: 국민연금, 국민건강보험, 고용보험, 노인장기요양보험, 산재보험 등 - 재산권 행사 가능).

※ 법적 권리설 입장에서 권리가 침해되는 때에는 보호 받을 수 있는 사항
- 추상적 권리설: 입법의 요구 가능(→ 국기법상 급여) – 판례 입장
- 구체적 권리설: 입법의 요구 + 구체적 급여에 대한 재판 가능(→ 사회보험법상 급여, 재산권 성격) – 학설

※ **대법원 판례의 입장**: 사회복지의 법적 성격에 대한 학설은 모든 헌법규정이 반드시 실현되어야 할 재판규범으로 보는 불완전한 구체적 법적 권리설을 현재의 다수설이라는 입장이지만, 현실적으로 보면 추상적 법적 권리설에 가깝다고 볼 수 있다[본 교재 사회복지관련 판례 참조].

3. 사회복지수급권의 권리성

1) 사회보험수급권의 성격 – 산재·건강·연금·고용·요양

사회보험수급권은 사회적 위험(사고)에 대비하여 미리 가입자가 자신의 경제적 부담으로 보험료를 납부(재정적 기여)한다. 수급권자가 기여의 대가로 보험급여를 당연히

받아야 할 권리가 있다. 즉, 법으로 보장된 구체적 법적 권리(학설)에 해당한다. 예컨대, 국민연금수급권은 구체적 법적 권리이기 때문에 소송을 통해 권리를 실현할 수 있으므로 권리성이 강하다.

그러나 사회보험수급권(예, 국민연금법상 급여를 받을 권리)은 재산권으로 담보를 제공할 수 있는 것은 아니다.

만일 국가가 사회보험수급권을 법률이 정하는 대로 보장하지 못하는 경우, 수급권자인 국민은 국가를 대상으로 재판(구체적 소송)을 통해서 법으로 정해진 권리를 구제(보장)받을 수 있다.

2) 공공부조수급권의 성격 – 최저생활보장 및 자립지원

① 공공부조의 수급권은 스스로 생활능력이 없는 국민의 인간다운 생활을 유지시켜주기 위한 권리이다. 국가, 지자체 등과 관련된 공공기관인 공적인 프로그램이다.

② 모든 국민은 법적으로 보호의 대상이지만 실제로는 자산조사와 실태조사를 통해 취약계층을 선별하여 일정한 빈곤선 이하에서 부양가족의 도움을 받을 수 없는 절대 빈곤층이 주 대상이 되고 있다. 공공부조의 수급권자는 상대적으로 소수에 한정된다.

③ 수급권자는 재정적으로 기여하는 것이 없기 때문에 권리로서 인정받지 못하는 취약성이 있다. 따라서 공공부조 수급권은 법으로 보장된 추상적 법적 권리(학설)에 해당한다고 볼 수 있다.

④ 공공부조의 권리성은 점차 강해져 가고 있는 추세이다. 국민기초생활 보장법의 시행(2000년 10월)으로 나타난 수급권의 성격은 프로그램 규정적 권리에서 추상적 법적 권리로 향상되었다고 볼 수 있다. 예컨대 구법인 생활보호법에서 '지원대상자', '보호기관' 등의 용어가 국민기초생활 보장법에서는 '수급권자', '보장기관' 등으로 변경되어 수급권자의 권리성을 강화하였다.

[참조] 공공부조의 수급권 제한

① 공공부조법의 목적에 어긋난 경우 일정한 제한을 가할 수 있다.
② 헌법상 기본권을 제한하는 목적인 국가안전보장, 질서유지, 공공복리를 위해 제한될 수 있다
③ 공공부조법의 목적과 특성상 제한될 수 있다.
④ 공공부조의 수급권자는 수급조건에 따른 의무를 성실하게 해야 한다.

3) 사회서비스수급권의 성격 – 사회·심리적 서비스 지원

① 사회서비스수급권은 비교적 권리성이 약하다. 그 이유는 수급권자가 재정적으로 기여하는 것이 적기 때문에 권리로서 인정받는 권리성이 보통이다. 따라서 사회서비

스수급권은 법으로 보장된 추상적 법적 권리설에 해당한다고 볼 수 있다. 즉, 대상자의 복잡하고 다양한 욕구를 표준화(객관적 · 획일적 적용)시켜 적용할 수 있는 기준이 정해져야 하기 때문에, 지원대상자의 개별상황이 존재하는 사회서비스수급권의 권리성이 취약하다고 볼 수 있다.

② 사회보험법이나 공공부조법의 경우 현금급여나 현물급여가 급여의 주된 내용을 이루는 데 반하여, 사회서비스법은 상담, 재활, 돌봄, 정보의 제공, 관련 시설의 이용, 역량 개발, 사회참여 지원 등과 같은 비물질적 사회 · 심리적, 정신적 서비스의 급여가 주종을 이루고 있다. 따라서 이러한 추상적이고 역동적이며, 주관적인 측면이 강한 급여를 가시적이고 객관적으로 표준화하고 입법화하는 것은 매우 어려운 일이다.

생각해 보기

헌법에 규정된 사회권에 근거한 사회보험, 공공부조, 사회서비스 등 사회복지수급권의 법적 성격은 구체적 권리설이 우리나라의 다수설이다. 사회권의 법적 성격 가운데 그 권리성이 강한 것부터 나열하면, ① 구체적 권리 → ② 추상적 권리 → ③ 프로그램 규정적 권리 등의 순서로 적용된다.

프로그램 규정적 권리	–	법적 추상적 권리	–	법적 구체적 권리
(권리성이 낮음)	⇐	중간(보통)	⇒	(권리성이 높음)

사회복지수급권은 ① 법률로써 제한되거나 정지될 수 있다. ② 사회복지수급권자가 다른 사회보장 급여를 받게 될 때에는 중복하여 완전한 급여를 받을 수 없다. ③ 고의로 사회복지 급여 지급의 원인이 되는 사유를 발생시킨 경우에는 사회복지 급여가 제한받는다. ④ 서면으로 포기할 수 있다. ⑤ 위법·부당하게 사회복지 급여를 받은 자는 급여반환의무가 발생한다.

※ 사회보험법·공공부조법·사회서비스법의 특징

구 분	시행주체	대 상	목 표	급 여	재 원	비 고
사회보험	국가	모든 국민	건강·소득의 보장	현금·현물 급여	보험가입자 보험료, 국가의 재정	보편주의
공공부조	국가·지자체	생활유지능력이 없는 국민	최저생활 보장 및 자립지원	현금·현물 급여	국가재정 (일반조세)	선별주의
사회서비스	국가·지자체·민간사회 복지시설	국가, 지자체 및 민간부문의 필요로 하는 모든 국민	정상적인 사회 생활 지원	현물급여·전문적 서비스	국가보조금, 본인, 사회복지법인의 분담금 등	선별주의 · 보편주의

3 사회복지수급권의 규범적 종류

사회복지수급권의 규범적 종류는 수급권의 내용과 형식을 체계적으로 정리하는 것을 말한다. 이는 ① 실체적 권리, ② 수속적 권리, ③ 절차적 권리 등이 있다.

실체적 권리는 사회보장의 내용인 사회보험 청구권, 공공부조 청구권, 사회서비스

청구권으로 구성되어 있다. 수속적 권리는 상담·조언권, 급여정보권, 적법진행 보장권으로 되어 있다. 절차적 권리는 사회복지 입법청구권, 사회복지 쟁송권, 사회복지 행정참여권으로 구성되어 있다.

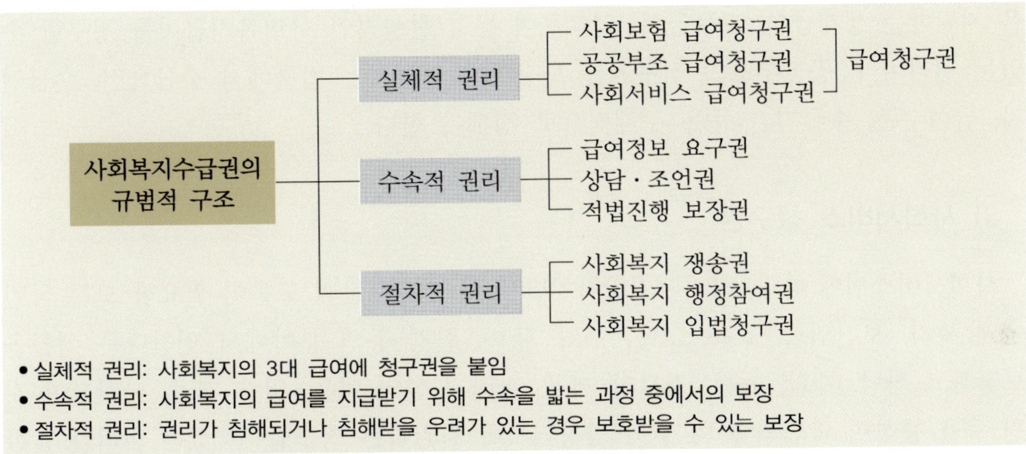

자료: 신섭중 외 5인, 한국사회복지법제개설, 대학출판사, 1999. p.144.

1. 실체적 권리

실체적 권리[30]는 수급자요건, 수급권자, 급여수준, 급여의 종류, 재정조달, 전달체계, 수급권의 보호와 제한을 두고 있다. 이러한 실체적 권리는 구체적으로 복지급여를 청구할 수 있는 권리로 사회복지수급이 보장되는 핵심적 청구권[31]이다.

실체적 권리의 종류에는 ① 사회보험 청구권(건강, 연금, 재해, 실업, 요양급여), ② 공공부조 청구권(생활보장, 의료급여), ③ 사회서비스 청구권 등으로 사회복지의 3가지에 대한 급여청구권이 있다.

1) 사회보험 청구권

사회보험법에 따라, 국민에게 발생하는 사회적 위험을 보험방식에 의하여 대처함으로써 국민의 건강, 연금, 요양, 실업, 재해, 휴업 등의 급여를 청구할 수 있는 권리를 말한다.

---

30) 실체적 권리는 모든 국민에 대한 생존권(인간다운 생활할 권리)을 보장하기 위한 헌법상 권리를 구체화하는 입법이 제정되었을 때 국민이 해당 법률에 따라 현실적인 사회복지급여를 청구할 수 있는 구체적 권리이며, 사회복지 급여청구권을 말한다.

31) 여기서 청구권이란 행정법에서 개인이 국가의 행정권을 발동할 것을 청구하는 권리로서 개인적 공권이다. 예컨대, 행정개입청구권이 그 예이다. 즉, 행정청에 대하여 일정한 행위를 청구하는 것을 내용으로 하는 권리를 말한다.

2) 공공부조 청구권

공공부조법에 따라, 스스로 생활유지능력이 없거나 생활이 어려운 국민에게 국가나 지자체가 책임을 가지고 인간다운 생활을 누릴 수 있도록 최저생활을 보장하고 자립을 지원하는 생계급여, 교육급여, 의료급여 등의 현실적인 사회복지급여를 청구할 수 있는 권리이다. 공공부조의 청구권을 보장받기 위해서는 법률에서 수급요건, 수급권자, 급여수준, 수급기간 등을 구체적으로 정해야 한다.

3) 사회서비스 청구권

사회서비스법에 따라, 국가 · 지방자치단체 및 민간부문의 도움이 필요한 모든 국민에게 복지, 보건의료, 교육, 고용, 주거, 문화, 환경 등의 분야에서 인간다운 생활을 보장하고 상담, 재활, 돌봄, 정보의 제공, 관련 시설의 이용, 역량 개발, 사회참여 지원 등을 통하여 국민의 삶의 질이 향상되도록 지원하는 청구할 수 있는 권리를 말한다. 이 청구권은 노인, 아동, 장애인, 한부모, 미혼모, 영유아 등의 대상이 서비스를 청구할 수 있는 권리이다.

2. 수속적 권리

사회복지수급권자가 사회복지급여를 신청하고, 조사를 받고, 결정이 되는 과정에서 모든 절차가 공정하게 진행되어야 할 것을 요구할 수 있는 권리를 말한다. 즉, 적절한 절차에 참여할 권리와 불평등하게 취급당하지 않을 권리, 하자 없는 재량행사를 요구할 수 있는 권리 등이 있다. 수속적 권리의 종류에는 급여정보요구권, 상담 · 조언권, 적법진행보장권[32] 등이 있다.

수속 전 단계	수속시작 전에 급여정보 제공(급여정보권)과 상담 및 조언을 요구하고(상담 · 조언권), 이에 필요한 사회복지기관과 시설을 자유롭게 이용할 수 있는 권리를 의미한다.
수속 단계	사회복지급여를 받는 수속은 신청 → 조사 · 사정 → 급여내용 결정 → 급여 지급 등이다. 이러한 수속 절차에 참가하고 차별과 불평등한 대우를 받지 않으면서 행정적 재량권이 흠(하자)없이 적절하게 행사될 것을 요구할 수 있는 권리(적법진행보장권)를 의미한다.

32) 적법진행보장권은 일련의 수속적 과정이 본래의 수급권 보장을 위해 적법하게 진행되어야 할 것을 요구하는 권리를 말한다.

3. 절차적 권리 - 권리구제 절차

사회복지수급권의 실체적 권리를 보장하고 실현하기 위해 필요한 의무의 이행을 강제적·구체적으로 실현하는 절차(실현, 의무 이행, 강제)와 관련된 권리이다.

절차적 권리의 종류에는 ① 사회복지 쟁송권, ② 사회복지 행정참여권, ③ 사회복지 입법청구권(입법청원권) 등이 있다.

1) 사회복지 쟁송권(권리구제)

사회복지 청구권(실체적 권리)이 위법하거나 부당한 행정기관의 처분에 의해 침해되었을 때 구제를 신청하는 권리이다. 사회복지 쟁송제도에는 행정적 구제인 행정심판이 있고, 사법적 구제인 행정소송과 부작위 위법확인소송 등이 있다.

- 행정적 구제(행정기관): 자격요건이나 급여수준에 불만이 있을 경우 행정심판을 제기할 수 있다
- 사법적 구제(사법기관): 행정적 구제로 해결이 안 될 경우에 행정소송 등을 제기할 수 있다.

2) 사회복지 행정참여권(민주성)

사회복지의 행정과정에 수급권자나 국민이 참여하는 권리이다. 예컨대, 국민건강보험법에는 건강보험 정책심의조정위원회의 구성은 근로자 대표 등의 주민참여로 되어 있다(민주성).

3) 사회복지 입법청구권(입법청원권)

인간다운 생활(생존권) 보장을 위한 사회복지의 급부를 제공하는 구체적 법률이 제정되지 않았거나, 제정되었더라도 그 법률의 내용이 불충분한 경우에 입법이나 개정을 청구할 수 있는 권리이다(입법청원권). 사회복지 입법청구권은 법적으로 미비한 것이 현실에 대응하여 법률의 제정·개정을 요구할 수 있는 권리이다(공청회, 세미나 등).

4 사회복지수급권의 보호와 제한

1. 사회복지급여의 신청

1) 신청주의의 원칙

사회복지의 급여를 받고자 하는 자는 국가나 지자체에 신청하여야 한다. 만일 급여

신청을 다른 기관에 신청한 경우에 해당 기관은 지체없이 이를 정당한 권한이 있는 기관에 이송하여야 한다. 이 경우 사회복지급여의 신청은 정당한 권한이 있는 기관에 이송된 날에 신청한 것으로 본다(의제, 간주).

2) 신청주의의 예외

사회복지전담공무원은 예외적으로 지자체 관할 안에 있는 수급권자를 위하여 직권으로 신청할 수 있다(직권주의: 대상자의 동의가 필요함).

<표 3-2> 신청주의와 직권주의 병행 실시

국민건강보험법	직권주의
국민기초생활 보장법	신청주의와 직권주의 병행
사회복지사업법	

2. 사회복지수급권의 보호(불이익변경 금지의 원칙)

1) 불이익 급여변경 금지

불이익 급여변경 금지의 원칙은 이미 결정된 사회복지급여에 대하여 정당한 이유없이 변경하는 것이 수급권자의 기득권을 침해하는 행위가 되므로 이를 금지한다는 원칙을 말한다(급여 변경의 금지). 예컨대 국민기초생활 보장법 제34조에서 수급자에 대한 급여는 정당한 사유없이 이를 불리하게 변경할 수 없다. 이 규정은 사회복지대상자의 사회복지수급권을 유지·보호하려는 목적이 있는 것이다(영미법: 금반언의 원칙).

2) 처분, 양도[33], 담보제공, 압류[34], 상계 금지

공법상의 권리(공권)는 양도할 수 없다는 원칙에 기초로 하고 있다. 사회복지수급권의 보호 차원에서 사법상의 권리(사권)는 일반적으로 법률행위에 의해서 양도될 수 있지만, 공법적 성격을 지닌 사회복지법의 권리·의무는 일신전속에 해당하기 때문에 수급자 또는 타인의 권리행사에서 제한적이다. 따라서 사회복지수급권은 수급자에게 최소한의 인간다운 생활을 보장하기 위한 방법이기 때문에 전적으로 속하는 일신전속권(一身專屬權)[35]으로서의 성격을 가진다.

33) 양도: 소유권을 이전하는 것
34) 압류: 채무자의 재산을 묶어두는 것
35) 일신전속권: 한 개인이 자신만을 위하여 누릴 수 있는 권리를 말한다. 민법상의 채권은 일반적으로 법률행위에 의해서 압류양도될 수 있지만, 공법상의 권리의무는 일신전속적 성격이 있으므로 압류양도될 수 없다.

사회복지수급권의 보호는 처분, 양도, 담보제공, 압류, 상계금지 등의 불이익 급여변경 금지원칙이 적용되고 있다. 즉, 사회복지수급권의 보호를 위해서 관계법령이 정하는 바에 따라 타인에게 양도하거나 담보(저당권 및 질권 등)를 제공할 수 없다(사회보장기본법 제12조). 이를 압류 · 상계할 수 없다(압류 · 상계의 금지). 상속도 원칙적으로 할 수 없으나, 국민연금의 유족연금은 상속이 가능하다. 공공부조법과 사회서비스법에는 상계금지 규정은 없으나, 사회보험법에는 제한적으로 허용하고 있다.

<표 3-3> 사회복지수급권의 법적 보호 규정 예시

사회복지사업법 (제48조)	법률에 따라 지급된 금품과 이를 받을 권리는 압류하지 못한다(압류 금지).
국민연금법(제58조)	급여를 받을 권리는 양도 · 압류하거나 담보로 제공할 수 없다(수급권의 보호).
산업재해보상보험법 (제88조)	근로자의 보험급여를 받을 권리는 퇴직하여도 소멸되지 아니한다. 보험급여를 받을 권리는 양도 또는 압류하거나 담보로 제공할 수 없다(수급권의 보호).

TIP 상계의 경우도 금지가 원칙이지만 예외적으로 능동 채권(자동채권)의 경우 상계 가능한 경우가 있다. ⓐ 사회보험료 과오납한 경우, 다음 청구분에서 상계, ⓑ 부당이득의 반환청구, ⓒ 국민연금을 담보로 연금공단에서 융자를 받은 것을 안 갚은 경우 ⇒ 사회보험법에는 제한적으로 허용하고 있다. 또한 기초연금법 기초연금액과 환수금 상계할 수 있다.

[참조] 수급권의 보호

① 급여수급권은 일신전속권의 성격을 가지고 있기 때문에 입법목적에 반할 수 없다.
② 본인이 처분하거나 압류될 수 있다면 수급권자가 생존기반을 상실하게 되기 때문이다.
③ 수급자에게만 직접 귀속되는 보상적·공익적 성격을 강하게 가지고 있기 때문이다.
④ 국가는 수급자의 권리실현과 보호를 적극적으로 도와야 한다.

3) 조세 및 공과금의 부과 금지

사회복지수급권은 사회복지대상자들이 사회복지급여를 통해 인간으로서 최소한의 생활을 유지하는 목적이 있기 때문에 조세나 그 밖의 공과금을 부과하는 것은 타당하지 않다(조세 및 공과금의 부과금지, 불이익 변경금지 등).

3. 사회복지수급권의 제한 및 포기

사회복지수급권은 국가와 지자체의 책임에 의해 제공되는 공권적 권리이며, 이에 따라 수급권자는 사회복지의 급여를 받을 권리가 있는 것이다. 동시에 수급권자로서의 의무가 있는 것이다. 의무불이행 시에는 관계법령에 따라 제한할 수 있다.

1) 사회복지수급권의 제한·정지(비례원칙: 최소침해의 원칙 적용)

(1) 원칙과 예외

사회복지수급권은 보호 차원에서 원칙적으로 제한되거나 정지될 수 없다(원칙).

다만 관계법령이 따로 정하고 있는 경우에는 그러하지 아니 한다(예외). 수급자의 권리행사에서 제한할 수 있다. 사회복지수급권은 관계법령으로 정하면 제한 또는 정지될 수도 있지만 그 제한 또는 정지의 목적에 필요한 최소한에 그쳐야 한다.

(2) 사회복지수급권의 제한 사유

사회복지수급권의 제한은 일부나 전부를 지급하지 않는 것을 말한다.

> ⓐ 불법적인 방법, 고의적인 질병·부상·사고, 고의·중과실로 요양지시 불응, 정당한 사유없이 요양지시에 따르는 경우, 연금보험료의 미납 등의 경우에 급여를 받았을 경우 최소한의 범위 안에서 제한할 수 있다(국민연금법 제82조~제85조).
> 예, 국민연금법 제82조 2항 "고의·중대과실 중 요양지시에 따르지 않음으로 인해 장애·사망사고 발생하거나 회복을 방해하여 악화시킨 경우는 급여를 제한한다."
> ⓑ 사기 또는 그 밖의 부정한 행위에 의해서 급여를 받았거나 받고자 할 때에는 그 벌칙으로 일정 기간 동안[3개월 이내의 기간] 해당 급여를 전부 또는 일부를 제한한다.
> 예, 국민건강보험법 제53조 "지시에 따르지 않아 고의·중대과실 발생시는 보험급여를 지급하지 아니한다."
> ⓒ 고용보험법 제58조~제61조(상 중대한 귀책사유로 해고된 피보험자가 형법상 금고 이상의 형을 선고받은 경우), 노인장기요양보험법 제29조, 의료급여법 제15조 등이 있다.
> 예, 고용보험의 실업급여시 그 노력을 증명해야 한다.: 구직활동의 증빙자료(예, 이력서 등)

사회복지수급권의 구체적 제한 사유는 고의적 행위를 통하여 사회복지수급권을 가지게 될 경우 이에 대해 수급권을 제한한다. 여기에는 의도적인 자해행위, 고의적 범죄행위, 고의·중과실이 있는 행위, 부정수급자에 대한 급여 제한 등이 있다.

사회복지수급권의 최소한도로 제한하는 경우에는 ① 사회복지급여의 과잉·중복급여금지, ② 사회복지급여의 악용금지, ③ 사회복지급여의 남용금지 등이 있다.

① 수급권의 과잉·중복급여(병급) 금지

수급권자가 동일한 수급사유로 중복수급 또는 이중적 보상을 받는다는 것은 사회적 형평의 원칙에도 위배되므로, 중복된 급여와 과잉된 급여는 사회복지의 이념과 목적에 위배되므로 조정·금지함이 당연하다(과잉·병급 급여 제한).

> **※ 사회복지급여의 중복금지 또는 조정**
> 사회복지의 수급사유에 대하여 중복급여를 제한하거나 다른 사회복지법을 통하여 이미 급여를 받은 사유와 연관하여 수급권자의 권리를 실현시키는 것으로서 보상 및 배상과 연관되는 경우가 많다. 이것은 수급권자가 급여 수급 사유에 대하여 중복 수급을 하거나 타법과의 연관에서 이중으로 보상 또는 배상[36]함으로써 사회적 형평의 원칙에서 위배되는 것을 방지하기 위한 것이다.

② **수급권의 악용금지**

사회복지급여를 지급받기 위한 목적으로 고의로 사회복지급여의 지급원인이 되는 사유를 발생시킨 경우는 수급권을 제한하고 있다.

ⓐ 급여를 받을 목적을 가지고 자해행위
ⓑ 고의로 범죄행위를 해서 확정판결을 받은 것. 단, 미수나 공범도 동일한 제한
ⓒ 고의의 사고나 자해나 요양지시 거부행위(미필적 고의도 포함)
ⓓ 부당이익의 환수: 부정한 방법으로 급여를 받아 부당이익을 취했을 때(경우에 따라 2배 환수함)

③ **수급권의 남용금지**

수급자가 자신의 의무를 태만히 한 결과 사회복지수급사유 및 조건, 내용을 연기시키거나 급여의 지급을 부당하게 장기화시키는 경우, 낮은 정도의 급여사유가 발생하였음에도 불구하고 부당하게 급여수준을 높여 받는 경우에는 수급권의 남용에 해당하므로 그 수급권을 제한한다.

(3) 사회복지수급권의 정지사유

사회복지수급권의 정지는 사회복지급여의 지급을 일정한 사유에 따라 일시 중단하는 것을 말한다. 사회복지수급권의 구체적 정지 사유는 국민건강보험법 제54조, 국민연금법 제86조, 고용보험법 제58조~제61조, 국민기초생활 보장법 제30조, 기초연금법 제10조 등이 있다.

2) 사회복지수급권의 포기

사회복지수급권은 정당한 권한이 있는 기관에 구두가 아닌 서면으로 통지하여 스스로 포기할 수 있다. 수급권자는 사회보장수급권을 포기할 수 있는 것이 원칙이다. 사회복지수급권의 포기는 이를 다시 취소할 수 있다(서면으로 포기 가능 → 취소하면 회복이 가능). 만일 포기가 타인에게 피해를 주거나 사회복지에 관한 관계법령에 위반되는 경우에는 이를 포기할 수 없다. 특히 타인의 권리를 침해하는 경우에는 포기할 수 없다.

4. 불법행위에 대한 구상권

제3자의 불법행위로 인하여 피해를 입은 국민이 그로 인하여 사회복지수급권을 가지게 된 경우, 사회복지제도를 운영하는 주체는 부당하고 불법행위의 책임이 있는 자

36) **[배상과 보상의 차이]** ○ 배상: 위법행위로 인한 손실보전 - 손해배상청구권 ○ 보상: 적법행위(위법행위 무전제)로 인한 손실보전 - 손해보상청구권

에 대하여 관계법령이 정하는 바에 따라 구상권을 행사할 수 있다. 예컨대 국민건강보험법(제58조), 산업재해보상보험법(제19조), 사회보장기본법(제15조), 국민기초생활 보장법(제46조 비용징수: 부양의무자) 등이 있다.

5 사회복지법에 따른 제재와 권리구제

1. 사회복지법의 제재(행정벌=행정형벌+행정질서벌)

사회복지법은 법의 목적을 달성하기 위하여 일정한 대상자에게 의무를 부과하고 이를 위반하는 자에게는 일정한 벌칙을 가하는 강제규정을 두고 있다. 사회복지법상 행정벌은 법의 목적 실현을 위한 국가의 명령이나 금지를 위반한 것에 대한 처벌이다.

사회복지법에 규정된 행정형벌은 징역 또는 벌금이다. 예컨대 "누구든지 정당한 이유 없이 사회복지시설의 설치를 방해하여서는 아니 된다."는 시설설치 방해금지규정(사회복지사업법 제6조 1항)을 두고, 벌칙으로 "이에 위반한 자는 1년 이하의 징역 또는 1천만원 이하의 벌금에 처한다(제54조 1항)."고 규정하고 있다. 그리고 사회복지법의 행정질서벌로는 과태료가 있다(예, 사회복지사업법 제58조, 제33조의3 1항, 국민연금법 제131조).

• 사회복지법상의 제재(행정벌): ㉠ 행정형벌 – 징역, 금고, 벌금, 구류 + ㉡ 행정질서벌 – 과태료

1) 특별한 제재

사회복지법상 특별한 제재는 다양하지만 부양의무자에 대한 구상권 행사, 사회보험료 원천징수, 장애인고용부담금, 학대부모친권박탈 등을 들 수 있다.

① 국민기초생활 보장법의 보장기관은 부양능력을 가진 부양자가 있는 경우 그로부터 기초생활보장급여 실시 비용을 징수하는 구상권(의료급여법, 국민건강보험법, 산업재해보상보험법)을 행사할 수 있다(부양 의무자에 대한 구상권 행사). 그리고 근로능력이 있는 조건부수급자는 생계급여를 지급받기 위해서는 자활에 필요한 사업에 참가해야 한다(조건부수급자: 자활사업 참가).

② 사회보험법은 가입대상자의 가입을 법적으로 강제하고 있으며, 직장가입자의 경우 사회보험료를 원천징수하고 있다(사회보험료 원천징수: 공무수탁사인). 가령 국민연금법

은 18세 이상 60세 미만인 국민, 국민건강보험법은 국내에 거주하는 국민은 강제 가입으로 하고 있다(강제 가입).

③ 장애인 고용촉진 및 직업재활법은 장애인의무고용율에 미달하는 장애인을 고용하는 사업자에 대해서 고용노동부장관으로 하여금 장애인고용부담금을 징수하도록 하고 있다(장애인고용부담금의 징수).

④ 아동복지법상 법원은 시·도지사 또는 시장·군수·구청장의 청구에 의해 아동의 친권자가 그 친권을 남용하거나 현저한 비행을 한 경우, 아동의 복지를 위하여 친권행사의 제한 또는 친권상실을 선고할 수 있다(아동학대부모의 친권박탈).

※ 특별한 제재

① 부양의무자에 대한 구상권 행사
② 사회보험료의 원천징수
③ 장애인고용부담금의 부과
④ 학대부모의 친권박탈(친권행사의 제한)
⑤ 조건부수급자의 자활사업 의무적 참가
⑥ 가입대상자의 법적 가입 강제

2) 일반적인 제재

① 시설설치기준 미달, 불법행위 발생하는 경우 → 시설 개선명령, 사업의 정지, 시설장 교체명령, 자격취소, 법인의 허가취소, 입양기관의 허가취소, 시설폐쇄(취소와 폐쇄: 반드시 청문실시)
② 보조금을 불법 사용하는 경우 → 반환명령
③ 신고의무와 보수교육의 위반하는 경우 → 과태료(행정질서벌)
④ 사회복지법상 제재 → 징역·벌금·구류·과료(행정형벌)와 과태료(행정질서벌) 등이 있으나, 실제로는 징역과 벌금, 과태료가 주종이다.

[참조] 징역·벌금(행정형벌: 형사처벌)
아동·노인학대, 가정폭력, 법인의 기본재산에 관한 허가위반, 보조금 목적 외의 용도사용

※ **양벌 규정**37) → 법인의 대표자나 법인 또는 개인의 대리인, 사용인, 종사자가 그 법인 또는 개인의 업무에 관하여 법규정의 위반행위를 하면 그 행위자를 벌하는 외에 그 법인 또는 개인에게도 해당 조문의 벌금형을 과(科)한다. 다만, 법인 또는 개인이 그 위반행위를 방지하기 위하여 해당 업무에 관하여 상당한 주의와 감독을 게을리하지 아니한 경우에는 그러하지 아니하다(국민건강보험법 제118조).

3) 청문

① 청문(聽聞, hearing)은 행정운영에 있어 적법·타당성을 확보하고 이해(利害)가 얽히는 행정에서 주민참여를 통하여 행정의 민주화를 기할 수 있다.

② 현대사회에서 사회·경제적 난제(難題)들의 간이·신속하고도 전문적인 해결과

37) 아동학대: 부산 ○○ 어린이집 여교사 징역형(연합뉴스, 2014.1.15.) = 부산지법 동부지원 형사4단독은 아동을 상습적으로 학대한 혐의(아동복지법 위반 등)로 구속 기소된 어린이집 여교사 유모씨에게 징역 8월에 집행유예 2년, 120시간의 사회봉사를 선고했다. 판사는 또 양벌규정에 따라 함께 기소된 어린이집 원장 A씨의 선고를 유예하였다. 이는 범정(犯情)이 경미한 범인에 대하여 일정한 기간 형(刑)의 선고를 유예하고, 그 유예기간을 사고 없이 지내면 형의 선고를 면하게 하는 제도이다.

사전적(事前的) 권리보호를 통하여 사법적 구제제도의 결함을 보완하고, 행정구제제도의 합리화에 이바지한다.

③ 보건복지부장관, 시・도지사 또는 시장・군수・구청장은 사회복지사업법에 따른 법인의 허가취소 또는 시설의 폐쇄를 하려면 청문을 하여야 한다. 예컨대, 자격취소, 허가취소, 지정취소, 시설폐쇄의 경우 반드시 청문을 거쳐야 한다(청문실시 의무).

> **TIP** 청문(聽聞, hearing): 사전적 권리보호를 위하여 어떤 행정처분을 함에 있어서 사실조사를 하는 행정절차의 방법이다. 즉, 행정기관이 상대방에게 불이익한 행정처분(취소, 폐쇄, 말소 등) 또는 재결(裁決) 등을 하려고 할 때 그 필요성・타당성을 판단하기 위하여 상대방 등의 의견을 듣고 증거를 제출하는 절차이다.

> **※ 사회복지법령상 청문을 의무적으로 실시해야 하는 경우**
> ① 입양특례법령상 입양기관의 허가 취소
> ② 사회복지사업법령상 사회복지법인의 설립허가 취소
> ③ 장애인복지법령상 시설의 폐쇄, 의지・보조기 제조업소의 폐쇄, 의지・보조기기사의 자격취소
> ④ 한부모가족지원법령상 사업의 폐지, 시설의 폐쇄
> ⑤ 노인복지법령상 사업의 폐지

2. 사회복지법의 권리구제

수급권자가 사회복지법상 위법하고 정당하지 않은 행정행위(행정처분) 등으로 인해 권익의 침해를 당했을 경우에 어떤 절차를 통하여 구제를 받을 수 있는지, 그 구제방법에 대해 살펴보고자 한다.

1) 의의

사회복지의 법률관계에 있어서, 국민의 권리이익이 행정청의 위법한 처분에 의해 침해된 경우에는 행정상 손해전보제도(손해배상・손해보상)와 행정쟁송제도(행정심판・행정소송)에 의해 구제를 받는다. 행정상 쟁송제도는 행정청 스스로가 행정처분의 위법성을 심판하는 행정심판과 정식소송절차에 따라 행정처분의 적법성 여부를 심리하는 행정소송이 있다.

사회복지법상의 급여를 받을 권리인 사회복지수급권은 위법・부당한 행정처분 등으로 인해 권익의 침해를 당했을 경우에 그 해당 처분에 이의가 있거나 불복이 있으면, 사회복지법상에 규정되어 있는 각종 심사위원회 등을 통해 행정심판이나 법원에 그 처분의 시정(취소 또는 변경)을 구하는 행정소송 절차를 통해서 구제받을 수 있다.

2) 권리구제의 유형

사회복지법령상 권리구제의 유형에는 행정구제(이의신청이나 심사청구와 같은 행정심판)와 사법구제(행정소송)가 있다.

(1) 행정구제

사회복지법상의 행정구제는 정당한 또는 잘못된 행정처분으로 인해 손해를 입었을 때 피해자를 돕는 것을 말한다. 행정구제의 방법으로는 손해가 발생하기 전에 미리 행정청에 진정하는 청원이나 민원처리 등이 있고, 손해가 발생하고 난 후에 그로 인해 손해를 배상·보상받는 방법 등이 있다.

가. 이의신청(심사청구)[38] 및 재심사청구[39]

사회복지법상 행정구제의 유형에는 이의신청(심사청구) 및 재심사청구가 있다. 이의신청과 심사청구는 주로 그 처분을 한 행정기관에 신청하여 그 처분의 시정을 요구하는 것이다. 재심사청구는 그 처분을 한 행정기관의 상급기관에 제기하여 그 처분의 시정(취소 또는 변경)을 요구하는 것이다.

최초 심사청구는 이의신청의 성격이다. 재심사는 행정심판의 성격을 갖는다. 그리고 재심사청구의 결정에 불복이 있을 때에는 법적 쟁송인 행정소송으로 해결할 수 있다.

※ 행정심판의 성격
- 잘못된 행정처분의 시정을 행정기관에 요구하는 행정 쟁송 절차
- 입법부, 사법부의 개입 없이 행정기관이 자기반성에 의하여 자율적으로 시정함
- 사법절차보다 간편하고 행정 기관의 전문지식을 활용할 수 있음
- 종류: 취소심판, 무효 등 확인심판, 의무이행 심판

[문제] 국민건강보험법령상 이의신청 및 심판청구 등에 관한 설명으로 옳지 않은 것은? ⑤

① 국민건강보험공단의 처분에 이의가 있는 자는 공단에 이의신청을 할 수 있다.
② 건강보험심사평가원의 처분에 이의가 있는 자는 심사평가원에 이의신청을 할 수 있다.
③ 이의신청은 처분이 있은 날로부터 180일을 지나면 제지하지 못하는 것이 원칙이다.
④ 이의신청에 대한 결정에 불복하는 자는 건강보험분쟁조정위원회에 심판청구를 할 수 있다.
⑤ 이의신청에 대한 결정에 불복하는 자는 건강보험분쟁조정위원회에 심판청구를 한 후가 아니면 행정소송을 제기할 수 있다.

[해설] 제90조(행정소송) 공단 또는 심사평가원의 처분에 이의가 있는 자와 이의신청 또는 심판청구에 대한 결정에 불복하는 자는 「행정소송법」에서 정하는 바에 따라 행정소송을 제기할 수 있다.

나. 행정상 손해 전보제도

행정상 손해 전보제도는 행정처분으로 인하여 피해를 입은 국민에게 물질적으로 구제하고 국민의 신체적, 정신적, 재산상의 손해 또는 손실을 국가나 공공단체가 갚아주는 제도이다. 행정상 손해전보제도에는 행정상 손실보상과 행정상 손실배상이 있다.

---

38) 이의신청과 심사청구: 처분을 한 행정기관에 신청하여 그 처분의 시정 요구
39) 재심사청구: 처분을 한 행정기관의 상급기관에 그 처분의 시정 요구 → 불복할 때 행정소송으로 해결함

- **행정상 손실보상**
  적법한 행위로 인해 손실이 발생했을 경우에 그 피해를 보상해주는 것을 말한다(현금보상 원칙). 이는 적법한 공권력의 행사에 의해 침해된 사유재산상의 특별한 희생에 대해 보상이다. 예컨대 토지수용의 경우(공공의 필요에 의한 재산권의 수용, 사용, 제한으로 인한 특별한 희생 발생)가 해당한다. 불복하는 자는 행정심판과 행정소송 제기 가능하다.
- **행정상 손실배상**
  국가 또는 지자체 등이 법을 위반하는 활동으로 인해 입은 손해를 개인에게 배상해 주는 제도 등을 말한다. 공무원의 위법한 행위에 의한 손해, 공공의 영조물[40] 설치 또는 관리상 잘못(하자)으로 인한 손해이다[국가 무책임 원칙(근대) → 국가 책임의 원칙(현대)].
  여기서 공무원의 위법한 행위에 의한 손해란 ① 공무원의 행위이어야 한다. ② 직무행위가 법에 위반해야 한다. ③ 그 결과 개인에게 손해가 발생해야 한다.

(2) 사법구제(행정소송)

일반적으로 심사청구와 재심사청구 등의 결정에 불복하여 각종 사회복지급여 관련 권리를 보호받으려는 마지막의 방법이 행정소송을 통한 해결방법이다.

가. 행정소송(행정소송법 제18조 1항: 임의적 전치주의)

행정소송은 사회복지법상 규정되어 있는 각종 심사·재심사청구에서 결정된 내용에 대해서 이의가 있는 경우에 제기할 수 있다. 개정된 행정소송법에서는 원칙으로 전심절차인 행정심판을 거치지 않고 바로 행정소송을 제기할 수 있도록 하고 있다.

가령 국민건강보험법령상 행정소송(제90조)은 공단 또는 심사평가원의 처분에 이의가 있는 자와 이의신청 또는 심판청구에 대한 결정에 불복하는 자는 행정소송법에서 정하는 바에 따라 행정소송을 제기할 수 있다.

다만 법률에 해당 처분에 대한 행정심판의 재결을 거치지 아니하면 취소소송을 제기할 수 없다는 규정이 있을 때에는 그렇지 않다.

※ 행정소송의 성격
- 법원을 통해 행정사건에 관하여 정식 재판절차로 행하는 쟁송 절차
- 행정청의 위법한 처분, 부작위로 인한 국민의 권리, 이익 침해에 대한 구제와 공법상의 권리 관계 또는 법 적용에 관한 다툼을 적절하게 해결
- 종류: 항고소송, 당사자소송, 민중소송, 기관소송

나. 민사소송

일반적으로 민사소송은 손해배상 청구소송인데, 사회복지법상의 민사소송은 피보험자의 사회복지급여 발생 원인이 본인이 아닌 제3자에 의해서 발생한 경우에 보험자는 즉시 피보험자의 생활안정과 복지를 위하여 사회복지급여를 제공하고 제3자에

40) 공공의 영조물: 국가나 지자체의 공공목적에 사용되는 물건(시설)을 말한다. 예컨대, 도로, 하수도, 제방, 하천, 호수, 공용 자동차, 공용 항공기 등이 있다.

게 손해배상청구를 제기하는 것을 말한다(구상권 문제 - 국민건강보험법 제58조, 국민기초생활 보장법 제46조, 의료급여법 제19조).

3) 권리구제의 절차

사회복지관련 개별법에서는 대부분 권리구제에 대한 규정을 하고 있다. 가령 사회보장기본법은 제39조에서 권리구제의 규정을 명문으로 명시하고 있다.

사회복지법상 수급자의 욕구충족 특성(긴급성 등)을 감안하면 별도 절차법이 필요하다(독일은 절차법과 독립법원이 있음). 권리구제의 절차는 대부분 이의신청(심사청구)과 재심사청구 등의 2차로 되어 있는데, 개별 사회복지법상 권리구제절차와 기관을 구체적으로 살펴보면 다음과 같다.

(1) 사회보장기본법(권리구제)

사회보장기본법상 위법 또는 부당한 처분을 받거나 필요한 처분을 받지 못함으로써 권리 또는 이익을 침해받은 국민은 행정심판법에 따른 행정심판을 청구하거나 행정소송법에 따른 행정소송을 제기하여 그 처분의 취소 또는 변경 등을 청구할 수 있다(제39조). ☆ 사회보장기본법은 행정소송을 제기하기 위해서 행정심판을 먼저 거쳐야 한다는 행정심판전치주의를 규정하고 있지 않다.

(2) 사회복지법상의 구제절차 방법

가. 국민기초생활 보장법 - 전심 절차: 2차에 걸쳐 이의 신청 가능

국민기초생활 보장법상 이의신청은 서면으로 하여야 하며, 구두에 의한 것도 허용되고 있다.

① **1차 이의신청 - 시·도지사에 이의신청**: 국민기초생활보장 급여결정 · 변경 처분에 이의가 있는 경우, 시장 · 군수 · 구청장을 거쳐 시 · 도지사에 이의신청을 할 수 있다.

② **2차 이의신청 - 보건복지부장관에 이의신청**: 시 · 도지사에 이의신청에 대한 결정(처분)에 이의가 있는 경우, 보건복지부장관에게 다시 이의신청을 할 수 있다.

나. 국민연금법 - 전심절차: 심사청구와 재심사청구

① **심사청구 - 국민연금공단의 국민연금심사위원회**: 가입자의 자격, 급여 등에 관한 국민연금공단의 처분에 이의가 있는 자는 그 처분을 한 국민연금공단(국민연금심사위원회)에 심사청구를 할 수 있다.

② **재심사청구 - 보건복지부의 국민연금재심사위원회**: 심사청구에 대한 결정에 불복

하는 경우, 보건복지부의 국민연금재심사위원회에 재심사를 청구할 수 있다.

☆ 국민연금법상 국민연금재심사위원회의 재심사에 불복하려는 자는 행정심판법상 행정심판을 제기할 수 없다.

다. 국민건강보험법 – 이의신청과 심판청구, 행정소송

① 국민건강보험공단에 이의신청과 건강보험심사평가위원회에 이의신청

국민건강보험법상 국민건강보험공단의 보험급여에 관한 처분에 이의가 있는 자는 공단에 이의신청을 할 수 있다.

- 국민건강보험공단에 이의신청: 가입자의 자격, 보험료 및 급여비
- 건강보험심사평가위원회에 이의신청: 요양급여비용 및 요양급여 적정성 평가

☆ 국민건강보험법상 요양급여비용 및 요양급여의 적정성 평가 등에 관한 건강보험심사평가원의 처분에 이의가 있는 요양기관은 건강보험심사평가원에 이의신청을 할 수 있다.

② 심판청구 – 보건복지부의 건강보험분쟁조정위원회

심판청구를 심리・의결하기 위하여 보건복지부에 건강보험분쟁조정위원회를 두고 있다.

라. 고용보험법 – 전심절차: 심사청구와 재심사청구

① 심사청구 – 지방노동청의 고용보험심사관

심사청구는 지방노동청에 배치된 고용보험심사관에게 한다.

② 재심사청구 – 고용노동부의 고용보험심사위원회

불복 시 재심사청구는 고용노동부의 고용보험심사위원회에서 한다.

마. 노인장기요양보험법 – 이의신청과 심사청구 및 행정소송

※ 장기요양인정 등의 처분에 이의가 있는 자는 국민건강보험공단 장기요양심사위원회(90일 이내 문서로)에 이의신청 → (불복할 경우) → 보건복지부의 장기요양심판위원회 심사청구 → 행정소송

① 이의신청 – 국민건강보험공단 장기요양심사위원회에 이의신청

각종 장기요양인정・장기요양등급・장기요양급여・부당이득・장기요양급여비용 또는 장기요양보험료 등에 관한 공단의 처분에 이의가 있는 자는 국민건강보험공단 장기요양심사위원회에 이의신청을 할 수 있다(처분이 있은 날부터 90일 이내에 문서로 하여야 함).

※ 공단은 장기요양심사위원회를 구성하여 이의신청사건을 심의하게 하여야 한다.

② 심사청구 – 보건복지부 장기요양심판위원회(심판위원회)에 심사청구

이의신청에 대한 결정에 불복하는 자는 결정처분을 받은 날부터 90일 이내에 보건복지부 장기요양심판위원회(보건복지부장관 소속으로 두고, 위원장 1인을 포함한 20인 이내의

위원으로 구성)에 심사청구를 할 수 있다.

※ 장기요양인정 처분에 관하여 이의가 있는 자는 국민건강보험공단에 이의신청을 할 수 있고, 이 결정에 불복하는 자는 장기요양심판위원회에 심사청구를 할 수 있다.

③ **행정소송**

공단의 처분에 이의가 있는 자와 이의신청 또는 심사청구에 대한 결정에 불복하는 자는 행정소송을 제기할 수 있다.

바. 산업재해보상보험법 - 전심절차: 심사 청구와 재심사 청구

① **심사 청구 - 근로복지공단**

㉠ 다음 각 호의 어느 하나에 해당하는 공단의 결정 등에 불복하는 자는 공단에 심사 청구를 할 수 있다.

1. 보험급여에 관한 결정 2. 진료비에 관한 결정 3. 약제비에 관한 결정 4. 진료계획 변경 조치 등 5. 보험급여의 일시지급에 관한 결정 6. 부당이득의 징수에 관한 결정 7. 수급권의 대위에 관한 결정

㉡ 심사 청구는 그 보험급여 결정 등을 한 공단의 소속 기관을 거쳐 근로복지공단에 제기하여야 한다.

㉢ 심사 청구는 보험급여 결정 등이 있음을 안 날부터 90일 이내에 하여야 한다.

㉣ 심사 청구서를 받은 공단의 소속 기관은 5일 이내에 의견서를 첨부하여 공단에 보내야 한다.

㉤ 보험급여 결정 등에 대하여는 행정심판법에 따른 행정심판을 제기할 수 없다.

② **재심사 청구(제106조) - 고용노동부의 산업재해보상보험재심사위원회에서 관할함**

㉠ 심사 청구에 대한 결정에 불복하는 자는 고용노동부 산업재해보상보험재심사위원회[41]에 재심사 청구를 할 수 있다. 다만, 판정위원회의 심의를 거친 보험급여에 관한 결정에 불복하는 자는 심사 청구를 하지 아니하고 재심사 청구를 할 수 있다.

㉡ 재심사 청구는 그 보험급여 결정 등을 한 공단의 소속 기관을 거쳐 산업재해보상보험재심사위원회에 제기하여야 한다. → 재심사위원회의 재결은 공단을 기속(羈束)한다.

㉢ 재심사 청구는 심사 청구에 대한 결정이 있음을 안 날부터 90일 이내에 제기하여야 한다.

사. 긴급복지지원법 - 이의신청

특별시장 · 광역시장 · 도지사 · 특별자치도지사

긴급복지지원법상 지원의 종류 및 내용에 대한 결정이나 긴급복지지원 비용반환명

41) 재심사 청구를 심리 · 재결하기 위하여 고용노동부에 산업재해보상보험재심사위원회(재심사위원회)를 둔다.

령에 이의가 있는 사람은 그 처분을 고지받은 날부터 30일 이내에 해당 시장·군수·구청장을 거쳐 특별시장·광역시장·도지사·특별자치도지사에게 서면으로 이의신청할 수 있다. → 이 경우 시장·군수·구청장은 이의신청을 받은 날부터 10일 이내에 의견서와 관련 서류를 첨부하여 시·도지사에게 송부하여야 한다.

☆ 긴급복지지원법상 긴급복지 지원비용 반환명령에 이의가 있는 사람은 이의신청을 할 수 있다.

아. 한부모가족지원법 – 심사청구: 해당 복지실시기관

한부모가족지원법에 따른 복지 급여 등에 대하여 이의가 있을 경우 지원대상자 또는 그 친족이나 그 밖의 이해관계인은 그 결정을 통지받은 날부터 90일 이내에 서면으로 해당 복지실시기관에 심사를 청구할 수 있다.

☆ 한부모가족지원법의 지원대상자가 복지급여에 이의가 있을 때 해당 복지실시기관에 심사를 청구할 수 있다.

자. 기초연금법 – 이의신청: 지방자치단체의 장

① 수급권자의 자격인정(제13조: 기초연금 수급권의 발생·변경·상실 등을 기초연금 지급의 결정)이나 그밖에 이 법에 따른 처분에 이의가 있는 사람은 자치단체장(특별자치시장·특별자치도지사·시장·군수·구청장)에게 이의신청을 할 수 있다. ☆ 기초연금법상 수급권자의 자격인정, 그밖에 기초연금법에 따른 처분에 이의가 있는 자는 지방자치단체의 장에게 이의신청을 할 수 있다.

② 이의신청은 그 처분이 있음을 안 날부터 90일 이내에 서면으로 하여야 한다. 다만, 정당한 사유로 인하여 그 기간 이내에 이의신청을 할 수 없었음을 증명한 때에는 그 사유가 소멸한 때부터 60일 이내에 이의신청을 할 수 있다.

[주의] 기초연금 수급권자의 자격인정에 관하여 이의가 있는 자는 복지실시기관(관할관청)에 이의신청을 할 수 있다. 이 법에 따른 처분에 이의가 있는 자는 기초연금심의위원회의 심의를 거쳐 보건복지부 장관에게 이의 신청을 할 수 있는 것은 아니다.
※ 기초연금 수급자의 자격인정에 관하여 이의가 있는 자는 지방자치단체의 장에게 이의신청을 할 수 있다(복지 실시기관 ×).

차. 노인복지법(제50조) – 심사청구: 해당 노인복지실시기관

① 노인 또는 그 부양의무자는 이 법에 의한 복지조치에 대하여 이의가 있을 때에는 해당 복지실시기관에 심사를 청구할 수 있다. → 가령 노인복지법에 의한 복지조치에 대하여 이의가 있을 경우 노인 또는 그 부양의무자는 해당 복지실시기관에 심사를 청구할 수 있다.

② 복지실시기관은 심사청구를 받은 때에는 30일 이내에 이를 심사·결정하여 청구인에게 통보하여야 한다.

③ 심사·결정에 이의가 있는 자는 그 통보를 받은 날부터 90일 이내에 행정심판을 제기할 수 있다.

카. 장애인복지법(제84조) – 심사청구: 해당 장애인복지실시기관

① 장애인, 장애인의 법정대리인 또는 대통령령으로 정하는 보호자[장애인을 보호하고 있는 장애인복지시설의 장, 그밖에 장애인을 사실상 보호하고 있는 자]는 이 법에 따른 복지조치에 이의가 있으면 해당 장애인복지실시기관에 심사를 청구할 수 있다(심사청구를 할 수 있는 자).

② 장애인복지실시기관은 심사청구를 받은 때에는 1개월 이내에 심사·결정하여 청구인에게 통보하여야 한다.

③ 심사청구의 결정에 이의가 있는 자는 행정심판을 제기할 수 있다. → 장애인복지실시기관의 심사·결정에 이의가 있는 자는 행정심판법에 따라 행정심판을 제기할 수 있다(동법 제84조 3항). 장애인복지조치에 이의가 있을 때 그 장애인의 법정대리인은 심사청구를 할 수 있다.

타. 기타

사회복지사업법, 아동복지법 등은 권리구제에 관한 규정을 명시하고 있지 않다.

CHAPTER 03

사회복지수급권의 헌법적 기초 학습 핵심문제

01 **헌법에서 규정한 기본권 중 사회권에 해당하지 않는 기본권은?**

① 건강권　　② 재산권　　③ 근로권
④ 환경권　　⑤ 인간다운 생활을 할 권리

02 **생존권(사회권)의 성격에 해당하는 권리는?**

가. 인간다운 생활을 할 권리　　나. 교육을 받을 권리
다. 근로자의 권리　　라. 국민투표에 참여할 권리

① 가, 나, 다　　② 가, 다　　③ 나, 라　　④ 라　　⑤ 가, 나, 다, 라

03 **사회복지수급권자가 복지급여를 신청하고, 조사를 받고, 결정이 되는 과정에서 모든 절차가 공정하게 이루어질 것을 요구하는 권리는?**

① 실체적 권리　② 수속적 권리　③ 절차적 권리　④ 복지쟁송권　⑤ 급여청구권

[해설] 수속권 권리는 수급권이 결정되기 이전에 발생하는 권리로 복지 급여를 받기 위해 거쳐야 하는 일련의 수속과정이 본래의 수급권 보장을 위해 적합하게 진행되어야 할 것을 요구하는 권리이다.

04 **다음 중 절차적 권리와 관계 있는 것은?**

가. 사회복지급여쟁송권 나. 급여정보권 다. 사회복지입법청구권 라. 사회서비스청구권

① 가, 나, 다　　② 가, 다　　③ 나, 라　　④ 라　　⑤ 가, 나, 다, 라

05 **사회복지수급권에 대한 설명으로 옳은 것은?**

① 사회복지수급권은 자유권적 기본권과 관련된다.
② 스스로 포기할 수 없다.
③ 사회복지수급권은 사회복지사업에서 규정하고 있다.
④ 압류 및 양도가 불가능하다.
⑤ 수급권자는 급여를 받는 사람을 말한다.

[해설] ① 포기로 타인에게 피해가 가지 않으면 포기할 수 있다. ② 사회보장수급권은 사회권적 기본권과 관련된다. ③ 사회보장수급권은 사회보장기본법에서 규정하고 있다. ⑤ 수급권자는 이 법에 의해서 자격을 받을 권리를 가진 사람을 말하며, 수급자는 이 법에 의한 급여를 실제로 받는 자를 말한다.

06 권리구제 절차에 관한 설명으로 옳은 것을 모두 고른 것은?

ㄱ. 국민기초생활 보장법에 따르면 이의신청에 대한 시·도지사의 처분에 이의가 있는 경우 보건복지부장관에게 다시 이의신청할 수 있다.
ㄴ. 장애인복지법에 따르면 심사청구의 결정에 이의가 있는 경우 행정심판을 제기할 수 있다.
ㄷ. 국민연금법에 따르면 심사청구에 대한 결정에 불복하는 경우 국민연금재심사위원회에 재심사를 청구할 수 있다.
ㄹ. 국민건강보험법에 따르면 심판청구를 심리·의결하기 위하여 국민건강보험공단에 건강보험분쟁조정위원회를 두고 있다.

① ㄱ, ㄴ, ㄷ ② ㄱ, ㄷ ③ ㄴ, ㄹ ④ ㄹ ⑤ ㄱ, ㄴ, ㄷ, ㄹ

07 사회복지법령상 권리구제 내지 권익보호에 관한 설명으로 옳지 않은 것은?

① 사회보장기본법은 권리구제에 관한 명문의 규정을 두고 있다.
② 국민기초생활보장 급여변경 처분에 이의가 있는 경우, 시장·군수·구청장에게 이의신청을 할 수 있다.
③ 긴급복지지원법상 긴급복지 지원비용 반환명령에 이의가 있는 사람은 이의신청을 할 수 있다.
④ 노인복지법에 의한 복지조치에 대하여 이의가 있을 경우 노인 또는 그 부양의무자는 해당 복지실시기관에 심사를 청구할 수 있다.
⑤ 한부모가족지원법에 따른 복지 급여 등에 대하여 이의가 있을 경우 지원대상자 또는 그 친족이나 그 밖의 이해관계인은 해당 복지실시기관에 심사를 청구할 수 있다.

08 국민건강보험법령상 이의신청 및 심판청구 등에 관한 설명으로 옳지 않은 것은?

① 국민건강보험공단의 처분에 이의가 있는 자는 공단에 이의신청을 할 수 있다.
② 건강보험심사평가원의 처분에 이의가 있는 자는 심사평가원에 이의신청을 할 수 있다.
③ 이의신청은 처분이 있은 날로부터 180일을 지나면 제기하지 못하는 것이 원칙이다.
④ 이의신청에 대한 결정에 불복하는 자는 건강보험분쟁조정위원회에 심판청구를 할 수 있다.
⑤ 이의신청에 대한 결정에 불복하는 자는 건강보험분쟁조정위원회에 심판청구를 거친 후에만 행정소송을 제기할 수 있다.

09 다음 중 구제조치에 대하여 옳은 것은?

① 사회보장에 관한 처분은 행정소송의 대상이 아니다.
② 국민연금 급여는 이의 신청의 대상이 아니다.
③ 국민기초생활 보장법은 이의신청을 구두 및 문서로 할 수 있다.
④ 산재보험의 보험급여는 행정심판을 제기할 수 있다.
⑤ 건강보험 급여에 대한 이의신청은 보건복지부장관에게 한다.

10 권리구제의 내용으로 옳은 것을 모두 고른 것은?

ㄱ. 사회보장기본법상 위법 또는 부당한 처분을 받거나 필요한 처분을 받지 못함으로써 권리 또는 이익을 침해받은 국민은 행정심판법에 따른 행정심판을 청구할 수 있다.
ㄴ. 기초연금법상 수급권자의 자격인정, 그밖에 기초연금법에 따른 처분에 이의가 있는 자는 지방자치단체의 장에게 이의신청을 할 수 있다.
ㄷ. 국민연금법상 가입자의 자격에 관한 국민연금공단의 처분에 이의가 있는 자는 그 처분을 한 국민연금공단에 심사청구를 할 수 있다.
ㄹ. 국민건강보험법상 요양급여비용 및 요양급여의 적정성 평가 등에 관한 건강보험심사평가원의 처분에 이의가 있는 요양기관은 건강보험심사평가원에 이의신청을 할 수 있다.

① ㄱ, ㄴ, ㄷ ② ㄱ, ㄷ ③ ㄴ, ㄹ ④ ㄹ ⑤ ㄱ, ㄴ, ㄷ, ㄹ

11 사회복지법령상 청문에 관한 설명으로 옳지 않은 것은?

① 아동복지법령상 아동복지시설의 개선을 명하려면 청문을 하여야 한다.
② 입양특례법령상 입양기관의 허가를 취소하려면 청문을 하여야 한다.
③ 사회복지사업법령상 사회복지법인의 설립허가를 취소하려면 청문을 하여야 한다.
④ 장애인복지법령상 의지 · 보조기 기사의 자격을 취소하려면 청문을 하여야 한다.
⑤ 한부모가족지원법령상 한부모가족복지시설의 폐쇄를 명하려면 청문을 하여야 한다.

12 권리구제에 관한 설명으로 옳은 것을 모두 고른 것은?

ㄱ. 국민기초생활 보장법상 이의신청은 서면으로 하여야 하며, 구두에 의한 것은 허용되지 않는다.
ㄴ. 국민연금법상 국민연금재심사위원회의 재심사에 불복하려는 자는 행정심판법상 행정심판을 제기할 수 있다.
ㄷ. 사회보장기본법은 행정소송을 제기하기 위해서는 행정심판을 먼저 거쳐야 한다는 행정심판전치주의를 규정하고 있다.
ㄹ. 국민건강보험법상 보험급여에 관한 국민건강보험공단의 처분에 이의가 있는 자는 공단에 이의신청을 할 수 있다.

① ㄱ, ㄴ, ㄷ ② ㄱ, ㄷ ③ ㄴ, ㄹ ④ ㄹ ⑤ ㄱ, ㄴ, ㄷ, ㄹ

13 대한민국 헌법 제34조 제1항 "모든 사람은 인간다운 생활을 할 권리가 있다"에서 말하는 권리는?

① 생존권 ② 교육권 ③ 행복추구권 ④ 근로권 ⑤ 평등권

14 우리나라 헌법의 사회권(생존권)적 기본권에 관한 내용으로 옳지 않은 것은?

① 모든 국민은 인간다운 생활을 할 권리를 가진다.
② 국가는 신체적 자유와 정신적 자유를 보장해야 한다.
③ 국가는 여자의 복지와 권익의 향상을 위하여 노력하여야 한다.
④ 헌법 전문에 국민생활의 균등한 향상에 관해 규정하고 있다.
⑤ 국가는 근로자의 고용증진과 적정임금 보장을 위해 노력해야 한다.

15 사회복지수급권자의 실체적 권리를 보장하기 위해 법률에서 정해야 하는 조건은?

가. 수속과정	나. 자격요건	다. 조언·상담요구	라. 급여종류

① 가, 나, 다 ② 가, 다 ③ 나, 라 ④ 라 ⑤ 가, 나, 다, 라

정답 01. ② 02. ① 03. ② 04. ② 05. ④ 06. ① 07. ② 08. ⑤ 09. ③ 10. ⑤ 11. ① 12. ④ 13. ① 14. ② 15. ③

CHAPTER 04

사회복지의 법률관계와 당사자

1 사회복지의 법률관계

일반적인 법률관계는 법의 규율 대상이 되는 생활관계(법률 주체들 사이에 무엇인가가 오고 가는 관계, 즉 권리주체 상호 간의 권리와 의무의 관계로 결합되어 있는 것)를 말한다. 권리와 의무는 법률관계(=권리+의무)의 구성요소가 된다.

1. 행정법의 개념

행정법은 국가행정의 조직과 작용 및 권리구제를 규율하는 행정질서에 관한 국내공법을 말한다. 즉, 행정조직법 · 행정작용법 · 행정구제법이 포함된다. 특히 급부행정은 좋은 것을 만들어주는 것이며 급부제공과 같은 것이다. 급부행정으로는 공급행정, 사회복지행정, 조성행정 등의 사회구조에 필요한 것 등 사회구성원들이 필요한 급여들을 제공해주는 행정을 말한다.

2. 행정처분(=행정작용)

행정처분은 행정청이 법에 근거하여 행하는 구체적 사실에 관한 법집행으로서의 공권력 행사 또는 그 거부와 이에 준하는 권력적 단독행위를 말한다(행정절차법 제2조 1호). 가령 영업허가, 공기업의 특허 · 조세부과가 그 예이다.

행정처분은 법규와 행정목적에 적합해야 한다. 따라서 법규에 위반하면 위법처분으로서 행정심판이나 행정소송의 대상이 되고, 행정목적에 위반하면 부당처분으로서 행정심판의 대상이 된다.

사회복지법령에서의 대표적인 행정처분은 허가, 인가, 등록취소와 자격취소, 시설

개선명령, 사업정지·폐지 등이 처분에 해당된다. 이와 같이 사회복지사업법상 인가, 허가, 승인은 행정처분이다.

1) 명령적 행정처분

행정청이 국민의 자유와 관련된 의무를 과하거나, 이미 과해진 의무를 해제하는 것을 내용으로 하는 행정처분을 말한다.

① **하명**: 행정객체로 하여금 작위, 부작위, 수인(참아라!), 급부(돈 갚아라!) 등의 의무를 명하는 행위, 개인의 자유를 제한하고 새로운 의무를 부과하는 것
② **허가**: 법규에 의한 일반적 금지를 특정한 경우에 해제하여 사실상, 법률상 일정한 행위를 할 수 있도록 자유의 상태를 회복시켜주는 행정처분
③ **면제**: 법령 또는 하명에 의하여 과해진 의무(작위의무, 부작위의무, 급부의무)를 특정한 경우에 해제하는 행정처분

2) 형성적 행정처분

행정객체에게 특정한 권리, 능력 또는 포괄적 법률관계, 그밖에 법률상의 힘을 형성, 발생, 변경시키는 행정처분을 말한다.

① **특허**: 특정인에 대하여 새로운 권리, 능력 또는 포괄적 법률관계를 설정하는 행정처분
② **인가**: 행정주체와 직접관계가 없는 다른 법률관계의 당사자의 법률행위를 보충하여 그 법률상 효력을 완성시켜주는 행위

3) 행정법과 사회복지법의 관계

행정법은 공공이익을 실현하다는 점에서 사회복지법과 유사하다.

① 행정법과 사회복지법상의 법률관계는 국가 또는 공공단체와 같은 행정주체와 그 상대방의 객체인 국민, 즉 주체와 객체 간의 권리와 의무 관계를 말할 수 있다.

② 행정법과 사회복지법은 헌법의 추상적인 내용을 실현하기 위해 구체화한 법이다. 사회복지법은 사회복지관련 급부행정의 작용과 조직을 규율하는 행정질서에 관한 법이며, 행정법의 법원리를 원용하고 있어 서로 밀접한 관계가 있다.

행정법은 법체계상 공법에 속하며, 사회복지법은 사회법에 속한다.

3. 사회복지의 법률관계(권리와 의무)

사회복지수급권은 국민이 인간다운 생활을 확보하기 위하여, 일정한 국가의 사회적 급부와 배려를 요구할 수 있는 권리를 헌법에 반영한 것이다. 이는 자유시장경제 질

서와 자본주의의 근본적 변혁을 의도하지 않는다.

한편, 사회법적 의무는 사회권에 상응하는 의무로, 국가는 근로자의 단결을 보장할 의무, 사업자는 단체교섭에 응해야 할 의무, 정당한 노동쟁의를 인정해야 할 의무, 사회보험료를 납부해야 할 의무, 근로자는 사회권을 남용하지 않을 의무 등이 있다.

[문제] 사회복지법의 법률관계에 관한 설명으로 옳지 않은 것은? ⑤

① 사회복지사업법에 따른 사회복지법인이 아닌 자는 사회복지법인이라는 명칭을 사용하지 못한다.
② 사회보장기본법에서 사회보험은 국가 책임으로 시행하는 것을 원칙으로 하고 있다.
③ 사회복지법인은 수익을 목적으로 하는 사업을 할 수 있다
④ 의료급여법상 주거가 일정하지 아니한 수급권자에 대한 의료급여 업무는 그가 실제 거주하는 지역을 관할하는 시장·군수·구청장이 한다.
⑤ 국민건강보험법상 국내에 거주하지 않는 재외국민도 국민건강보험의 가입자가 된다.

2 사회복지의 주체와 객체

사회복지의 주체는 사회복지 서비스(급여)를 주는 국가(보건복지부 등), 지자체, 민간단체, 개인 등이며, 사회복지의 객체는 사회복지 서비스(급여)를 받는 사람(국민과 외국인 등)이다. 예컨대, 국민, 상호주의 원칙에 따른 외국인 등이 이에 해당한다.

사회복지법에서 사회복지증진의 책임을 1차적으로 국가와 지방자치단체에 있다고 밝히고 있다. 가령 사회보장기본법에서 사회보험은 국가의 책임으로 시행하는 것을 원칙으로 하고 있다. 또한 사회복지사업법에서는 사회복지증진의 책임을 "국가 · 지자체, 그 밖의 사회복지사업을 행하는 자(주체)는 사회복지를 필요로 하는 자(객체)에 대하여 그 사업과 관련한 상담 · 작업치료 · 직업훈련 등을 실시하고 필요한 경우에는 주민의 복지욕구를 조사할 수 있다."(제4조 3항)라고 밝히고 있다.

다음에서는 사회복지의 주체인 공적 사회복지 주체(국가, 지자체, 공공단체)와 민간 사회복지 주체(사회복지법인, 사회복지사, 자원봉사단체, 개인 등)에 대해 살펴보려고 한다.

1. 사회복지의 주체

1) 공적 사회복지의 주체

공적 사회복지의 주체는 국가, 지자체, 공공단체(공단, 공공조합, 공법상재단, 영조물법인) 등과 같은 공공기관이 급여를 객체(지원대상자)에게 제공하는 자를 말한다.

(1) 국가(중앙정부)

국가는 국민을 위해 실제로 행정사무를 담당·수행하는 행정기관이다. 이 기관에는 행정관청, 집행기관, 의결기관, 자문기관, 보조기관, 감사기관 등이 있다.

※ 행정기관(행정청)의 구별: 국가나 지자체의 행정 사무를 담당하는 모든 기관

- 행정관청: 국가나 지자체의 의사를 결정하는 권한을 가진 기관(의사결정 + 표시) → 보건복지부장관
- 집행기관: 행정관청의 명령을 받아 집행하는 임무를 가진 기관(실행) → 경찰관, 세무공무원
- 의결기관: 의사결정(합의제 기관) → 각종 위원회, 국회, 지방의회, 중앙생활보장위원회
- 자문기관: 행정관청이 의사를 결정할 때 그 자문에 응하거나 의견을 진술하는 기관(의견 제시) → 각종 심의위원회
- 보조기관: 행정관청의 의사 결정을 준비하고 결정된 의사를 실현함으로써 행정관청을 보좌하는 기관(행정기관을 보좌하는 기관) → 보건복지부 연금보험국장
- 감사기관: 행정기관이 행하는 행정의 옳고 그름을 판단하는 임무를 맡은 기관 → 감사원

※ 예시: 각 부의 장관은 행정관청이며, 각 부의 차관, 국장, 과장은 보조기관이고, 각종 위원회와 심의회는 자문 또는 의결기관이며, 경찰공무원이나 세무공무원 등은 집행기관, 감사원은 감사기관에 해당한다.

(2) 지방자치단체(지방정부)

가. 개념

지자체는 지방분권화에 의하여 지역사회의 정치와 행정을 중앙정부로부터 독립된 의사에 따라 처리하기 위해, 일정지역에 거주하는 주민이 자치권을 가지는 공공단체이다. 우리나라의 지자체는 광역자치단체와 기초자치단체로 구분하고 있다. 광역자치단체로는 특별시와 광역시 및 도가 있으며, 기초자치단체로는 시·군 및 자치구(특별시 및 광역시의 구)가 있다(지방자치법 제2조).

지방자치제도가 발전하면서 지자체는 국민기초생활보장제도와 같은 공공부조나 사회서비스의 영역을 직접 국민의 삶 현장에서 집행하는 데 중요한 역할을 하고 있다.

나. 순기능

사회복지의 주체로서 지자체의 순기능으로는 서술하면 다음과 같다.

① 일부 재정자립도[42]가 높은 지자체는 높은 수준에 복지혜택의 제공이 가능하다.

② 지역적 특성이나 지역주민의 의견 수렴이 쉬워짐에 따라 서비스의 내용과 수준을 조정할 수 있다.

③ 다른 지자체와 경쟁으로 서비스가 개선될 수 있다(지자체 간의 경쟁 - 서비스 개선).

④ 지자체는 국민기초생활보장제도와 같은 공공부조나 사회서비스를 직접 지역주민에게 전달함으로써 수급권자의 의견을 반영할 수 있다(수급권자의 의견 직접 반영).

---

42) **재정자립도**[地方財政自立度]: 지방정부의 일반회계 세입에서 지방세와 세외수입 등 자주재원이 차지하는 비율을 말한다. 지방정부가 재정활동에 필요한 자금을 얼마만큼 자체 조달하고 있는가를 나타내는 지표가 된다. 대체로 자체 조달이 어려운 지방정부 재원은 중앙정부의 지방교부금, 국고보조금 등을 통해 조달된다.

> **※ 사회복지법상 서비스의 주체가 지방정부일 때 나타날 수 있는 현상**
> 가. 지역주민들의 의견을 쉽게 수렴할 수 있다. 나. 수급권자들의 의견을 반영할 수 있다.
> 다. 지방정부 간의 경쟁으로 서비스가 개선된다. 라. 지방정부 간의 서비스의 차이로 불평등이 심화된다.

(3) 공공단체(공법인)

공공단체(public entity, 公共團體)는 국가로부터 특정한 목적을 부여받고 실행하기 위하여 특별한 법적 근거에 따라 설립된 공법인(공공조합: 공법상의 사단법인, 영조물법인, 공재단)이다. 공법인으로서 사법인과는 달리 보통 그 목적이 특정법률에 규정되어 있고, 목적 달성에 필요한 한도에서 행정권이 부여된다.

2) 민간(사적) 사회복지의 주체

민간 사회복지의 주체는 사회복지법인(비영리법인 · 단체) · 사회복지사 · 개인(자원봉사자, 가족) 등과 같이 민간이 급여를 객체(지원대상자)에게 제공하는 자를 말한다.

사회복지시설을 설치 · 운영하는 민간 사회복지의 주체는 사회복지실시기관으로부터 요보호자의 입소를 위탁받은 때에는 정당한 이유 없이 이를 거부하여서는 아니 된다(수탁의무).

> **※ 민간사회복지의 주체:** 법인(사회복지법인, 비영리법인), 사회복지사, 자원봉사자 등

(1) 사회복지법인

가. 사회복지법인의 의의

사회복지법인은 사회복지사업법에서 규정한 사회복지사업을 수행할 목적으로 설립된 비영리법인 · 공익법인 · 특수법인, 사법인, 사단법인, 재단법인(재산소유)을 말한다.

① 사회복지법인은 비영리법인[43])이며 사회복지사업법을 근거하고 있다.

② 사회복지법인은 사단법인과 재단법인에 모두 해당한다. 주로 재단법인이 설치되어 있다. 예컨대 사회복지법인은 한국사회복지사협회 등이다.

③ 사회복지법인은 공익법인이며, 구성원 개인의 이익추구가 목적이 아니라 사회복지 등 공익사업수행을 목적으로 설립된 비영리법인을 말한다.

> **※ 공익법인:** '공익법인의 설립운영에 관한 법률'에 의하면 사회의 이익에 공여하기 위하여 학자금, 장학금, 연구비의 보조나 지급 또는 학술자선에 관한 사업을 목적으로 하는 법인을 말한다. 공익법인은 재단법인·사단법인으로서 종교단체, 사립학교, 사회복지법인, 의료법인, 자선단체, 문화·환경단체의 비영리법인을 말한다.

43) 여기서 비영리법인은 공익을 위한 사업, 학술 · 종교 · 자선(慈善) · 기예(技藝) · 사교(社交) 등 영리가 아닌 사업을 목적으로 하는 법인을 말한다(「민법」 제32조).

TIP 사회복지법인의 설립허가 신청: 시·도지사의 허가

사회복지법인을 설립하려는 자는 대통령령으로 정하는 바(주된 사무소의 소재지를 관할하는 시장·군수·구청장을 거쳐)에 따라 시·도지사의 허가를 받아야 한다. 허가를 받은 자는 법인의 주된 사무소의 소재지에서 설립등기를 하여야 한다(사회복지사업법 제16조 개정, 동법 시행령 제8조 1항). 우리나라 사회복지법인의 설립은 허가주의를 채택하고 있다.

☆ 사회복지사업법에 따른 사회복지법인이 아닌 자는 사회복지법인이라는 명칭을 사용하지 못한다.

나. 사회복지법인의 종류

사회복지법인은 민간 사회복지사업의 공공성과 안정성을 높이기 위한 것으로 사회복지의 시설법인과 지원법인으로 구분한다.

구분	내용
시설법인	시설의 설치 및 운용을 목적으로 하는 법인이다. 시설법인은 시설거주자를 보호할 수 있는 목적사업용 기본재산을 갖추어야 한다. • 생활시설: 가정에서 양육·보호할 수 없는 사람, 재활이 필요한 사람 보호·수용하는 시설 • 이용시설: 가정에서 클라이언트들이 문제가 있거나 필요에 따라 시설을 이용하여 전문적인 상담을 받거나 그밖에 다양한 서비스 기능을 담당하는 시설
지원법인	사회복지사업을 지원하는 것을 목적으로 하는 법인이다. 법인의 운영경비 전액을 충당할 수 있는 기본재산을 갖추어야 한다.

다. 사회복지법인의 사업 – 수익사업 가능

① **기본사업**: 아동, 노인, 여성, 장애인, 그 밖의 사회복지사업 등

② **공익사업**: 각종 법령에서 비영리법인이 수행할 수 있는 것으로 의료법에 의한 의료사업, 특수교육진흥법에 의한 특수학교설치, 그 밖의 저소득층 및 지역주민에 대한 생활보조금·학자금·의료비지원 등의 사업

③ **수익사업**: 사회복지법인은 수익을 목적으로 하는 사업을 할 수 있다. 사회복지법인은 고유의 목적사업재원에 충당키 위한 사업으로 사회복지법인의 명예나 신용을 손상하지 않는 사업(부동산 임대료수입, 농수산물 및 축산수익, 주식의 배당이익, 예치금의 이자 등) 등의 수익사업을 할 수 있다.

라. 사회복지법인 관련법규

사회복지법인은 사회복지사업법에 따르고 있다. 법인에 관하여 이 법에 규정된 것을 제외하고는 민법과 공익법인의 설립·운영에 관한 법률을 준용한다.

※ 사회복지법인에 관한 법적용의 우선순위
사회복지사업 관련 특정법률 → 사회복지사업법 → 공익법인의 설립·운영에 관한 법률 → 민법

법인성립의 성립요건은 주무관청의 허가, 설립등기 등의 절차를 거쳐야 한다. 즉, 민법 제31조 "법인은 법률의 규정에 의함이 아니면 성립하지 못한다." 제33조는 "법인은 그 주된 사무소의 소재지에서 설립등기를 함으로써 성립한다." 법인의 설립은 시·도

지사의 허가 후에 설립등기를 해야 한다(사회복지법인: 허가주의 채택).

(2) 사회복지사

가. 사회복지사의 법적 자격

사회복지사의 자격은 보건복지부장관이 사회복지에 관한 전문지식과 기술을 가진 자에게 교부하는 국가자격이다.

프리드랜드(Friedland)는 전문직의 조건을 특별한 능력, 독특한 기술, 전문가로서의 개인적 책임성, 전문지식과 기술 등이 있어야 한다고 주장한다(정신보건사회복지사, 법정사회복지사에 해당). 사회복지사의 역할은 그가 속한 기관의 사업유형에 따라 달라질 수 있다. 사회복지사의 법적 지위는 공공기관의 사회복지사(사회복지전담공무원)와 민간기관의 사회복지사로 구분할 수 있다.

나. 공공기관의 사회복지사(사회복지전담공무원)

가) 사회복지전담공무원의 법적 자격: 지방 공무원, 경력직 공무원, 일반직 공무원

① 사회복지전담공무원은 지방공무원법에 따라 법적 자격을 갖고, 그 자격·임용·보수·연수 및 신분보장에 관하여 적용을 받는 지방 공무원이다. 이는 경력직 공무원에 속하며 그 안에서 일반직 공무원이며 사회복지직렬에 속한다.

② 사회복지전담공무원의 지원 자격은 모두가 사회복지사자격증을 가지고 있어야만 한다. 사회복지사업법(시행령 제1조 2항)상 사회복지사의 결격사유에 해당하는 경우에도 사회복지전담공무원의 자격을 상실하게 된다.

나) 사회복지전담공무원의 법적 권리

사회복지전담공무원의 법적 권리는 신분상 권리(소청제기권, 소송제기권), 직무집행과 관련되는 권리(직무수행권, 직위보유권), 재산상의 권리(보수청구권, 연금청구권, 실비변상을 받을 권리), 사생활비밀과 자유의 권리, 교육을 받을 권리(지도, 훈련, 교육) 등이 있다.

(가) 신분상의 권리

① 소청 제기권(행정심판 제기권)

징계처분, 그밖에 본인의 의사에 반하는 불리한 처분을 받은 사회복지전담공무원은 소청심사위원회에 심사를 청구할 수 있다(소청제기 가능).

소청(행정심판)은 행정기관의 위법·부당한 처분에 대해서 행정부 내의 심사기관이나 상급행정기관에 구제를 신청하는 절차이다.

② **소송 제기권**

사회복지전담공무원의 신분에 관한 위법한 처분이 행해지는 때에는, 행정소송을 제기할 수 있는 권리를 갖게 된다. 아울러 민사소송도 제기할 수 있다.

(나) 직무수행과 관련되는 권리

관할지역 안에 사회복지대상자의 생활실태, 가정환경 파악, 상담과 지도를 행하는 업무를 수행할 수 있는 권리를 말한다.

사회복지전담공무원의 직무는 ① 국민기초생활수급자 명단을 정리한다. ② 장애인복지카드를 작성한다. ③ 관내 복지관에 지도점검을 나간다. ④ 관내에 사회복지대상자의 생활실태를 조사한다.

(다) 재산상의 권리

사회복지전담공무원은 보수청구, 연금청구권, 실비변상을 받을 수 있는 권리 등이 있다. 보수는 직무수행 대가와 공무수행의 공정성 확보차원에서 고려되어야 한다.

- 보수청구권: 직무수행의 대가로 국가를 상대로 보수를 청구할 권리를 갖는다.
- 연금청구권: 국민연금의 적용이 아니라 공무원연금을 청구할 권리를 갖는다. 재직기간 동안 기여금을 납부하고 기여에 상응하는 구체적인 권리로 연금청구권을 갖는다.
- 실비변상을 받을 권리: 직무수행을 위한 회의참석수당, 자가운전수당, 여비규정에 의한 운임, 숙박료, 식비 등의 실비를 지급받을 수 있는 경우이다.

(라) 교육을 받을 권리 - 지도 · 훈련 · 보수교육

교육을 받을 권리는 전문가로서 자질의 향상을 위하여 필요한 지도와 훈련받을 권리가 있다.

다) 사회복지전담공무원 법적 권리 제한

사회복지전담공무원의 법적 권리는 국가안전보장 · 질서유지 또는 공공복리를 위하여 필요한 경우에 한하여 법률로 제한할 수 있다. 이를 제한하는 경우에도 자유와 권리의 본질적인 내용은 침해할 수 없다.

사회복지전담공무원은 법률로 정하는 자에 한해 근로 3권(단결권, 단체교섭권, 단체행동권)을 가진다고 규정하고 있어 근로 3권을 행사할 수 있으나 일정한 제한을 받는다.[44]

라) 사회복지전담공무원의 법적 의무

(가) 사회복지사의 의무 - 공통의무: 최대봉사의 의무와 비밀누설금지의 의무

---

44) • 6급 이하 공무원은 근로 3권 중 단결권과 단체교섭권은 보장받고, 단체행동권은 제한을 받는다.
• 5급 이상 공무원은 근로 3권이 모두 불가능하다.

① 최대봉사의 의무는 복지업무에 종사하는 사람은 그 업무를 행함에 있어서 사회복지를 필요로 하는 사람을 위하여 차별없이 최대로 봉사하여야 한다(동법 제5조).

② 비밀누설금지의 의무는 사회복지사업 또는 사회복지업무에 종사하였거나 종사하고 있는 자는 그 업무수행의 과정에서 알게 된 다른 사람의 비밀을 누설하여서는 아니 될 의무가 있다(동법 제47조, 1년 이하의 징역 또는 300만 원 이하의 벌금에 처함).

(나) 사회복지전담공무원의 의무(일반공무원으로서의 의무 포함)

의무의 종류	사회복지전담공무원
• 일반적 의무	① 선서의무 ② 성실의무 ③ 품위유지의무 ④ 청렴의무
• 직무상 의무	① 법령준수의무 ② 복종의무 ③ 친절공정의무
• 직무에 전념할 의무	① 직장이탈의 금지의무 ② 영리업무 및 겸직의 금지의무 ③ 정치운동의 금지의무 ④ 비밀엄수의 의무 ⑤ 전문성의 개발의무 ⑥ 집단행위의 금지의무

다. 민간기관의 사회복지사

민간기관에 종사하는 사회복지사의 법적 지위는 근로자로서 사회복지사와 전문가로서 사회복지사 등으로 분류할 수 있다.

가) 민간 사회복지사의 법적 지위

(가) 근로자로서 사회복지사

민간 사회복지사는 사회복지관련 민간사업장(기관, 시설)에서 임금을 목적으로 근로를 제공하는 근로자이다.

① 사회복지사의 역할은 그가 속한 기관이나 시설에 따라 달라질 수 있다.
② 조직구성원의 지위에서 업무를 수행하며, 공동의사결정에 참여한다.
③ 정신노동과 육체노동 모두를 포함한다.
④ 노동공급자로서 사회복지법인이나 시설과 노사관계를 형성한다.
⑤ 사업자와 원칙적으로 대등한 관계에서 근로계약을 체결한다.

(나) 전문가로서 사회복지사

① 사회복지에 관한 전문지식과 기술을 갖추고, 보건복지부장관으로부터 자격증을 교부받은 자를 말한다.
② 일정 기간 사회복지사업의 실무경험이 있어야 하고, 1급자격의 경우는 2003년부터 국가시험에 합격하여야 한다(현장실습 필수).
③ 사회복지사의 자격을 취득하기 위해서는 사회복지학 전공이나 관련교과목을 이수하고 학위를 받아야 한다.
④ 사회복지사업법에서도 사회복지법인이나 시설의 일정 업무는 반드시 사회복지사로 하여금 전문성을 발휘하도록 하고 있다(동법 제13조 및 시행령 제6조).

나) 민간사회복지사의 법적 권리 – 사회복지사 등의 처우 및 지위 향상을 위한 법률

민간 사회복지사의 법적 권리는 사회복지사 등의 처우 및 지위 향상을 위한 법률

(2011년), 개별 복지기관의 정관이나 기관운영규정에 명확히 규정되어 있다. 또한 개별적으로 사회복지사가 법인이나 시설과 맺은 근로계약의 내용에 따라 차이가 있어 이들의 법적 권리를 규정하기 어렵다. 다만, 근로자로서 근로기준법에 조장된 법적 권리와 사회복지전담공무원이 가지고 있는 법적 권리 등을 참고하여 이들에 대한 법적 권리를 살펴보면 다음과 같다.

(가) 신분상의 권리

국가공무원법과 지방공무원법에 의한 보장이 아닌 법인의 정관에 따라 신분보장을 받는다.

- 자신의 의사에 반하여 신분조치를 받지 않을 권리: 형의 선고 징계처분 정관이나 기관운영규정에 정한 사유가 아닌 본인의 의사에 반하는 인사 조치(정직, 면직 등의)를 당하지 않을 권리
- 면직예고를 받을 권리: 기관과 시설로부터 면직 받을 때 예고받을 권리
- 이의신청의 권리: 직권면직, 직권휴직, 징계처분 등 본인의 의사에 반하여 불리한 처분을 받은 경우 이의신청하고 심사결과를 통보받을 권리

(나) 직무수행과 관련되는 권리

사회복지사는 자신에게 적합한 일정한 직무와 책임을 부여 받을 권리를 가지며 부여된 직무를 수행할 권리를 가진다. 다만 직무수행능력이 부족하거나 근무성적이 극히 불량하거나 근무태도가 매우 불성실한 경우에는 직위를 부여하지 않을 수 있다.

(다) 재산상의 권리(보수청구권, 연금청구권, 실비변상받을 권리)

① 사회복지사는 직무수행에 따른 대가로 보수를 청구할 권리를 가진다. 보수는 직무수행에 따른 생활보장적인 확보차원에서 고려되어야 한다.

② 사회복지사는 국민연금 청구의 권리를 가진다. 연금보험료의 기여금을 납부한 후 기여에 상응하여 연금청구의 권한을 가진다.

③ 사회복지사는 보수 외에 기관운영규정에 따른 직무수행에 소요되는 실비를 변상 받을 권리가 있다. 실비로는 직무수행을 위한 회의참석수당, 자가운전수당, 여비규정에 의한 운임, 숙박료, 식비 등이 있다.

(라) 근로 3권

민간 사회복지시설에 근무하는 민간 사회복지사는 헌법상 보장된 근로 3권(단결권, 단체교섭권, 단체행동권)을 갖는다. 근로자로서 노동조합을 조직할 권리가 있다. 최근 결성되고 있는 사회복지노동조합이 그 예이다.

(마) 교육을 받을 권리 - 지도, 훈련, 보수교육(연간 8시간 이상) 실시

사회복지사업법상 사회복지시설의 사회복지사들은 보수교육을 연간 8시간 이상 받

아야 한다[※ 보수교육: 연간 8시간 이상 실시].

다) 민간 사회복지사의 법적 권리의 한계

- 국가안전보장·질서유지 또는 공공복리를 위하여 필요한 경우 법률로서 제한할 수 있다. 다만 자유와 권리의 본질적인 내용은 침해하지 못한다.
- 근로기준법 등에 규정된 근로자로서의 권리, 법적·지위 권한 등을 모두 누린다.
- 보호규정은 사회복지법인이라면 정관, 사회복지시설의 경우에는 규정 등에 포함되어 있다. 이 경우 정관, 규정이나 또는 근로계약 조건이 근로기준법상의 기준을 벗어날 수 없다.
- 근로기준법 등에 규정된 근로자로서 채용될 때 근로계약서를 작성해야 한다.
- 민간기관 종사자의 법적 권리는 법에서 명확히 규정되어 있지 않으며, 대부분 각 복지기관의 정관이나 기관운영규정에 의해 부여받는다.
- 개별적으로 사회복지사가 법인이나 시설과 맺은 근로계약의 내용에 따라 차이 발생한다.

라) 민간사회복지기관의 사회복지사의 의무

① 사회복지사업법상 민간 사회복지사의 의무는 사회복지전담공무원의 의무와 동일한 의무도 있다(공통의무 - 최대봉사의 의무: 동법 제5조, 비밀누설금지의 의무: 제47조).

② 민간 사회복지기관에 종사하는 사회복지사의 의무는 새로이 개정된 한국사회복지사협회에서 2001년 12월 15일 공포한 사회복지사의 윤리강령45)에 나타나 있다.

※ 사회복지사의 기본적 윤리강령의 내용
① 전문가의 자세 ② 전문성 개발의 노력 ③ 경제적 이득에 관한 태도 ④ 클라이언트 윤리기준
⑤ 동료에 대한 윤리기준(동료, 슈퍼바이저) ⑥ 사회에 대한 윤리기준 ⑦ 기관에 대한 윤리기준
⑧ 윤리위원회 구성과 운영 ☞ 6회: 윤리강령에 포함되지 않는 것은? 자원봉사자와 후원자의 관계

(3) 자원봉사자(개인)

① 자원봉사자(volunteer worker)는 사회복지사업활동에 자발적 의지에 의해서 무보수로 봉사활동을 제공하는 사람을 말한다(자원봉사활동 기본법 제3조 2호).

② 모든 국민은 연령 · 성별 · 장애 · 지역 · 학력 등 사회적 배경에 관계없이 누구든지 자원봉사활동에 참여할 수 있다.

③ 자원봉사활동 기본법에 따른 자원봉사활동에는 사회복지 · 지역사회발전 · 환경보전 · 교육 · 인권 · 범죄예방 · 교통질서 · 재해구호 · 문화진흥 · 해외봉사 · 공공행정에 관한 활동 등이 있다.

④ 국가는 자원봉사활동이 무보수성 · 자발성 · 공익성 · 비영리성(非營利性) · 비정파

---

45) 한국 사회복지사협회의 윤리강령 [1992년 제정, 2001년 12월 개정]
① 모든 인간의 존엄성과 가치를 존중, 천부의 자유권과 생존권의 보장활동에 헌신한다.
② 사회적 경제적 약자들의 입장에서 사회정의와 평등 자유와 민주주의 가치를 실현하는 데 앞장선다.
③ 사회제도 개선과 관련된 제반 활동에 주도적으로 참여한다.
④ 개인의 주체성과 결정권을 보장하고, 개인이 부당하게 희생되는 일이 없도록 한다.
⑤ 전문적 지식과 기술을 개발하고 전문가로서의 능력과 품위를 유지해야 한다.

성(非政派性)·비종파성(非宗派性)의 원칙에 따라 이루어질 수 있도록 해야 한다(자원봉사활동 기본법 제2조 2호).

2. 사회복지의 객체(대상)

1) 국민(개인)

국민은 한 국가의 거주자를 대상으로 하여 소재지와는 관계 없이 원칙적으로 일정한 법의 지배를 받는 국가의 구성원을 말한다. 국민의 개념은 종족(인종)이나 민족과 반드시 일치하는 것은 아니다.

대한민국의 국민이 되는 요건은 법률(국적법)로 정하도록 되어 있고(헌법 제2조 1항), 국민은 포괄적인 통치권의 지배를 받는다. 사회복지에 관하여 국민은 속지주의를 원칙으로 삼고 있고, 예외적으로 속인주의를 택하고 있다(속지주의 원칙, 속인주의의 예외 적용).

사회복지의 대상은 모든 국민을 포함함으로써 원칙적으로 보편주의에 입각하고 있다. 사회복지법 중에서 사회보험법은 모든 국민을 그 대상으로 하고 있어 보편주의를 채택하고 있다. 그 반면에 공공부조법과 사회서비스법은 자산조사를 통해 일정 소득 이하의 국민과 자격요건을 갖춘 대상자만을 선별적으로 지원대상으로 하는 선별주의를 택하고 있다. 즉, 사회복지의 객체(대상)는 지원대상자이다.

2) 외국인(외국 국적+무국적)

외국인은 기본권의 주체로서 대한민국 국적을 갖지 않고 외국국적을 가진 자를 말하며(상호주의), 무국적자까지 포함한다(인도주의). 이중 국적자는 일반적으로 내국인으로서 취급된다.

외국인은 국제조약(상호주의)과 일반적으로 승인된 법규(인도주의)로 정하는 바에 따라 그 지위가 보장된다(헌법 제6조). 예컨대, 상대국과 사회보장협정(주로 연금보험분야 체결)을 체결한 경우 사회복지법이 상호주의 원칙에 따라 적용된다. 그리고 국민건강보험법상 국내에 3개월 이상 거주한 경우(외국인 등록자, 국내 거소를 신고한 자)에는 국민건강보험의 지역가입자가 될 수 있다. 또한 국민건강보험법상 국내에 거주하지 않는 재외국민은 국민건강보험의 가입자가 될 수 없다.

3) 법인

헌법에서 사회복지 객체의 해당여부를 명확히 밝히고 있지는 않지만, 헌법재판소의 견해에 따라 기본권의 주체로 볼 수 있지만, 사회복지법제의 생존권 성질상 사회복지의 대상(객체)으로 보는 것은 무리가 있다.

① 판례는 특정한 성질에 따라 특정한 범위 내에서 법인의 기본권의 주체성을 인정하고 있다(헌법재판소의 견해: 헌재 '91.6.30. 90 헌바56 등).
② 헌법에서는 법인에 대하여 사회복지의 대상이 되는지 여부를 명시적으로 밝히고 있지 않다.

CHAPTER 04

사회복지의 법률관계와 당사자 학습 핵심문제

01 다음 중 사회복지법과 행정법과의 관계에 관한 설명으로 옳은 것은?

가. 행정법은 공공이익을 실현한다는 점에서 사회복지법과 유사하다.
나. 사회복지법과 행정법은 모두 보건복지부, 고용노동부, 지자체 등과 같은 공법적인 권리주체의 활동을 한다.
다. 행정법에서는 사회복지행정을 행정작용의 하나인 급부행정으로 본다.
라. 행정법도 사회복지법과 같이 법체계상 사회법에 속한다.

① 가, 나, 다　② 가, 다　③ 나, 라　④ 라　⑤ 가, 나, 다, 라

02 다음은 무엇에 대한 설명인가?

사회복지시설을 설치, 운영하는 자는 복지실시기관으로부터 요보호자의 입소를 위탁받은 때에는 정당한 이유 없이 이를 거부하여서는 안 된다.

① 수탁권리　② 수탁시설　③ 수탁명령　④ 수탁의무　⑤ 수탁조치

03 사회복지법의 성격과 특징에 관한 설명으로 옳지 않은 것은?

① 국민건강보험법상 의무가입은 계약자유의 원칙과 상반된다.
② 국민기초생활 보장법상 생계급여의 수급권을 규정한 것은 빈곤에 대한 국가책임을 인정하는 것이다.
③ 국민기초생활 보장법상 수급권자의 범위에서 부양의무자 요건을 규정한 것은 사적 부양의 원리를 반영하는 것이다.
④ 사회복지사업법상 인가, 허가, 승인은 행정처분이다.
⑤ 국민연금법상 유족연금 수급권은 계약으로 성립된다.

04 헌법재판소는 제대군인에 대해 공무원시험에서 가산점을 부여한 것이 위헌이라고 결정하였다. 이 결정은 여성과 장애인의 어떤 권리가 침해되었다고 보는가?

가. 평등권　나. 직업선택의 자유　다. 공무담임권　라. 근로의 권리

① 가, 나, 다　② 가, 다　③ 나, 라　④ 라　⑤ 가, 나, 다, 라

05 사회복지법인에 대한 설명으로 옳지 않은 것은?

① 정관변경에 대한 인가는 시·도지사의 정책적 판단에 따른 재량이다.
② 이사는 7인 이상, 감사는 2인 이상을 두어야 한다.
③ 법인 설립하는 경우 시·도지사의의 허가 후에 설립등기를 해야 한다.
④ 법인 설립은 시·도지사의의 허가를 받아야 한다.
⑤ 사회복지법인은 수익사업을 할 수 있다.

06 사회복지법인의 특징으로 옳은 것은?

① 특별한 관계에 있는 자가 이사 현원의 1/3 이상일 수 없다.
② 수익사업을 하기 때문에 비영리법인이 아니다.
③ 법인 설립을 위하여 시·도지사의 허가를 받아야 한다.
④ 거짓으로 설립허가를 받은 때에는 설립허가를 취소할 수 있다.
⑤ 법인은 어떠한 경우라도 수익 사업을 할 수 없다.

07 사회복지전담공무원의 법적 권리 중 제한되어 있는 것은?

① 단체행동 ② 직무수행 ③ 직무보유 ④ 보수청구 ⑤ 연금청구

08 사회복지사업법상 사회복지사에 관한 내용으로 옳은 것은?

① 벌금형을 선고받은 사람은 사회복지사가 될 수 없다.
② 현행 사회복지사 자격은 1급과 2급 및 3급의 3단계로 구분된다.
③ 영유아보육법에 따른 어린이집은 사회복지사 의무채용시설이다.
④ 노인복지법에 따른 노인복지관은 사회복지사 의무채용시설이다.
⑤ 사회복지시설에 종사하는 사회복지사는 연간 6시간의 보수 교육을 받아야 한다.

정답 01. ① 02. ④ 03. ⑤ 04. ② 05. ① 06. ③ 07. ① 08. ④

CHAPTER 05

사회복지에 관한 국제법

1 국제조약과 국제법규

1. 개념

국제조약은 국제적 권리와 의무의 발생을 목적으로 국제법상의 주체인 국가 간에 맺은 문서에 의한 합의를 말한다. 이는 국가 사이의 법적 구속력을 가지고 규율하며, 주로 그 명칭이 협정, 협약, 조약, 규약, 의정서 등으로 불리는 것도 포함한다.

국제법규는 국가들이 국제관습과 국제사회에 의하여 그 규범성이 일반적으로 승인된 규범을 말한다. 이는 주로 선언이나 권고 등으로 끝나는 것이 일반적이다.

<표 5-1> 선언과 규약의 차이

선언	국가나 단체가 방침, 의견, 주장 등을 외부에 정식으로 표명하는 것이며, 법적 구속력(강제력)이 없다(예, 세계인권선언(1948년)은 법적 구속력이 없다. 다만, 도의적 책임은 있다.).
규약	서로 지키도록 합의하여 정해 놓은 규칙이며, 법적 구속력(강제력)이 있다(예, 국제인권규약은 법적 구속력을 가지고 있다.).

2. 효력

외국인은 국제조약과 국제법규로 정하는 바에 의하여 그 지위가 보장된다. 국제법의 효력은 사회복지분야에서 내외국인에게 적용된다.

국제조약에는 ㉠ 국제인권 A · B규약, ㉡ 국제노동기구의 사회보장에 관한 조약, ㉢ 아동권리협약, ㉣ 장애인권리협약, ㉤ 사회보장협약 등 있다. 조약의 비준국 간에는 법적구속력을 갖는다.

우리나라의 헌법 제6조에 규정되어 있는 것처럼 헌법에 의하여 체결 · 공포된 조약과 일반적으로 승인된 국제법규는 국내 법률과 동일한 효력을 가진다. 즉, 국내법처럼 강제력(구속력)이 있다. 당사국이 비준하는 경우 비준국 간에 강제성이 있는 것이다.

2 사회복지에 관한 국제적 노력

1. 사회복지법의 국제화 배경

사회복지법이 국제적으로 확산하는 원인은 ① 인간다운 생활보장이념의 보편화, ② 노동조합의 국제적인 사회복지운동 연대참여(노동자 대표의 국제기구 참여 적극 활동), ③ 국제적 사회복지 기준의 제시, ④ 이주근로자의 국제적 이동의 빠른 증가 등이 있다.

2. 국제사회복지 관련 기구

국제기구들은 국제적 사회복지의 기준을 마련한 후 국가들에 권하고 있다. 사회복지와 관련된 다양한 국제기구로는 국제연합(UN), 국제노동기구(ILO), 세계보건기구(WHO), 국제사회보장협회(ISSA), 유럽협회의(CE), 유럽경제공동체(EEC), 국제사회복지협의회(ICSW), 경제협력개발기구(OECD) 등이 있다. 사회보장, 노동, 보건 등과 관련된 국제기구들은 전 세계적으로 적용할 수 있는 국제적인 사회복지기준을 제시하고 있다. 그 대표적인 국제기구인 국제노동기구(ILO 1919년)[46]의 국제적 사회복지기준은 복지후진국에 있어서 향후 사회복지발전과 목표 설정의 기준 역할을 많이 하고 있다.

[문제] 국제적으로 근로자의 노동조건을 개선하고 사회정의를 확립하여 세계평화에 공헌하는 것과 노동자 생활의 동향, 안전, 노동협조, 사회보장의 실현 등을 조장 촉진하는 것 등이 그 설립목적인 국제기구는? ①

① 국제노동기구(ILO) ② 국제연합(UN) ③ 국제사회보장협회(ISSA)
④ 국제사회복지협의회(ICSW) ⑤ 경제협력개발기구(OECD)

3. 사회복지에 관한 국제적 선언

국제적 선언은 국제기구가 방침 등을 외부에 정식 표명한 것으로서 법적 구속력이 없다. 사회복지에 관한 국제적 선언의 종류에는 인권선언문(1793년), 대서양헌장(1941년), 필라델피아선언(1944년), 세계인권선언(1948년), 사회보장헌장(1961년), 유럽사회보장법전(1964년) 등이 있다.

46) 국제노동기구(ILO)는 각국의 정부 · 사업자 · 노동자 대표들이 다양한 형태로 국제기준에 참여하여 근로자의 복지향상을 위해 노력하고 있다. 근로조약이나 권고를 채택함으로써 근로조건의 국제적 기준을 설정하는 것이 본래의 임무였으나, 제2차대전 후에는 UN의 경제사회이사회와 협력하여 근로조건뿐 아니라 사회복지에 대한 활동도 활발히 전개하고 있다.

[문제] 사회복지에 관한 국제법 중에서 실질적인 법적 구속력이 있는 것은? ①
① 국제인권의 규약 ② 대서양헌장 ③ 필라델피아선언 ④ 세계인권선언 ⑤ 사회보장헌장

※ 사회복지에 관한 국제적 선언의 종류
① 인권선언문 ② 대서양헌장 ③ 필라델피아선언 ④ 세계인권선언 ⑤ 사회보장헌장 ⑥ 유럽사회보장법전

4. 국제노동기구(ILO)의 사회복지조약

국제 사회복지조약은 주로 국제노동기구(ILO: International Labor Organization)에서 주도하고 있다.[47] 각국의 사회보장제도의 발전을 촉구한 것으로는 국제노동기구의 노동보호 및 사회보장에 관한 여러 조약이나 권고가 매우 중요한 역할을 하고 있다. 특히 ILO 목적에 관한 선언으로, '사회보험제도의 적용을 받지 못하는 궁핍에 대해서는 공공부조에 의해 충족해야 한다.'고 명시하고 있다. 그리고 ILO는 사회보장법 체계의 3대 기본요소로 ① 소득보장의 권고, ② 의료보장의 권고, ③ 고용서비스의 권고를 채택하였다.

국제노동기구(ILO)를 통해 채택된 사회복지조약은 ① 사회보장의 최저기준조약(1952년, ILO), ② 사회보장에서의 외국인 균등대우 조약(1962년, ILO), ③ 업무상 재해조약(1964년) 및 ④ 장애(질병)·노령·유족급여조약(1967년, ILO) 등이 있다.

[문제] 국제노동기구(ILO)에서 채택한 사회복지조약에 해당하지 않는 것은? ⑤
① 1952년 사회보장최저기준협약
② 1962년 사회보장 내 외국인 균등대우 조약
③ 1964년 업무재해조약
④ 1967년 질병·노령·유족급여조약
⑤ 1966년 경제와 사회·문화적 권리에 관한 규약

1) 사회보장의 최저기준에 관한 협약(1952년)[48]

(1) 의의

이 조약은 ILO를 통해 채택된 것으로서, 그 당시 사회보장이 발달한 나라에게는 사회보장제도를 정비할 기준으로서 법적 구속력이 있다. 반면 사회보장이 매우 미흡한 나라들에게는 도달해야 할 목표로서 작용하여 각국 사회보장제도의 발전에 많은 영향을 주었다.

---

47) 근로조건의 국제적 기준: 협약(convention)과 권고(recommendation)의 형식으로 국제노동기준의 설정과 그의 국내 실시의 감독, 개발도상국의 기술협력, 조사연구가 주된 활동이다. 기술, 특히 노동조합권이나 사회보장의 세계적 보급에 공헌한 것은 물론 노동생활의 질(quality of working life)의 향상에도 크게 기여하고 있다.

48) 1952년 국제노동기구(ILO) 제102호 사회보장의 최저기준에 관한 협약은 제2차 세계대전을 전후하여 사회보장의 확장 및 보급을 위하여 국제협약의 형식으로 채택된 조약이다(효력발생일: 1955년 4월 27일). → 기존의 권고에 사회보장이 필요한 범위를 포괄적으로 도입하고 각국이 준수해야 할 사회보장의 최저기준을 제시하고 있다.

특히 근로자를 포함한 모든 국민이 인간다운 생활을 영위하기 위해서 노동능력이 있는 자에게는 반드시 취업의 기회가 보장되어야 한다. 동시에 인간다운 생활을 할 수 있는 임금·노동조건이 구비되어야 한다. 또한 일시적·영구적으로 노동능력을 상실한 자 혹은 근로의 기회를 잃은 자에게는 사람다운 생활을 할 수 있는 충분한 사회보장을 해주어야 한다는 것이다.

(2) 특징

① 1952년 국제노동기구(ILO) 이사회 회의에서 채택하고, 전후 각국의 사회보장제도 발전의 일반적 추세에 부응한 것이다.

② 사회보장급여는 9개 주요 사회보장분야, 즉 의료급여, 상병(질병)급여, 실업급여, 노령급여, 업무상 재해급여, 가족(아동)급여, 모성(출산)급여, 장해(폐질)급여, 유족급여를 하나의 제도 속에서 다루어지고 있다. 이들 중 가족(아동)급여는 우리나라에 도입되지 않았으나 2018년 9월부터 아동수당의 급여를 지급하고 있다. 비준의 충분조건은 '실업급여', '업무상 재해급여', '노령급여', '장애급여', '유족급여' 중 반드시 하나를 포함하여 세 분야 이상을 선택하는 것으로 하였다.

③ 사회복지대상자의 범위, 수급자격요건, 급여내용, 급여수준 등에 있어 최소한의 기준을 정한 협약이다. ILO의 국제적 기준마련은 주로 고용보험법 분야이다.

④ 정기적 급부의 경우 급여수준은 해당국가의 임금수준에 준하여 결정된다.

⑤ 수급자의 대표가 사회보장제도 운영에 참여할 것을 규정하고 있다.

⑥ 사회보장 급여는 외국인 거주자도 본국의 국민 거주자와 동일한 권리를 가져야 한다고 명시하고 있다.

⑦ 급여재원, 급여의 적절한 지급제도 및 서비스의 적절한 운영책임에 대해서도 규정하고 있다.

⑧ 본 협약은 선원이나 어부들의 경우에는 적용을 배제하고 있다.

⑨ 1952년 ILO 사회보장 최저 기준의 주요 4원칙은 대상의 보편성, 비용부담의 공평성, 급여수준의 적절성, 대상자의 분류 등을 제시하고 있다.

※ 국제노동기구(ILO)의 1952년 사회보장 최저기준 원칙

1. 대상의 보편성원칙 – 수혜대상의 보편적인 보호원칙으로서 사회보장은 임금노동자는 물론이고 모든 국민을 대상으로 하며, 우리나라의 상호주의를 채택하고 있다.
2. 비용부담의 공평성원칙 – 사회보장 비용부담은 국가 또는 사업자 혹은 양자 공동부담, 노동자의 부담은 일정 수준을 넘어서는 아니 된다.
3. 급여수준의 적절성원칙(부양수준의 원칙) – 균일급여의 원칙(법정최저액 보장), 비례급여의 원칙(수급자의 종전 소득과 비례해서 지불): 생계비의 변동에 따르는 급여조정, 급여의 등시성, 연동제-임금연동방식·물가연동방식
4. 대상자의 분류원칙 – 대상자를 경제적 곤란의 원인과 그 보호방법에 따라 분류한다. 근로자/ 자영업자/ 전업주부/ 그 밖의 노동인구/ 취업 전 청소년/ 노동무능력고령자 등 구분

[문제] ILO의 1952년 사회보장 최저기준의 원칙은? ①

가. 대상의 보편주의　나. 급여수준의 적절성　다. 비용부담의 공평성　라. 전달체계의 안정성

① 가, 나, 다　② 가, 다　③ 나, 라　④ 라　⑤ 가, 나, 다, 라

2) 사회보장에서의 내외국인 균등대우에 관한 협약(1962년)

국제노동기구는 1962년 제네바에서 사회보장에 관련하여 내외국인의 균등대우에 관한 국제협약을 채택하였다(효력발생: 1964년 4월 25일). 이는 법적 구속력이 있다.

① 협약 비준국은 자국의 영토 안에 있는 협약이 적용되는 다른 비준국 국민·난민·무국적자에게 균등한 대우를 보장하기 위한 조치를 취하여야 한다.
② 균등대우는 거주조건과 관계없이 급여 적용범위와 권리에 적용되며, 비준국이 협약의무를 받아들인 모든 사회보장 분야에 적용된다.

3) 업무상 재해와 직업병의 급여에 관한 조약(1964년)

국제노동기구(ILO)는 1964년 법적 구속력이 있는 국제협약의 형식으로 업무상 재해와 직업병의 급여에 관한 협약을 채택하였다(효력발생: 1967년 7월 28일).

국제노동기구는 산업재해를 ① 업무상 재해, ② 업무상 질병, ③ 직업병, ④ 통근재해를 포함하여 정의함으로써 산재보상제도(사회보장제도)의 개척자 역할을 하고 있다.

4) 장해(질병)·노령 및 유족급여에 관한 협약(1967년)

국제노동기구(ILO)는 1967년 제네바에서 법적 구속력이 있는 국제협약의 형식으로 노령보험(공업·농업 등)협약, 장해보험(공업·농업 등)협약 등의 개정을 결의하고, 장해(질병)·노령 및 유족급여에 관한 협약을 채택하였다(효력발생: 1969년 11월 1일).

3 국제인권 A·B의 규약

국제인권의 규약은 상징적인 의미를 갖고 있던 세계인권선언에 법적 실효성을 가진 국제조약(A규약과 B규약 구분 제정)으로서, A규약은 경제·사회·문화적 권리분야를 다루고 있어 사회권(사회복지수급권)과 관련이 있다. B규약은 시민·정치적 권리분야를 다루고 있다. 이는 유엔총회에서 1966년에 채택되어 1976년부터 시행되고 있는 대표적인 국제인권규약이다. 국제인권규약은 국제기구들의 사회복지 발전을 위한 제도적

인 노력 가운데 실질적인 법적 효력을 가지는 것이다.

1. 국제인권의 A규약(1966년): 경제와 사회·문화적 권리에 관한 규약

「경제·사회 및 문화적 권리에 관한 국제규약(International Covenant on Economic, Social and Cultural Rights)」은 국제인권 'A규약 또는 사회권 규약'이라 한다. 이는 국제연합 총회에서 채택하였다(1976년 1월 3일 발효., 한국: 1990년 7월 10일 발효).

① 국제인권 A규약의 구성은 경제와 사회·문화적 권리에 관한 규약에 규정되어 있는 권리로서 자결권, 노동기본권, 사회복지수급권, 행복추구권, 소유권, 건강권, 교육권 등이 포함되어 있다(입법조치 → 실현달성).

② 사회복지수급권(§10~11, 생존권적 기본권)은 국제조약으로서 체약국(서로 조약을 맺은 나라)을 법적으로 구속하는 것이다.

> 사회복지수급권은 어린이 양육과 교육, 임산부의 특별한 보호, 모든 어린이와 연소자에 대한 보호와 원조(노동·고용 법적 금지), 의식주 등 적정한 생활수준의 누릴 권리, 기아로부터 해방이라는 모든 사람의 기본적인 권리를 인정한다.

2. 국제인권의 B규약(1966년): 시민·정치적 권리에 관한 규약

「시민 및 정치적 권리에 관한 국제규약(Optional Protocol to the International Covenant on Civil and Political Rights)의 제1선택의정서」는 B규약 또는 자유권 규약이라 한다. 이는 국제연합 총회에서 채택하였다(1976년 3월 23일 발효., 한국: 1990년 7월 10일 발효).

① 시민·정치적 권리에 관한 규약에 규정되어 있는 권리로는 자유권, 평등권, 참정권, 여성권 등이 있다(입법조치 → 실현달성).

② 자유권적 기본권을 전제로 하여 체결국이 이를 준수할 것을 의무화하였다. 이것은 생명권, 신체의 자유와 안전에 대한 권리 등이 있다.

> ※ B규약에 속하는 시민적·정치적 권리 = 자유와 평등, 참정, 여성과 생명, 신체의 안전 등의 권리

3. 우리나라의 가입 문제

우리나라는 A·B규약에 비교적 늦은 1990년 4월에 가입하여 1990년 7월에 발효하였다. 그러나 가입내용 중에서 상소권의 보장, 결사의 자유, 일사부재리의 원칙 등은 유보하였다. 즉, 모든 내용에 가입한 것은 아니다. 그 이유는 공무원 및 사립학교 교사의 집단행동금지를 유보한 「결사의 자유」, 비상계엄하의 단심제(1심제)를 규정한 「상소권보장」, 「일사부재리의 원칙」 등 3가지 규정을 유보하였다.

4 아동의 권리에 관한 국제협약

이 협약(UN, 1989년)은 아동권리의 보호를 목적으로 한 국제사회 최초의 조약이다. 세계 모든 아동의 권리와 복지에 대한 인류의 관심을 갖는 집중적인 계기가 되었다. 또한 아동을 단순히 구제나 보호의 대상이 아닌 존엄성과 인권의 주체로 보고, 18세 미만의 모든 아동을 보호의 대상과 개인차이가 없는 적극적인 권리의 주체로 인식하고 있다.

1. 협약의 주요원칙

모든 18세 미만의 아동을 방치, 착취, 학대로부터 보호하기 위한 세계적인 기준을 제시하였다. 구체적으로 ① 무차별의 원칙, ② 아동의 최선이익 제공, ③ 아동의 생존·보호·발달, ④ 아동의 참여라는 4개의 주요원칙[49]을 제시하고 있다.

<표 5-2> 아동권리 협약의 일반원칙에서의 아동 4대 권리

생존의 권리	적절한 생활수준을 누릴 권리, 의료서비스를 받을 수 있는 권리
발달의 권리	교육·놀이·여가·정보를 누릴 권리, 양육, 문화활동 등의 정신적 발달, 사상·양심·종교의 자유를 누릴 권리 등을 받을 권리
보호의 권리	각종 착취와 성적 학대, 가족과의 인위적인 분리, 형법 등의 폐습으로부터 보호받을 권리
참여의 권리	자신의 의사를 표현할 자유와 자기 생활에 영향을 주는 일에 대하여 말할 수 있는 권리, 책임감 있는 어른이 되기 위해 아동자신의 능력에 부응하여 적절한 사회활동에 참여할 기회를 가질 권리

2. 협약의 특징

① 모든 아동은 단순한 보호의 대상이 아니라 적극적인 권리의 주체로 인식하고 있다(아동: 소극적 보호의 대상이 아님).[50]

② 협약의 체결국은 인종, 피부색, 성별, 종교 등 어떠한 사유에 의해서도 아동을 차별을 해서는 아니 된다.

③ 협약의 체결국에게는 국내법과 동일한 법적 구속력(강제력)이 있는 아동의 권리를 구체적으로 제시하고 있다(국제협약으로서 국제법의 효력이 있음).

---

49) 아동권리협약은 세계 모든 아동의 생존, 보호, 참여, 발달에 대한 기본 권리를 명시한 국제인권조약의 하나이다. 따라서 이 협약은 체결국을 법적 구속한다(**실질적인 법적 효력 발생**).

50) 아동의 적극적인 권리로 시민적 자유권(의사표시권과 자기결정권, 정보접근권) 등을 보장하고 있다.

④ 협약은 정부 및 민간 차원에 의하여 실시되는 아동에 관한 모든 활동은 아동에게 최선의 이익을 우선하는 원칙을 규정하고 있다.

⑤ 체결국의 국가보고서 제출[51]과 유엔아동권리 위원회의 설치 등 협약당사국의 협약 준수 의무로 한다.

요컨대 협약은 체결국에게 18세 미만 아동의 생명권, 의사표시권, 고문 및 형벌금지, 불법해외이송 및 성적학대금지 등 각종 「아동기본권」의 보장을 규정하고 있다. 협약가입국은 이를 위해 최대한의 입법 · 사법 · 행정적 조치를 취하도록 의무화하고 있다. 협약은 가입국에게 국제법으로서의 구속력을 가지게 된다.

※ 아동권리협약(UN, 1989년)
1. 18세 미만 아동에게 제한 없이 적용한다.
2. 아동에게 최선의 이익을 제공한다.
3. 부모의 지도를 존중한다.
4. 차별금지 원칙과 아동의 최선이익 우선원칙 등을 제시하고 있다.
5. 법적 구속력 → 2년 내 UN 국가보고서 제출(후에는 5년마다 보고서 제출)

5 장애인의 권리에 관한 국제협약

장애인권리의 협약(UN CRPD: Convention on the Rights of Persons with Disabilities, UN, 2006년)은 국제인권법에 따른 인권조약으로, 2006년 유엔 총회에서 채택되어 2008년부터 당사국에 협약의 이행의무를 실질적으로 부과하고 있다.

모든 장애인들이 기본적인 인권과 자유를 동등하게 누릴 수 있도록 기본적 권리를 보호 · 촉진하기 위해 제정된 협약이다. 즉, 세계의 장애인에 대한 차별을 금지하고 일반인과 동등한 권리를 보장하는 장애인권리의 협약은 법적 구속력이 있는 협약이다(장애인권리 협약자체와 선택의정서로 구성).

1. 우리나라는 초기부터 적극적으로 본 협약의 성안과정에 참여하여, 여성장애인, 접근권, 이동권, 자립생활과 관련된 별도조항을 제안 등의 많은 역할을 하였다.
2. 우리나라는 2007년에 가입하고, 2009년 1월에 개인 진정 제도를 규정한 선택의정서를 유보한 채 국회에서 비준된 바 있다. 국가보고서(해당국의 장애인 인권증진에 관한 현황)와 민간보고서(국가보고서에 담기지 못한 장애인 인권실현에 부족한 부분 비판 내용)를 작성하게 되어 있어 2011년에 국가보고서를 제출해 2014년에 심의가 되고 있다(가입국은 비준 2년 이내에 이행보고서를 제출해야 할 의무가 있다).

---

51) 국가보고서의 제출: 유엔 회원국인 우리나라는 1990년 9월에 서명하고, 1991년 11월 국회 동의(비준)를 거쳐 12월 20일에 발효됨으로써 협약의 당사국이 되어 법적 구속을 받게 되었다. 따라서 국내법과 동일한 효력을 갖고 있다(조약 제1072조).

1. 협약의 주요 내용

장애인권리의 협약은 교육, 건강, 근로, 문화생활 등 모두 50개 조항에서 모든 생활영역의 권익보장에 대한 내용을 선언하고 있다.

그의 구체적인 주요 내용은 평등과 무차별의 원칙을 전제로 하여 ① 여성장애인과 장애아동에 대한 보호, ② 장애인에 대한 차별을 없애고 평등권 보장(차별금지), ③ 시설 및 서비스에 대한 접근성 보장, ④ 사법적 접근성 보장, ⑤ 위험상황 및 인도적 차원의 위급한 상황으로부터 자유, ⑥ 자립생활의 지원, ⑦ 이동권 · 교육권 · 건강권의 보장, ⑧ 근로 · 정치 · 문화생활 등의 보장, ⑨ 의료 · 교육 · 고용 등의 참여 및 권리 보장, ⑩ 정보수집 및 모니터링(장애인권리위원회 설치) 등 장애인의 모든 생활영역에서 권익보장에 관한 내용을 포함하고 있다.

2. 협약의 특징

① 국가의 의무 이행에 대한 문제: 비준 이후 당사국은 실질적인 이행의 의무를 가진다. 이 협약은 구속력(강제력)이 있는 국제조약이다(실질적인 법적 효력 발생).
② 장애인의 차별금지에 관한 문제: 제5조에서는 차별금지의 내용으로 직접차별, 합리적 편의 제공, 적극적 우대조치에 대하여 규정하고 있다.
③ 장애에 대한 정의를 규정하는 문제[52]: 장애의 개념을 장애인과 주변 환경과의 관계에서 찾으려 하고 있다. 즉 사회 환경과의 상호작용을 개방적으로 규정하고 있다. 현재 우리나라 장애인의 개념과 정의는 '신체·정신적 결함으로 인해 일상생활을 하는 데 있어 장기적으로 어려움을 가진 자'라고 장애인복지법에 의해 규정하고 있다. 이 정의는 다분히 의학적 개념으로 21세기의 장애인 개념과는 맞지 않고 있다.
④ 장애인의 법적 권한에 대한 문제: 제12조에서 모든 사람들에게 해당되는 법 앞의 평등은 법적인 권리를 보유하고 행사하는 데 차별이 있어서는 안 된다는 것이다.

6 우리나라의 사회보장협정(조약)

사회보장협정은 사회보험료(주로 국민연금)의 납부의무에 관하여 협력할 것을 협정 체결국 간에 합의하는 것이다. 체결국의 국민들이 각자 사회보장협정에 따라 적용대상이 되는 문제에 관하여 동등한 권리를 누리도록 보장하는 것이다.

※ 사회보장협정에 따른 적용되는 사회보험법
① 국민연금법(중심) ② 국민건강보험법 ③ 고용보험법(독일, 헝가리) ④ 산업재해보상보험법(미국)

52) 장애인(disabled person)의 개념: 선천적 혹은 후천적 여부에 상관없이, 신체적 능력 또는 정신적 능력의 부족 때문에 보통의 개인생활이나 사회생활에 필요로 하는 것을 스스로 해결할 수 없는 사람을 말한다.

1. 사회보장협정의 개념

사회보장협정이란 사회보장에 관하여 상호주의[53])에 따라 정부가 단독으로 외국정부와 맺는 약정 또는 협정을 말한다. 행정부가 단독으로 사회보장에 관해 주로 입법부의 동의 없이 외국정부 사이의 협정을 체결한 것이다. 이는 국제법상 실질적 법적 구속력을 갖는 쌍무조약의 성격이다(상호주의).

우리나라 사회보장협정은 제한적으로 국민연금(사회보험의 영역)분야를 중심으로 체결하고 있으나, 미국은 국민연금과 산재, 독일 · 헝가리 · 몽골은 국민연금과 고용보험이 포함되어 있다. 사회보장의 모든 분야에 걸쳐 넓게 체결하고 있는 것은 아니다.

※ 사회보장협정의 지위(헌법 제6조) → 국민연금법(제127조: 외국과의 사회보장협정 규정)
국제조약인 사회보장협정의 지위는 국내법과 동일한 효력을 갖는다. 그리고 외국인은 국제법과 조약이 정하는 바에 의하여 그 지위가 보장된다. ⇒ 이 규정에 따라 국제법의 효력이 국내에서도 적용되고, 외국과 체결한 사회보장 관련 조약에 의해 내외국인의 사회복지가 국내외에서 적용된다(사회보장협정: 상호주의 원칙).
☆ 국민연금법은 사회복지법령에서 외국과의 사회보장협정에 관한 규정을 두고 있는 법이다.

2. 사회보장협정을 체결하는 목적(이유)

우리나라가 국민연금분야에서 외국과 체결한 사회보장협정의 목적은 체결국 사이에 국민연금제도의 서로 다른 점을 상호 조정하여 체결국의 국민에게 다음과 같은 혜택을 부여하기 위한 것이다.

[문제] 국민연금과 관련 사회보장협정의 하위목적이 아닌 것은? ③
① 이중보험료 부담 문제 해결(이중가입 · 적용 배제)
② 연금혜택의 기회 확대
③ 가입기간의 별산
④ 자국민과의 동등대우(상호주의)
⑤ 급여의 해외송금 자유보장 및 취득권리의 유지

1) 이중보험료 부담 문제 해결 (이중가입 면제)	협정이 체결될 경우 본국의 연금제도에만 가입하고 상대국 연금제도 가입은 면제받을 수 있어 재정적 부담을 줄일 수 있다.
2) 가입기간의 합산 (연금혜택의 기회 확대)	외국으로 이민을 가거나 장기 체류할 경우 양국의 국민이 연금혜택의 기회 확대하기 위하여 가입기간을 합산하여 수급권을 결정하므로 해당 국가의 연금을 받을 수도 있다.
3) 자국민과의 동등 대우 (상호주의)	협정이 체결되는 경우 연금 수급권 취득이나 급여지급 등 상대국 법령 적용에 있어서 상대국 국민과 동등한 대우를 받는다(급여수급권 등의 개선).
4) 급여 송금의 자유보장	연금 급여를 해외로 제한 없이 송금할 수 있도록 함으로써 상대국에 거주하는 경우에도 급여가 삭감되지 않고 지급될 수 있다.

53) 여기서 상호주의 원칙은 외국이 우리나라 국민에게 제공하는 급여수준에 맞추어 외국인에게 급여를 제공하는 것을 말한다.

3. 사회보장협정의 유형(근로·자영업 활동)

사회보장협정은 대부분 양 당사국의 정부 간에 체결되고 있으며, 그 형태는 협정의 적용 범위에 따라서 '가입기간 합산 협정(totalization agreement)'과 '보험료면제 협정(contributions only agreement)'으로 크게 구분된다.

※ 우리나라와 사회보장협정을 체결한 나라 현황[협정 발효국: 28개국 2017년 2월 현재]
① 협정발효(28개국): 이란, 캐나다, 영국, 미국, 독일, 네덜란드, 일본, 이탈리아, 우즈베키스탄, 몽골, 헝가리, 프랑스, 호주, 체코, 아일랜드, 벨기에, 폴란드, 슬로바키아, 불가리아, 루마니아, 오스트리아, 덴마크, 인도, 중국(개정협정), 스페인, 터키, 스웨덴, 스위스, 브라질
② 협정서명 미발효(3개국): 필리핀(2005년 12월 15일 서명, 미발효), 칠레(2015년 4월 22일 서명, 미발효), 필란드(2015년 9월 9일 서명, 미발효)

1) 가입기간의 합산협정

사회보장협정은 보험료의 이중부담방지와 연금 가입기간의 합산을 함께 규정한 가입기간의 합산협정이다. 우리나라와 가입기간의 합산협정이 체결된 국가에서 근로나 자영업활동을 하는 우리국민은 이중가입배제 및 가입기간합산, 자국민과의 동등한 대우, 연금급여의 해외송금 보장 등의 혜택을 누릴 수 있다. 사회보장협정은 주로 사회보험법상 보험료의 면제협정보다 가입기간의 합산협정이 많다.

※ 가입기간 합산협정에 해당한 체결국가
캐나다, 미국, 독일, 헝가리, 프랑스, 호주, 체코, 아일랜드, 벨기에, 폴란드, 슬로바키아, 불가리아, 루마니아, 오스트리아, 덴마크, 인도, 스페인, 터키, 스웨덴

2) 이중 보험료의 면제협정

① 양국 가입기간 합산규정은 제외하고 사회보험료 이중적용 방지만을 규정한 사회보장협정 형태이다(국민연금가입기간의 합산혜택 아님).

② 일반적으로 파견근로자와 같이 단기간 협정당사국을 왕래하면서 근로 또는 자영하는 사람들은 단기 파견기간 동안 한 국가의 연금제도에만 가입할 수 있다.

※ 보험료 면제협정에 해당한 체결국가
영국, 중국, 네덜란드, 일본, 이탈리아, 우즈베키스탄, 몽골, 스위스

TIP 가입기간 합산협정과 보험료의 면제협정의 두 유형을 동시에 체결한 국가
캐나다, 미국, 독일, 헝가리, 프랑스, 호주, 체코, 아일랜드, 벨기에, 폴란드, 슬로바키아, 불가리아, 루마니아, 오스트리아, 덴마크, 인도, 스페인, 터키, 스웨덴 등

CHAPTER 05

사회복지에 관한 국제법 학습 핵심문제

01 우리나라가 국민연금분야에서 외국과 체결한 사회보장협정의 목적으로 옳은 것은?

가. 이중가입의 배제 나. 가입기간의 합산 다. 자국민과의 동등의 대우 라. 국제전쟁의 예방

① 가, 나, 다 ② 가, 다 ③ 나, 라 ④ 라 ⑤ 가, 나, 다, 라

02 사회복지법의 국제화가 이루어지는 원인에 해당하는 것은?

가. 인간다운 생활을 보장하는 것이 보편적인 국가의 목적이 되고 있다.
나. 이주근로자들이 국경을 초월하여 근로 활동을 하고 있다.
다. 노동조합들이 타국의 노동조합과 연대하여 다양한 복지요구를 하고 있다.
라. 국제기구들이 국제적 사회복지기준을 설정한 후 국가들에 권하고 있다.

① 가, 나, 다 ② 가, 다 ③ 나, 라 ④ 라 ⑤ 가, 나, 다, 라

03 국제노동기구(ILO)의 사회보장의 최저기준에 관한 협약(1952년)에서 채택한 사회보장 급여는?

가. 질병급여 나. 유족급여 다. 실업급여 라. 의료급여

① 가, 나, 다 ② 가, 다 ③ 나, 라 ④ 라 ⑤ 가, 나, 다, 라

04 1944년 소득보장의 권고, 의료보장의 권고, 고용서비스의 권고를 사회보장법체계의 3대 기본요소로 채택한 조직은?

① 국제사회보장협회 ② 세계보건기구(WHO) ③ 국제노동기구(ILO)
④ 유럽협의회 ⑤ 국제연합(UN)

05 우리나라와 외국 간에 체결하는 사회보장협정에 관한 내용으로 틀린 것은?

① 국제조약으로 국내법과 동일한 효력이 있다.
② 협정을 체결한 국가 중에는 연금가입기간을 합산할 수 있다.
③ 국내 거주 외국인에 대한 사회보장제도의 적용은 상호주의 원칙에 따른다.
④ 이중보험료 부담문제를 해결하여 연금혜택의 기회를 확대하고자 한다.
⑤ 사회보장협정의 대부분은 공공부조에 관한 것이다.

06 외국과의 사회보장협정에 관한 규정을 두고 있는 법은?

① 국민연금법 ② 고용보험법 ③ 국민건강보험법
④ 노인장기요양보험법 ⑤ 국민기초생활 보장법

07 ILO 사회보장 수당 및 제도 중 우리나라에 없는 것은?

① 노령수당 ② 아동수당 ③ 실업수당
④ 유족수당 ⑤ 업무상재해급여

08 ILO의 1952년 사회보장 최저기준의 원칙은?

가. 대상의 보편주의
나. 급여수준의 적절성
다. 비용부담의 공평성
라. 전달체계의 안정성

① 가, 나, 다 ② 가, 다 ③ 나, 라 ④ 라 ⑤ 가, 나, 다, 라

정답 01. ① 02. ⑤ 03. ⑤ 04. ③ 05. ⑤ 06. ① 07. ② 08. ①

PART 02

사회복지법학의 각론

-사회복지에 관한 개별법-

CHAPTER 06

사회보장기본법

[시행 2017.7.26.] [법률 제14839호, 2017.7.26., 타법개정] 보건복지부

1 들어가는 말

사회보장기본법(1995년 제정, 1996년 시행)의 관장부서는 보건복지부(복지정책과)이다. 현재 이 법은 정부의 여러 부처에서 관장함에 따라 일관성있게 효과적인 정책 수립 및 집행에 한계가 있다.

이 법은 사회복지법의 이념, 기본원칙, 용어의 뜻, 범위, 권리와 의무 간의 관계, 사회보험법, 공공부조법, 사회서비스법에서 국민과 외국인의 사회보장의 기본적인 사항을 정하는 법이다. 사회복지의 일반법적 위치에 있다는 점에서 함의(말이나 글 속에 어떠한 뜻이 들어 있음)가 있다. 즉, 사회복지법의 기본법(기본체계)이 되며, 그 범위가 가장 넓은 내용의 법이다.

1) 1995년 사회보장기본법이 제정되기 전에 제정된 사회보장관련 법들과 관련된 사항에 대해 이 법의 내용을 소급하여 적용할 수 없다(법률불소급의 원칙).

2) 사회복지에 관한 법률을 제정 또는 개정할 때에는 이 법의 내용에 부합하도록 하여야 한다. 따라서 사회복지 개별법들의 제정, 개정의 범위와 방향을 정해 준다.

3) 위계적으로 상위법이 아니라 같은 법률로서 실질적인 법적인 구속력은 거의 없다고 볼 수 있다.

4) 헌법상 사회권적 기본권 규정을 바탕으로 개별 사회복지법 사이에 연결시켜주는 매개법 역할을 한다(중개역할). 모든 개별 법률은 헌법의 하위규범 위치에 있다.

5) 사회복지 영역에서 일반법에 해당하기 때문에 개별 사회복지법(사회보험법, 공공부조법, 사회서비스법, 사회복지사업법 등)은 모두 사회보장기본법의 특별법에 해당한다. 따라서 법을 적용할 때에는 다른 개별 사회복지법이 사회보장기본법보다는 우선하여 적용한다(특별법 우선의 원칙).

2 법의 주요 내용

1. 총칙

1) 법의 목적 및 기본이념

이 법은 사회보장에 관한 국민의 권리와 국가 및 지자체의 책임을 정하고 사회보장 정책의 수립·추진과 관련 제도에 관한 기본적인 사항을 규정함으로써 국민의 복지 증진에 이바지하는 것을 목적으로 한다(제1조).

> ※ **법의 기본이념(제2조)**: 사회보장을 통하여 모든 국민이 다양한 사회적 위험으로부터 벗어나 행복하고 '인간다운 생활'을 향유할 수 있도록 자립지원(최저생활 보장) → 사회참여·자아실현에 필요한 제도와 여건 조성, 사회통합과 행복한 복지사회 실현

2) 용어의 뜻

① "사회보장"이란 출산, 양육, 실업, 빈곤, 질병, 장애, 노령 및 사망 등의 사회적 위험으로부터 모든 국민을 보호하고 국민 삶의 질을 향상시키는 데 필요한 소득·서비스를 보장하는 사회보험, 공공부조, 사회서비스(광의의 사회보장의 개념)를 말한다.

> ※ **사회보장(사회복지) – 광의의 사회보장의 개념**
> ① 출산, 양육, 실업, 빈곤, 질병, 장애, 노령, 사망 등의 사회적 위험 ② 국민보호(빈곤해소)
> ③ 국민 삶의 질 향상(↑) ④ 사회보장의 영역: 사회보험·공공부조·사회서비스
>
> - 사회보험 – 국가의 책임: 사회적 위험에 대한 보험방식 기여 급여
> - 공공부조 – 국가·지자체 책임(무기여): 생활유지능력이 없는 사람(최저생활보장, 자립지원)
> - 사회서비스 – 국가·지자체·민간: 상담, 재활, 돌봄, 정보의 제공, 관련 시설의 이용, 역량 개발, 사회참여 등을 지원하는 제도(주거, 고용, 보건 교육, 문화, 환경)

② "사회보험"이란 국가가 국민에게 발생하는 사회적 위험을 보험의 방식으로 대처함으로써 국민의 건강과 소득을 보장하는 제도를 말한다.

> ※ **사회보험**: ① 사회적 위험, ② 보험방식, ③ 국민 건강, 소득보장: 동일한 위험 다수
> ⇒ ㉠ 위험분산, ㉡ 보험료 → 기여, ㉢ 재정, ㉣ 위험·사고, ㉤ 급여(보험금)

③ "공공부조"(公共扶助)란 국가와 지자체의 책임 하에 생활 유지 능력이 없거나 생활이 어려운 국민의 최저생활을 보장하고 자립을 지원하는 제도를 말한다.

> ※ **공공부조**: ① 국가·지자체의 책임 → 무기여, ② 생활능력 ×, 생활이 어려운 국민 → 선별주의(자격심사: 자산조사, 생활상태 조사), ③ 최저한 생활보장, ④ 자립지원

④ "사회서비스"란 국가 · 지자체(공공) 및 민간부문의 도움(전문가의 지식과 기술)이 필요한 모든 국민에게 복지, 보건의료, 교육, 고용, 주거, 문화, 환경(=관련제도) 등의 분야에서 인간다운 생활을 보장하고 상담, 재활, 돌봄, 정보의 제공, 관련 시설의 이용(직업소개 및 지도 · 사회복지시설), 역량 개발, 사회참여 지원 등을 통하여 국민의 삶의 질이 향상되도록 지원하는 제도를 말한다(사회서비스 = 사회복지서비스 + 관련복지제도).

⑤ "평생사회안전망"이란 생애주기에 걸쳐 보편적으로 충족되어야 하는 기본욕구와 특정한 사회위험에 의하여 발생하는 특수욕구를 동시에 고려하여 소득 · 서비스를 보장하는 맞춤형 사회보장제도를 말한다(평생사회안전망 = 기본욕구 + 특수욕구 충족).

3) 다른 법률과의 관계

사회보장에 관한 다른 법률을 제정하거나 개정하는 경우에는 이 법에 부합되도록 하여야 한다.

4) 국가와 지방자치단체의 책임 – 사회복지의 공적 주체

① 국가와 지자체는 모든 국민의 인간다운 생활을 유지·증진하는 책임을 가진다.
② 국가와 지자체는 사회보장에 관한 책임과 역할을 합리적으로 분담하여야 한다.
③ 국가와 지자체는 국가 발전수준에 부응하고 사회 환경의 변화에 선제적으로 대응하며 지속가능한 사회보장제도를 확립하고 매년 이에 필요한 재원을 조달하여야 한다.
④ 국가는 사회보장제도의 안정적인 운영을 위하여 중장기 * 사회보장 재정추계를 격년으로 실시하고 이를 공표하여야 한다(세부지침: 재정의 세부범위, 추계방법, 공표방법, 추진체계, 절차).

5) 국가 등과 가정

① 국가와 지자체는 가정이 건전하게 유지되고 그 기능이 향상되도록 노력하여야 한다.

② 국가와 지자체는 사회보장제도를 시행할 때에 가정과 지역공동체의 자발적인 복지활동을 촉진하여야 한다.

6) 국민의 책임

① 모든 국민은 자신의 능력을 최대한 발휘하여 자립 · 자활(自活)할 수 있도록 노력하여야 한다(국민의 책임: 자립자활 노력의 책임).

② 모든 국민은 관계 법령에서 정하는 바에 따라 사회보장급여에 필요한 비용의 부담, 정보의 제공 등 국가의 사회보장정책에 협력하여야 한다.

7) 외국인에 대한 적용

국내에 거주하는 외국인에게 사회보장제도를 적용할 때에는 상호주의의 원칙이 적용된다. 관계 법령(국민연금법에서 규정: 사회보장협정 등)에서 정하는 바에 따른다.

※ **외국인** → 합법체류자(외국인은 예외적 속지주의 적용하며 상호주의에 의한 사회보장협약을 체결한 외국인), 다만 불법체류자는 인도주의 원칙 적용함.
☆ 사회보장의 급여 결정 – ① 원칙: 속지주의(거주지), ② 예외: 속인주의(국적)

2. 사회보장에 관한 국민의 권리(사회보장수급권의 내용)

1) 사회보장수급권의 의의

모든 국민은 [사회보장 관계 법령에서 정하는 바에 따라] 사회보장급여를 받을 권리(이하 "사회보장수급권 또는 사회복지수급권"이라 함)를 가진다(보편주의). 사회보장수급권은 헌법상 사회적 기본권과 관계가 있다. 헌법상 사회보장수급권은 실체적 권리(사회보험 청구권, 공공부조 청구권, 사회서비스 청구권)로서 모든 국민의 법적권리를 인정하고 있다.[54] 사회보장의 대상인 수급권자는 모든 국민과 외국인(상호주의) 등이 있다. 사회보장기본법 제9조는 사회보장수급권을 명시적으로 규정하고 있다.

☆ 사회보장수급권(사회복지수급권): 헌법(생존권적 기본권 규정) → 법률(구체화된 규정: 구체적 법적 권리)

2) 사회보장급여의 수준

① 국가와 지자체는 모든 국민이 건강하고 문화적인 생활을 유지할 수 있도록 사회보장급여의 수준 향상을 위하여 노력하여야 한다(인간의 인간답게 살 권리).

② 국가는 관계 법령으로 정하는 바에 따라 **최저보장수준과 최저임금**을 매년 공표하여야 한다(보건복지부장관 또는 소관 중앙행정기관의 장은 매년 8월 1일까지 중앙생활보장위원회의 심의 · 의결을 거쳐 다음 연도의 급여의 종류별 수급자 선정기준 및 최저보장수준을 공표하여야 함: 국민기초생활 보장법 제6조).

③ 국가와 지자체는 최저보장수준과 최저임금 등을 고려하여 사회보장급여의 수준을 결정하여야 한다(최저생활의 판단기준).

---

54) 헌재는 헌법상의 사회권적 기본권은 법률규정에 의하여 구체적 권리가 된다고 보고 있다. 따라서 이 규정은 관계법령이 있을 때만 사회보장수급권을 구체적 법적 권리로 표현한 것이라 할 수 있다. 하지만 헌법상의 사회권적 기본권규정 자체는 관계법령이 없으면 추상적 법적권리가 된다. 이 권리실현은 '관계법령으로 정하는 바에 따라'라고 규정함으로써 수급권의 권리성을 약화시키고 있다.

3) 사회보장급여의 신청

① 사회보장급여를 받으려는 사람은 관계 법령으로 정하는 바에 따라 국가나 지자체에 신청하여야 한다(기본원칙: 당사자 신청주의).

다만, 관계 법령에서 따로 정하는 경우에는 국가나 지자체가 신청을 대신할 수 있다(예외: 사회복지전담공무원의 직권신청 가능하며, 수급자의 동의 필요함. 예컨대 국민기초생활 보장법과 사회복지사업법, 장애아동복지지원법, 노인장기요양보험법 등에서 직권주의 병행).

② 사회보장급여를 신청하는 사람이 다른 기관에 신청한 경우에는 그 기관은 지체 없이 이를 정당한 권한이 있는 기관에 이송하여야 한다. 이 경우 정당한 권한이 있는 기관에 이송된 날을 사회보장급여의 신청일로 본다.

4) 사회보장수급권의 보호 - 다른 법률에도 적용동일

사회보장수급권은 관계 법령에서 정하는 바에 따라 다른 사람에게 양도하거나 담보로 제공할 수 없으며, 이를 압류할 수 없다. 사회보장수급권은 타인에게 양도, 압류, 담보제공을 할 수 없는 일신전속권(一身專屬權)[55]의 성격을 가진다. 가령 국민연금법상 급여를 받을 권리는 일신전속권이므로 담보로 제공할 수 없다(재산권 아님).

5) 사회보장수급권의 제한

① 사회보장수급권은 원칙적으로 제한되거나 정지될 수 없다. 다만 관계법령으로 따로 정하는 경우는 예외적으로 부정수급자 등의 경우 제한되거나 정지될 수 있다(예, 수급권자의 고의에 의한 경우나 불법적인 경우(부정수급자) 등 제한되거나 정지될 수 있다).

② 사회보장수급권이 제한되거나 정지되는 경우에는 제한 또는 정지하는 목적에 필요한 최소한의 범위에 그쳐야 한다(비례의 원칙 또는 과잉침해금지의 원칙). ☆ 사회보장수급권이 정지되는 경우에는 정지하는 목적에 필요한 최소한의 범위에 그쳐야 한다.

[문제] '사회보장수급권은 원칙적으로 제한되거나 정지될 수 없지만, 제한되거나 정지되는 경우에는 제한 또는 정지하는 목적에 필요한 최소한의 범위에 그쳐야 한다'라는 내용과 관련 있는 사회복지법의 일반원칙은? ②

① 신의성실·권리남용금지의 원칙 ② 비례의 원칙 ③ 신뢰보호의 원칙
④ 평등의 원칙(행정자기구속의 원칙) ⑤ 부당결부금지의 원칙

55) 일신전속권(一身專屬權)은 해당하는 당사자에게만 인정하는 권리를 말한다.

6) 사회보장수급권의 포기

① 사회보장수급권은 정당한 권한이 있는 기관에 서면으로 통지하여 포기할 수 있다(구두로는 안 됨). 수급권자는 사회보장수급권을 포기할 수 있는 것이 원칙이다.

② 사회보장수급권의 포기는 취소할 수 있다. 즉, 다시 수급권을 가질 수 있다.

③ 만일 사회보장수급권을 포기하는 것이 다른 사람에게 피해를 주거나 사회보장에 관한 관계 법령에 위반되는 경우에는 사회보장수급권을 포기할 수 없다.

[문제] 사회보장기본법령의 내용으로 옳지 않은 것은? ④

① 국가와 지자체는 모든 국민이 건강하고 문화적인 생활을 유지할 수 있도록 사회보장급여의 수준 향상을 위하여 노력하여야 한다(인간다운 삶을 향유할 권리).
② 국가는 관계법령으로 정하는 바에 따라 최저보장수준과 최저임금을 매년 공표하여야 한다.
③ 사회보장급여를 신청하는 사람이 다른 기관에 신청한 경우에는 그 기관은 지체 없이 이를 정당한 권한이 있는 기관에 이송하여야 한다. 이 경우 정당한 권한이 있는 기관에 이송된 날을 사회보장급여의 신청일로 본다.
④ 사회보장수급권의 포기는 취소할 수 없다.
⑤ 사회보장수급권이 제한되거나 정지되는 경우에는 제한 또는 정지하는 목적에 필요한 최소한의 범위에 그쳐야 한다(비례의 원칙).

7) 불법행위에 대한 구상 – 구상권(求償權)행사

제3자의 불법행위에 의하여 피해를 입은 국민이 그로 인하여 사회보장수급권을 가지게 된 경우, 사회보장제도를 운영하는 자는 그 불법행위의 책임이 있는 자에 대하여 관계 법령에서 정하는 바에 따라 구상권(求償權)을 행사할 수 있다. 사회보장수급권은 불법행위에 대한 구상권 행사가 가능하다.

※ 불법행위에 대한 구상권을 행사하는 사례 – 〈국민건강보험법 제58조〉
(사례) 폭행사건: A 할머니(가해자) → B 할머니(피해자) 〈국민건강보험 가입자〉
① 공단은 일단 보상(급여지급): A 할머니의 책임
② 불법 행위: 공단이 개입(×): A 할머니 자신이 보상
③ 공단은 일단 치료비 등의 비용을 지불하고 나중에 A할머니에게 그 비용을 청구하는 형식을 취함. 위에 두 가지의 불법적 행위에 대한 해결하기 위해 구상권 행사도 가능함.
• 불법 행위: 공단이 개입(O) – 공단이 A 할머니에게 비용을 청구하여 배상을 청구할 수 있도록 함으로써 잘못한 것에 대한 A 할머니의 책임도 묻는다.

[문제] 제3자의 불법행위에 의하여 피해를 입은 국민이 그로 인하여 사회보장수급권을 가지게 된 경우 사회보장제도를 운영하는 자가 그 불법행위의 책임이 있는 자에 대하여 행사할 수 있는 권리는? ④

① 자유권　② 청구권　③ 참정권　④ 구상권　⑤ 재산권

3. 사회보장 기본계획과 사회보장위원회

1) 사회보장 기본계획의 수립 – 5년마다 장기발전방향

① 보건복지부장관은 관계 중앙행정기관의 장과 협의하여 사회보장 증진을 위하여 사회보장에 관한 기본계획을 5년마다 수립하여야 한다(사회보장 기본계획의 수립 규정).

② 기본계획에는 다음 각 호의 사항이 포함되어야 한다.

1. 국내외 사회보장환경의 변화와 전망	2. 사회보장의 기본목표 및 중장기 추진방향
3. 주요 추진과제 및 추진방법	4. 필요한 재원의 규모와 조달방안
5. 사회보장 관련 기금 운용방안	6. 사회보장 전달체계
7. 그밖에 사회보장정책의 추진에 필요한 사항	

③ 기본계획은 사회보장위원회와 국무회의의 심의를 거쳐 확정한다. 기본계획 중 대통령령으로 정하는 중요한 사항을 변경하려는 경우에도 같다.

[문제] 사회보장기본법령상 사회보장 기본계획의 사항에 해당하지 않는 것은?

[참조] 다른 계획과의 관계 (제17조)
기본계획은 다른 법령에 따라 수립되는 사회보장에 관한 계획에 우선하며 그 계획의 기본이 된다.

2) 연도별 시행계획의 수립·시행 등

① 보건복지부장관 및 관계 중앙행정기관의 장은 기본계획에 따라 사회보장과 관련된 소관 주요 시책의 시행계획을 매년 수립·시행하여야 한다.

② 관계 중앙행정기관의 장은 수립한 소관 시행계획 및 전년도의 시행계획에 따른 추진실적을 매년 보건복지부장관에게 제출하여야 한다.

③ 보건복지부장관은 받은 관계 중앙행정기관 및 보건복지부 소관의 추진실적을 종합하여 성과를 평가하고, 그 결과를 사회보장위원회에 보고하여야 한다.

3) 사회보장위원회

(1) 위원회의 업무

① 사회보장에 관한 주요 시책을 심의·조정하기 위하여 국무총리 소속으로 사회보장위원회(합의체기구)를 둔다(의결권한 없음).

국무총리 소속의 기구: 아동정책조정위원회, 장애인정책조정위원회, 사회보장위원회, 보육정책조정위원회

[문제] 보건복지부장관 산하에 있는 기관이 아닌 것은? (사회보장위원회)
사회보장위원회는 보건복지부장관 소속이 아니다. 사회보장에 관한 주요시책을 심의하기 위한 합의체기구인 사회보장위원회를 국무총리 소속으로 둔다.

② 위원회는 다음 각 호의 사항을 심의 · 조정한다.

※ 위원회의 심의·조정사항(직무) – 사회보장에 관한 주요 시책을 심의·조정
1. 사회보장 증진을 위한 기본계획
2. 사회보장 관련 주요 계획
3. 사회보장제도의 평가 및 개선
4. 사회보장제도의 신설 또는 변경에 따른 우선순위
5. 둘 이상의 중앙행정기관이 관련된 주요 사회보장정책
6. 사회보장급여 및 비용 부담
7. 국가와 지자체의 역할 및 비용 분담
8. 사회보장의 재정추계 및 재원조달 방안
9. 사회보장 전달체계 운영 및 개선
10. 제32조 1항에 따른 사회보장통계
11. 사회보장정보의 보호 및 관리
12. 그밖에 위원장이 심의에 부치는 사항

＊ 사회보장기본법상 사회보장급여 및 비용부담의 조정은 사회보장위원회의 직무이다.

[문제] 사회보장기본법상 사회보장위원회의 심의·조정 사항(직무)에 해당하지 않는 것은?

③ 위원장은 확정된 기본계획과 심의 · 조정한 결과의 사항을 관계 중앙행정기관의 장과 지방자치단체의 장에게 통지하여야 한다.

④ 관계 중앙행정기관의 장과 지방자치단체의 장은 위원회의 심의 · 조정사항을 반영하여 사회보장제도를 운영 또는 개선하여야 한다.

(2) 위원회의 구성 및 운영(제21조)

① 위원회는 위원장 국무총리 1명, 부위원장 기획재정부장관, 보건복지부장관, 교육부장관 3명과 행정안전부장관, 고용노동부장관, 여성가족부장관, 국토교통부장관을 포함한(=관계중앙행정기관의 장) 30명 이내의 위원으로 구성한다.

② 위원회의 위원은 다음의 하나에 해당하는 사람으로 한다.

1. 대통령령으로 정하는 관계 중앙행정기관의 장
2. 다음 각목의 사람 중에서 대통령이 위촉하는 사람
   가. 근로자를 대표하는 사람
   나. 사업자를 대표하는 사람
   다. 사회보장에 관한 학식과 경험이 풍부한 사람
   라. 변호사 자격이 있는 사람

③ 위원의 임기는 2년으로 한다. 공무원인 위원의 임기는 그 재임 기간으로 한다.

④ 보궐위원의 임기는 전임자 임기의 남은 기간으로 한다.

⑤ 위원회를 효율적으로 운영하고 위원회의 심의사항을 전문적으로 검토하기 위하여 위원회에 실무위원회를 두며, 실무위원회에 분야별 전문위원회를 둘 수 있다.

4. 사회보장정책의 기본방향

1) 평생사회안전망의 구축·운영

① 국가와 지자체는 모든 국민이 생애 동안 삶의 질을 유지·증진할 수 있도록 평생사회안전망을 구축하여야 한다.

② 국가와 지자체는 평생사회안전망을 구축·운영함에 있어 사회적 취약계층을 위한 공공부조를 마련하여 최저생활을 보장하여야 한다.

2) 사회서비스 보장

① 국가와 지자체는 모든 국민의 인간다운 생활과 자립, 사회참여, 자아실현 등을 지원하여 삶의 질이 향상될 수 있도록 사회서비스에 관한 시책을 마련하여야 한다.

② 국가와 지자체는 사회서비스 보장과 소득보장이 효과적이고 균형적으로 연계되도록 하여야 한다.

3) 소득 보장

① 국가와 지자체는 다양한 사회적 위험 하에서도 모든 국민들이 인간다운 생활을 할 수 있도록 소득을 보장하는 제도를 마련하여야 한다.

② 국가와 지자체는 공공부문과 민간부문의 소득보장제도가 효과적으로 연계되도록 하여야 한다.

5. 사회보장제도의 운영(베버리지보고서·ILO·세계노동조합 원칙)

1) 사회보장제도의 운영원칙

사회보장제도의 운영원칙은 보편성의 원칙, 비용부담 형평성의 원칙, 민주성의 원칙, 연계성의 원칙, 전문성의 원칙, 효율성의 원칙, 역할조정의 원칙 등이 있다.

원칙	내용
① 대상 보편성의 원칙 (대상의 포괄성원칙)	국가와 지자체가 사회보장제도를 운영할 때에는 이 제도를 필요로 하는 모든 국민에게 적용하여야 한다. 특히 사회보험에 적용되는 원리로 피보험자의 범위와 사회보장욕구의 양면에 있어서 포괄적이어야 하며, 특정계층으로 제한하거나 특정한 사회보장욕구에 제한되어서는 안 된다.
② 비용부담 형평성의 원칙(=형식적 평등성의 원칙, 최저보장의 원칙)	국가와 지자체는 사회보장제도의 급여 수준과 비용 부담 등에서 형평성을 유지하여야 한다. → 최저보장의 원리 • 열등처우 급여수준의 원칙: 사회보장의 급여수준은 금액이나 기간의 면에서 최저생활비 보장을 목적으로 하며, 그 이상을 보장하여서는 안 된다.

③ 민주성의 원칙	국가와 지자체는 사회보장제도의 정책 결정 및 시행 과정에 공익의 대표자 및 이해관계인 등을 참여시켜 이를 민주적으로 결정하고 시행하여야 한다(예, 사회보장위원회: 국민의 참여 보장).
④ 효율성·연계성·전문성의 원칙	국가와 지자체가 사회보장제도를 운영할 때에는 국민의 다양한 복지 욕구를 효율적으로 충족시키기 위하여 연계성과 전문성을 높여야 한다(사회보장제도 운영에 있어 복지의 효율적 충족을 위해 연계성, 전문성 갖춤).
⑤ 역할 조정의 원칙	사회보험은 국가의 책임으로 시행하고, 공공부조와 사회서비스는 국가와 지자체의 책임으로 시행하는 것을 원칙으로 한다. 다만, 국가와 지자체의 재정 형편 등을 고려하여 역할과 책임을 협의·조정할 수 있다. → 사회권의 규정에 대한 추상적 권리를 보여주고 있다.

[문제] 사회보장기본법령상 사회보장제도 운영원칙이 아닌 것은? ②
① 보편성의 원칙 ② 독립성의 원칙 ③ 형평성의 원칙 ④ 민주성의 원칙 ⑤ 전문성의 원칙

2) 민간의 참여 유도

① 국가와 지자체는 사회보장에 대한 민간부문의 참여를 유도할 수 있도록 정책을 개발·시행하고 그 여건을 조성하여야 한다(사회보장에 대한 민간의 참여 유도).

② 국가와 지자체는 사회보장에 대한 민간부문의 참여를 유도하기 위하여 다음 각 호의 사업이 포함된 시책을 수립·시행할 수 있다.

1. 자원봉사, 기부 등 나눔의 활성화를 위한 각종 지원 사업
2. 사회보장정책의 시행에 있어 민간 부문과의 상호협력체계 구축을 위한 지원 사업
3. 그밖에 사회보장에 관련된 민간의 참여를 유도하는 데 필요한 사업

③ 국가와 지자체는 개인·법인 또는 단체가 사회보장에 참여하는 데 드는 경비의 전부 또는 일부를 지원하거나 그 업무를 수행하기 위하여 필요한 지원을 할 수 있다.

3) 사회보장 비용의 부담

사회보장 비용의 부담은 각각의 사회보장제도의 목적에 따라 국가, 지방자치단체 및 민간부문 간에 합리적으로 조정되어야 한다(사회보장 비용부담의 합리적 조정).

<표 6-1> 사회보장기본법령상 비용의 분담

구 분	책임분담	비용부담
① 사회보험 비용분담	국 가	가입자(사업자, 근로자, 자영업자: 국가 일부 부담) → 연금, 건강(장기노인요양), 고용보험은 사업자, 근로자, 자영업자가 부담 / 산재보험은 사업자만 부담한다. 사회보험에 드는 비용은 사업자, 근로자(被傭者) 및 자영업자가 부담하는 것을 원칙으로 한다. 다만 관계 법령으로 정하는 바에 따라 국가가 그 비용의 일부를 부담할 수 있다(1자부담, 2자부담, 3자부담).

구 분	책임분담	비용부담
② 공공부조 비용분담	국 가 지자체	국가·지자체(비용의 전부·일부 부담함) → 국가와 지자체가 일반 예산으로 부담한다.
③ 사회서비스 비용분담	국 가 지자체	재정부담 능력 없는 경우: 국가·지자체가 전부·일부 부담하여야 한다. 관계 법령으로 정하는 일정 소득수준 이하의 국민에 대한 사회서비스에 드는 비용의 전부 또는 일부는 국가와 지자체가 부담한다.
	수익자·국 가 지자체	재정부담 능력 있는 경우: 수익자와 국가·지자체가 일부 부담할 수 있다. 부담능력이 있는 국민에 대한 사회서비스에 드는 비용은 그 수익자가 부담한다. 관계 법령으로 정하는 바에 따라 국가와 지자체가 그 비용의 일부를 부담할 수 있다(복지욕구의 고도화·다양화: 복지서비스의 유료화).

4) 사회보장의 전달체계 – 국가 또는 지방자치단체

사회보장기본법은 지역적 균형을 갖춘 사회보장 전달체계를 구축한다.

① 국가와 지자체는 모든 국민(보편성)이 쉽게 이용할 수 있고(접근성 또는 편의성), 사회보장급여가 적시에 제공되도록 지역적·기능적으로 균형잡힌 사회보장 전달체계를 구축하여야 한다(적시성/균형성).

② 국가와 지자체는 사회보장 전달체계의 효율적 운영에 필요한 조직, 인력, 예산 등을 갖추어야 한다(효율성/실현성).

③ 국가와 지자체는 공공부문과 민간부문의 사회보장 전달체계가 효율적으로 연계되도록 노력하여야 한다(연계성).

이와 같이 사회보장 전달체계의 원칙은 보편성, 접근용이성, 적시성, 균형성, 효율성, 실현성, 연계성 등이 있다.

[문제] 사회보장기본법령상 지역적 균형을 갖춘 사회보장 전달체계를 구축하기 위한 원칙이 아닌 것은? ①
① 선별성 ② 접근용이성 ③ 적시성 ④ 효율성 ⑤ 연계성

5) 사회보장급여의 관리

국가와 지자체는 국민의 사회보장수급권의 보장 및 재정의 효율적 운용을 위하여 사회보장급여의 관리체계를 구축·운영하여야 한다.

※ 사회보장급여의 관리체계 구축·운영
1. 사회보장수급권자의 권리구제
2. 사회보장급여의 사각지대 발굴
3. 사회보장급여의 부정·오류 관리
4. 사회보장급여의 과오지급액 환수 등 관리

6) 전문인력의 양성

국가와 지자체는 사회보장제도의 발전을 위하여 전문인력의 양성, 학술 조사 및 연구, 국제 교류의 증진 등에 노력하여야 한다(국가와 지자체: 전문 인력의 양성 등 강조).

7) 정보의 공개·홍보

국가와 지자체는 사회보장제도에 관하여 국민이 필요한 정보를 관계 법령에서 정하는 바에 따라 공개하고(정보의 공개), 이를 홍보하여야 한다(홍보). 사회보장제도를 효율적으로 운영하기 위하여 사회보장에 관한 정보를 관리하는 체계(예, 복지정보전산망의 구축: 행복e음)를 확립하여야 한다.

8) 사회보장에 관한 설명·상담·통지의 의무 - 수급권의 수속적 권리

① 국가와 지자체는 사회보장 관계 법령에서 규정한 권리나 의무를 해당 국민에게 설명하도록 노력하여야 한다(제34조: 사회보장에 관한 설명).

② 국가와 지자체는 사회보장 관계 법령에서 정하는 바에 따라 사회보장에 관한 상담에 응하여야 한다(제35조: 사회보장에 관한 상담).

③ 국가와 지자체는 사회보장 관계 법령에서 정하는 바에 따라 사회보장에 관한 사항을 해당 국민에게 알려야 한다(제36조: 사회보장에 관한 통지).

6. 사회보장정보의 관리

1) 사회보장정보시스템의 구축·운영

① 국가와 지자체는 국민편익의 증진과 사회보장업무의 효율성 향상을 위하여 사회보장업무를 전자적으로 관리하도록 노력하여야 한다.
② 국가는 관계 중앙행정기관과 지자체에서 시행하는 수급권자 선정 및 급여 관리 등에 관한 정보를 통합·연계하여 처리·기록 및 관리하는 시스템(사회보장정보시스템)을 구축·운영할 수 있다.
③ 보건복지부장관은 사회보장정보시스템의 구축·운영을 총괄한다.
④ 보건복지부장관은 사회보장정보시스템 구축·운영의 전 과정에서 개인정보 보호를 위하여 필요한 시책을 마련하여야 한다.
⑤ 보건복지부장관은 관계 중앙행정기관, 지자체 및 관련 기관·단체에 사회보장정보시스템의 운영에 필요한 정보의 제공을 요청하고 제공받은 목적의 범위에서 보유·이용할 수 있다. 이 경우 자료의 제공을 요청받은 자는 정당한 사유가 없으면 이에 따라야 한다.

2) 개인정보의 보호

사회보장업무에 종사하거나 종사하였던 자는 사회보장업무 수행과 관련하여 알게 된 개인·법인 또는 단체의 정보를 관계 법령에서 정하는 바에 따라 보호하여야 한다(비밀의 보호). → 제공받은 개인·법인 또는 단체의 정보는 이 법과 관련 법률에 근거하지 아니하고 보유, 이용, 제공되어서는 아니 된다.

7. 보칙

1) 권리구제의 조치 – 사회복지수급권의 절차적 권리 명시

① 권리구제는 수급권자가 급여에 불만이 있을 시 시정을 요구할 수 있는 권리, 즉, 급여대상자인 사회약자의 생존권을 신속하게 확보하려는 입법상의 목적을 위한 것이다.

② 사회보장기본법은 권리구제에 관한 명문의 규정을 두고 있다. 국민이 사회복지와 관련하여 국가와 지자체의 행정기관으로부터 위법 또는 부당한 처분을 받거나 필요한 처분을 받지 못함으로써 권리 또는 이익을 침해받은 국민은 행정심판법에 따른 행정심판[56]을 청구하거나 행정소송법에 따른 행정소송[57]을 제기하여 그 처분의 취소 또는 변경(=시정) 등을 청구할 수 있다. 가령, 사회보장수급권이 행정청의 위법한 처분에 의해 침해된 경우에는 행정소송을 통하여 다투어야 한다. 이 규정은 사회복지수급권의 절차적 권리를 명시하고, 사회복지관련 법령에서 제시하고 있는 이의신청 및 심사청구, 행정소송에 대한 근거를 제시해주고 있다.

③ 사회보장기본법은 행정소송을 제기하기 위해서 행정심판을 먼저 거쳐야 한다는 행정심판전치주의를 규정하고 있지는 않다.

2) 국민 등의 의견수렴

국가와 지자체는 국민생활에 중대한 영향을 미치는 사회보장 계획 및 정책을 수립하려는 경우, 공청회 및 정보통신망 등을 통하여 국민과 관계 전문가의 의견을 충분히 수렴하여야 한다.

56) 행정기관(행정청)의 위법·부당한 처분에 대하여 상급행정기관에 심사(이의제기)를 제기하는 절차
57) 행정기관(행정청)의 위법·부당한 처분에 대하여 사법부에 재판을 청구하는 절차

3) 관계 행정기관 등의 협조

① 국가와 지자체는 사회보장 관련 계획 및 정책의 수립 · 시행, 사회보장통계의 작성 등을 위하여 관련 공공기관, 법인, 단체 및 개인에게 자료제출 등 필요한 협조를 요청할 수 있다.

② 위원회는 사회보장에 관한 자료 제출 등 위원회 업무에 필요한 경우 관계 행정기관의 장에게 협조를 요청할 수 있다.

③ 협조요청을 받은 자는 정당한 사유가 없으면 이에 따라야 한다.

CHAPTER 06

사회보장기본법 학습 핵심문제

01 사회보장기본법에 대한 설명으로 옳지 않은 것은?

① 사회보장위원회의 심의를 거쳐 기본계획을 수립해야 한다.
② 불법행위로 인한 수급권에 대해서는 구상권을 행사할 수 있다.
③ 사회보장수급권은 타인에게 양도할 수 없다.
④ 사회보장수급권은 어떠한 경우에도 제한될 수 없다.
⑤ 사회보장수급권은 신청을 통해 행사할 수 있다.

02 사회서비스수급권에 대한 설명으로 옳지 않은 것은?

① 양도가 가능하다.
② 신청주의가 기본이다.
③ 압류가 금지된다.
④ 불법행위에 대한 구상권 행사가 가능하다.
⑤ 다른 법령에서 정하고 있는 경우 제한되거나 정지될 수 있다.

03 사회보장기본법령상 사회보장제도의 운영원칙이 아닌 것은?

① 보편성의 원칙 ② 독립성의 원칙 ③ 형평성의 원칙
④ 민주성의 원칙 ⑤ 전문성의 원칙

04 사회보장기본법상 사회보장수급권에 관한 설명으로 옳지 않은 것은?

① 수급권은 관계 법령으로 정하는 바에 따라 사회보장급여를 받을 권리를 말한다.
② 수급권은 관계 법령으로 정하는 바에 따라 타인에게 양도하거나 이를 압류할 수 없다.
③ 수급권은 정당한 권한이 있는 기관에 구두로 포기할 수 있다.
④ 수급권은 관계 법령으로 정하는 바에 따라 타인에게 담보로 제공할 수 없다.
⑤ 수급권은 관계 법령으로 따로 정하고 있을 때는 경우에는 제한되거나 정지될 수 있다.

05 사회보장기본법상 사회보장비용의 부담에 관한 설명으로 옳지 않은 것은?

① 사회보험의 비용은 관계 법령으로 정하는 바에 따라 국가가 그 비용의 일부를 부담할 수 있다.

② 부담능력이 있는 국민에 대한 사회서비스에 드는 비용은 그 수익자가 부담하는 것을 원칙으로 한다.
③ 일정 소득수준 이하의 국민에 대한 사회서비스에 드는 비용의 전부 또는 일부는 국가와 지자체가 부담한다.
④ 사회보험의 비용은 사업자, 근로자 및 자영업자가 부담하는 것을 원칙으로 한다.
⑤ 공공부조의 비용은 지자체가 전부를 부담한다.

06 사회보장기본법령에 관한 설명으로 옳지 않은 것은?

① 국내에 거주하는 외국인에게는 상호주의원칙이 적용된다.
② 사회보장수급권은 관계법령으로 정하는 바에 따라 양도할 수 없다.
③ 모든 국민은 관계법령으로 정하는 바에 따라 사회보장급여를 받을 권리가 있다.
④ 보건복지부장관 소속으로 사회보장위원회를 둔다.
⑤ 국가와 지자체는 가정이 건전하게 유지되고 그 기능이 향상되도록 노력하여야 한다.

07 사회보장수급권에 관한 설명으로 옳은 것은?

① 사회보장수급권은 헌법상 사회적 기본권과 관계가 없다.
② 사회보장기본법은 사회보장수급권을 명시적으로 규정하고 있다.
③ 사회보장수급권이 행정청의 위법한 처분에 의해 침해된 경우에는 민사소송을 통하여 다투어야 한다.
④ 국민연금법상 급여를 받을 권리는 재산권이므로 담보로 제공할 수 있다.
⑤ 수급권자는 사회보장수급권을 포기할 수 없는 것이 원칙이다.

08 사회보장기본법상 사회보장위원회에 관한 설명으로 옳은 것은?

① 사회보장위원회는 대통령 소속으로 둔다.
② 부위원장은 기획재정부장관, 법무부장관 및 보건복지부장관이 된다.
③ 보궐위원의 이기는 2년으로 한다.
④ 공무원인 위원의 임기는 1년으로 한다.
⑤ 사회보장위원회는 위원장 1명, 부위원장 3명과 행정안전부장관, 고용노동부장관, 여성가족부장관, 국토교통부장관을 포함한 30명 이내의 위원으로 구성한다.

정답 01. ④ 02. ① 03. ② 04. ③ 05. ⑤ 06. ④ 07. ② 08. ⑤

CHAPTER 07

사회보험법

1 들어가는 말

1. 사회보험법의 개념

사회보험법은 사회보험제도의 운영과 실시에 관한 법률이다. 이는 사회복지제도의 하나로서 국가가 국민의 생활상에 직면하는 여러 가지 사회적 위험을 보험원리(기술)를 적용하여 시행하는 공적보험법을 말한다.

① 사회보험수급권은 사회보험법으로 보장된 구체적 법적 권리이다.
② 수급권자는 사회적 사고가 발생했을 때 국가에 대해 보험급여를 적극적으로 요청할 권리가 있다.
③ 사회적 사고가 발생했을 때 수급권자의 보험급여 청구에 대해 국가는 적극적으로 응해야 할 의무가 있다.

<표 7-1> 사회보험법과 공공부조법의 차이 비교

구 분	사회보험법	공공부조법
대 상	모든 국민(소득이 있는 자). 근로능력이 있어도 실업자와 같은 무소득자는 가입이 안 됨(근로능력이 있는 자) - 보편주의 입장	근로능력이 없는 빈곤층(근로능력이 있는 빈곤층도 근로조건부 수급자로서 포함) - 선별주의 입장
재 원	법정 기여금(가입자)·부담금(사업자), 일부: 국가보조금(조세)	일반조세
수급권리	법적 구체적 권리(강함)	법적 추상적 권리(약함)
급 여	피보험자의 수요와 재정상태에 상관없이 법적 규정에 의해 보험금 지급 → 수급여부 및 수급액의 예측가능	희망자의 수요에 따라 법정금액 지급 → 수급여부 및 수급액의 예측불가능
자산조사	소득과 재산에 대한 자산조사 불필요	소득과 재산에 대한 자산조사 실시(필수조건)
소득 재분배효과	수평적 세대 간 소득재분배 효과	수직적 소득재분배 효과(빈부격차 해소)
빈곤문제	소득보장: 예방적 차원, 방빈적 성격	소득보장: 사후적 차원, 처방적 성격

구 분	사회보험법	공공부조법
가입여부	강제가입, 역의선택방지, 규모의 경제 기여 획일적 관리(법적규정)	국가, 지자체, 공공단체인 공적인 프로그램
특 징	사회적 형평을 기함으로써 사회연대를 꾀한다. 일정한 요건을 갖춘 모든 사람들에게 급여를 제공한다(공적보험).	지원대상자는 별도의 경제적 기여가 없다. 규제적인 특징을 갖고 있다(조사에 응할 의무). 자산조사 + 부양의무자 기준

2. 사회보험법의 기본원리와 특성

1) 사회보험법의 기본원리

① 강제적 가입 원리 (= 역의 선택방지)	국가가 시행하는 공적 강제보험(국가의 독점) - 민간의 경쟁 ×(자발적 가입)
② 소득재분배 원리	기여금의 납부나 급여의 지급 반영
③ 보편주의 원리	모든 국민을 대상으로 하는 원리
④ 최저생활보장 원리	수급자 생활의 최저보장 수준(열등처우의 원칙 적용) 사회보험법은 개인의 희망과 지불능력에 따라 더 많은 양의 보호를 받을 수 있는 것이 아니라 다만 최저소득만 보장
⑤ 비용분담 원리	재원은 사업자, 근로자, 국가가 분담 조달하는 원리(1자, 2자, 3자 부담)

[문제] 사회보험법의 기본원리로 옳지 않은 것은? ①
① 최적생활보장 ② 소득재분배 ③ 보편주의 ④ 보험료(비용) 분담 ⑤ 공적 강제가입

2) 사회보험법의 특성

① 사회보험법은 모든 국민의 강제가입을 법에 규정하고 있어 법에 따라 자의적 가입이 아닌 강제적인 가입이 이루어지는 공적보험이다. '역의 선택'을 방지하고 규모의 경제를 실시할 수 있다(가입의 강제성: 역선택 방지와 규모경제의 실현). 운영주체가 민간의 경쟁이 아닌 국가의 독점이며, 비영리적 국가사업이다(공적 보험). 사회보험관련법상 일정한 자격 요건을 갖추고 있다.

② 다른 소득계층 간의 수직적·수평적 재분배 기능을 하고 있어, 사회적 형평성·적절성은 사회연대를 꾀한다(단체주의: 단결된 공동체 - 공동부담, 소득 재분배와 사회통합).

③ 사회보험의 주된 재원은 가입자가 내는 기여금(산재보험의 경우는 제외)과 사업자의 부담금으로 충당되고 일부 보험은 국가의 기여금(예, 농어촌주민 국민연금의 보험료, 사립학

교교직원연금의 보험료 지원)도 포함된다(본인 기여금: 권리성이 매우 강함).

④ 사회보험법은 소득과 재산에 대한 자산조사를 실시하지 아니하고 일정 요건을 갖춘 모든 사람들에게 급여를 제공한다(보편주의).

⑤ 사회보험에서는 그 시행이 법적으로 규정(급여 자격, 시기, 급여 수준)되어 있어 획일적으로 처리된다(일률적 법규정). 이를 변경하기 위해서는 법의 개정절차(수정)를 받게 된다.

TIP 사회보험법의 구성체계

① 사회보험의 주체: 국가(다양한 부서에서 담당), 대행자(보험자) - 공공단체(공단)
② 사회보험의 대상: 적용대상(객체) - 모든 국민(보편주의)
③ 보험급여의 내용: 현금이나 현물(물품), 그밖에 서비스의 급여를 제공하도록 규정
④ 재원의 조달: 가입자(근로자)와 사업자(다만 산재보험법은 사업자가 비용 전액 부담), 국가는 관리운영비 보조가능

3. 사회보험관련 법제

1) 사회적 위험의 내용에 따라 분류

① 노령(소득)을 대비한 국민연금법
② 실업(일자리: 고용)을 대비한 고용보험법
③ 질병(의료)을 대비한 국민건강보험법·노인장기요양보험법
④ 산업재해(사고)를 대비한 산업재해보상보험법

※ 5대 사회보험법의 제정 순서: 산재보험법(1963년) → 국민연금법(1986년) → 고용보험법(1993년) → 국민건강보험법(1999년) → 노인장기요양보험법(2007년)

2) 특수직역의 공적연금 가입대상자를 기준으로 분류

① 공무원연금법 ② 사립학교교직원연금법 ③ 군인연금법 ④ 별정직 우체국연금법

다음에서는 사회보험에 관련한 법규인 ① 국민연금법, ② 국민건강보험법, ③ 노인장기요양보험법, ④ 고용보험법, ⑤ 산업재해보상보험법 등에 대하여 살펴보려고 한다.

2 국민연금법

[시행 2018. 9. 21.] [법률 제15522호, 2018. 3. 20., 타법개정] 보건복지부

국민연금법(1986년 제정, 1988년 시행)의 관장부서는 보건복지부(국민연금정책과)이다. 보

험자는 국민연금공단이다. 보건복지부장관은 공법인인 국민연금관리공단(비영리·특수·공법인)을 설립·위탁 운영한다. 국민의 평균수명이 연장되고 대부분의 가족구조가 핵가족으로 변화됨에 따라 국민의 노후대책을 마련하고 소득보장을 위하여 국민연금제도를 실시에 필요한 사항을 규정하는 법규범이다.

우리나라의 연금보험은 국민연금을 비롯하여 공무원연금, 사립학교교직원연금 및 군인연금 등이 각기 분리·실시되고 있다. 그 중 국민 대다수를 차지하고 있는 국민연금으로서 연금보험이 주류를 차지하고 있다.

사회보험으로서 국민연금법은 국가에 의해 일정한 자격을 가진 사람을 대상으로 강제적으로 적용된다. 사회보험의 일반적 특성에 따라 국가주도(국가관장의 원리), 강제가입, 사회적 위험분산, 소득재분배, 장기보험, 부분적립방식을 채택하고 있다.

[문제] 사회보험법 중에서 장기보험으로 설계되어 있는 것은? ⑤
① 국민건강보험법 ② 노인장기요양보험법 ③ 산업재해보상보험법 ④ 고용보험법 ⑤ 국민연금법

1. 목적

국민의 노령, 장애 또는 사망에 대하여 연금급여를 실시함으로써 국민의 생활 안정과 복지 증진에 이바지하는 것을 목적으로 한다.

2. 용어의 뜻

1. "근로자"란 직업의 종류가 무엇이든 사업장에서 노무를 제공하고 그 대가로 임금을 받아 생활하는 자(법인의 이사와 그 밖의 임원을 포함)를 말한다. 다만, 대통령령으로 정하는 자는 제외한다.

> **⊞ 근로자에서 제외되는 사람(시행령 제2조)**
> 「국민연금법」 제3조 1항 1호 단서에 따라 근로자에서 제외되는 사람은 다음과 같다.
> 1. 일용근로자나 1개월 미만의 기한을 정하여 사용되는 근로자(1개월 이상 계속 사용되는 경우는 그러하지 아니함(근로자 인정).
> 2. 소재지가 일정하지 아니한 사업장에 종사하는 근로자
> 3. 법인의 이사 중 제3조 1항 2호에 따른 소득이 없는 사람
> 4. 1개월 동안의 소정근로시간이 60시간 미만인 단시간근로자. 다만, 해당 단시간근로자 중 다음 각 목의 어느 하나에 해당하는 사람은 제외한다(근로자 인정).
>   가. 생업을 목적으로 3개월 이상 계속하여 근로를 제공하는 사람으로서 「고등교육법 시행령」 제7조 3호에 따른 시간강사와 사업자의 동의를 받아 근로자로 적용되기를 희망하는 사람
>   나. 둘 이상 사업장에 근로를 제공하면서 각 사업장의 1개월 소정근로시간의 합이 60시간 이상인 사람으로서 1개월 소정근로시간이 60시간 미만인 사업장에서 근로자로 적용되기를 희망하는 사람

2. "사업자"란 해당 근로자가 소속되어 있는 사업장의 사업자를 말한다.
3. "소득"이란 일정한 기간 근로를 제공하여 얻은 수입에서 대통령령으로 정하는 비과세소득을 제외한 금액 또는 사업 및 자산을 운영하여 얻는 수입에서 필요경비를 제외한 금액을 말한다.
4. "평균소득월액"이란 매년 사업장가입자 및 지역가입자 전원(全員)의 기준소득월액을 평균한 금액을 말한다.
5. "기준소득월액"이란 연금보험료와 급여를 산정하기 위하여 국민연금 가입자의 소득월액을 기준으로 하여 정하는 금액을 말한다.

6. "사업장가입자"란 사업장에 고용된 근로자 및 사업자로서 국민연금에 가입된 자를 말한다.
7. "지역가입자"란 사업장가입자가 아닌 자로서 국민연금에 가입된 자를 말한다.
8. "임의가입자"란 사업장가입자 및 지역가입자 외의 자로서 국민연금에 가입된 자를 말한다.
9. "임의계속가입자"란 국민연금 가입자 또는 가입자였던 자가 제13조 1항에 따라 가입자로 된 자를 말한다. 국민연금 가입기간이 20년 미만인 가입자가 가입자로 된 자를 말한다.
10. "연금보험료"란 국민연금사업에 필요한 비용으로서 사업장가입자의 경우에는 부담금 및 기여금의 합계액을, 지역가입자·임의가입자 및 임의계속가입자의 경우에는 본인이 내는 금액을 말한다.
11. "부담금"이란 사업장가입자의 사업자가 부담하는 금액을 말한다.
12. "기여금"이란 사업장가입자가 부담하는 금액을 말한다.
13. "사업장"이란 근로자를 사용하는 사업소 및 사무소를 말한다.
14. "수급권"이란 이 법에 따른 급여를 받을 권리를 말한다.
15. "수급권자"란 수급권을 가진 자를 말한다.
16. "수급자"란 이 법에 따른 급여를 받고 있는 자를 말한다.
17. "초진일"이란 장애의 주된 원인이 되는 질병이나 부상에 대하여 처음으로 의사의 진찰을 받은 날을 말한다.
18. "완치일"이란 장애의 주된 원인이 되는 질병이나 부상이 다음 각 목 중 어느 하나에 해당 하는 날을 말한다.

가. 해당 질병이나 부상이 의학적으로 치유된 날
나. 더 이상 치료효과를 기대할 수 없는 경우로서 그 증상이 고정되었다고 인정되는 날
다. 증상의 고정성은 인정되지 아니하나, 증상의 정도를 고려할 때 완치된 것으로 볼 수 있는 날

19. "가입대상기간"이란 18세부터 초진일 혹은 사망일까지의 기간으로서, 다음의 각 목에 해당하는 기간을 제외한 기간을 말한다. 다만, 18세 미만에 가입자가 된 경우에는 18세 미만인 기간 중 보험료 납부기간을 가입대상기간에 포함하고, 초진일이나 사망일 이전에 나목과 다목에 해당되는 기간에 대하여 보험료를 추후 납부하였을 경우에는 그 추후 납부한 기간을 가입대상기간에 포함한다.

가. 제6조 단서에 따라 가입 대상에서 제외되는 기간
나. 18세 이상 27세 미만인 기간 중 지역가입자에서 제외되는 기간
다. 18세 이상 27세 미만인 기간 중 연금보험료를 내지 아니한 기간

① 이 법을 적용할 때 배우자, 남편 또는 아내에는 사실상의 혼인 관계(사실혼)에 있는 자를 포함한다.

② 수급권을 취득할 당시 가입자 또는 가입자였던 자의 태아가 출생하면 그 자녀는 가입자 또는 가입자였던 자에 의하여 생계를 유지하고 있던 자녀로 본다.

3. 국민연금심의위원회 - 정책기구

국민연금사업에 관한 다음 사항을 심의하기 위하여 보건복지부에 국민연금심의위원회를 둔다. [주의] 국민연금심사위원회와 구분

※ 국민연금사업의 심의사항
1. 국민연금제도 및 재정 계산에 관한 사항
2. 급여에 관한 사항
3. 연금보험료에 관한 사항
4. 국민연금기금에 관한 사항
5. 국민연금제도의 운영과 관련하여 보건복지부장관이 회의에 부치는 사항

4. 국민연금가입자

1) 가입대상자

가입대상자는 국내에 거주하는 만 18세 이상 60세 미만의 국민 및 국내 거주하는 외국인이다(가입대상자의 조건: 국적 + 거주 + 연령 - 외국인은 상호주의 원칙에 따라 가입함).

※ 가입대상자의 조건: 국적 + 거주 + 연령
① 국민 – 국내에 거주하는 국민으로서 18세 이상 60세 미만인 자(대한민국 영토 내에 거주: 속지주의, 해외 유학생이나 우리나라 법인의 국외 사업장 등에 파견된 근로자는 기간에 상관없이 국내에 거주하는 것으로 간주: 속인주의)
② 외국인 – 외국인에 대한 적용: 상호주의 원칙에 따라 가입함
국민연금법의 적용을 받는 사업장에 사용되고 있거나 국내에 거주하는 외국인으로서 대통령령으로 정하는 자 외의 외국인은 당연히 사업장가입자 또는 지역가입자가 된다(외국인은 상호주의 원칙을 따르고 불법체류자는 제외한다. 그 외는 가입대상이다).
다만, 이 법에 따른 국민연금에 상응하는 연금에 관하여 그 외국인의 본국 법이 대한민국 국민에게 적용되지 아니하면 그러하지 아니하다(가입대상 ×).

※ 가입연령조건(18세 이상 60세 미만)의 예외 경우
① 국민연금에 가입된 사업장에 종사하는 18세 미만의 근로자는 사업장가입자가 되는 것으로 본다(간주).
② 국민연금가입기간이 20년 미만인 가입자가 60세 이상이 되어 연장가입신청을 하여 임의계속가입자가 될 수 있다.

2) 가입대상 제외자 – 특수직역연금 대상자 외

공무원연금법, 군인연금법, 사립학교교직원연금법 및 별정우체국법을 적용받는 공무원, 군인, 교직원 및 별정우체국 직원, 그밖에 대통령령으로 정하는 자는 제외한다.

※ 가입대상의 제외자
1. 공무원연금법의 적용을 받는 공무원
2. 군인연금법의 적용을 받는 군인
3. 사립학교교직원연금법의 적용을 받는 교직원
4. 별정우체국법의 적용을 받는 직원
5. 노령연금의 수급권을 취득한 자 중 60세 미만의 특수 직종 근로자(레미콘기사, 보험설계사, 학습지교사 등)
6. 조기노령연금의 수급권을 취득한 자(단, 조기노령연금의 지급이 정지 중인 자는 제외)

3) 가입자의 종류

가입자 종류는 사업장가입자, 지역가입자, 임의가입자 및 임의계속가입자로 구분한다. 구체적으로 보면 의무가입자(당연적용가입자)는 사업장가입자와 지역가입자로 나누고, 선택가입자(임의적용가입자)는 임의가입자와 임의계속가입자로 구분한다.

<표 7-2> 가입종별 가입자 구분

종 류	내 용
가. 사업장가입자	가입대상자로서 1인 이상 사업장의 근로자와 사업자
나. 지역가입자	가입대상자로서 사업장가입자가 아닌 자로 18세 이상 60세 미만인 자 ☆ 적용제외자: 공적연금(공무원연금, 군인연금, 사립학교교직원연금, 별정우체국연금) 가입자 및 수급자의 무소득배우자, 18세 이상 27세 미만의 학생과 군인 기초생활수급자, 1년 이상 행방불명자 등
다. 임의가입자	적용제외자 중 본인이 희망하여 가입한 자(노후생활을 최대보장하려는 것)
라. 임의계속가입자	60세 이후부터 65세까지 본인이 희망하여 가입한 자 ☆ 보험료 납부이력이 없는 자, 노령연금 및 반환일시금 수급자는 제외

(1) 사업장가입자: 가입대상자로서 1인 이상 사업장의 근로자와 사업자

① 사업의 종류, 근로자의 수 등을 고려하여 대통령령으로 정하는 사업장의 18세 이상 60세 미만인 1인 이상의 근로자와 사업자는 당연히 사업장가입자가 된다.

> **※ 당연적용 사업장가입자**
> 가입이 강제되는 사업장(당연적용사업장)에 종사하는 18세 이상 60세 미만의 근로자와 사업자
> ① 근로자의 수 등을 고려: 1인 이상의 근로자를 고용하는 사업장
> ② 주한외국기관으로서 1인 이상의 대한민국 국민인 근로자를 고용하는 사업장

다만, 다음 각 호의 어느 하나에 해당하는 자는 제외한다(☆적용제외자).

> **※ 사업장가입자의 적용제외자**
> ① 공무원연금법, 공무원재해보상법, 사립학교교직원 연금법 또는 별정우체국법에 따른 연금, 장해연금 또는 퇴직연금일시금이나 군인연금법에 따른 퇴역연금, 상이연금, 퇴역연금일시금을 받을 권리를 얻은 자
> ② 다만, 퇴직연금 등 수급권자가 「국민연금과 직역연금의 연계에 관한 법률」 제8조에 따라 연계신청을 한 경우에는 그러하지 아니하다. → 연계의 신청 등: 국민연금가입기간과 직역재직기간을 연계하려는 연금가입자는 각 연금법에 따른 급여 수급권이 없어지기 전에 연금관리기관(본인이 가입하였던 연금을 관리하는 연금관리기관을 말함)에 연계를 신청하여야 한다.
>
> **※ 적용제외자**: 공적연금(국민연금, 공무원연금, 군인연금, 사립학교교직원연금, 별정우체국연금) 가입자 및 수급자의 무소득배우자, 18세 이상 27세 미만의 학생과 군인, 1년 이상 행방불명자 등
>
> [주의] 「국민기초생활 보장법」에 따른 수급자(기초생활수급자) → 삭제 <2011.6.7>: 사업장 가입 가능

② 국민연금에 가입된 사업장에 종사하는 18세 미만 근로자는 사업장가입자가 되는 것으로 본다. 다만 본인이 원하지 아니하면 사업장가입자가 되지 아니할 수 있다.

③ 제1항에도 불구하고 「국민기초생활 보장법」에 따른 생계급여 수급자 또는 의료급여 수급자는 본인의 희망에 따라 사업장가입자가 되지 아니할 수 있다.

(2) 지역가입자: 가입대상자로서 사업장가입자가 아닌 자(국내 거주하는 외국인 포함)

사업장가입자가 아닌 자로서 18세 이상 60세 미만인 자는 지역가입자가 된다.

※ **지역가입자의 적용제외자**

1. 다음의 어느 하나에 해당하는 자의 배우자로서 별도의 소득이 없는 자 – 전업주부

가. 국민연금 가입 대상에서 제외되는 자의 배우자로서 별도의 소득이 없는 자
나. 사업장가입자, 지역가입자 및 임의계속가입자의 배우자로서 별도의 소득이 없는 자
다. 노령연금 수급권자 및 퇴직연금 등 수급권자의 배우자로서 별도의 소득이 없는 자

- 국민연금가입자의 배우자는 별도의 소득이 없을 경우 지역가입자에서 제외한다.

2. 퇴직연금 등 수급권자. 다만, 퇴직연금 등 수급권자가 「국민연금과 직역연금의 연계에 관한 법률」 제8조에 따라 연계 신청을 한 경우에는 그러하지 아니하다.
3. 18세 이상 27세 미만인 자로서 학생이거나 군 복무 등의 이유로 소득이 없는 자(연금보험료를 납부한 사실이 있는 자는 제외)
4. 「국민기초생활 보장법」에 따른 생계급여 수급자 또는 의료급여 수급자
5. 1년 이상 행방불명된 자

[문제] 국민연금법령상 지역가입자의 적용제외자에 해당하지 않는 것은?

(3) 임의가입자: 적용제외자 중 본인이 희망하여 가입한 자[58)]

① 사업장가입자, 지역가입자에 해당하는 자 외의 자로서 18세 이상 60세 미만인 자는 국민연금공단에 가입을 신청하면 임의가입자가 될 수 있다.

② 또한 임의가입자는 국민연금공단에 신청하여 탈퇴할 수 있다. 이 경우 가입 신청이 수리(受理: 서류를 받아서 처리함. '받음')된 날에 그 자격을 취득한다.

③ 예컨대, 사업장가입자와 지역가입자가 아닌 전업주부·공무원연금 수급권자와 같은 다른 공적연금 수급권자·국민기초생활 보장법에 의한 수급자(기초생활수급자) 등이 연금혜택을 받기 위하여 본인의 희망에 따라 가입한 경우가 해당된다.

[문제] 국민연금법령상 임의가입자에 해당하지 않는 것은?

(4) 임의계속가입자

① 국민연금 가입기간이 20년 미만인 가입자가 60세에 달한 때에는 가입자의 자격이 상실되지만, 20년을 채우기 위하여 계속하여 65세가 될 때까지만 보건복지부령으로 정하는 바에 따라 국민연금공단에 가입을 연장 신청하면 임의계속가입자가 될 수 있다.

② 이 경우 가입 신청이 수리(受理: 서류를 받아서 처리함)된 날에 그 자격을 취득한다.

예컨대 국민연금에 가입기간이 20년 미만인 홍길동 씨가 60세가 되면서 65세까지 연장신청하려고 한다. 홍길동씨는 임의계속가입자에 해당한다.

③ 임의계속가입자는 국민연금공단에 신청하면 탈퇴할 수 있다.

58) 임의가입자는 사업장가입자도 아니고 지역가입자도 아닌 자를 말하며, 보다 많은 사람이 국민연금급여 혜택을 받을 수 있도록 노후생활보장을 최대한 하려는 것이다.

※ 임의계속가입자의 적용제외자
가. 연금보험료를 납부한 사실이 없는 자　　나. 노령연금 수급권자로서 급여를 지급받고 있는 자
다. 가입기간이 10년 미만인 자가 60세가 된 때에 해당하는 사유로 반환일시금을 지급받은 자

4) 가입자 자격의 취득 시기 – 자격 취득: 해당하게 된 날

① 사업장가입자(해당하게 된 날에 그 자격을 취득한다.)

1. 사업장에 고용된 때 또는 그 사업장의 사업자가 된 때(해당하게 된 날에 자격 취득)
2. 당연적용사업장으로 된 때(해당하게 된 날에 자격 취득)

② 지역가입자는 다음 각 호의 어느 하나에 해당하게 된 날에 그 자격을 취득한다. 제3호 또는 제4호의 경우 소득이 있게 된 때를 알 수 없는 경우에는 신고를 한 날에 그 자격을 취득한다.

1. 사업장가입자의 자격을 상실한 때
2. 국민연금 가입 대상 제외자에 해당하지 아니하게 된 때
3. 배우자가 별도의 소득이 있게 된 때
4. 18세 이상 27세 미만인 자가 소득이 있게 된 때

③ 임의가입자는 가입 신청이 수리된 날에 자격을 취득한다.

5) 가입자 자격의 상실 시기

(1) 사업장가입자

① 사망한 때(다음날 상실)　② 국적을 상실하거나 국외로 이주한 때(다음날 상실)
③ 고용관계가 끝난 때(다음날 상실)　④ 60세가 된 때(다음날 상실)
⑤ 국민연금 가입 대상 제외자에 해당하게 된 때(해당하게 된 날 상실)

(2) 지역가입자

① 사망한 때(다음날 상실)
② 국적을 상실하거나 국외로 이주한 때(다음날 상실)
③ 국민연금 가입 대상 제외자에 해당하게 된 때(해당하게 된 날 상실)
④ 사업장가입자의 자격을 취득한 때(해당하게 된 날 상실)
⑤ 배우자로서 별도의 소득이 없게 된 때(다음날 상실)
⑥ 60세가 된 때(다음날 상실)

(3) 임의가입자

① 사망한 때(다음날 상실)　② 국적을 상실하거나 국외로 이주한 때(다음날 상실)
③ 탈퇴 신청이 수리된 때(다음날 상실)　④ 60세가 된 때(다음날 상실)
⑤ 3개월 이상 계속하여 연금보험료를 체납한 때(다음날 상실)
⑥ 사업장가입자 또는 지역가입자의 자격을 취득한 때(해당하게 된 날 상실)
⑦ 국민연금 가입 대상 제외자에 해당하게 된 때(해당하게 된 날 상실)

(4) 임의계속가입자

① 사망한 때(다음날 상실)
② 국적을 상실하거나 국외로 이주한 때(다음날 상실)
③ 제2항에 따른 탈퇴 신청이 수리된 때(다음날 상실)
④ 대통령령(연금보험료의 체납기간 3개월)으로 정하는 기간 이상 계속하여 연금보험료를 체납한 때(다음날 상실)
⑤ 60세에 도달하여 수급자가 된 때, 국민연금가입제외자 해당하는 경우, 고용관계가 종료(퇴사), 국민연금가입자 배우자로 소득이 없을 때 등의 경우이다.
[주의] 자격상실: 해외이주로 국적을 상실했을 때는 가입자격이 없어진다.

6) 국민연금 가입기간의 계산

① 국민연금 가입기간은 월 단위로 계산하되, 가입자의 자격을 취득한 날이 속하는 달의 다음 달부터 자격을 상실한 날의 전날이 속하는 달까지로 한다.

② 가입기간을 계산할 때 연금보험료를 내지 아니한 기간은 가입기간에 산입하지 아니한다(체납 기간은 가입기간에 산입하지 아니함).

☆ 가입자의 가입종류가 변동되면 그 가입자의 가입기간은 각 종류별 가입기간을 합산한 기간으로 한다.

7) 군 복무기간에 대한 가입기간 추가 산입 - 병역 크레딧 제도[59)]

병역법에 따른 현역병과 사회복무요원은 노령연금 수급권을 취득한 때(가입기간이 추가 산입되면 노령연금 수급권을 취득할 수 있는 경우를 포함)에는 6개월을 가입기간에 추가로 산입한다(가입기간의 재원은 국가가 전부 부담함). 다만, 병역법에 따른 병역의무를 수행한 기간이 6개월 미만인 경우에는 산입하지 아니한다(군복무 크레딧).

8) 출산에 대한 가입기간 추가 산입 - 출산 크레딧 제도

둘 이상의 자녀가 있는 가입자 또는 가입자였던 자가 노령연금수급권을 취득한 때(가입기간이 추가 산입되면 노령연금수급권을 취득할 수 있는 경우를 포함)에는 다음 각 호에 따른 기간을 추가로 산입한다. 다만, 추가로 산입하는 기간은 50개월을 초과할 수 없다.

59) 크레딧 제도란 연금의 가입연령에 있는 개인들의 생애주기에서 불가피한 사유 혹은 사회적으로 가치가 있는 행위로 인하여 소득이 상실되거나 감소되어 연금제도에 가입할 수 없는 기간 동안의 지원제도를 말한다.

<표 7-3> 국민연금법에 규정된 크레딧 제도 (2008.1.1 시행)

구 분	군복무 크레딧	출산 크레딧
도입목적	군복무로 인해 발생하는 소득 감소 및 상실에 대한 보상 및 향후 이들에 대한 노후 빈곤문제 완화	출산율 제고와 여성 가입자의 수급권 획득 기회를 확대하여 연금 사각지대 해소
조 건	현역병, 전환복 무한 사람, 상근예비역, 또는 사회복무요원으로 6개월 이상 복무한 자가 노령연금수급권을 취득한 때	둘 이상의 자녀가 있는 가입자(또는 가입자였던 자)가 노령연금수급권을 취득한 때
추가인정 가입기간	6개월 가입기간 추가 합산	자녀가 3명 이상인 경우: 둘째 자녀에 대하여 인정되는 12개월에 2자녀를 초과하는 자녀 1명마다 18개월을 더한 개월 수 (12개월~최장 50개월 추가 가입기간 인정) 2자녀: 12개월 3자녀: 30개월(12개월 + 18개월) 4자녀: 48개월(30개월 + 18개월) 5자녀 이상: 50개월까지(최장 합산)

9) 실업에 대한 가입기간 추가 산입

18세 이상 60세 미만인 사람 중 가입자 또는 가입자였을 것과 대통령령으로 정하는 재산 또는 소득이 보건복지부장관이 정하여 고시하는 기준 이하일 것 등의 요건을 모두 갖춘 사람이 고용보험법에 따른 구직급여를 받는 경우로서, 구직급여를 받는 기간을 가입기간으로 산입하기 위하여 국민연금공단에 신청하는 때에는 그 기간을 가입기간에 추가로 산입한다. 다만, 추가로 산입하는 기간은 1년을 초과할 수 없다.

5. 수행기구(국민연금공단) - 전달체계

1) 국민연금공단의 설립

보건복지부장관의 위탁(국민연금은 보건복지부장관이 관장)을 받아 목적을 달성하기 위한 사업을 효율적으로 수행하기 위하여 국민연금공단을 설립하며(보험자와 수탁자), 공단의 법인격은 법인으로 한다. ☆ 국민연금공단은 법인으로 한다.

※ **국민연금의 관리운영방식:** 보건복지부 장관은 실제로 국민연금을 효율적으로 운영하기 위하여 국민연금공단에 위탁운영하고 있어, 국영의 위탁관리방식이 혼합되어 있다고 할 수 있다.

※ **사무소(제27조):** 공단의 주된 사무소 및 기금이사가 관장하는 부서의 소재지는 전라북도로 한다.

2) 공단의 업무

1. 가입자에 대한 기록의 관리 및 유지
2. 연금보험료의 부과(징수업무 – 국민건강보험공단)
3. 급여의 결정 및 지급
4. 가입자, 가입자였던 자, 수급권자 및 수급자를 위한 자금의 대여와 복지시설의 설치·운영 등 복지사업
5. 가입자 및 가입자였던 자에 대한 기금증식을 위한 자금 대여사업
6. 가입 대상과 수급권자 등을 위한 노후준비서비스 사업
7. 국민연금제도·재정계산·기금운용에 관한 조사연구
8. 국민연금에 관한 국제협력

※ **노후준비서비스:** 공단은 가입대상 및 수급권자를 포함한 국민의 안정된 노후생활 보장을 위하여 노후준비서비스의 제공, 조사·연구, 프로그램의 개발·보급, 제공자의 양성·관리, 정보시스템의 구축·운영 등의 사업을 실시할 수 있다(제46조의3). - [참조: 노후준비지원법 제2조 2호]

☆ 국민연금연구원: 공단은 국민연금제도·재정계산·기금운용에 관한 조사연구의 업무를 수행하기 위하여 공단 산하에 국민연금연구원을 둘 수 있다.

3) 복지사업과 대여사업

공단은 가입자, 가입자였던 자 및 수급권자의 복지를 증진하기 위하여 1. 자금의 대여, 2. 노인복지시설의 설치·공급·임대와 운영, 3. 노인복지시설의 부대시설로서 체육시설의 설치 및 운영, 4. 그밖에 대통령령으로 정하는 복지사업을 할 수 있다.

※ 그밖에 대통령령으로 정하는 복지사업(시행령 제31조)

1. 노인복지시설의 설치·공급·임대·운영과 노인복지시설의 부대시설로서 체육시설의 설치·운영 및 자금의 대여
2. 아동복지시설, 장애인복지시설 등의 복지시설의 설치·운영 및 자금의 대여
3. 병원과 휴양 시설 또는 요양 시설의 설치와 운영 및 자금의 대여
4. 생활 안정을 위한 자금의 대여
5. 학자금의 대여
6. 당연적용사업장인 중·소사업장의 사업장 내 복지시설의 설치를 위한 자금의 대여
7. 주택 구입 자금과 전세 자금의 대여

공단은 가입자와 가입자였던 자에 대하여 국민연금기금의 증식을 위한 대여사업을 할 수 있다.

6. 국민연금급여의 수준 및 종류

1) 연금급여의 수준

(1) 급여지급 – 기본연금 + 부양가족연금

① 급여는 수급권자의 청구에 따라 공단이 지급한다.

② 연금액은 지급사유에 따라 기본연금액과 부양가족연금액을 기초로 산정한다.

가. 기본연금액

① 수급권자의 기본연금액은 일반적으로 정액제와 소득비례제 등의 다양한 산정방식을 병행하고 있다. 다음 각 호의 금액을 합한 금액에 1천분의 1천 200을 곱한 금액으로 한다.

> **※ 국민연금 급여산정방식 – 기본급여(정액제와 소득비례제 등의 병행)**
> 수급권자의 기본연금액은 다음 각 호의 금액을 합한 금액에 1천분의 1천 200을 곱한 금액으로 한다. 다만, 가입기간이 20년을 초과하면 그 초과하는 1년(1년 미만이면 매 1개월을 12분의 1년으로 계산한다)마다 본문에 따라 계산한 금액에 1천분의 50을 곱한 금액을 더한다.
>
> **[가입기간에 대한 기본연금액 산정 / 기본연금액 = 1.485 × (A + B) × (1 + 0.05 n) / 12]**
> A: 연금수급 전 3년간의 전체 가입자 평균 소득월액의 평균액
> B: 가입자 개인의 가입기간 중 기준소득월액의 평균액
> n: 20년 이상 초과 가입한 개월 수
> 20년 가입자와 40년 가입자의 소득대체율 → 20년 = 20%, 40년 = 40%

② 수급권자에게 적용할 때에는 연금 수급 2년 전 연도와 대비한 전년도의 전국소비자물가변동률을 기준으로 매년 3월 말까지 그 변동률에 해당하는 금액을 더하거나 빼되, 미리 국민연금심의위원회(정책결정기구)의 심의를 거쳐야 한다.

③ 조정된 금액을 수급권자에게 적용할 때 그 적용 기간은 해당 조정연도 4월부터 다음 연도 3월까지로 한다.

나. 부양가족연금액

① 부양가족연금액은 수급권자(유족연금의 경우에는 사망한 가입자 또는 가입자였던 자를 말함)를 기준으로 하는 다음 각 호의 자로서 수급권자에 의하여 생계를 유지하고 있는 자에 대하여 해당 호에 규정된 각각의 금액으로 한다(해당하는 가족에게 지급하는 연금액).

> **※ 부가급여(부양가족연금액)**
> 1. 배우자: 연 15만 원
> 2. 19세 미만이거나 장애등급 2급 이상인 자녀(배우자가 혼인 전에 얻은 자녀 포함): 연 10만 원
> 3. 60세 이상이거나 장애등급 2급 이상인 부모(부 또는 모의 배우자, 배우자의 부모 포함): 연 10만 원
>
> **※ 부양가족연금대상에서 제외되는 수급권자**
> 1. 연금 수급권자 2. 퇴직연금 등 수급권자 3. 공무원연금법, 공무원재해보상법 등에 따른 퇴직유족연금, 장해유족연금, 순직유족연금, 직무상 유족연금, 위험직무순직유족연금 또는 유족연금 수급권자

② 부양가족연금 수급권자가 다음의 어느 하나에 해당하면 부양가족연금액 계산에서 제외한다.

> **※ 부양가족연금액의 계산에서 제외되는 경우(제52조 2항)**
> 1. 사망한 때
> 2. 수급권자에 의한 생계유지의 상태가 끝난 때
> 3. 배우자가 이혼한 때
> 4. 자녀가 다른 사람의 양자가 되거나 파양(罷養)된 때
> 5. 자녀가 19세가 된 때(장애등급 2급 이상의 상태에 있는 자녀는 제외)
> 6. 장애등급 2급 이상의 상태에 있던 자녀 또는 부모가 그 장애상태에 해당하지 아니하게 된 때
> 7. 배우자가 혼인 전에 얻은 자녀와의 관계가 이혼으로 인하여 종료된 때
> 8. 재혼한 부 또는 모의 배우자와 수급자의 관계가 부모와 그 배우자의 이혼으로 인하여 종료된 경우

(2) 국민연금 수급자격 요건

가. 국민연금 지급 기간 및 지급 시기

연금은 지급하여야 할 사유가 생긴 날(반납금을 내거나 추납보험료(追納保險料)를 냄에 따라 연금을 지급하여야 할 사유가 생긴 경우에는 해당 금액을 낸 날)이 속하는 달의 다음 달부터 수급권이 소멸한 날이 속하는 달까지 지급한다. ☆ 급여수급전용계좌: 본인명의 지정된 계좌

나. 지급의 연기에 따른 가산

노령연금의 수급권자로서 60세 이상 65세 미만인 사람(특수직종근로자는 55세 이상 60세 미만인 사람)이 연금지급의 연기를 희망하는 경우에는 1회에 한정하여 65세(특수직종근로자는 60세) 전까지의 기간에 대하여 그 연금의 전부 또는 일부의 지급을 연기할 수 있다. 이 경우의 연금액은 지급의 연기를 신청한 때의 노령연금액(부양가족연금액 제외)을 조정한 금액에 연기되는 매 1개월마다 그 금액의 1천분의 6을 더한 액으로 한다.

다. 국민연금 급여의 중복조정(병급의 조정)

① 수급권자에게 2개 이상의 급여 수급권이 생기면 수급권자의 선택에 따라 그 중 하나만 지급하고 다른 급여의 지급은 정지된다.

② 다음 각 호의 어느 하나에 해당하는 경우에는 그 규정된 금액을 선택한 급여에 추가하여 지급한다(선택하지 않은 급여가 유족연금 또는 반환일시금인 경우 일정액 추가로 지급).

1. 선택하지 아니한 급여가 유족연금일 때(선택한 급여가 반환일시금일 때를 제외): 유족연금액의 100분의 30에 해당하는 금액
2. 선택하지 아니한 급여가 반환일시금일 때(선택한 급여가 장애연금이고, 선택하지 아니한 급여가 본인의 연금보험료 납부로 인한 반환일시금일 때를 제외): 제80조 2항에 상당하는 금액

※ 2개 이상 급여발생 시 지급방법 개선
가입자의 불만이 많았던 중복급여 조정 제도를 개선하여 2개 이상의 급여수급권이 발생한 경우 선택한 급여에 추가하여 선택하지 아니한 급여의 일부를 함께 받을 수 있도록 함.

※ 구직급여 수급 시 노령연금 지급
종전법에 따르면 고용보험에서 구직급여를 받는 경우 노령연금을 지급받을 수 없었으나, 실직으로 인해 생활이 곤란한 국민에 대한 생활안정을 도모하고 구직활동에 따른 실비변상적 성격이 있는 구직급여의 지급취지를 고려하여 노령연금과 구직급여를 모두 지급받을 수 있도록 함.

※ 다른 법률에 의한 연금의 중복조정
장애연금 또는 유족연금 수급권자가 동일한 사유로 근로기준법, 산업재해보상보험법, 선원법, 어선원 및 어선재해보상보험법의 규정에 따라 장해보상(장해급여), 일시보상 또는 유족보상(유족급여)을 지급받을 수 있는 경우에는 장애연금 또는 유족연금액을 감액(1/2)하여 지급함.
예) 산재법령상 유족급여 수급권자에게 국민연금법상 유족연금의 수급권이 발생할 경우에도 지급한다.

2) 연금급여의 종류

국민연금 급여의 종류에는 ① 노령연금(분할연금), ② 장애연금, ③ 유족연금 등 장기급여와 ④ 반환일시금[사망일시금과 장애일시금(4등급)] 등의 단기급여가 있다.

※ 연금 기본급여의 구분
- 연금급여(매월 지급): 노령연금(분할연금), 장애연금(1~3급), 유족연금
- 일시금급여(일시 지급): 반환일시금[사망일시금, 장애 일시보상금(4급)]

[문제] 국민연금법령상 급여의 종류에 해당하지 않는 것은? ②
① 노령연금 ② 상병보상연금 ③ 유족연금 ④ 장애연금 ⑤ 반환일시금

(1) 노령연금

노령연금이란 국민연금의 기초가 되는 급여로, 국민연금 가입자가 나이가 들어 소득활동에 종사하지 못할 경우 생활안정과 복지증진을 위하여 지급되는 급여를 말한다.

최소 10년 이상 국민연금에 가입한 후 연금수급 개시연령에 도달하였을 때부터 평생 동안 매월 수급할 수 있다(수급요건). 노령연금의 최소가입기간은 10년이다.

<표 7-4> 노령연금 종류별 수급요건 및 급여수준

	수급요건	급여수준
완전 노령연금	가입기간 20년 이상, 60세에 도달한 경우	– 기본연금액(100%)+부양가족연금액 – 20년을 초과하는 1년마다 5% 증액
감액 노령연금	가입기간이 10년 이상 20년 미만인 경우	– 기본연금액(50%)+부양가족연금액 – 10년을 초과하는 1년마다 5% 증액
재직자 노령연금	노령연금수급권자가 65세 이전에 가입기간 10년 이상, 소득이 있는 업무에 종사하는 경우 소득활동에 따라 지급하는 연금	– 노령연금액×연령에 따른 지급율 – 60세(50%), 61세(60%), 62세(70%), 63세(80%), 64세(90%)
조기 노령연금	가입기간 10년 이상, 55세~60세인 자가 소득이 있는 업무에 종사하지 않는 경우, 60세가 되기 전에 본인이 청구하는 연금	– (노령연금액×연령에 따른 지급율)+부양가족연금액 (연 6% 가산) – 55세(70%), 56세(76%), 57세(82%), 58세(88%), 59세(94%)

☆ 조기노령연금: 가입기간이 10년 이상인 가입자 또는 가입자였던 자로서 55세 이상인 자가 소득이 있는 업무에 종사하지 아니하는 경우, 본인이 희망하면 60세가 되기 전이라도 본인이 청구한 때부터 그가 생존하는 동안 일정한 금액의 연금(조기노령연금)을 받을 수 있다(10년 이상 가입, 55세 이상 · 소득 없음, 본인의 희망).

<표 7-5> 노령연금수급연령 상향조정 - 지급의 연기 연령에 관한 특례: 3년마다 1세 증가

출생년도	수급개시연령		
	노령연금	조기노령연금	분할연금
1953년 ~ 1956년	61세	56세	61세
1957년 ~ 1960년	62세	57세	62세
1961년 ~ 1964년	63세	58세	63세
1965년 ~ 1968년	64세	59세	64세
1969년 이후 출생자	65세	60세	65세

가. 노령연금의 수급권자

가입기간이 10년 이상인 가입자 또는 가입자였던 자에 대하여는 60세(특수직종근로자는 55세)가 된 때부터 그가 생존하는 동안 노령연금을 지급한다.

나. 분할연금[60] 수급권자

① 배우자의 국민연금 가입기간 중의 혼인기간(배우자의 가입기간 중의 혼인 기간으로서 별거, 가출 등의 사유로 인하여 실질적인 혼인관계가 존재하지 아니하였던 기간을 제외한 기간을 말함)이 5년 이상인 자가 다음 각 호의 요건을 모두 갖추면 그때부터 그가 생존하는 동안(일생동안) 배우자였던 자의 노령연금을 분할한 일정한 금액의 연금(분할연금)을 받을 수 있다(남녀 모두 분할연금 수급가능).

1. 배우자와 이혼하였을 것	2. 60세가 되었을 것	3. 배우자였던 사람이 노령연금 수급권자일 것

② 분할연금액은 배우자였던 자의 노령연금액(부양가족연금액은 제외) 중 혼인 기간에 해당하는 연금액을 균등하게 나눈 금액으로 한다(별도로 분할비율결정한 경우 공단에 신고).

③ 분할연금은 제1항 각 호의 요건을 모두 갖추게 된 때부터 5년 이내에 청구하여야 한다(청구 소멸시효: 5년).

※ **국민연금법령상 분할연금을 받으려는 자가 모두 갖추어야 할 요건:** ㉠ 배우자의 국민연금 가입기간 중의 혼인 기간이 5년 이상일 것, ㉡ 배우자와 이혼하였을 것, ㉢ 배우자였던 사람이 노령연금 수급권자일 것, ㉣ 60세가 되었을 것, ㉤ 요건을 모두 갖추게 된 때부터 5년 이내에 청구할 것 등이 있다.

60) **분할연금:** 가입기간 중 혼인기간이 5년 이상인 노령연금 수급권자의 이혼한 배우자가 60세 이상이 된 경우, 배우자 노령연금액(부양가족연금액 제외) 중 혼인 기간에 해당하는 연금액의 1/2(50%)

가) 분할연금 청구의 특례

① 배우자였던 사람이 노령연금 수급자의 연령에 도달하기 이전에 이혼하는 경우에는 이혼의 효력이 발생하는 때부터 분할연금을 미리 청구(분할연금 선청구)할 수 있다.

② 분할연금 선청구는 이혼의 효력이 발생하는 때부터 3년 이내에 하여야 하며, 60세의 연령이 도달하기 이전에 분할연금 선청구를 취소할 수 있다. 이 경우 분할연금 선청구 및 선청구의 취소는 1회에 한한다.

③ 분할연금을 선청구한 경우라고 하더라도 분할연금 수급권자의 요건을 모두 갖추게 된 때에 분할연금을 지급한다.

나) 분할연금 수급권의 포기

① 분할연금 수급권자는 배우자였던 사람과 재혼한 경우 보건복지부령으로 정하는 바에 따라 분할연금 수급권의 포기를 신청할 수 있다.

② 분할연금 수급권자가 분할연금 수급권의 포기를 신청한 경우에는 그 분할연금 수급권은 신청한 날부터 소멸된다.

③ 분할연금 수급권이 소멸된 경우에는 분할연금 수급권을 포기한 사람의 배우자에게 분할연금이 발생하기 전의 노령연금을 지급한다.

다. 분할연금과 노령연금의 관계

① 분할연금 수급권은 그 수급권을 취득한 후에 배우자였던 자에게 생긴 사유로 노령연금 수급권이 소멸·정지되어도 영향을 받지 아니한다.

② 수급권자에게 2개 이상의 분할연금 수급권이 생기면 제56조(중복급여의 조정)에도 불구하고 2개 이상의 분할연금액을 합산하여 지급한다. 다만, 2개 이상의 분할연금 수급권과 다른 급여(노령연금 제외)의 수급권이 생기면, 그 2개 이상의 분할연금 수급권을 하나의 분할연금 수급권으로 보고 본인의 선택에 따라 분할연금과 다른 급여 중 하나만 지급하고 선택하지 아니한 분할연금 또는 다른 급여의 지급은 정지된다.

③ 분할연금 수급권자는 유족연금을 지급할 때 제72조 1항(유족연금의 수급권자)에 따른 노령연금 수급권자로 보지 아니한다.

④ 분할연금 수급권자에게 노령연금 수급권이 발생한 경우에는 제56조(중복급여의 조정)에도 불구하고 분할연금액과 노령연금액을 합산하여 지급한다.

(2) 장애연금

장애연금은 가입 중에 생긴 질병이나 부상으로 완치된 후에도 신체상 또는 정신상의 장애가 있는 경우, 장애등급(1~4급)에 따라 일정한 급여를 지급하여 장애로 인한 소득 감소부분을 보전함으로써 자신과 가족의 안정된 생활을 보장하는 그 뜻이 있다.

가. 장애연금의 수급권자[61)]

가입자 또는 가입자였던 자가 질병이나 부상으로 신체상 또는 정신상의 장애가 있고 다음 각 호의 요건을 모두 충족하는 경우에는 장애 정도를 결정하는 기준이 되는

61) **장애등급 기준**: 부상 또는 질병이 의학적으로 치유되었을 때 또는 더 이상 치료효과를 기대할 수 없는 상태로 그 증상이 안정되고 장기간에 걸쳐 장애의 고정성이 인정되는 최종상태이다.

날(장애결정 기준일)부터 그 장애가 계속되는 기간 동안 장애 정도에 따라 장애연금을 지급한다.

1. 해당 질병 또는 부상의 초진일 당시 연령이 18세(다만, 18세 전에 가입한 경우에는 가입자가 된 날을 말한다) 이상이고 노령연금의 지급 연령 미만일 것
2. 다음 각 목의 어느 하나에 해당할 것

가. 해당 질병 또는 부상의 초진일 당시 연금보험료를 낸 기간이 가입대상기간의 3분의 1 이상일 것
나. 해당 질병 또는 부상의 초진일 5년 전부터 초진일까지의 기간 중 연금보험료를 낸 기간이 3년 이상일 것. 다만, 가입대상기간 중 체납기간이 3년 이상인 경우는 제외한다.
다. 해당 질병 또는 부상의 초진일 당시 가입기간이 10년 이상일 것

※ 장애결정 기준일

1. 초진일부터 1년 6개월이 지나기 전에 완치일이 있는 경우: 완치일
2. 초진일부터 1년 6개월이 지날 때까지 완치일이 없는 경우: 초진일부터 1년 6개월이 되는 날의 다음 날
3. 초진일부터 1년 6개월이 되는 날의 다음 날에 장애연금의 지급 대상이 되지 아니하였으나, 그 후 그 질병이나 부상이 악화된 경우: 장애연금의 지급을 청구한 날(노령연금 지급연령 전에 청구한 경우만 해당함)과 완치일 중 빠른 날
4. 장애연금의 수급권이 소멸된 사람이 장애연금 수급권을 취득할 당시의 질병이나 부상이 악화된 경우: 청구일과 완치일 중 빠른 날

나. 장애연금액 – 등급(1~4급)에 따라 연금액의 차이가 있음

① 장애연금액은 장애 등급(1~3급)에 따라 다음 각 호의 금액으로 한다.

※ 장애 등급(1~3급)에 따른 장애연금액
- 1급 – 기본연금액 100% + 부양가족연금액
- 2급 – 기본연금액 80% + 부양가족연금액
- 3급 – 기본연금액 60% + 부양가족연금액

② 장애등급 4급에 해당하는 자에 대하여는 기본연금액의 1천분의 2천 250(225%)에 해당하는 금액을 일시보상금으로 지급한다.

③ 장애연금의 수급권자는 그 장애가 악화되면 60세가 되기 전, 공단에 장애연금액의 변경을 청구할 수 있다.

(3) 유족연금[62)]

가. 유족연금의 수급권자

① 다음 각 호의 어느 하나에 해당하는 사람이 사망하면 그 유족에게 유족연금을 지급한다.

62) 유족연금이란 국민연금 가입자나 가입자였던 자 또는 연금을 지급 받던 사람이 사망할 경우 그에 의해 생계를 유지하던 유족에게 급여를 지급하여 안정된 삶을 살아갈 수 있도록 하기 위해 지급되는 급여를 말한다.

> 1. 노령연금 수급권자
> 2. 가입기간이 10년 이상인 가입자 또는 가입자였던 자
> 3. 연금보험료를 낸 기간이 가입대상기간의 3분의 1 이상인 가입자 또는 가입자였던 자
> 4. 사망일 5년 전부터 사망일까지의 기간 중 연금보험료를 낸 기간이 3년 이상인 가입자 또는 가입자였던 자. 다만, 가입대상기간 중 체납기간이 3년 이상인 사람은 제외한다.
> 5. 장애등급이 2급 이상인 장애연금 수급권자

② 제1항에도 불구하고 같은 항 제3호 또는 제4호에 해당하는 사람이 다음 각 호의 기간 중 사망하는 경우에는 유족연금을 지급하지 아니한다.

> 1. 가입 제외자(공무원, 군인, 교직원 및 별정우체국 직원, 그밖에 대통령령으로 정하는 자)는 가입대상에서 제외되는 기간
> 2. 국외이주·국적상실 기간

나. 유족의 범위

① 유족연금을 지급받을 수 있는 유족은 가입자 또는 가입자이었던 자가 사망할 당시 그에 의하여 생계를 유지하고 있던 자로 하며, 유족연금은 ⓐ 배우자 → ⓑ 자녀 → ⓒ 부모 → ⓓ 손자녀 → ⓔ 조부모의 순위에 따라 최우선 순위자에 한하여 지급한다. 수급권자의 범위에서 배우자의 부모도 포함된다.

> **※ 유족연금의 순위** – 가입자 또는 가입자이었던 자가 사망할 당시 그에 의하여 생계를 유지하고 있던 자
> 1. 배우자
> 2. 자녀(25세 미만이거나 장애등급 2급 이상인 자녀만 해당)
> 3. 부모(배우자의 부모 포함, 60세 이상이거나 장애등급 2급 이상인 부모만 해당)
> 4. 손자녀(19세 미만이거나 장애등급 2급 이상인 손자녀만 해당)
> 5. 조부모(배우자의 조부모 포함, 60세 이상이거나 장애등급 2급 이상인 조부모만 해당)

② 유족연금은 제1항 각 호의 순위에 따라 최우선 순위자에게만 지급한다. 다만, 배우자에 따른 유족의 수급권이 소멸되거나 정지되면 유족에게 지급한다.

③ 같은 순위의 유족이 2명 이상이면 그 유족연금액을 똑같이 나누어 지급한다.

☆ 산업재해보상보험법상 유족급여 수급권자는 물론, 국민연금법상 유족연금의 수급권이 발생할 경우에도 지급한다.

다. 유족연금액

유족연금액은 가입기간에 따라 다음 금액에 부양가족연금액을 더한 금액으로 한다.

> **※ 유족연금액의 기준: 사망자의 가입기간에 따라 기본연금액의 40~60% 지급**
> 1. 가입기간이 10년 미만 = 기본연금액 40% + 부양가족연금액
> 2. 가입기간이 10년 이상 20년 미만 = 기본연금액 50% + 부양가족연금액
> 3. 가입기간이 20년 이상 = 기본연금액 60% + 부양가족연금액

요컨대 유족연금액은 가입기간에 따라 차등지급하며, 가입기간에 상관없이 정액을 지급하는 것이 아니다.

라. 유족연금 수급권의 소멸

① 유족연금 수급권자가 다음의 어느 하나에 해당하게 되면 그 수급권은 소멸한다.

1. 수급권자가 사망한 때
2. 배우자인 수급권자가 재혼한 때(배우자인 수급권자가 재혼하면 소멸한다)
3. 자녀나 손자녀인 수급권자가 파양된 때
4. 장애등급 2급 이상에 해당하지 아니한 자녀인 수급권자가 25세가 된 때 또는 장애등급 2급 이상에 해당하지 아니한 손자녀인 수급권자가 19세가 된 때

☆ 남편이 사망한 경우, 그의 아내가 사망한 남편의 국민연금을 받을 수 없을 경우는 배우자인 수급권자가 재혼한 때(배우자인 수급권자가 재혼하면) 소멸한다.

② 부모, 손자녀 또는 조부모인 유족의 유족연금 수급권은 가입자 또는 가입자였던 사람이 사망할 당시에 그 가입자 또는 가입자였던 사람의 태아가 출생하여 수급권을 갖게 되면 소멸한다. <개정 2015.1.28.>

마. 배우자에 대한 유족연금의 지급 정지

유족연금의 수급권자인 배우자에 대하여는 수급권이 발생한 때부터 3년 동안 유족연금을 지급한 후 55세가 될 때까지 지급을 정지한다.

바. 유족연금의 지급 제한

가입자 또는 가입자였던 자를 고의로 사망하게 한 유족에게는 유족연금을 지급하지 아니한다.

(4) 반환일시금(사망일시금과 장애일시보상금)

가. 반환일시금의 수급권자

가입자 또는 가입자였던 자가 다음 각 호의 어느 하나에 해당하게 되면 본인이나 그 유족의 청구에 의하여 반환일시금(보험료와 이자 지급)을 지급받을 수 있다.

※ 반환일시금을 지급받을 수 있는 경우
1. 가입기간이 10년 미만인 자가 60세가 된 때
2. 가입자 또는 가입자였던 자가 사망한 때 - 사망일시금(자녀가 19세 이상일 때, 19세 미만은 연금지급)
   다만, 가입자 또는 가입기간이 10년 이상인 가입자였던 자가 사망한 때에는 제72조 1항(유족연금의 수급권자) 각 호 외의 부분 단서 또는 제85조(연금보험료의 미납에 따른 지급 제한)에 따라 유족연금이 지급되지 아니하는 경우만 해당한다.
3. 가입자가 국적을 상실하거나 국외로 이주한 때

나. 반환일시금 수급권의 소멸

반환일시금의 수급권은 ① 수급권자가 다시 가입자로 된 때, ② 수급권자가 노령연금의 수급권을 취득한 때, ③ 수급권자가 장애연금의 수급권을 취득한 때, ④ 수급권

자의 유족이 유족연금의 수급권을 취득한 때 등에 해당하면 소멸한다.

다. 사망일시금[63]과 장애 일시보상금

① 사망일시금은 가입자 또는 가입자였던 자가 사망한 때에 유족이 없으면 그 배우자 · 자녀 · 부모 · 손자녀 · 조부모 · 형제자매 또는 4촌 이내 방계혈족(傍系血族)에게 지급한다. 다만, 가출 · 실종(행방불명 1년)에 해당하는 사람에게는 지급하지 아니한다.

② 장애 일시보상금은 가입 중에 생긴 질병이나 부상으로 완치된 후에도 신체상 또는 정신상의 장애정도가 장애등급 4급에 해당하는 자에 대하여는 기본연금액의 1천분의 2천 250에 해당하는 금액을 일시보상금으로 지급한다.

7. 급여의 제한 및 정지

1) 급여의 제한(제82조)

가입자 또는 가입자였던 자가 고의로 질병 · 부상 또는 그 원인이 되는 사고를 일으켜 그로 인하여 장애를 입은 경우에는 그 장애를 지급 사유로 하는 장애연금을 지급하지 아니할 수 있다.

2) 연금지급의 정지 – 급여의 제한과의 차이

수급권자가 다음 각 호의 어느 하나에 해당하면 급여의 전부 또는 일부의 지급을 정지할 수 있다.

① 수급권자가 정당한 사유 없이 공단의 서류, 자료 제출 요구에 응하지 아니한 때(조사·질문 등의 불응)
② 장애연금 또는 유족연금의 수급권자가 정당한 사유 없이 공단의 진단 요구 또는 확인에 응하지 아니한 때(진단요구의 불응)
③ 장애연금 수급권자가 고의나 중대한 과실로 요양 지시에 따르지 아니하거나 정당한 사유 없이 요양 지시에 따르지 아니하여 회복을 방해한 때(요양 지시의 불응)
④ 수급권자가 정당한 사유 없이 신고를 하지 아니한 때(미신고)

8. 비용 부담[64] 및 연금보험료

1) 국고 부담

국가는 매년 공단 및 건강보험공단이 국민연금사업을 관리 · 운영하는 데에 필요한 비용의 전부 또는 일부를 부담한다.

---

63) 사망일시금이란 가입자 또는 가입자였던 사람이 사망하였으나 유족연금 또는 반환일시금을 지급받을 수 있는 유족범위에 해당하는 자가 없는 경우, 장제 부조금 성격으로 지급하는 급여를 말한다.

64) 연금보험료의 부과방식: 사업장가입자 - 2자부담 방식, 지역가입자 - 1자부담방식을 시행, 연금재원의 갹출방식에는 균일갹출제와 소득비례 갹출제가 있는데 국민연금법은 소득비례 갹출제를 실시하고 있다.

2) 연금보험료의 부과 및 징수

연금보험료의 부과금액은 가입자 자격취득시의 신고 또는 정기결정에 의하여 결정되는 기준소득월액에 보험료율을 곱하여 산정한다(연금보험료 = 가입자의 기준소득월액 × 연금보험료율 9%). 보험료는 가입자 소득의 9%(보험료율)로, 사업장가입자는 사업자(50%)와 근로자(50%)가 분담(=2자 부담방식), 지역가입자는 전액 본인 부담(=1자 부담방식)한다. 국민연금법은 보험료의 상한선이 있다. 보험료를 많이 낼수록 급여가 많아진다(소득비례 갹출제 실시).

> ※ 소득은 월 최저 28만 원(보험료 25천 원)부터, 최고 434만 원(보험료 390, 600원)으로 한정(2016년)
> 국민연금법상 기준소득월액(보험료)은 상하한선이 설정되어 있다. 보험료를 많이 낼수록 급여가 많아진다.
> ⊞ 농어업인의 경우 일정한 조건(기준소득월액: 91만원)에 해당되면 연금보험료의 일부를 지원
> ☆ 기준소득월액이 91만 원 이상인 경우: 40,950원 정액 지원
> ☆ 기준소득월액이 91만 원 미만인 경우: 연금보험료의 1/2에 해당하는 금액 지원

재원 부담방식	1자 부담방식(단일부담방식), 2자 부담방식, 3자 부담방식
연금 갹출방식	균일 갹출제, 소득비례갹출제

① 보건복지부장관은 국민연금사업 중 연금보험료의 징수에 관하여 이 법에서 정하는 사항을 건강보험공단에 위탁한다.

② 공단은 국민연금사업에 드는 비용에 충당하기 위하여 가입자와 사업자에게 가입기간 동안 매월 연금보험료를 부과하고, 건강보험공단이 이를 징수한다(국민연금공단: 연금보험료의 부과, 건강보험공단: 연금보험료의 징수).

③ 사업장가입자의 연금보험료 중 기여금은 사업장가입자 본인이 50%, 부담금은 사업자가 50%씩 각각 부담하되, 그 금액은 각각 기준소득월액의 1천분의 45에 해당하는 금액으로 한다.

> ※ **사업장의 가입자의 보험료**: 기준소득월액 × 보험료율(9% = 근로자의 기여금 4.5%, 사업자의 부담금 4.5%)
> ☆ 보험료율: '88년 3% → '93년 6% → '98년 9%(OECD 평균 21.0%, 미국 12.4%, 일본 14.6%)

④ 지역가입자, 임의가입자 및 임의계속가입자의 연금보험료는 지역가입자, 임의가입자 또는 임의계속가입자 본인이 전액(100%) 부담하되, 그 금액은 기준소득월액의 1천분의 90(9%)으로 한다.

3) 연금보험료 납부의 예외

연금보험료 납부 예외란 사업 중단, 실직, 휴직 등의 사유로 연금보험료를 납부할 수 없는 경우 신청에 의해 해당 기간 동안 연금보험료 납부를 면제함으로써 그 부담

을 경감시켜 주는 제도이다.

※ **연금보험료 납부의 예외인 경우**
1. 사업 중단, 실직 또는 휴직 중인 경우
2. 병역의무를 수행하는 경우
3. 학교에 재학 중인 경우
4. 교정시설에 수용 중인 경우
5. 치료감호시설에 수용 중인 경우
6. 1년 미만 행방불명된 경우
7. 재해·사고 등으로 소득이 감소되거나 그밖에 소득이 있는 업무에 종사하지 아니하는 경우로서 대통령령으로 정하는 경우[㉠ 질병이나 부상으로 3개월 이상 입원한 경우, ㉡ 「농어업재해대책법」, 「자연재해대책법」 또는 「재해구호법」에 따른 보조나 지원의 대상이 된 경우, ㉢ 재해나 사고 등의 발생으로, 연금보험료를 낼 경우 보건복지부장관이 정하는 기초생활을 유지하는 것이 곤란하다고 인정될 정도로 소득이 감소된 경우]

4) 연금보험료의 추후 납부

① 가입자는 다음 각 호의 어느 하나에 해당하는 기간의 전부 또는 일부에 상응하는 연금보험료(추납보험료)의 추후 납부를 신청할 수 있다.

1. 연금보험료를 최초로 납부한 이후에 제9조 1호, 4호 또는 5호에 따라 연금보험료를 내지 아니한 기간
2. 제91조 1항에 따라 연금보험료를 내지 아니한 기간
3. 병역법에 따른 병역의무를 마친 후 가입자의 자격을 취득한 경우로서 해당 병역의무를 수행한 기간. 다만, 다음 각 목의 어느 하나에 해당하는 기간은 제외한다.

가. 공무원연금법, 사립학교교직원 연금법 또는 별정우체국법에 따른 재직기간에 포함된 기간
나. 군인연금법에 따른 복무기간에 포함된 기간
다. 1988년 1월 1일 전에 병역의무를 수행한 기간

② 납부한 연금보험료를 반환일시금으로 지급받은 경우에는 제1항제1호에도 불구하고 그에 상응하는 기간은 연금보험료를 납부한 것으로 보지 아니한다. 다만, 지급받은 반환일시금을 제78조에 따라 반납금으로 납부한 경우에는 그러하지 아니하다.

③ 추납보험료는 추후 납부를 신청한 날이 속하는 달의 연금보험료에 추후 납부하려는 기간의 개월 수를 곱한 금액으로 한다. 다만, 임의가입자가 추후 납부를 신청한 경우 그 추납보험료 산정을 위한 연금보험료의 상한은 대통령령으로 정한다.

④ 추납보험료는 대통령령으로 정하는 바에 따라 분할하여 납부할 수 있다. 이 경우 대통령령으로 정하는 이자를 더하여야 한다.

⑤ 추납보험료를 낸 경우 그에 상응하는 기간은 추납보험료를 납부한 날을 기준으로 가입기간에 산입한다. 이 경우 추후 납부에 따라 산입되는 가입기간의 기본연금액은 추납보험료를 납부한 날이 속하는 달을 기준으로 산정한다.

9. 국민연금기금

1) 기금의 설치 및 조성

보건복지부장관은 국민연금사업에 필요한 재원을 원활하게 확보하고, 급여에 충당하기 위한 책임준비금으로서 국민연금기금을 설치한다.

※ 국민연금기금의 재원 조성
1. 연금보험료 2. 기금 운용 수익금 3. 적립금 4. 공단의 수입지출 결산상의 잉여금

2) 기금의 관리 및 운용

① 기금은 보건복지부장관이 관리・운용한다.

② 보건복지부장관은 국민연금 재정의 장기적인 안정을 유지하기 위하여 그 수익을 최대로 증대시킬 수 있도록 국민연금기금운용위원회에서 의결한 바에 따라 다음의 방법으로 기금을 관리・운용한다.

※ 국민연금기금의 운용할 수 있는 방법: 기본원칙 – 수익성, 안정성, 공공성.
1. 금융기관에 대한 예입 또는 신탁(은행법에 따른 은행에 대한 예입 또는 신탁)
2. 공공사업을 위한 공공부문에 대한 투자(기획재정부장관과 협의하여 국채를 매입)
3. 증권의 매매 및 대여
4. 금융투자상품지수에 관한 파생상품시장에서의 거래
5. 복지사업 및 대여사업
   - 노인복지시설의 설치·공급·임대·운영과 노인복지시설의 부대시설로서 체육시설의 설치·운영 및 자금의 대여
   - 아동복지시설, 장애인복지시설 등의 복지시설의 설치·운영 및 자금의 대여
   - 병원과 휴양시설 또는 요양시설의 설치·운영 및 자금의 대여
   - 생활안정자금, 학자금, 중·소사업장의 사업장 내 복지시설의 설치를 위한 자금, 주택 구입 자금 및 전세 자금 등의 대여(자금의 대여)
6. 기금의 본래 사업 목적을 수행하기 위한 재산의 취득 및 처분
7. 그밖에 기금의 증식을 위한 대통령령(제74조 3항: 기금의 운용사업 등)으로 정하는 사업

③ 가입자, 가입자였던 자 및 수급권자의 복지증진을 위한 사업에 대한 투자는 국민연금 재정의 안정을 해치지 아니하는 범위에서 하여야 한다. 가령 노인복지법에 따른 노인복지시설의 설치・공급・임대사업은 복지사업 및 대여사업에 해당된다.

④ 기금을 관리・운용하는 경우에는 장기적이고 안정적인 수익 증대를 위하여 투자대상과 관련한 환경・사회・지배구조 등의 요소를 고려할 수 있다.

3) 건강보험공단에 출연

보건복지부장관은 연금보험료 등의 징수에 소요되는 비용을 국민연금기금운용위원회의 의결을 거쳐 기금에서 건강보험공단에 출연할 수 있다.

4) 국민연금기금운용위원회 - 재정운영방식

기금의 운용에 관한 다음의 사항을 심의·의결하기 위하여 보건복지부에 국민연금기금운용위원회를 둔다. 운용위원회의 위원장은 보건복지부장관이다.

1. 기금운용지침에 관한 사항	2. 기금을 관리기금에 위탁할 경우 예탁 이자율의 협의에 관한 사항
3. 기금운용계획에 관한 사항	4. 기금의 운용 내용과 사용 내용에 관한 사항
5. 그밖에 기금의 운용에 관하여 중요한 사항으로서 운용위원회 위원장이 회의에 부치는 사항	

10. 권리구제 - 심사청구 및 재심사청구

1) 심사청구 (이의제기)

가입자의 자격, 기준소득월액, 연금보험료, 그 밖의 이 법에 따른 징수금과 급여에 관한 공단 또는 건강보험공단의 처분에 이의가 있는 자는 그 처분을 한 국민연금공단(국민연금심사위원회) 또는 건강보험공단(징수심사위원회)[65]에 심사청구를 할 수 있다.

2) 재심사청구

심사청구에 대한 결정에 불복하는 자는 그 결정통지를 받은 날부터 90일 이내에 대통령령으로 정하는 사항을 적은 재심사청구서에 따라 보건복지부의 국민연금재심사위원회[66]에 재심사를 청구할 수 있다. → 행정심판법에 따른 행정심판으로 본다.

※ 권리구제 절차 - 단계적으로 검토
① 심사청구: 공단의 처분에 이의가 있으면 문서로 90일 이내 → 국민연금심사위원회/징수심사위원회의 60일 이내 결정(30일 연장가능)
② 재심사청구: 결정에 대한 이의가 있을 경우 90일 이내 → 보건복지부의 국민연금재심사위원회(=행정심판에 의한 재결)
③ 행정소송: 행정심판에 대한 결정에 불복하는 경우, 처분이 있은 날부터 180일 이내 → 행정소송 제기 가능
[참조] 처분이 있은 날부터 180일을 경과하면 이를 제기하지 못한다.

☆ 국민연금법상 국민연금재심사위원회의 재심사에 불복하려는 자는 행정소송을 제기할 수 있다.

11. 보칙

1) 소멸시효

① 연금보험료, 환수금, 그 밖의 이 법에 따른 징수금을 징수하거나 환수할 권리는

65) **국민연금심사위원회 및 징수심사위원회(제109조)**: 심사청구 사항을 심사하기 위하여 공단에 국민연금심사위원회(심사위원회 20명 이내의 위원)를 두고, 건강보험공단에 징수심사위원회(25명의 위원 구성)를 둔다.
66) **국민연금재심사위원회(제111조)**: 재심사청구 사항을 심사하기 위하여 보건복지부에 둔다.

3년간, 급여(반환일시금 제외)를 받거나 과오납금을 반환받을 수급권자 또는 가입자 등의 권리는 5년간, 반환일시금을 지급받을 권리는 10년간 행사하지 아니하면 각각 소멸시효가 완성된다(단, 가입기간 10년 미만의 반환일시금은 10년 임).

② 급여를 지급받을 권리는 그 급여 전액에 대하여 지급이 정지되어 있는 동안은 시효가 진행되지 아니한다.

2) 외국인에 대한 적용

이 법의 적용을 받는 사업장에 고용되고 있거나 국내에 거주하는 외국인으로서 대통령령으로 정하는 자 외의 외국인은 당연히 사업장가입자 또는 지역가입자가 된다. 다만, 이 법에 따른 국민연금에 상응하는 연금에 관하여 그 외국인의 본국 법이 대한민국 국민에게 적용되지 아니하면 그러하지 아니한다(상호주의 적용).

※ 외국인에 대한 적용
1. 외국인의 본국 법에 따라 대한민국 국민이 급여의 수급권을 취득하지 못하고 일시금에 상응하는 급여를 지급하도록 그 나라 법에서 규정하고 있는 경우의 외국인(사회보장협정의 체결국)
2. 외국인근로자의 고용 등에 관한 법률에 따른 근로자로서 이 법을 적용받는 사업장에 고용된 자
3. 출입국관리법에 따라 산업연수활동을 할 수 있는 체류자격을 가지고 필요한 연수기간 동안 지정된 연수 장소를 이탈하지 아니한 자로서 이 법을 적용받는 사업장에 고용된 자

3) 외국과의 사회보장협정 체결 – 조약 체결 규정

대한민국이 외국과 사회보장협정을 맺은 경우에는 이 법에도 불구하고 국민연금의 가입, 연금보험료의 납부, 급여의 수급 요건, 급여액의 산정, 급여의 지급 등에 관하여 그 사회보장협정에서 정하는 바에 따른다.

※ 외국인에 대한 적용 및 사회보장협정: 사회보장협정 체결에 따른 내외국인 동등대우에 입각한 상호주의 원칙에 따라 적용하며, 그밖에 인도주의 원칙에 따른다.

⊞ 제외되는 외국인
① 체류기간 연장허가를 받지 않고 체류하는 자 ② 외국인등록을 하지 않은 자 ③ 강제퇴거명령서가 발부된 자
④ 외국인 체류자격이 있지만 문화예술 등 보건복지부장관령이 정하는 자를 제외한 자

3 국민건강보험법

[시행 2018.9.28.] [법률 제15535호, 2018.3.27., 일부개정] 보건복지부

국민건강보험법(1999년 제정, 2000년 시행)에 의한 건강보험사업은 보건복지부장관(보

험정책과)이 관장하며, 건강보험의 보험자는 국민건강보험공단이다(관장기관 및 보험자).

이 법은 생활상의 질병·부상에 대한 예방·진단·치료·재활과 출산·사망 및 건강증진에 대하여 보험급여를 실시함으로써 국민의 보건·의료를 향상시키고, 사회복지의 증진을 목적으로 보험의 원리를 이용하여 의료비의 일시적 과다 지출부담을 국민건강보험가입자 모두에게 분산시킴으로써 경제적 부담을 덜어주어 국민생활의 안정을 도모하기 위한 사회보험법이다.

※ 국민건강보험의 운영원리와 가치
① 보험급여의 포괄성 보장 ② 보험료부담의 형평성 제고 ③ 제도운영의 효율성과 투명성확보
④ 보험재정의 건전성 확보 ⑤ 의료자원의 효율적 활용과 의료서비스의 질적 향상 ⑥ 사회적 연대성, 사회통합

이 법은 소득계층별로 부담능력에 따라 보험료를 차등 부담함으로써 위험분산의 효과가 크다. 운영의 효율성과 사회연대성의 상부상조 원리에 따라 보험료 부담의 형평성을 높이고 질병의 치료 외에 예방·건강증진 등을 포함하는 포괄적인 의료서비스를 제공하는 사회보험법으로서 민간보험과는 다른 특성이 있다.

① 사회보험으로 국가가 공적인 기금운영으로 관리하는 보험제도이다.

② 국민건강보험법상 의무가입은 계약자유의 원칙과 상반된다. 본인의 의사에 따라 가입하는 임의보험이 아니라, 법률에 의해 강제 가입하는 보험이다(계약자유의 원칙 ×).

③ 국민연금과 같이 장기보험이 아니라 회계연도가 1년인 단기보험[67]에 속한다.

④ 의료기관 이용실적에 비례하여 보험료를 부과하는 체계가 아니라, 소득에 따라 보험료를 차등 부과하기 때문에 소득 재분배적 기능을 가진 공적 사회보험이다.

⑤ 법적으로 보험료 납부의무를 부과하므로 보험료 징수는 강제성을 띤다.

⑥ 적용범위는 모든 국민을 대상으로 하는 보편적 사회보험이다(보편주의).

※ 특성: 공적 사회보험, 강제가입 보험, 1년 단기보험, 보편적 사회보험, 소득재분배적 기능, 보험료징수의 강제성, 소득수준에 따른 차등부과, 균등부여

[문제] 국민건강보험법령상의 일반적 특성으로 옳지 않은 것은?

1. 목적

국민건강보험법은 국민의 질병·부상에 대한 예방·진단·치료·재활과 출산·사망 및 건강증진에 대하여 보험급여를 실시함으로써 국민보건 향상과 사회보장 증진에 이바지함을 목적으로 한다.

67) 단기보험: 1년 단위의 회계연도를 기준으로 수입과 지출을 예정하여 보험료를 계산하며 지급조건과 보험료, 납입기간과는 상관이 없다. 그러나 진료비와 질병치료의 보장은 물론 건강진단, 재활 및 예방의 범위까지 포함하는 적극적이고 포괄적인 의미를 가진다.

2. 용어의 뜻

1. "근로자"란 직업의 종류와 관계없이 근로의 대가로 보수를 받아 생활하는 사람(법인의 이사와 그 밖의 임원을 포함)으로서 공무원 및 교직원을 제외한 사람을 말한다.
2. "사업자"란 다음 각 목의 어느 하나에 해당하는 자를 말한다.

가. 근로자가 소속되어 있는 사업장의 사업자
나. 공무원이 소속되어 있는 기관의 장으로서 대통령령으로 정하는 사람
다. 교직원이 소속되어 있는 사립학교(「사립학교교직원 연금법」 제3조에 규정된 사립학교를 말함)를 설립·운영하는 자

3. "사업장"이란 사업소나 사무소를 말한다.
4. "공무원"이란 국가나 지자체에서 상시 공무에 종사하는 사람을 말한다.
5. "교직원"이란 사립학교나 사립학교의 경영기관에서 근무하는 교원과 직원을 말한다.

3. 건강보험정책심의위원회: 건강보험정책을 심의·의결기구 - 정책기구

① 건강보험정책에 관한 다음 주요사항을 심의·의결하기 위하여 보건복지부장관 소속하에 건강보험정책심의위원회를 둔다(보건복지부장관소속: 건강보험정책 결정기구).

[참조] 국무총리 소속기구: 사회보장위원회, 아동(보육, 장애인 등)정책조정위원회 등

1. 요양급여의 기준	2. 종합계획 및 시행계획에 관한 사항
3. 요양급여비용에 관한 사항	4. 직장가입자의 보험료율
5. 지역가입자의 보험료부과점수당 금액	6. 건강보험에 관한 주요 사항(대통령령이 정하는 사항)

☆ 국민건강보험 종합계획 수립(5년마다 수립)

② 심의위원회는 위원장 1인과 부위원장 1인을 포함한 25인의 위원으로 구성한다.

③ 심의위원회의 위원은 보건복지부장관이 임명 또는 위촉한다(임기는 3년).

※ 심의위원회의 위원이 될 수 있는 사람(보건복지부장관이 임명 또는 위촉함)
1. 근로자단체 및 사업자단체가 추천하는 각 2명
2. 비영리시민단체(「비영리민간단체지원법」에 따른 비영리민간단체를 말함), 소비자단체, 농어업인단체 및 자영업자단체가 추천하는 각 1명
3. 의료계를 대표하는 단체 및 약업계를 대표하는 단체가 추천하는 8명
4. 다음 각 목에 해당하는 8명
   가. 대통령령으로 정하는 중앙행정기관 소속 공무원 2명
   나. 국민건강보험공단의 이사장 및 건강보험심사평가원의 원장이 추천하는 각 1명
   다. 건강보험에 관한 학식과 경험이 풍부한 4명

④ 심의위원회 위원의 임기는 3년으로 한다(대통령령으로 정하는 중앙행정기관 소속 공무원 위원은 제외). 다만, 위원의 사임 등으로 새로 위촉된 위원의 임기는 전임위원 임기의 남은 기간으로 한다(보궐 전임자의 잔임기간).

4. 가입자(수급권자)

1) 적용대상

국민건강보험법에 따라 국내의 거주하는 국민은 원칙적으로 건강보험의 가입자 또는 피부양자가 된다.[68] 그리고 국내에 체류하는 외국인도 가입자 또는 피부양자가 될 수 있다.

※ 피부양자의 범위 – 직장가입자에게 주로 생계를 의존하는 사람으로서 소득과 재산 기준 이하에 해당하는 사람
1. 직장가입자의 배우자
2. 직장가입자의 직계존속(배우자의 직계존속을 포함)
3. 직장가입자의 형제·자매
4. 직장가입자의 직계비속(배우자의 직계비속을 포함)과 그 배우자(사위, 며느리)

[주의] ① 직장가입자 배우자의 형제자매는 피부양자가 아니다.
② 직장가입자 피부양자가 종합과세대상금액이 4000만 원을 초과할 경우 지역가입자로 된다.

2) 가입자의 종류 – 직장가입자 및 지역가입자

(1) 직장가입자(피보험자)

모든 사업장의 근로자 및 사업자와 공무원 및 교직원은 직장가입자가 된다.

※ 직장가입자에서 제외되는 사람
1. 고용 기간이 1개월 미만인 일용근로자
2. 현역병(지원에 의하지 아니하고 임용된 하사 포함), 전환복무된 사람 및 군간부후보생
3. 선거에 당선되어 취임하는 공무원으로서 매월 보수 또는 보수에 준하는 급료를 받지 아니하는 사람
4. 사업장의 특성, 고용 형태 및 사업의 종류 등을 고려하여 대통령령으로 정하는 사업장의 근로자 및 사업자와 공무원 및 교직원

(2) 지역가입자

지역가입자는 직장가입자와 그 피부양자를 제외한 가입자를 말한다. 지역가입자의 월별 보험료액은 세대 단위[69]로 산정한다. 지역가입자의 소득·재산·생활수준·경제활동참가율 등을 고려한다.

(3) 외국인의 가입자 및 피부양자 등에 대한 특례(시행령)

국가는 외국정부가 사업자인 사업장의 근로자의 건강보험에 관해 외국정부와의 합의에 의하여 이를 따로 정할 수 있다(사회보장협정 체결). 국내에 체류하는 재외국민 또는 외국인으로서 대통령령으로 정하는 사람은 건강보험 가입자 또는 피부양자가 된다.
☆ 국내에 거주하지 않는 재외국민은 국민건강보험의 가입자가 되지 못한다.

---

68) 국내에 거주하는 국민은 의료급여 대상자 등을 제외하고는 모두 건강보험의 가입대상이 되며, 그 가입대상자는 직장가입자 및 그 피부양자, 지역가입자로 구분한다.

69) 지역가입자의 보험료는 그 세대의 등급별 표준소득월액에 보험료율(부과점수)을 곱하여 산정하도록 한다.

① 직장가입자가 되는 재외국민 또는 외국인은 건강보험 적용 사업장의 근로자, 공무원 또는 교직원으로서 다음의 어느 하나에 해당하는 사람으로 한다.

1. 「주민등록법」에 따라 등록을 한 사람
2. 「재외동포의 출입국과 법적 지위에 관한 법률」에 따라 국내 거소신고를 한 사람
3. 「출입국관리법」에 따라 외국인등록을 한 사람

② 지역가입자가 되는 재외국민 또는 외국인은 다음 각 호의 요건을 모두 갖추고 공단에 지역가입자 자격 취득을 신청한 사람으로 한다.

1. 제1항에 따라 직장가입자가 되는 재외국민 또는 외국인이 아닐 것
2. 국내에 3개월 이상 거주하였거나 유학·취업 등의 사유로 3개월 이상 거주할 것이 명백할 것
3. 다음 각 목의 어느 하나에 해당할 것
   가. 「재외동포의 출입국과 법적 지위에 관한 법률」에 따라 국내 거소 신고를 한 사람
   나. 「출입국관리법」에 따라 외국인등록을 한 사람으로서 보건복지부령으로 정하는 체류자격이 있는 사람

[문제] 국민건강보험법령상 외국인의 지역가입자 자격취득 요건으로 옳지 않은 것은?

3) 자격취득의 시기

가입자는 대한민국의 국내에 거주하게 된 날에 직장가입자 또는 지역가입자의 자격을 얻는다(원칙).

※ [예외] 해당되는 날에 자격취득의 시기
1. 수급권자이었던 자는 그 대상자에서 제외된 날
2. 직장가입자의 피부양자이었던 자가 그 자격을 잃은 날
3. 유공자 등 의료지원대상자이었던 자는 그 대상자에서 제외된 날
4. 유공자 등 의료지원대상자로서 건강보험의 적용을 보험자에 신청한 자는 그 신청한 날

→ 유공자 등 의료지원대상자: 독립유공자예우에 관한 법률 및 국가유공자 등 예우 및 지원에 관한 법률에 따라 의료보호를 받는 사람.

[문제] 국민건강보험법령상 직장가입자 또는 지역가입자의 자격취득 시기로 옳지 않은 것은?

4) 가입자의 자격상실 시기

직장가입자의 사업자와 지역가입자의 세대주는 그 명세를 자격을 잃은 날부터 14일 이내에 보험자에게 신고하여야 한다.

※ 국민건강보험법상 건강보험 **가입자의 자격을 상실하는 날**
1. 사망한 날의 다음날
2. 국적을 잃은 날의 다음날
3. 국내에 거주하지 아니하게 된 날(이민)의 다음날
4. 직장가입자의 피부양자가 된 날
5. 수급권자가 된 날 → 의료급여 수급권자가 된 날
6. 유공자 등 의료지원 대상자가 되어 건강보험의 적용배제 신청을 한 날

[문제] 국민건강보험법령상 건강보험 가입자의 자격을 상실하는 날로서 옳은 것은?

☆ 국민건강보험법령상 급여를 받을 자격이 있는 자의 급여가 정지되는 경우는 국외에 여행 중인 때가 해당한다. - 가입자의 자격을 상실한 시기와 구분

5. 국민건강보험공단

1) 보험자: 국민건강보험공단

건강보험의 보험자는 건강보험공단(법인)으로 한다.[70] 공단의 주된 사무소의 소재지는 정관으로 정한다. 정관을 변경하려면 보건복지부 장관의 인가를 받아야 한다.

2) 보험자의 업무

① 국민건강보험법상 국민건강보험공단에서 관장하는 업무는 다음과 같다.

※ 국민건강보험공단의 업무 사항

1. 가입자 및 피부양자의 자격 관리
2. 보험료와 징수금의 부과·징수
3. 보험급여의 관리
4. 가입자 및 피부양자의 질병의 조기발견·예방 및 건강관리를 위하여 요양급여 실시 현황과 건강검진 결과 등을 활용하여 실시하는 예방사업으로서 대통령령으로 정하는 사업
5. 보험급여 비용의 지급
6. 자산의 관리·운영 및 증식사업
7. 의료시설의 운영
8. 건강보험에 관한 교육훈련 및 홍보
9. 건강보험에 관한 조사연구 및 국제협력
10. 이 법에서 공단의 업무로 정하고 있는 사항
11. 「국민연금법」, 「고용보험 및 산업재해보상보험의 보험료징수 등에 관한 법률」, 「임금채권보장법」 및 「석면피해구제법」(징수위탁근거법)에 따라 위탁받은 업무
12. 그밖에 이 법 또는 다른 법령에 따라 위탁받은 업무
13. 그밖에 건강보험과 관련하여 보건복지부장관이 필요하다고 인정한 업무

[문제] 국민건강보험법상 국민건강보험공단에서 하는 업무가 아닌 것은?

② 자산의 관리·운영 및 증식사업은 안정성과 수익성을 고려하여 다음의 방법에 따라야 한다.

1. 체신관서 또는 「은행법」에 따른 은행에의 예입 또는 신탁
2. 국가·지자체 또는 은행이 직접 발행하거나 채무이행을 보증하는 유가증권의 매입
3. 특별법에 따라 설립된 법인이 발행하는 유가증권의 매입
4. 「자본시장과 금융투자업에 관한 법률」에 따른 신탁업자가 발행하거나 같은 법에 따른 집합투자업자가 발행하는 수익증권의 매입
5. 공단의 업무에 사용되는 부동산의 취득 및 일부 임대
6. 그밖에 공단 자산의 증식을 위하여 대통령령으로 정하는 사업

70) 건강보험의 보험자는 국민건강보험공단으로 하고, 공단은 법인으로 한다. 공단의 이사장은 보건복지부장관의 제청에 의하여 대통령이 임명하며, 이사는 보건복지부장관이 임명하도록 한다.

3) 회계 및 결산

① 공단의 회계연도는 정부의 회계연도에 따른다(1년 회계연도: 1월~ 12월, 단기보험).

② 공단은 직장가입자와 지역가입자의 재정을 통합하여 운영한다.

③ 공단은 건강보험사업 및 징수위탁근거법의 위탁에 따른 국민연금사업·고용보험사업·산업재해보상보험사업·임금채권보장사업에 관한 회계를 공단의 다른 회계와 구분하여 각각 회계처리하여야 한다(구분회계: 독립회계).

④ 공단은 회계연도마다 예산안을 편성하여 이사회의 의결을 거친 후 보건복지부장관의 승인을 받아야 한다(제36조 예산). → 예산을 변경할 때에도 또한 같다.

⑤ 공단은 지출할 현금이 부족한 경우에는 차입할 수 있다. 다만, 1년 이상 장기로 차입하려면 보건복지부장관의 승인을 받아야 한다(제37조 차입금).

⑥ 공단은 회계연도마다 결산보고서와 사업보고서를 작성하여 다음해 2월 말일까지 보건복지부장관에게 보고하여야 한다(제39조 결산).

※ **법의 준용 순서**: 국민건강보험법 → 공공기관의 운영에 관한 법률 → 민법(재단법인 규정 준용)
☆ 재난적 의료비 지원사업에 대한 출연 : 매년 예산의 범위에서 출연할 수 있다.

6. 보험급여의 종류

① 국민건강보험법에 따라 제공되는 급여종류[71]로는 요양급여(현물급여), 건강검진(현물급여), 요양비(현금급여), 장애인보장구급여비(현금급여), 임신·출산진료비(현금급여), 장제비(현금급여: 미실시), 상병수당(현금급여: 미실시), 그 밖의 급여 등이 있다. 이 중에서 요양급여, 건강검진, 요양비, 장애인보장구 급여비 등은 법정급여라고 한다. 부가급여로는 임신·출산 진료비, 장제비, 상병수당, 그 밖의 급여를 실시할 수 있다.

[문제] 국민건강보험법령에 따라 제공되는 보험급여의 종류에 해당하지 않는 것은? ⑤
① 요양급여 ② 건강검진 ③ 요양비 ④ 장애인보장구급여비 ⑤ 자활급여

② 건강보험의 급여형태는 의료 그 자체를 보장하는 현물급여와 의료비의 상환제도인 현금급여 두 가지 형태가 있다. 우리나라는 현물급여를 원칙으로 하되, 현금급여를 병행하고 있다(제50조).[72]

---

71) 법정급여는 법적 규정에 의하여 일정한 보험사고에 대하여 지급되는 급여이고, 임의급여는 급여의 종류는 법적으로 정해져 있으나 실시 여부는 보험자에게 위임되어 있는 급여를 말한다.

72) 건강보험 가입자 및 피부양자의 질병·부상·출산 등에 대하여 진찰·약제지급·치료·예방 등의 요양급여를 요양기관에서 실시하고, 장제비와 상병수당 등의 임의급여를 대통령령으로 정하는 바에 의하여 실시할 수 있도록 한다.

1) 요양급여(제41조)

(1) 개념과 범위

① 요양급여는 가입자와 피부양자의 질병, 부상, 출산 등에 대하여 의료서비스(진찰·검사, 약제·치료재료의 지급, 처치·수술 및 그 밖의 치료, 예방·재활, 입원, 간호, 이송)를 실시하는 것을 말한다(약제의 요양급여는 일정한 경우 1년 범위 내에서 제외 가능).

② 요양급여의 범위(요양급여대상)는 다음 각 호와 같다.

> 1. 요양급여(약제는 제외): 보건복지부장관이 비급여대상으로 정한 것을 제외한 일체의 것
> 2. 약제: 요양급여대상으로 보건복지부장관이 결정하여 고시한 것

③ 요양급여의 방법·절차·범위·상한 등의 기준은 보건복지부령으로 정한다.

④ 보건복지부장관은 요양급여의 기준을 정할 때 업무나 일상생활에 지장이 없는 질환에 대한 치료 등 보건복지부령으로 정하는 사항은 요양급여대상에서 제외되는 사항(비급여대상)으로 정할 수 있다.

(2) 요양기관 – 의료기관, 약국, 보건소 등

① 요양기관에서는 요양급여[1. 진찰·검사 2. 약제(藥劑)·치료재료의 지급 3. 처치·수술 및 그 밖의 치료 4. 예방·재활 5. 입원]의 5가지 의료서비스를 실시한다(간호와 이송은 제외). 간호와 이송은 요양기관에서 실시하는 것이 아니라 별도의 단체에서 실시한다.

> [주의] 국민건강보험에서 간병은 요양급여 해당하지 않지만, 산재보험 요양급여의 경우에는 간병도 급여에 해당된다.

> **[문제] 국민건강보험법령에 따라 제공되는 요양급여에 해당하지 않는 것은? ⑤**
> ① 진찰·검사 ② 약제(藥劑)·치료재료의 지급 ③ 예방·재활
> ④ 처치·수술 및 그 밖의 치료 ⑤ 간병

② 요양기관은 정당한 이유 없이 요양급여를 거부하지 못한다(수탁의무). 이 경우 보건복지부장관은 공익이나 국가정책에 비추어 요양기관으로 적합하지 아니한 대통령령으로 정하는 의료기관 등은 요양기관에서 제외할 수 있다(예, 사회복지시설을 이용하는 사람의 진료를 주된 목적으로 개설된 의료기관).

> **※ 요양기관으로 적합한 의료기관: 전문요양기관의 인정 – 상급종합병원 지정(제42조)**
> 1. 「의료법」에 따라 개설된 의료기관 2. 「약사법」에 따라 등록된 약국
> 3. 「약사법」에 따라 설립된 한국희귀필수의약품센터 4. 「지역보건법」에 따른 보건소·보건의료원 및 보건지소
> 5. 「농어촌 등 보건의료를 위한 특별조치법」에 따라 설치된 보건진료소

> **[문제] 국민건강보험법령상 요양 기관에서 제외할 수 있는 기관은?**

(3) 비용의 일부부담

① 요양급여를 받는 자는 대통령령으로 정하는 바에 따라 비용의 일부(본인일부부담금)를 본인이 부담한다. 이 경우 선별급여에 대해서는 다른 요양급여에 비하여 본인일부부담금을 상향 조정할 수 있다.

② 본인이 연간 부담하는 본인일부부담금의 총액이 대통령령으로 정하는 금액(본인부담상한액)을 초과한 경우에는 공단이 그 초과 금액을 부담하여야 한다.

③ 본인부담상한액은 가입자의 소득수준 등에 따라 정한다.

2) 요양비 - 현금급여

① 공단은 가입자나 피부양자가 보건복지부령으로 정하는 긴급하거나 그 밖의 부득이한 사유로 요양기관과 비슷한 기능을 하는 기관으로서, 보건복지부령으로 정하는 기관(업무정지기간 중인 요양기관을 포함)에서 질병·부상·출산 등에 대하여 요양을 받거나 요양기관이 아닌 장소에서 출산한 경우에는 그 요양급여에 상당하는 금액을 가입자나 피부양자에게 요양비로 지급한다.

[주의] 요양비는 요양기관이 아닌 곳에서 출산을 할 경우, 요양급여를 받아야 할 사안이 생길 경우 요양비를 받을 수 있다.

② 요양을 받은 사람은 그 명세서나 영수증을 공단에 제출하여야 한다.

3) 건강검진 - 현물급여

① 공단은 가입자와 피부양자에 대하여 질병의 조기 발견과 그에 따른 요양급여를 하기 위하여 건강검진을 실시한다(건강검진).

② 일반건강검진은 2년마다 1회 이상 실시하되, 사무직에 종사하지 아니하는 직장가입자에 대해서는 1년에 1회 실시한다. 다만, 암검진과 영유아건강검진은 암의 종류별 특성과 영유아의 나이 등을 고려하여 보건복지부장관이 정하여 고시하는 바에 따라 검진주기와 검진횟수를 다르게 할 수 있다.

> ※ **건강검진의 대상자 대상·횟수**: 2년에 1회 이상
> 직장가입자(사무직), 세대주인 지역가입자, 40세 이상인 지역가입자, 40세 이상인 피부양자

4) 장애인보장구에 대한 보험급여 - 현금급여

공단은 장애인복지법에 따라 등록한 장애인인 가입자 및 피부양자에게는 보장구(補裝具)에 대하여 보험급여(보장구 비용의 80% 지원)를 할 수 있다(장애인에 대한 특례).

5) 부가급여(임의급여)

공단은 이 법에서 정한 요양급여 외에 대통령령으로 정하는 바에 따라 임신출산진료비, 장제비(葬祭費), 상병수당(미실시), 그 밖의 급여를 실시할 수 있다(임의규정).

> ※ **임신·출산진료비(시행령 제23조: 부가급여)**: 지급액은 50만 원의 범위에서 임신한 가입자 또는 피부양자가 실제 부담한 금액으로 한다. – 임신 1회당 : 50만 원, 다태아: 90만 원 → 국민행복카드(바우처) 통합 발급

6) 급여의 제한

① 공단은 보험급여를 받을 수 있는 사람이 다음 각 호의 어느 하나에 해당하면 보험급여를 하지 아니한다. 다만, 경미한 과실로 인한 사고 · 부상으로 요양급여대상자가 된 때는 급여제한을 하지 아니한다(급여제한 ×).

> 1. 고의 또는 중대한 과실로 인한 범죄행위에 그 원인이 있거나 고의로 사고를 일으킨 경우
> 2. 고의 또는 중대한 과실로 공단이나 요양기관의 요양에 관한 지시에 따르지 아니한 경우
> 3. 고의 또는 중대한 과실로 문서와 그 밖의 물건제출을 거부하거나 질문 또는 진단을 기피한 경우
> 4. 업무 또는 공무로 생긴 질병·부상·재해로 다른 법령에 따른 보험급여나 보상(報償) 또는 보상(補償)을 받게 되는 경우(병급조정의 규정이 있는 때)

② 공단은 보험급여를 받을 수 있는 사람이 다른 법령에 따라 국가나 지자체로부터 보험급여에 상당하는 급여를 받거나 보험급여에 상당하는 비용을 지급받게 되는 경우에는 그 한도에서 보험급여를 하지 아니한다(중복급여의 금지).

③ 공단은 가입자가 대통령령으로 정하는 기간(1개월) 이상 소득월액보험료, 세대단위의 보험료의 보험료를 체납한 경우, 그 체납한 보험료를 완납할 때까지 그 가입자 및 피부양자에 대하여 보험급여를 실시하지 아니할 수 있다(국민건강보험법상 보험료를 체납한 경우 급여의 제한). 다만, 보험료의 체납기간에 관계없이 월별 보험료의 총체납횟수가 6회 미만인 경우에는 그러하지 아니하다.

7) 급여지급의 정지

국민건강보험법상 보험료를 받을 자격이 있는 사람의 급여가 정지되는 경우, 보험급여를 받을 수 있는 사람이 다음 각 호의 어느 하나에 해당하면 그 기간에는 보험급여를 하지 아니한다.

> ※ 국민건강보험법상 보험료를 받을 자격이 있는 자의 급여가 정지되는 경우
> 1. 국외에 여행 중인 경우(여행기간 정지) 2. 국외에서 업무에 종사하고 있는 경우(업무종사기간 정지)

[문제] 국민건강보험법령상 급여를 받을 자격이 있는 자의 급여가 정지되는 경우는? ①
① 국외에 여행 중인 때 ② 국적을 잃었을 때 ③ 의료급여 수급권자가 된 날
④ 사망한 날의 다음날 ⑤ 직장가입자의 피부양자가 된 경우

8) 현역병 등에 대한 요양급여비용의 지급 – 요양급여 실시

다음의 경우에는 현역병 등에 대한 요양급여비용의 지급에 따른 요양급여를 실시한다.

- 「병역법」에 따른 현역병(지원하지 않고 임용된 하사 포함), 전환복무된 사람 및 무관후보생에 해당하는 경우
- 교도소, 그밖에 이에 준하는 시설에 수용되어 있는 경우

☆ 법무부장관, 국방부장관, 경찰청장, 소방청장, 해양경찰청장은 요양급여 비용을 미리 공단에 예탁해야 함

9) 구상권

① 공단은 제3자의 행위로 보험급여사유가 생겨 가입자 또는 피부양자에게 보험급여를 한 경우에는 그 급여에 들어간 비용 한도에서 그 제3자에게 손해배상을 청구할 권리를 얻는다.

② 이 경우에 보험급여를 받은 사람이 제3자로부터 이미 손해배상을 받은 경우에는 공단은 그 배상액 한도에서 보험급여를 하지 아니한다(제58조).

[문제] 국민건강보험법령상 보험급여를 받을 수 있는 경우로 옳은 것은? ③
① 고의 또는 중대한 과실로 사고를 일으킨 경우
② 업무상 다른 법령에 따른 보험급여를 받게 되는 경우
③ 교도소, 그밖에 이에 준하는 시설에 수용되어 있는 경우
④ 국외에 여행 중인 경우
⑤ 고의 또는 중대한 과실로 공단이나 요양기관의 요양에 관한 지시에 따르지 아니한 경우

7. 건강보험심사평가원

1) 설립

요양급여비용을 심사하고 요양급여의 적정성을 평가하기 위하여 건강보험심사평가원(심사평가원: 법인)을 설립한다. → 진료심사평가위원회: 심사평가원의 업무를 효율적으로 수행하기 위하여 심사평가원에 진료심사평가위원회를 둔다.

2) 업무 관장

1. 요양급여비용의 심사 2. 요양급여의 적정성 평가 3. 심사기준 및 평가기준의 개발
4. 제1호부터 제3호까지의 규정에 따른 업무와 관련된 조사연구 및 국제협력

5. 다른 법률에 따라 지급되는 급여비용의 심사 또는 의료의 적정성 평가에 관하여 위탁받은 업무
6. 건강보험과 관련하여 보건복지부장관이 필요하다고 인정한 업무
7. 보험급여 비용의 심사와 보험급여의 적정성 평가와 관련 대통령령으로 정하는 업무

3) 임원의 구성

※ 심사평가원의 임원구성[주의: 변호사협회가 추천하는 사람 ×]
1. 공단이 추천하는 1명
2. 의약관계단체가 추천하는 5명
3. 노동조합·사업자단체·소비자단체 및 농어업인단체가 추천하는 각 1명

8. 보험료

1) 가입자별 보험료

① 공단은 건강보험사업에 드는 비용에 충당하기 위하여 보험료의 납부의무자로부터 보험료를 징수한다.

구 분	직장가입자	공무원·교직원(직장)	지역가입자
보 험 료	보수월액 × 보험료율(6.24%)	보수월액 × 보험료율(6.24%)	세대당 = 보험료부과점수 × 보험료부과점수당금액 (183원 30전)
부담주체	• 근로자 50%(3.12%) • 사업자 50%(3.12%)	• 공무원: 공무원, 국가 각 50%(6.24%씩) • 사립학교교직원: 3자부담 - 교직원 50%(3.12%) - 학 교 30%(1.872%) - 국 가 20%(1.248%)	• 세대 구성원 지역가입자(100% 부담)
징수방법	사업자가 원천징수 납부	기관장이 원천징수 납부	월별고지, 개별납부
납 기 일	익월 10일	익월 10일	익월 10일

② 보험료는 가입자의 자격을 취득한 날이 속하는 달의 다음 달부터 가입자의 자격을 잃은 날의 전날이 속하는 달까지 징수한다(예외, 가입자의 자격을 매월 1일에 취득한 경우에는 그 달부터 징수함).

(1) 직장가입자의 보험료액 산정

직장가입자의 보험료액은 직장가입자(근로자)와 사업자가 각각 보험료액의 50%씩 부담한다. 직장가입자의 보험료는 그 가입자의 등급별 보수월액[73]에 보험료율을 곱하여 얻은 금액(월별 보험료액 = 보수월액 × 보험료율)을 사업자가 납부한다. 소득월액에

73) **보수월액**: 직장가입자가 해당 연도에 받은 총액을 근무월수로 나눈 금액

보험료율을 곱하여 얻은 금액은 직장가입자(근로자)가 납부한다.

- 사업자 납부(부담금): 보수월액에 보험료율(1만분의 624)을 곱하여 얻은 금액
- 근로자 납부(기여금): 소득월액에 보험료율(1만분의 624)을 곱하여 얻은 금액

(2) 지역가입자의 보험료액 산정

지역가입자 월별 보험료액 = 보험료부과점수 × 보험료부과점수당 금액(179.6원)

지역가입자의 월별 보험료액은 세대 단위로 산정하되, 지역가입자 세대의 월별 보험료액은 산정한 보험료부과점수에 보험료부과점수당 금액을 곱한 금액으로 한다.

> ⊞ **보험료부과점수당 금액**: 183.3원(시행령 제43조의2)
>
> ※ **보험료부과점수**: 지역가입자의 소득 및 재산(재산권 행사가 제한되는 재산에 대하여는 다른 재산과 달리 정할 수 있음)을 기준으로 산정한다. 부과요소별 점수를 합산한 후 점수당 금액을 곱하여 보험료 산정 후 경감율 등을 부과한다(2018. 7. 1. 시행).

☆ 보험료부과제도 개선위원회 설치

2) 직장가입자와 지역가입자의 보험료 면제

① 공단은 직장가입자와 지역가입자가 다음 각 호에 해당하면 직장가입자의 보험료를 면제하며, 지역가입자가 속한 세대의 보험료를 산정할 때 그 가입자의 보험료부과점수를 제외한다.

> 1. 국외에서 업무에 종사하고 있는 때
> 2. 현역병(지원하지 않고 임용된 하사포함), 전환복무된 사람 및 무관후보생 등에 해당하게 된 때
> 3. 교도소 등에 준하는 시설에 수용되어 있는 때

② 직장가입자는 국외에서 업무에 종사하고 있는 때에 해당하는 직장가입자의 경우에는 국내에 거주하는 피부양자가 없을 때에만 보험료를 면제한다.

③ 지역가입자는 급여정지 사유가 생긴 날이 속하는 달의 다음 달부터 사유가 없어진 날이 속하는 달까지 적용한다.

3) 보험료의 경감사유

다음의 어느 하나에 해당하는 가입자 중 보건복지부령으로 정하는 가입자에 대하여 그 가입자 또는 그 가입자가 속한 세대의 보험료의 일부를 경감할 수 있다.

> ※ **보험료의 경감사유**
> 1. 섬·벽지(僻地)·농어촌 등의 지역에 거주하는 사람
> 2. 65세 이상인 사람
> 3. 「장애인복지법」에 따라 등록한 장애인
> 4. 휴직자
> 5. 「국가유공자 등 예우 및 지원에 관한 법률」에 따른 국가유공자
> 6. 생활이 어렵거나 천재지변의 사유로 보험료를 경감할 필요가 있다고 보건복지부장관이 정하여 고시하는 사람

4) 보험료의 부담

① 직장가입자의 보수월액보험료는 직장가입자와 다음 각 호의 구분(사업장의 사업자와 공무원이 소속되어 있는 국가 또는 지자체)에 따른 자가 각각 보험료액의 100분의 50씩 부담한다(2자 부담).

1. 직장가입자가 근로자인 경우에는 근로자가 소속되어 있는 사업장의 사업자(제3조 2호 가목)
2. 직장가입자가 공무원인 경우에는 그 공무원이 소속되어 있는 국가 또는 지자체

[참고] 사립학교교직원연금법은 본인 50%, 사립학교설립운영자 30%, 국가 20% 등이 각각 부담한다(3자 부담). 노사정 3자 부담: 세계 최초 3자부담방식 - 영국 국민보험법(1911년)

② 직장가입자의 소득월액보험료는 직장가입자(근로자)가 부담한다.

③ 지역가입자의 보험료는 그 가입자가 속한 세대의 지역가입자 전원이 연대하여 부담한다(소득과 재산이 없는 미성년자 제외). 월별 보험료는 세대단위로 산정한다.

※ 보험료의 납부의무자: 신용카드·직불카드 등으로 보험료 등의 납부 가능(제79조의2)
[참고] 연대납부의무 대상 미성년자
① 소득이 있거나 재산을 소유한 미성년자 ② 미성년자로만 구성된 지역가입자 세대의 미성년자

5) 보험료의 납부의무

① 직장가입자의 보험료는 다음의 구분에 따라 그 각 호에서 정한 자가 납부한다.

1. 보수월액보험료: 사업자(사업장의 사업자가 2명 이상인 때에는 해당 직장가입자의 보험료를 연대 납부함)
2. 소득월액보험료: 직장가입자

② 지역가입자의 보험료는 그 가입자가 속한 세대의 지역가입자 전원이 연대하여 납부한다. 다만, 소득 및 재산이 없는 미성년자와 소득 및 재산 등을 고려하여 대통령령으로 정하는 기준에 해당하는 미성년자는 납부의무를 부담하지 아니한다.

③ 사업자는 보수월액보험료 중 직장가입자가 부담하여야 하는 그 달의 보험료액을 그 보수에서 공제하여 납부하여야 한다(공무수탁사인). 이 경우 직장가입자에게 공제액을 알려야 한다(통지의 의무).

9. 권리구제(이의신청 및 심판청구)

1) 이의신청

① 가입자 및 피부양자의 자격, 보험료등, 보험급여, 보험급여 비용에 관한 공단의 처분에 이의가 있는 자는 90일 이내 문서로 공단에 이의신청을 할 수 있다.

② 요양급여비용 및 요양급여의 적정성 평가 등에 관한 심사평가원의 처분에 이의

가 있는 공단, 요양기관 또는 그 밖의 자는 심사평가원에 이의신청을 할 수 있다.

③ 이의신청은 처분이 있음을 안 날부터 90일 이내에 문서(전자문서 포함)로 하여야 하며 처분이 있은 날부터 180일을 지나면 제기하지 못한다. 다만, 정당한 사유로 그 기간에 이의신청을 할 수 없었음을 소명한 경우에는 그러하지 아니한다.

④ 제3항 본문에도 불구하고 요양기관이 심사평가원의 확인에 대하여 이의신청을 하려면 통보받은 날부터 30일 이내에 하여야 한다.

2) 심판청구

① 이의신청에 대한 결정에 불복하는 자는 90일 이내 보건복지부의 건강보험분쟁조정위원회에 심판청구를 할 수 있다.

② 심판청구를 하려는 자는 대통령령으로 정하는 심판청구서를 처분을 한 공단 또는 심사평가원에 제출하거나 건강보험분쟁조정위원회(위원: 60명)에 제출하여야 한다.

3) 행정소송

공단 또는 심사평가원의 처분에 이의가 있는 자와 이의신청 또는 심판청구에 대한 결정에 불복하는 자는 행정소송법에서 정하는 바에 따라 행정소송을 제기할 수 있다(전심절차 ×).

⊞ 국민건강보험법령상 '이의신청에 대한 결정에 불복하는 자는 건강보험분쟁조정위원회에 심판청구를 한 후가 아니면 행정소송을 제기할 수 있다'라는 설명은 옳지 않은 것이다(전심절차 ×).

4) 소멸 시효

① **소멸시효의 완성**: 다음 각 호의 권리는 3년 동안 행사하지 아니하면 소멸시효가 완성된다.

1. 보험료·연체금을 징수할 권리	2. 보험료·연체금으로 과오납부한 금액을 환급받을 권리
3. 보험급여를 받을 권리	4. 보험급여 비용을 받을 권리
5. 과다납부된 본인일부부담금을 돌려받을 권리	6. 요양급여비용의 정산에 따른 근로복지공단의 권리

② **소멸시효의 중단사유**: 시효는 다음 각 호의 어느 하나의 사유로 중단된다.

1. 보험료의 고지 또는 독촉	2. 보험급여 또는 보험급여 비용의 청구

③ 소멸시효기간, 시효 중단 및 시효 정지에 관하여 국민건강보험에서 정한 사항

외에는 민법에 따른다. [주의] 사회보장기본법, 사회복지사업법 등에 따르는 것이 아니다.

5) 서류의 보존

① 5년간 보존	요양기관: 요양급여가 끝난 날부터 요양급여비용의 청구에 관한 서류
② 3년간 보존	약국 등 보건복지부령으로 정하는 요양기관: 처방전
	사업자는 자격 관리 및 보험료 산정 등 건강보험에 관한 서류

10. 보험재정에 대한 정부지원

건강보험은 가입자 및 사업자로부터 징수한 보험료와 국고 및 건강증진기금 등 정부지원금을 2007년부터 그 재원으로 하고 있다(2016년까지 지원: 국민건강보험재정건전화특별법).[74]

국가는 매년 예산범위에서 해당연도 보험료 예상수입액의 100분의 14에 상당하는 금액을 국고에서 공단에 지원하고, 해당연도 보험료 예상수입액의 100분의 6은 건강증진기금에서 지원하고 있다.

☆ 가입자와 피부양자 중 65세 이상 노인에 대한 보험급여[법률 제11141호(2011.12.31) 부칙 제2조의 규정에 의하여 이 조는 2022년 12월 31일까지 유효함]

11. 실업자에 대한 특례

① 고용관계가 끝난 사람 중 직장가입자로서의 자격을 유지한 기간이 보건복지부령으로 정하는 기간 동안 통산 1년 이상인 사람은 지역가입자가 된 이후 최초로 지역가입자 보험료를 고지받은 날부터 그 납부기한에서 2개월이 지나기 이전까지 공단에 직장가입자로서의 자격을 유지할 것을 신청할 수 있다.

② 공단에 신청한 가입자(임의계속가입자)는 고용관계가 끝난 날의 다음날부터 기산(起算)하여 36개월이 되는 날까지의 기간 동안 직장가입자의 자격을 유지한다.

③ 임의계속가입자의 보수월액은 최근 12개월간의 보수월액을 평균한 금액으로 한다.

④ 임의계속가입자의 보험료는 보건복지부장관이 정하여 고시하는 바에 따라 그 일부를 경감할 수 있다(50% 감액).

⑤ 임의계속가입자의 보수월액보험료는 그 임의계속가입자가 전액을 부담하고 납부한다.

74) 국민건강보험재정건전화특별법의 목적
① 재정적자 조기해소, ② 재정수지의 균형, ③ 건강보험제도의 발전, ④ 국민건강 증진 도모

※ **외국인등에 대한 특례(제109조)**: 국가는 외국 정부가 사업자인 사업장의 근로자의 건강보험에 관하여는 외국 정부와 한 합의에 따라 이를 따로 정할 수 있다(사회보장협정).

4 노인장기요양보험법

[시행 2018.9.14.] [법률 제15443호, 2018.3.13., 일부개정] 보건복지부

노인장기요양보험법(2007년 제정, 2008년 시행)의 관장부서는 보건복지부장관(요양보험제도과)이며, 보험자는 국민건강보험공단이다.

우리나라 인구의 고령화가 빠르게 진행됨에 따라 치매·중풍 등 일상생활이 어려운 어르신들의 수도 날로 증가하고 있다.[75] 따라서 이 법은 노인의 간병과 장기요양 문제를 국가와 사회가 연대원리에 따라 공동으로 해결(분담)하려는 법제이다. 이는 당사자인 노인뿐만 아니라 장기요양을 담당하던 중장년층과 그 자녀 등 모든 세대에게 혜택을 주는 법제도이다.

1. 목적

노인장기요양보험법은 고령이나 노인성 질병 등의 사유로 일상생활을 혼자서 수행하기 어려운 노인 등에게 제공하는 신체활동 또는 가사활동 지원 등의 장기요양급여에 관한 사항을 규정하여 노후의 건강증진 및 생활안정을 도모하고, 그 가족의 부담을 덜어줌으로써 국민의 삶의 질을 향상하도록 함을 목적으로 한다.

2. 용어의 뜻

1. "노인등"이란 65세 이상의 노인 또는 65세 미만의 자로서 치매·뇌혈관성질환 등 대통령령으로 정하는 노인성 질병을 가진 자를 말한다.
2. "장기요양급여"란 6개월 이상 동안 혼자서 일상생활을 수행하기 어렵다고 인정되는 자에게 신체활동·가사활동의 지원 또는 간병 등의 서비스나 이에 갈음하여 지급하는 현금 등을 말한다.
3. "장기요양사업"이란 장기요양보험료, 국가 및 지자체의 부담금 등을 재원으로 하여 노인 등에게 장기요양급여를 제공하는 사업을 말한다.
4. "장기요양기관"이란 제31조(장기요양기관의 지정)에 따라 지정을 받은 기관 또는 제32조(재가장기요양기관의 설치)에 따라 지정의제된 재가장기요양기관으로서 장기요양급여를 제공하는 기관을 말한다.
5. "장기요양요원"이란 장기요양기관에 소속되어 노인등의 신체활동 또는 가사활동 지원 등의 업무를 수행하는 자를 말한다.

75) 핵가족화와 여성의 사회참여 증가 등으로 장기요양이 필요한 노인을 가정에서 돌보는 것이 어렵다. 그 가정의 비용부담이 과중하여 노인장기요양 문제는 우리 사회가 시급히 해결해야 할 심각한 사회적 문제로 대두되고 있다.

3. 장기요양급여 제공의 기본원칙

① 장기요양급여의 적정 제공	장기요양급여는 노인 등의 심신 상태·생활 환경과 노인 및 그 가족의 욕구·선택을 종합적으로 고려하여 필요한 범위 안에서 이를 적정하게 제공하여야 한다.
② 재가급여의 우선 제공	장기요양급여는 노인 등이 가족과 함께 생활하면서 가정에서 장기요양을 받는 재가급여를 우선적으로 제공하여야 한다(시설급여의 우선 제공 ×).
③ 의료서비스와 연계 제공	장기요양급여는 노인 등의 심신 상태나 건강 등이 악화되지 아니하도록 의료서비스와 연계하여 이를 제공하여야 한다.

☆ 장기요양급여는 재가급여를 우선적으로 제공하는 것을 기본원칙으로 한다(시설급여 ×).

[문제] 노인장기요양보험법령상 장기요양급여 제공의 기본원칙에 해당하는 것은? ①

ㄱ. 적정급여 제공 ㄴ. 재가급여 우선 제공 ㄷ. 의료서비스와 연계제공 ㄹ. 시설급여의 우선 제공

① ㄱ, ㄴ, ㄷ ② ㄱ, ㄷ ③ ㄴ, ㄹ ④ ㄹ ⑤ ㄱ, ㄴ, ㄷ, ㄹ

4. 국가 및 지방자치단체의 책무

① 국가 및 지자체는 노인이 일상생활을 혼자서 수행할 수 있는 온전한 심신상태를 유지하는데 필요한 사업(노인성질환예방사업)을 실시하여야 한다(필요한 사업 실시).

② 국가는 노인성질환예방사업을 수행하는 지자체 또는 국민건강보험법에 따른 국민건강보험공단에 대하여 이에 소요되는 비용을 지원할 수 있다(소요 비용 지원).

③ 국가 및 지자체는 노인인구 및 지역특성 등을 고려하여 장기요양급여가 원활하게 제공될 수 있도록 충분한 수의 장기요양기관을 확충하고 장기요양기관의 설립을 지원하여야 한다(장기요양기관의 설립 지원).

④ 국가 및 지자체는 장기요양급여가 원활히 제공될 수 있도록 공단에 필요한 행정적 또는 재정적 지원을 할 수 있다(공단에 대한 재정적 지원).

⑤ 국가 및 지자체는 장기요양요원의 처우를 개선하고 복지를 증진하며 지위를 향상시키기 위하여 적극적으로 노력하여야 한다.

5. 장기요양기본계획의 수립·시행

국가는 장기요양기본계획을 수립·시행함에 있어서 노인뿐만 아니라 장애인 등 일상생활을 혼자서 수행하기 어려운 모든 국민이 장기요양급여, 신체활동지원서비스 등을 제공받을 수 있도록 노력하여야 한다. → 생활안정과 자립을 지원할 수 있는 시책 강구

※ **장기요양기본계획에 포함되는 사항(제6조)** → 5년 단위로 수립·시행
① 보건복지부장관은 노인 등에 대한 장기요양급여를 원활하게 제공하기 위하여 5년 단위로 장기요양 기본계획을 수립·시행하여야 한다.
1. 연도별 장기요양급여 대상인원 및 재원조달 계획 2. 연도별 장기요양기관 및 장기요양전문인력 관리 방안
3. 장기요양요원의 처우에 관한 사항 4. 노인 등의 장기요양에 관한 사항으로서 대통령령으로 정하는 사항

1. 장기요양급여의 수준 향상 방안	2. 노인성질환예방사업 추진계획
3. 그밖에 노인 등의 장기요양급여의 실시에 필요한 사항	

② 지자체의 장은 장기요양기본계획에 따라 세부시행계획을 수립·시행하여야 한다.

☆ 장기요양사업의 실태 조사: 3년마다 실시하고 그 결과를 공표하여야 한다.

6. 장기요양보험

1) 장기요양보험의 의의

① 장기요양보험사업은 보건복지부장관이 관장한다.

② 장기요양보험사업의 보험자는 공단(국민건강보험공단)으로 한다(관리운영급여지급기관). 장기요양보험의 가입과 피부양자의 자격취득·상실, 장기요양보험료 등의 납부·징수 및 결손처분 등에 대하여 국민건강보험법상의 관련규정을 준용한다.

2) 장기요양보험의 가입자

국민건강보험법상의 가입자와 그 피부양자, 의료급여법상의 의료급여 대상자와 그 피부양자, 외국인으로서 국민건강보험법의 특례적용을 받는 가입자와 그 피부양자 등이 있다.

3) 장기요양보험료의 징수 – 통합 징수/구분 고지/독립회계 관리

① 공단은 장기요양사업에 사용되는 비용에 충당하기 위해 장기요양보험료를 징수한다.

② 장기요양보험료는 국민건강보험법에 따른 건강보험료와 통합하여 징수한다. 공단은 장기요양보험료와 건강보험료를 구분하여 고지하여야 한다(통합 고지 ×).

③ 공단은 통합 징수한 장기요양보험료와 건강보험료를 각각의 독립회계로 관리하여야 한다(독립회계 관리).

4) 장기요양보험료의 산정 = [국민건강보험료(6.24%)×장기요양보험료율(7.38%)]

① 장기요양보험료는 국민건강보험법이 산정한 보험료액에서 경감 또는 면제되는

비용을 공제한 금액에 장기요양보험료율을 곱하여 산정한 금액으로 한다. 장기요양보험료는 소득에 관계없이 일정액을 징수하는 것이 아니다. 직장가입자는 사업자와 50%씩 부담한다.

② 장기요양보험료율은 장기요양위원회의 심의를 거쳐 대통령령으로 정한다.

7. 장기요양인정

> ※ **장기요양인정 및 서비스 이용절차:** ① (공단 각 지사별 장기요양센터) 신청 → ② (공단직원) 방문조사 → ③ (등급판정위원회) 장기요양 인정 및 등급판정 → ④ (장기요양센터) 장기요양인정서 및 표준장기이용계획서 통지 → ⑤ (장기요양기관) 서비스 이용 계약 급여 제공

1) 장기요양인정의 신청자격

장기요양인정을 신청할 수 있는 자는 국민건강보험가입자로 하며, 노인(65세 이상의 노인 및 65세 미만으로 노인성 질병: 치매ㆍ뇌혈관성질환 등 대통령령이 정하는 노인성 질병(파킨슨병, 알츠하이머병 등)을 가진 자) 등으로서 ① 장기요양보험가입자 또는 그 피부양자, ② 의료급여법에 따른 수급권자(의료급여수급권자) 등의 어느 하나에 해당하는 자격을 갖추어야 한다(신청대상). ☆ 장기요양보험가입자 또는 그 피부양자는 장기요양인정을 신청할 수 있다.

> ※ **신청대상:** 소득수준과 상관없이 노인장기요양보험 가입자(국민건강보험 가입자와 동일)와 그 피부양자, 의료급여수급권자로서 65세 이상 노인과 65세 미만의 노인성 질병이 있는 자 등의 신청자격 요건을 충족하고 6개월 이상 동안 혼자서 일상생활을 수행하기 어렵다고 인정되어야 한다.

2) 장기요양인정의 신청

① 장기요양인정을 신청하는 자는 공단에 보건복지부령으로 정하는 바에 따라 장기요양인정신청서에 의사 또는 한의사가 발급하는 소견서(의사소견서)를 첨부하여 제출하여야 한다. 장기요양인정 신청자는 원칙적으로 의사소견서를 제출하여야 한다.

② 거동이 현저하게 불편하거나 도서ㆍ벽지 지역에 거주하여 의료기관을 방문하기 어려운 자 등 대통령령으로 정하는 자는 의사소견서를 제출하지 아니할 수 있다.

> ※ 장기요양급여를 받고자 하는 자 또는 수급자가 신체적·정신적인 사유로 이 법에 따른 장기요양인정의 신청, 갱신신청 또는 변경신청 등을 직접 수행할 수 없을 때 다음의 사람이 이를 대리할 수 있다.
> 1. 본인의 가족이나 친족 또는 이해관계인: 대리인의 신분증
> 2. 사회복지전담공무원(본인 또는 가족의 동의): 공무원임을 증명하는 신분증
> 3. 시장·군수·구청장(자치구의 구청장)이 지정한 자: 별지 제9호서식의 대리인 지정서

3) 수급자(장기요양등급판정)

수급자로 판정받기 위해서는 신청자격요건을 충족하고 6개월 이상 동안 혼자서 일상생활을 수행하기 어렵다고 인정되어야 한다. 장기요양등급판정위원회의 심의에 통과하면 수급자가 된다.

① 공단은 조사가 완료된 때 조사결과서, 신청서, 의사소견서, 그밖에 심의에 필요한 자료를 등급판정위원회에 제출하여야 한다.

② 65세 이상 노인 또는 65세 미만 노인성질병을 가진 자로서 거동이 현저히 불편하여 장기 요양이 필요한 자이다. 등급판정위원회는 신청인이 신청자격요건을 충족하고 6개월 이상 동안 혼자서 일상생활을 수행하기 어렵다고 인정하는 경우 심신상태 및 장기요양이 필요한 정도 등 등급판정기준(1~5등급)에 따라 장기요양급여를 받을 자(수급자)로 결정하고 심신상태 및 요양이 필요한 정도에 따라 등급을 판정한다.

※ 장기요양급여대상과 등급판정 기준

1) 급여대상: 65세 이상 노인 또는 치매, 중풍, 파킨슨병 등 노인성 질병을 앓고 있는 65세 미만인 자 중 6개월 이상의 기간 동안 혼자서 일상생활을 수행하기 어려워 장기요양 서비스가 필요하다고 인정받은 자
2) 등급판정 기준: 지역 시·군·구에 설치된 등급판정위원회로부터 1~6등급(45점 미만~95점)까지 판정을 받은 자에게 이루어진다.

*** 2017년 6월 3일부터 1~6등급(45점 미만~95점)으로 변경(시행령 제7조)**

등급구분	장기요양 판정 기준	장기요양인정 기준 점수
1등급 (최중증)	심신의 기능상태 장애로 일상생활에서 전적으로 다른 사람의 도움이 필요한 자	95점 이상인 자
2등급 (중 증)	심신의 기능상태 장애로 일상생활에서 상당 부분 다른 사람의 도움이 필요한 자	75점 이상 95점 미만인 자
3등급 (중등증)	심신의 기능상태 장애로 일상생활에서 부분적으로 다른 사람의 도움이 필요한 자	60점 이상 75점 미만인 자
4등급 (경 증)	심신의 기능상태 장애로 일상생활에서 일정부분 다른 사람의 도움이 필요한 자	51점 이상 60점 미만인 자
5등급 (경등증)	치매(제2조에 따른 노인성 질병에 해당하는 치매로 한정)환자	45점 이상 51점 미만인 자
6등급 (장기요양 인지지원등급)	치매환자	45점 미만인 자

③ 등급판정위원회는 심의·판정을 할 때 신청인과 그 가족, 의사소견서를 발급한 의사 등 관계인의 의견을 들을 수 있다.

[문제] 노인장기요양보험에서 재가급여 즉, 방문요양, 방문목욕, 주야간보호, 방문간호 등을 받을 수 있는 등급과 점수는 무엇인가?(2017년 6월 3일 기준) ②

① 1~3등급, 60점 이상 ② 1~6등급, 45점 미만 ③ 1~6등급, 40점 이상
④ 1~3등급, 55점 이상~75점 미만 ⑤ 1~2등급, 75점 이상

> **※ 장기요양인정서를 작성할 경우 고려사항:** 공단은 장기요양인정서를 작성할 경우 장기요양급여의 종류 및 내용을 정하는 때 1. 수급자의 장기요양등급 및 생활환경 2. 수급자와 그 가족의 욕구 및 선택 3. 시설급여를 제공하는 경우 장기요양기관이 운영하는 시설 현황 등의 사항을 고려하여 정하여야 한다.

4) 장기요양인정의 유효기간

장기요양인정의 유효기간은 최소 1년 이상으로서 대통령령으로 정한다.

> **※ 장기요양인정 유효기간(시행령 제8조)**
> - 원칙: 장기요양인정 유효기간은 1년으로 한다. 〈개정 2017.6.3.〉
> - 예외: 다만, 장기요양인정의 갱신 결과 직전 등급과 같은 등급으로 판정된 경우에는 그 갱신된 장기요양인정의 유효기간은 다음 각 호의 구분에 따른다.
>
> 1. 장기요양 1등급의 경우: 4년
> 2. 장기요양 2등급부터 4급까지의 경우: 3년
> 3. 장기요양 5등급 및 인지지원 6등급의 경우: 2년

5) 장기요양등급의 변경

장기요양급여를 받고 있는 수급자는 장기요양등급, 장기요양급여의 종류 또는 내용을 변경하여 장기요양급여를 받고자 하는 경우 공단에 변경신청을 하여야 한다. ☆ 장기요양등급의 변경을 원하는 경우 장기요양인정의 변경신청을 하여야 한다(갱신 신청 ×).

6) 장기요양인정 신청 등에 대한 대리

장기요양급여를 받고자 하는 자 또는 수급자가 신체적·정신적인 사유로 이 법에 따른 장기요양인정의 신청, 장기요양인정의 갱신 신청 또는 장기요양등급의 변경신청 등을 직접 수행할 수 없을 때 본인의 가족이나 친족, 그 밖의 이해관계인은 이를 대리할 수 있다.

> **※ 장기요양인정 신청 등에 대한 대리**
> 1. 본인의 가족이나 친족 또는 이해관계인: 대리인의 신분증
> 2. 사회복지전담공무원: 공무원임을 증명하는 신분증 – 본인 또는 가족의 동의
> 3. 특별자치시장·특별자치도지사·시장·군수·구청장이 지정하는 자: 별지 제9호서식의 대리인 지정서

8. 장기요양급여의 종류 - 3가지

재가급여(방문요양, 방문목욕, 방문간호, 주·야간보호, 단기보호, 그 밖의 재가급여), 시설급여, 특별현금급여(가족요양비, 특례요양비, 요양병원 간병비) 등이 있다.

시설급여	요양시설에 장기간 입소하여 신체활동 지원 등 제공
재가급여	가정을 방문하여 신체활동 및 가사활동 등 지원, 목욕, 간호 등 제공, 주간보호센터 이용, 복지용구 구입 또는 대여
특별현금급여	장기요양 인프라가 부족한 지역, 전염병 질환자 등 특수한 경우 가족요양비 지급

1) 재가급여(현물급여)[76]

가정을 방문하여 신체활동 및 가사활동 등 지원, 목욕, 간호 등 제공, 주간보호센터 이용, 복지용구 구입 또는 대여하는 급여이다. ☆ 재가급여가 다른 급여보다도 우선적으로 지급되어야 한다(본인부담금: 장기요양비용 × 15%, 의료급여수급권자는 50% 감경).

(a) 방문요양: 장기요양요원이 수급자의 가정 등을 방문하여 신체활동과 가사활동 등을 지원하는 장기요양급여
(b) 방문목욕: 장기요양요원이 목욕설비를 갖춘 장비를 이용하여 수급자의 가정 등을 방문하여 목욕을 제공하는 장기요양급여
(c) 방문간호: 장기요양요원인 간호사 등이 의사, 한의사 또는 치과의사의 방문간호 지시서에 따라 수급자의 가정 등을 방문하여 간호, 진료의 보조, 요양에 관한 상담 또는 구강위생 등을 제공하는 장기요양급여
(d) 주·야간보호: 수급자를 하루 중 일정한 시간 동안 장기요양기관에 보호하여 신체활동 지원 및 심신기능의 유지·향상을 위한 교육·훈련 등을 제공하는 장기요양급여
(e) 단기보호: 수급자를 보건복지부령으로 정하는 범위 안에서 일정 기간 동안(월 9일 이내) 장기요양기관에 보호하여 신체활동 지원 및 심신기능의 유지·향상을 위한 교육·훈련 등을 제공하는 장기요양급여

[참조] 단기보호 급여기간(시행규칙 제11조): 월 9일 이내. 다만, 가족의 여행, 병원치료 등의 사유로 수급자를 돌볼 가족이 없는 경우 등 보건복지부장관이 정하여 고시하는 사유에 해당하는 경우에는 1회 9일 이내의 범위에서 연간 4회까지 연장할 수 있다.

(f) 그 밖의 재가급여: 수급자의 일상생활·신체활동 지원 및 인지기능의 유지·향상에 필요한 용구를 제공하거나 가정을 방문하여 재활에 관한 지원 등을 제공하는 장기요양급여로서 대통령령으로 정하는 것

2) 시설급여(현물급여)

시설급여는 장기요양기관이 운영하는 노인복지법에 따른 노인의료복지시설(노인전문병원 제외) 등에 장기간 동안 입소하여 신체활동 지원 및 심신기능의 유지·향상을 위한 교육·훈련 등을 제공하는 장기요양급여를 말한다. 요양시설에 장기간 입소하여 신체활동 지원 등 제공한다(본인부담금: 장기요양비용 × 20%, 의료급여수급권자는 50% 감경).

76) 장기요양보험의 재가급여사업은 65세 미만이면서 노인성 질환을 받은 사람이나 65세 이상이면서 6개월 이상 일상생활이 어려운 노인 중에서 지역 시·군·구에 설치된 등급판정위원회로부터 1~5등급(45점 이상)까지 판정을 받은 분들에 한해 이루어지며 대상자는 재가방문요양서비스 기관에 요양보호사를 요청하면, 등급과 방문요양, 방문목욕, 방문간호 등 서비스 종류와 서비스 수행시간에 따라 정부가 요양보호사의 서비스 제공에 해당하는 급여를 요양서비스 사업자에게 지급하는 제도이다.

1. 노인요양시설	치매·중풍 등 노인성질환 등으로 심신에 상당한 장애가 발생하여 도움을 필요로 하는 노인을 입소시켜 급식·요양과 그밖에 일상생활에 필요한 편의를 제공함을 목적으로 하는 시설
2. 노인요양공동생활가정	치매·중풍 등 노인성질환 등 심신에 상당한 장애가 발생하여 도움을 필요로 하는 노인에게 가정과 같은 주거여건과 급식·요양, 그밖에 일상생활에 필요한 편의를 제공함을 목적으로 하는 시설

3) 특별현금급여(현금으로 제공되는 급여)

특별현금급여는 장기요양 인프라가 부족한 지역, 전염병 질환자 등 특수한 경우 가족요양비를 지급한다. 이 경우에는 특별현금급여수급자 명의의 지정된 계좌로 입금하여야 한다.

1. 가족요양비	제24조에 따라 지급하는 가족 장기요양급여
2. 특례요양비	제25조에 따라 지급하는 특례 장기요양급여
3. 요양병원 간병비	제26조에 따라 지급하는 요양병원 장기요양급여

(1) 가족요양비

가족으로부터 장기요양급여를 받은 때 가족요양비를 특별현금급여로 수급할 수 있는 경우도 있다. 국민건강보험공단은 다음과 같은 사유로 가족 등이 장기요양급여를 받은 경우, 해당 수급자에게 특별현금급여로서 방문요양에 상당한 가족장기요양급여(가족요양비)를 지급할 수 있다. 중복수급의 금지를 원칙으로 하되, 가족요양비 수급자 중 재가급여의 경우 예외가 될 수 있다.

1. 도서·벽지 등 장기요양기관이 현저히 부족한 지역으로서 보건복지부장관이 정하여 고시
2. 천재지변이나 그밖에 이와 유사한 사유로 인하여 장기요양기관이 제공하는 장기요양급여를 이용하기가 어렵다고 보건복지부장관이 인정하는 자
3. 신체·정신 또는 성격 등 대통령령으로 정하는 사유로 인하여 가족 등으로부터 장기요양을 받아야 하는 자

가. 감염병환자로서 감염의 위험성이 있는 경우
나. 등록한 장애인 중 정신장애인인 경우
다. 신체적 변형 등의 사유로 대인과의 접촉을 기피하는 경우

(2) 특례요양비

공단은 수급자가 장기요양기관이 아닌 노인요양시설 등의 기관 또는 시설에서 재가급여 또는 시설급여에 상당한 장기요양급여를 받은 경우 대통령령으로 정하는 기준에 따라 해당 장기요양급여비용의 일부를 해당 수급자에게 특례요양비로 지급할 수 있다.

(3) 요양병원 간병비

국민건강보험공단은 수급자가 의료법(의료기관[77])에 따른 요양병원에 입원한 때 대통령령으로 정하는 기준에 따라 장기요양에 사용되는 비용의 일부를 요양병원간병비로 지급할 수 있다(노인전문병원 삭제).

9. 장기요양급여의 제공

1) 장기요양급여의 제공 시기

① 수급자는 장기요양인정서가 도달한 날부터 장기요양급여를 받을 수 있다.

② 수급자는 돌볼 가족이 없는 경우, 신청서를 제출한 날부터 장기요양인정서가 도달되는 날까지의 기간 중에도 장기요양급여를 받을 수 있다.

2) 장기요양급여의 제한

① 공단은 장기요양급여를 받고 있거나 받을 수 있는 자가 다음 각 호의 어느 하나에 해당하는 경우 장기요양급여지급을 중단하거나 제공하지 않아야 한다.

1. 거짓이나 그 밖의 부정한 방법으로 장기요양인정을 받은 경우
2. 고의로 사고를 발생하도록 하거나 본인의 위법행위에 기인하여 장기요양인정을 받은 경우

② 공단은 장기요양급여를 받고 있는 자가 정당한 사유 없이 자료의 제출 등 또는 보고 및 검사에 따른 요구에 응하지 아니하거나 답변을 거절한 경우 장기요양급여의 전부 또는 일부를 제공하지 아니하게 할 수 있다.

가령, 노인장기요양보험법의 수급권자가 국민건강보험공단으로부터 자료의 제출 요구에 응하지 않은 경우 장기요양급여의 제한 사유가 된다.

10. 장기요양기관 - 관리운영: 국민건강보험공단과 지자체 역할 분담

장기요양기관은 장기요양급여를 제공하는 기관이다.

※ 시설급여 시설(노인복지법상 요양시설) 및 재가급여 시설(노인장기요양보험법상 재가시설·인력기준 적용)
→ 시·군·구청장의 지정 또는 신고
⊞ 장기요양요원: 요양보호사, 간호사 등

77) '의료기관'이란 의료인이 공중 또는 특정 다수인을 위하여 의료·조산의 업(의료업)을 하는 곳을 말한다.

1) 장기요양기관의 지정

① 장기요양기관을 설치 · 운영하고자 하는 자는 소재지를 관할 구역으로 하는 특별자치시장 · 특별자치도지사 · 시장 · 군수 · 구청장으로부터 지정을 받아야 한다(장기요양기관의 설치 및 지정).

② 장기요양기관으로 지정받고자 하는 자는 장기요양에 필요한 시설 · 인력을 갖추어야 한다.

③ 특별자치시장 · 특별자치도지사 · 시장 · 군수 · 구청장은 장기요양기관을 지정한 때 지체 없이 지정 명세를 공단에 통보하여야 한다.

2) 재가장기요양기관의 설치

① 재가급여(방문요양, 방문목욕, 방문간호, 주 · 야간보호, 단기보호, 그 밖의 재가급여) 중 어느 하나 이상에 해당하는 장기요양급여를 제공하고자 하는 자는 시설 및 인력을 갖추어 재가장기요양기관을 설치 · 운영하고 특별자치시장 · 특별자치도지사 · 시장 · 군수 · 구청장에게 이를 신고(지정 ×)하여야 한다. 즉, 재가장기요양기관을 설치 · 운영하고자 하는 자는 시장 · 군수 · 구청장에게 신고해야 한다.

② 설치의 신고를 한 재가장기요양기관은 장기요양기관으로 본다.

③ 의료기관이 아닌 자가 설치 · 운영하는 재가장기요양기관은 방문간호를 제공하는 경우 방문간호의 관리책임자로서 간호사를 둔다. 의료기관이 아닌 자도 재가장기요양기관 설치 · 운영할 수 있다.

3) 장기요양기관 지정의 취소

① 특별자치시장 · 특별자치도지사 · 시장 · 군수 · 구청장은 장기요양기관이 다음 각 호의 어느 하나에 해당하는 경우 그 지정을 취소하거나 6개월의 범위에서 업무정지를 명할 수 있다. 다만, 제1호 2의2 또는 제5호에 해당하는 경우에는 지정을 취소하여야 한다(시장 · 군수 · 구청장 ○, 국민건강보험공단 ×).

1. 거짓이나 그 밖의 부정한 방법으로 지정을 받은 경우(반드시 지정을 취소하여야 함)
2. 지정기준에 적합하지 아니한 경우
2의2. 제32조의2 각호의 어느 하나에 해당하게 된 경우
3. 장기요양급여를 거부한 경우
3의2. 제35조 5항을 위반하여 본인일부부담금을 면제하거나 감경하는 행위를 한 경우
3의3. 제35조 6항을 위반하여 수급자를 소개, 알선 또는 유인하는 행위 및 이를 조장하는 행위를 한 경우
4. 거짓이나 그 밖의 부정한 방법으로 재가 및 시설 급여비용을 청구한 경우
5. 질문·검사 및 자료의 제출요구를 거부·방해하거나 거짓으로 보고하거나 거짓자료를 제출한 경우

6. 시정 명령을 이행하지 아니하거나 회계부정행위가 있는 경우
7. 업무정지 기간 중에 장기요양급여를 제공한 경우

② 특별자치시장 · 특별자치도지사 · 시장 · 군수 · 구청장은 지정을 취소하거나 업무정지명령을 한 경우에는 지체 없이 그 내용을 공단에 통보하고, 보건복지부령으로 정하는 바에 따라 보건복지부장관에게 통보한다.

③ 특별자치시장 · 특별자치도지사 · 시장 · 군수 · 구청장은 재가장기요양기관이 다음 각 호의 어느 하나에 해당하는 경우 시설을 폐쇄할 것을 명하거나 6개월의 범위에서 업무정지를 명할 수 있다. 다만, 제1호 또는 제5호에 해당하는 경우 폐쇄명령을 하여야 한다(청문실시 의무).

1. 거짓이나 그 밖의 부정한 방법으로 신고한 경우
2. 시설 및 인력을 갖추지 아니한 경우
2의2. 제1항 2호의2에 해당하는 경우
3. 제1항 3호, 3호의2, 3호의3, 5호 또는 6호에 해당하는 경우
4. 거짓이나 그 밖의 부정한 방법으로 재가급여비용을 청구한 경우
5. 업무정지 기간 중에 장기요양급여를 제공한 경우

④ 시장 · 군수 · 구청장은 재가장기요양기관에 대하여 영업정지 또는 폐쇄명령을 한 경우 지체 없이 공단에 그 내용을 통보하여야 한다. 폐쇄명령을 받은 재가장기요양기관은 장기요양기관의 지정이 취소된 것으로 본다.

4) 인권교육

① 장기요양기관 중 대통령령으로 정하는 기관을 설치 · 운영하는 자와 그 종사자는 인권에 관한 교육(인권교육)을 받아야 한다.

② 장기요양기관 중 대통령령으로 정하는 기관을 설치 · 운영하는 자는 해당 기관을 이용하고 있는 장기요양급여 수급자에게 인권교육을 실시할 수 있다.

③ 보건복지부장관은 인권교육을 효율적으로 실시하기 위하여 인권교육기관을 지정할 수 있다. 이 경우 예산의 범위에서 인권교육에 소요되는 비용을 지원할 수 있으며, 지정을 받은 인권교육기관은 보건복지부장관의 승인을 받아 인권교육에 필요한 비용을 교육대상자로부터 징수할 수 있다.

④ 보건복지부장관은 지정을 받은 인권교육기관이 다음 각 호의 어느 하나에 해당하면 그 지정을 취소하거나 6개월 이내의 기간을 정하여 업무의 정지를 명할 수 있다. 다만, 제1호에 해당하면 그 지정을 취소하여야 한다.

1. 거짓이나 그 밖의 부정한 방법으로 지정을 받은 경우
2. 보건복지부령으로 정하는 지정요건을 갖추지 못하게 된 경우
3. 인권교육의 수행능력이 현저히 부족하다고 인정되는 경우

11. 재가 및 시설 급여비용

1) 재가 및 시설 급여비용의 청구 및 지급

① 장기요양기관은 수급자에게 재가급여 또는 시설급여를 제공한 경우 공단에 장기요양급여비용을 청구하여야 한다.

② 공단은 장기요양기관의 장기요양급여평가 결과에 따라 장기요양급여비용을 가산 또는 감액조정하여 지급할 수 있다.

2) 본인일부부담금

① 재가 및 시설 급여비용은 다음 각 호와 같이 수급자 본인이 부담한다(원칙).

1. 재가급여: 해당 장기요양급여비용의 100분의 15(15%)
2. 시설급여: 해당 장기요양급여비용의 100분의 20(20%)

다만, 수급자 중 의료급여법에 따른 수급자는 그러하지 아니한다(무료, 예외). 즉, 의료급여수급자는 국가 또는 지자체가 전액 부담한다.

② 다음의 장기요양급여에 대한 비용은 수급자 본인이 전부 부담한다.

1. 이 법의 규정에 따른 급여의 범위 및 대상에 포함되지 아니하는 장기요양급여
2. 수급자가 장기요양 인정서에 기재된 장기요양급여의 종류 및 내용과 다르게 선택하여 장기요양급여를 받은 경우 그 차액
3. 장기요양급여의 월 한도액을 초과하는 장기요양급여

③ 다음의 어느 하나에 해당하는 자에 대해서는 본인일부부담금의 100분의 60(60%)의 범위에서 보건복지부장관이 정하는 바에 따라 차등하여 감경할 수 있다.

1. 「의료급여법」의 규정에 따른 수급권자(의료급여수급권자)
2. 소득·재산 등이 보건복지부장관이 정하여 고시하는 일정 금액 이하인 자
   (다만, 도서·벽지·농어촌 등의 지역에 거주하는 자에 대하여 따로 금액을 정할 수 있다.)
3. 천재지변 등 보건복지부령으로 정하는 사유로 인하여 생계가 곤란한 자

[참조] 노인부부가 받는 경우 각각 50%를 본인부담금을 감액해 준다는 규정은 없다.

※ 법 제23조 1항에 따른 장기요양급여의 범위에서 제외되는 사항(비급여대상) (시행규칙 제14조)
1. 식사재료비　2. 이·미용비　3. 상급침실(1인실 또는 2인실) 이용에 따른 추가비용
4. 일상생활에 통상 필요한 것과 관련된 비용으로 수급자에게 부담시키는 것이 적당하다고 보건복지부장관이 정하여 고시한 비용

3) 가족 등의 장기요양에 대한 보상

공단은 장기요양급여를 받은 금액의 총액이 보건복지부장관이 정하여 고시하는 금액 이하에 해당하는 수급자가 가족 등으로부터 방문요양에 상당한 장기요양을 받은 경우, 본인일부부담금의 일부를 감면하거나 이에 갈음하는 조치를 할 수 있다.

12. 장기요양위원회 - 정책기구

1) 장기요양위원회의 설치 및 기능

다음의 사항을 심의하기 위하여 보건복지부장관 소속으로 장기요양위원회를 둔다.

1. 장기요양보험료율
2. 가족요양비, 특례요양비 및 요양병원간병비의 지급기준
3. 재가 및 시설 급여비용
4. 그밖에 대통령령으로 정하는 주요 사항
   1) 의사소견서 발급비용의 기준 2) 방문간호지시서 발급비용의 기준 3) 월 한도액의 결정
   4) 장기요양급여에 관한 사항으로서 보건복지부장관이 회의에 부치는 사항

2) 장기요양위원회의 구성

장기요양위원회는 위원장 1인, 부위원장 1인을 포함한 16인 이상 22인 이하의 위원으로 구성하며, 위원의 임기는 3년으로 한다.

13. 관리운영기관(국민건강보험공단)

1) 장기요양사업의 관리운영기관 - 공단

※ 건강보험공단의 담당업무

1. 장기요양보험가입자 및 그 피부양자와 의료급여수급권자의 자격관리
2. 장기요양보험료의 부과·징수
3. 장기요양인정서의 작성 및 표준장기요양이용계획서의 제공
4. 신청인에 대한 조사
5. 등급판정위원회의 운영 및 장기요양등급 판정
6. 장기요양급여의 관리 및 평가 외

2) 공단의 장기요양사업 조직 구분

① 공단은 국민건강보험법에 따라 공단의 조직 등에 관한 규정을 정할 때 장기요양사업을 수행하기 위해 두는 조직 등을 건강보험사업을 수행하는 조직 등과 구분하여 따로 두어야 한다. 다만, 자격관리와 보험료 부과·징수업무는 그러하지 아니하다.

② 공단은 장기요양사업에 대하여 독립회계를 설치·운영하여야 한다(장기요양사업의 회계). 건강보험료와 장기요양보험료를 통합하여 징수하되, 각각 구분하여 고지하며

장기요양사업에 대하여 독립회계 운영하여야 한다. ☆ 장기요양보험료는 건강보험료와 구분하여 고지하여야 한다. 통합 징수한 장기요양보험료와 건강보험료를 각각의 독립회계로 관리하여야 한다.

3) 등급판정위원회의 설치

① 장기요양인정 및 장기요양등급 판정 등을 심의하기 위하여 공단에 장기요양등급판정위원회를 둔다.

② 등급판정위원회는 시・군・구 단위로 설치한다. 다만, 인구 수 등을 고려하여 등급판정위원회를 설치할 수 있다.

③ 등급판정위원회는 위원장 1인을 포함하여 15인의 위원으로 구성한다.

④ 등급판정위원회 위원은 다음 각 호의 자 중에서 공단 이사장이 위촉한다(이 경우 시장・군수・구청장이 추천한 위원은 7인, 의사 또는 한의사가 1인 이상 각각 포함되어야 한다).

1. 「의료법」에 따른 의료인	2. 「사회복지사업법」에 따른 사회복지사
3. 시·군·구 소속 공무원	4. 그밖에 법학 또는 장기요양에 관한 학식과 경험이 풍부한 자

⑤ 등급판정위원회 위원의 임기는 3년으로 한다. 다만, 공무원인 위원의 임기는 재임기간으로 한다(위원의 임기).

14. 권리구제(이의신청과 심사청구 및 행정소송)

1) 이의신청 – 국민건강보험공단 장기요양심사위원회

① 각종 장기요양인정・장기요양등급・장기요양급여・부당이득・장기요양급여비용 또는 장기요양보험료 등에 관한 공단의 처분에 이의가 있는 자는 국민건강보험공단 장기요양심사위원회에 처분이 있은 날로부터 90일 이내에 이의신청을 할 수 있다.

☆ 국민건강보험공단의 장기요양인정 처분에 이의가 있는 자는 처분이 있은 날부터 90일 이내에 국민건강보험공단(장기요양심사위원회)에 이의를 신청할 수 있다.

② 이의신청은 처분이 있은 날부터 90일 이내에 문서로 하여야 한다.

③ 공단은 장기요양심사위원회를 구성하여 이의신청사건을 심의하게 하여야 한다(장기요양심판위원회 ×).

2) 심사청구 – 보건복지부 장기요양심판위원회

① 이의신청에 대한 결정에 불복하는 자는 결정처분을 받은 날부터 90일 이내에 보건복지부 장기요양심판위원회에 심사청구를 할 수 있다.

② 심판위원회는 보건복지부장관 소속으로 두고, 위원장 1인을 포함한 20인 이내의 위원으로 구성한다.

3) 행정소송

공단의 처분에 이의가 있는 자와 이의신청 또는 심사청구에 대한 결정에 불복하는 자는 행정소송법으로 정하는 바에 따라 행정소송을 제기할 수 있다.

4) 청문실시

특별자치시장 · 특별자치도지사 · 시장 · 군수 · 구청장은 다음 각 호의 어느 하나에 해당하는 처분 또는 공표를 하려는 경우에는 청문을 하여야 한다.

1. 장기요양기관 지정취소 또는 업무정지명령
2. 재가장기요양기관 폐쇄명령 또는 업무정지명령
3. 위반사실 등의 공표
4. 장기요양급여제공의 제한 처분

5 고용보험법

[시행 2017.6.28.] [법률 제14496호, 2016.12.27, 일부개정] 고용노동부

고용보험법(1993년 제정, 1995년 시행)의 관장 부서는 고용노동부(고용보험기획과)이며, 보험자는 근로복지공단이다. 고용보험법은 근로자(임금의 0.65%)와 사업자(임금총액의 0.25~1.3%)가 공동 부담하는 기금으로 실업의 예방, 실업중의 소득보장, 취업의 촉진 및 근로자의 직업능력의 개발과 향상, 고용구조 조정과정에서 근로자의 생활에 필요한 급여를 지급하여 실직근로자의 생활안정 및 재취업을 지원하는 법규범이다.

① 실직근로자의 생활보장과 고용대책의 통합 제도 - 실업보험과 고용보험 실시: 현대 산업사회에서 빠르게 변화하는 산업구조 조정과 경영합리화를 촉진하고 인력을 원활한 공급하려는 고용정책과 근로자의 생활을 보장이 함께 융합된 제도로 볼 수 있다(실직근로자의 생계를 제도적으로 보장).

[참조] 실직자에 대한 생계지원, 재취업을 촉진, 실업의 예방, 노동시장의 구조개편 등의 강화를 위한 인력정책 수단이며, 실직근로자에게 실업급여를 지급, 산업구조조정의 촉진 및 실업예방, 고용안정 사업, 직업능력개발 사업을 상호 연계하여 실시하고 있다. 실업급여(사후적/소극적 사회보장) + 고용안정사업 · 직업능력개발사업(사전적/적극적 노동시장) = 고용보험

② 관리운영의 국가 책임: 관리운영의 국가(고용노동부) 책임이다. 구체적인 사업은 근로복지공단에 위탁하여 실행하고 있다. 이 법은 국가가 고용정책을 수행하기 위하

여 보험의 원리와 방식을 도입하여 법률에 의하여 보험의 가입이 강제되는 사회보험이다.

③ 보험사고의 예측이 어려운 실업보험: 연금보험, 건강보험 및 산재보험의 보험사고 발생률이 비교적 안정적이며 예측할 수 있으나, 고용보험의 경우 실업률은 국가의 재정·통화정책 등 경기변동과 밀접한 관련이 있기 때문에 보험사고 발생률의 예측이 어렵다.

④ 근로자와 사업자를 지원하는 공적인 사회보험: 근로자에게 실업급여와 능력개발비용을, 사업자에게는 고용유지와 교육훈련비용을 지원하고 있다. 실업 등의 보험사고에 대하여 근로자와 사업자를 지원하는 공적인 사회보험법이다.

1. 목적

고용보험법은 고용보험의 시행을 통하여 실업의 예방, 고용의 촉진 및 근로자의 직업능력의 개발과 향상을 꾀하고, 국가의 직업지도와 직업소개 기능을 강화한다. 근로자가 실업한 경우 생활에 필요한 급여를 실시하여 근로자의 생활안정과 구직 활동을 촉진함으로써 경제·사회 발전에 이바지하는 것을 목적으로 한다(노사정의 합의: 코포라티즘 - 종합적인 사회복지제도).

2. 용어의 뜻

① "피보험자"란 다음 각 목에 해당하는 자를 말한다.

가. 「고용보험 및 산업재해보상보험의 보험료징수 등에 관한 법률」(보험료징수법)에 따라 보험에 가입되거나 가입된 것으로 보는 근로자
나. 보험료징수법에 따라 고용보험에 가입하거나 가입된 것으로 보는 자영업자

② "이직(離職)"이란 피보험자와 사업자 사이의 고용관계가 끝나게 되는 것을 말한다.
③ "실업"이란 근로의 의사와 능력이 있음에도 불구하고 취업하지 못한 상태에 있는 것을 말한다.
④ "실업의 인정"이란 직업안정기관의 장이 수급자격자가 실업한 상태에서 적극적으로 직업을 구하기 위하여 노력하고 있다고 인정하는 것을 말한다.
⑤ "보수"란 근로소득에서 대통령령으로 정하는 금품을 뺀 금액을 말한다. 다만, 휴직이나 그밖에 이와 비슷한 상태에 있는 기간 중에 사업자 외의 자로부터 지급받는 금품 중 고용노동부장관이 정하여 고시하는 금품은 보수로 본다.
⑥ "일용근로자"란 1개월 미만 동안 고용되는 자를 말한다.

3. 운영기관(관장기관)

① 고용보험은 고용노동부장관이 관장한다(보험의 관장).
② 관리운영체계는 고용노동부가 직접 관장하지만, 실제적으로 보험가입자의 관리

등의 업무를 담당하는 기관은 근로복지공단과 고용노동부의 지방관서이다.

③ 국가는 매년 보험사업에 드는 비용의 일부를 일반회계에서 부담하여야 한다(제5조 국고의 부담). 국가는 매년 예산의 범위에서 보험사업의 관리·운영에 드는 비용을 부담할 수 있다.

<표 7-6> 고용보험담당기관(고용노동부의 고용지원센터의 업무)

근로복지공단	• 고용보험의 적용(가입), 보험료 부과업무, 사업장 관리, 보험사무조합인가 등 담당
고용지원센터	• 피보험자 관리, 실업급여 지급, 고용안정사업관련 각종 지원업무 • 실업급여관련 업무는 수급자의 거주지 관할 고용지원센터에서 담당 • 직업능력개발관련 각종 지원업무

[문제] 고용보험법령상 고용보험담당기관인 근로복지공단의 업무가 아닌 것은? ④
① 고용보험의 가입 ② 보험료 부과업무 ③ 사업장 관리 ④ 실업급여 지급 ⑤ 보험사무조합 인가

4. 보험료 - 보험료와 징수금: 보험료징수법에 따른다.

① 고용보험법에 따른 보험사업에 드는 비용을 충당하기 위하여 징수하는 보험료와 그 밖의 징수금에 대하여는 보험료징수법으로 정하는 바에 따른다.

※ 보험료의 징수
- 실업급여의 보험료: 피보험자인 근로자와 사업자가 각각 2분의 1(50%)씩 부담한다(2자 부담).
- **실업급여의 보험료는 근로자가 64세가 된 때에는 그날이 속한 달로부터 고용보험료를 징수하지 아니한다.**
- 고용안정사업과 직업능력개발사업의 보험료: 사업자로부터 전액(100%)을 징수한다(1자 부담).

② 보험료징수법에 따라 징수된 고용안정·직업능력개발 사업의 보험료 및 실업급여의 보험료는 각각 그 사업에 드는 비용에 충당한다. 다만, 실업급여의 보험료는 육아휴직 급여 및 출산전후휴가 급여 등에 드는 비용에 충당할 수 있다(모성보호사업).

③ 자영업자[78]인 피보험자로부터 보험료징수법에 따라 징수된 고용안정·직업능력개발 사업의 보험료 및 실업급여의 보험료는 각각 자영업자인 피보험자를 위한 그 사업에 드는 비용에 충당한다. **[주의]** 여기서 자영업자의 실업급여 보험료는 육아휴직 급여 및 출산전후휴가 급여 등에 드는 비용에 충당하지 아니한다.

※ 보험료의 부담
(1) 피보험자인 근로자 고용보험료 부담: 실업급여 보험료(50%)

$$\text{임금총액} \times \text{실업급여 보험율}(1.3\%) \times \frac{1}{2}$$

78) 자영업자란 근로자를 사용하지 않거나 5인 미만의 근로자를 고용하는 사업자로서 소득세법에 따라 사업자등록을 한 자를 말한다.

(2) 사업자의 고용보험료 부담: 실업급여 보험료(50%) + 고용안정·직업능력개발사업의 보험료(100%)

$$(\text{임금총액} \times \text{고용안정·직업능력개발사업의 보험료율}) + (\text{임금총액} \times \text{실업급여 보험율} \times \frac{1}{2})$$

⊞ **고용보험 사업별 보험료율(임금총액의 3.0% 범위)**

구분		보험료율		부담	
				사업자	근로자
실업급여		1.3%	1천분의 13	0.65%	0.65%
고용안정·직업능력 개발사업 (상시근로자수)	150인 미만 기업	0.25%	1만분의 25	0.25%	-
	150인 이상 우선지원 대상 기업	0.45%	1만분의 45	0.45%	-
	150인 이상~1000인 미만 기업 (우선지원 대상 아님)	0.65%	1만분의 65	0.65%	-
	1000인 이상 기업(우선지원 대상 아님)	0.85%	1만분의 85	0.85%	-

☆ 2006. 1. 1.부터 고용안정사업 및 직업능력개발사업을 통합하여 고용안정·직업능력개발사업으로 운영

5. 수급권자

1) 적용범위

고용보험법은 근로자를 고용하는 모든 사업 또는 사업장(사업)에 적용한다.

2) 보험가입자(당연적용사업)[79]

사업의 사업자와 근로자는 당연히 보험의 가입자가 된다. 1인 이상 근로자가 있는 사업자는 의무적으로 가입하여야 한다(당연적용사업, 강제가입).

3) 보험가입 제외자(임의적용사업)

① 고용보험 적용제외 사업장 - 산업별 특성 및 규모 등 고려

고용보험은 산업별 특성 및 규모 등 고려하여 사업에 대하여는 적용하지 아니 한다.

1. 농업·임업 및 어업 중 법인이 아닌 자가 상시 4명 이하의 근로자를 고용하는 사업(상시 5인 미만의 근로자를 사용하는 사업) → [주의] 산업재해보상보험과 제외 대상자는 동일하지만, 벌목업은 산재보험 대상의 대상에 해당되고 고용보험은 제외대상이 된다.
2. 다음 각 목의 어느 하나에 해당하는 공사
   가. 총공사금액이 2천만 원 미만인 공사
   나. 연면적이 100제곱미터 이하인 건축물의 건축
   다. 연면적이 200제곱미터 이하인 건축물의 대수선에 관한 공사
3. 가구 내 고용활동 및 달리 분류되지 아니한 자가소비 생산활동(가사서비스업)

79) 당연적용사업란 사업이 적용요건을 충족하게 되었을 때에 사업자 또는 근로자의 의사와 관계없이 당연히 고용보험을 강제로 적용받는 사업을 말한다.

② 적용제외 근로자 - 고용보험료를 내지 않는 사람

1. 65세 이후에 고용되거나 자영업을 개시한 자(고용안정, 직업능력개발 사업에 관하여는 적용함)
2. 소정근로시간이 대통령령으로 정하는 시간 미만인 자:
   - 1개월간 근로시간 60시간 미만인 자[80]
   - 1주간 15시간 미만인 근로제공자
3. 국가공무원법과 지방공무원법에 따른 공무원
   (다만 별정직 공무원 및 임기제 공무원의 경우는 본인 의사에 따라 고용보험에 가입할 수 있다)
4. 사립학교교직원 연금법의 적용을 받는 사립학교교직원
5. 그밖에 대통령령으로 정하는 자:
   - 합법적으로 취업하지 못한 외국인 근로자[81]
   - 별정우체국법에 따른 별정우체국 직원

※ **위 기준 제외자:** 생계를 목적으로 3개월 이상 근로를 제공(1개월 미만 동안 고용되는 일용직 근로자는 제외)하는 경우 근로자 과반수 이상의 동의를 얻어 고용보험 가입신청서를 관할 근로복지공단에 제출하여 승인을 받아야 가입할 수 있다(실업급여에 한하여 가입할 수 있다).

4) 외국인에 대한 적용

출입국 관리법에 따라 취업활동을 할 수 있는 체류 자격이 있는 자에게 적용한다.

5) 자영업자에 대한 특례

자영업자는 자기 자신을 피보험자로 하여 고용안정·직업능력개발사업에 임의가입할 수 있다(고용보험의 적용을 받음). 다만 피보험자격의 취득 및 상실에 관한 신고를 하지 아니한다.

6. 피보험자의 관리

1) 피보험자격의 취득일

① 피보험자는 고용보험법이 적용되는 사업에 고용된 날에 피보험자격을 취득한다. 다만, 다음의 경우에는 각각 그 해당되는 날에 피보험자격을 취득한 것으로 본다.

1. 적용 제외 근로자였던 자가 이 법의 적용을 받게 된 경우에는 그 적용을 받게 된 날
2. 보험관계 성립일 전에 고용된 근로자의 경우에는 그 보험관계가 성립한 날

② 당연적용사업의 경우는 사업의 종료와 규모가 성립요건에 충족하게 된 날이다.

③ 자영업자인 피보험자는 보험관계가 성립한 날에 피보험자격을 취득한다.

2) 피보험자격의 상실일(당연소멸, 해약에 의한 소멸, 직권소멸)

① 피보험자는 다음 해당하는 날에 각각 그 피보험자격을 상실한다.

---

80) 유사적용하는 예: 국민연금법, 국민건강보험법, 고용보험법에서 제외대상은 동일함
81) 불법체류 근로자: 법적으로 거주 자격을 가지지 아니한 외국인 근로자

1. 피보험자가 적용 제외 근로자에 해당하게 된 경우에는 그 적용 제외 대상자가 된 날
2. 보험료징수법 보험관계가 소멸한 경우에는 그 보험관계가 소멸한 날
3. 피보험자가 이직한 경우에는 이직한 날의 다음날
4. 피보험자가 사망한 경우에는 사망한 날의 다음날

② 자영업자인 피보험자는 보험관계가 소멸한 날에 피보험자격을 상실한다.

3) 고용보험위원회 – 정책기구

① 고용보험법 및 보험료징수법의 시행에 관한 주요 사항(보험에 관한 사항만 해당)을 심의하기 위하여 고용노동부에 고용보험위원회(20명 이내의 위원으로 구성)를 둔다.

② 고용보험위원회는 다음 각 호의 사항을 심의한다.

1. 보험제도 및 보험사업의 개선에 관한 사항
2. 보험료징수법에 따른 보험료율 결정에 관한 사항
3. 보험사업의 평가에 관한 사항
4. 기금운용 계획의 수립 및 기금의 운용 결과에 관한 사항
5. 그밖에 위원장이 보험제도 및 보험사업과 관련하여 위원회의 심의가 필요하다고 인정하는 사항

7. 고용보험 급여

고용보험법령상 고용보험의 급여 종류에 관한 설명을 살펴보면 다음과 같다.

① 고용보험사업은 보험의 목적을 이루기 위하여 1. 고용안정・직업능력개발 사업, 2. 실업급여(구직급여, 취업촉진 수당), 3. 육아휴직 급여 및 4. 출산전후휴가 급여 등을 실시한다(제4조).

② 고용보험사업의 보험연도는 정부의 회계연도에 따른다(1년 단기보험).

[문제] 고용보험법령상 보험 급여에 해당하는 사업이 아닌 것은? ②
① 실업급여 ② 자활급여 ③ 육아휴직급여 ④ 출산전후휴가급여 ⑤ 고용안정·직업능력개발 급여

1) 고용안정·직업능력개발 사업 – 보험료: 사업자 전액부담, 적극노동정책

고용노동부장관은 피보험자 및 피보험자였던 자, 취업할 의사를 가진 자(피보험자 등)를 지원하기 위하여 고용안정・직업능력개발 사업을 실시한다.

※ **고용안정·직업능력개발 사업 실시:** 실업의 예방, 취업의 촉진, 고용기회의 확대, 직업능력개발·향상의 기회 제공 및 지원, 그밖에 고용안정과 사업자에 대한 인력 확보

이는 적극적 노동시장정책에서 실업의 예방에 초점을 두기 위한 것이다. 또한 65세 이상인 사람도 고용안정・직업능력개발 사업에 참여할 수 있다.

[주의] 실업급여는 이전에 제외대상이었으나 2012년 8월부터 대상이 되었다. 그러나 또다시 65세 이상 실업급여의 적용 연장(제39조)규정을 삭제하였다. <2013.6.4.>

(1) 고용창출지원

고용노동부장관은 고용환경 개선, 근무형태 변경 등으로 고용의 기회를 확대한 사업자에게 대통령령으로 정하는 바에 따라 필요한 지원을 할 수 있다.

(2) 고용조정의 지원

① 고용노동부장관은 사업 규모의 축소, 사업의 폐업 또는 전환으로 고용조정이 불가피하게 된 사업자가 근로자에 대한 휴업, 휴직, 직업전환에 필요한 직업능력개발훈련(인력의 재배치 등을 실시) 등 근로자의 고용안정을 위한 조치를 하면 대통령령으로 정하는 바에 따라 그 사업자에게 필요한 지원을 할 수 있다(지원금이나 장려금 지급).

② 휴업이나 휴직 등 고용안정을 위한 조치로 근로자의 임금이 대통령령으로 정하는 수준으로 감소할 때에는 그 근로자에게도 필요한 지원을 할 수 있다.

③ 고용노동부장관은 고용정책 기본법 제32조에 따른 업종에 해당하거나 지역에 있는 사업자 또는 근로자에게 우선적으로 지원할 수 있다.

(3) 고용촉진지원 - 고용기회가 부족한 지역, 악화된 지역으로 이전하는 사업자

가) 지역 고용의 촉진(제22조)
나) 고령자 등 고용촉진의 지원(제23조)
다) 건설근로자 등의 고용안정 지원(제24조)
라) 고용안정 및 취업 촉진(제25조)
마) 고용촉진 시설에 대한 지원(제26조): 고용노동부장관은 피보험자 등의 고용안정·고용촉진 및 사업자의 인력확보를 지원하기 위하여 상담시설, 어린이집(보육시설), 그밖에 대통령령으로 정하는 고용촉진 시설을 설치·운영하는 자에게 필요한 지원을 할 수 있다.
바) 직업능력개발의 촉진(제31조)
사) 직업능력개발사업의 실시

※ **직업능력개발사업의 지원** : 고용촉진 시설에 대한 지원, 사업주에 대한 직업능력개발 훈련(기간제근로자, 단시간근로자, 파견근로자, 일용근로자, 고령자 · 준고령자)의 지원, 피보험자등에 대한 직업능력개발 지원, 직업능력개발 훈련 시설에 대한 지원, 직업능력개발의 촉진, 건설근로자 등의 직업능력개발 지원

2) 실업급여 - 구직급여 + 취업촉진수당, 소극적 노동정책

고용보험법상의 실업급여는 구직급여와 취업촉진수당으로 구분한다. 취업촉진 수당의 종류는 1. 조기(早期)재취업 수당, 2. 직업능력개발 수당, 3. 광역 구직활동비, 4. 이주비 등이 있다(실업급여수급계좌의 사용의무).

[문제] 고용보험법령상의 실업급여로서 취업촉진 수당의 종류에 해당하지 않는 것은?

(1) 구직급여

가. 구직급여의 수급 요건

구직급여는 이직한 피보험자가 다음의 요건을 모두 갖춘 경우에 지급한다. 다만,

제5호와 제6호는 최종 이직 당시 일용근로자였던 자만 해당한다.

> **※ 구직급여의 수급요건**
> 1. 급여를 받으려면 이직일 이전 18개월간(기준기간) 피보험 단위기간이 통산(通算)하여 180일 이상일 것
> 2. 근로의 의사와 능력이 있음에도 불구하고 취업(영리를 목적으로 사업을 영위하는 경우를 포함)하지 못한 상태에 있을 것
> 3. 이직사유가 수급자격의 제한 사유(피보험자가 자기의 중대한 귀책사유로 해고되거나 정당한 사유 없는 자기 사정으로 이직한 경우)등에 해당하지 아니할 것 → 자기 사정으로 자영업을 하기 위하여 이직한 경우에는 수급자격이 없다.
> 4. 재취업(구직)을 위한 노력을 적극적으로 할 것
> 5. 수급자격 인정신청일 이전 1개월 동안의 근로일수가 10일 미만일 것(최종 이직 당시 일용근로자였던 자만 해당)
> 6. 최종 이직일 이전 기준기간의 피보험 단위기간 180일 중 다른 사업에서 수급자격의 제한 사유에 해당하는 사유로 이직한 사실이 있는 경우에는 그 피보험 단위기간 중 90일 이상을 일용근로자로 근로하였을 것(최종 이직 당시 일용근로자였던 자만 해당)

나. 실업의 신고

① 구직급여를 지급받으려는 자는 이직 후 지체없이 직업안정기관에 출석하여 실업을 신고하여야 한다.

② 실업의 신고에는 구직 신청과 수급자격의 인정신청을 포함하여야 한다.

다. 실업의 인정

구직급여는 수급자격자가 실업한 상태에 있는 날 중에서 직업안정기관의 장으로부터 실업의 인정을 받은 날에 대하여 지급한다.82)

라. 급여의 기초가 되는 임금일액

① 구직급여의 산정 기초가 되는 임금일액(기초일액 基礎日額: 일일단위의 임금액)은 수급자격의 인정과 관련된 마지막 이직 당시 근로기준법에 따라 산정된 평균임금으로 한다(급여기초 임금일액의 상한액: 12만 원).

② 산정된 금액이 근로기준법에 따른 그 근로자의 통상임금보다 적을 경우에는 그 통상임금액을 기초일액으로 한다(일용근로자 제외).

마. 구직급여일액

① 구직급여일액은 다음 각 호의 구분에 따른 금액으로 한다.

> **※ 구직급여일액**
> 1. 구직급여일액 = 이직 전 평균임금의 50%(수급자격자의 기초일액에 100분의 50을 곱한 금액) × 지급일수
> 2. 최고 구직급여일액: 1일 12만 원
> 3. 최저 구직급여일액: 최저임금법의 시간급 최저금액(최저기초일액) 90% × 1일 근로시간(8시간)

---

82) 실업의 인정을 받으려는 수급자격자는 실업의 신고를 한 날부터 계산하기 시작하여 1주부터 4주의 범위에서 직업안정기관의 장이 지정한 날(실업인정일)에 출석하여 재취업을 위한 노력을 하였음을 신고하여야 하고, 직업안정기관의 장은 직전 실업인정일의 다음날부터 그 실업인정일까지의 각각의 날에 대하여 실업의 인정을 한다.

② 산정된 구직급여일액이 최저 구직급여일액보다 낮은 경우에는 최저 구직급여일액을 그 수급자격자의 구직급여일액으로 한다.

◆ 구직급여 산정기준(기초일액) = 평균임금 > 통상임금 > 기준임금 > 최저기초일액

바. 실업인정대상기간 중의 근로·창업 등의 신고

수급자격자는 실업의 인정을 받으려 하는 기간(실업인정대상기간) 중에 근로를 제공하거나 창업한 경우에는 그 사실을 직업안정기관의 장에게 신고하여야 한다.

※ **국민연금 보험료의 지원:** 고용노동부장관은 구직급여를 받는 기간을 국민연금 가입기간으로 추가 산입하려는 수급자격자에게 국민연금 보험료의 일부를 지원할 수 있다.

사. 수급기간 및 수급일수

① 구직급여는 이 법에 따로 규정이 있는 경우 외에는 그 구직급여의 수급자격과 관련된 이직일의 다음날부터 계산하기 시작하여 12개월 내에 소정급여일수를 한도로 하여 지급한다.

② 12개월의 기간 중 임신 · 출산 · 육아, 그밖에 대통령령으로 정하는 사유로 취업할 수 없는 자가 그 사실을 수급기간에 직업안정기관에 신고한 경우에는 12개월의 기간에 그 취업할 수 없는 기간을 가산한 기간(4년을 넘을 때에는 4년)에 소정급여일수를 한도로 하여 구직급여를 지급한다.

수급 기간	이직 한 날에 다음날부터 12개월
구직급여일수	120일 ~ 270일 - 연령에 따라 차등 지급(2018년 7월 이후 적용)
대기 기간	실업의 신고일로 부터 계산하기 시작하여 7일간은 대기기간으로 보아 구직급여를 지급하지 아니한다(7일 동안 구직급여 지급 안함).

※ 수급기간의 연기 사유(시행령 제70조)
1-1. 임신·출산·육아
1. 본인의 질병이나 부상(상병급여를 받은 경우의 질병이나 부상은 제외)
2. 배우자의 질병이나 부상
3. 본인과 배우자의 직계존속 및 직계비속의 질병이나 부상
4. 배우자의 국외발령 등에 따른 동거 목적의 거소 이전
5. 「병역법」에 따른 의무복무
6. 범죄혐의로 인한 구속이나 형의 집행(법 제58조 1호 가목에 따라 수급자격이 없는 자는 제외)
7. 제1호부터 제6호까지의 규정에 준하는 경우로서 고용노동부령으로 정하는 사유

아. 이직 사유에 따른 수급자격의 제한

피보험자가 다음 각 호의 어느 하나에 해당한다고 직업안정기관의 장이 인정하는 경우에는 수급자격이 없는 것으로 본다(수급자격의 제한: 의제). 가령, 자기사정으로 자영업을 위하여 이직한 경우에는 수급자격이 없다.

⊞ 수급자격의 제한·귀책사유로 해고·정당한 사유 없는 자기사정으로 이직한 경우
1. 중대한 귀책사유(歸責事由)로 해고된 피보험자로서
가. 형법 또는 직무와 관련법률을 위반하여 금고 이상의 형을 선고받은 경우

> 나. 사업에 막대한 지장을 초래하거나 재산상 손해를 끼친 경우
> 다. 정당한 사유 없이 근로계약 또는 취업규칙 등을 위반하여 장기간 무단결근한 경우
>
> 2. 자기 사정으로 이직한 피보험자로서 다음 각 목의 어느 하나에 해당하는 경우
> 가. 전직 또는 자영업을 하기 위하여 이직한 경우
> 나. 제1호의 중대한 귀책사유가 있는 자가 해고되지 아니하고 사업자의 권고로 이직한 경우
> 다. 그밖에 고용노동부령으로 정하는 정당한 사유에 해당하지 아니하는 사유로 이직한 경우

예컨대 고용보험법상 중대한 귀책사유로 해고된 피보험자가 형법상 금고 이상의 형의 선고를 받은 경우와 직무에 관련한 법률을 위반하여 금고 이상의 형을 선고받고 그 사유로 해고된 자는 수급자격이 없는 것으로 본다.

자. 보험급여의 제한

① 보험급여의 제한에는 이직 사유에 따른 수급자격의 제한, 훈련거부 등에 따른 급여의 지급제한(정지), 부정행위(부정행위에 따른 급여의 지급 제한) 등이 있다.

② 여기서 직업안정기관의 장은 거짓이나 부정한 방법으로 구직급여를 지급받은 자에게 지급받은 전체 구직급여의 전부 또는 일부의 반환을 명할 수 있다(반환명령).

☆ 직업안정기관의 장은 부정한 방법으로 급여를 받은 자에게 구직급여의 반환을 명할 수 있다.

차. 연장급여[83] – 훈련연장급여, 개별연장급여 및 특별연장급여

연장급여는 그 수급자격자가 지급받을 수 있는 구직급여의 지급이 끝난 후에 지급한다.

> (가) 훈련연장급여 – 훈련이 필요하다고 인정되는 경우, 최대 2년 한도로 구직급여의 연장지급이 가능하다.
> (나) 개별연장급여 – 직업안정기관의 장은 취업이 특히 곤란하고 생활이 어려운 수급자격자로서 대통령령으로 정하는 자에게는 그가 실업의 인정을 받은 날에 대하여 소정급여 일수를 초과하여 구직급여를 연장하여 지급할 수 있다. 구직급여(개별연장급여)는 60일의 범위에서 지급한다.
>
> ▸ **대통령령으로 정하는 자**: 취업되지 아니한 자로서 ㉮ 18세 미만이나 65세 이상인 자, ㉯ 「장애인고용촉진 및 직업재활법」에 따른 장애인, ㉰ 1개월 이상의 요양이 요구되는 환자, ㉱ 소득이 없는 배우자, ㉲ 학업 중인 사람으로서 고용노동부장관이 정하여 고시하는 사람, ㉳ 급여기초 임금일액과 본인과 배우자의 재산합계액이 고용노동부장관이 정하여 고시한 기준 이하인 자
>
> (다) 특별연장급여 – 경제침체 등의 상황이 지속되는 경우(소정급여일수를 초과, 구직급여를 연장 지급 가능: 실시기간 6개월 이내)

(2) 취업촉진수당의 종류

실직한 근로자가의 생계지원을 목적으로 하는 것보다는 구직급여를 지급받는 근로자의 재취업을 촉진하기 위하여 부가급여의 성격으로 지급하는 수당을 말한다.

83) 연장급여는 구직급여를 지급받을 수 있는 자격을 가진 근로자가 직업안정기관의 장이 지시한 직업훈련을 받거나 실직근로자의 기능, 전문지식, 경험, 기타 노동시장의 상황 등으로 특별히 취직이 어렵다고 인정하는 경우에 소정의 급여일수에 추가로 구직급여를 지급하는 것을 말한다.

☆ 고용보험법상 취업촉진 수당의 종류로는 ① 조기재취업수당, ② 직업능력개발수당, ③ 광역구직활동비, ④ 이주비 등으로 나눌 수 있다(고용보험법령상 취업촉진 수당의 종류).

[문제] 고용보험법령상 취업촉진 수당의 종류에 해당하지 않는 것은? ③
① 조기(早期)재취업 수당 ② 직업능력개발 수당 ③ 훈련연장급여 ④ 광역 구직활동비 ⑤ 이주비

가. 조기재취업 수당: 구직급여일액에 미지급일수의 $\frac{1}{2}$(50%)을 곱한 금액

① 조기재취업 수당은 수급자격자(외국인 근로자 제외)가 안정된 직업에 재취직하거나 스스로 영리를 목적으로 하는 사업을 영위하는 경우로서 대통령령으로 정하는 기준에 해당하면 지급한다.

② "대통령령으로 정하는 기준"이란 수급자격자가 대기기간이 지난 후 재취업한 날의 전날을 기준으로 소정급여일수 2분의 1을 이상 남기고 재취업한 경우를 말한다.

1. 재취직한 사업자에게 계속하여 12개월 이상 고용된 경우
2. 12개월 이상 계속하여 사업을 영위한 경우, 이 경우 수급자격자가 법 해당 수급기간에 해당 사업을 영위하기 위한 준비활동을 재취업활동으로 신고하여 실업으로 인정받았을 때로 한정한다.

나. 직업능력개발 수당

직업능력개발 수당은 수급자격자가 직업안정기관의 장이 지시한 직업능력개발 훈련 등을 받는 경우에 그 직업능력개발 훈련 등을 받는 기간에 대하여 지급한다. 단, 훈련 거부 등 급여의 지급 제한에 따라 구직급여의 지급이 정지된 기간에 대하여는 직업능력개발 수당을 지급하지 아니한다.

다. 광역 구직활동비

광역 구직활동비는 수급자격자가 직업안정기관의 소개에 따라 광범위한 지역에 걸쳐 구직활동을 하는 경우로서, 다음의 요건을 모두 갖춘 경우에 직업안정기관의 장이 필요하다고 인정하면 지급할 수 있다(교통비, 숙박비 지급).

1. 구직활동에 드는 비용이 구직활동을 위하여 방문하는 사업장의 사업자로부터 지급되지 아니하거나 지급되더라도 그 금액이 광역 구직활동비의 금액에 미달할 것, 2. 수급자격자의 거주지로부터 구직활동을 위하여 방문하는 사업장까지의 거리가 고용노동부령으로 정하는 거리(50Km) 이상일 것(이 경우 거리는 거주지로부터 사업장까지의 통상적인 거리에 따라 계산하되, 수로(水路)의 거리는 실제 거리의 2배로 본다)

라. 이주비

이주비는 수급자격자가 취업하거나 직업안정기관의 장이 지시한 직업능력개발 훈련 등을 받기 위하여 통근시간이 왕복 4시간 이상 소요되거나 교통이 불편하여 그 주거를 이전할 필요가 있을 경우에 직업안정기관의 장이 이사할 필요가 있다고 인정하면 이주비를 지급한다.

(3) 자영업자인 피보험자에 대한 실업급여 적용의 특례

가. 자영업자인 피보험자의 실업급여 종류

자영업자인 피보험자의 실업급여 종류는 실업급여의 종류(제37조 실업급여는 구직급여와 취업촉진 수당으로 구분함)에 따른다. 다만, 연장급여와 조기재취업 수당은 제외한다.

☆ 고용보험법령상 자영업자인 피보험자의 실업급여에 해당하는 종류는 구직급여와 직업능력개발 수당, 광역 구직활동비, 이주비 등이 있다.

[문제] 고용보험법상 자영업자인 피보험자의 실업급여 종류에 해당하는 것은? ④
① 조기재취업수당 ② 훈련연장급여 ③ 개별연장급여 ④ 이주비 ⑤ 특별연장급여

나. 구직급여의 수급 요건

구직급여는 폐업한 자영업자인 피보험자가 다음의 요건을 모두 갖춘 경우에 지급한다.

1. 폐업일 이전 24개월간 제41조 1항 단서에 따라 자영업자인 피보험자로서 갖춘 피보험 단위기간이 통산(通算)하여 1년 이상일 것
2. 근로의 의사와 능력이 있음에도 불구하고 취업을 하지 못한 상태에 있을 것
3. 폐업사유가 제69조의7에 따른 수급자격의 제한 사유에 해당하지 아니할 것
4. 재취업을 위한 노력을 적극적으로 할 것

3) 육아휴직 급여 – 모성보호급여

(1) 육아휴직 급여의 신청

① 고용노동부장관은 남녀고용평등과 일·가정 양립 지원에 관한 법률에 따른 육아휴직을 30일(근로기준법상 출산전후휴가기간과 중복되는 기간은 제외) 이상 부여받은 피보험자 중 다음의 요건을 모두 갖춘 피보험자에게 육아휴직급여를 지급한다.

※ 육아휴직 급여의 신청자격 요건
1. 육아휴직을 시작한 날 이전에 피보험 단위기간이 통산하여 180일 이상일 것
2. 같은 자녀에 대하여 피보험자인 배우자가 30일 이상의 육아휴직(30일 미만은 제외)을 부여받지 아니하거나 「남녀고용평등과 일·가정 양립지원에 관한 법률」 제19조의2에 따른 육아기 근로시간 단축(육아기 근로시간 단축)을 30일 이상 실시하지 아니하고 있을 것

② 육아휴직 급여를 지급받으려는 사람은 육아휴직을 시작한 날 이후 1개월부터 육아휴직이 끝난 날 이후 12개월 이내에 신청하여야 한다. 다만, 해당 기간에 대통령령으로 정하는 사유로 육아휴직 급여를 신청할 수 없었던 사람은 그 사유가 끝난 후 30일 이내에 신청하여야 한다.

⊞ **대통령령으로 정하는 사유:** 육아휴직 급여 신청기간의 연장 사유(시행령 제94조)

1. 천재지변 2. 본인이나 배우자의 질병·부상 3. 본인이나 배우자의 직계존속 및 직계비속의 질병·부상
4. 「병역법」에 따른 의무복무 5. 범죄혐의로 인한 구속이나 형의 집행

(2) 육아휴직 급여액(시행령)

육아휴직 개시일을 기준(휴직전)으로 근로기준법에 따라 산정한 월 통상임금의 100분의 40(40%)에 해당하는 금액으로 한다(휴직기간 75%를 지급하고, 나머지 25%의 육아휴직 급여는 직장 복직 후 6개월 이상 계속 근무한 경우에 합산하여 일시불로 지급함).

(3) 취업의 신고

① 피보험자가 육아휴직 급여 기간 중에 그 사업에서 이직하거나 새로 취업한 경우(취직한 경우 1주간의 소정근로시간이 15시간 미만인 경우는 제외)에는 그 이직 또는 취업하였을 때부터 육아휴직 급여를 지급하지 아니한다.
② 피보험자가 사업자로부터 육아휴직을 이유로 금품을 지급받은 경우 급여를 감액하여 지급할 수 있다(육아휴직 급여의 감액).
③ 거짓이나 그 밖의 부정한 방법으로 육아휴직 급여를 받았거나 받으려 한 자에게는 그 급여를 받은 날 또는 받으려 한 날부터의 육아휴직 급여를 지급하지 아니한다.
다만, 그 급여와 관련된 육아휴직 이후에 새로 육아휴직 급여 요건을 갖춘 경우 그 새로운 요건에 따른 육아휴직 급여는 그러하지 아니하다.

(4) 육아기 근로시간 단축 급여

① 고용노동부장관은 육아기(대상자: 만 6세 이하의 취학전 아동) 근로시간 단축을 30일(근로기준법에 따른 출산전후휴가기간과 중복되는 기간은 제외) 이상 실시한 피보험자 중 다음의 요건을 모두 갖춘 피보험자에게 육아기 근로시간 단축 급여를 지급한다.

※ 육아기 근로시간 단축 급여지급요건
1. 육아기 근로시간 단축을 시작한 날 이전에 피보험 단위기간이 통산하여 180일 이상일 것
2. 같은 자녀에 대하여 피보험자인 배우자가 30일 이상의 육아휴직을 부여받지 아니하거나 육아기 근로시간 단축을 30일 이상 실시하지 아니하고 있을 것

② 육아기 근로시간 단축 급여를 지급받으려는 사람은 육아기 근로시간 단축을 시작한 날 이후 1개월부터 끝난 날 이후 12개월 이내에 신청하여야 한다.

4) 출산전후 휴가급여

임신과 출산 등으로 인하여 소모된 체력을 회복시키기 위하여 제공하는 급여이다. 출산한 여성근로자의 근로의무를 면제하고 임금의 상실 없이 휴식을 보상받도록 하는 제도이다.

(1) 출산전후 휴가급여 지급

고용노동부장관은 피보험자가 근로기준법 제74조(임산부의 보호)에 따른 출산전후 휴가 또는 유산·사산휴가를 받은 경우로서 다음의 요건을 모두 갖춘 경우에 출산전후 휴가 급여 등을 지급한다.

1. 휴가가 끝난 날 이전에 피보험 단위기간이 통산하여 180일 이상일 것,
2. 휴가를 시작한 날[근로자의 수 등이 출산전후 휴가급여 등 신청 기간의 연장 사유에 해당하는 기업이 아닌 경우는 휴가 시작 후 60일(쌍아: 75일)이 지난 날로 본다] 이후 1개월부터 휴가가 끝난 날 이후 12개월 이내에 신청할 것
3. 다만, 그 기간에 대통령령으로 정하는 사유로 출산전후 휴가급여 등 신청할 수 없었던 사는 그 사유가 끝난 후 30일 이내에 신청할 것

(2) 지급 기간

출산전후 휴가급여 등은 근로기준법 제74조(임산부의 보호)에 따른 휴가 기간에 대하여 근로기준법의 통상임금(휴가를 시작한 날을 기준으로 산정함)에 해당하는 금액을 지급한다[다만, 근로자의 수 등이 대통령령으로 정하는 기준에 해당하는 기업이 아닌 경우에는 휴가 기간 중 60일(쌍아: 75일, 최초 60일 유급)을 초과한 일수 30일(쌍아: 45일, 무급) 한도로 한정함].

※ 근로기준법 제74조(임산부의 보호)에 따른 휴가 기간
사업자는 임신 중의 여성에게 출산 전과 출산 후를 통하여 90일의 출산전후휴가를 주어야 한다. 이 경우 휴가 기간의 배정은 출산 후에 45일 이상이 되어야 한다.

8. 고용보험기금

1) 기금의 설치 및 조성: 고용노동부장관

고용노동부장관은 보험사업에 필요한 재원에 충당하기 위하여 고용보험기금(기금)을 설치하며, 기금은 보험료와 이 법에 따른 징수금 · 적립금 · 기금운용 수익금과 그 밖의 수입으로 조성한다.

2) 기금의 관리·운용

※ 고용보험기금의 관리·운용방법
1. 금융기관에의 예탁 3. 국가·지자체 또는 금융기관에서 직접 발행하거나 채무이행을 보증하는 유가증권의 매입
2. 재정자금에의 예탁 4. 보험사업의 수행 또는 기금 증식을 위한 부동산의 취득 및 처분
5. 그밖에 대통령령으로 정하는 기금 증식 방법(증권의 매입)

3) 고용보험 기금의 용도

1. 고용안정·직업능력개발 사업에 필요한 경비
2. 실업급여의 지급
3. 육아휴직 급여 및 출산전후휴가 급여 등의 지급
4. 보험료의 반환
5. 일시 차입금의 상환금과 이자
6. 업무를 대행하거나 위탁받은 자에 대한 출연금
7. 그밖에 이 법의 시행을 위하여 필요한 경비
㉮ 보험사업의 관리·운영에 드는 경비 ㉯ 기금의 관리·운용에 드는 경비 ㉰ 보험사무대행기관에 대한 교부금
㉱ 법과 보험료징수법에 따른 사업이나 업무의 위탁수수료 지급금) 등의 경비와 제1호 및 제2호에 따른 사업의 수행에 딸린 경비

☆ 직업재활급여의 지급은 고용보험기금의 용도가 아니다.

[문제] 고용보험법령상 고용보험 기금의 용도가 아닌 것은?

9. 권리구제 - 심사 및 재심사 청구

심사 및 재심사의 청구는 일종의 권리구제로서 행정심판의 성격을 지니며, 고용보험법에서 정하고 있지 아니한 사항은 행정심판법이 준용된다.

① 피보험자격의 취득 · 상실에 대한 확인, 실업급여 및 육아휴직 급여와 출산전후 휴가급여 등에 관한 처분[원처분(原處分)]에 이의가 있는 자는 고용노동부 고용보험심사관(심사관)에게 심사를 청구할 수 있다(심사청구). 그 결정에 이의가 있는 자는 고용노동부 고용보험심사위원회에 재심사를 청구할 수 있다(재심사청구).

② 심사 및 재심사의 청구는 시효중단에 관하여 재판상의 청구로 본다.

③ 심사의 청구는 원처분 등의 집행을 정지시키지 아니한다.

TIP 심사 및 재심사청구: 권리구제

심사청구	• 피보험자가 자격, 급여 등에 처분에 이의가 있으면 고용보험심사관에게 심사 청구할 수 있음 • 처분을 안 날로부터 90일 이내에 심사청구를 해야 함 • 고용보험심사관은 30일 이내에 결정, 예외적으로 10일 정도 연장가능
재심사청구	• 이의가 있으면 그 결정을 안 날로부터 90일 이내에 재심을 청구할 수 있음 • 재심사는 고용보험심사위원회가 50일 이내에 결정함
행정소송	• 고용보험심사위원회에 불복하는 경우 → 사법부(행정법원: 행정소송)

10. 수급자의 권리보호

1) 불이익 처우(변경)의 금지

사업자는 근로자가 확인의 청구를 한 것을 이유로 그 근로자에게 해고나 그 밖의 불이익한 처우를 하여서는 아니 된다(불이익 처우 금지).

2) 소멸시효 - 3년

지원금 · 실업급여 · 육아휴직 급여 또는 출산전후 휴가급여 등을 지급받거나 그 반환을 받을 권리는 3년간 행사하지 아니하면 시효로 소멸한다.

※ 수급자격의 요건에 대한 사례

[사례연구] 평생농업에 종사해온 고씨는 만 68세이며, 전업주부인 아내와 살고 있다. 현재 경제활동을 하지 않아 소득이 전혀 없고, 재산은 전세 보증금 2,500만 원이 전부이다.

[문제] 클라이언트 김씨가 받을 가능성이 있는 급여가 아닌 것을 고르시오. ③

① 국민기초생활 보장법상 생계급여 ② 국민연금법상 노령연금 ③ 고용보험법상 구직급여
④ 노인복지법상 노인복지시설 이용 ⑤ 기초연금법상 기초연금

[해설] 고용보험법은 근로자를 대상으로 하며, 65세 이상인 자도 근로를 해도 적용제외 근로자가 되기 때문에 김씨는 구직급여를 받을 수 없다. 그 이유는 2012년 8월부터 65세 이상 자도 받을 수도 있었지만 2013년 6월 4일에 법 제39조(실업급여의 적용 연장: 개정되면서 피보험자로서 65세 전에 이직한 자가 그 이직과 관련하여 실업한 상태에서 65세가 되면 제10조 1호에도 불구하고 이 장을 적용한다)가 삭제됨 [제39조 삭제 〈2013.6.4.〉]

6 산업재해보상보험법

[시행 2019.7.1.] [법률 제15270호, 2017.12.19., 타법개정] 고용노동부

산재보험법(1963년 제정, 1964년 시행)의 보험관장 부서는 고용노동부(산재보상정책과)이다. 고용노동부장관의 위탁을 받아 근로복지공단이 보험 사업을 수행한다(근로복지공단: 보험자). 업무상 재해를 당한 근로자에게 산업재해보상 보험급여를 지급함으로써 신속, 공정하게 보상하고 근로자나 그 가족의 생활을 보호하는 데 그 뜻이 있다.

산업현장에서 근로자에게 발생할 수 있는 다양한 재해에 대비하여 근로자와 그 가족의 보호는 물론 사업자의 위험부담을 경감시키려는 법규범이다(사후대응적 보험).[84]

① 산업재해보상보험은 사업자의 무과실 책임주의를 채택하고 있다(사업자 책임보험).[85] 산재근로자가 보험급여를 받았거나 받을 수 있으면 보험가입자(사업자)는 동일한 사유에 대해 근로기준법에 따른 재해보상 책임이 면제된다(집합주의, 제80조 1항).

② 산재보험관리는 사업장 중심으로 관리한다. 즉, 다른 사회보험법과 달리 사업장 단위로만 가입이 이루어지고 개별 근로자의 관리는 별도로 이루어지지 않고 있다.

③ 사업자는 보험가입자로서 산재보험료의 전액을 부담한다(근로자는 부담하지 않음 - 보험가입자: 사업자, 고용보험 및 산업재해보상보험의 보험료징수 등에 관한 법률 제13조 1항).

[참조] 「고용보험법」에 따른 실업급여의 고용보험료: 사업자와 근로자가 반반씩 부담한다(「고용보험 및 산업재해보상보험의 보험료 징수 등에 관한 법률」 제13조 2항). 다만 고용안정과 직업능력개발사업의 고용보험료는 사업자가 전액 부담한다.

④ 보험료는 공단이 매월 부과하고, 건강보험공단이 이를 징수한다(단기보험).

⑤ 산재보험법은 민영보험(임의가입)이 아닌 사회보험으로서 법에 의해 가입대상이 정해지는 강제가입방식을 택하고 있다(강제가입보험의 성격).

84) 산업안전보건법이 산업재해에 대한 사전예방적이지만 산재보험법은 대체로 사후대응적 성격을 가진다.
85) 사업자가 근로자의 업무상 재해(질병과 사고)에 대해 고의 또는 과실이 있는지 여부에 대해 묻지 않고 산업재해보상 보험급여를 지급한다.

⑥ 산재보험법은 이중적 성격[86]을 가지고 있다. 근로자와 사업자를 위한 보험적 성격을 동시에 갖고 있다.

⑦ 보험급여는 업무상 재해에 대한 손해 전체를 보상하는 것이 아니라 평균임금을 기초로 하여 산정된 일정한 금액만 보상한다(제36조 3항부터 8항, 정률보상방식의 산정).

※ 산재보험법의 특징
① 무과실 책임주의, ② 사업장 단위중심 가입 ③ 보험료: 전액 사업자 부담(보험가입자: 사업자) ④ 자진신고 및 자진납부 ⑤ 강제가입방식 ⑥ 근로자와 사업자를 위한 보험적 성격을 가짐 ⑦ 정률보상방식에 따라 산정

1. 목적

산업재해보상보험 사업을 시행하여 근로자의 업무상의 재해를 신속하고 공정하게 보상하며, 재해근로자의 재활 및 사회 복귀를 촉진하기 위하여 이에 필요한 보험시설을 설치・운영하고, 재해 예방과 그밖에 근로자의 복지 증진을 위한 사업을 시행하여 근로자 보호에 이바지하는 것을 목적으로 한다.

2. 용어의 뜻

1. "업무상의 재해"란 업무상의 사유에 따른 근로자의 부상·질병·장해 또는 사망을 말한다. → 업무상 재해에는 업무상 사고와 업무상 질병이 포함된다.
2. "근로자"·"임금"·"평균임금"·"통상임금"이란 각각 「근로기준법」에 따른 "근로자"·"임금"·"평균임금"·"통상임금"을 말한다.
3. "유족"이란 사망한 자의 배우자(사실상 혼인 관계에 있는 자를 포함)·자녀·부모·손자녀·조부모 또는 형제자매를 말한다.
4. "치유"란 부상 또는 질병이 완치되거나 치료의 효과를 더 이상 기대할 수 없고 그 증상이 고정된 상태에 이르게 된 것을 말한다.
5. "장해"란 부상 또는 질병이 치유되었으나 정신적 또는 육체적 훼손으로 인하여 노동능력이 상실되거나 감소된 상태를 말한다.
6. "중증요양상태"란 업무상의 부상 또는 질병에 따른 정신적 또는 육체적 훼손으로 노동 능력이 상실되거나 감소된 상태로서 그 부상 또는 질병이 치유되지 아니한 상태를 말한다.
7. "진폐"란 분진을 흡입하여 폐에 생기는 섬유증식성(纖維增殖性) 변화를 주된 증상으로 하는 질병을 말한다.
8. "출퇴근"이란 취업과 관련하여 주거와 취업장소 사이의 이동 또는 한 취업장소에서 다른 취업장소로의 이동을 말한다.

3. 보험의 관장과 회계연도

1) 보험의 관장

산업재해보상보험 사업은 고용노동부장관이 관장하며, 보험자는 근로복지공단이다.

86) 산재보상의 위험 책임을 위험결합을 통해 가입자들에게 분산시키는 사업자 보험적 성격과 재해를 입은 근로자와 그 가족의 생활을 보장하는 근로자 보험적 성격을 동시에 갖고 있다.

고용노동부장관의 위탁을 받아 근로복지공단에서 관리 및 운영하고 있다.

※ **사회보험법의 관장:** 산재보험법과 고용보험법은 고용노동부장관이 관장하고, 국민연금법과 국민건강보험법 및 노인장기요양보험법은 보건복지부장관이 관장하고 있다.

※ 공단의 수입
1. 정부나 정부 외의 자로부터 받은 출연금 또는 기부금
2. 공단의 사업수행으로 발생한 수입 및 부대수입
3. 차입금 및 이입충당금
4. 잉여금
5. 그밖의 수입금[본조신설 2018.6.12]

2) 보험사업의 회계연도

보험사업의 회계연도는 정부의 회계연도(1.1.~12.31.)에 따른다(1년 단위, 단기보험).

4. 적용 범위 - 당연적용사업, 예외: 임의적용사업

산재보험법은 근로자를 사용하는 모든 사업 또는 사업장(이하 "사업"이라 한다)에 적용한다(당연적용사업). ☆ 근로자 5인 미만 고용사업장은 산업재해보상보험법이 적용된다.

다만, 위험률 · 규모 및 장소 등을 고려하여 대통령령(시행령 제2조)으로 정하는 사업에 대하여는 이 법을 적용하지 아니한다(임의적용사업). 여기서 임의적용사업도 근로복지공단의 승인을 얻어 산재보험에 가입할 수 있다.

※ 산업재해보상보험법이 적용되지 아니하는 사업
1. 「공무원연금법」 또는 「군인연금법」에 따라 재해보상이 되는 사업
2. 「선원법」, 「어선원 및 어선 재해보상보험법」 또는 「사립학교교직원 연금법」에 따라 재해보상이 되는 사업
3. 「주택법」에 따른 주택건설 사업자, 「건설산업기본법」에 따른 건설업자, 「전기공사업법」에 따른 공사업자, 「정보통신공사업법」에 따른 정보통신공사업자, 「소방시설공사업법」에 따른 소방시설업자 또는 「문화재보호법」에 따른 문화재수리업자가 아닌 자가 시공하는 다음 각 목의 어느 하나에 해당하는 공사

가. 총공사금액이 2천만 원 미만인 공사
나. 연면적이 100제곱미터 이하인 건축물의 건축 또는 연면적이 200제곱미터 이하인 건축물의 대수선에 관한 공사

4. 가구 내 고용활동 - 가사서비스
5. 제1호부터 제4호까지의 사업 외의 사업으로서 상시근로자 수가 1명 미만인 사업(0명인 사업)
6. 농업, 임업(벌목업 제외), 어업 및 수렵업 중 법인이 아닌 자의 사업으로서 상시근로자 수가 5명 미만인 사업
   → 벌목업의 경우: 산재보험은 가입대상, 고용보험은 가입제외 대상임.

5. 근로복지공단

1) 근로복지공단의 설립

고용노동부장관의 위탁을 받아 제1조의 목적을 달성하기 위한 사업을 효율적으로 수행하기 위하여 근로복지공단(공단)을 설립한다. 공단은 법인으로 한다.

2) 공단의 사업

1. 보험가입자와 수급권자에 관한 기록의 관리·유지
2. 보험급여의 결정과 지급
3. 보험료징수법에 따른 보험료와 그 밖의 징수금의 징수
4. 보험급여 결정 등에 관한 심사 청구의 심리·결정
5. 산업재해보상보험 시설의 설치·운영
5의2. 업무상 재해를 입은 근로자 등의 진료·요양 및 재활
5의3. 재활보조기구의 연구개발·검정 및 보급
5의4. 보험급여 결정 및 지급을 위한 업무상 질병 관련 연구
5의5. 근로자 등의 건강을 유지·증진하기 위하여 필요한 건강진단 등 예방 사업
6. 근로자의 복지 증진을 위한 사업
7. 정부로부터 위탁받은 사업
8. 제5호·제5호의2부터 제5호의5까지· 제6호 및 제7호에 따른 사업에 딸린 사업

[주의] 공단은 제1항 제5호의2부터 제5호의5까지의 사업을 위하여 의료기관, 연구기관 등을 설치·운영할 수 있다. 장애급여의 결정과 지급은 근로복지공단에서 수행한다.

※ 국가는 예산의 범위에서 공단의 사업과 운영에 필요한 비용을 출연할 수 있다.

6. 보험료

① 보험사업에 드는 비용에 충당하기 위하여 징수하는 보험료나 그 밖의 징수금에 관하여는 고용보험 및 산업재해보상보험의 보험료징수 등에 관한 법률(보험료징수법)에서 정하는 바에 따른다. ※ 공단이 매월 부과하고, 건강보험공단이 이를 징수한다.

② 사업자의 책임보험, 행정사무 등을 위한 약간의 비용을 국가가 부담한다(보험료의 산정: 보수총액×업종별 보험료율). 보험료의 산정은 위험률이 높은 업종은 보험료율이 높다(6/1000~340/1000). ☆ **보험료율**: 가입자의 임금총액 × 동종의 사업에 적용되는 보험료율

7. 수급권자와 보험가입자

1) 수급권자 – 산업 재해를 당한 근로자(피재자)와 그 유족

산재보험은 사업자가 보험가입자가 되지만 보험급여의 수급자는 업무상의 사유에 의한 부상·질병·신체장해 또는 사망 등 업무상 재해를 당한 근로자(근로기준법에 의한 근로자)이다. 따라서 업무상 재해를 입은 자가 산재보험의 적용대상이 되는가의 판단은 근로기준법상의 근로자로 인정되는가의 여부에 달려 있다.

2) 보험가입자

① 피보험자의 개념을 별도로 규정하고 있지 않다. 수급자, 즉 피재자를 피보험자로 하지 않는 것은 본래 사업자가 부담하여야 하는 재해보상의 책임을 보험급여로 이

행한다고 하는 일종의 책임 보험적 성격에서 비롯되는 것이다.

② 사업자가 보험가입자로서 보험료를 부담하며, 산재보험의 적용은 사업을 단위로 이루어진다.

3) 특례가입자

① 국외사업 ② 해외파견자 ③ 현장실습생 ④ 중·소기업사업자에 대한 특례

8. 보험급여

1) 보험급여의 종류

① 보험급여의 종류는 다음과 같다.

1. 요양급여(진폐에 따른 보험급여)	2. 휴업급여	3. 장해급여
4. 간병급여(진폐에 따른 보험급여)	5. 유족급여	6. 상병(傷病)보상연금
7. 장의비(葬儀費 진폐에 따른 보험급여)	8. 직업재활급여(진폐에 따른 보험급여)	9. 특별급여

[주의] 진폐에 따른 산업재해보상 보험급여의 종류는 요양급여, 간병급여, 장의비, 직업재활급여, 진폐 보상연금 및 진폐 유족연금으로 한다.

[문제] 산업재해보상보험법령상의 보험급여 종류로 옳은 것을 모두 고른 것은?

② 보험급여는 보험급여를 받을 수 있는 자(수급권자)의 청구에 따라 지급한다.

⊞ **사망의 추정(제39조):** 사고가 발생한 선박 또는 항공기에 있던 근로자의 생사가 밝혀지지 아니하거나 항행(航行) 중인 선박 또는 항공기에 있던 근로자가 행방불명 또는 그 밖의 사유로 그 생사가 밝혀지지 아니하면, 3개월간 밝혀지지 아니한 경우에 사망한 것으로 추정하고, 유족급여와 장의비에 관한 규정을 적용한다.

※ 고용보험과 산재보험의 보험급여 종류비교
요양급여, 휴업급여, 장해급여, 간병급여, 직업재활급여(신설급여) 유족급여, 상병보상연금, 장의비

2) 업무상의 재해의 인정 기준 – 상당인과관계(相當因果關係) 여부

업무상 재해란 업무상의 사유에 따른 근로자의 부상, 질병, 신체장해 또는 사망 등을 말한다. 업무상 재해에는 업무상 사고와 업무상 질병이 포함된다.

① 근로자가 부상·질병 또는 장해가 발생하거나 사망하면 업무상의 재해로 본다.

1. 업무상 사고의 사례 – 업무와 재해 사이에 상당인과관계(相當因果關係)가 있는 경우
가. 근로자가 근로계약에 따른 업무나 그에 따르는 행위를 하던 중 발생한 사고
나. 사업자가 제공한 시설물 등을 이용하던 중 그 시설물 등의 결함이나 관리소홀로 발생한 사고
다. 사업자가 주관하거나 사업자의 지시에 따라 참여한 행사나 행사준비 중에 발생한 사고
라. 휴게시간 중 사업자의 지배관리 하에 있다고 볼 수 있는 행위로 발생한 사고
마. 그밖에 업무와 관련하여 발생한 사고

2. **업무상 질병[87]의 사례**
근로자가 유해요인에 노출되어 질병이 발병했을 때 그것이 업무상 질병이 아니라는 반증을 해내지 못하면 업무상 질병으로 본다.

가. 업무수행 과정에서 물리적 인자(因子), 화학물질, 분진, 병원체, 신체에 부담을 주는 업무 등 근로자의 건강에 장해를 일으킬 수 있는 요인을 취급하거나 그에 노출되어 발생한 질병
나. 업무상 부상이 원인이 되어 발생한 질병이다. 그밖에 업무와 관련하여 발생한 질병

3. **출퇴근 재해의 사례**
사업자가 제공한 교통수단이나 그에 준하는 교통수단을 이용하는 등 사업자의 지배관리 하에서 출퇴근 중 발생한 사고, 통상적인 경로와 방법으로 출퇴근하는 중 발생한 사고

② 근로자의 고의·자해행위나 범죄행위 또는 그것이 원인이 되어 발생한 부상·질병·장해 또는 사망은 업무상의 재해로 보지 아니한다. 다만, 그 부상·질병·장해 또는 사망이 정상적인 인식능력 등이 뚜렷하게 저하된 상태에서 한 행위로 발생한 경우로서 대통령령으로 정하는 사유가 있으면 업무상의 재해로 본다.

※ **업무상 재해가 아닌 경우** – 업무와 재해 사이에 상당인과관계(相當因果關係)가 없는 경우
- 출장 중에 정상적 경로를 벗어났을 때 발생한 사고
- 출장 중에 개인적인 용무를 보다가 발생한 사고
- 근로자의 사적행위, 자해행위나 범죄행위 등의 원인이 되어 발생한 사상
  – 근로자의 자해행위로 인한 부상이나 질병은 업무상재해로 보지 아니한다.
- 사업자의 구체적인 지시를 위반한 행위로 인한 근로자의 사상

3) 요양급여 – 4일 이상 요양이 필요한 때 지급

(1) 요양급여의 의의 및 범위

① 요양급여는 근로자가 업무상의 사유로 부상을 당하거나 질병에 걸린 경우에 그 근로자에게 지급한다.

② 요양급여는 산재보험 의료기관에서 요양을 하게 한다. 다만, 부득이한 경우에는 요양을 갈음하여 요양비를 지급할 수 있다.

③ 업무상의 부상 또는 질병이 3일 이내의 요양으로 치유될 수 있으면 요양급여를 지급하지 아니한다. 치유 후 재발, 악화되는 경우는 재요양을 받을 수 있다. 따라서 치유기간에 따라 급여를 지급한다.

※ **재요양**: 요양급여를 받은 자가 치유 후 요양의 대상이 되었던 업무상의 부상 또는 질병이 재발하거나 치유 당시보다 상태가 악화되어 이를 치유하기 위한 적극적인 치료가 필요하다는 의학적 소견이 있으면 다시 요양급여(재요양)를 받을 수 있다.

④ 요양급여의 범위는 다음 각 호와 같다.

87) 업무상 질병판정위원회(제38조): 업무상 질병의 인정 여부를 심의하기 위하여 공단 소속기관에 업무상질병판정위원회를 둔다.

1. 진찰 및 검사, 2. 약제 또는 진료재료와 의지(義肢) 그 밖의 보조기의 지급, 3. 처치, 수술, 그 밖의 치료, 4. 재활치료, 5. 입원, 6. 간호 및 간병, 7. 이송 8. 그밖에 고용노동부령으로 정하는 사항

※ 주의할 것은 간호 및 간병도 요양급여의 범위에 포함된다. 원칙적으로 현물급여이며 예외적으로 요양에 갈음하여 요양비를 지급할 수 있다.

⑤ 업무상의 재해를 입은 근로자가 요양할 산재보험 의료기관이 상급종합병원인 경우에는 응급의료에 관한 법률에 따른 응급환자이거나 그밖에 부득이한 사유가 있는 경우를 제외하고는 그 근로자가 상급종합병원에서 요양할 필요가 있다는 의학적 소견이 있어야 한다. 가령 상급종합병원에서는 요양급여를 지급할 수 있다.

2) 요양급여의 신청

요양급여(진폐에 따른 요양급여는 제외)를 받으려는 자는 소속 사업장, 재해발생 경위, 그 재해에 대한 의학적 소견, 그밖에 고용노동부령으로 정하는 사항을 적은 서류를 첨부하여 공단에 요양급여의 신청을 하여야 한다(신청서 공단 제출).

3) 건강보험의 우선 적용

① 요양급여의 신청을 한 자는 근로복지공단이 산업재해보상보험법에 따른 요양급여에 관한 결정을 하기 전에는 국민건강보험법에 따른 요양급여 또는 의료급여법에 따른 의료급여(건강보험 요양급여 등)를 받을 수 있다.

☆ 따라서 긴급한 경우에도 근로복지공단 요양급여의 결정 전에는 요양급여를 지급할 수 없다.

② 요양급여 수급권자로 결정된 경우에는 그 납부한 본인 일부 부담금 중 요양급여에 해당하는 금액을 공단에 청구할 수 있다.

4) 휴업급여 – 휴직급여 ×

휴업급여는 업무상 사유로 부상을 당하거나 질병에 걸린 근로자에게 요양으로 취업하지 못한 기간에 대하여 지급한다. 1일당 지급액은 평균임금의 100분의 70에 상당하는 금액(70%)으로 한다. 다만, 취업하지 못한 기간이 3일 이내이면 지급하지 아니한다. 즉 휴업급여는 취업하지 못한 기간에 관계없이 지급하는 것이 아니다.

① 업무상 재해로 인한 4일 이상 요양으로 취업이 어려울 때 ② 1일 지급액: 평균임금 100분의 70(70%)
③ 기간: 2년 ④ 일정한 연령에 도달하면 감액 ☆ 휴업급여는 취업하지 못한 기간에 대하여 지급한다.

(1) 부분휴업급여

부분휴업급여는 요양 또는 재요양을 받고 있는 근로자가 그 요양기간 중 일정기간

또는 단시간 취업을 하는 경우에는 그 취업한 날 또는 취업한 시간에 해당하는 그 근로자의 평균임금에서 그 취업한 날 또는 취업한 시간에 대한 임금을 뺀 금액의 100분의 90에 상당하는 금액을 지급할 수 있다.

(2) 저소득 근로자의 휴업급여

휴업급여에 따라 산정한 1일당 휴업급여 지급액이 최저 보상기준 금액의 100분의 80보다 적거나 같으면, 그 근로자에 대하여는 평균임금의 100분의 90에 상당하는 금액을 1일당 휴업급여 지급액으로 한다.

(3) 고령자의 휴업급여

고령자의 휴업급여는 휴업급여를 받는 근로자가 61세가 되면 그 이후의 휴업급여는 감액 산정한 금액을 지급한다. ☆ 고령자 휴업급여의 감액지급 유예기간: 업무상의 재해로 요양을 시작한 날부터 2년을 말한다.

(4) 재요양 기간 중의 휴업급여

재요양을 받는 자에 대하여는 재요양 당시의 임금을 기준으로 산정한 평균임금의 100분의 70에 상당하는 금액을 1일당 휴업급여 지급액으로 한다(최하기준: 최저임금액).

5) 장해급여 - 근로복지공단의 결정과 지급

장해급여 결정과 지급은 근로복지공단에서 수행한다(한국장애인고용공단 ×).

① 장해급여는 근로자가 업무상의 사유로 부상을 당하거나 질병에 걸려 치유된 후 신체 등에 장해가 있는 경우에 그 근로자에게 근로복지공단이 지급한다.

☆ 장해급여는 업무상 부상이나 질병이 치유된 후 신체 등에 장해가 있는 경우에 지급한다(장애급여 ×).

② 장해급여는 장해등급에 따라 장해보상연금 또는 장해보상일시금으로 하되, 그 장해등급의 기준은 대통령령으로 정한다.

③ 장해보상연금 또는 장해보상일시금은 수급권자의 선택에 따라 지급한다.

[참조] 장해등급 1~7급 장해자(329일분 ~ 138일분)의 경우: 연금 또는 일시금을 선택에 따라 지급하고, 8~14급 장해자(1,012일분 ~ 99일분)의 경우: 장해보상일시금을 지급한다. 다만, 노동력을 완전히 상실한 장해등급(1~3급)의 근로자에게는 장해보상연금을 지급한다.

④ 장해급여 청구사유가 발생할 당시 대한민국 국민이 아닌 자로서 외국에서 거주하고 있는 근로자에게는 장해보상일시금을 지급한다.

6) 간병급여

간병급여는 요양급여를 받은 자 중 치유 후 의학적으로 상시 또는 수시로 간병이 필요하여 실제로 간병을 받는 자에게 지급한다(☆ 실제로 간병을 한 자=간병인 ×).

7) 유족급여

(1) 유족급여의 지급

① 유족급여는 근로자가 업무상의 사유로 사망한 경우에 유족에게 지급한다.

② 유족급여는 유족보상연금이나 유족보상일시금으로 한다. 유족보상일시금은 근로자가 사망할 당시 유족보상연금을 받을 수 있는 자격이 있는 자가 없는 경우(연금의 형태로 지급하는 것이 곤란한 경우)에 지급한다(유족보상일시금: 평균임금의 1,300일분).

☆ 평균임금 = 산정사유발생일 이전 3개월간의 임금총액/산정사유발생일 이전 3개월간의 총 일수

(2) 유족보상연금 수급자격자의 범위

① 유족보상연금을 받을 수 있는 자격이 있는 자(유족보상연금 수급자격자)는 근로자가 사망할 당시 그 근로자와 생계를 같이 하고 있던 유족(그 근로자가 사망할 당시 대한민국 국민이 아닌 자로서 외국에서 거주하고 있던 유족은 제외) 중 배우자와 다음 각 호의 어느 하나에 해당하는 자로 한다. 이 경우 근로자와 생계를 같이 하고 있던 유족의 판단 기준은 대통령령으로 정한다.

※ 유족보상연금 수급자격자의 범위 – 사망할 당시 그 근로자와 생계를 같이 하고 있던 유족
1. 부모 또는 조부모로서 각각 60세 이상인 자
2. 자녀로서 25세 미만인 자
2의2. 손자녀로서 19세 미만인 자
3. 형제자매로서 19세 미만이거나 60세 이상인 자
4. 제1호부터 제3호까지의 규정 중 어느 하나에 해당하지 아니하는 자녀·부모·손자녀·조부모 또는 형제자매로서 「장애인복지법」에 따른 장애인 중 고용노동부령으로 정한 장애 정도에 해당하는 자
• 유족보상연금을 받을 권리의 순위: 배우자·자녀·부모·손자녀·조부모 및 형제자매의 순서

② 근로자가 사망할 당시 태아(胎兒)였던 자녀가 출생한 경우에는 출생한 때부터 장래에 향하여 근로자가 사망할 당시 그 근로자와 생계를 같이 하고 있던 유족으로 본다.

③ 유족보상연금 수급자격자 중 유족보상연금을 받을 권리의 순위는 배우자·자녀·부모·손자녀·조부모 및 형제자매의 순서로 한다.

[주의] 근로자가 사망할 당시 태아(胎兒)였던 자녀가 출생한 경우에는 출생한 때부터 장래에 향하여 근로자가 사망할 당시 그 근로자와 생계를 같이 하고 있던 유족으로 본다(간주, 의제). ☆ 사망한 자와 사실상 혼인 관계에 있는 자는 유족의 범위에 포함된다.

(3) 유족보상연금 수급자격자의 자격 상실과 지급 정지

유족보상연금 수급자격자인 유족이 다음의 사항 등에 해당하면 그 자격을 잃는다.

1. 사망한 경우
2. 재혼한 때
3. 사망한 근로자와의 친족 관계가 끝난 경우
4. 자녀가 25세가 된 때
4의2. 손자녀 또는 형제자매가 19세가 된 때
5. 장애인이었던 자로서 그 장애 상태가 해소된 경우
6. 근로자가 사망할 당시 대한민국 국민이었던 유족보상연금 수급자격자가 국적을 상실하고 외국에서 거주하고 있거나 외국에서 거주하기 위하여 출국하는 경우
7. 대한민국 국민이 아닌 유족보상연금 수급자격자가 외국에서 거주하기 위하여 출국하는 경우

[주의] 재혼한 때: 사망한 근로자의 배우자만 해당하며, 재혼이란 사실상 혼인 관계에 있는 경우도 포함한다.
☆ 유족보상연금 수급권자인 사망한 근로자의 배우자가 재혼한 때에는 그 자격을 잃는다.

(4) 수급권자인 유족의 순위

① 유족 간의 수급권의 순위는 다음 각 호의 순서로 하되, 각 호의 자 사이에서는 각각 그 적힌 순서에 따른다. 이 경우 같은 순위의 수급권자가 2명 이상이면 그 유족에게 똑같이 나누어 지급한다.

※ 유족보상일시금과 일시금에 따른 수급권자인 유족의 순위
1. 근로자가 사망할 당시 그 근로자와 생계를 같이 하고 있던 배우자·자녀·부모·손자녀 및 조부모
2. 근로자가 사망할 당시 그 근로자와 생계를 같이 하고 있지 아니하던 배우자·자녀·부모·손자녀 및 조부모 또는 근로자가 사망할 당시 근로자와 생계를 같이 하고 있던 형제자매
3. 형제자매(근로자가 사망할 당시 그 근로자와 생계를 같이 하고 있지 아니하던 형제자매)

② 부모는 양부모(養父母)를 선순위로, 실부모(實父母)를 후순위로 하고, 조부모는 양부모의 부모를 선순위로, 실부모의 부모를 후순위로, 부모의 양부모를 선순위로, 부모의 실부모를 후순위로 한다.

③ 수급권자인 유족이 사망한 경우 그 보험급여는 같은 순위자가 있으면 같은 순위자에게, 같은 순위자가 없으면 다음 순위자에게 지급한다.

④ 근로자가 유언으로 보험급여를 받을 유족을 지정하면 그 지정에 따른다.

8) 상병보상연금

요양급여를 받는 근로자가 요양을 시작한 지 2년이 지난 날 이후에 다음 각 호의 요건 모두에 해당하는 상태가 계속되면 휴업급여 대신 상병보상연금을 그 근로자에게 지급한다. 상해등급이 1~3급으로 연금수급중인 자가 재요양 시에는 요양개시 후 2년이 경과한 것으로 본다.

1. 그 부상이나 질병이 치유되지 아니한 상태일 것
2. 그 부상이나 질병에 따른 중증요양상태의 정도가 대통령령으로 정하는 중증요양상태등급 기준(1~3급)에 해당할 것
3. 요양으로 인하여 취업하지 못하였을 것

※ 저소득 근로자의 상병보상연금(제67조): 최저임금액의 70분의 100에 해당하는 금액

9) 장의비

장의비는 근로자가 업무상의 사유로 사망한 경우에 지급하되, 평균임금의 120일분에 상당하는 금액을 그 장제(葬祭)를 지낸 유족에게 지급한다.

10) 직업재활급여의 종류

1. 장해급여 또는 진폐보상연금을 받은 자나 장해급여를 받을 것이 명백한 자로서 대통령령으로 정하는 자(장해급여자) 중 취업을 위하여 직업훈련이 필요한 자(훈련대상자)에 대하여 실시하는 직업훈련에 드는 비용 및 직업훈련수당
2. 업무상의 재해가 발생할 당시의 사업에 복귀한 장해급여자에 대하여 사업자가 고용을 유지하거나 직장적응훈련 또는 재활운동을 실시하는 경우(직장적응훈련의 경우에는 직장 복귀 전에 실시한 경우도 포함함)에 각각 지급하는 직장복귀지원금, 직장적응훈련비 및 재활운동비

(1) 직업훈련수당 – 최저임금액에 상당하는 금액

직업훈련수당은 직업훈련을 받는 훈련대상자에게 직업훈련으로 인하여 취업하지 못하는 기간에 대하여 지급하되, 1일당 지급액은 최저임금액에 상당하는 금액으로 한다. 다만, 휴업급여나 상병보상연금을 받는 훈련대상자에게는 직업훈련수당을 지급하지 아니한다.

(2) 직장복귀지원금

직장복귀지원금, 직장적응훈련비 및 재활운동비는 장해급여자에 대하여 고용을 유지하거나 직장적응훈련 또는 재활운동을 실시하는 사업자에게 각각 지급한다. 지급기간은 12개월 이내로 한다.

11) 특별급여: 장애특별급여와 유족특별급여

12) 다른 보상이나 배상과의 관계

수급권자가 이 법에 따라 보험급여를 받았거나 받을 수 있으면 보험가입자는 동일한 사유에 대하여 근로기준법에 따른 재해보상 책임이 면제된다.

13) 보험급여의 지급 및 제한

보험급여는 지급 결정일부터 14일 이내에 지급하여야 한다.

보험급여 지급의 제한(제83조)

① 1. 요양 중인 근로자가 정당한 사유 없이 요양에 관한 지시를 위반하여 부상·질병 또는 장해 상태를 악화시키거나 치유를 방해한 경우, 2. 장해보상연금 또는 진폐보상연금 수급권자가 장해등급 또는 진폐장해등급 재판정 전에 자해(自害) 등 고의로 장해 상태를 악화시킨 경우 등에 해당되면 보험급여의 전부 또는 일부를 지급하지 아니할 수 있다.
가령, 공단은 근로자가 산업재해보상보험법상 요양지시를 위반하여 장해를 가중시킨 경우에는 보험급여를 지급하지 아니할 수 있다(보험급여의 지급이 제한된다).

② 공단은 보험급여를 지급하지 아니하기로 결정하면 지체 없이 이를 관계 보험가입자와 근로자에게 알려야 한다.

※ 진폐에 따른 산업재해보상보험급여의 종류(진폐에 따른 보험급여의 종류)
산업재해보상보험법상 진폐에 따른 보험급여의 특례가 규정되어 있다. 진폐에 따른 산업재해보상보험급여의 종류로는 제36조 1호의 요양급여, 4호의 간병급여, 7호의 장의비, 8호의 직업재활급여 등이 있으며, 또한 제91조의3에 따른 진폐보상연금 및 제91조의4에 따른 진폐유족연금 등이 있다.

14) 제3자에 대한 구상권

① 근로복지공단은 제3자의 행위에 따른 재해로 보험급여를 지급한 경우에는 그 급여액의 한도 안에서 급여를 받은 자의 제3자에 대한 손해배상청구권을 대위(代位)한다.

② 수급권자가 제3자로부터 동일한 사유로 이 법의 보험급여에 상당하는 손해배상을 받으면 공단은 그 배상액을 환산한 금액의 한도 안에서 이 법에 따른 보험급여를 지급하지 아니한다.

③ 보험급여를 받을 권리는 양도 또는 압류하거나 담보로 제공할 수 없다.

9. 산업재해보상보험 및 예방기금

1) 산업재해보상보험 및 예방기금의 설치 및 조성

① 고용노동부장관은 보험사업, 산업재해 예방사업에 필요한 재원을 확보하고, 보험급여에 충당하기 위하여 산업재해보상보험 및 예방기금(기금)을 설치한다(회계연도마다 기금지출예산총액의 100분의 3 계상).

② 기금은 보험료, 기금운용 수익금, 적립금, 기금의 결산상 잉여금, 정부 또는 정부 아닌 자의 출연금 및 기부금, 차입금, 그 밖의 수입금을 재원으로 하여 조성한다.

2) 기금의 용도

1. 보험급여의 지급 및 반환금의 반환
2. 차입금 및 이자의 상환
3. 공단에의 출연
4. 「산업안전보건법」에 따른 용도
5. 재해근로자의 복지 증진
6. 한국산업안전보건공단에 대한 출연
7. 보험료징수법에 따른 업무를 위탁받은 자에의 출연
8. 보험사업 및 기금의 관리와 운용

• 고용노동부장관은 회계연도마다 기금지출예산 총액의 100분의 8 이상을 4호 및 6호에 따른 용도로 계상하여야 한다.

3) 기금의 관리·운용

① 기금은 고용노동부장관이 관리·운용한다.

② 고용노동부장관은 다음 각 호의 방법에 따라 기금을 관리·운용하여야 한다.

※ 기금의 관리·운영방법
1. 금융기관 또는 체신관서에의 예입 및 금전신탁　2. 재정자금에의 예탁　3. 투자신탁 등의 수익증권 매입
4. 국가·지자체 또는 금융기관이 직접 발행하거나 채무이행을 보증하는 유가증권의 매입
5. 그밖에 기금 증식을 위하여 대통령령으로 정하는 사업
[ⓐ 근로자 후생복지 사업을 위한 융자　ⓑ 증권의 매입　ⓒ 기금의 증식을 위한 부동산의 취득 및 처분]

③ 고용노동부장관은 기금을 관리·운용할 때에는 그 수익이 대통령령으로 정하는 수준 이상이 되도록 하여야 한다.

④ 기금은 「국가회계법」에 따라 회계처리를 한다(기업회계의 원칙에 따라 기금을 계리하여야 한다. ×).

⑤ 고용노동부장관은 기금의 관리·운용에 관한 업무의 일부를 공단 또는 한국산업안전보건공단에 위탁할 수 있다.

10. 권리구제(심사 청구 및 재심사 청구)

1) 심사 청구

① 다음 각 호의 어느 하나에 해당하는 근로복지공단의 결정 등에 불복하는 자는 공단 산재보험심사위원회에 심사 청구를 할 수 있다(심사 청구의 제기).

1. 보험급여에 관한 결정　2. 진료비에 관한 결정　3. 약제비에 관한 결정　4. 진료계획 변경 조치
5. 보험급여의 일시지급에 관한 결정　5의2. 합병증 등 예방관리에 관한 조치
6. 부당이득의 징수에 관한 결정　7. 수급권의 대위에 관한 결정

② 심사 청구는 그 보험급여 결정 등을 한 공단의 소속 기관을 거쳐 근로복지공단에 제기하여야 한다.

③ 심사 청구는 보험급여 결정 등이 있음을 안 날부터 90일 이내에 하여야 한다.

④ 심사 청구서를 받은 공단의 소속기관은 5일 이내에 의견서를 첨부하여 공단에 보내야 한다.

⑤ 보험급여 결정 등에 대하여는 행정심판법에 따른 행정심판을 제기할 수 없다.

⑥ 공단은 심사 청구서를 받은 날부터 60일 이내에 심사위원회의 심의를 거쳐 심사 청구에 대한 결정을 하여야 한다. 다만, 부득이한 사유로 그 기간 이내에 결정을 할 수 없으면 1차에 한하여 20일을 넘지 아니하는 범위에서 그 기간을 연장할 수 있다(제105조 심사 청구에 대한 심리·결정).

2) 재심사 청구

① 심사 청구에 대한 결정에 불복하는 자는 고용노동부 산업재해보상보험재심사위원회에 재심사 청구를 할 수 있다. 다만, 판정위원회의 심의를 거친 보험급여에 관한 결정에 불복하는 자는 심사 청구를 하지 아니하고 재심사 청구를 할 수 있다.

② 재심사 청구는 그 보험급여 결정 등을 한 공단의 소속 기관을 거쳐 산업재해보상보험재심사위원회에 제기하여야 한다. → 재심사위원회의 재결은 공단을 기속(羈束)한다.

③ 재심사 청구는 심사 청구에 대한 결정이 있음을 안 날부터 90일 이내에 제기하여야 한다.

※ **산업재해보상보험재심사위원회(제107조)**: 재심사 청구를 심리·재결하기 위하여 고용노동부에 산업재해보상보험재심사위원회(재심사위원회)를 둔다. 재심사위원회는 위원장 1명을 포함한 90명 이내의 위원 구성함

11. 보칙

1) 소멸시효

① 다음 각 호의 권리는 3년간 행사하지 아니하면 시효로 말미암아 소멸한다. 다만, 제1호의 보험급여 중 장해급여, 유족급여, 장의비, 진폐보상연금 및 진폐유족연금을 받을 권리는 5년간 행사하지 아니하면 시효의 완성으로 소멸한다.

1. 제36조 1항에 따른 보험급여를 받을 권리
2. 제45조에 따른 산재보험 의료기관의 권리
3. 제46조에 따른 약국의 권리
4. 제89조에 따른 보험가입자의 권리
5. 제90조 1항에 따른 국민건강보험공단 등의 권리

② 소멸시효에 관하여는 이 법에 규정된 것 외에는 민법에 따른다.

2) 현장실습생에 대한 특례

① 이 법이 적용되는 사업에서 현장실습을 하고 있는 학생 및 직업 훈련생(현장실습생) 중 고용노동부장관이 정하는 현장실습생은 이 법을 적용할 때는 그 사업에 고용되는 근로자로 본다.

② 현장실습생이 실습과 관련하여 입은 재해는 업무상의 재해로 보아 보험급여를 지급한다.

③ 현장실습생에 대한 보험급여의 기초가 되는 임금액은 현장실습생이 지급받는 훈련수당 등 모든 금품으로 하되, 이를 적용하는 것이 현장실습생의 재해보상에 적절하지 아니하다고 인정되면 고용노동부장관이 정하여 고시하는 금액으로 할 수 있다.

3) 국민기초생활 보장법상의 수급자에 대한 특례

① 근로자가 아닌 자로서 국민기초생활 보장법에 따른 자활급여 수급자 중 고용노동부장관이 정하여 고시하는 사업에 종사하는 자는 제5조 2호에도 불구하고 이 법의 적용을 받는 근로자로 본다.

② 자활급여 수급자의 보험료 산정 및 보험급여의 기초가 되는 임금액은 자활급여 수급자가 사업에 참여하여 받는 자활급여로 한다.

CHAPTER 07

사회보험법 학습 핵심문제

01 **국민연금법령상 급여의 종류에 해당하지 않는 것은?**

① 노령연금 ② 상병보상연금 ③ 유족연금
④ 장애연금 ⑤ 반환일시금

02 **국민연금법령에 관한 설명으로 옳지 않은 것은?**

① 부담금이란 사업장가입자가 부담하는 금액을 말한다.
② 가입자는 사업장가입자, 지역가입자, 임의가입자 및 임의계속가입자로 구분한다.
③ 가입자의 가입 종류가 변동되면 그 가입자의 가입기간은 각 종류별 가입기간을 합산한 기간으로 한다.
④ 국민연금공단은 법인으로 한다.
⑤ 연금액은 지급사유에 따라 기본연금액과 부양가족연금액을 기초로 산정한다.

03 **국민연금법상 국민연금기금을 운용할 수 있는 방법으로 옳은 것을 고른 것은?**

ㄱ. 은행법에 따른 은행에 대한 예입 또는 신탁
ㄴ. 공공사업을 위한 공공부문에 대한 투자
ㄷ. 기금의 본래 사업 목적을 수행하기 위한 재산의 취득 및 처분
ㄹ. 노인복지법에 따른 노인복지시설의 설치 · 공급 · 임대

① ㄱ, ㄴ, ㄷ ② ㄱ, ㄷ ③ ㄴ, ㄹ ④ ㄹ ⑤ ㄱ, ㄴ, ㄷ, ㄹ

04 **국민연금법령상 유족연금에 관한 설명으로 옳은 것은?**

① 수급권자의 범위에서 배우자의 부모는 제외된다.
② 가입기간이 20년 이상인 가입자였던 자가 사망한 경우 지급한다.
③ 배우자인 수급권자가 재혼하면 수급권은 소멸된다.
④ 유족연금액은 가입기간에 상관없이 정액을 지급한다.
⑤ 산업재해보상보험법상 유족급여 수급권자에게 유족연금의 수급권이 발생할 경우에는 지급하지 않는다.

05 **국민건강보험법에 관한 설명으로 옳지 않은 것은?**

① 강제 가입방식이다.
② 불확실한 사회적 위험에 대처한다.
③ 일시적 과다 지출로 인한 경제적 부담을 덜어준다.
④ 상부상조제도의 성격이며 수익자부담 원칙을 일괄 적용한다.
⑤ 공단 종사자는 알게 된 클라이언트의 비밀을 누설하면 안 된다.

06 **국민건강보험법령상 건강보험 가입자가 자격을 상실하는 날로서 옳은 것은?**

① 국적을 잃은 날
② 사망한 날
③ 국내에 거주하지 아니하게 된 날의 다음날
④ 의료급여법에 따라 의료급여를 받게 된 날의 다음날
⑤ 직장가입자의 피부양자가 된 날의 다음날

07 **사회보험법에서 수급자격의 제한 사유에 해당되는 것은?**

① 국민건강보험법상 보험료를 체납한 경우
② 고용보험법상 중대한 귀책사유로 해고된 피보험자가 형법상 금고이상의 형을 선고받은 경우
③ 고의적인 부상으로 장애를 입어 국민연금법상 장애연금을 수급하려는 경우
④ 노인장기요양의 수급권자가 건강보험공단으로부터 받은 자료제출 요구에 응하지 않은 경우
⑤ 산업재해보상보험법상 요양지시를 위반하여 장애를 가중시킨 경우

08 **국민건강보험법령에 관한 설명으로 옳은 것은?**

① 지역가입자의 월별보험료액은 개인 단위로 계산한다.
② 지역가입자의 월별보험료액은 보수월액으로 계산한다.
③ 보수월액은 직장가입자가 지급받는 보수를 기준으로 산정한다.
④ 직장가입자의 보험료는 표준보수월액을 기준으로 한다.
⑤ 사립학교 교직원 보험료는 국가, 사업자, 본인이 균등 부담한다.

09 **고용보험법상 구직급여에 관한 설명으로 옳지 않은 것은?**

① 급여를 지급받으려는 자는 이직 후 지체 없이 직업안정기관에 출석하여 실업을 신고하여야 한다.
② 급여를 받으려면 이직일 이전 18개월간 피보험 단위기간이 통산하여 180일 이상이어야 한다.

③ 자기 사정으로 자영업을 하기 위하여 이직한 경우에는 수급자격이 있다.
④ 직무와 관련된 법률을 위반하여 금고 이상의 형을 선고받고, 그 사유로 해고된 자는 수급자격이 없는 것으로 본다.
⑤ 직업안정기관의 장은 부정한 방법으로 급여를 받은 자에게 그 급여의 반환을 명할 수 있다.

10 **산업재해보상보험법령에 관한 설명으로 옳지 않은 것은?**

① 고용노동부장관의 위탁을 받아 근로복지공단이 보험 사업을 수행한다.
② 업무상 재해에는 업무상 사고와 업무상 질병이 포함된다.
③ 가구 내 고용활동에는 산업재해보상보험법이 적용되지 아니한다.
④ 간병급여는 실제로 간병을 한 자에게 지급한다.
⑤ 진폐에 따른 보험급여의 특례가 규정되어 있다.

11 **산재보험의 보험급여 유형 중 맞는 것을 고르시오.**

가. 휴업급여	나. 요양급여	다. 간병급여	라. 상병보상연금

① 가, 나, 다 ② 가, 다 ③ 나, 라 ④ 라 ⑤ 가, 나, 다, 라

12 **산업재해보상보험법령상 요양급여에 관한 설명으로 옳은 것은?**

① 간호 및 간병은 요양급여 범위에서 제외된다.
② 상급종합병원에서는 요양급여를 지급하지 않는다.
③ 업무상의 사유로 부상을 당하거나 질병에 걸린 경우 지급한다.
④ 치유기간에 관계없이 급여를 지급한다.
⑤ 긴급한 경우 근로복지공단의 요양급여의 결정 전에 급여를 지급할 수 있다.

13 **산업재해보상보험법령상 업무상 사고에 해당하지 않는 것은?(다툼이 있는 경우에는 판례에 의함)**

① 근로계약에 따른 업무수행 행위를 하던 중에 발생한 사고
② 업무를 준비하거나 마무리하는 행위를 하던 중에 발생한 사고
③ 사업자가 주관한 등산대회에 참가하여 발생한 사고
④ 출장 중에 개인적인 용무를 보다가 발생한 사고
⑤ 휴게시간 중 사업자의 지배관리하에 있다고 볼 수 있는 행위로 발생한 사고

14 **노인장기요양보험법령의 내용으로 옳은 것은?**

① 장기요양보험사업은 고용노동부장관이 관장한다.
② 장기요양보험사업의 보험자는 국민연금공단으로 한다.
③ 장기요양보험료는 건강보험료와 통합하여 고지하여야 한다.
④ 통합 징수한 장기요양보험료와 건강보험료를 각각의 독립회계로 관리하여야 한다.
⑤ 장기요양급여는 시설급여를 우선적으로 제공하는 것을 기본원칙으로 한다.

15 **노인장기요양보험법에 관한 내용으로 옳지 않은 것은?**

① 수급자로 판정받기 위해서는 신청자격 요건을 충족하고 6개월 이상 동안 혼자서 일상생활을 수행하기 어렵다고 인정되어야 한다.
② 장기요양보험료는 소득에 관계없이 일정액을 징수한다.
③ 가족으로부터 장기요양급여를 받은 때 가족요양비를 특별현금급여로 수급할 수도 있다.
④ 고의로 사고를 발생하도록 하거나 본인의 위법행위에 기인하여 장기요양인정을 받은 경우에는 장기요양급여의 지급이 제한된다.
⑤ 국민건강보험공단은 수급자가 의료법에 따른 요양병원에 입원하는 경우 비용의 일부를 요양병원 간병비로 지급할 수 있다.

16 **노인장기요양보험제도에 관한 설명으로 옳지 않은 것은?**

① 급여의 종류는 크게 재가급여, 시설급여, 특별현금급여로 나눌 수 있다.
② 적용 대상자는 65세 이상 노인 중 장기요양등급판정위원회에 의해 1~5등급 판정을 받은 자로 한정한다.
③ 재가급여는 해당 장기요양급여비용의 15%를, 시설급여는 20%를 수급자 본인이 부담한다.
④ 중복수급 금지를 원칙으로 하되, 가족요양비수급자 중 재가급여의 경우 예외가 될 수 있다.
⑤ 장기요양보험료는 건강보험료에 장기요양보험료율을 곱해 산정한다.

정답 01. ② 02. ① 03. ⑤ 04. ③ 05. ④ 06. ③ 07. ② 08. ③ 09. ③ 10. ④ 11. ⑤ 12. ③ 13. ④ 14. ④ 15. ② 16. ②

CHAPTER 08

공공부조법

1 들어가는 말

1. 공공부조법의 개념

공공부조법은 사회생활 유지가 어려운 절대 빈곤층에게 건강하고 문화적인 최저생활의 수준을 유지하게 하는 목적으로서, 사회국가(복지국가)의 복지정책 목표를 달성하기 위한 수단과 방법을 규정한 법이다(빈곤에 대한 최후의 국가적 해결 방법).

이 법은 국민이 인간다운 생활을 영위하도록 하기 위해 모든 국민을 대상으로 차별없이 제공되는 보편적 프로그램이 아니라, 엄격한 자산조사와 상태조사 및 부양의무자의 유무에 따라 선정된 대상자에게만 실제로 급여를 실시하는 법이다(선별주의 원칙).

2. 공공부조법의 특징

① 국가와 지자체 또는 관련 공공단체의 공공부조 사업이다.

② 법적 보장으로는 모든 국민이 보호의 대상이지만 실제로 자격여부를 판정하기 위해 실시하는 자산조사와 생활 상태조사를 거쳐 선별된 빈곤층(소수자)에게만 급여를 제공하는 법이다[선별주의(selectivity) 원칙].[88]

☆ 수급대상자가 공공부조의 혜택을 받기 위해서는 공공기관이 수급자격 여부를 판정하기 위해 실시하는 조사에 응해야 한다(의무적 존재: 자산조사에 응해야 하는 규제적인 성격).

③ 중상류계층의 일반조세수입을 통해 빈곤층과 저소득층에 공공부조제도에 재원이 지출되어, 빈부의 격차와 소득의 불평등을 완화할 수도 있다(소득이전: 일반조세수입 충당 – 수직적 소득재분배 기능 – 빈부의 격차 해소).

88) 선별주의 원칙: 모든 국민 중에서 자격심사의 실시를 통하여 지원대상자의 자산조사와 생활상태조사 등을 통해 구체적인 실태조사에 따라 급여여부가 결정된다.

④ 지원대상자는 공공부조의 재원을 위해 자신이 별도로 경제적인 기여를 하지 않는다(무기여). 공공부조에 필요한 재원 조달은 일반조세의 수입을 통하여 마련한다.

[참조] 공공부조법의 특성

① 공공부조수급권은 타인에게 임의적으로 승계할 수 없다(승계, 상속 금지).
② 수급권은 타인에게 양도하거나 담보로 제공할 수 없다.
③ 수급권자의 채권자는 수급권을 압류하거나 채무와 상계할 수 없다.
④ 공공부조급여는 국가적 차원의 보호이기 때문에 조세나 공과금을 부과하지 않는다.
⑤ 수급권자에 대한 보호를 정당한 이유 없이 변경하여 수급권자에게 불이익을 주면 안 된다.

3. 공공부조관련 법제

우리나라의 공공부조법제는 국민기초생활 보장법과 의료급여법이 있으며, 이 밖에 재해구호법과 긴급복지지원법(한시법 → 영속법)도 이에 가깝다고 볼 수 있다. 또한 명칭은 기초연금법, 장애인연금법이지만 그 내용을 보면 공공부조법에 속한다.

이 장에서는 국민기초생활 보장법과 의료급여법, 기초연금법, 그리고 긴급복지지원법에 한정하여 살펴보고자 한다.

2 국민기초생활 보장법

[시행 2018. 3. 13.] [법률 제15185호, 2017. 12. 12., 일부개정] 보건복지부

국민기초생활 보장법(1999년 9월 제정, 2000년 10월 시행)은 기초생활보장제도를 효과적이고 효율적인 맞춤형 빈곤정책으로 전환하여 지원대상을 확대하고 일할수록 유리한 급여체계를 마련함으로써 탈수급 유인을 촉진하고 빈곤예방기능을 강화하고 있다. 즉, 수급자의 최저생활을 보장하기 위하여 근로능력이 있는 수급자에게 적극적으로 구직활동과 자활사업에 참여하도록 조성하는 것이다(생산적 복지의 채택). 근로능력이 있는 수급자에게는 적극적으로 구직활동 및 자활사업에 참여를 조건으로 급여를 제공하여 종합적 빈곤을 해결하려 한다.

이를 위해 맞춤형복지급여제도[89]는 기존의 수급자 선정기준인 최저생계비라는 절대적 기준방식에서 벗어나 중위소득이라는 상대적 기준방식을 도입한 것이다.

89) 맞춤형 복지급여란 기초생활수급자의 가구여건에 맞는 지원을 위하여 생계급여, 의료급여, 주거급여, 교육급여 등 급여별로 선정기준을 다르게 하는 것이다.

① 국민기초생활 보장법상 급여를 받을 자격이 모든 국민에게 평등하게 있다고 볼 수 있지만, 그 자격을 심사하여 실제로 급여를 제공하는 과정에서 급여수준은 차등적으로 지급되고 있다(선별주의).

② 국민기초생활 보장법이 제정됨으로써 공공부조수급권의 법적 권리로 인정되었다.

[참조] 추상적 법적 권리설: 사회복지에 관한 헌법상 규정이 법적 추상적 권리설로서 국민의 사회복지권리가 법적으로 불완전하게 보장된다는 입장이다. 사회보험법과는 달리 무기여(무갹출)로 국가에 의해 수급자에게 일방적으로 제공되는 급여를 포함하므로 공공부조수급권은 추상적 권리로 인정된다. 재원은 일반조세로 충당된다.

③ 급여는 수급권자와 그 친척, 그밖에 관계인 등의 신청이 있어야 한다는 원칙이다(예외: 직권주의 - 행정청의 직권적 판단에 따라 급여를 지급하는 것). → 사회보장급여는 신청주의 원칙[90]이다(국민기초생활 보장법, 사회복지사업법 등 직권주의 병행).

④ 국민기초생활 보장법상 수급권자의 범위에서 부양의무자 요건을 규정한 것은 사적 부양의 원리를 반영하는 것이다(소득인정액과 부양의무자기준의 충족 - 인구학적 기준 폐지).

⑤ 2015년 7월부터 국민기초생활 보장법이 맞춤형 급여로 개정됨에 따라 생활이 어려워지는 위기가 닥쳤을 때, (기존에는 가구의 소득이 최저생계비 이하인 경우에만 생계, 의료, 주거, 교육급여 등 모든 급여를 지원해 왔지만) 맞춤형 급여제도를 통해 소득이 증가하여 기준을 초과하더라도 수급자의 상황에 맞춰 지원해 왔다.

⑥ 국민기초생활 보장법은 급여별 선정기준을 다층화로 하여, 일을 해 소득이 증가하여도 필요한 지원이 계속 이뤄지도록 하며, 부양의무자 기준을 대폭 완화하여 취약계층을 보호하고 있다.

[문제] 국민기초생활 보장법에 관한 설명으로 옳은 것은? ②

① 외국인에 대해서도 비배타적으로 급여를 지급한다.
② 빈곤 계층을 주 대상으로 한다.
③ 구상권을 행사할 수 없다.
④ 보편주의적 사회복지법을 대표한다.
⑤ 근로능력이 있는 자는 급여의 수급대상자가 될 수 없다.

1. 목적

이 법은 생활이 어려운 사람에게 필요한 급여를 실시하여 이들의 최저생활을 보장하고 자활을 돕는 것을 목적으로 한다. 즉, 국민의 생존권 보장이념에 근거(헌법 제34조)를 두며, 생활유지의 능력이 없는 국민에 대하여 연령이나 근로능력의 유무에 관계

90) 신청주의란 급여가 실시기관의 직권에 의하지 아니하고 수급권자의 신청에 따라 제공하는 것을 말한다. 이것은 급여수급을 위해서는 시·군·구청장에게 신청해야 함을 뜻하며, 절차상 신청하는 것은 국민의 당연한 급여를 받을 권리를 말한다.

없이 급여를 제공함으로써 국민의 기본적인 생활을 보장해주는 것이다.

2. 용어의 뜻

1. "수급권자"란 이 법에 따른 급여를 받을 수 있는 자격을 가진 사람을 말한다.
2. "수급자"란 이 법에 따른 급여를 받는 사람을 말한다.
3. "수급품"이란 이 법에 따라 수급자에게 지급하거나 대여하는 금전 또는 물품을 말한다.
4. "보장기관"이란 이 법에 따른 급여를 실시하는 국가 또는 지방자치단체를 말한다(공공책임규정).
5. "부양의무자"란 수급권자를 부양할 책임이 있는 사람으로서 수급권자의 1촌의 직계혈족 및 그 배우자를 말한다. 국민기초생활 보장법상 수급권자의 부양의무자에 해당되는 사람은 부모, 배우자, 자녀(아들, 딸), 사위, 며느리 등이 있다(손자 ×). 다만, 사망한 1촌의 직계혈족 배우자는 제외한다.

※ 부양의무자의 범위
수급권자의 1촌 이내 직계혈족 및 그 배우자(단, 배우자가 사망한 경우: 며느리, 사위, 계모 · 계부는 제외)

6. "최저보장수준"이란 국민의 소득·지출 수준과 수급권자의 가구 유형 등 생활실태, 물가상승률 등을 고려하여 제6조에 따라 급여의 종류별로 공표하는 금액이나 보장수준을 말한다.
7. "최저생계비"란 국민이 건강하고 문화적인 생활을 유지하기 위하여 필요한 최소한의 비용으로서 제20조의2 4항에 따라 보건복지부장관이 계측(물건의 길이나 넓이, 시간 따위를 재거나 계산함)하는 금액을 말한다.

① 최저생계비의 개념: 절대적 빈곤개념
급여수준 - 건강비용, 문화비용 등의 최저생활을 유지할 수 있는 것
② 최저생계비의 계측조사: 보건복지부장관은 최저생계비를 결정하기 위하여 필요한 계측조사를 3년마다 실시한다. 비계측연도는 물가상승률을 감안하여 결정한다.
※ 최저생계비의 계측 조사 방법: 전물량방식(Market Basket Method)으로서 기초생활의 필수품(11개)목록을 작성하고 가계에 해당하는 최저지출비를 모두 포함하여 빈곤선을 산출하는 방법

8. "개별가구"란 이 법에 따른 급여를 받거나 이 법에 따른 자격요건에 부합하는지에 관한 조사를 받는 기본단위로서 수급자 또는 수급권자로 구성된 가구를 말한다. 이 경우 개별가구의 범위 등 구체적인 사항은 대통령령으로 정한다.

※ 개별가구에 포함되는 사람
「주민등록법 시행령」에 따른 세대별 주민등록표에 등재된 사람(동거인 제외)과 그의 배우자(사실상 혼인관계에 있는 사람 포함), 미혼 자녀 중 30세 미만인 사람, 생계 및 주거를 같이 하는 사람(생계를 책임지는 사람이 그의 부양의무자인 경우로 한정)

9. "소득인정액"이란 보장기관이 급여의 결정 및 실시 등에 사용하기 위하여 산출한 개별가구의 소득평가액[91]과 재산의 소득환산액[92]을 합산한 금액을 말한다(개별가구의 소득평가액과 재산의 소득환산액을 합산한 금액).
10. "차상위계층"이란 수급권자(제5조 2항에 따라 수급권자로 보는 사람은 제외)에 해당하지 아니하는 계층으로서 소득인정액이 대통령령으로 정하는 기준 이하인 계층(소득인정액이 기준 중위소득의 100분의 50 이하인 사람)을 말한다. ☆ 소득인정액 = 개별가구의 소득평가액 + 재산의 소득환산액 [전문개정 2015.4.20.]
11. "기준 중위소득"이란 보건복지부장관이 급여의 기준 등에 활용하기 위하여 제20조 2항에 따른 중앙생활보장위원회의 심의·의결을 거쳐 고시하는 국민 가구소득의 중위값을 말한다(※ 기준 중위소득: 기존 최저생계비를 대체하여 급여별 선정기준 및 생계급여 최저보장수준에 활용되는 값, 즉, 전국의 모든 가구를 소득별로 순위를 매겼을 때 한가운데 위치하는 가구의 소득을 말함).

☆ 차상위계층이란 수급권자에 해당하지 아니하는 계층으로서 소득인정액이 기준 중위소득의(100분의 50: 50%) 이하인 사람을 말한다.

---

91) "개별가구의 소득평가액"이란 개별가구의 실제소득에도 불구하고 보장기관이 급여의 결정 및 실시 등에 사용하기 위하여 산출한 금액을 말한다. 이 경우 소득평가액은 가구 특성에 따른 지출요인과 근로를 유인하기 위한 요소 등을 반영한다.

92) "재산의 소득환산액"이란 보장기관이 급여의 결정 및 실시 등에 사용하기 위하여 개별가구의 재산가액에 소득환산율을 곱하여 산출한 금액을 말한다.

TIP 개별가구에 제외되는 자(시행령 제2조)

1. 현역 군인 등 법률상 의무를 이행하기 위하여 다른 곳에서 거주하면서 의무 이행과 관련하여 생계를 보장받고 있는 사람 2. 외국에 최근 6개월간 통산하여 90일을 초과하여 체류하고 있는 사람 3. 형의 집행 및 수용자의 처우에 관한 법률 및 치료감호법 등에 따른 교도소, 구치소, 치료감호시설 등에 수용 중인 사람 4. 법 제32조에 따른 보장시설에서 급여를 받고 있는 사람 5. 실종선고 절차가 진행 중인 사람 6. 가출 또는 행방불명으로 경찰서 등 행정관청에 신고된 후 1개월이 지났거나 가출 또는 행방불명 사실을 특별자치시장·특별자치도지사·시장·군수·구청장(자치구의 구청장을 말하며, 시장·군수·구청장이라 함)이 확인한 사람 7. 그밖에 제1항 1호에 해당하는 사람과 생계 및 주거를 달리한다고 시장·군수·구청장이 확인한 사람

3. 급여의 기본원칙

① 이 법에 따른 급여는 수급자가 자신의 생활의 유지·향상을 위하여 그의 소득, 재산, 근로능력 등을 활용하여 최대한 노력하는 것을 전제로 이를 보충·발전시키는 것을 기본원칙으로 한다.

② 부양의무자의 부양과 다른 법령에 따른 보호는 이 법에 따른 급여에 우선하여 행하여지는 것으로 한다. 다만, 다른 법령에 따른 보호의 수준이 이 법에서 정하는 수준에 이르지 아니하는 경우에는 나머지 부분에 관하여 이 법에 따른 급여를 받을 권리를 잃지 아니한다.

☆ 부양의무자의 부양은 국민기초생활 보장법에 따른 급여에 우선하여 행하여진다.

4. 수급권자

1) 급여의 기준

① 이 법에 따른 급여는 건강하고 문화적인 최저생활을 유지할 수 있는 것이어야 한다.

② 이 법에 따른 급여의 기준은 수급자의 연령, 가구 규모, 거주지역, 그 밖의 생활여건 등을 고려하여 급여의 종류별로 보건복지부장관이 정하거나 급여를 지급하는 소관 중앙행정기관의 장(교육부장관, 국토교통부장관)이 보건복지부장관과 협의하여 정한다.

[참고] 수급권자 여부 판정기준: 소득인정액 기준과 부양의무자 기준 → 2개의 기준

수급권자의 가구별로 산정된 소득인정액을 가구 규모별 기준 중위소득 이하인 경우와 비교하고, 부양의무자기준을 조사하여 급여수급자를 선정하고 급여액을 결정함(소득·재산, 부양의무자 유무)

[문제] 국민기초생활 보장법령상 생계수급권자를 선정하는 경우 고려사항에 해당하지 않는 것은? ⑤

① 재산수준 ② 소득평가액 ③ 자동차 소유 여부 ④ 부양의무자 부양능력 ⑤ 근로능력

③ 보장기관은 이 법에 따른 급여를 개별가구 단위로 실시하되, 특히 필요하다고 인정하는 경우에는 개인 단위로 실시할 수 있다.

④ 지방자치단체인 보장기관은 해당 지방자치단체의 조례로 정하는 바에 따라 이 법에 따른 급여의 범위 및 수준을 초과하여 급여를 실시할 수 있다. 이 경우, 해당 보장기관은 보건복지부장관 및 소관 중앙행정기관의 장에게 알려야 한다.

※ 수급자의 종류
① 일반 수급자: 일반적으로 조건없이 급여를 받는 사람
② 조건부 수급자

◇ 근로조건부 수급자: 18세 이상 64세 이하의 사람이 근로능력이 있고 자활근로에 참여를 조건(자활근로, 자활공동체, 자활인턴 등의 자활사업에 참여 조건)으로 급여를 지급받는 사람
◇ 부양조건부 수급자: 부양의무자가 있어도 기피 등으로 조건부 수급자의 선정이 가능한 사람

• 외국인 특례: 국내체류 외국인 중 한국인과 결혼하여 한국 국적의 미성년자녀 양육자로 대통령령이 정한 사람이 '수급권자 범위'에 해당하는 경우

2) 외국인에 대한 특례

국내에 체류하고 있는 외국인 중 대한민국 국민과 혼인(이혼)하여 본인 또는 배우자가 임신 중이거나, 대한민국 국적의 미성년 자녀(계부모, 양친자관계 포함)를 양육하고 있거나 배우자의 대한민국 국적인 직계존속(直系尊屬)과 생계나 주거를 같이하고 있는 사람으로서, 급여를 받을 수 있는 자격을 가진 경우에는 수급권자가 된다. 국내에 체류하고 있는 외국인의 일부도 수급권자가 될 수 있다.

5. 최저보장수준 결정 및 급여별 수급자 선정기준

1) 최저보장수준의 결정

① 보건복지부장관(생계 · 의료급여) 또는 소관 중앙행정기관의 장[국토교통부(주거급여), 교육부(교육급여)]는 급여의 종류별 수급자 선정기준 및 최저보장수준을 결정하여야 한다.

[참조] 중앙생활보장위원회는 국토교통부(주거급여), 교육부(교육급여)가 참석한 가운데 기준 중위소득과 함께 연도별 급여별 선정기준 및 급여수준을 확정한다.

※ 급여별 선정기준 및 최저보장수준의 의미
과거 최저생계비는 수급자 선정기준이며 급여수준으로 기능(절대적 빈곤 측정 개념)을 하였음.
① 급여별 선정기준은 '기준 중위소득'의 일정비율로, 급여수준은 급여 종류별로 정하는 '최저보장수준'으로 변화하게 됨(상대적 빈곤 측정 개념)

◇ 기준 중위소득: 보건복지부장관이 급여의 기준 등에 활용하기 위하여 고시하는 국민 가구 소득의 중위값
◇ 최저보장수준: 국민의 소득·지출 수준과 수급권자의 가구 유형(생활실태, 물가상승률) 등을 고려하여 급여의 종류별로 공표하는 금액 혹은 보장수준

② 생계급여에 한해 선정기준과 급여수준이 동일하게 적용되는 보충급여 성격을 유지하고, 나머지 급여는 별도 보장수준을 설정함

현 행			개편 후	
선정기준	최대 급여수준(내용)		선정기준	최저보장수준
최저생계비	최저생계비의 80% 수준 현금급여 (현물급여 등 제외)	생계	중위소득 30%*	중위소득 30%
		주거	중위소득 43%	지역별 기준임대료
	필수의료서비스의 낮은 본인부담률 (현물급여)	의료	중위소득 40%	현행과 동일
	수업료, 교과서대 등 (현물급여)	교육	중위소득 50%	현행과 동일

* 생계급여는 국기법 부칙 제5조에 따라 2017년까지 중위 30%로 단계적 인상키로 함

[주의] 생계급여 기준은 다른 급여들 보다 낮게 책정된다.

② 보건복지부장관 또는 소관 중앙행정기관의 장은 매년 8월 1일까지 중앙생활보장위원회의 심의 · 의결을 거쳐 다음 연도의 급여의 종류별 수급자 선정기준 및 최저보장수준을 공표하여야 한다.

※ 급여 종류별 선정기준 및 최저보장수준은 기초생활보장제도에서 '최저생계비'를 기준으로 운영, 매년 가구규모별 최저생계비 및 현금급여 기준액을 중생보 심의·의결을 거쳐 공표해왔으나, 맞춤형 급여체계 개편 이후에는 가구규모에 따른 급여 종류별 선정기준 및 최저보장수준을 중생 보에서 심의·의결 후 공표한다.

2) 기준 중위소득의 산정

① 기준 중위소득은 통계법 제27조에 따라 통계청이 공표하는 통계자료의 가구 경상소득(근로소득, 사업소득, 재산소득, 이전소득을 합산한 소득을 말함)의 중간값에 최근 가구소득 평균 증가율, 가구규모에 따른 소득수준의 차이 등을 반영하여 가구규모별로 산정한다.

※ 기준 중위소득 〈보건복지부〉

국민기초생활 보장법 제2조 11호에 따라 급여의 기준 등에 활용하는 '기준 중위소득'을 다음과 같이 정한다.

〈2019년 기준 중위소득〉 (단위: 원/월)

가구원 수	1인	2인	3인	4인	5인	6인
기준 중위소득	1,707,008	2,906,528	3,760,032	4,613,536	5,467,040	6,320,511

* 생계급여 최저보장수준은 기준 중위소득의 29%, 2017년까지 중위소득의 30% 이상으로 단계적 인상하기로 한 국민기초생활 보장법 부칙에 따라 2015년 28% → 2016년 29% → 2017년 30%로 1%씩 인상

[사례]

1) 4인 가족이며, 가구원 전체 소득인정액이 118만 원 이하라면, 중위소득의 30% 이하이므로, 생계, 의료, 주거, 교육 4가지 급여 혜택을 다 받을 수 있다.
2) 4인 가족이며, 가구원 전체 소득인정액이 168만 원 이하라면, 중위소득의 40% 이하이므로, 생계비를 제외한 나머지 의료, 주거, 교육의 3가지 급여 해택을 받을 수 있다.
3) 중중장애인 가구의 경우 그 기준을 추가로 완화하고, 교육급여의 경우 부양의무자 기준을 폐지해 더 많은 사람들이 지원을 할 수 있다. 여기서 부양의무자는 동일세대 내에 함께 하지 않는 1촌 이내의 친 · 인척을 의미한다.

② 그밖에 가구규모별 소득수준 반영 방법 등 기준 중위소득의 산정에 필요한 사항은 중앙생활보장위원회에서 정한다. [본조신설 2014.12.30.]

3) 급여의 종류별 수급자 선정기준 – 소득인정액과 부양 의무자 기준의 2개 기준

소득인정액 도입에 따라 수급자 선정기준이 소득평가액 기준, 재산기준, 부양의무자 기준에서 소득인정액 기준과 부양의무자 기준의 2개 기준으로 통합하고 있다(수급자 선정기준의 변화: 인구학적 기준 ×). – 맞춤형 기초생활보장 제도의 지원대상: 소득인정액 기준과 부양의무자 기준 동시 충족(교육급여는 제외함)

[주의] 기초생활수급자 선정기준 변경: 개별급여 방식[93]과 부양의무자 범위 완화
① 절대적 빈곤방식(전물량 방식)에서 상대적 빈곤방식[94]으로 변경 · 도입하였다.
② 기초생활보장의 제도(급여)가 현행 통합형에서 개별급여 방식으로 변경된다.
③ 부양의무자가 수급자를 부양하고도 중위소득 수준을 유지할 수 있을 때에만 부양능력이 있는 것으로 간주한다(부양의무자 소득기준 완화).

(1) 소득인정액의 산정 기준

① 개별가구의 소득평가액은 개별가구의 실제소득에도 불구하고 보장기관이 급여의 결정 및 실시 등에 사용하기 위하여 산출한 금액으로 [1. 근로소득, 2. 사업소득, 3. 재산소득, 4. 이전소득[95]] 등의 소득을 합한 개별가구의 실제소득에서 장애 · 질병 · 양육 등 가구 특성에 따른 지출요인, 근로를 유인하기 위한 요인, 그밖에 추가적인 지출요인에 해당하는 금액을 감하여 산정한다.

② 재산의 소득환산액은 개별가구의 재산가액에서 기본재산액(기초생활의 유지에 필요하다고 보건복지부장관이 정하여 고시하는 재산액을 말함) 및 부채를 공제한 금액에 소득환산율을 곱하여 산정한다. 이 경우 소득으로 환산하는 재산의 범위는 다음 각 호와 같다.

1. 일반재산(금융재산 및 자동차를 제외한 재산을 말함) 2. 금융재산 3. 자동차

---

93) 생계, 주거, 의료, 교육급여별 선정기준 및 급여수준을 별도 설정하여, 생계, 주거, 의료, 교육 등 각각 영역별로 대상자를 선정하는 방식이다.

94) 저소득층의 최저생활을 현실적으로 보장하기 위하여 상대적 빈곤관점(중위소득)을 반영한다. 수급자 선정기준은 생계, 의료, 주거, 교육 등 급여별로 중위소득의 일정비율을 고려하여, 중위소득의 일정비율 이하에서는 그 사회의 대다수가 일반적으로 누리고 있는 생활수준을 향유하지 못한다고 보고, 그 수준을 기준 중위소득으로 보는 방식 즉 상대적 빈곤선 방식이다.

95) 이전소득이란 친족 또는 후원자 등으로부터 정기적으로 받는 금품 중 보건복지부장관이 정하는 금액 이상의 금품, 제5조의6 1항 4호 다목에 따라 보건복지부장관이 정하는 금액, 「국민연금법」, 「기초연금법」, 「공무원연금법」, 「군인연금법」, 「별정우체국법」, 「사립학교교직원 연금법」, 「고용보험법」, 「산업재해보상보험법」, 「국민연금과 직역연금의 연계에 관한 법률」, 「보훈보상대상자 지원에 관한 법률」, 「독립유공자예우에 관한 법률」, 「국가유공자 등 예우 및 지원에 관한 법률」, 「고엽제후유의증 등 환자지원 및 단체설립에 관한 법률」, 「자동차손해배상 보장법」, 「참전유공자예우 및 단체설립에 관한 법률」 등에 따라 정기적으로 지급되는 각종 수당 · 연금 · 급여 또는 그 밖의 금품 등을 말한다.

③ 실제소득, 소득평가액 및 재산 소득환산액의 산정을 위한 구체적인 범위·기준 등은 대통령령으로 정한다. [본조신설 2014.12.30.]

※ 소득인정액의 기준: 소득인정액이 급여별 선정기준 이하
• 소득인정액 = 소득과 재산을 소득으로 평가·환산한 금액

■ 소득인정액의 산정방식: 소득인정액 = 개별 소득평가액 + 재산 소득환산액
○ 개별가구 소득평가액 = 실제소득 - 가구특성별 지출비용 - 근로소득공제
○ 재산 소득환산액 = (재산 - 기본재산액 - 부채) × 소득환산율

[예시] 소득인정액이 70만원인 2인가구의 경우, 생계, 의료, 주거, 교육급여 대상이 된다.

(2) 부양의무자의 기준(요건)

① 국민기초생활 보장법상 '부양의무자'는 수급권자를 부양할 책임이 있는 사람으로서 수급권자의 1촌의 직계혈족 및 그 배우자를 말한다(제2조 5호). 다만 사망한 1촌 이내의 직계혈족 배우자는 제외한다. 가령 직계비속 1촌에 해당하는 아들이나 딸, 직계존속 1촌에 해당하는 아버지나 어머니는 부양의무자에 해당하는 반면, 직계비속 2촌에 해당하는 손자 또는 외손자는 부양의무자에 해당하지 않는다. 또한 홀로 된 며느리, 사위, 계부, 계모 등은 부양의무자에 해당하지 않는다. ☆ 수급권자의 손자는 수급권자를 부양할 책임이 있는 부양의무자에 포함되지 않는다.

② 기초생활보장의 수급권자는 부양의무자가 없거나, 부양의무자가 있어도 부양능력이 없거나 부양을 받을 수 없는 자로서 소득인정액이 중위소득 이하인 자로 한다.

[참조] 부양의무자 기준 완화

부양의무자가 수급자를 부양하고도 중위소득을 유지할 수 있도록 부양의무자 소득기준을 완화하고 있다. 부양의무자가 없거나, 부양의무자가 있어도 부양능력이 없거나 부양을 받을 수 없는 자로서 소득인정액이 중위소득 이하인 자로 한다. 교육급여는 부양의무자 기준 없음
* 부양능력 유무를 판정하기 위한 소득 기준선: 4인가구 기준 → 439만 원

☆ 중증장애인이 있는 부양의무자 가구는 추가 완화된 기준을 적용하고, 교육급여는 예외적으로 부양의무자 기준 적용을 폐지하고 있다.

① 부양의무자가 없음 – 부양의무자 기준 충족; O
② 부양의무자가 있음 – (a) 부양능력 없음; O
(b) 부양능력 미약(부양의무자의 기준 충족); △
(c) 부양능력 있음 + 부양이행 불능; O
(d) 부양능력 있음 + 부양이행 기피; ×(다만 부양의무자에 대한 구상권 행사가능)
* O은 부양의무자의 기준을 충족(수급권을 받을 요건의 필요조건 충족)함.

가. 부양의무자가 있어도 부양능력이 없는 경우

부양의무자가 다음 각 호의 어느 하나에 해당하는 경우에는 생계급여, 의료급여, 교육급여 등의 부양능력이 없는 것으로 본다(제8조의2 1항).

① 기준 중위소득 수준을 고려하여 대통령령으로 정하는 소득·재산 기준 미만인 경우
1. 수급자인 경우
2. 삭제 〈2015.4.20.〉
3. 다음 각 목의 어느 하나에 해당하는 사람으로서 재산의 소득환산액이 보건복지부장관이 정하여 고시하는 금액 미만인 경우

가. 실제소득에서 질병, 교육 및 가구특성을 고려하여 보건복지부장관이 정하여 고시하는 금액을 뺀 금액(차감된 소득)이 기준 중위소득(150%) 미만인 사람
나. 일용근로 등에 종사하는 사람. 이 경우 일용근로는 근로를 한 날이나 시간에 따라 근로대가를 계산하는 근로로서 고용계약기간이 1개월 미만인 근로로 한다.

4. 제1호부터 제3호까지 외의 사람으로서 다음 각 목의 요건을 모두 충족하는 경우

가. 차감된 소득이 수급권자 기준 중위소득의 100분의 40과 해당 부양의무자 기준 중위소득을 더한 금액 미만일 것
나. 재산의 소득환산액이 보건복지부장관이 정하여 고시하는 금액 미만일 것
다. 부양의무자의 차감된 소득에서 부양의무자 기준 중위소득에 해당하는 금액을 뺀 금액의 범위에서 보건복지부장관이 정하는 금액을 수급권자에게 정기적으로 지원할 것

② 보건복지부장관은 제1항에도 불구하고 다음 각 호의 어느 하나에 해당하는 경우에는 부양능력 인정기준을 완화하여 정할 수 있다.

1. 부양의무자가 혼인한 딸이거나 혼인한 딸의 직계존속인 경우
2. 부양의무자 가구에 「장애인연금법」에 따른 중증장애인이 있는 경우
3. 노인, 장애인, 한부모가족 등 수급권자 가구의 특성으로 인하여 특히 생활이 어렵다고 보건복지부장관이 정하는 경우

나. 부양의무자가 있어도 부양을 받을 수 없는 경우

부양의무자가 다음 각 호의 어느 하나에 해당하는 경우에는 생계급여, 교육급여, 의료급여에 따른 부양을 받을 수 없는 것으로 본다(제8조의2 2항). [본조신설 2014.12.30.]

1. 부양의무자가 「병역법」에 따라 징집되거나 소집된 경우
2. 부양의무자가 「해외이주법」의 해외이주자에 해당하는 경우
3. 부양의무자가 「형의 집행 및 수용자의 처우에 관한 법률」 및 「치료감호법」 등에 따른 교도소, 구치소, 치료감호시설 등에 수용 중인 경우
4. 부양의무자에 대하여 실종선고 절차가 진행 중인 경우
5. 부양의무자가 보장시설에서 급여를 받고 있는 경우
6. 부양의무자의 가출 또는 행방불명으로 경찰서 등 행정관청에 신고된 후 1개월이 지났거나 가출 또는 행방불명 사실을 특별자치시장·특별자치도지사·시장·군수·구청장이 확인한 경우
7. 부양의무자가 부양을 기피하거나 거부하는 경우
8. 그밖에 부양을 받을 수 없는 것으로 보건복지부장관이 정하는 경우

[문제] 국민기초생활 보장법령상 '부양의무자가 있어도 부양을 받을 수 없는 경우'에 해당하지 않는 것은?

6. 급여의 종류

① 이 법에 따른 급여의 종류는 다음 각 호와 같다.

1. 생계급여 2. 주거급여 3. 의료급여 4. 교육급여 5. 해산급여(解産給與) 6. 장제급여(葬祭給與) 7. 자활급여

② 수급권자에 대한 급여는 수급자의 필요에 따라 제1항 1호부터 7호까지의 급여의 전부 또는 일부를 실시하는 것으로 한다. <개정 2014.12.30.>

가령 각 급여별로 수급자를 선정하는 기준이 달라져, 소득인정액이 중위소득의 30% 이하이면 생계급여를, 40% 이하면 의료급여를, 43% 이하면 주거급여를, 50% 이하면 교육급여를 지급받을 수 있다<표 8-1 참조>.

<표 8-1> 급여별로 수급자를 선정하는 기준

(○: 지원받음, ×: 지원않음)

구분	생계급여	의료급여	주거급여	교육급여
중위소득 30% 이하	○	○	○	○
중위소득 40% 이하	×	○	○	○
중위소득 43% 이하	×	×	○	○
중위소득 50% 이하	×	×	×	○

③ 차상위계층에 속하는 사람(차상위자)에 대한 급여는 보장기관이 차상위자의 가구별 생활여건을 고려하여 예산의 범위에서 제1항 2호부터 4호까지, 6호 및 7호(생계급여와 해산급여는 제외)에 따른 급여의 전부 또는 일부를 실시할 수 있다.

※ **차상위자에 대한 급여의 기준(시행령 제5조의5): 의료급여, 주거급여, 교육급여, 장제급여, 자활급여**
차상위계층에 속하는 사람(차상위자)에게 지급하는 급여는 자활급여로 한다. 〈개정 2015.4.20.〉
☆ 보장기관이 차상위자에 대해서 가구별 생활여건을 고려하여 지급하는 급여는 자활급여로 한다.

⊞ **자활에 필요한 사업: 자활사업(시행령 제10조)**

① 자활사업은 다음 각 호의 사업으로 한다. 〈개정 2015.4.20.〉

1. 직업훈련 2. 취업알선 등의 제공 3. 자활근로 4. 「직업안정법」에 따른 직업안정기관의 장이 제시하는 사업장에의 취업 5. 「고용정책 기본법」에 따른 공공근로사업 6. 지역자활센터의 사업 7. 자활기업의 사업 8. 개인 창업 또는 공동 창업 9. 근로의욕 제고 및 근로능력 유지를 위한 자원봉사 10. 그밖에 수급자의 자활에 필요하다고 보건복지부장관이 정하여 고시하는 사업

② 시장·군수·구청장은 제1항 9호에 따라 생계급여의 조건으로 자원봉사를 제시받은 조건부수급자가 그와 다른 자원봉사를 하려는 경우에는 그 자원봉사의 내용·기간 및 자원봉사 이행 여부의 확인자 등을 고려하여 그 자원봉사를 생계급여의 조건으로 인정할 수 있으며, 필요한 경우에는 자원봉사의 내용 등을 변경하여 인정할 수 있다. 〈개정 2015.4.20.〉

※ **급여의 특례(제14조의2)**: 수급권자에 해당하지 아니하여도 생활이 어려운 사람으로서 일정 기간 동안 이 법에서 정하는 급여의 전부 또는 일부가 필요하다고 보건복지부장관 또는 소관 중앙행정기관의 장이 정하는 사람은 수급권자로 본다. [본조신설 2014.12.30.]

[문제] 국민기초생활 보장법령에 따른 급여의 종류에 해당하지 않는 것은? ⑤

① 생계급여 ② 주거급여 ③ 의료급여 ④ 교육급여 ⑤ 휴업급여

1) 생계급여

(1) 생계급여의 내용

① 생계급여는 수급자에게 의복, 음식물 및 연료비와 그밖에 일상생활에 기본적으로 필요한 금품(현금과 물품)을 지급하여 그 생계를 유지하게 하는 것으로 한다.

☆ 국기법상 생계급여의 수급권을 규정한 것은 빈곤에 대한 국가책임을 인정하는 것이다.

② 생계급여 수급권자는 부양의무자가 없거나, 부양의무자가 있어도 부양능력이 없거나 부양을 받을 수 없는 사람으로서 그 소득인정액이 중앙생활보장위원회의 심의·의결을 거쳐 결정하는 금액(생계급여 선정기준) 이하인 사람으로 한다. 이 경우 생계급여 선정기준은 기준 중위소득의 100분의 30 이상으로 한다.[96] <신설 2014.12.30.>

③ 생계급여 최저보장수준은 생계급여와 소득인정액을 포함하여 생계급여 선정기준 이상이 되도록 하여야 한다.

④ 보장시설에 위탁하여 생계급여를 실시하는 경우에는 보건복지부장관이 정하는 고시에 따라 그 선정기준 등을 달리 정할 수 있다.

※ 생계급여의 선정기준 및 최저보장수준

국민기초생활 보장법에 따른 '생계급여의 선정기준 및 최저보장수준'을 다음과 같이 정한다.

1) 선정기준 (단위: 원/월)

구분	1인가구	2인가구	3인가구	4인가구	5인가구	6인가구
금액(원/월)	512,102	871,958	1,128,010	1,384,061	1,640,112	1,896,163

2) 최저보장수준

생계급여의 최저보장수준은 생계급여와 소득인정액을 포함하여 생계급여 선정기준 이상이 되도록 한다.

생계급여액 = 생계급여 최저보장수준(지원대상자 선정기준) − 소득인정액

[문제] 기초생활보장 수급자 A씨는 4인가족의 세대주로 소득평가액은 23만 원, 재산의 소득환산액은 20만 원이다. 4인가족 가구별 생계급여 선정기준액이 138만 원이라고 가정하면, A씨가 받을 생계급여액은 얼마인가? ③

① 66만 원 ② 75만 원 ③ 95만 원 ④ 105만 원 ⑤ 116만 원

(2) 생계급여의 지급방법

① 생계급여는 금전을 지급하는 것으로 한다(원칙: 현금지급). - (예외: 물품도 지급 가능).

② 수급품은 대통령령으로 정하는 바에 따라 매월 정기적으로 지급(매월 20일, 토요일이거나 공휴일인 경우에는 그 전날로 함) 한다(정기적 지급, 분기별 지급 ×). 다만, 특별한 사정

96) 생계급여 최저보장수준은 기준 중위소득의 29%, 2017년까지 중위소득의 30% 이상으로 단계적 인상하기로 한 국민기초생활 보장법 부칙에 따라 2015년 28% → 2016년 29% → 2017년 30%로 1%씩 인상할 예정이다.

이 있는 경우에는 그 지급방법을 다르게 정하여 지급할 수 있다.

③ 수급품은 수급자에게 직접 지급한다(원칙). 다만, 보장시설이나 타인의 가정에 위탁하여 생계급여를 실시하는 경우에는 그 위탁받은 사람에게 이를 지급할 수 있다. → 이 경우 보장기관은 정기적으로 수급자의 수급 여부를 확인하여야 한다. ☆ 생계급여를 타인의 가정에 위탁하여 실시하는 것은 허용이 된다.

④ 생계급여는 보건복지부장관이 정하는 바에 따라 수급자의 소득인정액 등을 고려하여 차등지급할 수 있다(급여의 차등지급).

⑤ 보장기관은 근로능력이 있는 수급자에게 자활에 필요한 사업에 참가할 것을 조건으로 하여 생계급여를 실시할 수 있다(조건부 생계급여지급).97)

※ **근로능력이 있는 생계급여 수급자(원칙)** (시행령 제7조 1항): 18세 이상 64세 이하의 수급자

⊞ **근로능력이 없는 수급자**(시행령 제7조 1항 단서)
1. 「장애인고용촉진 및 직업재활법」에 따른 중증장애인
2. 질병, 부상 또는 그 후유증으로 치료나 요양이 필요한 사람 중에서 근로능력평가를 통하여 특별자치도지사·시장·군수·구청장이 근로능력이 없다고 판정한 사람
3. 삭제 〈2011.12.30.〉 : 임신 중에 있거나 분만 후 6개월 미만의 여자
4. 삭제 〈2011.12.30.〉 : 공익근무요원 등 법률상 의무를 이행중인 자
5. 그밖에 근로가 곤란하다고 보건복지부장관이 정하는 사람

[참조] 특별자치도지사·시장·군수·구청장은 근로능력평가를 「국민연금법」에 따른 국민연금공단에 의뢰할 수 있다(시행령 제7조 2항).

⊞ **조건부수급자(시행령 제8조)**: 근로능력이 있는 수급자(18세 이상 64세 이하의 수급자)중 자활에 필요한 사업(자활사업)에 참가할 것을 조건으로 생계급여를 지급받는 사람 – 자활사업의 위탁시행(제12조)

(3) 생계급여를 실시할 장소

① 생계급여는 수급자의 주거에서 실시한다(원칙). 다만, 수급자가 주거가 없거나 주거가 있어도 그곳에서는 급여의 목적을 달성할 수 없는 경우 또는 수급자가 희망하는 경우에는 수급자를 보장시설이나 타인의 가정에 위탁하여 급여를 실시할 수 있다.

② 수급자에 대한 생계급여를 타인의 가정에 위탁하여 실시하는 경우에는 거실의 임차료와 그밖에 거실의 유지에 필요한 비용은 수급품에 가산하여 지급한다. 이 경우 주거급여가 실시된 것으로 본다. ☆ 생계급여를 타인의 가정에 위탁하여 실시하는 것은 허용된다.

※ **생계급여 대상 제외자**: 에이즈쉼터거주자, 노숙자쉼터 또는 한국갱생보호공단시설거주자 등 국가 또는 지방자치단체로부터 생계를 보장받는 자는 일반생계급여 대상자에서 제외된다.

97) 조건부수급자란 자활사업에 참가할 것을 조건으로 생계급여를 지급받는 자인데 근로능력이 있는 수급자 중에서 선별한다. 특별자치도지사・시장・군수・구청장은 수급자가 조건부수급자로 결정된 날부터 1개월 이내에 자활지원계획에 따라 자활사업에 참가할 것을 생계급여의 조건으로 해당 조건부수급자에게 제시하여야 한다(생계급여의 조건 제시방법 및 결과 통지 시행령 제11조 1항).

2) 의료급여

① 의료급여는 수급자에게 건강한 생활을 유지하는 데 필요한 각종 검사 및 치료 등을 지급하는 것으로 한다.

② 의료급여 수급권자는 부양의무자가 없거나, 부양의무자가 있어도 부양능력이 없거나 부양을 받을 수 없는 사람으로서 그 소득인정액이 중앙생활보장위원회의 심의·의결을 거쳐 결정하는 금액(의료급여 선정기준) 이하인 사람으로 한다. 이 경우 의료급여 선정기준은 기준 중위소득의 100분의 40 이상으로 한다.

※ 의료급여의 선정기준 및 최저보장수준

국민기초생활 보장법 제6조 및 제12조의3에 따른 '의료급여의 선정기준'은 다음과 같이 정한다. 또한, '최저보장수준'은 「의료급여법」 및 관련 법령에 따른다. (단위: 원/월)

구분	1인가구	2인가구	3인가구	4인가구	5인가구	6인가구
금액(원/월)	682,803	1,162,611	1,504,013	1,845,414	2,186,816	2,528,218

③ 의료급여에 필요한 사항은 따로 법률에서 정한다. 즉, 의료급여법상 의료급여 대상자는 기초생활보장수급자를 근로무능력세대(1종), 근로능력세대(2종)로 구분한다.

※ 의료급여: 질병, 부상, 출산 등의 상황에서 필요한 의료서비스를 낮은 본인부담으로 이용할 수 있다.

⊞ 의료급여의 본인부담금 수준

구 분		1차(의원)	2차(병원)	3차(지정병원)	약국	본인부담상환액
1종	입원	없음	없음	없음	–	매월 5만 원
	외래	1,000원	1,500원	2,000원	500원	
2종	입원	10%	10%	10%	–	연간 80만 원
	외래	1,000원	15%	15%	500원	

* 건강보험이 적용되는 의료서비스에 한함

1종 근로무능력가구, 희귀난치성·중증질환 등록자, 시설수급자
2종 기초생활보장제도에 따른 의료급여수급자 중 1종의 수급대상이 아닌 가구

3) 주거급여 – 주거급여법 별도 제정

주거급여는 수급자에게 주거 안정에 필요한 임차료, 수선유지비, 그 밖의 수급품을 지급하는 것으로 한다. 주거급여에 관하여 필요한 사항은 따로 법률에서 정한다(주거급여법 제정: 국토교통부장관). 이 경우 주거급여 선정기준은 기준 중위소득의 100분의 43 이상으로 한다. 2019년에는 기준 중위소득의 100분의 44 이상으로 적용한다.

※ **주거급여**: 임차가구는 전월세비용을 지원하고, 자가가구는 주택의 수선유지비용을 지원한다.
1) 임차가구: 지역 및 가족 수에 따라 산정한 기준 임대료를 상환으로 실제 전월세비용(월임차료와 보증금 환산액)을 지원한다.

〈'19년 자가가구 보수한도액〉

구분	경보수	중보수	대보수
수선비용(주기)	378만 원(3년)	702만 원(5년)	1,026만 원(7년)

2) 자가가구: 주택의 노후도에 따라 도배, 난방, 지붕 등 종합적인 수리를 지원한다.

4) 교육급여

① 교육급여는 수급자에게 입학금, 수업료, 학용품비, 그 밖의 수급품을 지급하는 것으로 하되(입학금 및 수업료, 교과서대, 학용품비, 중학생 부교재비 지급), 학교의 종류·범위 등에 관하여 필요한 사항은 대통령령으로 정한다.98) → 교육급여는 대학교까지 지급하는 것이 아니다(대학교 제외).

② 교육급여는 교육부장관의 소관으로 한다.

③ 교육급여 수급권자는 부양의무자가 없거나, 부양의무자가 있어도 부양능력이 없거나 부양을 받을 수 없는 사람으로서 그 소득인정액이 중앙생활보장위원회의 심의·의결을 거쳐 결정하는 금액(교육급여 선정기준) 이하인 사람으로 한다. 이 경우 교육급여 선정기준은 기준 중위소득의 100분의 50 이상으로 한다. <신설 2014.12.30.>

※ **교육급여의 적용특례(제12조의2)**: 교육급여 수급권자를 선정하는 경우에는 교육급여와 「초·중등교육법」 교육비 지원과의 연계·통합을 위하여 소득인정액이 교육급여 선정기준 이하인 사람을 수급권자로 본다.

⊞ **교육급여의 지원내용**: 수급자 학생들이 공부할 수 있도록 입학금, 수업료, 학용품비 등을 지원한다.

지급대상	급여항목	최저교육비	1인당 지급금액	지급방법
초등학생	부교재비	131,208원	132,000원	연 1회 일괄 지급
중/고등학생		208,860원	209,000원	
초등학생	학용품비	70,494원	71,000원	연 1회 일괄 지급 (기존 1, 2학기 분할 지급)
중/고등학생		80,826원	81,000원	
고등학생	교과서대	-	해당학년의 정규 교육과정에 편성된 교과목의 교과서 전체	연 1회 일괄 지급
	수업료	-	연도별·급지별 학교장이 고지한 금액 전부	분기별(3·6·9·12월) 지급
	입학금	-		1학년 제1분기에 신청시 전액 지급

98) 학교의 종류·범위: 「초·중등교육법」에 따른 초등학교·공민학교, 중학교·고등공민학교, 고등학교·고등기술학교, 특수학교, 각종학교와 유사한 학교, 「평생교육법」에 따른 학교형태의 평생교육시설(「평생교육법」 제31조 2항에 따라 교육감이 고등학교 졸업 이하의 학력이 인정되는 시설로 지정한 시설만 해당)

5) 해산급여 – 출산 시 : 1인아 500천 원 / 쌍아 700천 원

① 해산급여는 생계급여, 주거급여, 의료급여 중 하나 이상의 급여를 받는 수급자에게 [1. 조산(助産) 2. 분만 전과 분만 후에 필요한 조치와 보호]의 급여를 실시하는 것으로 한다.

② 해산급여는 보건복지부령으로 정하는 바에 따라 보장기관이 지정하는 의료기관에 위탁하여 실시할 수 있다(의료급여법에 따른 의료급여기관에 위탁하여 실시).

③ 해산급여에 필요한 수급품은 수급자나 그 세대주 또는 세대주에 준하는 사람에게 지급한다. 다만, 그 급여를 의료기관에 위탁하는 경우에는 수급품을 그 의료기관에 지급할 수 있다.

6) 장제급여 – 1구당 50만 원

① 장제급여는 생계급여, 주거급여, 의료급여 중 하나 이상의 급여를 받는 수급자가 사망한 경우 사체의 검안(檢案) · 운반 · 화장 또는 매장, 그 밖의 장제조치를 하는 것으로 한다.

② 장제급여는 보건복지부령으로 정하는 바에 따라 실제로 장제를 실시하는 사람에게 장제에 필요한 비용을 지급하는 것으로 한다(사망자 1구당 50만 원, 물품 지급가능).

7) 자활급여

① 자활급여는 수급자의 자활을 돕기 위하여 다음 각 호의 급여를 실시하는 것으로 한다. ☆ 차상위자에 대한 급여의 기준(시행령 5조의5) 참조

※ 자활급여특례에 따른 급여내용(제15조)

1. 자활에 필요한 금품의 지급 또는 대여
   자금의 대여(시행령 제17조): 사업의 창업자금 및 운영자금, 취업에 필요한 기술훈련비, 그밖에 보건복지부장관이 수급자의 자활에 필요하다고 인정하는 비용 → 마이크로 크레딧 방식(자금을 무보증으로 대여하면서 자활에 필요한 교육·훈련·경영지원 등을 제공하는 방식)로 자금을 대여할 수 있다.
2. 자활에 필요한 근로능력의 향상 및 기능습득의 지원
   직업훈련(시행령 제18조): 기능습득의 지원은 수급자 중 직업훈련이 가능한 사람을 직업훈련기관에 위탁하여 직업훈련을 받도록 하고, 그 훈련에 필요한 준비금·수당·식비 등을 지원하는 것으로 한다.
3. 취업알선 등 정보의 제공
   취업알선 등의 제공(시행령 제19조): 보장기관은 수급자가 능력 및 적성에 맞는 직업에 취업할 수 있도록 직업상담 및 직업적성검사 등 적절한 직업지도와 취업알선 등을 수급자에게 직접 제공하거나 직업안정기관에 위탁하여 제공할 수 있다.
4. 자활을 위한 근로기회의 제공
   자활근로(시행령 제20조): 보장기관은 자활에 필요한 근로능력의 향상 및 기능습득의 지원과 근로기회의 제공을 위하여 수급자에게 공익성이 높은 사업이나 지역주민의 복지향상을 위하여 필요한 사업 등에서 유급(有給)으로 근로(자활근로)할 수 있는 기회를 제공할 수 있다.
5. 자활에 필요한 시설 및 장비의 대여
6. 창업교육, 기능훈련 및 기술·경영 지도 등 창업지원

1. 창업 업종의 선정 및 사업계획 수립의 지도	2. 기능훈련, 제품개발 등의 지도
3. 세무, 회계, 법률 등 경영 관련 교육	4. 공공·민간 창업지원서비스의 연계 및 알선
5. 그밖에 창업지원 및 경영개선에 관한 사항으로서 보건복지부장관이 정하는 사항	

7. 자활에 필요한 자산형성 지원
   자산형성지원의 대상 등(시행령 제21조의2): 가구별 사업소득 및 근로소득이 기준중위소득의 일정 비율 이상인 사람 중에서 수급자 및 차상위자의 가구 여건 및 취업 상태를 고려하여 선정한다. 이 경우 기준중위 소득에 대한 비율 기준은 보건복지부장관이 정하여 고시한다.
8. 그밖에 대통령령으로 정하는 자활을 위한 각종 지원

② 자활급여는 관련 공공기관·비영리법인·시설과 그밖에 대통령령으로 정하는 기관에 위탁하여 실시할 수 있다. 이 경우 그에 드는 비용은 보장기관이 부담한다.

7. 자활지원

1) 중앙자활센터(법인)

수급자 및 차상위자의 자활촉진에 필요한 다음 각 호의 사업을 수행하기 위하여 중앙자활센터(법인)를 둘 수 있다. 정부는 중앙자활센터의 설치 및 운영에 필요한 경비의 전부 또는 일부를 보조할 수 있다.

※ 중앙자활센터의 사업
1. 자활 지원을 위한 조사·연구·교육 및 홍보 사업
2. 자활 지원을 위한 사업의 개발 및 평가
3. 광역자활센터, 지역자활센터 및 자활기업의 기술·경영지도 및 평가
4. 취업·창업을 위한 자활촉진 프로그램 개발 및 지원
5. 자활 관련 기관 간의 협력체계 및 정보네트워크 구축·운영
6. 고용지원서비스 및 사회복지서비스의 대상자 관리
7. 그밖에 자활촉진에 필요한 사업으로서 보건복지부장관이 정하는 사업

⊞ 대상자 관리를 위한 시스템은 「사회복지사업법」에 따른 정보시스템과 연계할 수 있다. 〈신설 2014.12.30.〉

2) 광역자활센터

보장기관은 수급자 및 차상위자의 자활촉진에 필요한 다음 각 호의 사업을 수행하게 하기 위하여 사회복지법인, 사회적 협동조합, 비영리법인과 단체 등의 신청을 받아 특별시·광역시·특별자치시·도·특별자치도(시·도) 단위의 광역자활센터로 지정할 수 있다(정관작성, 설립등기). 이 경우 보장기관은 법인 등의 지역사회복지사업 및 자활지원사업의 수행 능력·경험 등을 고려하여야 한다.

※ 광역자활센터의 사업
1. 시·도 단위의 자활기업 창업지원
2. 시·도 단위의 수급자 및 차상위자에 대한 취업·창업 지원 및 알선
3. 지역자활센터 종사자 및 참여자에 대한 교육훈련 및 지원
4. 지역특화형 자활프로그램 개발·보급 및 사업개발 지원
5. 지역자활센터 및 자활기업에 대한 기술·경영 지도
6. 그밖에 자활촉진에 필요한 사업으로서 보건복지부장관이 정하는 사업

3) 지역자활센터

보장기관은 수급자 및 차상위자의 자활 촉진에 필요한 다음 각 호의 사업을 수행하게 하기 위하여 사회복지법인, 사회적 협동조합 등 비영리법인과 단체를 법인 등의 신청을 받아 지역자활센터로 지정할 수 있다. 이 경우 보장기관은 법인 등의 지역사회복지사업 및 자활지원사업 수행능력 · 경험 등을 고려하여야 한다.

※ 지역자활센터의 사업
1. 자활의욕 고취를 위한 교육
2. 자활을 위한 정보제공, 상담, 직업교육 및 취업알선
3. 생업을 위한 자금융자 알선
4. 자영창업 지원 및 기술·경영 지도
5. 자활기업의 설립·운영 지원
6. 자활을 위한 각종 사업(시행령 제22조, 지역자활센터의 사업)

[문제] 지역자활센터(이전 자활후견기관)에서 행하는 사업이 아닌 것은?

4) 자활기관협의체(이전 자활후견기관협의체를 의미함)

시장 · 군수 · 구청장은 자활지원사업의 효율적인 추진을 위하여 지역자활센터, 직업안정기관, 사회복지시설의 장 등과 상시적인 협의체계(자활기관협의체)를 구축하여야 한다.

5) 자활기업(이전 자활공동체를 의미함)

① 수급자 및 차상위자는 상호 협력하여 자활기업을 설립 · 운영할 수 있다.

② 자활기업은 조합 또는 부가가치세법상의 2인 이상의 사업자로 한다.

③ 보장기관은 자활기업에게 직접 또는 중앙자활센터, 광역자활센터 및 지역자활센터를 통하여 다음 각 호의 지원을 할 수 있다.

※ 자활공동체(중앙자활센터 및 지역자활센터)의 지원(제18조 3항 각 호)
1. 자활을 위한 사업자금 융자
2. 국유지·공유지 우선 임대
3. 국가나 지방자치단체가 실시하는 사업의 우선 위탁
4. 국가나 지방자치단체의 조달구매 시 자활기업 생산품의 우선 구매
5. 그밖에 수급자의 자활촉진을 위한 각종 사업

6) 수급자의 고용촉진

① 보장기관은 수급자 및 차상위자의 고용을 촉진하기 위하여 상시근로자의 일정 비율 이상을 수급자 및 차상위자로 채용하는 기업에 대하여는 대통령령으로 정하는 바에 따라 해당하는 지원을 할 수 있다.

> **※ 수급자 또는 차상위자의 채용기업에 대한 지원(시행령 제26조)**
> 지원을 받을 수 있는 기업은 상시근로자의 100분의 20 이상을 수급자 또는 차상위자로 채용하는 기업으로 한다. 이 경우 채용 당시는 수급자 또는 차상위자였으나 채용 후 수급자 또는 차상위자를 면하게 된 사람이 계속하여 취업하고 있는 경우에는 수급자 또는 차상위자로 산정(算定)한다.

② 시장・군수・구청장은 수급자 및 차상위자에게 가구별 특성을 감안하여 관련 기관의 고용지원서비스를 연계할 수 있다.

③ 시장・군수・구청장은 수급자 및 차상위자의 취업활동으로 인하여 지원이 필요하게 된 해당 가구의 아동・노인 등에게 사회복지서비스를 지원할 수 있다.

7) 자활기금의 적립

보장기관은 이 법에 따른 자활지원사업의 원활한 추진을 위하여 일정한 금액과 연한을 정하여 자활기금을 적립할 수 있다.

> **※ 자활기금의 설치(시행령 제26조의2)**: 자활기금은 지방자치단체의 조례로 정하는 바에 따라 특별시·광역시·도·특별자치도 또는 시·군·구에 설치할 수 있다. – 자활기금의 관리·운영: 중앙자활센터 또는 자활 지원사업을 수행하는 비영리법인에 위탁 가능함(비용: 보장기관 부담)

8) 자산형성지원 – 자활에 필요한 자산형성: 재정적인 지원

① 보장기관은 수급자 및 차상위자가 자활에 필요한 자산을 형성할 수 있도록 재정적인 지원을 할 수 있다.

② 보장기관은 수급자 및 차상위자가 자활에 필요한 자산을 형성하는 데 필요한 교육을 실시할 수 있다.

③ 지원으로 형성된 자산은 대통령령으로 정하는 바에 따라 수급자의 재산 소득환산액을 산정하는 경우 이를 포함하지 아니한다.

9) 자활의 교육

① 보건복지부장관, 특별시장・광역시장・특별자치시장・도지사・특별자치도지사(시・도지사), 시장・군수・구청장은 수급자 및 차상위자의 자활촉진을 위하여 교육을

실시할 수 있다.

② 보건복지부장관은 교육을 위하여 교육기관을 설치 · 운영하거나, 운영의 전부 또는 일부를 법인 · 단체 등에 위탁할 수 있다. 교육기관의 운영을 위탁받은 법인 · 단체 등에 대하여 그 운영에 필요한 비용을 지원할 수 있다.

8. 보장기관

1) 국가와 지방자치단체

보장기관이란 급여를 실시하는 기관인 국가와 지방자치단체를 말한다.

① 급여는 수급권자 또는 수급자의 거주지를 관할하는 시 · 도지사와 시장 · 군수 · 구청장[교육급여인 경우에는 특별시 · 광역시 · 특별자치시 · 도 · 특별자치도의 교육감(시 · 도교육감)]이 실시한다. 다만, 주거가 일정하지 아니한 경우에는 수급권자 또는 수급자가 실제 거주하는 지역을 관할하는 시장 · 군수 · 구청장이 실시한다.

② 보건복지부장관, 소관 중앙행정기관의 장과 시 · 도지사는 수급자를 각각 국가나 해당 지방자치단체가 경영하는 보장시설에 입소하게 하거나 다른 보장시설에 위탁하여 급여를 실시할 수 있다.

③ 보장기관은 수급권자 · 수급자 · 차상위계층에 대한 조사와 수급자 결정 및 급여의 실시 등 이 법에 따른 보장업무를 수행하게 하기 위하여 사회복지사업법에 따른 사회복지 전담공무원을 배치하여야 한다. → 이 경우 자활급여 업무를 수행하는 사회복지 전담공무원은 따로 배치하여야 한다.

2) 생활보장위원회(의결권 존재)

① **생활보장위원회의 설치**: 생활보장사업의 기획 · 조사 · 실시 등에 관한 사항을 심의 · 의결하기 위하여 보건복지부와 시 · 도 및 시 · 군 · 구에 각각 생활보장위원회를 둔다. 다만, 시 · 도 및 시 · 군 · 구에 두는 생활보장위원회는 그 기능을 담당하기에 적합한 다른 위원회가 있고, 그 위원회의 위원이 자격을 갖춘 경우에는 시 · 도 또는 시 · 군 · 구의 조례로 정하는 바에 따라 그 위원회가 생활보장위원회의 기능을 대신할 수 있다.

② **심의 및 의결 사항**: 보건복지부에 두는 중앙생활보장위원회는 다음 각 호의 사항을 심의 및 의결한다(**생활보장위원회의 업무**).

1. 기초생활보장 종합계획의 수립
2. 소득인정액 산정방식과 기준 중위소득의 결정
3. 급여의 종류별 수급자 선정기준과 최저보장수준 결정
4. 급여기준의 적정성 등 평가 및 실태조사에 관한 사항
5. 급여의 종류별 누락·중복, 차상위계층의 지원사업 등에 대한 조정
6. 자활기금의 적립·관리 및 사용에 관한 지침의 수립 7. 그밖에 위원장이 회의에 부치는 사항

[문제] 사회복지법령상 의결기능이 있는 위원회는? ③
① 사회복지위원회 ② 아동정책조정위원회 ③ 중앙생활보장위원회
④ 사회보장위원회 ⑤ 장애인복지정책위원회

③ **중앙생활보장위원회의 조직 및 구성**: 중앙생활보장위원회는 위원장을 포함하여 16명 이내의 위원으로 구성하고, 위원은 보건복지부장관이 다음의 어느 하나에 해당하는 사람 중에서 위촉·지명하며 위원장은 보건복지부장관으로 한다. 그리고 부위원장은 1명을 두며, 위원 중에서 호선(互選)한다.

※ 중앙생활보장위원회의 위원의 구성
1. 공공부조 또는 사회복지와 관련된 학문을 전공한 전문가로서 대학의 조교수 이상인 사람 또는 연구기관의 연구원으로 재직 중인 사람 5명 이내
2. 공익을 대표하는 사람 5명 이내
3. 관계 행정기관 소속 3급 이상 공무원 또는 고위공무원단에 속하는 일반직공무원 5명 이내

④ **지방생활보장위원회의 조직과 구성**: 시·도 및 시·군·구 생활보장위원회의 위원은 시·도지사 또는 시장·군수·구청장이 다음의 어느 하나에 해당하는 사람 중에서 위촉·지명하며, 위원장은 해당 시·도지사 또는 시장·군수·구청장으로 한다(위원장 및 부위원장 각 1명을 포함하여 15명 이내의 위원으로 구성).

1. 사회보장에 관한 학식과 경험이 있는 사람 2. 공익을 대표하는 사람 3. 관계 행정기관 소속 공무원
→ 제1호 및 제2호에 규정된 사람의 참여 기회를 보장하여야 한다.

다만, 다른 위원회가 생활보장위원회의 기능을 대신하는 경우 위원장은 조례로 정한다.

⑤ 생활보장위원회는 심의·의결과 관련하여 필요한 경우 보장기관에 대하여 그 소속 공무원의 출석이나 자료의 제출을 요청할 수 있다.

3) 기초생활보장 계획의 수립 및 평가

① 소관 중앙행정기관의 장은 수급자의 최저생활을 보장하기 위하여 3년마다 소관별로 기초생활보장 기본계획을 수립하여 보건복지부장관에게 제출하여야 한다.

② 보건복지부장관 및 소관 중앙행정기관의 장은 제4항에 따른 실태조사 결과를 고려하여 급여기준의 적정성 등에 대한 평가를 실시할 수 있으며, 이와 관련하여 전문적인 조사·연구 등을 공공기관의 운영에 관한 법률에 따른 공공기관 또는 민간 법

인 · 단체 등에 위탁할 수 있다.

③ 보건복지부장관은 기초생활보장 기본계획 및 평가결과를 종합하여 기초생활보장 종합계획을 수립하여 중앙생활보장위원회의 심의를 받아야 한다.

④ 보건복지부장관은 수급권자, 수급자 및 차상위계층 등의 규모 · 생활실태 파악, 최저생계비 계측 등을 위하여 3년마다 실태조사를 실시 · 공표하여야 한다.

9. 급여의 실시

1) 급여의 신청

① 수급권자와 그 친족, 그 밖의 관계인은 관할 시장 · 군수 · 구청장에게 수급권자에 대한 급여를 신청할 수 있다(원칙: 신청주의). 차상위자가 급여를 신청하려는 경우에도 같다. 수급권자의 친족도 수급권자에 대한 급여를 신청할 수 있다.

② 사회복지 전담공무원은 이 법에 따른 급여를 필요로 하는 사람이 누락되지 아니하도록 하기 위하여 관할지역에 거주하는 수급권자에 대한 급여를 직권으로 신청할 수 있다. 이 경우 수급권자의 동의를 구하여야 하며, 수급권자의 동의는 수급권자의 신청으로 볼 수 있다(예외: 직권주의 병행 - 누락방지).

③ 급여신청을 할 때나 사회복지 전담공무원이 급여신청을 하는 것에 수급권자가 동의하였을 때에는 수급권자와 부양의무자는 금융정보, 신용정보, 보험정보의 자료 또는 정보의 제공에 대하여 동의한다는 서면을 제출하여야 한다(서면주의 제23조의2).

→ 업무에 종사하고 있거나 종사하였던 사람은 취득한 금융정보 등을 다른 용도로 사용하거나 다른 사람에 누설하여서는 아니 된다(위반한 자는 5년 이하의 징역 또는 3천만 원 이하의 벌금).

2) 신청에 의한 조사

① 시장 · 군수 · 구청장은 급여신청이 있는 경우에는 사회복지 전담공무원으로 하여금 급여의 결정 및 실시 등에 필요한 다음 각 호의 사항을 조사하게 하거나 수급권자에게 보장기관이 지정하는 의료기관에서 검진을 받게 할 수 있다.

⊞ 신청에 의한 조사

1. 부양의무자의 유무 및 부양능력 등 부양의무자와 관련된 사항
2. 수급권자 및 부양의무자의 소득 · 재산에 관한 사항
3. 수급권자의 근로능력, 취업상태, 자활욕구 등 자활지원계획 수립에 필요한 사항
4. 그밖에 수급권자의 건강상태, 가구 특성 등 생활실태에 관한 사항

② 시장 · 군수 · 구청장은 신청한 수급권자 또는 그 부양의무자의 소득, 재산 및 건강상태 등을 확인하기 위하여 필요한 자료를 확보하기 곤란한 경우 보건복지부령으

로 정하는 바에 따라 수급권자 또는 부양의무자에게 필요한 자료의 제출을 요구할 수 있다.

③ 시장 · 군수 · 구청장은 급여의 결정 또는 실시 등을 위하여 필요한 경우에는 제1항 각 호의 조사를 관계 기관에 위촉하거나 수급권자 또는 그 부양의무자의 사업자, 그 밖의 관계인에게 이에 관한 자료의 제출을 요청할 수 있다.

④ 보장기관이 조사를 하기 위하여 금융 · 국세 · 지방세 · 토지 · 건물 · 자동차 · 건강보험 · 국민연금 · 고용보험 · 출입국 · 병무 · 교정 등 관련 전산망 또는 자료를 이용하려는 경우에는 관계 기관의 장에게 협조를 요청할 수 있다. 이 경우 관계 기관의 장은 정당한 사유가 없으면 협조하여야 한다.

3) 확인조사 – 매년 1회 이상 정기적 조사 실시

시장 · 군수 · 구청장은 수급자 및 수급자에 대한 급여의 적정성을 확인하기 위하여 매년 연간조사계획을 수립하고, 관할구역의 수급자를 대상으로 조사 사항을 매년 1회 이상 정기적으로 조사하여야 한다(지정하는 의료기관에서 검진 가능).

4) 차상위계층에 대한 조사

① 시장 · 군수 · 구청장은 급여의 종류별 수급자 선정기준의 변경 등에 의하여 수급권자의 범위가 변동함에 따라 다음 연도에 이 법에 따른 급여가 필요할 것으로 예측되는 수급권자의 규모를 조사하기 위하여 보건복지부령으로 정하는 바에 따라 차상위계층에 대하여 조사할 수 있다. <개정 2014.12.30.>

☆ **차상위계층**: 수급권자에 해당하지 아니하는 계층으로서 소득인정액이 기준 중위소득의 100분의 50(150%) 이하인 사람을 말한다. 소득인정액 = 개별가구의 소득평가액 + 재산소득의 환산액

② 시장 · 군수 · 구청장은 조사를 하려는 경우 조사대상자의 동의를 받아야 한다. 이 경우 조사대상자의 동의는 다음 연도의 급여신청으로 본다.

[문제] 국민기초생활 보장법령상 차상위계층에 관한 설명으로 옳지 않은 것은?

5) 급여의 결정 및 실시

(1) 급여의 결정

① 시장 · 군수 · 구청장은 신청에 의한 조사를 하였을 때에는 지체 없이 급여 실시 여부와 급여의 내용을 결정하여야 한다. 급여 실시 여부와 급여내용은 시장 · 군수 ·

구청장이 결정한다(신청인에 대한 통지: 급여의 신청일부터 30일 이내 통지의무).

② 차상위계층을 조사한 시장 · 군수 · 구청장은 급여개시일이 속하는 달에 급여 실시 여부와 급여 내용을 결정하여야 한다.

(2) 급여의 실시

① 급여 실시 및 급여 내용이 결정된 수급자에 대한 급여는 급여의 신청일부터 시작한다(원칙). 다만, 보건복지부장관 또는 소관중앙행정기관의 장이 매년 결정 · 공표하는 급여의 종류별 수급자 선정기준의 변경으로 인하여 매년 1월에 새로 수급자로 결정되는 사람에 대한 급여는 해당 연도의 1월 1일을 그 급여개시일로 한다(예외).

② 시장 · 군수 · 구청장은 급여 실시 여부의 결정을 하기 전이라도 수급권자에게 급여를 실시하여야 할 긴급한 필요가 있다고 인정할 때에는 급여의 일부를 실시할 수 있다.

③ 보장기관이 급여를 금전으로 지급할 때에는 수급자의 신청에 따라 수급자 명의의 지정된 계좌(급여수급계좌의 해당 금융기관은 이 법에 따른 급여만이 급여수급계좌에 입금되도록 관리하여야 한다)로 입금하여야 한다(제27조의2 급여의 지급방법).

6) 급여의 변경 및 중지

(1) 급여의 변경

보장기관은 수급자의 소득 · 재산 · 근로능력 등이 변동된 경우에는 직권으로 또는 수급자나 친족, 그 밖의 관계인의 신청에 의하여 그에 대한 급여의 종류 · 방법 등을 변경할 수 있다.

(2) 급여의 중지

① 보장기관은 수급자가 다음 각 호의 어느 하나에 해당하는 경우에는 급여의 전부 또는 일부를 중지하여야 한다.

1. 수급자에 대한 급여의 전부 또는 일부가 필요 없게 된 경우(목적의 달성이 되었을 때)
2. 수급자가 급여의 전부 또는 일부를 거부한 경우

② 근로능력이 있는 수급자가 조건을 이행할 때까지 근로능력이 있는 수급자 본인의 생계급여의 전부 또는 일부를 지급하지 아니할 수 있다.

(3) 청문

보장기관은 지역자활센터의 지정을 취소하고자 하는 경우와 급여의 결정을 취소하고자 하는 경우에는 청문을 실시하여야 한다. 가령 수급자가 검진 지시에 따르지 아니한 것을 이유로 보장기관이 수급자에 대한 급여결정을 취소하려면 청문을 하여야 한다.

10. 보장시설

1) 보장시설의 범위

① 기초생활보장의 급여는 수급자의 주거에서 행하는 것이 원칙이나, 수급자가 주거가 없거나 숙식을 제공하는 시설에서 생활하기를 원하는 경우에는 보장기관이 해당 수급자에 대한 급여지급 업무를 사회복지사업법에 의한 사회복지시설에 위탁할 수 있다.

② 보장시설이란 급여를 실시하는 사회복지사업법에 따른 사회복지시설로서 다음 각 호의 시설 중 보건복지부령으로 정하는 시설을 말한다(급여를 행하는 사회복지사업법에 의한 사회복지시설).

보장시설의 종류(시행령 제38조)

1. 「장애인복지법」의 장애인 거주시설
2. 「노인복지법」의 노인주거복지시설 및 노인의료복지시설 – 양로시설, 노인공동생활가정(노인복지주택 제외), 노인요양시설, 노인요양공동생활가정
3. 「아동복지법」에 따른 아동복지시설 및 통합 시설
4. 「정신건강증진및정신질환자 복지서비스지원에 관한 법률」에 따른 정신요양시설 및 정신재활시설
5. 「노숙인 등의 복지 및 자립지원에 관한 법률」의 노숙인재활시설 및 노숙인요양시설
6. 「가정폭력방지 및 피해자보호 등에 관한 법률」에 따른 가정폭력피해자 보호시설
7. 「성매매방지 및 피해자보호 등에 관한 법률」에 따른 성매매피해자 등을 위한 지원시설
8. 「성폭력방지 및 피해자보호 등에 관한 법률」에 따른 성폭력피해자보호시설
9. 「한부모가족지원법」의 한부모가족복지시설
10. 「사회복지사업법」의 사회복지시설 중 결핵 및 한센병요양시설
11. 그밖에 보건복지부령으로 정하는 시설(시행규칙 제41조의2 보장시설)

※ 보장시설의 제외되는 시설(시행규칙 제41조의2) [전문개정 2015.4.20.]
1. 「장애인복지법 시행규칙」 별표 4에 따른 장애인 단기거주시설
2. 「노인복지법」에 따른 노인복지주택

2) 보장시설 장의 의무

① 보장시설의 장은 보장기관으로부터 수급자에 대한 급여를 위탁받은 경우에는 정당한 사유 없이 이를 거부하여서는 아니 된다(보장시설 장의 수탁의무).

② 보장시설의 장은 위탁받은 수급자에게 보건복지부장관 및 소관 중앙행정기관의 장이 정하는 최저기준 이상의 급여를 실시하여야 한다.

③ 보장시설의 장은 위탁받은 수급자에게 급여를 실시할 때 성별·신앙 또는 사회적 신분 등을 이유로 차별대우를 하여서는 아니 된다.

④ 보장시설의 장은 위탁받은 수급자에게 급여를 실시할 때 수급자의 자유로운 생

활을 보장하여야 한다.

⑤ 보장시설의 장은 위탁받은 수급자에게 종교상의 행위를 강제하여서는 아니 된다.

11. 수급자의 권리와 의무

1) 급여 변경의 금지

수급자에 대한 급여는 정당한 사유 없이 수급자에게 불리하게 변경할 수 없다.

2) 압류·양도의 금지

① 수급자에게 지급된 수급품과 이를 받을 권리는 압류할 수 없다.

② 지정된 급여수급계좌의 예금에 관한 채권은 압류할 수 없다.

③ 수급자는 급여를 받을 권리를 타인에게 양도할 수 없다.

3) 신고의 의무

수급자는 거주지역, 세대의 구성 또는 임대차 계약내용이 변동되거나 제22조 1항(신청에 의한 조사) 각 호의 사항이 현저하게 변동되었을 때에는 지체 없이 관할 보장기관에 신고하여야 한다.

12. 권리구제(이의신청과 재결) - 2회 이의신청: 시·도지사와 보건복지부장관

1) 시·도지사에 대한 이의신청과 처분

① 수급자나 급여 또는 급여 변경을 신청한 사람은 시장·군수·구청장(교육급여인 경우에는 시·도교육감을 말함)의 처분에 대하여 이의가 있는 경우에는 그 결정의 통지를 받은 날부터 90일 이내에 해당 보장기관을 거쳐 시·도지사(특별자치시장·특별자치도지사 및 시·도교육감의 처분에 이의가 있는 경우에는 해당 특별자치시장·특별자치도지사 및 시·도교육감을 말함)에게 서면 또는 구두로 이의를 신청할 수 있다. 이 경우 구두로 이의신청을 접수한 보장기관의 공무원은 이의신청서를 작성할 수 있도록 협조하여야 한다.

☆ 국기법상 이의신청은 서면으로 하여야 하며, 구두에 의한 것은 허용되지 않는다(×).

가령 수급자가 시장·군수·구청장의 처분에 대하여 이의신청을 하는 경우에는 해당 보장기관을 거쳐 시·도지사에게 하여야 한다.

※ **구두가 가능한 이유**: 수급자가 시각장애인이거나 문맹일 경우 구두로 말하면 공무원이 이의신청서를 작성하는 데 협조가 가능하기 때문이다.

[주의] 권리구제의 조치로 옳은 것은? → 국민기초생활 보장법은 이의신청을 구두로 할 수 있다.

② 이의신청을 받은 시장 · 군수 · 구청장은 10일 이내에 의견서와 관계 서류를 첨부하여 시 · 도지사에게 보내야 한다.

③ 시 · 도지사가 시장 · 군수 · 구청장으로부터 이의신청서를 받았을 때(특별자치시장 · 특별자치도지사 및 시 · 도 교육감의 경우에는 직접 이의신청을 받았을 때를 말함)에는 30일 이내에 필요한 심사를 하고 이의신청을 각하 또는 기각하거나 해당 처분을 변경 또는 취소하거나 그밖에 필요한 급여를 명하여야 한다(제39조 시 · 도지사의 처분 등).

④ 시 · 도지사는 처분 등을 하였을 때에는 지체 없이 신청인과 해당 시장 · 군수 · 구청장에게 각각 서면으로 통지하여야 한다.

2) 보건복지부장관에 대한 이의신청과 재결

① 처분 등에 대하여 이의가 있는 사람은 그 처분 등의 통지를 받은 날부터 90일 이내에 시 · 도지사를 거쳐 보건복지부장관(주거급여 또는 교육급여인 경우에는 소관 중앙행정기관의 장을 말하며, 보건복지부장관에게 한 이의신청은 소관 중앙행정기관의 장에게 한 것으로 본다)에게 서면 또는 구두로 이의를 신청할 수 있다. 이 경우 구두로 이의신청을 접수한 보장기관의 공무원은 이의신청서를 작성할 수 있도록 협조하여야 한다.

② 시 · 도지사는 이의신청을 받으면 10일 이내에 의견서와 관계 서류를 첨부하여 보건복지부장관 또는 소관 중앙행정기관의 장(주거급여 또는 교육급여인 경우에 한정함)에게 보내야 한다.

③ 보건복지부장관 또는 소관 중앙행정기관의 장은 이의신청서를 받았을 때에는 30일 이내에 필요한 심사를 하고, 이의신청을 각하 또는 기각하거나 해당 처분의 변경 또는 취소의 결정을 하여야 한다(보건복지부장관의 재결).

④ 보건복지부장관 또는 소관 중앙행정기관의 장은 결정을 하였을 때에는 지체 없이 시 · 도지사 및 신청인에게 각각 서면으로 결정 내용을 통지하여야 한다. 이 경우 소관 중앙행정기관의 장이 결정 내용을 통지하는 때에는 그 사실을 보건복지부장관에게 알려야 한다(통지의무).

[문제] 다음 중 권리구제조치에 대한 설명으로 옳은 것은? ④
① 사회보장에 관한 처분은 행정소송의 대상이 아니다.
② 국민연금 급여는 이의 신청의 대상이 아니다.

③ 건강보험 급여에 대한 이의신청은 보건복지부장관에게 한다.
④ 국민기초생활 보장법은 이의신청을 구두로 할 수 있다.
⑤ 산재보험의 보험급여결정은 행정심판을 제기할 수 있다.

13. 보장비용

보장비용이란 ① 보장업무에 드는 인건비와 사무비, ② 생활보장위원회의 운영에 드는 비용, ③ 급여 실시 비용, ④ 그밖에 이 법에 따른 보장업무에 드는 비용 등의 비용을 말한다(제42조).

1) 보장비용의 부담구분

① 보장비용의 부담은 다음 각 호의 구분에 따른다.

1. 국가 또는 시·도가 직접 수행하는 보장업무에 드는 비용은 국가 또는 해당 시·도가 부담한다.
2. 보장시설에 대한 급여의 실시 비용은 국가 또는 해당 시·도가 부담한다.
3. 시·군·구가 수행하는 보장업무에 드는 비용 중 제42조 1호 및 2호의 비용은 해당 시·군·구가 부담한다.
4. 시·군·구가 수행하는 보장업무에 드는 비용 중 제42조 3호 및 4호의 비용(시·군·구 보장비용)은 시·군·구의 재정여건, 사회보장비 지출 등을 고려하여 국가, 시·도 및 시·군·구가 다음 각 목에 따라 차등하여 분담한다.

가. 국가는 시·군·구 보장비용의 총액 중 100분의 40 이상 100분의 90 이하를 부담한다.
나. 시·도는 시·군·구 보장비용의 총액에서 가목의 국가부담분을 뺀 금액 중 100분의 30 이상 100분의 70 이하를 부담하고, 시·군·구는 시·군·구 보장비용의 총액 중에서 국가와 시·도가 부담하는 금액을 뺀 금액을 부담한다. 다만, 특별자치시·특별자치도는 시·군·구 보장비용의 총액 중에서 국가가 부담하는 금액을 뺀 금액을 부담한다.

② 국가는 매년 이 법에 따른 보장비용 중 국가부담 예정 합계액을 각각 보조금으로 지급하고, 그 과부족(過不足) 금액은 정산하여 추가로 지급하거나 반납하게 한다.

③ 시·도는 매년 시·군·구에 대하여 국가의 보조금에, 시·도의 부담예정액을 합하여 보조금으로 지급하고 그 과부족 금액은 정산하여 추가로 지급하거나 반납하게 한다.

④ 지방자치단체의 조례에 따라 이 법에 따른 급여 범위 및 수준을 초과하여 급여를 실시하는 경우 그 초과 보장비용은 해당 지방자치단체가 부담한다.

2) 유류금품의 처분

장제급여를 실시하는 경우에 사망자에게 부양의무자가 없을 때에는 시장·군수·구청장은 사망자가 유류(遺留)한 금전 또는 유가증권으로 그 비용에 충당하고, 그 부족액은 유류물품의 매각대금으로 충당할 수 있다.

3) 비용의 징수

① 수급자에게 부양능력을 가진 부양의무자가 있음이 확인된 경우에는 보장비용을 지급한 보장기관은 생활보장위원회의 심의·의결을 거쳐 그 비용의 전부 또는 일부를 그 부양의무자로부터 부양의무의 범위에서 징수할 수 있다.

② 속임수나 그 밖의 부정한 방법으로 급여를 받거나 타인으로 하여금 급여를 받게 한 경우에는 보장비용을 지급한 보장기관은 그 비용의 전부 또는 일부에 대해 그 급여를 받은 사람 또는 급여를 받게 한 자(부정수급자)로부터 통지하여 징수할 수 있다.

3 의료급여법

[시행 2017. 9. 22.] [법률 제14697호, 2017. 3. 21., 일부개정] 보건복지부

의료급여법(2001년 제정, 2001년 시행)의 관장부서는 보건복지부(기초의료보장과)이며, 의료급여법은 공공부조법의 하나로서 국민기초생활보장 수급자와 일정 수준 이하, 기여금을 부담할 수 없는 저소득층을 대상으로 그들이 자력으로 의료문제를 해결할 수 없는 경우에 국가재정으로 의료혜택을 주는 저소득층 의료복지를 위한 중요한 법이다.

① 이 법은 헌법상 보장된 인간다운 생활을 할 권리와 국민이 건강권을 저소득층(최저생계비 이하의 선별적 대상)과 사회적 기여자 등 대상으로 구체화하는 공공부조법을 실시하는 성격을 가지고 있다. → 공공부조법의 성격

② 의료급여는 모든 국민을 대상으로 차별없이 제공되는 보편적인 프로그램이 아니라 자신의 소득이 최저보장수준 이하인 절대빈곤층이 대상이 되는 선별적 프로그램이다.

③ 의료급여는 건강보험과는 달리 필요한 재원을 국가의 일반 조세수입으로 충당한다(국가의 재원: 조세 수입). 따라서 소득 재분배 기능과 보충의 원리를 적용하는 공공의료부조제도이다. → 소득재분배 기능 수행: 사회적 공평성 기여

1. 목적 및 용어의 뜻

1) 목적

이 법은 생활이 어려운 사람에게 의료급여를 실시함으로써 국민보건의 향상과 사

회복지의 증진에 이바지함을 목적으로 한다(저소득층의 의료급여 실시 → 국민보건의 향상).

2) 용어의 뜻

1. 수급권자란 이 법에 따라 의료급여를 받을 수 있는 자격을 가진 사람
2. 의료급여기관이란 수급권자에 대한 진료·조제 또는 투약 등을 담당하는 의료기관 및 약국 등
3. 부양의무자란 수급권자를 부양할 책임이 있는 사람으로 수급권자의 1촌 직계혈족 및 그 배우자

2. 수급권자

1) 수급권자의 범위(적용대상)

① 이 법에 의한 수급권자는 다음 각 호와 같다.

의료급여의 대상자

1. 「국민기초생활 보장법」에 따른 의료급여 수급자 → 국기법상 조건부수급자도 의료급여 수급자가 될 수 있다.
   ☆ 국민기초생활 보장법」에 따른 수급자는 의료급여 수급자이다.
2. 「재해구호법」에 따른 이재민으로서 보건복지부장관이 의료급여가 필요하다고 인정한 사람
3. 「의사상자 등 예우 및 지원에 관한 법률」에 따라 의료급여를 받는 사람
4. 「입양특례법」에 따라 국내에 입양된 18세 미만의 아동
5. 「독립유공자예우에 관한 법률」, 「국가유공자 등 예우 및 지원에 관한 법률」 및 「보훈보상대상자 지원에 관한 법률」의 적용을 받고 있는 사람과 그 가족으로서 국가보훈처장이 의료급여가 필요하다고 추천한 사람 중에서 보건복지부장관이 의료급여가 필요하다고 인정한 사람
6. 「무형문화재 보전 및 진흥에 관한 법률」에 따라 지정된 국가무형문화재의 보유자(명예보유자 포함)와 그 가족으로서 문화재청장이 의료급여가 필요하다고 추천한 사람 중에서 보건복지부장관이 의료급여가 필요하다고 인정한 사람
7. 「북한이탈주민의 보호 및 정착지원에 관한 법률」의 적용을 받고 있는 사람과 그 가족으로서 보건복지부장관이 의료급여가 필요하다고 인정한 사람 → 북한이탈주민도 의료급여 수급 가능
8. 「5·18민주화운동 관련자 보상 등에 관한 법률」에 따라 보상금 등을 받은 사람과 그 가족으로서 보건복지부장관이 의료급여가 필요하다고 인정한 사람
9. 「노숙인 등의 복지 및 자립지원에 관한 법률」에 따른 노숙인 등으로서 보건복지부장관이 의료급여가 필요하다고 인정한 사람
10. 그밖에 생활유지의 능력이 없거나 생활이 어려운 자로서 대통령령[1. 일정한 거소가 없는 사람으로서 경찰관서에서 무연고자로 확인된 사람, 2. 그밖에 보건복지부령으로 정하는 사람]이 정하는 자(주의: 이주노동자는 의료급여의 대상자에 해당하지 아니한다)

② 수급권자에 대한 의료급여의 내용과 기준은 대통령령으로 정하는 바에 따라 구분하여 달리 정할 수 있다. → 의료급여법의 규정에 의한 수급권자에 대하여는 대통령령이 정하는 바에 따라 이를 구분하여 의료급여의 내용 및 기준을 달리 정할 수 있다.

2) 수급권자의 구분 – 1종·2종 수급권자의 구분

수급권자를 구분하여 급여의 내용과 기준을 달리 정할 수 있다. 수급권자는 1종 수급권자와 2종 수급권자로 구분한다(제3조).

※ 1종 수급권자와 2종 수급권자 구분(시행령 제3조)
1. 1종 수급권자: 급여비용의 전부를 부담(무료 수급권자)
① 「국민기초생활 보장법」에 의한 수급자중 다음 각 목의 어느 하나에 해당하는 자
가. 다음 각 항목의 어느 하나에 해당하는 자 또는 근로능력이 없거나 근로가 곤란하다고 인정하여 보건복지부장관이 정하는 자만으로 구성된 세대의 구성원

(1) 18세 미만인 자 (2) 65세 이상인 자 (3) 「장애인고용촉진 및 직업재활법」에 해당하는 중증장애인 (4) 「국민기초생활 보장법 시행령」 제7조 1항 2호(질병, 부상 또는 그 후유증으로 치료나 요양이 필요한 사람 중에서 근로능력평가를 통하여 특별자치도지사·시장·군수·구청장이 근로능력이 없다고 판정한 사람)에 해당하는 자 (5) 임신 중에 있거나 분만 후 6개월 미만의 여자 (6) 「병역법」에 의한 병역의무를 이행 중인 자

나. 장애인 생활시설 등에 의한 보장시설에서 급여를 받고 있는 자
다. 국민기초생활 보장법 제5조 2항(수급권자에 해당하지 아니하여도 생활이 어려운 사람으로서 일정 기간 동안 이 법에서 정하는 급여의 전부 또는 일부가 필요하다고 보건복지부장관이 정하는 사람은 수급권자로 본다)의 규정에 해당하는 자로서 보건복지부장관이 인정하는 자
라. 보건복지부장관이 정하여 고시하는 희귀난치성질환 또는 중증질환을 가진 사람
② 법 제3조 1항 2호부터 9호까지의 규정에 해당하는 자
③ 일정한 거소가 없는 사람으로서 경찰관서에서 무연고자로 확인된 사람)에 해당하는 수급권자
④ 보건복지부장관이 1종 의료급여가 필요하다고 인정하는 자

2. 2종 수급권자: 경우에 따라 부담액 또는 부담률 정해서 부담(일부 유료 수급권자)
① 「국민기초생활 보장법」에 의한 수급자에 해당하는 자 중 [18세 미만인 자, 65세 이상인 자, 중증장애인, 질병·부상 또는 그 후유증으로 치료나 요양이 필요한 자 중에서 근로능력평가를 통하여 시장·군수·구청장이 근로능력이 없다고 판정한 자에 해당하는 자, 임신 중에 있거나 분만 후 6개월 미만의 여자, 병역의무를 이행중인 자] 또는 근로능력이 없거나 근로가 곤란하다고 인정하여 보건복지부장관이 정하는 자만으로 구성된 세대의 구성원 - 1종 수급권자] 등에 해당하지 아니하는 자
② 보건복지부장관이 2종 의료급여가 필요하다고 인정하는 자

[주의] 차상위계층 중 18세 미만의 아동 또는 65세 이상인 자는 의료급여 2종 수급권자에 해당한다. 다만, 모든 차상위계층이 의료급여 수급권자가 되는 것은 아니다.

※ 국민기초생활 보장법상 조건부수급자는 의료급여 수급자가 될 수 있다.
조건부수급자는 자활근로, 자활공동체, 자활인턴 등 자활사업에 참가할 것을 조건으로 급여를 지급받는 수급자를 말한다. 이와 같은 조건부수급자를 포함하여 일반수급자가 자활사업을 비롯한 취업성공패키지의 디딤돌 일자리에 참가하여 발생한 소득으로 인해 소득인정액이 최저생계비를 초과한 경우 자활급여 특례 적용대상자가 된다. 이러한 자활급여 특례 적용대상자가 자활급여 특례자로 지정되는 경우 생계·주거급여의 지급이 중지되나, 나머지 급여는 해당 수급자 가구에 계속해서 지급된다.

⊞ **수급권자에 대한 의료급여의 개시일(시행령 제6조)**: 수급권자에 대한 의료급여는 국민기초생활 보장법에 따른 수급자가 되거나 수급권자로 선정된 날부터 개시한다.

3) 난민에 대한 특례

난민법에 따른 난민인정자로서 국민기초생활 보장법에 따른 의료급여 수급권자의 범위에 해당하는 사람은 수급권자로 본다.

4) 수급권자의 인정 절차

수급권자가 되려는 사람은 보건복지부령으로 정하는 바에 따라 특별자치시장·특별자치도지사·시장(특별자치도의 행정시장은 제외)·군수·구청장(자치구의 구청장, 이하 "시

장·군수·구청장"이라 함)에게 수급권자 인정 신청을 하여야 한다. → 의료급여는 시·군·구에서 자격관리를 하고, 이를 부분적으로 국민건강보험공단에 위탁하고 있다. ☆ 관할 시장·군수·구청장은 수급권자가 되려는 자의 인정 신청이 없더라도 직권으로 수급권자를 정할 수 없다.

5) 적용 배제: 다른 법령과의 관계

① 수급권자가 업무 또는 공무로 생긴 질병·부상·재해로 다른 법령에 따른 급여나 보상(報償) 또는 보상(補償)을 받게 되는 경우에는 이 법에 따른 의료급여를 하지 아니한다.

② 수급권자가 다른 법령에 따라 국가나 지방자치단체 등으로부터 의료급여에 상당하는 급여 또는 비용을 받게 되는 경우에는 그 한도에서 이 법에 따른 의료급여를 하지 아니한다(타급여 우선적용의 원칙).

3. 보장기관과 의료급여심의위원회

1) 보장기관

① 의료급여에 관한 업무는 수급권자의 거주지를 관할하는 특별시장·광역시장·도지사·특별자치도지사와 시장·군수·구청장(자치구의 구청장=행정청)이 한다.

② 주거가 일정하지 아니한 수급권자에 대한 의료급여 업무는 그가 실제 거주하는 지역을 관할하는 시장·군수·구청장이 한다.

③ 특별시장·광역시장·도지사 및 시장·군수·구청장은 수급권자의 건강 유지 및 증진을 위하여 필요한 사업을 실시하여야 한다.

2) 의료급여심의위원회

① 이 법에 따른 의료급여사업의 실시에 관한 사항을 심의하기 위하여 보건복지부, 시·도 및 시·군·구에 각각 의료급여심의위원회를 둔다(위원장을 포함하여 15인 이내의 위원으로 구성). 다만, 시·도 및 시·군·구에 두는 의료급여심의위원회의 경우에는 그 기능을 담당하기에 적합한 다른 위원회가 있고, 그 위원회의 위원이 법적 자격을 갖춘 경우 시·도 또는 시·군·구의 조례로 각각 정하는 바에 따라 그 위원회로 하여금 의료급여심의위원회의 기능을 수행하게 할 수 있다.

② 보건복지부에 두는 의료급여심의위원회(중앙의료급여심의위원회)는 다음 각 호의 사항을 심의한다.

1. 의료급여사업의 기본방향 및 대책 수립에 관한 사항	2. 의료급여의 기준 및 수가에 관한 사항
3. 그밖에 보건복지부장관 또는 위원장이 부의하는 사항	

4. 의료급여의 내용

① 수급권자의 질병·부상·출산 등에 대한 의료급여의 내용은 다음 각 호와 같다.

1. 진찰·검사	2. 약제(藥劑)·치료재료의 지급	3. 처치·수술과 그 밖의 치료	4. 예방·재활
5. 입원	6. 간호	7. 이송과 그 밖의 의료목적 달성을 위한 조치	

② 의료급여의 방법·절차·범위·한도 등 의료급여의 기준에 관하여는 보건복지부령으로 정한다.

※ **의료급여증(제8조)**: 시장·군수·구청장은 수급권자에게 의료급여증을 발급하여야 한다. 다만, 부득이한 사유가 있는 경우에는 의료급여증을 갈음하여 의료급여증명서를 발급하거나 보건복지부령으로 정하는 바에 따라 의료급여증을 발급하지 아니할 수 있다. 수급권자가 의료급여를 받을 때에는 의료급여증 또는 의료급여증명서를 의료급여기관에 제출하여야 한다. 다만, 천재지변이나 그 밖의 부득이한 사유가 있으면 그러하지 아니한다.

[문제] 의료급여법상 의료급여의 내용을 모두 고른 것은? ⑤

가. 간호	나. 이송	다. 진찰·처치	라. 예방 및 재활

① 가, 나, 다　② 가, 다　③ 나, 라　④ 라　⑤ 가, 나, 다, 라

5. 의료급여 실시기관

① 의료급여는 다음의 각 호의 의료급여기관에서 실시한다.

1. 「의료법」에 따라 개설된 의료기관
2. 「지역보건법」에 따라 설치된 보건소·보건의료원 및 보건지소
3. 「농어촌 등 보건의료를 위한 특별조치법」에 따라 설치된 보건진료소
4. 「약사법」에 따라 개설 등록된 약국 및 설립된 한국희귀의약품센터

② 보건복지부장관은 공익상 또는 국가시책상 의료급여기관으로 적합하지 아니하다고 인정할 때에는 대통령령으로 정하는 바에 따라 의료급여기관에서 제외할 수 있다.

③ 의료급여기관의 구분은 제1차, 제2차, 제3차 의료급여기관으로 구분된다. 이에 따라 의료급여기관별 진료범위가 규정되어 있다.

1) 제1차 의료급여기관

① 「의료법」에 따라 시장·군수·구청장에게 개설신고를 한 의료기관(의원·치과의원·한의원 또는 조산원)
② 「지역보건법」에 따라 설치된 보건소·보건의료원 및 보건지소
③ 「농어촌 등 보건의료를 위한 특별조치법」에 따라 설치된 보건진료소
④ 「약사법」에 따라 개설등록된 약국 및 설립된 한국희귀의약품센터

☆ 지역보건법에 따라 설치된 보건지소와 보건소는 제1차 의료급여기관이다.

2) 제2차 의료급여기관

의료법에 따라 시·도지사가 개설허가를 한 의료기관(종합병원·병원·치과병원·한방병원 또는 요양병원)이다.

3) 제3차 의료급여기관

제2차 의료급여기관 중에서 보건복지부장관이 지정하는 의료기관이다.

6. 급여비용의 부담 - 의료급여의 비용: 본인과 의료급여기금에서 부담

1) 급여비용의 본인부담

급여비용은 대통령령으로 정하는 바에 따라 그 전부 또는 일부를 의료급여기금에서 부담한다. 의료급여기금에서 급여비용의 일부를 부담하는 경우 그 나머지 비용은 본인이 부담한다. 의료급여기관은 의료급여를 하기 전에 수급권자에게 본인부담금을 청구할 수 없다. ☆ 급여비용의 일부를 본인에게 부담하게 할 수 있다.

※ 의료급여기관은 의료급여를 하기 전에 수급권자에게 본인부담금을 청구하는 것은 아니다.

2) 서류의 보존

① 의료급여기관은 의료급여가 끝난 날부터 5년간 급여비용의 청구에 관한 서류를 보존하여야 한다(서류의 보존의무 - 급여비용의 청구에 관한 서류 5년).

② 약국 등의 의료급여기관은 처방전을 급여비용을 청구한 날부터 3년간 보존하여야 한다(서류의 보존의무 - 처방전). ☆ 약사법에 따라 등록된 약국은 처방전을 급여비용을 청구한 날부터 3년간 보존하여야 한다.

3) 요양비

시장·군수·구청장은 수급권자가 보건복지부령으로 정하는 긴급하거나 그 밖의 부득이한 사유로 의료급여기관과 같은 기능을 수행하는 기관으로서 보건복지부령으로 정하는 기관(업무정지기간 중인 의료급여기관을 포함)에서 질병·부상·출산 등에 대하여 의료급여를 받거나 의료급여기관이 아닌 장소에서 출산을 하였을 때에는 그 의료급여에 상당하는 금액을 수급권자에게 요양비로 지급한다.

> ※ 장애인 및 임산부에 대한 특례(제13조) – 보장구급여 실시
> ① 시장·군수·구청장은 「장애인복지법」에 따라 등록한 장애인인 수급권자에게 보장구(補裝具)에 대하여 급여를 실시할 수 있다.
> ② 시장·군수·구청장은 임신한 수급권자가 임신 기간 중 의료 급여기관에서 받는 진료에 드는 비용(출산비용 포함)에 대하여 추가급여를 실시할 수 있다.

4) 건강검진

시장 · 군수 · 구청장은 이 법에 따른 수급권자에 대하여 질병의 조기발견과 그에 따른 의료급여를 하기 위하여 건강검진을 할 수 있다(건강검진도 의료급여에 해당함).

7. 급여의 제한 및 변경

1) 급여의 제한

시장 · 군수 · 구청장은 수급권자가 다음의 어느 하나에 해당하면 이 법에 따른 의료급여를 하지 아니한다. 다만, 보건복지부장관이 의료급여를 할 필요가 있다고 인정하는 경우에는 그러하지 아니하다.

> ※ 의료급여의 제한 사유
> 1. 수급권자가 자신의 고의 또는 중대한 과실로 인한 범죄 행위에 그 원인이 있거나 고의로 사고를 일으켜 의료급여가 필요하게 된 경우
> 2. 수급권자가 정당한 이유 없이 이 법의 규정이나 의료급여기관의 진료에 관한 지시에 따르지 아니한 경우

2) 급여의 변경

① 시장 · 군수 · 구청장은 수급권자의 소득, 재산상황, 근로능력 등이 변동되었을 때에는 직권으로 또는 수급권자나 그 친족, 그 밖의 관계인의 신청을 받아 의료급여의 내용 등을 변경할 수 있다.

② 시장 · 군수 · 구청장은 의료급여의 내용 등을 변경하였을 때에는 서면으로 그 이유를 밝혀 수급권자에게 알려야 한다.

3) 의료급여의 중지

① 시장 · 군수 · 구청장은 수급권자가 다음 각 호의 어느 하나에 해당하면 의료급여를 중지하여야 한다.

1. 수급권자에 대한 의료급여가 필요 없게 된 경우	2. 수급권자가 의료급여를 거부한 경우

☆ 시장, 군수, 구청장은 [수급권자에 대한 의료급여가 필요 없게 된 경우]에는 의료급여를 중지하여야 한다.

② 시장·군수·구청장은 수급권자가 의료급여를 거부한 경우에 수급권자가 속한 가구원 전부에 대하여 의료급여를 중지한다.

8. 의료급여기금

1) 의료급여기금설치 및 조성 – 시·도에 설치

① 의료급여법에 의한 급여비용의 재원에 충당하기 위하여 시·도에 의료급여기금을 설치한다(보건복지부 ×).

② 기금은 다음 각 호의 재원으로 조성한다.

1. 국고보조금	2. 지방자치단체의 출연금	3. 상환받은 대지급금
4. 징수한 부당이득금	5. 징수한 과징금	6. 기금의 결산상 잉여금 및 그 밖의 수입금
☆ 수급자의 본인부담금과 기업의 출연금은 기금에 포함되지 않는다.		

③ 국가와 지자체는 기금운영에 필요한 충분한 예산을 확보하여야 한다.

2) 기금의 관리 및 운용

① 기금은 일반회계와 구분하여 별도의 계정을 설정하여 관리하여야 한다.

② 기금의 관리·운용에 관하여 필요한 사항은 보건복지부령으로 정하는 바에 따라 해당 지방자치단체의 조례로 정한다(조례를 필수적으로 제정해야 하는 사항).

9. 수급권자의 권리구제 및 구상권

1) 수급권자의 권리구제

(1) 이의신청

① 수급권자의 자격, 의료급여 및 급여비용에 대한 시장·군수·구청장의 처분에 이의가 있는 자는 시장·군수·구청장에게 이의신청을 할 수 있다.

② 급여비용의 심사·조정, 의료급여의 적정성 평가 및 급여 대상 여부의 확인에 관한 급여비용심사기관의 처분에 이의가 있는 보장기관, 의료급여기관 또는 수급권자는 급여비용심사기관에 이의신청을 할 수 있다.

③ 이의신청은 처분이 있음을 안 날부터 90일 이내에 문서(전자문서 포함)로 하여야 하며, 처분이 있은 날부터 180일이 지나면 제기하지 못한다. 다만, 정당한 사유에 따라 그 기간에 이의신청을 할 수 없었음을 소명한 경우에는 그러하지 아니하다.

④ 의료급여기관이 급여비용심사기관의 확인에 대하여 이의신청을 하려면 통보받은 날부터 30일 이내에 하여야 한다.

(2) 심판청구

① 급여비용심사기관의 이의신청에 대한 결정에 불복이 있는 자는 국민건강보험법에 따른 건강보험분쟁조정위원회에 심판청구를 할 수 있다. 이 경우 심판청구의 제기기간 및 제기방법에 관하여는 제30조 3항을 준용한다.

② 심판청구를 하려는 자는 대통령령으로 정하는 심판청구서를 처분을 행한 급여비용심사기관에 제출하거나 건강보험분쟁조정위원회에 제출하여야 한다.

2) 소멸시효

다음 각 호의 권리는 3년간 행사하지 아니하면 소멸시효가 완성된다.

1. 의료급여를 받을 권리	2. 급여비용을 받을 권리	3. 대지급금을 상환받을 권리

4 기초연금법

[시행 2018.9.21.] [법률 제15522호, 2018.3.20., 타법개정] 보건복지부

기초연금법(2007년 제정, 2008년 시행)의 관장부서는 보건복지부(기초연금사업지원단)이다. 2014년 7월부터 기초노령연금법제가 폐지되고 기초연금법제가 새로 시행되고 있다. 기초연금법은 노인세대를 위한 안정적인 공적연금제도를 마련하여 65세 이상의 노인 중 소득기반이 취약한 노인의 70%를 대상[99]으로 하여, 생활이 어려운 노인에게 기초연금을 지급함으로써 노인 빈곤 문제를 해소하고 노인의 생활안정과 복지 증진에 이바지하려는 것이다(기초연금: 2008년부터 지급).

이 법의 명칭은 연금이지만 그 내용과 성격 측면에서 보면 사회보험이 아닌 공공부

99) 국가의 발전과 자녀들 양육에 헌신하느라 자신의 노후를 대비할 겨를이 없었던 노인은 실제로 소득이나 재산이 전혀 없이 생활하시는 등 경제사정이 어려운 노인들이 많고, 노인을 부양하는 자녀의 경제적 부담도 큰 편이다.

조에 해당한다.

1. 목적

이 법은 노인에게 기초연금을 지급하여 안정적인 소득기반을 제공함으로써 노인의 생활안정을 지원하고 복지를 증진함을 목적으로 한다(제정이유).

2. 용어의 뜻

1. "기초연금 수급권(受給權)"이란 이 법에 따른 기초연금을 받을 권리를 말한다.
2. "기초연금 수급권자"란 기초연금 수급권을 가진 사람을 말한다.
3. "기초연금 수급자"란 이 법에 따라 기초연금을 지급받고 있는 사람을 말한다.
4. "소득인정액"이란 본인 및 배우자의 소득평가액과 재산의 소득환산액을 합산한 금액을 말한다. 이 경우 소득평가액과 재산의 소득환산액을 산정하는 소득 및 재산의 범위는 대통령령으로 정하고, 소득평가액과 재산의 소득환산액의 구체적인 산정방법은 보건복지부령으로 정한다(부양의무자의 소득, 재산 제외).
   [소득인정액 = 본인 및 배우자의 소득평가액 + 재산의 소득환산액]

3. 국가와 지방자치단체의 책무

① 국가와 지방자치단체는 기초연금이 목적에 따라 노인의 생활안정을 지원하고 복지를 증진하는 데 필요한 수준이 되도록 최대한 노력하여야 한다.

② 국가와 지방자치단체는 필요한 비용을 부담할 수 있도록 재원(財源)을 조성하여야 한다. 이 경우 국민연금법에 따라 설치된 국민연금기금은 기초연금 지급을 위한 재원으로 사용할 수 없다.

③ 국가와 지방자치단체는 기초연금의 지급에 따라 계층 간 소득역전 현상이 발생하지 아니하고, 근로의욕 및 저축유인이 저하되지 아니하도록 최대한 노력해야 한다.

4. 기초연금 지급대상자

1) 연금 지급대상자의 선정기준

① 연금지급대상은 만 65세 이상으로 소득인정액이 선정기준액 이하인 노인이다. 기초연금을 받을 수 있는 수급권자를 만 65세 이상인 사람으로서 보건복지부장관이 소득과 재산을 환산한 소득인정액을 정하여 고시하는 금액(본인 및 배우자의 소득인정액에 한함) 이하인 사람이다(연금 지급대상).

② 기초연금은 통상 만 65세 이상 전체 노인 중 소득과 재산이 100분의 70(70%) 수

준보다 적은 노인에게 지급한다(2015년도 선정기준액 고시).[100] ☆ 기초연금을 받는 사람이 전체 65세 이상인 사람 중 100분의 70 수준이 되도록 한다.

※2018년도 기준의 선정기준액

단독가구	부부가구
1,310,000원	2,096,000원

자녀의 소득이나 재산 유무에 관계없이 노인 단독 또는 부부의 소득인정액이 선정기준액 이하이면 누구나 받을 수 있다.

③ 선정기준액의 기준, 고시 시기 및 적용기간 등은 대통령령으로 정한다.

⊞ **연금 지급대상자 선정기준액의 기준(시행령 제4조)**
보건복지부장관이 정하여 고시하는 금액(선정기준액)은 65세 이상인 사람 및 그 배우자(노인가구)의 소득·재산 수준과 생활실태, 물가상승률 등을 고려하여 산정한다.

2) 기초연금 수급권자의 범위

① 기초연금은 만 65세 이상인 사람으로서 소득인정액이 보건복지부장관이 정하여 고시하는 금액(선정기준액) 이하인 사람에게 지급한다. 기초연금 지급대상은 만 65세 이상이고 대한민국 국적을 가지고 국내 거주(주민등록법에 따른 주민등록자)하는 노인 중 가구의 소득인정액이 선정기준액 이하인 사람에게 지급한다. 따라서 65세 이상인 모든 노인에게 기초연금을 지급하는 것은 아니다. ☆ 부부 중 한 사람만 신청하는 경우도 부부가구에 해당한다(본인 및 배우자의 소득인정액에 합산함).

② 보건복지부장관은 선정기준액을 정하는 경우 65세 이상인 사람 중 기초연금 수급자가 100분의 70 수준(70%)이 되도록 한다.

③ 소득인정액은 본인 및 배우자의 소득평가액과 재산의 소득환산액을 합산한 금액을 말한다(본인 및 배우자의 소득인정액에 한함).

3) 기초연금 지급 제외자

① 기초연금의 수급권자와 그 배우자나 다음 각 호의 어느 하나에 해당하는 연금을 받은 사람 중 대통령령으로 정하는 사람과 그 배우자에게는 기초연금을 지급하지 아니한다.

---

100) 만 65세 이상 전체 노인 중 소득과 재산이 적은 70%를 선정하기 위한 '2016년 기준으로 선정기준액(월 소득인정액)'은 혼자 사는 어르신은 119만 원 이하, 배우자가 있는 경우 190만 4천원 이하이다.

※ 기초연금 지급 제외자
1. 「공무원연금법」 및 「사립학교교직원 연금법」에 따른 퇴직연금, 퇴직연금일시금, 퇴직연금공제일시금, 장해연금, 장해보상금, 유족연금, 유족연금일시금, 순직유족연금 또는 유족일시금
2. 「군인연금법」에 따른 퇴역연금, 퇴역연금일시금, 퇴역연금공제일시금, 상이연금, 유족연금 또는 유족연금일시금
3. 「별정우체국법」에 따른 퇴직연금, 퇴직연금일시금, 퇴직연금공제일시금, 유족연금 또는 유족연금일시금
4. 「국민연금과 직역연금의 연계에 관한 법률」에 따른 직역재직기간이 10년 이상인 경우의 연계퇴직연금 또는 연계퇴직유족연금

② 공무원연금, 군인연금, 사립학교교직원연금, 별정우체국 직원 연금 등 개별 법률에 따른 직역연금 등을 받고 있는 사람 등에 대해서는 기초연금의 수급권자에서 제외한다.[101)]

5. 기초연금액

1) 기초연금액의 산정

① 기초연금 수급권자에 대한 기초연금의 금액(기초연금액)은 기준연금액과 국민연금 급여액 등을 고려하여 산정한다.

② 기준연금액은 보건복지부장관이 그 전년도의 기준연금액에 대통령령으로 정하는 바에 따라 전국소비자물가변동률(통계법에 따라 통계청장이 매년 고시하는 전국소비자물가변동률을 말함)을 반영하여 매년 고시한다. 이 경우 그 고시한 기준연금액의 적용기간에 관하여는 국민연금법[102)] 제51조 3항을 준용한다.

③ 제2항 전단에도 불구하고 2018년의 기준연금액은 25만 원으로 한다.

④ 기초연금 수급권자 중 다음 각 호의 국민연금 수급권자에게 지급하는 기초연금액은 제4항에 따라 산정한 금액으로 한다.

1. 「국민연금법」에 따른 노령연금 수급권자 또는 분할연금 수급권자
2. 「북한이탈주민의 보호 및 정착지원에 관한 법률」에 따른 국민연금 수급권자

⑤ 국민연금 수급권자에게 지급하는 기초연금액은 제1호의 금액에서 제2호의 금액을 뺀 금액(그 뺀 후의 금액이 0보다 작은 경우에는 0으로 함)에 제3호의 금액을 더한 금액으로 한다.

1. 기준연금액
2. 국민연금 수급권자가 받을 수 있는 연금의 금액 중 「국민연금법」 제51조 1항 1호의 금액을 기초로 산정한 금액(「국민연금법」에 따라 매년 조정한 금액을 말하며, 이하 소득재분배급여금액이라 함)에 3분의 2를 곱한 금액. 다만, 「국민연금법」에 따라 국민연금 수급권자의 연금의 금액을 연기 또는 조기 지급하거나 가산 또는 감

101) 소득인정액이 기초연금 수급권자 선정 대상에 해당하고 이 법 시행일 현재 65세 이상인 사람에 대하여는 보건복지부장관이 고시하는 기준연금액의 50%를 지급할 수 있도록 한다.
102) 2017년도 기준연금액(기초연금 지급대상자 선정기준액, 기준연금액 및 소득인정액 산정 세부기준에 관한 고시 제3조): 법 제5조 및 법 부칙 제7조에 의한 2017년 기준연금액은 20만 6천원으로 한다.

액하여 지급하는 경우 등의 소득재분배급여금액 산정 기초가 되는 연금의 금액 기준은 대통령령으로 정한다.
3. 부가연금액: 기준연금액의 2분의 1에 해당하는 금액

⑥ 기초연금 수급권자 중 국민연금과 직역연금의 연계에 관한 법률에 따른 연계노령연금 수급권자에게는 제1호의 금액에서 제2호의 금액을 뺀 금액(그 뺀 후의 금액이 0보다 작은 경우에는 0으로 함)에 제3호의 금액을 더한 금액을 지급한다.

1. 기준연금액
2. 가목과 나목의 금액을 합한 금액에 3분의 2를 곱한 금액

가. 소득재분배급여금액
나. 국민연금과 직역연금의 연계에 관한 법률에 따른 연계퇴직연금액에 2분의 1을 곱한 금액

3. 부가연금액: 기준연금액의 2분의 1에 해당하는 금액

⑦ 기초연금 수급권자 중 다음 각 호의 어느 하나에 해당하는 사람에게 지급하는 기초연금액은 기준연금액 25만 원으로 한다.

1. 제4항 각 호 또는 제6항에 해당하지 아니하는 사람
2. 제4항 각 호 또는 제6항에 해당하는 사람으로서 다음 각 목의 어느 하나에 해당하는 사람

가. 「국민연금법」에 따라 국민연금 지급이 정지된 노령연금 수급권자 및 분할연금 수급권자
나. 「장애인연금법」에 따른 수급권자
다. 「국민기초생활 보장법」에 따른 수급권자로서 대통령령으로 정하는 사람
라. 그밖에 대통령령으로 정하는 사람

2) 기초연금액의 한도

산정한 기초연금액이 기준연금액을 초과하는 경우 기준연금액을 기초연금액으로 본다.

3) 기초연금액의 감액

산정된 기초연금액은 가구 유형, 소득인정액 수준에 따라 감액될 수 있다.

① 본인과 그 배우자가 모두 기초연금 수급권자인 경우에는 각각의 기초연금액에서 기초연금액의 100분의 20에 해당하는 금액을 감액하여 지급한다(부부감액). 즉, 부부가 모두 기초연금을 받는 경우에는 각각에 대해 산정된 기초연금액의 20%를 감액한다. 가령 부부 감액 단독가구와 부부가구 간의 생활비 차이를 감안하여, 부부가 모두 기초연금을 받는 경우에는 각각에 대하여 산정된 기초연금액의 20%를 감액한다.

☆ 연금급여액은 수급자의 소득인정액에 따라 다르게 지급할 수 있다.

② 소득인정액과 제5조부터 제7조까지에 따른 기초연금액(제1항이 적용되는 경우에는

그 감액분이 반영된 금액을 말함)을 합산한 금액이 선정기준액 이상인 경우에는 선정기준액을 초과하는 금액의 범위에서 기초연금액의 일부를 감액할 수 있다.

6. 기초연금의 신청 및 지급 결정

1) 기초연금의 신청

① 기초연금을 지급받고자 하는 자(연금수급희망자) 또는 그 친족, 그 밖의 관계인은 보건복지부장관 또는 지방자치단체의 장에게 급여를 신청할 수 있다. 이 경우 보건복지부장관 또는 지방자치단체의 장은 조사 결과에 따라 지체 없이 연금의 지급 여부를 결정하여야 한다. 기초연금 수급희망자의 연금지급 신청은 그 친족 등이 대신할 수 있다. ☆ 기초연금은 보험료를 갹출하지 않는다(무기여).

② 연금수급희망자와 그 배우자는 신청을 할 때 금융정보, 신용정보, 보험정보 등의 자료 또는 정보 제공에 대하여 동의한다는 서면을 제출하여야 한다.

TIP 기초연금 신청 절차

① 기초연금을 신청하고자 하는 만 65세 이상 노인은 신분증과 통장사본(지급계좌), 전·월세 계약서를 지참하고, 주소지 읍·면사무소, 동주민센터 및 가까운 국민연금공단 지사에 신청하면 된다.
② 만 65세 생신이 속한 달의 1개월 전부터 신청이 가능하고 연금은 만 65세 생신이 속한 달부터 지급한다. 만 65세 생신이 지난 후 신청하면 신청한 달부터 연금을 지급한다.
자녀, 형제자매, 친척, 사회복지시설의 장 등도 대리인으로서 신청자가 작성한 위임장을 제출하면 대리 신청이 가능할 수 있다.
③ 배우자(만 65세 미만, 사실혼관계에 있는 자 포함)가 신청하는 경우에는 신청권한을 위임 받은 것으로 간주하여 위임장은 제출하지 아니한다.

2) 기초연금 지급의 결정

① 특별자치시장·특별자치도지사·시장·군수·구청장은 조사를 한 후 기초연금 수급권의 발생·변경·상실 등을 결정한다.

② 특별자치시장·특별자치도지사·시장·군수·구청장은 결정을 한 경우에는 그 결정 내용을 서면으로 그 이유를 구체적으로 밝혀 기초연금 수급권자에게 지체 없이 통지하여야 한다.

3) 기초연금의 지급 및 지급 시기

① 특별자치시장·특별자치도지사·시장·군수·구청장은 기초연금 수급권자로 결정한 사람에 대하여 기초연금의 지급을 신청한 날이 속하는 달부터 기초연금 수급권을 상실한 날이 속하는 달까지 매월 정기적으로 기초연금을 지급한다(매월 25일 지급).

② 기초연금의 지급이 정지된 기간에는 기초연금을 지급하지 아니한다.

7. 기초연금 수급권의 정지 및 상실

1) 기초연금 지급의 정지

특별자치시장 · 특별자치도지사 · 시장 · 군수 · 구청장은 기초연금 수급자가 다음 각 호의 어느 하나의 경우에 해당하면, 그 사유가 발생한 날이 속하는 달의 다음 달부터 그 사유가 소멸한 날이 속하는 달까지는 기초연금의 지급을 정지한다. 기초연금 수급자가 교정시설 또는 치료감호시설에 수용 중이거나 국외 체류기간이 60일 이상 지속되는 경우 등에는 기초연금 지급을 정지한다.

1. 기초연금수급자가 금고 이상의 형을 선고받고 교정시설 또는 치료감호시설에 수용되어 있는 경우
2. 기초연금 수급자가 행방불명되거나 실종되는 등 대통령령으로 정하는 바에 따라 사망한 것으로 추정되는 경우
3. 기초연금 수급자의 국외 체류기간이 60일 이상 지속되는 경우. 이 경우 국외 체류 60일이 되는 날을 지급 정지의 사유가 발생한 날로 본다.
4. 그밖에 제1호부터 제3호까지의 경우에 준하는 경우로서 거주불명자로 등록된 경우

☆ 수급자가 금고 이상의 형을 선고받고 교정시설 또는 치료감호시설에 수용 중인 기간 동안에는 연금의 지급을 정지한다.

2) 기초연금 수급권의 상실

기초연금 수급권자가 사망하거나 국적을 상실한 경우 등에는 그 기초연금 수급권이 상실되도록 한다. 기초연금 수급권자는 다음 각 호의 어느 하나에 해당하게 된 때에 기초연금 수급권을 상실한다.

1. 사망한 때 2. 국적을 상실하거나 국외로 이주한 때 3. 연금 지급대상의 수급요건에 해당하지 아니하게 된 때

☆ 기초연금 수급자가 국외로 이주한 때에 수급권은 상실한다. [주의] 기초연금 수급권자가 사망 또는 국외로 이주하면 수급권은 상실한다. 수급자가 사망하면 유족급여를 지급하는 것은 아니다.

3) 기초연금액의 환수

특별자치시장 · 특별자치도지사 · 시장 · 군수 · 구청장은 기초연금을 받은 사람이 다음 각 호의 어느 하나에 해당하는 경우에는 지급한 기초연금액을 대통령령으로 정하는 바에 따라 환수하여야 한다. 이 경우 제1호에 해당하는 경우에는 지급한 기초연금액에 대통령령으로 정하는 이자를 붙여 환수한다. ☆ 기초연금이 잘못 지급된 경우에는 지급된 기초연금액을 환수하도록 하고, 거짓이나 부정한 방법으로 기초연금을 지급받은 경우에는 그 기초연금액에 이자를 가산하여 환수하도록 한다.

> 1. 거짓이나 그 밖의 부정한 방법으로 기초연금을 받은 경우
> 2. 기초연금의 지급이 정지된 기간에 대하여 기초연금이 지급된 경우
> 3. 그 밖의 사유로 기초연금이 잘못 지급된 경우

8. 비용의 부담

① 국가는 지방자치단체의 노인인구 비율 및 재정 여건 등을 고려하여 기초연금의 지급에 드는 비용 중 100분의 40 이상 100분의 90 이하의 범위에서 대통령령으로 정하는 비율에 해당하는 비용을 부담한다. 따라서 기초연금의 지급에 드는 비용은 전부 시·도 및 시·군·구가 나누어 부담하는 것은 아니다.

② 국가가 부담하는 비용을 뺀 비용은 특별시·광역시·특별자치시·도·특별자치도(시·도)와 시·군·구(자치구를 말함)가 상호 분담한다. 이 경우, 그 부담비율은 노인인구 비율 및 재정여건 등을 고려하여 보건복지부장관과 협의하여 시·도의 조례 및 시·군·구의 조례로 정한다. ☆ 연금에 드는 비용은 이 법이 정하는 바에 따라 국가 또는 지자체가 부담한다. 따라서 연금지급에 드는 비용은 지자체가 모두 부담하는 것은 아니다.

> ※ 기초연금 비용부담에 관한 조례에 따라 국비를 뺀 지자체 부담금에 대해 지자체마다 부담의 정도를 달리 정하고 있다. 통상 전국 소득하위 노인 70%에게 지급하는 기초연금(국고 75%, 지방비 25% 가량)으로 정해진다.

9. 기초연금 수급권자의 권리 보호 및 구제

1) 기초연금 수급권의 보호

① 기초연금 수급권은 양도하거나 담보로 제공할 수 없으며, 압류 대상으로 할 수 없다.

② 기초연금으로 지급받은 금품은 압류할 수 없다.

2) 권리구제 – 이의신청: 보건복지부장관 또는 지방자치단체의 장

① 결정이나 그밖에 이 법에 따른 처분에 이의가 있는 사람은 특별자치시장·특별자치도지사·시장·군수·구청장에게 이의신청을 할 수 있다. [주의] ☆ 기초연금 수급자의 자격인정에 관하여 이의가 있는 자는 기초연금심의위원회의 심의를 거쳐 보건복지부 장관에게 이의신청을 할 수 있는 것은 아니다.

② 이의신청은 그 처분이 있음을 안 날부터 90일 이내에 서면으로 제출하여야 한다. 다만, 정당한 사유로 인하여 그 기간 이내에 이의신청을 할 수 없었음을 증명한 때에는 그 사유가 소멸한 때부터 60일 이내에 이의신청을 할 수 있다.

3) 소멸시효 - 5년

국가 및 지자체의 환수금을 환수할 권리와 기초연금 수급권자의 권리는 5년간 행사하지 아니하면 시효의 완성으로 소멸한다. ☆ 기초연금법령상 수급권자의 권리의 소멸시효는 5년이다.

[문제] 기초연금법령상 수급권자의 권리의 소멸시효는? (5년)

5 긴급복지지원법

[시행 2016.12.2.] [법률 제14319호, 2016.12.2, 일부개정] 보건복지부

긴급복지지원법(2005년 제정, 2006년 시행)법의 관장부서는 보건복지부(기초생활보장과)이다. 우리 생활에서 갑자기 생계를 유지하기 곤란해졌을 때, 가구의 주요 소득자의 사망, 가출, 가구 구성원의 질병, 학대, 폭력, 그리고 화재 등으로 위기상황에 처한 경우 누구든지 쉽게 도움을 청하고 필요한 지원을 받을 수 있는 제도를 마련하기 위하여 국가의 도움을 받을 수 있도록 한 법이다(예, 태안반도 기름유출사고).

1. 목적

긴급복지지원법은 생계곤란 등의 위기상황에 처하여 도움이 필요한 사람을 신속하게 지원함으로써, 이들이 위기상황에서 벗어나 건강하고 인간다운 생활을 하게 함을 목적으로 한다.

2. 용어의 뜻

"위기상황"이란 본인 또는 본인과 생계 및 주거를 같이 하고 있는 가구구성원이 다음 각 호의 어느 하나에 해당하는 사유로 인하여 생계유지 등이 어렵게 된 것을 말한다.
☆ 가구구성원으로부터 방임 또는 유기되거나 학대 등을 당하여 생계유지가 어렵게 된 경우도 위기상황에 포함된다.

1. 주소득자(主所得者)가 사망, 가출, 행방불명, 구금시설에 수용되는 등의 사유로 소득을 상실한 경우(생계지원)
2. 중한 질병 또는 부상을 당한 경우(의료지원)
3. 가구구성원으로부터 방임(放任) 또는 유기(遺棄)되거나 학대 등을 당한 경우(사회복지시설이용지원)
4. 가정폭력을 당하여 가구구성원과 함께 원만한 가정생활을 하기 곤란하거나 가구구성원으로부터 성폭력을 당한 경우(타인으로부터 성폭력을 당한 경우는 위기상황에 해당하지 않는다)(사회복지시설이용지원)

5. 화재 등으로 인하여 거주하는 주택 또는 건물에서 생활하기 곤란하게 된 경우(주거지원)
6. 보건복지부령으로 정하는 기준에 따라 지방자치단체의 조례로 정한 사유가 발생한 경우
7. 그밖에 보건복지부장관이 정하여 고시하는 사유가 발생한 경우

3. 기본원칙

① **신속 지원의 원칙**: 이 법에 따른 지원은 위기상황에 처한 사람에게 일시적으로 신속하게 지원하는 것을 기본원칙으로 한다.

② **타급여 우선 적용의 원칙**: 재해구호법, 국민기초생활 보장법, 의료급여법, 사회복지사업법, 가정폭력방지 및 피해자보호 등에 관한 법률, 성폭력방지 및 피해자보호 등에 관한 법률 등 다른 법률에 따라 이 법에 따른 지원 내용과 동일한 내용의 구호·보호 또는 지원을 받고 있는 경우에는 지원을 하지 아니한다.

☆ 사회복지사업법에 따라 긴급복지지원법에 따른 지원 내용과 동일한 내용의 지원을 받고 있는 경우라면 긴급복지지원법에 따른 지원을 하지 않아야 한다.

4. 국가 및 지방자치단체의 책무

① 국가 및 지방자치단체는 위기상황에 처한 사람을 찾아내어 최대한 신속하게 필요한 지원을 하도록 노력하여야 하며, 긴급지원의 지원대상 및 소득 또는 재산 기준, 지원 종류·내용·절차와 그밖에 필요한 사항 등 긴급지원사업에 관하여 적극적으로 안내하여야 한다.

② 국가 및 지자체는 이 법에 따른 지원 후에도 위기상황이 해소되지 아니하여 계속 지원이 필요한 것으로 판단되는 사람에게는 다른 법률에 따른 구호·보호 또는 지원을 받을 수 있도록 노력하여야 한다. → 사회서비스와 공공부조와의 연계 모색

③ 국가 및 지자체는 구호·보호 또는 지원이 어렵다고 판단되는 경우에는 민간기관·단체와의 연계를 통하여 구호·보호 또는 지원을 받을 수 있도록 노력하여야 한다.

④ 국가 및 지자체는 긴급지원 업무를 수행하기 위하여 필요한 비용을 분담하여야 한다(예산분담).

5. 긴급지원 대상자 : 국민 + 일부 외국인

① 지원대상자는 위기상황에 처한 사람으로서 이 법에 따른 지원이 긴급하게 필요한 사람(긴급지원 대상자)으로 한다. 갑작스러운 사고로 인한 위기상황에 처한 사람에게 지원된다.

② 국내에 체류하고 있는 외국인 중 대통령령으로 정하는 사람이 긴급지원대상자가 된다.

> **※ 외국인에 대한 특례 – 외국인 적용가능 한 예**
> 1. 대한민국 국민과 혼인 중인 사람
> 2. 난민(難民)의 인정을 받은 사람
> 3. 대한민국 국민인 배우자와 이혼하거나 그 배우자가 사망한 사람으로서 대한민국 국적을 가진 직계존비속(直系尊卑屬)을 돌보고 있는 사람
> 4. 본인의 귀책사유 없이 화재, 범죄, 천재지변으로 피해를 입은 사람
> 5. 그밖에 보건복지부장관이 긴급한 지원이 필요하다고 인정하는 사람

6. 긴급지원기관

① 긴급 지원은 긴급지원대상자의 거주지를 관할하는 시장(제주특별자치도 설치 및 국제자유도시 조성을 위한 특별법에 따른 행정시장을 포함)·군수·구청장이 한다. 다만, 긴급지원대상자의 거주지가 분명하지 아니한 경우에는 긴급지원요청 또는 신고를 받은 시장·군수·구청장이 지원한다.

② 시장·군수·구청장은 이 법에 따른 긴급지원사업을 수행할 담당공무원(긴급지원담당공무원)을 지정하여야 한다. ☆ 시장, 군수, 구청장은 긴급지원담당공무원을 지정하여야 한다.

7. 지원요청 및 신고

① 긴급지원대상자와 친족, 그 밖의 관계인은 구술 또는 서면 등으로 관할 시장·군수·구청장에게 지원을 요청할 수 있다.

② 누구든지 긴급지원대상자를 발견한 경우에는 관할 시장·군수·구청장에게 신고하여야 한다.

> **※ 긴급지원대상자의 신고의무자**
> 1. 「의료법」에 따른 의료기관의 종사자
> 2. 「유아교육법」, 「초·중등교육법」 및 「고등교육법」에 따른 교원
> 3. 「사회복지사업법」에 따른 사회복지시설의 종사자 및 위촉된 복지위원
> 4. 「국가공무원법」 및 「지방공무원법」에 따른 공무원
> 5. 「장애인활동 지원에 관한 법률」에 따른 활동지원기관의 장 및 그 종사자와 활동지원인력
> 6. 그밖에 긴급지원대상자를 발견할 수 있는 자로서 보건복지부령으로 정하는 자

8. 위기상황의 발굴

① 국가 및 지방자치단체는 위기상황에 처한 사람에 대한 발굴조사를 연 1회 이상 정기적으로 실시하여야 한다.

② 국가 및 지방자치단체는 정기 발굴조사 또는 수시 발굴조사를 위하여 필요한 경우 관계 기관·법인·단체 등의 장에게 자료의 제출, 위기상황에 처한 사람의 거주지 등 현장조사를 할 때 소속 직원의 동행 등 협조를 요청할 수 있다. 이 경우 관계 기관·법인·단체 등의 장은 정당한 사유가 없으면 이에 따라야 한다.

③ 국가 및 지방자치단체는 위기상황에 처한 사람에 대한 발굴체계의 운영 실태를 정기적으로 점검하고 개선방안을 수립하여야 한다.

9. 긴급지원의 종류 및 내용

1) 금전 또는 현물(現物) 등의 직접지원

지원의 종류	지원 내용
생계지원	식료품비·의복비 등 생계유지에 필요한 비용 또는 현물지원(최저생계비 한도)
의료지원	각종 검사 및 치료 등 의료서비스지원
주거지원	임시거소(臨時居所) 제공 또는 이에 해당하는 비용 지원(최저생계비 한도)
사회복지시설 이용지원	사회복지시설 입소(入所) 또는 이용서비스 제공이나 이에 필요한 비용지원
교육지원	초·중·고등학생의 수업료, 입학금, 학교운영지원비 및 학용품비 등 필요한 비용 지원
그 밖의 지원	연료비나 그밖에 위기상황의 극복에 필요한 비용 또는 현물지원

[참조] 생계지원과 주거지원은 국기법에 따른 기준 중위 소득의 100분의 40을 각각 한도로 한다.

2) 민간기관·단체와의 연계의 지원

가. 대한적십자사와 사회복지공동모금회 등의 사회복지기관·단체와의 연계 지원
나. 상담·정보제공, 그 밖의 지원

3) 사회복지시설의 이용 지원

시장·군수·구청장은 사회복지시설 이용 지원을 하는 경우 관할 사회복지시설의 장에게 지원을 요청할 수 있다. 이 경우 지원요청을 받은 사회복지시설의 장은 긴급지원대상자가 기간(1개월간)에 그 시설을 이용할 수 있도록 조치하여야 한다(1개월씩 두 번의 범위에서 기간을 연장할 수 있다: 6개월을 초과 불가능).

10. 긴급지원의 기간

① 생계지원, 주거지원, 사회복지시설 이용지원, 그 밖의 지원 등의 긴급지원은 1개월간의 생계유지 등에 필요한 지원으로 한다(원칙). 여기서 의료지원과 교육지원은 제외한다. ☆ 긴급 생계지원은 1개월간의 생계유지 등에 필요한 지원으로 한다.

다만, 시장·군수·구청장이 긴급지원대상자의 위기상황이 계속된다고 판단하는 경우에는 1개월씩 두 번의 범위에서 기간을 연장할 수 있다(지원기간을 합하여 12개월을 초과 불가능).

② 의료지원은 위기상황의 원인이 되는 질병 또는 부상을 검사·치료하기 위한 범위에서 한 번 실시하며, 교육지원도 한 번 실시한다(지원횟수를 합하여2회 초과 불가).

③ 시장·군수·구청장은 위기상황이 계속되는 경우에는 긴급지원심의위원회의 심의를 거쳐 지원을 연장할 수 있다.

11. 담당기구 설치

보건복지부장관은 위기상황에 처한 사람에게 상담·정보제공 및 관련 기관·단체 등과의 연계서비스를 제공하기 위하여 담당기구를 설치·운영할 수 있다.

※ 시장·군수·구청장은 긴급지원사업을 원활하게 수행하기 위하여 지역사회복지협의체를 통하여 사회복지·의료보건관련 기관단체 간의 협력을 강화하여야 한다.

12. 긴급지원심의위원회

다음의 사항을 심의·의결하기 위하여 시(제주특별자치도 설치 및 국제자유도시 조성을 위한 특별법 행정시를 포함)·군·구(자치구)에 긴급지원심의위원회를 둔다.

※ 위원회의 심의·의결사항
1. 긴급지원연장 결정 2. 긴급지원의 적정성 심사 3. 긴급지원의 중단 또는 지원비용의 환수 결정
4. 그밖에 긴급지원심의위원회의 위원장이 회의에 부치는 사항

13. 긴급지원의 적정성 심사

① 긴급지원심의위원회는 시장·군수·구청장이 한 사후조사 결과를 참고하여 긴급지원의 적정성을 심사한다.

② 긴급지원심의위원회는 긴급지원대상자가 국민기초생활 보장법 또는 의료급여법에 따른 수급권자로 결정된 경우에는 심사를 하지 아니할 수 있다. ☆ 긴급지원대상자가 국민기초생활 보장법에 따른 수급권자로 결정이 된 경우에는 긴급지원의 적정성 심사를 하지 않아도 된다.

14. 수급권자의 권리 보호 및 구제

1) 압류 등의 금지

① 이 법에 따라 긴급지원대상자에게 지급되는 금전 또는 현물은 압류할 수 없다.

② 긴급지원수급계좌의 긴급지원금과 이에 관한 채권은 압류할 수 없다.

③ 긴급지원대상자는 이 법에 따라 지급되는 금전 또는 현물을 생계유지 등의 목적 외의 다른 용도로 사용하기 위하여 양도하거나 담보로 제공할 수 없다.

2) 권리구제 – 이의신청: 시·도지사

① 지원의 종류 및 내용에 대한 결정이나 긴급복지지원 비용의 반환명령에 이의가 있는 사람은 그 처분을 고지받은 날부터 30일 이내에 해당 시장·군수·구청장을 거쳐 특별시장·광역시장·도지사·특별자치도지사에게 서면으로 이의신청할 수 있다.

☆ 긴급복지지원법상 긴급복지 지원비용 반환명령에 이의가 있는 사람은 이의신청을 할 수 있다.

② 이 경우 시장·군수·구청장은 이의신청을 받은 날부터 10일 이내에 의견서와 관련 서류를 첨부하여 시·도지사에게 송부하여야 한다.

③ 시·도지사는 송부를 받은 날부터 15일 이내에 이를 검토하고 처분이 위법·부당하다고 인정되는 때는 시정, 그밖에 필요한 조치를 하여야 한다.

CHAPTER 08

공공부조법 학습 핵심문제

01 국민기초생활 보장법령상 '부양의무자가 있어도 부양능력이 없는 경우'에 해당하는 것은?

① 부양의무자가 병역법에 따라 징집되거나 소집된 경우
② 부양의무자가 해외이주법에 따른 해외이주자에 해당하는 경우
③ 부양의무자가 부양을 기피하거나 거부하는 경우
④ 부양의무자가 수급자인 경우
⑤ 부양의무자가 가출로 경찰서 등 행정관청에 신고된 후 1개월이 지난 경우

02 국민기초생활 보장법령상 차상위계층에 관한 내용이다. ( )에 들어갈 내용으로 옳은 것은?

차상위계층이란 수급권자에 해당하지 아니하는 계층으로서 소득인정액이 기준 중위소득의 ( ) 이하인 사람을 말한다.

① 기준중위소득의 100분의 10
② 기준중위소득의 100분의 20
③ 기준중위소득의 100분의 30
④ 기준중위소득의 100분의 40
⑤ 기준중위소득의 100분의 50

03 국민기초생활 보장법령에 관한 설명으로 옳지 않은 것은?

① 수급권자를 부양할 책임이 있는 부양의무자에 수급권자의 손자는 포함되지 않는다.
② 수급권자의 친족도 수급권자에 대한 급여를 신청할 수 있다.
③ 보장기관은 급여를 개인 단위로 실시하되, 특히 필요한 경우는 개별가구 단위로 실시할 수 있다.
④ 부양의무자의 부양은 국민기초생활 보장법에 따른 급여에 우선하여 행하여진다.
⑤ 수급자가 검진 지시에 따르지 아니한 것을 이유로 보장기관이 수급자에 대한 급여 결정을 취소하려면 청문을 하여야 한다.

04 국민기초생활 보장법상 수급권자의 부양의무자에 해당되지 않는 사람은?

① 아들
② 결혼한 딸
③ 며느리
④ 사망한 딸의 배우자
⑤ 어머니

05 국민기초생활 보장법상 급여에 관한 설명으로 옳지 않은 것은?

① 급여는 건강하고 문화적인 최저생활을 유지할 수 있는 것이어야 한다.
② 급여는 다른 법령에 의한 보호에 우선하여 행하여지는 것으로 한다.
③ 부양의무자의 부양은 급여에 우선하여 행하여지는 것으로 한다.
④ 국내에 체류하는 외국인의 일부도 수급권자가 될 수 있다.
⑤ 생계급여는 금전을 지급하는 것을 원칙으로 하지만, 이에 의할 수 없다고 인정되는 경우에는 물품을 지급함으로써 행할 수 있다.

06 국민기초생활 보장법령에 따른 급여의 종류에 해당하지 않는 것은?

① 생계급여 ② 휴업급여 ③ 주거급여 ④ 의료급여 ⑤ 교육급여

07 국민기초생활 보장법의 내용으로 옳은 것은?

① 출산급여를 제공한다.
② 주거지가 없으면 주거급여를 제공하지 않는다.
③ 생계급여는 현물급여가 원칙이다.
④ 국민기초생활 보장법은 보충성의 원리이다.
⑤ 자활대상자에게는 생계급여를 지급하지 않는다.

08 의료급여법령에 관한 설명으로 옳지 않은 것은?

① 수급권자는 1종 수급권자와 2종 수급권자로 구분한다.
② 1종 수급권자와 2종 수급권자에게는 색깔로 구별되는 의료급여증을 발급한다.
③ 수급권자의 건강관리 능력 향상 및 합리적 의료이용 유도 등을 위하여 사례관리를 실시할 수 있다.
④ 예방 · 재활 · 이송도 의료급여의 내용에 포함된다.
⑤ 다른 법령에 따라 의료급여를 받고 있는 경우에는 이법에 의한 의료급여를 행하지 아니한다.

09 의료급여법상 의료급여에 관한 설명으로 옳지 않은 것은?

① 장애인복지법에 따라 등록한 장애인인 수급권자에게 보장구(補裝具)에 대하여 급여를 실시할 수 있다.
② 의료급여기관 외의 장소에서 출산을 한 경우에는 요양비를 지급한다.
③ 급여비용의 일부를 의료급여기금에서 부담하는 경우 그 나머지의 비용은 본인이 부담한다.
④ 국민기초생활 보장법상 조건부수급자는 의료급여 수급자가 될 수 없다.
⑤ 수급권자를 구분하여 급여의 내용과 기준을 달리할 수 있다.

10 **의료급여법에 의한 의료기관이 아닌 것은?**

① 의료법에 의한 의료기관
② 지역보건법에 따른 보건소, 의료원
③ 정신보건법에 의한 정신보건센터
④ 농어촌 보건의료 특별조치에 의한 보건소
⑤ 약사법에 의한 등록된 약국

11 **의료급여법령상 의료급여의 성격으로 옳지 않은 것은?**

① 공공부조
② 일반조세수입으로 충당
③ 저소득층 대상
④ 소득 재분배 기능
⑤ 사회보험

12 **기초연금법령에 관한 설명으로 옳지 않은 것은?**

① 연금은 연금을 신청한 날이 속하는 달부터 수급권이 소멸한 날이 속하는 달까지 매월 정기적으로 지급한다.
② 수급자가 금고 이상의 형을 선고받고 교정시설 또는 치료감호시설에 수용 중인 기간 동안에는 연금의 지급을 정지한다.
③ 이 법에 따른 처분에 이의가 있는 자는 기초연금심의위원회의 심의를 거쳐 보건복지부 장관에게 이의신청을 할 수 있다.
④ 수급권은 양도·압류하거나 담보에 제공할 수 없다.
⑤ 연금은 이법이 정하는 바에 따라 국가 또는 지자체가 부담한다.

13 **기초연금법령상 급여에 관한 설명으로 옳은 것은?**

① 65세 이상인 모든 노인에게 연금을 지급한다.
② 연금수급희망자의 친족은 급여를 신청할 수 없다
③ 수급자가 사망하면 수급권은 상실된다.
④ 수급자가 사망하면 유족급여를 지급한다.
⑤ 국민연금법상 연금수급자는 기초연금을 수급할 수 없다.

14 **기초연금법령에 관한 설명으로 옳은 것은?**

① 보건복지부장관은 선정기준액을 정하는 경우 65세 이상인 사람 중 수급자가 100분의 60 수준이 되도록 한다.
② 소득인정액은 본인의 소득평가액과 재산의 소득환산액을 합산한 금액을 말한다.
③ 본인과 그 배우자가 모두 기초연금 수급권자인 경우에는 기초연금액의 100분의 20에 해당하는 금액을 가산하여 지급한다.
④ 기초연금 수급권자는 국외로 이주한 때에 수급권을 상실한다.
⑤ 기초연금의 지급에 드는 비용은 전부 시·도 및 시·군·구가 나누어 부담한다.

15 **긴급복지지원법상의 '위기상황'에 해당하지 않는 것은?**

① 주 소득자가 사망 등의 이유로 소득을 상실하고 가구구성원에게 다른 소득이 없는 때
② 중한 질병이나 부상을 당한 때
③ 성폭력으로 인해 사회적 적응이 어려울 때
④ 가정폭력으로 인해 가구구성원들과 함께 원만한 가정생활이 곤란할 때
⑤ 화재 등으로 인해 거주하는 주택 또는 건물에서 생활하기 곤란하게 된 때

16 **긴급복지지원법령의 내용으로 옳지 않은 것은?**

① 시장, 군수, 구청장은 긴급지원담당공무원을 지정하여야 한다.
② 누구든지 긴급지원대상자를 발견한 경우에는 관할 시장, 군수, 구청장에게 신고하여야 한다.
③ 사회복지사업법에 따라 긴급복지지원법에 따른 지원 내용과 동일한 내용의 지원을 받고 있는 경우라도 긴급복지지원법에 따른 지원을 하여야 한다.
④ 국가 및 지방자치단체는 긴급지원 업무를 수행하기 위하여 필요한 비용을 분담하여야 한다.
⑤ 보건복지부장관은 위기상황에 처한 사람에게 상담, 정보제공 및 관련 기관, 단체 등과의 연계 서비스를 제공하기 위하여 담당기구를 설치, 운영할 수 있다.

17 **의료급여법의 내용이다. (　　)에 들어갈 숫자를 옳게 짝지은 것은?**

- 의료급여기관은 의료급여가 끝난 날부터 (ㄱ)년간 보건복지부령으로 정하는 바에 따라 급여비용의 청구에 관한 서류를 보존하여야 한다.
- 약국 등 보건복지부령으로 정하는 의료급여기관은 처방전을 급여비용을 청구한 날부터 (ㄴ)년간 보존하여야 한다.

① ㄱ:2, ㄴ:3　② ㄱ:3, ㄴ:3　③ ㄱ:3, ㄴ:5　④ ㄱ:5, ㄴ:3　⑤ ㄱ:5, ㄴ:5

18 **국민기초생활 보장법의 내용으로 옳은 것은?**

① 국외에 체류하는 외국인도 수급권자가 된다.
② 기준 중위소득은 지방자치단체별로 중앙생활보장위원회가 고시한다.
③ 주거급여는 여성가족부소관으로 한다.
④ 보장기관은 차상위자가 자활에 필요한 자산을 형성할 수 있도록 재정적인 지원을 할 수는 없다.
⑤ 소관 중앙행정기관의 장은 수급자의 최저생활을 보장하기 위하여 3년마다 소관별로 기초생활보장 기본계획을 수립하여 보건복지부장관에게 제출하여야 한다.

정답 01. ④ 02. ⑤ 03. ③ 04. ④ 05. ② 06. ② 07. ④ 08. ② 09. ④ 10. ③ 11. ⑤ 12. ③ 13. ③ 14. ④ 15. ③ 16. ③ 17. ④ 18. ⑤

CHAPTER 09

사회서비스법[Ⅰ] [사회복지사업법]

1 들어가는 말

1. 사회서비스법의 의의[103)]

사회서비스법은 사회서비스에 관한 법이며, 사회복지사업법이 기본법 역할을 하고 있다. '사회서비스법'이라는 법령은 별도로 없다. 인간다운 생활보장과 삶의 질 향상을 지원하는 제도를 포괄하는 개념으로 사회복지서비스를 사회서비스로 대체하였다.

사회서비스법이란 국가·지방자치단체 및 민간부문의 도움이 필요한 모든 국민에게 복지, 보건의료, 교육, 고용, 주거, 문화, 환경 등의 분야에서 인간다운 생활을 보장하고 상담, 재활, 돌봄, 정보의 제공, 관련 시설의 이용, 역량 개발, 사회참여 지원 등을 통하여 국민의 삶의 질이 향상되도록 지원하는 법제이다(사회보장기본법 제3조).

<표 9-1> 사회복지서비스와 사회서비스의 차이점

구 분	사회복지서비스	사회서비스
대 상	수급자 등 빈곤계층	서민·중산층까지 확대
서비스 내용	기본적 생활보장 서비스	국민의 일상생활 지원, 인적자본 확충을 위한 다양한 서비스까지 포괄
재정지원 방식	공급자(기관) 지원방식	수요자 지원방식 병행
비용 부담	국가지원 중심	본인 일부 부담 도입
서비스제공 방식	시설보호 중심	재가 서비스까지 확대

103) 우리 사회는 저출산·고령화의 가속화 등 인구구조의 변화, 핵가족화 등 가족구조의 변화, 여성의 경제활동 참여 증가 가족과 지역사회에서 비공식적으로 담당하던 아동·노인·장애인·한부모·다문화가족 등에 대한 돌봄기능을 사회적으로 지원하는 돌봄의 사회화가 요구되었다(사회서비스법 추진 배경).

2. 사회서비스법의 특징

① 사회서비스의 유형은 개인과 가정의 돌봄 지원, 활동 보조, 가사 또는 간병서비스, 신체적 · 정신적 건강의 향상을 목적으로 하는 이용권 등이 있다(수요자 중심의 서비스 체계 확보 - 바우처제도: 노인돌보미사업, 중증장애인 활동보조, 산모/신생아 도우미, 지역사회혁신서비스 - 아동에 대한 투자지원).

② 상담 · 재활 · 지도 · 보호 등과 같은 비물질적 · 사회심리적 · 정신적 서비스형태로 급여가 주로 제공된다(사회보험법과 공공부조법은 현금급여나 현물급여를 주로 제공).

③ 사회서비스를 제공하는 과정에 있어서 전달자의 전문적인 지식과 실천기술, 윤리가 중요한 역할을 한다.

④ 사회서비스 특성상 대상자의 개별욕구가 중심이 되어서 서비스 제공하는 개별적 처우를 필요로 한다. 서비스의 욕구가 매우 다양하고, 대상자에 따라 그 정도가 차이가 나며, 환경에 의해 영향을 받고, 또 시간에 따라 변화하기 때문에 획일적으로 처우하기 어렵고, 수급권자 개개인에 대하여 개별적으로 처우해야 할 필요가 있다(공공부조법과 사회보험법은 가입기간, 소득, 재산 등에 따라서 법에서 미리 정해진 획일적 급여 제공).

2 사회복지사업법

[시행 2019. 1. 1.] [법률 제14923호, 2017. 10. 24., 일부개정] 보건복지부

사회복지사업법(1970년 제정, 1970년 시행)의 관장부서는 보건복지부(복지정책과)이며, 사회복지사업에 필요한 기본적 사항을 규정하고 복지대상자들의 생존권을 보장하며, 사회복지의 전문성 · 공정성 · 투명성 · 적정성을 높이고 지역사회복지체계를 마련하기 위하여 제정된 법규범이다.

헌법 제34조 등에 규정된 생존권을 구체화한 법률이며, 각종 사회서비스 분야에 관한 법률의 기본적 사항을 총괄적으로 규정한 일반법으로서 함의가 있다. 특별법우선적용의 원칙에 따라 이 법(기본법의 일종)보다 28개의 개별법률이 우선하여 적용된다.[104] 법률을 개정하는 경우에는 이 법에 부합하도록 하여야 한다(다른 법률과의 관계).

사회복지사업법은 1970년 1월 1일 사회복지서비스 분야에 관한 법률의 기본적 사항을 규정하여 체계화한 기본법 성격으로서 제정된 것이다(1970년 4월 시행).

104) 사회복지사업의 내용, 절차 등에 관하여 사회복지사업법이 정한 28개 법에 특별한 규정이 있는 경우(다른 법률에 있는 경우)를 제외하고는 이 법의 규정에 따른다.

<표 9-2> 사회복지사업법의 제정·개정의 연혁

1970년 1월 1일	사회복지사업법 제정(1970년 4월 시행)
개 정	주요 개정 내용
1983년	① 사회복지사 1, 2, 3급 구분 ② 한국사회복지협의회 법정단체화
1992년	※ 사회복지전담공무원과 복지사무전담기구 설치 근거 ① 일선 행정기관에 사회복지전담공무원을 둠 ② 시 · 군 · 구에는 복지전담기구를 설치
1997년	① 사회복지사 1급: 국가시험 실시(2003년부터 실시) ② 민간 사회복지시설의 설치 운영에 대한 허가제를 신고제로 변경 ③ 사회복지시설의 평가제 도입 ④ 한국사회복지사협회 법정단체화 ⑤ 자원봉사활동을 지원할 수 있는 법적근거 마련
2000년	사회복지의 날 [9월 7일] 지정
2003년	① 재가복지서비스 활성화, 가정봉사원 양성 ② 지역사회복지협의체 설치(시 · 군 · 구) - 지역사회복지계획 수립(시 · 군 · 구 사회복지위원회 → 지역사회복지협의체)
2007년	※ 사회복지 서비스의 이용권제도의 법적근거를 마련 ① 사회복지업무의 전자처리 ② 사회복지사의 정기보수교육

1. 목적

이 법은 사회복지사업에 관한 기본적 사항을 규정하여 사회복지를 필요로 하는 사람에 대하여 인간의 존엄성과 인간다운 생활을 할 권리를 보장하고 사회복지의 전문성을 높이며, 사회복지사업의 공정 · 투명 · 적정을 도모하고, 지역사회복지의 체계를 구축하고 사회복지서비스의 질을 높여 사회복지의 증진에 이바지함을 목적으로 한다.

2. 기본이념

① 사회복지를 필요로 하는 사람은 누구든지 자신의 의사에 따라 서비스를 신청하고 제공받을 수 있다(보편성).

② 사회복지법인 및 사회복지시설은 공공성을 가지며 사회복지사업을 시행하는 데 있어서 공공성을 확보하여야 한다(공공성).

③ 사회복지사업을 시행하는 데 있어서 사회복지를 제공하는 자는 사회복지를 필요로 하는 사람의 인권을 보장하여야 한다(인권보장).

④ 사회복지서비스를 제공하는 자는 필요한 정보를 제공하는 등 사회복지서비스를 이용하는 사람의 선택권을 보장해야 한다.

[문제] 사회복지법령상 기본이념을 모두 고른 것은?

3. 용어의 뜻

1. "사회복지사업"이란 다음 각 목의 법률에 따른 보호·선도(善導) 또는 복지에 관한 사업과 사회복지상담, 노숙인 등 보호, 직업지원, 무료 숙박, 지역사회복지, 의료복지, 재가복지(在家), 사회복지관 운영, 정신질환자 및 한센병력자의 사회복귀에 관한 사업 등 각종 복지사업과 이와 관련된 자원봉사활동 및 복지시설의 운영 또는 지원을 목적으로 하는 사업. 즉 28개의 법률에 의해서 제공되는 보호·선도·복지·상담·직업소개·숙박제공, 사회복지관운영, 자원봉사활동까지 포괄하는 개념이라 할 수 있다(사회복지사업 범위).
2. "지역사회복지"란 주민의 복지증진과 삶의 질 향상을 위하여 지역사회 차원에서 전개하는 사회복지
3. "사회복지법인"이란 사회복지사업을 할 목적으로 설립된 법인
4. "사회복지시설"이란 사회복지사업을 할 목적으로 설치된 시설
5. "사회복지관"이란 지역사회를 기반으로 일정한 시설과 전문인력을 갖추고 지역주민의 참여와 협력을 통하여 지역사회의 복지문제를 예방하고 해결하기 위하여 종합적인 복지서비스를 제공하는 시설
6. "사회복지서비스"란 국가·지자체 및 민간부문의 도움을 필요로 하는 모든 국민에게 사회보장기본법에 따른 사회서비스 중 사회복지사업을 통한 서비스를 제공하여 삶의 질이 향상되도록 제도적으로 지원하는 것
7. "보건의료서비스"란 국민의 건강을 보호·증진하기 위하여 보건의료인이 하는 모든 활동

※ 사회복지사업의 범위 28법률: ☆ 사회복지사업법상 사회복지사업의 근거가 되는 법

「국민기초생활 보장법」/「아동복지법」/「노인복지법」/「장애인복지법」/「한부모가족지원법」/「영유아보육법」/「성매매방지 및 피해자보호 등에 관한 법률」/「정신건강증진 및 정신질환자 복지서비스 지원에 관한 법률」/「성폭력방지 및 피해자보호 등에 관한 법률」/「입양특례법」/「일제하 일본군위안부 피해자에 대한 생활안정지원 및 기념사업 등에 관한 법률」/「사회복지공동모금회법」/「장애인·노인·임산부 등의 편의증진 보장에 관한 법률」/「가정폭력방지 및 피해자보호 등에 관한 법률」/「농어촌주민의 보건복지증진을 위한 특별법」/「식품등 기부 활성화에 관한 법률」/「의료급여법」/「기초연금법」/「긴급복지지원법」/「다문화가족지원법」/「장애인연금법」/「장애인활동 지원에 관한 법률」/「노숙인 등의 복지 및 자립지원에 관한 법률」/「보호관찰 등에 관한 법률」/「장애아동 복지지원법」/「발달장애인 권리보장 및 지원에 관한 법률」/「청소년복지지원법」/북한이탈주민의 보호 및 정착지원에 관한 법률, 그밖에 대통령령으로 정하는 법률

우리나라의 사회복지사업법은 사회복지사업의 범위를 규정하고 위의 28개 법률을 사회복지사업의 종류로 나열하여 이에 관한 사업의 운영 또는 지원 등에 국한하고 있는 한정적 열거주의를 채택하고 있다. 여기에 열거되지 않은 사업은 비록 일반적으로 사회복지사업으로서 요건을 갖추고 있는 사업이라고 해도, 법률상으로는 사회복지사업으로 인정되지 않고 있다고 볼 수 있다.
따라서 사회복지사업법령에서 한정 규정한 사회복지사업에 대한 정의는 사회복지사업의 종류이며, 그 적용범위가 된다. 또한 사회복지사업법령상 사회복지사업의 근거가 되는 법이다.

☆ 사회복지사업법령상 사회복지사업의 근거가 되는 법이 아닌 것은?

4. 사회복지사업의 시행

1) 국가와 지방자치단체의 책임

사회복지사업법령상 국가와 지방자치단체의 복지와 인권증진의 책임에 관한 내용으로 서술하면 다음과 같다.

① 국가와 지자체는 사회복지서비스를 증진하고, 서비스를 이용하는 사람에 대하여 인권침해를 예방하고 차별을 금지하며 인권을 옹호할 책임을 진다(복지와 인권증진책임).

② 국가와 지자체는 사회복지서비스와 보건의료서비스를 함께 필요로 하는 사람에

게 이들 서비스가 연계되어 제공되도록 노력하여야 한다(연계성).

③ 국가와 지자체, 그밖에 사회복지사업을 하는 자는 사회복지를 필요로 하는 사람에 대하여 그 사업과 관련한 상담, 작업치료(作業治療), 직업훈련 등을 실시하고 필요한 경우에는 주민의 복지 욕구를 조사할 수 있다(복지사업 실시).

④ 국가와 지자체는 도움을 필요로 하는 국민이 본인의 선호와 필요에 따라 적절한 사회복지서비스를 제공받을 수 있도록 사회복지서비스 수요자 등을 고려하여 사회복지시설이 균형 있게 설치되도록 노력하여야 한다(균형성).

⑤ 국가와 지자체는 민간부문의 사회복지 증진활동이 활성화되고, 국가 및 지자체의 사회복지사업과 민간부문의 사회복지 증진활동이 원활하게 연계될 수 있도록 노력하여야 한다(사회복지 증진활동 연계).

⑥ 국가와 지자체는 사회복지를 필요로 하는 사람의 인권이 충분히 존중되는 방식으로 사회복지서비스를 제공하고, 사회복지와 관련된 인권교육을 강화하여야 한다.

⑦ 국가와 지자체는 사회복지서비스를 이용하는 사람이 긴급한 인권침해 상황에 놓인 경우 신속히 대응할 체계를 갖추어야 한다(인권침해 신속 대응성).

⑧ 국가와 지자체는 시설 거주자 또는 보호자의 희망을 반영하여 지역사회보호체계에서 서비스가 제공될 수 있도록 노력하여야 한다(지역사회보호체계의 서비스 제공).

⑨ 국가와 지자체는 사회복지서비스를 필요로 하는 사람들에게 사회복지서비스의 실시에 대한 정보를 제공하여야 한다(정보 제공).

※ 사회복지법령상 국가와 지자체가 해야 할 복지와 인권증진의 책임에 관한 내용
① 사회복지서비스를 이용하는 사람의 인권을 옹호할 책임을 진다.
② 사회복지서비스와 보건의료서비스를 함께 필요로 하는 사람에게 이들 서비스가 연계되어 제공되도록 노력하여야 한다.
③ 사회복지서비스 수요자를 고려하여 사회복지시설을 설치하여야 한다.
④ 사회복지서비스를 필요로 하는 사람들에게 사회복지서비스의 실시에 대한 정보를 제공하여야 한다.
⑤ 시설 거주자의 희망을 반영하여 지역사회보호체계에서 서비스가 제공될 수 있도록 노력하여야 한다.

2) 인권존중 및 최대 봉사의 원칙

이 법에 따라 복지업무에 종사하는 사람은 그 업무를 수행할 때에 사회복지를 필요로 하는 사람을 위하여 인권을 존중하고 차별 없이 최대로 봉사하여야 한다.

또한 인권을 침해하는 행위를 한 경우에는 28개 법률이 정하는 바에 따라 처분하고, 그 사실을 공표하는 등의 조치를 하여야 한다.

3) 시설 설치의 방해 금지

누구든지 정당한 이유 없이 사회복지시설의 설치를 방해하여서는 아니 된다(시설 설치의 방해 금지). 만일 지역주민들이 특정 사회복지시설을 혐오시설로 보고 자기 지역 내의 설치를 반대하면은 님비현상(바나나현상)을 없애기 위한 조치로서, 정당한 이유 없이 사회복지시설의 설치를 방해하는 경우를 위반한 자는 1년 이하의 징역 또는 300만 원 이하의 벌금에 처하도록 되어 있다(과태료 부과 대상인 경우와 비교하기).

한편 시장·군수·구청장은 정당한 이유없이 사회복지시설의 설치를 지연시키거나 제한하는 조치를 하여서는 아니 된다.

> ※ **지역이기주의:** 님비현상과 바나나현상은 사회복지시설의 설치를 방해하는 현상
> ㉠ 님비 현상(nimby syndrome)[105] – 내 뒷마당에서조차 안 된다.
> ㉡ 바나나현상(banana syndrome) – 근처 어디에든 아무것도 절대 짓지 말라.

5. 사회복지 자원봉사활동의 지원·육성

국가와 지자체는 사회복지 자원봉사활동을 지원·육성하기 위하여 다음 각 호의 사항을 실시하여야 한다[사회복지자원봉사활동의 지원·육성: 자원봉사활동 기본법(2008년) 제정].

> 1. 자원봉사활동의 홍보 및 교육
> 2. 자원봉사활동 프로그램의 개발·보급
> 3. 자원봉사활동 중의 재해에 대비한 시책의 개발
> 4. 그밖에 자원봉사활동의 지원에 필요한 사항
>
> ※ 국가와 지자체는 위 각 호의 사항을 효율적으로 수행하기 위하여 사회복지법인이나 그 밖의 비영리법인·단체에 이를 위탁할 수 있다.

6. 지도훈련

보건복지부장관은 이 법이나 그 밖의 사회복지 관련 법률의 시행에 관한 사무에 종사하는 공무원과 사회복지사업에 종사하는 사람의 자질 향상을 위하여 인권교육 등 필요한 지도와 훈련을 할 수 있다.

7. 사회복지사

1) 사회복지사에 관한 사항

사회복지실천 현장은 매우 다양하고 고난도의 전문적인 직무를 해결하기 위하여 전문적인 기술과 지식, 그리고 자질(소양)을 갖춘 사회복지사가 필요한 것이다.

---

105) 님비(NIMBY= Not in my backyard) 현상: 공공의 이익은 되지만 자신이 속한 지역에는 이익이 되지 않는 일을 반대하는 이기적인 행동. '내 뒷마당에서는 안 돼'라는 뜻이다. 즉, 장애인 시설이나 쓰레기 처리장, 화장장, 교도소와 같이 지역 주민들이 싫어할 시설이나 땅값이 떨어질 우려가 있는 시설들이 자신이 살고 있는 지역에 들어서는 것을 반대하는 현상이다. 이와 반대되는 말로는 자신이 살고 있는 지역에 이익이 될 만한 시설을 서로 들여오게 하려는 사회적 현상을 '핌피 현상'이라고 한다. 이 두 가지를 모두 지역이기주의라고 한다.

① 보건복지부장관은 사회복지에 관한 전문지식과 기술을 가진 사람에게 사회복지사 자격증을 발급할 수 있다.
② 사회복지사의 등급은 1급·2급으로 구분된다.
③ 2003년 이후부터 사회복지사 1급 자격증을 받으려는 사람은 국가시험에 합격하여야 한다. 사회복지사 2급 자격증은 4년제의 대학 졸업자나 2년제의 대학 졸업자 구분없이 모두 졸업과 동시에 취득한다.
④ 보건복지부장관은 사회복지사 자격증을 발급받거나 재발급받으려는 사람에게 보건복지부령으로 정하는 바에 따라 수수료를 내게 할 수 있다.

[참조] 법적으로 규정하는 국가자격증은 정신보건사회복지사이다. 사회복지사 유사명칭의 사용금지

2) 사회복지사의 결격사유

다음 각 호의 어느 하나에 해당하는 사람은 사회복지사가 될 수 없다.

1. 피성년후견인 또는 피한정후견인
2. 금고 이상의 형을 선고받고 그 집행이 끝나지 아니하였거나 그 집행을 받지 아니하기로 확정되지 아니한 사람(금고 이상의 실형선고)
3. 법원의 판결에 따라 자격이 상실되거나 정지된 사람
4. 마약·대마 또는 향정신성의약품의 중독자 [전문개정 2011.8.4.]
5. 정신질환자. 다만, 전문의가 사회복지사로서 적합하다고 인정하는 사람은 그러하지 아니하다.

[주의] 현재 [파산자로서 복권되지 아니 한 자]라는 규정이 삭제되어 파산자도 사회복지사가 될 수 있다. 벌금형을 선고받은 사람은 사회복지사가 될 수 있다. [금고 > 벌금]

3) 사회복지사 1급의 국가시험

① 국가시험은 보건복지부장관이 시행하되, 시험의 관리는 시험관리능력이 있다고 인정되는 관계 전문기관(현재 한국산업인력공단)에 위탁할 수 있다.

② 시험 과목, 응시자격 등 시험의 실시에 필요한 사항은 대통령령으로 정한다.

[별표 2] 사회복지사 국가시험과목(제3조 3항 관련) 〈개정 2008.10.28.〉
1. 사회복지기초(인간행동과 사회환경 및 사회복지조사론) – 1과목
2. 사회복지실천(사회복지실천론·사회복지실천기술론 및 지역사회복지론) – 2과목
3. 사회복지정책과 제도(사회복지정책론·사회복지행정론 및 사회복지법제론) – 3과목

③ 보건복지부장관은 사회복지사 1급의 국가시험을 매년 1회 이상 실시하여야 한다.

④ 시험의 합격결정에 있어서는 매 과목 4할 이상, 전 과목 총점의 6할 이상을 득점한 자를 합격자로 한다.

4) 사회복지사의 채용 및 교육

(1) 사회복지사의 채용

사회복지법인 및 사회복지시설을 설치 · 운영하는 자는 대통령령으로 정하는 바에 따라 사회복지사를 그 종사자로 채용하고 시 · 도지사 또는 시장 · 군수 · 구청장에게

사회복지사의 임면에 관한 사항을 보고 하여야 한다. 만일 채용하지 아니하면 300만 원 이하의 벌금에 처한다(제55조: 사회복지사의 의무채용).

※ 사회복지사의 의무채용 업무(시행령 제6조 1항)
사회복지법인 또는 사회복지시설을 설치·운영하는 자는 해당 법인 또는 시설에서 다음 각 호에 해당하는 업무에 종사하는 자를 사회복지사로 채용하여야 한다.

1. 사회복지 프로그램의 개발업무	2. 사회복지 프로그램의 운영업무
3. 시설거주자의 생활지도업무	4. 사회복지를 필요로 하는 사람에 대한 상담업무

[문제] 사회복지사업법령상 사회복지사의 당연 채용해야 하는 시설이 아닌 것은?

※ 사회복지사의 의무채용하지 않아도 되는 시설(시행령 제6조 2항)
1. 「노인복지법」에 따른 노인여가복지시설(노인복지관은 제외, 사회복지사 의무채용시설).
   ◆ 노인여가시설: 경로당, 노인교실, 노인복지관 – (노인휴양소 삭제)
2. 「장애인복지법」에 따른 점자도서관과 점자도서 및 음성도서 출판시설
3. 「영유아보육법」에 따른 어린이집(보육시설)
   ◆ 영유아보육법에 따른 어린이집은 사회복지사 의무채용시설에 해당하지 않는다.
4. 「성매매방지 및 피해자보호 등에 관한 법률」에 따른 성매매피해자 등을 위한 지원시설 및 성매매피해상담소
5. 「정신보건법」에 따른 정신질환자사회복귀시설 및 정신요양시설
6. 「성폭력방지 및 피해자보호 등에 관한 법률」에 따른 성폭력피해상담소

[문제] 사회복지사의 의무채용하지 않아도 되는 시설이 아닌 것은?

(2) 사회복지사의 교육 – 2009.1.1. 법제화 〈강제〉

보건복지부장관은 사회복지사의 자질 향상을 위하여 필요하다고 인정하면 사회복지사에게 교육을 받도록 명할 수 있다(임의규정: 2009년 1월 1일부터 교육실시 법제화).

다만, 사회복지법인 또는 사회복지시설 등의 민간 사회복지시설에 종사하는 사회복지사는 정기적으로 인권에 관한 내용이 포함된 보수교육(補修敎育, 연간 8시간 이상 실시)을 받아야 한다(강행규정). ☆사회복지 전담공무원은 정기적으로 보수교육을 받아야 한다는 의무규정은 없다.

⊞ 보수교육의 면제자
㉠ 군복무, 질병, 해외체류, 휴직 등 부득이한 사유로 해당 연도에 6개월 이상 사회복지법인 또는 사회복지시설에 종사하지 아니한 자
㉡ 법률에 따른 보수교육을 받은 자
㉢ 그밖에 불가피한 사유로 보수교육을 받기가 곤란하다고 보건복지부장관이 인정하는 자

5) 사회복지의 날 지정 – 매년 9월 7일

국가는 국민의 사회복지에 대한 이해를 증진하고 사회복지사업 종사자의 활동을 장려하기 위하여 매년 9월 7일을 사회복지의 날로 하고, 사회복지의 날부터 1주간을

사회복지주간으로 한다.

> ※ 사회복지의 날 [9월 7일] (2000.1.12. 개정): 국기법의 제정일을 기념하고 사회복지인의 사기앙양과 사회복지에 관한 국민의 의식제고 및 이해증진, 사회복지사업 종사자의 활동을 장려하기 위함.

8. 사회복지법인

사회복지법인은 사회복지사업을 할 목적으로 설립된 법인을 말한다(재단법인, 비영리법인, 민간 사회복지조직). 사회복지법인에 관한 설명으로 다음과 같다.

1) 법인의 설립허가(원칙: 허가주의[106])

① 사회복지법인을 설립하려는 자는 대통령령으로 정하는 바에 따라 시・도지사(주무관청)의 허가를 받아야 한다(인가 ×, 신고 ×). 시・도지사는 적법성 검토, 목적사업의 실현능력 및 재정적 기초 확립 등을 심사한 후 원활한 수행으로 판단될 경우에 법인의 설립을 허가할 수 있다. ☆ 사회복지법인의 설립은 시・도지사(주무관청)의 허가를 받아야 한다. 사회복지법인을 설립하려는 자는 시・도지사에게 신고하여야 한다(×).

② 허가를 받은 법인은 주된 사무소의 소재지에서 설립등기를 하여야 한다.

2) 사회복지법인의 설립허가 신청

사회복지법인의 설립허가를 받으려는 자는 법인설립허가 신청서에 보건복지부령으로 정하는 서류를 첨부하여 사회복지법인의 주된 사무소의 소재지를 관할하는 시장・군수・구청장을 거쳐 시・도지사에게 제출(전자문서에 의한 제출 포함)하여야 한다.

> **※ 사회복지법인 및 비영리재단법인의 설립의 요건**
> ① 목적(비영리성) ② 설립행위(정관 작성)
> ③ 주무관청의 허가(시·도지사의 허가) ④ 설립등기(주된 사무소의 소재지에서 설립등기)

3) 정관 – 사회복지법인의 조직구성과 활동, 운영상의 기준을 정한 근본규칙

사회복지법인의 정관변경에 관한 인가는 시・도지사가 제3자의 법률행위를 보충하여 그 법률상 효력을 완성시켜 주는 행정처분이다.

① 사회복지법인의 법인의 정관에는 다음 각 호의 사항이 포함되어야 한다.

---

106) 허가주의: 일반적으로 금지되어 있는 행위를 법령에 의하여 특정인에게 해제하는 행정처분을 말한다. 가령 사회복지사업법상 인가, 허가, 승인은 행정행위(행정처분)이다. 법인 설립요건을 다 갖추더라도 권한 있는 행정기관의 자유재량(선택권, 판단권)에 따라 허락을 할 수도 있고 안 할 수도 있는 이론에 근거한다.

> ※ **법인의 정관에 기재할 사항**: 1. 목적 2. 명칭 3. 주된 사무소의 소재지 4. 사업의 종류 5. 자산 및 회계에 관한 사항 6. 임원의 임면 등에 관한 사항 7. 회의에 관한 사항 8. 수익을 목적으로 하는 사업이 있는 경우 그에 관한 사항 9. 정관의 변경에 관한 사항 10. 존립시기와 해산사유를 정한 때에는 그 시기와 사유 및 남은 재산의 처리방법 11. 공고 및 공고 방법에 관한 사항(인가를 요하지 아니하는 경미한 정관변경에 해당)
> ☆ 법인의 정관에는 주된 사무소의 소재지가 포함되어야 한다. ☆ 사회복지법인의 법인의 정관에는 사업의 종류가 포함되어야 한다.

☆ 사회복지법인의 정관에는 사업의 종류가 포함되어야 한다.

② 법인이 정관을 변경하려는 경우에는 시ㆍ도지사의 인가를 받아야 한다(법인의 정관 변경: 인가 - 효력발생요건). 다만, 보건복지부령으로 정하는 경미한 사항의 경우(공고 및 공고 방법에 관한 사항)에는 시ㆍ도지사의 인가를 받지 않아도 된다.

4) 사회복지법인 임원의 구성 및 요건

① 사회복지법인은 대표이사를 포함한 이사 7명 이상과 감사 2명 이상을 두어야 한다(이사 5명 → 7명).

② 법인은 이사 정수의 3분의 1(소수점 이하는 버림) 이상을 다음의 어느 하나에 해당하는 기관이 3배수로 추천한 사람 중에서 선임하여야 한다.

> ※ **해당하는 기관**: 1. 「사회보장급여의 이용ㆍ제공 및 수급권자 발굴에 관한 법률」에 따른 시ㆍ도사회보장위원회
> 2. 「사회보장급여의 이용ㆍ제공 및 수급권자 발굴에 관한 법률」에 따른 지역사회보장협의체

☆ 사회복지법인은 이사 정수의 3분의 1 이상을 [지역사회보장협의체]에서 3배수로 추천한 사람을 선임하여야 한다.

③ 법인 이사회의 구성은 대통령령으로 정하는 특별한 관계에 있는 사람이 이사 현원(現員)의 5분의 1을 초과할 수 없다.

> ※ **특별한 관계에 있는 사람의 범위(시행령 제9조)**
> ⓐ 출연자
> ⓑ 출연자 또는 이사와의 관계가 다음 각 목의 어느 하나에 해당하는 사람
>
> | 가. 6촌 이내의 혈족 　나. 4촌 이내의 인척 　다. 배우자(사실상 혼인관계에 있는 사람 포함) |
> |---|
> | 라. 친생자(親生子)로서 다른 사람에게 친양자(親養子)로 입양된 사람 및 그 배우자와 직계비속 |
>
> ⓒ 출연자 또는 이사의 사용인 그밖에 고용관계에 있는 자(출연자 또는 이사가 출자에 의하여 사실상 지배하고 있는 법인의 사용인 그밖에 고용관계에 있는 자 포함)
> ⓓ 출연자 또는 이사의 금전 그 밖의 재산에 의하여 생계를 유지하는 자 및 그와 생계를 함께 하는 자
> ⓔ 출연자 또는 이사가 재산을 출연한 다른 법인의 이사

④ 이사의 임기는 3년으로 하고 감사의 임기는 2년으로 하며, 각각 연임할 수 있다.

⑤ 외국인인 이사는 이사 현원의 2분의 1 미만이어야 한다(외국인 이사의 임기: 3년).

⑥ 법인은 임원을 임면하는 경우에는 지체 없이 시ㆍ도지사에게 보고하여야 한다.

⑦ 감사는 이사와 특별한 관계에 있는 사람이 아니어야 하며, 감사 중 1명은 법률

또는 회계에 관한 지식이 있는 사람 중에서 선임하여야 한다. ☆ 사회복지법인의 감사 임기는 2년이며 연임할 수 있다.

<표 9-3> 임원의 구성 및 요건

구 분	이 사	감 사
인원	7인 이상(대표이사 포함)	2인 이상
구성	• 특별한 관계에 있는 자가 이사 현원의 1/5을 초과할 수 없다. • 외국인인 이사는 현원의 1/2 미만 이어야 한다.	• 이사와 특별한 관계에 있는 자가 아니어야 한다. • 1인은 대통령령이 정하는 바에 의하여 법률과 회계에 관한 지식과 경험이 있는 자 중에서 시·도지사가 추천할 수 있다.
임기	3년(연임가능)	2년(연임가능)
겸직	사회복지시설의 장을 제외한 해당 시설의 직원을 겸할 수 없다.	법인의 이사, 사회복지시설의 장, 또는 그 직원을 겸할 수 없다.

5) 임원의 보충

이사 또는 감사 중에 결원이 생겼을 때에는 2개월 이내에 보충하여야 한다.

※ 임시이사의 선임(제22조의3)
법인이 2개월 이내에 결원된 이사를 보충하지 아니하여 법인의 정상적인 운영이 어렵다고 판단되는 경우 시·도지사는 지체없이 이해관계인의 청구 또는 직권으로 임시이사를 선임하여야 한다.

6) 임원의 겸직금지

① 이사는 사회복지법인이 설치한 사회복지시설의 장을 제외한 그 시설의 직원을 겸할 수 없다. 즉, 이사는 사회복지법인이 설치한 사회복지시설의 장이 될 수 있다(이사: 시설장만 가능).

② 감사는 법인의 이사, 법인이 설치한 사회복지시설의 장 또는 그 직원을 모두 겸할 수 없다(감사: 모든 직책 겸직 금지).

- 이사 – 법인이 설치한 사회복지시설의 장을 겸할 수 있다(시설장만 가능).
- 감사 – 법인의 이사, 법인이 설치한 사회복지시설의 장과 그 직원을 겸할 수 없다(모든 직책금지).

※임원의 결격사유
1. 미성년자 1의2. 피성년후견인 또는 피한정후견인
1의3. 파산선고를 받고 복권되지 아니한 사람
1의4. 법원의 판결에 따라 자격이 상실되거나 정지된 사람
1의5. 금고 이상의 실형을 선고받고 그 집행이 끝나거나(집행이 끝난 것으로 보는 경우 포함) 집행이 면제된 날부터 3년이 지나지 아니한 사람
1의6. 금고 이상의 형의 집행유예를 선고받고 그 유예기간 중에 있는 사람
1의7. 사회복지사업 또는 그 직무와 관련하여 죄를 범하거나 이 법을 위반하여 100만원 이상의 벌금형을 선고받

고 그 형이 확정된 후 5년이 지나지 아니한 사람, 형의 집행유예를 선고받고 그 형이 확정된 후 7년이 지나지 아니한 사람, 징역형을 선고받고 그 집행이 끝나거나(집행이 끝난 것으로 보는 경우 포함) 집행이 면제된 날부터 7년이 지나지 아니한 사람 등에 해당하는 사람
1의8. 성폭력범죄, 아동 · 청소년대상 성범죄를 저지른 사람으로서 형 또는 치료감호를 선고받고 확정된 후 그 형 또는 치료감호의 전부 또는 일부의 집행이 끝나거나(집행이 끝난 것으로 보는 경우 포함) 집행이 유예 · 면제된 날부터 10년이 지나지 아니한 사람
2의3. 시설의 장에서 해임된 사람으로서 해임된 날부터 5년이 지나지 아니한 사람
2의4. 폐쇄명령을 받고 3년이 지나지 아니한 사람

7) 사회복지법인 재산

① 법인은 사회복지사업의 운영에 필요한 재산을 소유하여야 한다(재산소유 의무).

② 법인의 재산은 보건복지부령으로 정하는 바에 따라 기본재산과 보통재산(기본재산 이외의 재산)으로 구분한다. 기본재산은 그 목록과 가액(價額)을 정관에 적어야 한다.

③ 법인은 기본재산에 관하여 다음 각 호의 어느 하나에 해당하는 경우에는 시 · 도지사의 허가를 받아야 한다.

1. 매도 · 증여 · 교환 · 임대 · 담보제공 또는 용도변경을 하려는 경우
2. 보건복지부령으로 정하는 금액 이상을 1년 이상 장기차입(長期借入)하려는 경우

※ 기본재산에 해당하는 재산(시행규칙 제12조 1항) [참조] 보통재산: 기본재산 이외의 재산
1. 부동산 2. 정관에서 기본재산으로 정한 재산 3. 이사회의 결의에 의하여 기본재산으로 편입된 재산

④ 재산과 그 회계에 관하여 필요한 사항은 보건복지부령으로 정한다.

※ 기본재산의 구분 및 범위(시행규칙 제12조 2항) – 목적사업용 기본재산과 수익용 기본재산 구분

1. 목적사업용 기본재산: 법인이 사회복지시설 등의 설치에 직접 사용하는 기본재산
2. 수익용 기본재산: 법인이 그 수익으로 목적사업의 수행에 필요한 경비를 충당하기 위한 기본재산 예컨대 사회복지법인의 수익용 기본재산에는 ① 임대용 토지, ② 은행의 정기예금, ③ 상장기업의 주식, ④ 임대용 건물 등이 있다.

8) 재산 취득 보고 – 매년 1월말까지 전년도의 재산취득상황을 주무관청에 보고

법인이 매수 · 기부채납(寄附採納), 후원 등의 방법으로 재산을 취득하였을 때에는 지체 없이 이를 법인의 재산으로 편입 · 조치하여야 한다. 이 경우 법인은 그 취득 사유, 취득재산의 종류 · 수량 및 가액을 매년 시 · 도지사에게 보고하여야 한다.

9) 기본재산의 처분

① 법인은 기본재산의 매도 · 증여 · 교환 · 임대 · 담보제공 또는 용도변경에 관한 허가를 받고자 하는 경우에 다음의 서류를 첨부하여 주무관청에 제출하여야 한다.

※ **기본재산에 관한 처분허가를 신청하는 경우에 제출해야 하는 서류**
1. 기본재산처분허가신청서
2. 처분을 결의한 이사회 회의록 사본
3. 처분하는 기본재산의 명세서
4. 처분하는 기본재산의 명세서

② 법인은 기본재산에 관하여 ㉠ 매도 · 증여 · 교환 · 임대 · 담보제공 또는 용도변경하고자 할 때와 ㉡ 보건복지부령이 정하는 금액(장기차입하고자 하는 금액) 이상을 1년 이상 장기차입하고자 할 때는 시 · 도지사의 허가를 받아야 한다.

10) 사회복지법인의 설립허가 취소

시 · 도지사는 법인이 다음 각 호의 어느 하나에 해당할 때에는 기간을 정하여 시정명령을 하거나 설립허가를 취소할 수 있다(임의규정, 취소처분하기 사전에 → 청문절차를 반드시 거쳐야 한다). 그러나 시 · 도지사는 법인이 설립 허가조건에 위반한 때에는 지체없이(즉시) 설립허가를 취소할 수 있는 것은 아니다. 사회복지사업법령상 사회복지법인의 설립허가를 취소하려면 사전에 청문을 하여야 한다.

※ **설립허가 취소**
1. 거짓이나 그 밖의 부정한 방법으로 설립허가를 받았을 때(→ 설립허가를 반드시 취소하여야 함)
2. 설립허가 조건을 위반하였을 때
3. 목적 달성이 불가능하게 되었을 때
4. 목적사업 외의 사업을 하였을 때
5. 정당한 사유 없이 설립허가를 받은 날부터 6개월 이내에 목적사업을 시작하지 아니하거나 1년 이상 사업실적이 없을 때
6. 법인이 운영하는 시설에서 반복적 또는 집단적 성폭력범죄가 발생한 때
7. 법인 설립 후 기본재산을 출연하지 아니한 때
8. 제18조 1항의 임원정수를 위반한 때
9. 제18조 2항을 위반하여 이사를 선임한 때
10. 제22조에 따른 임원의 해임명령을 이행하지 아니한 때
11. 그밖에 이 법 또는 이 법에 따른 명령이나 정관을 위반하였을 때

◆ 여기서 공익을 해치는 행위를 한 때는 삭제하였다. 〈2007.12.14.〉

※ **법인설립허가의 당연 취소**
거짓이나 그 밖의 부정한 방법으로 설립허가를 받으면 반드시 설립허가를 취소하여야 한다.
[주의] 지정하는 기관은 지정한 것을 지키지 않았을 때 반드시 지정을 취소하여야 하는 것은 아니다.

11) 남은 재산의 처리

재단법인은 정관에 규정하는 바에 따라 해산할 수 있다. 법인의 소멸이란 법인의 권리능력을 상실하는 것을 말하며, 법인해산에 의해 법인의 활동이 정지되고, 이어서 재산을 정리하는 청산의 단계로 들어가고 법인이 소멸하는 시점은 법인청산이 종료된 때이다.

① 해산한 법인의 남은 재산은 정관으로 정하는 바에 따라 국가 또는 지자체에 귀속된다(잔여재산의 처리).

② 국가 또는 지자체에 귀속된 재산은 사회복지사업에 사용하거나 유사한 목적을 가진 법인에 무상으로 대여하거나 무상으로 사용·수익하게 할 수 있다. 다만, 해산한 법인의 이사 본인 및 그와 대통령령으로 정하는 특별한 관계에 있는 사람이 이사로 있는 법인에 대하여는 그러하지 아니하다.

12) 수익사업

① 법인은 목적사업의 경비(목적 외 사업의 경비 ×)에 충당하기 위하여 필요할 때에는 법인의 설립 목적 수행에 지장이 없는 범위에서 수익사업을 할 수 있다(수익사업 가능).

② 법인은 수익사업에서 생긴 수익을 법인 또는 법인이 설치한 사회복지시설의 운영 외의 목적에 사용할 수 없다. 법인의 수익사업에서 생긴 수익을 시설 운영 외의 목적으로 사용하는 자는 1년 이하의 징역 또는 1천만 원 이하의 벌금에 처한다.

③ 수익사업에 관한 회계는 법인의 다른 회계와 구분하여 회계처리(복식부기)하여야 한다(사회복지법인의 회계원칙: 단식부기).

13) 합병

합병은 둘 이상의 법인이 일정한 계약에 의하여 하나의 법인으로 합동하는 것으로 신설합병과 흡수합병이라는 두 가지 경우가 있다.

① 법인은 시·도지사의 허가를 받아 이 법에 따른 다른 법인과 합병할 수 있다. 다만, 주된 사무소가 서로 다른 시·도에 소재한 법인 간의 합병의 경우에는 보건복지부장관의 허가를 받아야 한다.

② 법인이 합병하는 경우 합병 후 존속하는 법인이나 합병으로 설립된 법인은 합병으로 소멸된 법인의 지위를 승계한다.

14) 동일명칭 사용금지

사회복지사업법에 따른 사회복지법인이 아닌 자는 사회복지법인이라는 명칭을 사용하지 못한다. 이 규정을 위반하는 자는 300만 원 이하의 과태료를 부과한다.

15) 다른 법률의 준용

법인에 관하여 사회복지사업법에서 규정한 사항을 제외하고는 민법과 공익법인의 설립·운영에 관한 법률을 준용한다.

※ 사회복지법인에 관한 법 적용의 우선순위
사회복지사업 관련 특정 법률 → 사회복지사업법 → 공익법인의 설립·운영에 관한 법률 → 민법

9. 한국사회복지협의회

사회복지사업법은 각종 사회복지사업을 위한 한국사회복지협의회의 역할을 강조하고 있다.

⊞ 한국사회복지협의회의 업무

한국사회복지협의회	1. 사회복지에 관한 조사·연구 및 정책 건의 2. 사회복지 관련 기관·단체 간의 연계·협력·조정 3. 사회복지 소외계층 발굴 및 민간사회복지자원과의 연계·협력 4. 대통령령으로 정하는 사회복지사업의 조성(시행령 제12조) 1. 사회복지에 관한 교육훈련 2. 사회복지에 관한 자료수집 및 간행물 발간 3. 사회복지에 관한 계몽 및 홍보 4. 자원봉사활동의 진흥 5. 사회복지사업에 관한 기부문화의 조성 6. 사회복지사업에 종사하는 사람의 교육훈련과 복지증진 7. 사회복지에 관한 학술 도입과 국제사회복지단체와의 교류 8. 보건복지부장관이 위탁하는 사회복지에 관한 업무[중앙협의회만 해당] 9. 시·도지사 및 중앙협의회가 위탁하는 사회복지에 관한 업무[시·도협의회만 해당] 10. 시·도지사, 시장·군수·구청장, 중앙협의회 및 시·도협의회가 위탁하는 사회복지에 관한 업무[시·군·구협의회만 해당] 11. 그밖에 중앙협의회, 시·도협의회, 시·군·구협의회의 목적 달성에 필요하여 각각의 정관에서 정하는 사항

※ 사회복지협의회는 국민실태를 파악하여 간접적인 서비스를 제공한다. 사회복지실태조사를 한다. 분원을 가진다, 경제계 인사도 회원이 된다. 자료수집과 계몽, 간접적인 교육훈련, 정보와 자료제공, 조사 및 정책건의 활동 등을 수행한다.

① 사회복지에 관한 다음 각 호의 업무를 수행하기 위하여 전국 단위의 한국사회복지협의회(중앙협의회: 15~30인 이하 이사와 감사 2인)와 시·도 단위의 시·도 사회복지협의회(시·도협의회)를 두며, 필요한 경우에는 시·군·구 단위의 시·군·구 사회복지협의회(시·군·구협의회)를 둘 수 있다.

② 중앙협의회, 시·도협의회 및 시·군·구협의회는 이 법에 따른 사회복지법인으로 하되, 제23조 1항(재산의 소유의무)은 적용하지 아니한다. 즉, 사회복지협의회의 법인은 사회복지사업의 운영에 필요한 재산을 소유하지 아니해도 된다.

10. 사회복지서비스 제공의 원칙

① 사회복지서비스를 필요로 하는 사람(보호대상자)에 대한 사회복지서비스 제공은 현물로 제공하는 것을 원칙으로 한다.

② 시장(「제주특별자치도 설치 및 국제자유도시 조성을 위한 특별법」에 따른 행정시장 포함)·군수·구청장은 국가 또는 지방자치단체 외의 자로 하여금 제1항의 서비스 제공을 실시하게 하는 경우에는 보호대상자에게 사회복지서비스 이용권을 지급하여 국가 또는 지방자치단체 외의 자로부터 그 이용권으로 서비스 제공을 받게 할 수 있다.

③ 국가와 지방자치단체는 사회복지서비스의 품질향상과 원활한 제공을 위하여 필요한 시책을 마련하여야 한다.

④ 국가와 지방자치단체는 사회복지서비스의 품질을 관리하기 위하여 사회복지서비스를 제공하는 기관·법인·시설·단체의 서비스 환경, 서비스 제공 인력의 전문성 등을 평가할 수 있다.

⑤ 보건복지부장관은 평가를 위하여 평가기관을 설치·운영하거나, 평가의 전부 또는 일부를 관계 기관 또는 단체에 위탁할 수 있다.

⑥ 보건복지부장관은 평가를 위탁한 기관 또는 단체에 대하여 그 운영에 필요한 비용을 지원할 수 있다.

☆ 사회복지업무의 전자화: 보건복지부장관은 사회복지법인 및 사회복지시설의 종사자, 거주자 및 이용자에 관한 자료 등 운영에 필요한 정보의 효율적 처리와 기록·관리 업무의 전자화를 위하여 정보시스템을 구축·운영할 수 있다.

TIP 사회복지서비스 이용권(= 바우처 Voucher = 쿠폰 = 티켓 = 식품권)

국가 → 지방자치단체 → 수급자(지원대상자) (이용권 제공) ↔ 민간(시설 등) (이용권 제출) (서비스 제공)

① 사회복지서비스 구매계약제도는 기관에 대한 일괄적인 보조금지원방식이 아니라 각 서비스별로 제공되는 서비스의 규격, 양, 품질 등이 계약에 따라 정해지고 서비스비용은 계약에 따라 지불되는 제도를 말한다.

② 이용권으로 이용할 수 있는 사회복지서비스의 유형은 개인과 가정의 돌봄 지원, 활동의 보조, 가사 또는 간병서비스, 신체적·정신적 건강의 향상을 목적으로 하는 사회복지서비스 등으로 한다.

11. 사회복지시설 - 원칙: 신고주의, 예외: 어린이집 인가주의

1) 사회복지시설의 설치 - 사회복지사업을 할 목적으로 설치된 시설

① 국가와 지자체는 사회복지시설(시설)을 설치·운영할 수 있다(신고의 의무 ×). 따라서 국가나 지방자치단체가 설치, 운영하는 사회복지시설은 신고의 의무가 없다.

② 국가 또는 지자체 외의 자(민간: 사회복지법인, 비영리단체, 개인)가 시설을 설치·운영하려는 경우에는 보건복지부령으로 정하는 바에 따라 시장·군수·구청장에게 신고하여야 한다(신고의 의무 ○).[107] 여기서 신고하지 아니하고 사회복지시설을 설치·운영한 자는 1년 이하의 징역 또는 1천만 원 이하의 벌금에 처한다(벌칙). 다만, 폐쇄명령을 받고 3년이 지나지 아니한 자는 시설의 설치·운영 신고를 할 수 없다.

③ 시설을 설치·운영하는 자는 보건복지부령으로 정하는 재무·회계에 관한 기준에 따라 시설을 투명하게 운영하여야 한다.

④ 국가나 지자체가 설치한 시설은 필요한 경우 사회복지법인이나 비영리법인에 위탁하여 5년 이내의 위탁계약기간으로 하여 운영하게 할 수 있다.

⑤ 국가 또는 지자체가 설치한 시설을 위탁하여 운영하고자 하는 경우에는 공개모집에 의하여 수탁자를 선정하되, 수탁자의 재정적 능력, 공신력, 사업수행능력, 지역간 균형분포 및 평가결과(평가를 한 경우에 한함) 등을 종합적으로 고려하여 선정하여야 한다(시설의 위탁기준 및 방법).

2) 보험가입 의무 - 손해보험회사의 책임보험(화재보험 등)

① 시설의 운영자는 다음 각 호의 손해배상책임을 이행하기 위하여 손해보험회사의 책임보험에 가입하거나 사회복지사 등의 처우 및 지위 향상을 위한 법률에 따른 한국사회복지공제회의 책임공제에 가입하여야 한다.

1. 화재로 인한 손해배상책임
2. 화재 외의 안전사고로 인하여 생명·신체에 피해를 입은 지원대상자에 대한 손해배상책임

☆ 시설의 운영자는 손해배상책임을 이행하기 위하여 손해보험회사의 보험이나 한국사회복지공제회의 책임공제에 가입하지 아니하면 300만 원 이하의 과태료에 처함으로 형사상 책임을 지지 않는다.

② 국가나 지방자치단체는 예산의 범위에서 책임보험 또는 책임공제의 가입에 드는 비용의 전부 또는 일부를 보조할 수 있다.

107) 허가제를 신고제로 바꾼 이유는 ㉠ 지나친 행정규제 철폐, ㉡ 민간 주체의 활동을 활성화, ㉢ 복지공급을 증가 유도. 예, 아동복지시설 → 신고(비교: 어린이집[영유아 보육시설] → 인가 / 정신요양시설 - 허가)

> ⊞ 책임보험이나 책임공제에 가입하여야 할 사회복지시설의 범위(시행령 제18조의3)
> 1. 사회복지시설[26개 개별 법률에 따른 사회복지사업 시설] 2. 사회복지관 3. 결핵 및 한센병 요양시설

3) 시설의 안전점검

① 시설의 장은 시설에 대하여 정기 및 수시 안전점검을 실시하여야 한다. 시설의 장은 매 반기마다 정기안전점검을 실시하여야 한다.

> **※ 정기·수시안전점검의 실시**
>
> 시설장 ← 시설의 보완 또는 개수(改修)·보수를 요구 / (매 반기마다) 결과 보고서 제출 → 시장·군수·구청장

② 시설의 장은 정기 또는 수시안전점검을 한 후 그 결과를 시장·군수·구청장에게 제출하여야 한다(시·군·구청장에게 제출).

③ 시장·군수·구청장은 결과를 받은 후 필요한 경우에는 시설의 운영자에게 시설의 보완 또는 개수(改修)·보수를 요구할 수 있으며, 이 경우 시설의 운영자는 요구에 따라야 한다(시설의 보완, 개·보수 작업).

④ 국가나 지자체는 예산의 범위에서 안전점검, 시설의 보완 및 개수·보수에 드는 비용의 전부 또는 일부를 보조할 수 있다.

4) 사회복지관의 설치

① 시설 중 사회복지관은 지역사회의 특성과 지역주민의 복지욕구를 고려하여 서비스 제공 등 지역복지증진을 위한 사업을 실시할 수 있다.

② 사회복지관은 모든 지역주민을 대상으로 사회복지서비스를 실시하되, 다음 각 호의 지역주민에게 우선 제공하여야 한다.

> 1. 「국민기초생활 보장법」에 따른 수급자 및 차상위계층
> 2. 직업 및 취업 알선이 필요한 사람
> 3. 장애인, 노인, 한부모가족 및 다문화가족
> 4. 보호와 교육이 필요한 유아·아동 및 청소년
> 5. 그밖에 사회복지관의 사회복지서비스를 우선 제공할 필요가 있다고 인정되는 사람

③ 사회복지관의 설치·운영·사업 등에 필요한 사항은 보건복지부령으로 정한다.

※ 사회복지관의 설치·운영에 필요한 사항: 시행규칙 제21조와 제22조 등의 규정 참조

> **※ 사회복지관의 설치기준(시행규칙 제23조)**: 강당 또는 회의실, 방음설비를 갖춘 상담실
> 사회복지관에는 강당 또는 회의실과 방음설비를 갖춘 상담실을 갖추어야 하며, 업무 수행에 필요한 공간을 확보하여야 한다.

5) 시설의 장

① 시설의 장은 상근(常勤)하여야 한다(시설장의 상근의무).

② 다음 각 호의 어느 하나에 해당하는 사람은 시설의 장이 될 수 없다.

> **※ 시설의 장이 될 수 없는 사람 – [참조] 사회복지위원회의 위원이 될 수 없는 사람과 동일함**
> 1. 사회복지위원회의 위원 결격 요건의 어느 하나에 해당하는 사람
> 2. 해임명령에 따라 해임된 날부터 5년이 지나지 아니한 사람
> 3. 사회복지분야의 6급 이상 공무원으로 재직하다 퇴직한 지 3년이 경과하지 아니한 사람 중에서 퇴직 전 5년 동안 소속하였던 기초자치단체가 관할하는 시설의 장이 되고자 하는 사람
> 4. 종사자로 재직하는 동안 시설이용자를 대상으로 성폭력범죄 및 아동·청소년대상 성범죄를 저질러 금고 이상의 형 또는 치료감호를 선고받고 그 형이 확정된 사람

※ 사회복지법인과 사회복지시설의 공공성을 강화하기 위하여 사회복지법인의 임원과 사회복지시설장의 결격사유 추가 규정

6) 사회복지시설의 운영위원회

(1) 시설의 운영에 관한 심의 사항

① 시설의 장은 시설의 운영에 관한 다음 각 호의 사항을 심의하기 위하여 시설에 운영위원회를 두어야 한다. 다만, 보건복지부령으로 정하는 경우에는 복수의 시설에 공동으로 운영위원회를 둘 수 있다(의결권 ×).

> **※ 사회복지사업법상 사회복지시설의 운영위원회 심의 사항(역할)**
> 1. 시설운영계획의 수립·평가에 관한 사항
> 2. 사회복지 프로그램의 개발·평가에 관한 사항
> 3. 시설 종사자의 근무환경 개선에 관한 사항
> 4. 시설 거주자의 생활환경 개선 및 고충 처리 등에 관한 사항
> 5. 시설 종사자와 거주자의 인권보호 및 권익증진에 관한 사항
> 6. 시설과 지역사회의 협력에 관한 사항
> 7. 그밖에 시설의 장이 운영위원회의 회의에 부치는 사항

② 운영위원회의 위원은 다음 각 호의 어느 하나에 해당하는 사람 중에서 관할 시장·군수·구청장이 임명하거나 위촉한다. ☆ 사회복지시설 거주자 대표는 운영위원회의 위원이 될 수 있다.

> 1. 시설의 장
> 2. 시설 거주자의 대표
> 3. 시설 거주자의 보호자 대표
> 4. 시설 종사자의 대표
> 5. 해당 시·군·구 소속의 사회복지업무를 담당하는 공무원
> 6. 후원자 대표 또는 지역주민
> 7. 공익단체에서 추천한 사람
> 8. 시설의 운영 또는 사회복지에 관하여 전문적인 지식과 경험이 풍부한 사람

③ 시설의 장은 다음의 사항을 운영위원회에 보고하여야 한다.

> 1. 시설의 회계 및 예산·결산에 관한 사항
> 2. 후원금 조성 및 집행에 관한 사항
> 3. 그밖에 시설운영과 관련된 사건·사고에 관한 사항

(2) 운영위원회의 조직 및 운영

운영위원회의 조직 및 운영에 관한 사항은 보건복지부령으로 정한다.

> **[+] 운영위원회의 조직 및 운영(시행규칙 제24조)**
> ① 운영위원회의 위원은 위원장을 포함하여 5명 이상 15명 이하의 위원으로 구성한다.
> ② 운영위원회의 위원장은 위원 중에서 호선한다(위원장: 호선).
> ③ 위원의 임기는 3년으로 한다(임기: 3년).

7) 시설의 서류비치

시설의 장은 후원금품대장 등 보건복지부령이 정하는 서류를 시설에 갖추어 두어야 한다. ☆ 시설의 장은 후원금품대장을 시설에 갖추어 두어야 한다.

> ※ **시설에 비치하여야 할 서류**(시행규칙 제25조): 시설장은 ㉠ 법인의 정관(법인에 한함) ㉡ 법인설립허가증사본(법인에 한함) ㉢ 사회복지시설신고증 ㉣ 시설거주자 및 퇴소자의 명부 ㉤ 시설거주자 및 퇴소자의 상담기록부 ㉥ 시설의 운영계획서 및 예산·결산서 ㉦ 후원금품대장 ㉧ 시설의 건축물관리대장 ㉨ 시설의 장과 종사자의 명부 등의 서류를 시설에 갖추어 두어야 한다.

8) 시설의 휴지·재개·폐지 신고

① 시설 설치의 신고를 한 자는 지체 없이 시설의 운영을 시작하여야 한다(위반한 자는 300만 원 이하 과태료 부과).

② 시설의 운영자는 그 운영을 일정 기간 중단하거나 다시 시작하거나 시설을 폐지하려는 경우에는 보건복지부령(제26조 1항)으로 정하는 바에 따라 시장·군수·구청장에게 3월 전까지 관할 시장·군수·구청장에게 제출하고 신고하여야 한다. ☆ 시설의 운영자는 시설을 폐지하려는 경우 시장·군수·구청장의 신고하여야 한다(위반한 자는 300만 원 이하의 과태료 부과).

③ 시장·군수·구청장은 시설운영이 중단되거나 시설이 폐지되는 경우에는 보건복지부령으로 정하는 바에 따라 시설거주자의 권익을 보호하기 위하여 다음 각 호의 조치를 하여야 한다.

> ※ **입소자의 권익보호 조치**
> 1. 시설 거주자가 다른 시설을 선택할 수 있도록 하고 그 이행을 확인하는 조치
> 2. 시설 거주자가 이용료·사용료 등의 비용을 부담하는 경우 납부한 비용 중 사용하지 아니한 금액을 반환하게 하고 그 이행을 확인하는 조치
> 3. 보조금·후원금 등의 사용실태 확인과 이를 재원으로 조성한 재산 중 남은 재산의 회수조치
> 4. 그밖에 시설 거주자의 권익 보호를 위하여 필요하다고 인정되는 조치

9) 시설의 개선, 사업의 정지, 시설의 폐쇄

보건복지부장관, 시・도지사 또는 시장・군수・구청장은 시설이 다음 각 호의 어느 하나에 해당할 때에는 그 시설의 개선, 사업의 정지, 시설의 장의 교체를 명하거나 시설의 폐쇄를 명할 수 있다(행정처분: 청문실시 의무 발생).

※ 시설의 개선, 사업의 정지, 폐쇄 등의 행정처분을 받을 수 있는 사유
1. 시설이 설치기준에 미달하게 되었을 때(시설이 설치기준에 미달)
2. 사회복지법인 또는 비영리법인이 설치·운영하는 시설의 경우 그 사회복지법인 또는 비영리법인의 설립허가가 취소되었을 때(사회복지법인, 비영리법인의 설립허가 취소)
3. 설치 목적이 달성되었거나 그 밖의 사유로 계속하여 운영될 필요가 없다고 인정할 때(설치목적달성, 계속 운영 필요성 ×)
4. 회계부정이나 불법행위 또는 그 밖의 부당행위 등이 발견되었을 때(회계부정, 불법행위 발견)
5. 신고를 하지 아니하고 시설을 설치·운영하였을 때(미신고시설)
6. 운영위원회를 설치하지 아니하거나 운영하지 아니하였을 때(운영위원회 미설치, 미운영)
7. 정당한 이유 없이 보고 또는 자료 제출을 하지 아니하거나 거짓으로 하였을 때
8. 정당한 이유 없이 검사·질문을 거부·방해하거나 기피하였을 때
9. 시설에서 성폭력범죄 또는 아동·청소년대상 성폭력범죄가 발생한 때
10. 1년 이상 시설이 휴지상태에 있어 시장·군수·구청장이 재개를 권고하였음에도 불구하고 재개하지 아니한 때

10) 시설 수용인원의 제한

사회복지시설의 수용인원은 300명을 초과할 수 없다(원칙). 다만, 대통령령(시행령 제19조 수용인원 300명 초과 가능시설)으로 정하는 경우에는 그러하지 아니하다(예외). ☆ 대통령령으로 정하는 경우를 제외하고 각 사회복지시설의 수용인원은 300명을 초과할 수 없다.

※ 수용인원 300명을 초과할 수 있는 사회복지시설(시행령 제19조) – 예외 인정 〈개정 2014.12.16.〉
㉠ 「노인복지법」에 따른 노인주거복지시설 중 양로시설과 노인복지주택
㉡ 「노인복지법」에 따른 노인의료복지시설 중 노인요양시설
㉢ 보건복지부장관이 사회복지시설의 종류, 지역별 사회복지시설의 수, 지역별·종류별 사회복지서비스 수요 및 사회복지사업 관련 종사자의 수 등을 고려하여 정하여 고시하는 기준에 적합하다고 시장·군수·구청장이 인정하는 사회복지시설

12. 재가복지

1) 재가복지서비스

재가복지서비스는 시설에 수용하지 않고 지역사회 내에서 전문사회복지인력을 파견해서 복지서비스 제공하는 형태를 말한다.

① 국가나 지자체는 지원대상자가 다음 각 호의 어느 하나에 해당하는 재가복지서비스를 제공받도록 할 수 있다.

※ 재가복지서비스의 종류
1. 가정봉사서비스: 가사 및 개인활동을 지원하거나 정서활동을 지원하는 서비스
2. 주간·단기 보호서비스: 주간·단기 보호시설에서 급식 및 치료 등 일상생활의 편의를 낮 동안 또는 단기간(월 15일 이내) 동안 제공하거나 가족에 대한 교육 및 상담을 지원하는 서비스

② 시장·군수·구청장은 지원대상자별 서비스 제공 계획에 따라 지원대상자에게 사회복지서비스를 제공하는 경우, 시설 입소에 우선하여 재가복지서비스를 제공하도록 하여야 한다.

2) 가정봉사원의 양성 – 노인복지법상 요양보호사

국가나 지자체는 재가복지서비스를 필요로 하는 가정 또는 시설에서 지원대상자가 일상생활을 하기 위하여 필요한 각종 편의를 제공하는 가정봉사원을 양성하도록 노력하여야 한다.

13. 사회복지사업의 재원

1) 국가나 지방자치단체의 보조금

① 국가나 지자체는 사회복지사업을 하는 자 중 대통령령으로 정하는 자에게 운영비 등 필요한 비용의 전부 또는 일부를 보조할 수 있다(비용의 보조).

⊞ 대통령령이 정하는 자(시행령 제20조)
1. 사회복지법인 2. 사회복지사업을 수행하는 비영리법인 3. 사회복지시설을 설치·운영하는 개인

② 보조금은 그 목적 외의 용도에 사용할 수 없다(위반자는 5년 이하 징역 또는 1500만원 이하의 벌금).

③ 국가나 지자체는 보조금을 받은 자가 다음 각 호의 어느 하나에 해당할 때에는 이미 지급한 보조금의 전부 또는 일부의 반환을 명할 수 있다(보조금 반환명령).

1. 거짓이나 그 밖의 부정한 방법으로 보조금을 받았을 때(사위·부정 교부)–반환 명령 의무
2. 사업 목적 외의 용도에 보조금을 사용하였을 때(남용, 오용)–반환 명령 의무
3. 이 법 또는 이 법에 따른 명령을 위반하였을 때(법·명령 위반)

2) 비용의 징수[108)]

사회복지사업법에 따른 복지조치에 필요한 비용을 부담한 지방자치단체의 장이나

108) 비용의 징수: 비용을 징수하고자 하는 때에는 그 산출근거를 명시하여 서면으로 통지하여야 한다. 다만, 그 혜택을 받은 본인이 「국민기초생활 보장법」에 따른 수급자인 경우에는 그 비용을 징수하지 아니한다.

그밖에 시설을 운영하는 자는 그 혜택을 받은 본인 또는 그 부양의무자로부터 대통령령으로 정하는 바에 따라 그가 부담한 비용의 전부 또는 일부를 징수할 수 있다.

3) 국유·공유재산의 우선매각

국가나 지자체는 사회복지사업과 관련한 시설을 설치하거나 사업을 육성하기 위하여 필요하다고 인정하면 국유재산법과 공유재산 및 물품 관리법에도 불구하고, 사회복지법인 또는 사회복지시설에 국유·공유 재산을 우선매각하거나 임대할 수 있다.

4) 시설의 서비스 최저기준

① 보건복지부장관은 시설에서 제공하는 서비스의 최저기준을 마련하여야 한다.
② 시설 운영자는 서비스 최저기준 이상으로 서비스 수준을 유지하여야 한다.

※ 시설의 서비스 최저기준(시행규칙 제27조)
1. 시설 이용자의 인권 2. 시설의 환경 3. 시설의 운영 4. 시설의 안전관리 5. 시설의 인력관리
6. 지역사회 연계 7. 서비스의 과정 및 결과 8. 그밖에 서비스 최저기준 유지에 필요한 사항

14. 시설의 평가 - 사회복지시설 및 사회복지관

① 보건복지부장관과 시·도지사(시설평가권자)는 보건복지부령으로 정하는 바에 따라 시설(신고시설만 의미)을 정기적으로 평가(3년마다 1회 이상 실시)하고, 그 결과를 공표하거나 시설의 감독·지원 등에 반영할 수 있으며 시설 거주자를 다른 시설로 보내는 등의 조치를 할 수 있다. 여기서 시설평가는 신고시설만을 의미하며, 미신고시설은 제외한다. 법상 신고시설과 미신고시설 모두 실시한다는 규정이 없기 때문에 신고시설만을 의미한다고 볼 수 있다.

② 보건복지부장관이나 시·도지사는 평가 결과에 따라 시설 거주자를 다른 시설로 보내는 경우에는 제38조 3항(시설거주자의 권익 보호)의 조치를 하여야 한다. 여기서 국가는 사회복지사업에 관하여 공로가 현저하거나 모범이 되는 자에 대하여 포상을 할 수 있다.

15. 후원금의 관리 - 투명성 확보 [사회복지법인 재무회계규칙 제41조에 규정]

사회복지법인의 대표이사와 시설의 장은 아무런 대가 없이 무상으로 받은 금품이나 그 밖의 자산(후원금)의 수입·지출 내용을 공개하여야 한다. 그 관리(후원금에 관한

영수증 발급, 수입 및 사용결과 보고, 그밖에 후원금 관리에 필요한 사항)에 명확성이 확보되도록 하여야 한다. ☆ 시설의 장은 후원금품대장을 시설에 갖추어야 한다(후원금품 대장 구비).

16. 한국사회복지사협회 – 사단법인

사회복지사는 사회복지에 관한 전문지식과 기술을 개발·보급하고, 사회복지사의 자질 향상을 위한 교육훈련을 실시하며, 사회복지사의 복지증진을 도모하기 위하여 한국사회복지사협회(협회)를 설립한다(법정단체, 사단법인).

※ 한국사회복지사협회의 업무(시행령 제22조)
1. 사회복지사에 대한 전문지식 및 기술의 개발·보급
2. 사회복지사의 전문성 향상을 위한 교육훈련
3. 사회복지사제도에 대한 조사연구·학술대회개최 및 홍보·출판사업
4. 국제사회복지사단체와 교류·협력
5. 보건복지부장관이 위탁하는 사회복지사업에 관한 업무
6. 기타 협회의 목적달성에 필요한 사항

• 보건복지부는 사회복지사 보수교육 의무화를 내용으로 하는 사회복지사업법 시행규칙에 따르면, 사회복지법인 또는 사회복지시설에 종사하는 사회복지사는 2009년부터 연간 8시간 이상의 보수교육을 받아야 하며, 보수 교육 관리운영을 위한 위탁기관은 한국사회복지사협회이다.

※ 협회의 회원(시행령 제23조): 협회의 회원은 사회복지사 자격증을 발급받은 사람으로 한다.

[문제] 사회복지사업법령상 다음의 역할을 모두 수행하는 조직은?

17. 수급자의 권리보호

1) 비밀누설의 금지(비밀보호)

사회복지사업 또는 사회복지업무에 종사하였거나 종사하고 있는 자는 그 업무수행의 과정에서 알게 된 다른 사람의 비밀을 누설하여서는 아니 된다.

2) 압류금지

사회복지사업법 및 사회복지사업(제2조 1호)의 개별 26개 법률에 의하여 지급된 금품과 이를 받을 권리는 압류하지 못한다(일신전속적 권리: 압류 ×).

3) 청문 – 취소, 폐쇄 등의 경우

보건복지부장관, 시·도지사 또는 시장·군수·구청장은 허가의 취소 또는 시설의 폐쇄를 하려면 청문을 실시하여야 한다. 여기서 사회복지사의 자격취소, 설립허가취

소, 시설폐쇄 등의 경우 반드시 청문을 거쳐야 한다(청문실시 의무). ☆ 사회복지사업법령상 사회복지법인의 설립허가를 취소하려면 청문을 하여야 한다.

18. 권한의 위임

이 법에 따른 보건복지부장관 또는 시·도지사의 권한은 대통령령으로 정하는 바에 따라 그 일부를 시·도지사 또는 시장·군수·구청장에게 위임할 수 있다.

19. 벌칙

1) 5년 이하의 징역 또는 5,000만 원 이하의 벌금

1. 제23조 3항(법인은 기본재산에 관하여 매도·증여·교환·임대·담보제공 또는 용도 변경을 하려는 경우, 보건복지부령으로 정하는 금액 이상을 1년 이상 장기차입(長期借入)하려는 경우에는 시·도지사의 허가를 받아야 한다)을 위반한 자
2. 제42조 2항(보조금은 그 목적 외의 용도에 사용할 수 없다)을 위반한 자

2) 1년 이하의 징역 또는 1천만 원 이하의 벌금

1. 정당한 이유 없이 사회복지시설의 설치를 방해하는 경우(제6조 1항)
2. 법인의 수익사업에서 생긴 수익을 시설 운영 외의 목적으로 사용하는 경우(제28조 2항)
3. 신고하지 아니하고 사회복지시설을 설치·운영하는 경우(제34조 2항)
4. 정당한 이유 없이 시설의 휴지·폐지 신고 등에 따른 시설 거주자 권익 보호조치를 기피하거나 거부하는 경우(제38조 3항)
5. 정당한 이유 없이 시설의 개선, 사업의 정지, 시설의 폐쇄 등에 따른 명령을 이행하지 아니하는 경우(제40조 1항)
6. 비밀누설의 금지(제47조)를 위반하는 경우
7. 정당한 이유 없이 지도·감독(제51조 1항)에 따른 보고를 하지 아니하거나 거짓으로 보고한 자, 자료를 제출하지 아니하거나 거짓 자료를 제출한 자, 검사·질문을 거부·방해 또는 기피한 자

※ 사회복지법인 임원선임관련 금품 등 수수금지 조항 신설

3) 300만 원 이하의 벌금

사회복지법인 및 사회복지시설을 설치·운영하는 자로서 사회복지사를 그 종사자로 채용하지 아니한 자(사회복지사의 채용 의무위반).

4) 양벌규정

법인의 대표자나 법인 또는 개인의 대리인·사용인, 그 밖의 종업원이 그 법인 또는 개인의 업무에 관하여 제53조, 제54조 및 제55조의 위반행위를 하면 그 행위자를 벌하는 외에 그 법인 또는 개인에게도 해당 조문의 벌금형을 과(科)한다. 다만, 법인

또는 개인이 그 위반행위를 방지하기 위하여 해당 업무에 관하여 상당한 주의와 감독을 게을리 하지 아니한 경우에는 그러하지 아니하다.

> **판례: 단순위헌, 2010.9.30, 2010헌가31(병합)**
> 제56조 중 "법인의 대리인·사용인, 기타의 종업원이 그 법인의 업무에 관하여 제53조 제1호[법인은 기본재산에 관하여 ㉠ 매도·증여·교환·임대·담보제공 또는 용도변경하고자 할 때, ㉡ 보건복지부령이 정하는 금액 이상을 1년 이상 장기차입하고자 할 때 등의 1에 해당하는 경우에는 보건복지부장관의 허가를 받아야 한다]의 위반행위를 한 때에는 그 법인에 대하여도 해당 조의 벌금형을 과한다."는 부분은 헌법에 위반된다.

5) 벌칙 적용 시의 공무원 의제

위탁받은 업무를 수행하는 사회복지관련기관 · 단체의 임직원은 형법 제129조 내지 제132조의 적용에 있어서는 이를 공무원으로 본다(공무원 의제, 간주).

6) 과태료 – 사회복지사업법령상 300만 원 이하 과태료 부과대상인 경우

- 보수교육: 제13조 2항 단서(사회복지법인 또는 사회복지시설에 종사하는 사회복지사는 정기적으로 인권에 관한 내용이 포함된 보수교육을 받아야 한다.)
- 교육을 이유로 불이익한 처분: 제13조 3항(사회복지법인 또는 사회복지시설을 운영하는 자는 그 법인 또는 시설에 종사하는 사회복지사에 대하여 교육을 이유로 불이익한 처분을 하여서는 아니 된다.)
- 임원임면의 보고: 제18조 6항(법인은 임원을 임면하는 경우에는 보건복지부령이 정하는 바에 의하여 지체없이 이를 시·도지사에게 보고하여야 한다.)
- 재산취득보고: 제24조(법인이 매수·기부채납, 후원 등의 방법으로 재산을 취득한 때에는 지체없이 이를 법인의 재산으로 편입조치하여야 한다. 이 경우 법인은 그 취득사유, 취득재산의 종류·수량 및 가액을 매년 시·도지사에게 보고하여야 한다.)
- 동일명칭 사용금지: 제31조(사회복지법인이 아닌 자는 사회복지법인이라는 용어를 사용하지 못한다.)
- 보험가입의무: 제34조의3(시설의 운영자는 손해배상 책임을 이행하기 위하여 손해보험회사의 책임보험에 가입하거나 한국사회복지공제회의 책임공제에 가입하여야 한다.)
- 시설의 안전점검 등: 제34조의4(시설의 장은 시설에 대하여 정기 및 수시안전점검을 실시하여야 한다.)
- 시설의 서류비치: 제37조(시설의 장은 후원금품대장 등 보건복지부령으로 정하는 서류를 시설에 갖추어 두어야 한다.)
- 시설의 휴지·재개·폐지신고 등: 제38조 1항·2항(① 신고를 한 자는 지체없이 시설의 운영을 개시하여야 한다. ② 시설의 운영자는 그 운영을 휴지하거나 재개 또는 시설을 폐지하고자 하는 때에는 보건복지부령이 정하는 바에 의하여 시장·군수·구청장에게 신고를 하여야 한다.)
- 후원금의 관리: 제45조[사회복지법인의 대표이사와 시설의 장은 아무런 대가 없이 무상으로 받은 금품이나 그 밖의 자산(후원금)의 수입·지출 내용을 공개하여야 하며 그 관리에 명확성이 확보되도록 하여야 한다]의 규정에 위반한 자는 300만 원 이하의 과태료에 처한다(30일 내 이의신청 가능).

※ 과태료 부과 · 징수자: 보건복지부장관, 시 · 도지사 또는 사장 · 군수 · 구청장

CHAPTER 09

사회서비스법[Ⅰ][사회복지사업법] 학습 핵심문제

01 사회복지사업법령상 사회복지시설 운영위원회의 역할로 옳은 것을 모두 고른 것은?

ㄱ. 시설운영계획의 수립・평가에 관한 심의
ㄴ. 시설종사자의 근무환경 개선에 관한 심의
ㄷ. 시설과 지역사회의 협력에 관한 심의
ㄹ. 시설거주자의 인권보호에 관한 심의

① ㄱ, ㄴ, ㄷ ② ㄱ, ㄷ ③ ㄴ, ㄹ ④ ㄹ ⑤ ㄱ, ㄴ, ㄷ, ㄹ

02 사회복지사업법령상 사회복지서비스 제공에 관한 설명으로 옳은 것은?

① 시・군・구 복지담당공무원은 지원대상자의 동의 없이 직권으로 신청할 수 있다.
② 시장・군수・구청장은 긴급히 서비스 제공을 실시할 필요가 있는 경우 등 보건복지부장관이 인정하는 경우에는 관련 절차의 일부를 생략할 수 있다.
③ 지원대상자에 대한 서비스는 원칙적으로 사회복지서비스 이용권으로 제공한다.
④ 시장・군수・구청장은 서비스 제공 결정을 서면 또는 구두로 알려야 한다.
⑤ 복지 요구 조사과정에서는 지원대상자의 의견진술기회를 제공하지 아니할 수 있다.

03 사회복지사업법상 사회복지서비스를 필요로 하는 사람(지원대상자)에 대한 서비스 제공(보호)에 관한 설명으로 옳지 않은 것은?

① 지원대상자에 대한 보호신청은 그 친족도 할 수 있다.
② 시・군・구 복지담당공무원은 관할 지역 내 지원대상자의 보호를 직권으로 신청할 수 있다.
③ 지원대상자에 대한 보호는 현금을 제공하는 것을 원칙으로 한다.
④ 시장・군수・구청장은 보호의 실시 여부와 보호 유형을 결정한다.
⑤ 시장・군수・구청장은 지원대상자에 대하여 보호를 실시하기로 결정하였을 때에는 지원대상자별 보호계획을 작성해야 한다.

04 사회복지사업법상 사회복지시설에 관한 설명으로 옳지 않은 것은?

① 국가나 지자체는 사회복지시설을 설치・운영할 수 있다.
② 시설의 장은 시설에 대하여 정기 및 수시 안전점검을 실시하여야 한다.
③ 시설의 운영자는 시설을 폐지하려는 경우 시장・군수・구청장의 허가를 받아야 한다.
④ 시설의 장은 후원금품대장을 시설에 갖추어 두어야 한다.
⑤ 시설의 운영자는 화재로 인한 손해배상책임을 이행하기 위하여 손해보험회사의 책임보험에 가입하여야 한다.

05 다음 ( ) 안에 들어갈 숫자의 합은?

> 사회복지사업법상 사회복지법인은 대표이사를 포함한 이사 ( )명 이상과 감사 ( )명 이상을 두어야 하며, 이사 또는 감사 중에 결원이 생겼을 때에는 ( )개월 이내에 보충하여야 한다.

① 7 ② 9 ③ 11 ④ 13 ⑤ 15

06 사회복지전담공무원이 겸임할 수 있도록 규정되어 있는 것은?

① 아동위원 ② 장애인복지상담원 ③ 노인복지명예지도원
④ 정신보건전문요원 ⑤ 복지위원

07 사회복지서비스 이용권(voucher)에 관한 설명으로 옳은 것은?

① 현금급여와 달리 오·남용 문제를 원천적으로 막을 수 있다.
② 현물급여보다 소비자의 선택권이 제한된다.
③ 서비스 공급자가 특정 소비자를 선호 또는 회피하는 현상은 발생하지 않는다.
④ 급여의 양에 대한 통제효과는 없다.
⑤ 공급자에게 보조금을 지급하는 방식보다 공급자 간 서비스 질 경쟁을 유도하는 데 유리하다.

08 사회복지사에 관련된 규정이 아닌 것은?

① 전담공무원은 보건복지부장관이 명한 보수교육을 정기적으로 받아야 한다.
② 전담공무원은 반드시 사회복지사 자격을 가진 사람이어야 한다.
③ 금고 이상의 형의 선고를 받고 그 집행이 종료되지 아니하였거나 그 집행을 받지 아니하기로 확정되지 아니한 자는 사회복지사가 될 수 없다.
④ 마약·대마 또는 향정신성의약품의 중독자는 사회복지사가 될 수 없다.
⑤ 보건복지부장관은 사회복지사 교육을 보건복지부령으로 정하는 기관 또는 단체에 위탁할 수 있다.

09 사회복지사업법상 사회복지시설에 관한 설명으로 옳은 것은?

① 시설장은 비상근으로 할 수 있다.
② 시설은 심의·의결을 위해 운영위원회를 둔다.
③ 운영자는 시설물에 대해 손해보험법에 의한 책임보험을 가입해야 한다.
④ 대통령령이 정하는 사회복지시설 외에는 500명 이상 수용할 수 없다.
⑤ 시·군·구 사회복지시설은 사회복지법인만 위탁가능하다.

10 **사회복지법인에 대한 설명으로 옳지 않은 것은?**

① 정관변경에 대한 인가는 보건복지부장관의 정책적 판단에 따른 재량이다.
② 이사는 7인 이상, 감사는 2인 이상을 두어야 한다.
③ 법인을 설립할 때는 시·도지사의 허가 후에 설립등기를 해야 한다.
④ 법인 설립은 시·도지사의 허가를 받아야 한다.
⑤ 사회복지법인은 목적사업에 충당하기 위해 수익사업을 할 수 있다.

11 **다음 중 사회복지사 채용의무가 없는 시설은?**

① 노인복지법상 노인요양시설
② 아동복지법상 아동양육시설
③ 장애인복지법상 장애인생활시설
④ 영유아보육법상 보육시설
⑤ 한부모가족지원법에 의한 부자자립시설

12 **다음 중 사회복지법인의 특징으로 옳은 것은?**

① 특별한 관계에 있는 자가 이사 현원의 1/3 이상일 수 없다.
② 수익사업을 하기 때문에 비영리법인이 아니다.
③ 법인 설립을 위하여 시·도지사의 허가를 받아야 한다.
④ 거짓으로 설립허가를 받은 때에는 설립허가를 취소할 수 있다.
⑤ 법인은 어떠한 경우라도 수익 사업을 할 수 없다.

13 **사회복지시설에서 반드시 사회복지사를 채용하여 담당시켜야 할 역할로 맞는 것은?**

가. 사회복지 프로그램 기획 업무	나. 생활시설에서의 생활지도
다. 사회복지 관련 상담 업무	라. 의료서비스 업무

① 가, 나, 다　② 가, 다　③ 나, 라　④ 라　⑤ 가, 나, 다, 라

14 **사회복지사업법령의 내용으로 옳은 것은?**

① 사회복지법인의 설립은 보건복지부장관의 인가를 받아야 한다.
② 시장, 군수, 구청장은 사회복지사업을 원활하게 수행하기 위하여 시, 군, 구 단위로 지역사회보장협의체의 위원을 위촉하여야 한다.
③ 사회복지법인은 이사 정수의 5분의 1 이내에서 지역사회보장협의체에서 추천한 사람을 선임하여야 한다.
④ 국가나 지방자치단체가 설치, 운영하는 사회복지시설은 신고의 의무가 없다.
⑤ 사회복지시설의 장은 비상근으로 한다.

15 **사회복지사업법령상 국가와 지방자치단체의 복지와 인권증진의 책임에 관한 내용으로 옳지 않은 것은?**

① 사회복지서비스를 이용하는 사람의 인권을 옹호할 책임을 진다.
② 사회복지서비스와 보건의료서비스를 함께 필요로 하는 사람에게 이들 서비스가 연계되어 제공되도록 노력하여야 한다.
③ 사회복지서비스 공급자를 고려하여 사회복지시설을 설치하여야 한다.
④ 사회복지서비스를 필요로 하는 사람들에게 사회복지서비스의 실시에 대한 정보를 제공하여야 한다.
⑤ 시설 거주자의 희망을 반영하여 지역사회보호체계에서 서비스가 제공될 수 있도록 노력하여야 한다.

16 **사회복지사업법령에 관한 설명으로 옳은 것은?**

① 사회복지서비스의 신청은 시·군·구 일반담당공무원이 할 수 있다.
② 사회복지법인 감사의 임기는 2년이며, 연임할 수 없다.
③ 사회복지시설 거주자 대표는 해당 시설의 운영위원회 위원이 될 수 없다.
④ 노인복지법에 따른 노인의료복지시설 중 노인요양시설은 수용인원이 300명을 초과할 수 없다.
⑤ 대통령령으로 정하는 경우를 제외하고 각 사회복지시설의 수용인원은 300명을 초과할 수 없다.

17 **사회복지사업법령상 사회복지사업의 근거가 되는 법이 아닌 것은?**

① 아동복지법 ② 국민연금법 ③ 장애인복지법
④ 다문화가족지원법 ⑤ 노인복지법

18 **사회복지사업법상 사회복지의 날은?**

① 4월 20일 ② 6월 5일 ③ 7월 11일 ④ 9월 7일 ⑤ 10월 2일

정답 01. ⑤ 02. ② 03. ③ 04. ③ 05. ③ 06. ② 07. ⑤ 08. ① 09. ③ 10. ① 11. ④ 12. ③ 13. ① 14. ④ 15. ③ 16. ⑤ 17. ② 18. ④

CHAPTER 10

사회서비스법[III] [노인복지에 관한 법]

1 들어가는 말

노인복지에 관한 법에서는 헌법 제34조 4항에서 국가의 노인복지 향상을 위한 정책 실시의무를 규정하고 있고, 노인복지법을 중심으로 노인의 주거 및 생활, 보건, 소득 및 사회참여, 안전 및 권익보호로 나누어 각 분야별로 노인이 지원을 받을 수 있는 복지시설 및 지원사업의 신청방법과 절차 및 내용 등에 대하여 규정하고 있다.

노인복지법은 헌법의 내용을 구체적으로 실현하기 위해 주거 · 보건 · 소득 · 여가 및 안전 · 권익보호 등의 분야로 나누어 다양한 노인복지와 관련된 법규범이다.

이 장에서는 노인복지와 관련된 법제로 노인복지법에 대하여 서술하고자 한다.

2 노인복지법

[시행 2018.9.14.] [법률 제15442호, 2018.3.13., 일부개정] 보건복지부

노인복지법(1981년 제정, 1981년 시행)의 관장부서는 보건복지부(노인정책과)이며, 현대사회에서 의약기술의 발달과 문화생활의 향상으로 평균수명이 연장되어 노인인구가 크게 증가하는 한편 산업화, 도시화, 핵가족화의 진전에 따라 노인문제가 점차 큰 사회문제로 대두되고 있다. 이에 대처하여 우리 사회의 전통적 가족제도에 연유하고 있는 경로효친의 미풍양속을 유지 · 발전시켜 나아가는 한편, 노인을 위한 건강보호와 시설의 제공 등 노인복지시책을 효과적으로 추진함으로써 노인의 편안한 생활을 북돋아 주며, 나아가 사회복지의 증진에 이바지하려는 데 그 뜻이 있다.

1. 목적

노인복지법은 노인의 질환을 사전예방 또는 조기발견하고 질환상태에 따른 적절한 치료·요양으로 심신의 건강을 유지하고, 노후의 생활안정을 위하여 필요한 조치를 강구함으로써 노인의 보건복지증진에 기여함을 목적으로 한다.

2. 기본이념

① 노인은 후손의 양육과 국가 및 사회의 발전에 기여하여 온 자로서 존경받으며 건전하고 안정된 생활을 보장받는다(안정된 생활보장).

② 노인은 그 능력에 따라 적당한 일에 종사하고 사회적 활동에 참여할 기회를 보장 받는다(사회참여의 기회보장).

③ 노인은 노령에 따르는 심신의 변화를 자각하여 항상 심신의 건강을 유지하고 그 지식과 경험을 활용하여 사회의 발전에 기여하도록 노력하여야 한다(지식과 경험 활용).

3. 가족제도의 유지·발전

국가와 국민은 경로효친의 미풍양속에 따른 건전한 가족제도가 유지·발전되도록 노력하여야 한다.

4. 용어의 뜻

1. "부양의무자"라 함은 배우자(사실상의 혼인관계에 있는 자 포함)와 직계비속 및 그 배우자(사실상의 혼인관계에 있는 자 포함)를 말한다(법률혼, 사실혼 포함). 직계비속이란 자기로부터 직계로 이어져 내려간 혈족(자녀, 손자, 증손자 등)을 말한다.
2. "보호자"라 함은 부양의무자 또는 업무·고용 등의 관계로 사실상 노인을 보호하는 자를 말한다.
3. "치매"란 「치매관리법」 제2조 1호에 따른 치매를 말한다.
   "치매"라 함은 퇴행성 뇌질환 또는 뇌혈관계 질환 등으로 인하여 기억력, 언어능력, 지남력, 판단력 및 수행능력 등의 기능이 저하됨으로써 일상생활에서 지장을 초래하는 후천적인 다발성 장애를 말한다. 여기서 지남력은 자신이 처한 상황을 시공간적으로 올바르게 인식하는 것을 말한다.
4. "노인학대"라 함은 노인에 대하여 신체적·정신적·정서적·성적 폭력 및 경제적 착취 또는 가혹행위를 하거나 유기 또는 방임을 하는 것을 말한다.
5. "노인학대관련범죄"란 보호자에 의한 65세 이상 노인에 대한 노인학대로서 상해, 존속상해 등에 해당되는 죄를 말한다.

5. 보건복지증진의 책임 및 실태조사 - 3년마다 실시

① 국가와 지자체는 노인의 보건 및 복지증진의 책임이 있으며, 이를 위한 시책을 강구하여 추진하여야 한다(보건복지증진의 책임 제4조).

② 보건복지부장관은 노인의 보건 및 복지에 관한 실태조사를 3년마다 실시하고 그 결과를 공표하여야 한다(노인실태조사 제5조). 또한 관계 기관·법인·단체·시설의 장에게 필요한 자료의 제출 또는 의견의 진술을 요청할 수 있다.

> ※ 노인에 대한 사회적 관심과 공경의식을 높이기 위하여 매년 10월 2일을 노인의 날로, 매년 10월을 경로의 달로 하며, 부모에 대한 효 사상을 앙양하기 위하여 매년 5월 8일을 어버이날로 한다(노인의 날 등 제6조).
>
> [참조] 노인학대에 대한 인식을 높이고 관심을 갖기 위하여 매년 6월 15일을 노인학대예방의 날로 한다.

☆ 인권교육실시: 노인복지시설 중 시설을 설치·운영하는 자와 그 종사자는 인권에 관한 교육을 받아야 한다.

6. 노인복지상담원의 설치

노인의 복지를 담당하게 하기 위하여 특별자치도와 시·군·구(자치구)에 노인복지상담원을 둔다.

> **※ 노인복지상담원의 임용(시행령 제12조)**
>
> ① 사회복지사 3급 이상의 자격증 소지자 중에서 특별자치도지사·시장·군수·구청장이 공무원으로 임용한다. 다만, 부득이한 경우에는 공무원 외의 자로 위촉할 수 있다.
>
> → 공무원 외의 상담원은 지방공무원 일반직 8급 공무원에 상당하는 보수지급
>
> ② 위촉한 상담원의 임기는 3년으로 하되, 연임할 수 있다.
>
> ③ 시장·군수·구청장은 필요하다고 인정하는 때에는 아동복지지도원, 장애인복지상담원 또는 사회복지에 관한 업무를 담당하는 공무원으로 하여금 상담원을 겸직하게 할 수 있다.

7. 노인에 대한 보건·복지조치

> 노인의 사회참여 지원(지역봉사지도원 위촉), 노인일자리전담기관의 설치·운영, 경로우대, 건강진단, 홀로 사는 노인에 대한 지원, 생업지원(국가 또는 지자체 기타 공공단체가 설치·운영하는 공공시설 안에 65세 이상인 자의 신청이 있는 경우 이를 우선적 반영), 상담·입소 등의 조치, 치매관리사업, 노인재활요양사업

1) 노인의 사회참여 지원

국가 또는 지자체는 노인의 사회참여 확대를 위하여 노인의 지역봉사 활동기회를 넓히고, 노인에게 적합한 직종의 개발과 그 보급을 위한 시책을 강구하며 근로능력 있는 노인에게 일할 기회를 우선적으로 제공하도록 노력하여야 한다(노인의 사회참여 확대).

→ 노인지역봉사기관, 노인취업알선기관 등 노인복지관계기관에 대하여 필요한 지원을 할 수 있다.

2) 노인일자리전담기관의 설치·운영

국가 또는 지자체는 노인의 능력과 적성에 맞는 일자리지원사업을 전문적·체계적으로 수행하기 위한 전담기관(노인일자리전담기관)은 다음 각 호의 기관으로 한다.

1. 노인인력개발기관	노인일자리개발 · 보급사업, 조사사업, 교육 · 홍보 및 협력사업, 프로그램 인증 · 평가사업 등을 지원하는 기관
2. 노인일자리지원기관	지역사회 등에서 노인일자리의 개발 · 지원, 창업 · 육성 및 노인에 의한 재화의 생산 · 판매 등을 직접 담당하는 기관
3. 노인취업알선기관	노인에게 취업 상담 및 정보를 제공하거나 노인일자리를 알선하는 기관

☆ 노인일자리지원기관은 노인에 의한 재화의 생산 · 판매 등을 직접 담당하는 기관이다.

> **⊞ 노인일자리전담기관의 업무(시행령 제17조의3)**
> ⅰ) 중앙 노인일자리전담기관의 업무
> 1. 노인일자리의 개발 및 보급
> 2. 노인일자리사업 종사자의 교육훈련
> 3. 노인일자리에 관한 조사 및 연구
> 4. 노인일자리 종합정보시스템 및 노인인력 데이터베이스의 구축 및 운영
> 5. 지역노인일자리전담기관에 대한 지원 및 평가
> 6. 그밖에 보건복지부장관이 노인일자리사업에 관하여 위탁한 사항
>
> ⅱ) 지역 노인일자리전담기관의 업무
> 1. 지역 특성에 적합한 노인일자리의 개발 및 보급
> 2. 노인일자리사업에 참여하는 노인의 교육훈련
> 3. 노인일자리 및 참여자에 대한 사후관리
> 4. 노인인력 데이터베이스의 구축 지원
> 5. 그밖에 지방자치단체의 장이 노인일자리사업에 관하여 위탁한 사항

[참조] 지역봉사지도원 위촉 및 업무(24조)

3) 생업의 지원

국가 또는 지자체, 그 밖의 공공단체 중 대통령령으로 정하는 기관은 소관 공공시설에 식료품 · 사무용품 · 신문 등 일상생활용품의 판매를 위한 매점이나 자동판매기의 설치를 허가 또는 위탁할 때에는 65세 이상의 노인의 신청이 있는 경우 이를 우선적으로 반영하여야 한다.

국가, 지방자치단체, 그 밖의 공공단체 중 대통령령으로 정하는 기관은 소관 공공시설에 청소, 주차관리, 매표 등의 사업을 위탁하는 경우에는 65세 이상 노인을 100분의 20 이상 채용한 사업체를 우선적으로 고려할 수 있다.

4) 경로우대

국가 또는 지자체는 65세 이상의 자에 대하여 대통령령이 정하는 바에 의하여 국가 또는 지자체의 수송시설 및 고궁 · 능원 · 박물관 · 공원 등의 공공시설을 무료로 또는 그 이용요금을 할인하여 이용하게 할 수 있다.

☆ 65세 이상의 노인은 국가 또는 지자체의 수송시설을 무료로 또는 할인하여 이용할 수 있다.

5) 건강진단 – 65세 이상의 자, 2년에 1회 이상 실시

국가 또는 지자체(복지실시기관)는 대통령령이 정하는 바에 의하여 65세 이상의 자에

대하여 2년에 1회 이상 건강진단과 보건교육을 실시할 수 있다. 이 경우 보건복지부령으로 정하는 바에 따라 성별 다빈도질환 등을 반영하여야 한다.

6) 홀로 사는 노인에 대한 지원

국가 또는 지자체는 홀로 사는 노인에 대하여 방문요양과 돌봄 등의 서비스와 안전확인 등의 보호조치를 취하여야 한다(독거노인 지원).

※ **독거노인종합지원센터 설치·운영 :** 홀로 사는 노인에 대한 돌봄과 관련 사업 수행
☆ **노인성 질환에 대한 의료지원 :** 질환의 예방교육, 조기발견 및 치료 등에 필요한 비용의 지원

7) 상담 및 입소 등의 조치

① 보건복지부장관, 특별시장・광역시장・도지사・특별자치도지사, 시장・군수・구청장은 노인에 대한 복지를 도모하기 위하여 필요하다고 인정한 때에는 다음의 조치를 하여야 한다.

※ 상담·노인복지시설의 입소조치
1. 65세 이상의 자 또는 그를 보호하고 있는 자를 관계공무원 또는 노인복지상담원으로 하여금 상담·지도하게 하는 것
2. 65세 이상의 자로서 신체적·정신적·경제적 이유 또는 환경상의 이유로 거택에서 보호받기가 곤란한 자를 노인주거복지시설 또는 재가노인복지시설에 입소시키거나 입소를 위탁하는 것
3. 65세 이상의 자로서 신체 또는 정신상의 현저한 결함으로 인하여 항상 보호를 필요로 하고 경제적 이유로 거택에서 보호받기가 곤란한 자를 노인의료복지시설에 입소시키거나 입소를 위탁하는 것

② 보건복지부장관, 시・도지사 또는 시장・군수・구청장(=복지실시기관)은 65세 미만의 자에 대하여도 그 노쇠현상이 현저하여 특별히 보호할 필요가 있다고 인정할 때에는 상담・입소 등의 조치를 할 수 있다(65세 미만 자도 예외적으로 혜택). 이는 거부할 수 없다.

③ 복지실시기관은 입소조치된 자가 사망한 경우에 그 자에 대한 장례를 행할 자가 없을 때에는 그 장례를 행하거나(직접 장례) 해당 시설의 장(시설의 장에게 장례 위탁)으로 하여금 그 장례를 행하게 할 수 있다(복지실시기관은 직접 장례 또는 시설의 장에게 장례 위탁 가능). 이는 거부할 수 없다.

8) 노인재활요양사업

국가 또는 지자체는 신체적・정신적으로 재활요양을 필요로 하는 노인을 위한 재활요양사업을 실시할 수 있다(노인재활요양사업). ※ 노인재활요양사업의 지원(시행규칙 제13조)

8. 노인복지시설

1) 노인복지시설의 종류

① 노인복지시설이란 노인의 삶의 질을 향상시키기 위해 필요한 서비스 및 프로그램의 제공을 목적으로 마련된 장소, 설비 및 건조물 등의 시설을 말한다.

② 노인복지법령상 노인복지시설의 종류에는 ㉠ 노인주거복지시설, ㉡ 노인의료복지시설, ㉢ 노인여가복지시설, ㉣ 재가노인복지시설, ㉤ 노인보호전문기관, ㉥ 노인일자리지원기관 ㉦ 학대피해노인 전용쉼터 등이 있다. ☆ 노인복지법령상 노인복지시설의 종류에 해당하는 것이다.

<표 10-1> 노인복지시설의 종류

노인주거 복지시설	노인의료 복지시설	노인여가 복지시설	재가노인 복지시설	노인보호 전문기관	노인일자리 지원기관	학대피해 노인전용쉼터
양로시설	노인요양시설	노인복지관	–	중앙노인보호 전문기관	중앙노인일자리 전담기관	–
노인공동 생활가정	노인요양공동 생활가정	경로당	–	지역노인보호 전문기관	지역노인일자리 전담기관	–
노인복지주택	–	노인교실	–		–	–

◆ 노인일자리지원기관: 지역사회 등에서 노인일자리의 개발・지원, 창업・육성 및 노인에 의한 재화의 생산・판매 등을 직접 담당하는 기관

③ ㉠ 노인주거복지시설, ㉡ 노인의료복지시설, ㉢ 노인여가복지시설, ㉣ 재가노인복지시설 등의 노인복지시설의 설치신고를 한 경우 사회복지사업법에 따른 사회복지시설 설치신고를 한 것으로 본다(제31조의2).

④ 국가 또는 지방자치단체 외의 자가 시설을 설치・운영하려는 경우에는 보건복지부령으로 정하는 바에 따라 시장・군수・구청장에게 신고하여야 한다. 다만, 폐쇄명령을 받고 3년이 지나지 아니한 자는 시설의 설치・운영 신고를 할 수 없다.

☆ 노인복지시설의 설치절차: 노인보호전문기관과 노인일자리지원기관은 지정하고, 나머지 시설은 시・군・구청장에게 신고하여 설치한다.

[참조] 사회복지시설의 설치(사회복지사업법 제34조)

① 국가나 지방자치단체는 사회복지시설을 설치・운영할 수 있다.
② 국가 또는 지방자치단체 외의 자가 시설을 설치・운영하려는 경우에는 보건복지부령으로 정하는 바에 따라 시장・군수・구청장에게 신고하여야 한다.
③ 시설을 설치・운영하는 자는 보건복지부령으로 정하는 재무・회계에 관한 기준에 따라 시설을 투명하게 운영하여야 한다.
④ 국가나 지방자치단체가 설치한 시설은 필요한 경우 사회복지법인이나 비영리법인에 위탁하여 운영하게 할 수 있다.
⑤ 위탁운영의 기준・기간 및 방법 등에 관하여 필요한 사항은 보건복지부령으로 정한다.

2) 노인주거복지시설 – 주택법 및 공동주택관리법 준용

(1) 노인주거복지시설의 설치 – 시·군·구청장에게 신고주의

① 국가 또는 지자체는 노인주거복지시설을 설치할 수 있다.

② 국가 또는 지자체 외의 자(민간: 사회복지법인, 비영리단체, 개인)가 노인주거복지시설을 설치하고자 하는 경우에는 특별자치도지사・시・군・구청장에게 신고하여야 한다.

③ 시장・군수・구청장은 신고를 받은 경우 그 내용을 검토하여 이 법에 적합하면 신고를 수리하여야 한다.

(2) 노인주거복지시설의 종류

종 류	내 용
1. 양로시설	노인을 입소시켜 급식과 그밖에 일상생활에 필요한 편의를 제공함을 목적으로 하는 시설
2. 노인공동생활가정	노인에게 가정과 같은 주거여건과 급식, 그밖에 일상생활에 필요한 편의를 제공함을 목적으로 하는 시설
3. 노인복지주택	노인에게 주거시설을 임대하여 주거의 편의・생활지도・상담 및 안전관리 등 일상생활에 필요한 편의를 제공함을 목적으로 하는 시설

☆ 노인공동생활가정과 노인복지주택은 노인주거복지시설이다. 노인복지주택은 노인주거복지시설이다.

(3) 노인복지주택의 입소자격

노인복지주택에 입소할 수 있는 자는 60세 이상의 노인(입소자격자)으로 한다. 다만, 입소자격자의 배우자, 입소자격자가 부양을 책임지고 있는 19세 미만의 자녀・손자녀는 입소자격자와 함께 입소할 수 있다.

※ 노인주거복지시설의 입소대상자(시행규칙 제14조)

1. 양로시설·노인공동생활가정: 일상생활에 지장이 없는 자

가. 「국민기초생활 보장법」에 따른 수급권자(기초수급권자)로서 65세 이상의 자(국가 및 지자체 전액 부담)
나. 부양의무자로부터 적절한 부양을 받지 못하는 65세 이상의 자(국가 및 지자체 전액 부담)
다. 본인 및 본인과 생계를 같이 하고 있는 부양의무자의 월소득을 합산한 금액을 가구원수로 나누어 얻은 1인당 월평균 소득액이 통계청장이 「통계법」에 따라 고시하는 전년도(본인 등에 대한 소득조사일이 속하는 해의 전년도를 말함)의 도시근로자가구 월평균 소득을 전년도의 평균 가구원수로 나누어 얻은 1인당 월평균 소득액 이하인 자로서 65세 이상의 자(실비지원대상자)
라. 입소자로부터 입소비용의 전부를 수납하여 운영하는 양로시설 또는 노인공동생활가정의 경우는 60세 이상의 자(입소자 본인 전부 부담)

2. 노인복지주택: 단독취사 등 독립된 주거생활을 하는 데 지장이 없는 60세 이상의 자(입소자 본인 전부 부담)

• 입소기준 – ㉠ 양로시설, 노인공동생활가정: ⓐ 65세 이상+취약계층과 실비지원 대상자, ⓑ 유료 60세 이상, ⓒ 65세 미만인 배우자
㉡ 노인복지주택: ⓐ 60세 이상, ⓑ 60세 미만인 배우자 및 19세 미만의 자녀·손자녀

☆ 입소대상자의 60세 미만인 배우자 및 입소대상자가 부양을 책임지고 있는 19세 미만의 자녀 · 손자녀는 해당 입소대상자와 함께 노인복지주택에 입소할 수 있다. <신설 2015.6.2.>

3) 노인의료복지시설

(1) 노인의료복지시설의 설치

① 국가 또는 지자체는 노인의료복지시설을 설치할 수 있다(→ 국가, 지자체는 설치 가능).
② 국가 또는 지자체 외의 자가 노인의료복지시설을 설치하고자 하는 경우에는 시장·군수·구청장에게 신고하여야 한다.
③ 시장·군수·구청장은 신고를 받은 경우 그 내용을 검토하여 이 법에 적합하면 신고를 수리하여야 한다.

(2) 노인의료복지시설의 종류

① 노인의료복지시설(주거+요양)은 다음의 시설로 한다.

1. 노인요양시설	치매 · 중풍 등 노인성질환 등으로 심신에 상당한 장애가 발생하여 도움을 필요로 하는 노인을 입소시켜 급식 · 요양과 그밖에 일상생활에 필요한 편의를 제공함을 목적으로 하는 시설
2. 노인요양공동생활가정	치매 · 중풍 등 노인성질환 등으로 심신에 상당한 장애가 발생하여 도움을 필요로 하는 노인에게 가정과 같은 주거여건과 급식 · 요양, 그밖에 일상생활에 필요한 편의를 제공함을 목적으로 하는 시설
3. 삭제 [노인전문병원]	주로 노인을 대상으로 의료를 행하는 시설(<2011.6.7.> 삭제)

☆ 노인요양공동생활가정은 노인의료복지시설이다(노인주거복지시설 ×). 노인공동생활가정은 노인주거복지시설이다(노인의료복지시설 ×).

② 노인의료복지시설의 입소대상 · 입소비용 및 입소절차와 설치 · 운영자의 준수사항 등에 관하여 필요한 사항은 보건복지부령으로 정한다.

⊞ 노인의료복지시설의 입소대상자(시행규칙 제18조)
1. 노인요양시설·노인요양공동생활가정: 노인성질환 등으로 요양을 필요로 하는 자
가. 「노인장기요양보험법」에 따른 수급자(장기요양급여수급자)
나. 기초수급권자로서 65세 이상의 자
다. 부양의무자로부터 적절한 부양을 받지 못하는 65세 이상의 자
라. 입소자로부터 입소비용의 전부를 수납하여 운영하는 노인요양시설 또는 노인요양공동생활가정의 경우는 60세 이상의 자
※ 입소기준: 노인요양시설, 노인요양공동생활가정: ⓐ 65세↑ + 취약, ⓑ 유료 → 60세 미만인 배우자
ⓒ 장기요양 급여수급자

③ 입소대상자의 배우자는 65세 미만(입소자로부터 입소비용의 전부를 수납하여 운영하는 노인요양시설 또는 노인요양공동생활가정의 경우에는 60세 미만)인 경우에도 입소대상자와 함께 입소할 수 있다.

> **※ 사업의 정지와 폐지의 사유**
> ① 시설기준미달 ② 수탁거부 ③ 자료제출 등의 기본적 의무 위반 ④ 비용관련 규정을 위반한 경우

4) 노인여가복지시설

(1) 노인여가복지시설의 설치

> ① 국가 또는 지자체는 노인여가복지시설을 설치할 수 있다(→ 국가, 지자체는 설치 가능).
> ② 국가 또는 지자체 외의 자가 노인여가복지시설을 설치하고자 하는 경우에는 시장·군수·구청장에게 신고하여야 한다. → 국가·지자체 외의 자는 시·군·구청장에게 신고하고 설치가 가능하다.
> ③ 시장·군수·구청장은 신고를 받은 경우 그 내용을 검토하여 이 법에 적합하면 신고를 수리하여야 한다.
> ④ 국가 또는 지방자치단체는 경로당의 활성화를 위하여 지역별·기능별 특성을 갖춘 표준 모델 및 프로그램을 개발·보급하여야 한다.

(2) 노인여가복지시설의 종류: 노인복지관, 경로당, 노인교실

1. 노인복지관	노인의 교양·취미생활 및 사회참여활동 등에 대한 각종 정보와 서비스를 제공하고, 건강증진 및 질병예방과 소득보장·재가복지, 그밖에 노인의 복지증진에 필요한 서비스를 제공함을 목적으로 하는 시설(사회복지사 의무채용 시설)
2. 경로당	지역노인들이 자율적으로 친목도모·취미활동·공동작업장 운영 및 각종 정보교환과 기타 여가활동을 할 수 있도록 하는 장소를 제공함을 목적으로 하는 시설
3. 노인교실	노인들에 대하여 사회활동 참여욕구를 충족시키기 위하여 건전한 취미생활·노인건강유지·소득보장 기타 일상생활과 관련한 학습프로그램을 제공함을 목적으로 하는 시설
4. 노인휴양소 [삭제]	노인들에 대하여 심신의 휴양과 관련한 위생시설·여가시설 기타 편의시설을 단기간 제공함을 목적으로 하는 시설(<2011.6.7.> 삭제)

☆ 노인복지관은 사회복지사 의무채용시설이다. 노인교실은 노인여가복지시설이다.

(3) 노인여가복지시설의 이용대상

> **※ 노인여가복지시설의 이용대상자(시행규칙 제24조)**
> ① 노인여가복지시설의 이용대상자
> 1. 노인복지관: 60세 이상의 자 2. 경로당: 65세 이상의 자 3. 노인교실: 60세 이상의 자
> ② 노인복지관 및 노인교실 이용대상자의 배우자는 60세 미만인 때에도 이용대상자와 함께 이용할 수 있다.
>
> **⊞ 경로당에 대한 지원**
> 1) 경로당에 대한 양곡구입비와 경로당의 냉난방 비용의 전부 또는 일부를 보조 등의 보조(제37조의2)
> 2) 경로당에 대한 공과금 감면과 경로당에 대하여 각각 전기요금·전기통신요금 및 도시가스요금을 감면, 수도요금을 감면(제37조의3)

> **TIP** 노인복지시설 주변도로의 노인 보호구역지정
>
> 특별시장·광역시장 또는 시장·군수(광역시의 군수 제외) 등은 교통사고의 위험으로부터 노인을 보호하기 위해 필요하다고 인정되는 경우에는 「노인복지법」에 따른 노인복지시설 중 노인주거복지시설·노인의료복지시설·노인여가복지시설의 주변도로 가운데 일정 구간을 노인 보호구역으로 지정할 수 있다(「도로교통법」 제12조의2 1항 및 「동법 시행규칙」 제14조의2 1항).

5) 재가노인복지시설

(1) 재가노인복지시설의 설치

① 국가 또는 지자체는 재가노인복지시설을 설치할 수 있다(국가, 지자체는 설치 가능).
② 국가 또는 지자체 외의 자가 재가노인복지시설을 설치하고자 하는 경우에는 시장·군수·구청장에게 신고하여야 한다. → 국가·지자체 외의 자는 시·군·구청장에게 신고하고 설치가능하다.
③ 시장·군수·구청장은 신고를 받은 경우 그 내용을 검토하여 이 법에 적합하면 신고를 수리하여야 한다.

(2) 재가노인복지시설의 종류

재가노인복지시설은 방문요양서비스(건전, 안정된 노후), 주야간보호서비스(생활안정, 심신기능유지, 가족복지 도모), 단기보호서비스, 방문목욕서비스 이상의 서비스를 제공함을 목적으로 하는 시설을 말한다.

시설의 종류	내 용
방문요양서비스	가정에서 일상생활을 영위하고 있는 노인(재가노인)으로서 신체적·정신적 장애로 어려움을 겪고 있는 노인에게 필요한 각종 편의를 제공하여 지역사회 안에서 건전하고 안정된 노후를 영위하도록 하는 서비스
주·야간보호서비스	부득이한 사유로 가족의 보호를 받을 수 없는 심신이 허약한 노인과 장애노인을 주간 또는 야간 동안 보호시설에 입소시켜 필요한 각종 편의를 제공하여 이들의 생활안정과 심신기능의 유지·향상을 도모하고, 그 가족의 신체적·정신적 부담을 덜어주기 위한 서비스
단기보호서비스	부득이한 사유로 가족의 보호를 받을 수 없어 일시적으로 보호가 필요한 심신이 허약한 노인과 장애노인을 보호시설에 단기간(월 1일 이상 9일 이하) 입소시켜 보호함으로써 노인 및 노인가정의 복지증진을 도모하기 위한 서비스
방문목욕서비스	목욕의 장비를 갖추고 재가노인을 방문하여 목욕을 제공하는 서비스
그 밖의 서비스	그밖에 재가노인에게 제공하는 서비스로서 보건복지부령이 정하는 서비스 (재가노인지원서비스)

☆ 방문요양서비스의 제공을 목적으로 하는 시설은 재가노인복지시설이다. 방문목욕서비스의 제공을 목적으로 하는 시설은 재가노인복지시설이다.

6) 노인보호전문기관의 설치 – 주체: 국가, 지자체가 설치

① 국가는 지역 간의 연계체계를 구축하고 노인학대를 예방하기 위하여 다음 각 호의 업무를 담당하는 중앙노인보호전문기관을 설치·운영하여야 한다(중앙노인보호전문기관의 설치). ☆ 중앙노인보호전문기관은 노인인권보호정책을 제안할 수 있다.

※ 중앙노인보호전문기관의 업무

1. 노인인권보호 관련 정책제안
2. 노인인권보호를 위한 연구 및 프로그램의 개발
3. 노인학대 예방의 홍보, 교육자료의 제작 및 보급
4. 노인보호전문사업 관련 실적 취합, 관리 및 대외자료 제공

5. 지역노인보호전문기관의 관리 및 업무지원	6. 지역노인보호전문기관 상담원의 심화교육
7. 관련 기관 협력체계의 구축 및 교류	8. 학대분쟁조정을 위한 중앙노인학대사례판정위원회 운영

(학대받은 노인의 단기 보호, 노인인권보호를 위하여 보건복지부장관이 위탁하는 사항)

② 학대받는 노인의 발견·보호·치료 등을 신속히 처리하고 노인학대를 예방하기 위하여 다음 각 호의 업무를 담당하는 지역노인보호전문기관을 특별시·광역시·도·특별자치도(시·도)에 둔다(지역노인보호전문기관의 설치). [주의] 지역노인보호전문기관의 업무

※ 지역노인보호전문기관의 업무

1. 노인학대 신고전화의 운영 및 사례접수	2. 노인학대 의심사례에 대한 현장조사
3. 피해노인 및 노인학대자에 대한 상담	4. 피해노인가족 관련자와 관련 기관에 대한 상담
5. 상담 및 서비스제공에 따른 기록과 보관	6. 일반인을 대상으로 한 노인학대 예방교육
7. 노인학대행위자를 대상으로 한 재발방지 교육	8. 지역노인학대사례판정위원회운영 및 자체사례회의 운영

☆ 노인학대 신고전화 운영은 지역노인보호전문기관의 업무이다.

③ 보건복지부장관 및 시·도지사는 노인학대예방사업을 목적으로 하는 비영리법인을 지정하여 중앙노인보호전문기관과 지역노인보호전문기관의 운영을 위탁할 수 있다.

7) 학대피해노인 전용쉼터의 설치

① 국가와 지방자치단체는 노인학대로 인하여 피해를 입은 노인을 일정기간 보호하고 심신 치유 프로그램을 제공하기 위하여 학대피해노인 전용쉼터를 설치·운영할 수 있다.

② 쉼터의 업무는 다음 각 호와 같다.

1. 학대피해노인의 보호와 숙식제공 등의 쉼터생활 지원
2. 학대피해노인의 심리적 안정을 위한 전문심리상담 등 치유프로그램 제공
3. 학대피해노인에게 학대로 인한 신체적, 정신적 치료를 위한 기본적인 의료비 지원
4. 학대 재발 방지와 원가정 회복을 위하여 노인학대행위자 등에게 전문상담서비스 제공
5. 쉼터에 입소하거나 쉼터를 이용하는 학대피해노인을 위하여 보건복지부령으로 정하는 사항

③ 국가와 지방자치단체는 쉼터의 운영업무를 노인보호전문기관에 위탁할 수 있다. 이 경우 국가와 지방자치단체는 위탁에 소요되는 비용을 지원할 수 있다.

9. 요양보호사

1) 요양보호사의 개념

요양보호사란 치매·중풍 등 노인성 질환으로 독립적인 일상생활을 수행하기 어려운 노인을 위해 노인요양 및 재가시설에서 신체 및 가사 지원 서비스를 제공하는 인력을 말한다. ☆ 요양보호사의 직무·자격증의 교부 등의 근거 규정한 법은 노인복지법이다.

2) 요양보호사의 직무·자격증의 교부

요양보호사의 직무와 자격증의 교부에 대해 규정하고 있는 법은 노인복지법이다(노인장기요양보험법 ×).

① 노인복지시설의 설치・운영자는 보건복지부령으로 정하는 바에 따라 노인 등의 신체활동 또는 가사활동 지원 등의 업무를 전문적으로 수행하는 요양보호사를 두어야 한다(요양보호사의 채용의무).

② 요양보호사가 되려는 사람은 요양보호사를 교육하는 기관(요양보호사교육기관)에서 교육과정을 마치고 시・도지사가 실시하는 요양보호사 자격시험에 합격하여야 한다.

☆ 요양보호사시험의 응시자격은 요양보호사교육기관에서 소정의 교육과정을 이수한 사람에 한한다.

③ 시・도지사는 요양보호사 자격시험에 합격한 사람에게 요양보호사 자격증을 교부하여야 한다(1급, 2급으로 구분). 요양보호사 자격시험에 합격한 사람은 필기시험과 실기시험에서 각각 만점의 60% 이상을 득점한 자로 한다.

3) 요양보호사의 결격사유

1. 정신질환자(다만, 전문의가 요양보호사로서 적합하다고 인정하는 사람은 제외)
2. 마약·대마 또는 향정신성의약품 중독자
3. 피성년후견인
4. 금고 이상의 형을 선고받고 그 형의 집행이 종료되지 아니하였거나 그 집행을 받지 아니하기로 확정되지 아니한 사람
5. 법원의 판결에 따라 자격이 정지 또는 상실된 사람
6. 요양보호사의 자격이 취소된 날부터 1년이 경과되지 아니한 사람

4) 요양보호사 자격의 취소

시・도지사는 요양보호사가 다음의 어느 하나에 해당하는 경우 그 자격을 취소할 수 있다. 다만, 제1호부터 제3호까지의 경우 자격을 취소하여야 한다(청문의무실시).

1. ⓐ 정신질환자, ⓑ 마약·대마 또는 향정신성의약품 중독자, ⓒ 피성년후견인, ⓓ 금고 이상의 형을 선고받고 그 형의 집행이 종료되지 아니하였거나 그 집행을 받지 아니하기로 확정되지 아니한 사람, ⓔ 법원의 판결에 따라 자격이 정지 또는 상실된 사람, ⓕ 요양보호사의 자격이 취소된 날부터 1년이 경과되지 아니한 사람 중의 어느 하나에 해당하게 된 경우(반드시 자격을 취소해야 함)
2. 노인에게 상해의 행위를 한 자는 7년 이하의 징역 또는 2천만원 이하의 벌금에 처벌을 받은 경우(반드시 자격을 취소해야 함) – 제39조의9를 위반하여 제55조의2부터 제55조의4까지의 규정에 따른 처벌
3. 거짓이나 그 밖의 부정한 방법으로 자격증을 취득한 경우(반드시 자격을 취소해야 함)
4. 영리를 목적으로 노인 등에게 불필요한 요양서비스를 알선·유인하거나 이를 조장한 경우

5. 자격증을 대여·양도 또는 위조·변조한 경우
• 시·도지사는 요양보호사의 자격을 취소하는 경우에 청문을 실시하여야 한다(제39조의14 2항).

☆ 자격이 취소된 요양보호사는 취소된 날로부터 1년이 경과되지 않으면 요양보호사가 될 수 없다(3년 ×).

5) 요양보호사교육기관의 지정

① 시·도지사는 요양보호사의 양성을 위하여 보건복지부령으로 정하는 지정기준에 적합한 시설을 요양보호사교육기관으로 지정·운영하여야 한다. 즉, 요양보호사교육기관을 설치·운영하려는 자는 시·도지사에게 지정받아야 한다.

② 시·도지사는 요양보호사교육기관이 다음의 어느 하나에 해당하는 경우 사업의 정지를 명하거나 그 지정을 취소할 수 있다. 다만, 제1호에 해당하는 경우 지정을 취소하여야 한다. ☆ 지정취소를 하는 경우 시·도지사는 청문을 실시하여야 한다.

1. 거짓이나 그 밖의 부정한 방법으로 요양보호사교육기관으로 지정을 받은 경우(반드시 지정취소: 청문실시 - 당연 취소)
2. 지정기준에 적합하지 아니하게 된 경우 그 지정을 취소할 수 있다.
3. 교육과정을 1년 이상 운영하지 아니하는 경우 → 사업의 정지를 명할 수 있다.
4. 정당한 사유 없이 보고 또는 자료제출을 하지 아니하거나 거짓으로 한 경우 또는 조사·검사를 거부·방해하거나 기피한 경우

[문제] 요양보호사에 대한 내용으로 옳지 않은 것은? ④

① 자격증을 받으려면 시험에 통과해야 한다.
② 노인복지시설의 설치·운영자는 자격증이 있는 요양보호사를 채용해야 한다.
③ 교육기관이 1년 이상 교육하지 않을 시 취소될 수 있다.
④ 요양보호사교육기관을 운영하기 위해서는 시·도지사에게 신고해야 한다.
⑤ 실기시험 및 필기시험에서 각각 60%를 맞아야 합격한다.

[참고] 요양보호사교육기관을 운영하기 위해서는 시·도지사에게 지정받아야 한다.

10. 노인학대 예방 조치

1) 긴급전화의 설치 - 국번 없이 1389번(매일 24시간 동안 운영)

국가 및 지자체는 노인학대를 예방하고 수시로 신고를 받을 수 있도록 긴급전화(1389번)를 설치하여야 한다(설치목적: 긴급전화를 통한 노인학대 신고의 접수 및 상담 등).

2) 노인학대 신고의무와 절차

① 누구든지 노인학대를 알게 된 때에는 노인보호전문기관 또는 수사기관에 신고할 수 있다.

② 다음 각 호의 어느 하나에 해당하는 자는 그 직무상 노인학대를 알게 된 때에는 즉시 노인보호전문기관 또는 수사기관에 신고하여야 한다(노인학대의 신고의무).

> **※ 노인학대를 의무적 신고해야 할 사람 [노인학대의 신고의무자]**
> – 직무상 노인학대를 알게 된 즉시 노인보호전문기관 또는 수사기관에 신고해야 할 의무자 –
> 1. 의료법상 의료기관에서 의료업을 행하는 의료인 및 의료기관의 장
> 2. 방문요양과 돌봄이나 안전확인 등의 서비스 종사자, 노인복지시설의 장과 그 종사자 및 노인복지상담원
> 3. 「장애인복지법」에 따른 장애인복지시설에서 장애노인에 대한 상담·치료·훈련 또는 요양업무를 수행하는 사람
> 4. 「가정폭력방지 및 피해자보호 등에 관한 법률」에 따른 가정폭력 관련 상담소 및 가정폭력피해자 보호시설의 장과 그 종사자
> 5. 「사회복지사업법」에 따른 사회복지전담공무원 및 사회복지관, 부랑인 및 노숙인보호를 위한 시설의 장과 그 종사자
> 6. 「노인장기요양보험법」에 따른 장기요양기관 및 재가장기요양기관의 장과 그 종사자
> 7. 「119구조·구급에 관한 법률」에 따른 119구급대의 구급대원
> 8. 「건강가정기본법」에 따른 건강가정지원센터의 장과 그 종사자
> 9. 「다문화가족지원법」에 따른 다문화가족지원센터의 장과 그 종사자
> 10. 성폭력피해상담소 및 성폭력피해자보호시설의 장과 그 종사자
> 11. 「응급의료에 관한 법률」에 따른 응급구조사
> 12. 「의료기사 등에 관한 법률」에 따른 의료기사
> 13. 「국민건강보험법」에 따른 국민건강보험공단 소속 요양직 직원
> 14. 「지역보건법」에 따른 지역보건의료기관의 장과 종사자
> 15. 노인복지시설 설치 및 관리 업무 담당 공무원
>
> ☆ 노인학대 신고 의무자가 아닌 사람은 경찰관, 교사, 보육교사, 학원종사자, 소방관, 이웃주민 등

③ 신고인의 신분은 보장되어야 하며 그 의사에 반하여 신분이 노출되어서는 아니 된다.

④ 관계 중앙행정기관의 장은 자격취득 교육과정이나 보수교육(1시간 이상) 과정에 노인학대 예방 및 신고의무와 관련된 교육 내용을 포함하도록 하여야 한다.

3) 금지행위

> **※ 노인에 대한 금지행위(강행규정)**
> 1. 노인의 신체에 폭행을 가하거나 상해를 입히는 행위
> 2. 노인에게 성적 수치심을 주는 성폭행·성희롱 등의 행위
> 3. 자신의 보호·감독을 받는 노인을 유기하거나 의식주를 포함한 기본적 보호 및 치료를 소홀히 하는 방임행위
> 4. 노인에게 구걸을 하게 하거나 노인을 이용하여 구걸하는 행위
> 5. 노인을 위하여 증여 또는 급여된 금품을 그 목적 외의 용도에 사용하는 행위
> 6. 폭언, 협박, 위협 등으로 노인의 정신건강에 해를 끼치는 정서적 학대행위
>
> • 폭행(暴行): 사람의 신체에 대한 일체의 행사를 말하며, 반드시 상해의 결과를 초래할 필요는 없다. 따라서 모발·수염을 잘라버리는 것, 밀치는 행위, 손이나 옷을 세게 잡아당기는 것, 구타 등도 폭행이 된다. 또 구타 등과 같이 직접 행위에 의한 경우뿐만 아니라 마취약을 사용하거나 또는 최면에 걸리게 하는 등 사람의 신체에 대한 일체의 유형력의 행사도 폭행이 된다.
> • 상해(傷害): 신체의 생리적 기능에 장해를 일으키는 것(건강침해)이다. 피부의 표피를 박리하는 것, 중독증상을 일으켜 현기·구토를 하게 하는 것, 치아의 탈락, 질병을 감염시키는 것 등이 상해에 해당한다.
>
> ☆ 노인복지법상 가장 엄중한 처벌 → 노인에 대한 상해: 7년 이하의 징역과 7천만 원 이하의 벌금

※ **노인학대의 사후관리 :** 노인보호전문기관의 장은 노인학대가 종료된 후에도 가정방문, 시설방문, 전화상담 등을 통하여 노인학대의 재발 여부를 확인하여야 한다.

[문제] 노인복지법상에 규정되어 있는 노인에 대한 금지행위가 아닌 것은?

4) 응급조치의무

① 노인학대신고를 접수한 노인보호전문기관의 직원이나 사법경찰관리는 지체 없이 노인학대의 현장에 출동하여야 한다.

② 현장에 출동한 자는 학대받은 노인을 노인학대행위자로부터 분리하거나 치료가 필요하다고 인정할 때에는 노인보호전문기관 또는 의료기관에 인도하여야 한다.

③ 노인학대행위자 등 노인학대행위와 관련되어 있는 자는 노인학대 현장에 출동한 자에 대하여 현장조사를 거부하거나 업무를 방해하여서는 아니 된다. 이를 위반하여 현장조사를 거부하거나 업무를 방해한 자는 200만 원 이하의 과태료를 부과받는다.

5) 보조인의 선임

학대받은 노인의 법정대리인, 직계친족, 형제자매, 노인보호전문기관의 상담원 또는 변호사(신뢰관계에 있는 자)는 노인학대사건의 심리에 있어서 보조인이 될 수 있다. 다만, 변호사가 아닌 경우에는 법원의 허가를 받아야 한다.

※ 노인학대사건의 보조인(신뢰관계에 있는 자 – 법원: 동석 허가 가능)
㉠ 법정대리인 ㉡ 직계친족 ㉢ 형제자매 ㉣ 전문상담원 ㉤ 변호사
(⇒ 심리·조사 과정에 대리인, 보조인이 될 수 있다)

6) 실종노인에 관한 신고의무

① 누구든지 정당한 사유 없이 사고 등의 사유로 인하여 보호자로부터 이탈된 노인(실종노인)을 경찰관서 또는 지방자치단체의 장에게 신고하지 아니하고 보호하여서는 아니 된다.

② 노인복지시설(사회복지사업법에 따른 사회복지시설 및 사회복지시설에 준하는 시설로서 인가·신고 등을 하지 아니하고 노인을 보호하는 시설 포함, 이하 '보호시설'이라 함)의 장 또는 그 종사자는 그 직무를 수행하면서 실종노인임을 알게 된 때에는 지체 없이 보건복지부령으로 정하는 신상카드를 작성하여 지방자치단체의 장과 업무를 수행하는 기관의 장에게 제출하여야 한다. ☆ 노인복지시설의 장 또는 종사자가 직무를 수행하면서 실종노인임을 알고 신상카드를 제출하지 않은 경우에는 75만 원 이하의 과태료를 부과받는다.

11. 수탁의무 및 사업의 정지

1) 수탁의무

양로시설, 노인공동생활가정 및 노인복지주택, 노인요양시설 및 노인요양공동생활가정 또는 재가노인복지시설을 설치 · 운영하는 자가 복지실시기관(보건복지부장관, 시 · 도지사, 시장 · 군수 · 구청장)으로부터 노인의 입소 · 장례를 위탁받은 때에는 정당한 이유 없이 이를 거부하여서는 아니 된다.

2) 사업의 정지 · 폐지

① 시 · 도지사 또는 시장 · 군수 · 구청장은 노인주거복지시설, 노인의료복지시설 또는 노인일자리지원기관이 다음 각 호의 어느 하나에 해당하는 때에는 1개월의 범위에서 사업의 정지 또는 폐지를 명할 수 있다.

※ 노인주거복지시설 또는 노인의료복지시설 사업의 정지 또는 폐지를 명령할 수 있는 요건
1. 노인일자리지원기관의 시설 및 인력에 관한 기준, 노인주거복지시설의 시설, 인력 및 운영에 관한 기준 또는 노인의료복지시설의 시설, 인력 및 운영에 관한 기준 등에 미달하게 된 때(시설, 인력 및 운영의 기준 미달)
2. 수탁의무의 규정에 위반하여 수탁을 거부한 때(수탁거부)
3. 정당한 이유 없이 감독의 규정에 의한 보고 또는 자료제출을 하지 아니하거나 허위로 한 때 또는 조사 · 검사를 거부 · 방해하거나 기피한 때(자료제출 등의 기본적 의무위반, 허위 또는 조사 · 검사를 거부 · 방해, 기피)
4. 양로시설, 노인공동생활가정 및 노인복지주택, 노인요양시설 및 노인요양공동생활가정을 설치한 자는 그 시설에 입소하거나 그 시설을 이용하는 기초수급권자외의 자로부터 그에 소요되는 비용을 수납하고자 할 때에는 시장 · 군수 · 구청장에게 신고하여야 하는 규정에 위반한 때(비용관련 규정 위반한 경우)

② 시장 · 군수 · 구청장은 노인여가복지시설 또는 재가노인복지시설이 다음 각 호의 어느 하나에 해당하는 때에는 1개월의 범위에서 사업의 정지 또는 폐지를 명할 수 있다. 여기서 시장 · 군수 · 구청장은 사업의 폐지를 명하고자 하는 경우에는 청문을 실시하여야 한다(청문실시).

※ 노인여가복지시설 또는 재가노인복지시설의 사업정지 또는 폐지를 명령할 수 있는 요건
1. 노인여가복지시설의 시설 또는 재가노인복지시설의 시설의 시설 등에 관한 기준에 미달하게 된 때(시설기준의 미달)
2. 수탁의무의 규정에 위반하여 수탁을 거부한 때(재가노인복지시설의 경우에 한함)
3. 정당한 이유없이 감독의 규정에 의한 보고 또는 자료제출을 하지 아니하거나 허위로 한 때 또는 조사 · 검사를 거부 · 방해하거나 기피한 때
4. 노인여가복지시설 또는 재가노인복지시설을 설치한 자 또는 편의를 제공하는 자가 그 시설을 이용하는 자로부터 그에 소요되는 비용을 수납하고자 할 때에는 미리 시장 · 군수 · 구청장에게 신고하여야 하는 규정에 위반한 때(제46조 7항)

12. 운영 비용

① 노인복지법에 따라 정부지원이 되는 비용종류는 노인복지시설에의 입소조치비용, 노인복지시설 설치비용, 노인복지시설의 운영비용 보조(인건비, 그 밖의 운영비 등), 노인여가시설의 운영비용 보조, 노인건강진단비용 등이 있다.

② 노인복지시설에 대한 정부의 지원은 크게 부담금과 보조금이 있다.

1) 비용의 부담

다음의 어느 하나에 해당하는 비용은 국가 또는 지자체가 부담한다.

1. 노인일자리전담기관의 설치·운영 또는 위탁에 소요되는 비용
2. 건강진단, 상담·입소 등의 조치에 소요되는 비용
3. 노인복지시설(노인주거, 노인의료, 노인여가, 재가노인복지)의 설치·운영에 소요되는 비용

2) 비용의 수납 및 청구

복지조치에 필요한 비용을 부담한 복지실시기관은 해당 노인 또는 그 부양의무자로부터 대통령령이 정하는 바에 의하여 그 부담한 비용의 전부 또는 일부를 수납하거나 청구할 수 있다. → 비용은 건강진단 등과 각종 복지조치에 필요한 비용을 부담한 복지실시기관은 노인이나 부양의무자로부터 그 비용의 전부 또는 일부를 수납하거나 청구할 수 있다.

3) 비용의 보조

국가 또는 지자체는 대통령령이 정하는 바에 의하여 노인복지시설의 설치 · 운영에 필요한 비용을 보조할 수 있다.

※ 비용의 보조(시행령 제24조)

1. 노인주거복지시설
2. 노인요양시설·노인요양공동생활가정
3. 노인여가복지시설
4. 재가노인복지시설
5. 노인보호전문기관

※「건축법」에 대한 특례 : 재가노인복지시설, 노인공동생활가정, 노인요양공동생활가정 및 학대피해노인 전용쉼터는 「건축법」 제19조의 규정에 불구하고 단독주택 또는 공동주택에 설치할 수 있다. 노인복지주택의 건축물의 용도는 건축관계법령에 불구하고 노유자시설로 본다.

4) 유류물품의 처분

복지실시기관 또는 노인복지시설의 장은 장례를 행함에 있어서 사망자가 유류한 금전 또는 유가증권을 그 장례에 필요한 비용에 충당할 수 있으며, 부족이 있을 때에

는 유류물품을 처분하여 그 대금을 이에 충당할 수 있다.

13. 수급자의 권리 구제-심사청구: 해당 복지실시기관

① 노인 또는 그 부양의무자는 노인복지법에 따른 복지조치에 대하여 이의가 있을 때에는 해당 복지실시기관에 심사를 청구할 수 있다. ☆ 노인복지법에 의한 복지조치에 대하여 이의가 있을 경우 노인 또는 그 부양의무자는 해당 복지실시기관에 심사를 청구할 수 있다.

② 복지실시기관은 심사청구를 받은 때에는 30일 이내에 이를 심사·결정하여 청구인에게 통보하여야 한다.

③ 심사·결정에 이의가 있는 자는 그 통보를 받은 날부터 90일 이내에 행정심판을 제기할 수 있다.

④ 부양의무자가 부담하여야 할 보호비용에 대하여 보호를 행한 자와 부양의무자 사이에 합의가 이루어지지 아니하는 경우로서, 시장·군수·구청장은 당사자로부터 조정요청을 받은 경우에는 이를 조정할 수 있다.

14. 벌칙

1) 7년 이하의 징역 또는 7천만 원 이하의 벌금

노인의 신체에 상해를 입히는 행위를 한 자 – 노인복지법 중에서 가장 무거운 벌칙

2) 5년 이하의 징역 또는 5천만 원 이하의 벌금

1. 업무를 수행 중인 노인보호전문기관의 직원과 사법경찰관리에 대하여 폭행 또는 협박하거나 위계 또는 위력으로써 그 업무를 방해한 자

2. 누구든지 노인에 대하여 다음 각 호의 어느 하나에 해당하는 행위를 한 자

> 1. 노인의 신체에 폭행을 가하는 행위
> 2. 노인에게 성적 수치심을 주는 성폭행·성희롱 등의 행위
> 3. 자신의 보호·감독을 받는 노인을 유기하거나 의식주를 포함한 기본적 보호 및 치료를 소홀히 하는 방임행위
> 4. 노인에게 구걸을 하게 하거나 노인을 이용하여 구걸하는 행위
> 5. 폭언, 협박, 위협 등으로 노인의 정신건강에 해를 끼치는 정서적 학대행위

CHAPTER 10

사회서비스법[Ⅱ][노인복지에 관한 법] 학습 핵심문제

01 노인복지법령에 관한 설명으로 옳은 것은?

① 60세 이상의 노인은 국가 또는 지자체의 수송시설을 무료로 또는 할인하여 이용할 수 있다.
② 자격이 취소된 요양보호사는 취소된 날로부터 3년이 경과되지 않으면 요양보호사가 될 수 없다.
③ 노인요양공동생활가정은 노인주거복지시설이다.
④ 중앙노인보호전문기관은 노인인권보호정책을 제안할 수 있다.
⑤ 노인인력개발기관은 노인에 의한 재화의 생산·판매 등을 직접 담당하는 기관이다.

02 요양보호사의 직무와 자격증의 교부에 대해 규정하고 있는 법은?

① 노인장기요양보험법 ② 국민건강보험법 ③ 사회복지사업법
④ 자원봉사활동기본법 ⑤ 노인복지법

03 직무상 노인학대 신고의무자가 아닌 자는?

① 노인복지상담원 ② 사회복지전담공무원
③ 경찰관 ④ 가정폭력피해자보호시설의 종사자
⑤ 의료법상 의료기관에서 의료업을 하는 의료인

04 노인복지법령상 요양보호사와 요양보호사교육기관에 관한 설명으로 옳지 않은 것은?

① 노인복지시설의 설치·운영자는 법령에서 정하는 바에 따라 요양보호사를 두어야 한다.
② 요양보호사가 되려는 사람은 요양보호사교육기관에서 교육과정을 마치고 시·도지사가 실시하는 요양보호사 자격시험에 합격하여야 한다.
③ 요양보호사교육기관을 설치하려는 사람은 시·도지사에게 신고하여야 한다.
④ 시·도지사는 요양보호사교육기관이 교육과정을 1년 이상 운영하지 아니하는 경우 사업의 정지를 명할 수 있다.
⑤ 요양보호사 자격시험 합격자는 필기시험과 실기시험에서 각각 만점의 60% 이상을 득점한 자로 한다.

05 **노인복지법상에 규정되어 있는 노인에 대한 금지행위가 아닌 것은?**

① 성폭행 · 성희롱 등으로 성적 수치심을 주는 것
② 신체적 폭행이나 상해를 입히는 것
③ 구걸을 시키거나 노인을 구걸에 이용하는 것
④ 노인의 정서적 안정을 해칠 행위를 하는 것
⑤ 노인에게 증여된 금품 및 재산의 도용하는 것

06 **노인학대 신고 의무자가 아닌 사람은?**

① 의료기관에서 의료업을 행하는 의료인
② 사회복지전담공무원
③ 가정폭력관련상담소의 상담원
④ 노인복지시설의 장 및 그 종사자
⑤ 영유아보육법 규정에 따른 보육교직원

07 **노인복지법 규정에 규정되어 있는 보건·복지 조치에 해당하지 않는 것은?**

① 독거노인지원 ② 경로우대 ③ 치매관리사업
④ 사회복귀시설입소 ⑤ 노인재활요양

[해설] 사회복귀시설은 정신보건법상의 복지시설이다.

08 **사회서비스법의 목적에 관한 설명으로 옳은 것은?**

① 노인복지법은 노인의 질환을 사전예방 또는 조기발견하고 질환상태에 따른 적절한 치료요양으로 심신의 건강을 유지하고, 노후의 생활안정을 위하여 필요한 조치를 강구함으로써 노인의 보건복지증진에 기여함을 목적으로 한다.
② 아동복지법은 영유아의 심신을 보호하고 건전하게 교육하여 건강한 사회 구성원으로 육성함과 아울러 보호자의 경제적 · 사회적 활동이 원활하게 이루어지도록 함으로써 가정복지 증진에 이바지함을 목적으로 한다.
③ 장애인복지법은 장애인이 그 능력에 맞는 직업생활을 통하여 인간다운 생활을 할 수 있도록 장애인의 고용촉진 및 직업재활을 꾀하는 것을 목적으로 한다.
④ 정신보건법은 정신질환의 예방과 정신질환자 및 가족의 의료 및 사회복귀에 관하여 필요한 사항을 규정함으로써 국민의 정신건강증진에 이바지함을 목적으로 한다.
⑤ 사회복지사업법은 사회보장에 관한 국민의 권리와 국가 및 지자체의 책임을 정하고, 사회보장제도에 관한 기본적인 사항을 규정함으로써 국민의 복지증진에 기여함을 목적으로 한다.

09 노인복지법령상 노인복지시설의 종류에 해당하는 것을 모두 고른 것은?

ㄱ. 노인여가복지시설　ㄴ. 재가노인복지시설　ㄷ. 노인주거복지시설　ㄹ. 노인보호전문기관

① ㄱ, ㄴ, ㄷ　② ㄱ, ㄷ　③ ㄴ, ㄹ　④ ㄹ　⑤ ㄱ, ㄴ, ㄷ, ㄹ

10 노인복지법령상 노인복지시설에 관한 설명으로 옳지 않은 것은?

① 노인복지주택은 노인주거복지시설이다.
② 노인교실은 노인여가복지시설이다.
③ 노인학대 신고전화 운영은 지역노인보호전문기관의 업무이다.
④ 노인공동생활가정은 노인의료복지시설이다.
⑤ 방문요양서비스의 제공을 목적으로 하는 시설은 재가노인복지시설이다.

11 노인복지법의 내용으로 옳지 않은 것은?

① 국가는 노인보건복지관련 연구시설을 위하여 필요하다고 인정하는 경우 국유재산법 규정에 불구하고 국유재산을 무상으로 대부할 수 있다.
② 지방자치단체는 노인보건복지관련 사업의 육성을 위하여 필요하다고 인정하는 경우 지방재정법의 규정에 불구하고 공유재산을 무상으로 사용하게 할 수 있다.
③ 재가노인복지시설, 노인공동생활가정 및 노인요양공동생활가정은 공동주택에만 설치할 수 있다.
④ 노인복지법에 의한 노인복지주택의 건축물의 용도는 건축관계법령에 불구하고 노유자시설로 본다.
⑤ 노인복지시설에서 노인을 위하여 사용하는 건물·토지 등에 대하여는 관계법령이 정하는 바에 의하여 조세 기타 공과금을 감면할 수 있다.

정답 01. ④ 02. ⑤ 03. ③ 04. ③ 05. ④ 06. ⑤ 07. ④ 08. ① 09. ⑤ 10. ④ 11. ③

CHAPTER 11 사회서비스법[Ⅲ] [아동복지에 관한 법]

1 들어가는 말

아동복지에 관한 법은 모든 아동들이 가족 및 사회의 일원으로서 신체·지적·정서적으로 건전하게 성장·발달할 수 있도록 공공기관(공공단체)이나 민간기관에서 실시하는 조직적인 활동과 관련된 법규범이라고 할 수 있다.

이 장에서는 아동복지법, 영유아보육법 등을 중심으로 서술하고자 한다.

2 아동복지법

[시행 2019.3.23.] [법률 제14085호, 2016.3.22, 일부개정] 보건복지부

아동복지법(1981년 제정, 1981년 시행)의 관장부서는 보건복지부(아동복지정책과)이며, 모든 아동이 가정으로부터 건전하게 보호받고, 아동복지서비스의 안정적 추진을 위한 근거와 아동정책을 효과적으로 수행하기 위한 정책적 기반을 마련함으로써, 아동의 복지증진을 통해 아동이 건강하고 행복하게 자랄 수 있도록 하려는 법규범이다(건전하게 육성되도록 복지 보장).

1. 목적

이 법은 아동이 건강하게 출생하여 행복하고 안전하게 자랄 수 있도록 아동의 복지를 보장하는 것을 목적으로 한다(아동의 건강한 출생, 안전·행복한 성장).

2. 기본 이념

① 아동은 자신 또는 부모의 성별, 연령, 종교, 사회적 신분, 재산, 장애유무, 출생지역, 인종 등에 따른 어떠한 종류의 차별도 받지 아니하고 자라나야 한다.

② 아동은 완전하고 조화로운 인격발달을 위하여 안정된 가정환경에서 행복하게 자라나야 한다.

③ 아동에 관한 모든 활동에 있어서 아동의 이익이 최우선적으로 고려되어야 한다.

④ 아동은 아동의 권리보장과 복지증진을 위하여 이 법에 따른 보호와 지원을 받을 권리를 가진다.

※ **기본이념**: 1. 무차별 평등이념 2. 안정된 가정환경의 강조 3. 아동 이익의 최우선 제공 4. 보호와 지원

3. 용어의 뜻

1. "아동"이란 18세 미만인 사람을 말한다.
2. "아동복지"란 아동이 행복한 삶을 누릴 수 있는 기본적인 여건을 조성하고 조화롭게 성장·발달할 수 있도록 하기 위한 경제적·사회적·정서적 지원을 말한다.
3. "보호자"란 친권자, 후견인, 아동을 보호·양육·교육하거나 그러한 의무가 있는 자 또는 업무·고용 등의 관계로 사실상 아동을 보호·감독하는 자를 말한다.
4. "보호대상아동"이란 보호자가 없거나 보호자로부터 이탈된 아동 또는 보호자가 아동을 학대하는 경우 등 그 보호자가 아동을 양육하기에 적당하지 아니하거나 양육할 능력이 없는 경우의 아동을 말한다.
5. "지원대상아동"이란 아동이 조화롭고 건강하게 성장하는 데에 필요한 기초적인 조건이 갖추어지지 아니하여 사회적·경제적·정서적 지원이 필요한 아동을 말한다.
6. "가정위탁"이란 보호대상아동의 보호를 위하여 성범죄, 가정폭력, 아동학대, 정신질환 등의 전력이 없는 보건복지부령으로 정하는 기준에 적합한 가정에 보호대상아동을 일정 기간 위탁하는 것을 말한다.
7. "아동학대"란 보호자를 포함한 성인이 아동의 건강 또는 복지를 해치거나 정상적 발달을 저해할 수 있는 신체적·정신적·성적 폭력이나 가혹행위를 하는 것과 아동의 보호자가 아동을 유기하거나 방임하는 것을 말한다(경제적 착취 없음).

7의2. "아동학대관련범죄"란 다음 각 목의 어느 하나에 해당하는 죄를 말한다.

가. 「아동학대범죄의 처벌 등에 관한 특례법」 제2조 4호에 따른 아동학대범죄
나. 아동에 대한 「형법」 제2편 24장 살인의 죄 중 제250조부터 제255조까지의 죄

8. "피해아동"이란 아동학대로 인하여 피해를 입은 아동을 말한다.
9. "아동복지시설"이란 제50조에 따라 설치된 시설을 말한다.
10. "아동복지시설 종사자"란 아동복지시설에서 아동의 상담·지도·치료·양육, 그밖에 아동의 복지에 관한 업무를 담당하는 사람을 말한다.

4. 책임 주체 - 국가와 지방자치단체·아동보호자·모든 국민

1) 국가와 지방자치단체의 책무

① 국가와 지자체는 아동의 안전·건강 및 복지 증진을 위하여 아동과 그 보호자 및 가정을 지원하기 위한 정책을 수립·시행하여야 한다.

② 국가와 지자체는 보호대상아동 및 지원대상아동의 권익을 증진하기 위한 정책을 수립·시행하여야 한다.

③ 국가와 지자체는 아동이 태어난 가정에서 성장할 수 있도록 지원하고, 아동이 태어난 가정에서 성장할 수 없을 때에는 가정과 유사한 환경에서 성장할 수 있도록 조치하며, 아동을 가정에서 분리하여 보호할 경우에는 신속히 가정으로 복귀할 수 있도록 지원하여야 한다.

④ 국가와 지자체는 장애아동의 권익을 보호하기 위하여 필요한 시책을 강구하여야 한다.

⑤ 국가와 지자체는 아동이 자신 또는 부모의 성별, 연령, 종교, 사회적 신분, 재산, 장애유무, 출생지역 또는 인종 등에 따른 어떠한 종류의 차별도 받지 아니하도록 필요한 시책을 강구하여야 한다.

⑥ 국가와 지자체는 아동의 권리에 관한 협약에서 규정한 아동의 권리 및 복지 증진 등을 위하여 필요한 시책을 수립·시행하고, 이에 필요한 교육과 홍보를 하여야 한다.

⑦ 국가와 지자체는 아동의 보호자가 아동을 행복하고 안전하게 양육하기 위하여 필요한 교육을 지원하여야 한다.

2) 아동보호자의 책무

① 아동의 보호자는 아동을 가정에서 그의 성장시기에 맞추어 건강하고 안전하게 양육하여야 한다.

② 아동의 보호자는 아동에게 신체적 고통이나 폭언 등의 정신적 고통을 가하여서는 아니 된다. <신설 2015.3.27.>

3) 모든 국민의 책무

모든 국민은 아동의 권익과 안전을 존중하고, 아동을 건강하게 양육하여야 한다.

> **⊞ 어린이날 및 어린이주간 – 5월 5일 및 5월 1일~5월 7일**
> 아동복지법상 어린이에 대한 사랑과 보호의 정신을 높임으로써 이들을 옳고 아름답고 슬기로우며 씩씩하게 자라나도록 하기 위하여 매년 5월 5일을 어린이날로 하며, 5월 1일부터 5월 7일까지를 어린이주간으로 한다.

5. 아동 관련 행정기관

1) 아동정책조정위원회 – 위원장: 국무총리 소속 정책기구

① 아동의 권리증진과 건강한 출생 및 성장을 위하여 종합적인 아동정책을 수립하

고 관계 부처의 의견을 조정하며 그 정책의 이행을 감독하고 평가하기 위하여 국무총리 소속으로 아동정책조정위원회(이하 "위원회"라 함)를 둔다.

② 위원회는 다음 각 호의 사항을 심의 · 조정한다.

1. 기본계획의 수립에 관한 사항
2. 아동의 권익 및 복지 증진을 위한 기본방향에 관한 사항
3. 아동정책의 개선과 예산지원에 관한 사항
4. 아동 관련 국제조약의 이행 및 평가·조정에 관한 사항(위원회는 관계 전문기관 또는 단체에 위탁 가능)
5. 아동정책에 관한 관련 부처 간 협조에 관한 사항
6. 그밖에 위원장이 부의하는 사항

③ 위원회는 위원장을 포함한 25명 이내의 위원으로 구성하되, 위원장은 국무총리가 되고 위원은 다음 각 호의 사람이 된다. 임기는 2년이며, 연임할 수 있다.

1. 기획재정부장관·교육부장관·법무부장관·행정안전부장관·문화체육관광부장관·산업통상자원부장관·보건복지부장관·고용노동부장관·여성가족부장관
2. 아동 관련 단체의 장이나 아동에 대한 학식과 경험이 풍부한 사람 중 위원장이 위촉하는 15명 이내의 위원

※ 아동종합실태조사(제11조) - 5년마다 실시

보건복지부장관은 5년마다 아동의 양육 및 생활환경, 언어 및 인지 발달, 정서적 · 신체적 건강, 아동안전, 아동학대 등 아동의 종합실태를 조사하여 그 결과를 공표하고, 이를 기본계획과 시행계획에 반영하여야 한다. 다만, 보건복지부장관은 필요한 경우 보건복지부령으로 정하는 바에 따라 분야별 실태조사를 할 수 있다.

☆ **아동정책영향평가** [시행일: 2019.3.23.]

국가와 지방자치단체는 대통령령으로 정하는 바에 따라 아동 관련 정책이 아동복지에 미치는 영향을 분석 · 평가하고, 그 결과를 아동 관련 정책의 수립 · 시행에 반영하여야 한다.

2) 아동복지심의위원회

① 시 · 도지사, 시장 · 군수 · 구청장(자치구의 구청장)은 다음 각 호의 사항을 심의하기 위하여 그 소속으로 아동복지심의위원회를 각각 둔다.

1. 시행계획 수립 및 시행에 관한 사항
2. 보호조치에 관한 사항
3. 퇴소조치에 관한 사항
4. 친권행사의 제한이나 친권상실 선고 청구에 관한 사항
5. 아동의 후견인 선임이나 변경 청구에 관한 사항
6. 지원대상아동의 선정과 그 지원에 관한 사항
7. 아동의 보호와 지원서비스를 위해 시·도지사 또는 시장·군수·구청장이 필요하다고 인정하는 사항

② 심의위원회의 조직 · 구성 및 운영 등에 필요한 사항은 대통령령으로 정하는 기준에 따라 해당 지자체의 조례로 정한다(조례필수 제정 사항: 아동복지심의위원회의 조직 등).

3) 아동복지전담공무원 - 사회복지전담공무원

① 아동복지에 관한 업무를 담당하기 위하여 특별시 · 광역시 · 도 · 특별자치도(시 ·

도) 및 시 · 군 · 구(자치구)에 각각 아동복지전담공무원(전담공무원)을 둘 수 있다.

② 전담공무원은 사회복지사업법에 따른 사회복지사의 자격을 가진 사람으로 하고 그 임용 등에 필요한 사항은 해당 시 · 도 및 시 · 군 · 구의 조례로 정한다.

③ 전담공무원은 아동에 대한 상담 및 보호조치, 가정환경에 대한 조사, 아동복지시설에 대한 지도 · 감독, 아동범죄 예방을 위한 현장확인 및 지도 · 감독 등 지역 단위에서 아동의 복지증진을 위한 업무를 수행한다.

④ 관계 행정기관, 아동복지시설 및 아동복지단체(아동의 권리를 보장하고 복지증진을 목적으로 설립된 기관 및 단체)를 설치 · 운영하는 자는 전담공무원이 협조를 요청하는 경우 정당한 사유가 없는 한 이에 따라야 한다.

4) 아동위원

① 시 · 군 · 구(자치구)에 아동위원을 둔다.

② 아동위원은 그 관할 구역의 아동에 대하여 항상 그 생활상태 및 가정환경을 상세히 파악하고 아동복지에 필요한 원조와 지도를 행하며, 전담공무원 및 관계 행정기관과 협력하여야 한다.

③ 아동위원은 그 업무의 원활한 수행을 위하여 적절한 교육을 받을 수 있다.

④ 아동위원은 명예직으로 하되, 아동위원에 대하여는 수당을 지급할 수 있다.

⑤ 그밖에 아동위원에 관한 사항은 해당 시 · 군 · 구의 조례로 정한다(의무규정, 조례 필수 제정 사항).

6. 아동복지정책의 수립 및 시행

1) 아동정책기본계획의 수립

① 보건복지부장관은 아동정책의 효율적인 추진을 위하여 5년마다 아동정책기본계획(기본계획)을 수립하여야 한다.

② 기본계획은 다음 각 호의 사항을 포함하여야 한다.

1. 이전의 기본계획에 관한 분석 · 평가	2. 아동정책에 관한 기본방향 및 추진목표
3. 주요 추진과제 및 추진방법	4. 재원조달방안
5. 그밖에 아동정책을 시행하기 위하여 특히 필요하다고 인정되는 사항	

③ 보건복지부장관은 기본계획을 수립할 때에는 미리 관계 중앙행정기관의 장과 협의하여야 한다.

④ 기본계획은 아동정책조정위원회의 심의를 거쳐 확정한다. 이 경우 보건복지부장관은 확정된 기본계획을 관계 중앙행정기관의 장 및 특별시장 · 광역시장 · 도지사 · 특별자치도지사(시 · 도지사)에게 알려야 한다.

2) 연도별 시행계획의 수립 · 시행 · 평가

① 보건복지부장관, 관계 중앙행정기관의 장 및 시 · 도지사는 매년 기본계획에 따라 연도별 아동정책시행계획을 수립 · 시행하여야 한다.

② 관계 중앙행정기관의 장 및 시 · 도지사는 다음 연도의 시행계획 및 전년도의 시행계획에 따른 추진실적을 대통령령으로 정하는 바에 따라 매년 보건복지부장관에게 제출하고, 보건복지부장관은 매년 시행계획에 따른 추진실적을 평가하여야 한다.

7. 아동에 대한 보호서비스 및 아동학대의 예방 및 방지

1) 아동보호서비스: 보호조치

① 시 · 도지사 또는 시장 · 군수 · 구청장은 그 관할 구역에서 보호대상아동을 발견하거나 보호자의 의뢰를 받은 때에는 아동의 최상의 이익을 위하여 대통령령으로 정하는 바에 따라 다음 각 호에 해당하는 보호조치를 하여야 한다(수급권자: 요보호아동).

1. 전담공무원 또는 아동위원에게 보호대상아동 또는 그 보호자에 대한 상담 · 지도를 수행하게 하는 것(상담 · 지도)
2. 보호자 또는 대리양육을 원하는 연고자에 대하여 그 가정에서 아동을 보호 · 양육할 수 있도록 필요한 조치를 하는 것(보호자, 연고자 → 보호양육)
3. 아동의 보호를 희망하는 사람에게 가정위탁하는 것(가정위탁)
4. 보호대상아동을 그 보호조치에 적합한 아동복지시설에 입소시키는 것(아동복지시설 입소)
5. 약물 및 알콜 중독, 정서 · 행동 · 발달 장애, 성폭력 · 아동학대 피해 등으로 특수한 치료나 요양 등의 보호를 필요로 하는 아동을 전문치료기관 또는 요양소에 입원 또는 입소시키는 것(치료 · 요양시설에 입소)
6. 「입양특례법」에 따른 입양과 관련하여 필요한 조치를 하는 것(입양 조치)

② 시 · 도지사 또는 시장 · 군수 · 구청장은 제1항 1호 및 2호의 보호조치가 적합하지 아니한 보호대상아동에 대하여 제1항 3호부터 6호까지의 보호조치를 할 수 있다. 이 경우 제1항 3호부터 5호까지의 보호조치를 하기 전에 보호대상아동에 대한 상담, 건강검진, 심리검사 및 가정환경에 대한 조사를 실시하여야 한다.

③ 시 · 도지사 또는 시장 · 군수 · 구청장은 보호조치를 하려는 경우 보호대상아동의 개별 보호 · 관리 계획을 세워 보호하여야 하며, 그 계획을 수립할 때 해당 보호대상아동의 보호자를 참여시킬 수 있다.

④ 시 · 도지사 또는 시장 · 군수 · 구청장은 제1항 3호부터 6호까지의 보호조치를 함에 있어서 해당 보호대상아동의 의사를 존중하여야 하며, 보호자가 있을 때에는 그

의견을 들어야 한다. 다만, 아동의 보호자가 아동학대범죄의 처벌 등에 관한 특례법 제2조 5호의 아동학대행위자인 경우에는 그러하지 아니하다.

⑤ 시·도지사 또는 시장·군수·구청장은 제1항 3호부터 6호까지의 보호조치를 할 때까지 필요하면 아동일시보호시설에 보호대상아동을 입소시켜 보호하거나, 적합한 위탁가정 또는 적당하다고 인정하는 자에게 일시 위탁하여 보호하게 할 수 있다. 이 경우 보호기간 동안 보호대상아동에 대한 상담, 건강검진, 심리검사 및 가정환경에 대한 조사를 실시하고 그 결과를 보호조치 시에 고려하여야 한다.

⑥ 시·도지사 또는 시장·군수·구청장은 그 관할 구역에서 약물 및 알콜 중독, 정서·행동·발달 장애 등의 문제를 일으킬 가능성이 있는 아동의 가정에 대하여 예방차원의 적절한 조치를 강구하여야 한다.

⑦ 누구든지 보호조치와 관련하여 그 대상이 되는 아동복지시설의 종사자를 신체적·정신적으로 위협하는 행위를 하여서는 아니 된다.

⑧ 시·도지사 또는 시장·군수·구청장은 아동의 가정위탁보호를 희망하는 사람에 대하여 범죄경력을 확인하여야 한다. 이 경우 본인의 동의를 받아 관계 기관의 장에게 범죄의 경력 조회를 요청하여야 한다.

※ 사회보장정보시스템의 이용

시·도지사 또는 시장·군수·구청장은 사회보장정보시스템을 이용하여 보호대상아동에 대한 상담, 건강검진, 심리검사, 가정환경에 대한 조사 및 개별 보호·관리 계획 등 보호조치에 필요한 정보를 관리하여야 한다.[시행일 : 2019.3.23.] 제15조의2

⊞ 보호대상아동의 양육상황 점검

시·도지사 또는 시장·군수·구청장은 보호조치 중인 보호대상아동의 양육상황을 보건복지부령으로 정하는 바에 따라 매년 점검하여야 한다.

※ 보호대상아동의 퇴소조치

① 보호조치 중인 보호대상아동의 연령이 18세에 달하였거나, 보호 목적이 달성되었다고 인정되면 해당 시·도지사, 시장·군수·구청장은 그 보호 중인 아동의 보호조치를 종료하거나 해당 시설에서 퇴소시켜야 한다.
② 보호조치 중인 보호대상아동의 친권자, 후견인 등 보건복지부령으로 정하는 자는 관할 시·도지사 또는 시장·군수·구청장에게 해당 보호대상아동의 가정 복귀를 신청할 수 있다.
③ 시·도지사 또는 시장·군수·구청장은 가정 복귀 신청을 받은 경우에는 아동복지시설의 장의 의견을 들은 후 보호조치의 종료 또는 퇴소조치가 보호대상아동의 복리에 반하지 아니한다고 인정되면 해당 보호대상아동을 가정으로 복귀시킬 수 있다.
④ 보호조치 중인 아동이 다음 각 호의 어느 하나에 해당하면 시·도지사, 시장·군수·구청장은 해당 아동의 보호기간을 연장할 수 있다.

1. 「고등교육법」에 따른 대학 이하의 학교(대학원은 제외)에 재학 중인 경우
2. 아동양육시설 또는 직업능력개발훈련시설에서 직업 관련 교육·훈련을 받고 있는 경우
3. 위탁가정 및 각종 아동복지시설에서 해당 아동을 계속하여 보호·양육할 필요가 있다고 대통령령으로 정하는 경우

2) 아동에 대한 금지행위

누구든지 다음 각 호의 어느 하나에 해당하는 행위를 하여서는 아니 된다.

1. 아동을 매매하는 행위
2. 아동에게 음란한 행위를 시키거나 이를 매개하는 행위 또는 아동에게 성적 수치심을 주는 성희롱 등의 성적 학대행위
3. 아동의 신체에 손상을 주거나 신체의 건강 및 발달을 해치는 신체적 학대행위
4. 삭제 〈2014.1.28.〉
5. 아동의 정신건강 및 발달에 해를 끼치는 정서적 학대행위
6. 자신의 보호·감독을 받는 아동을 유기하거나 의식주를 포함한 기본적 보호·양육·치료 및 교육을 소홀히 하는 방임행위
7. 장애를 가진 아동을 공중에 관람시키는 행위
8. 아동에게 구걸을 시키거나 아동을 이용하여 구걸하는 행위
9. 공중의 오락 또는 흥행을 목적으로 아동의 건강 또는 안전에 유해한 곡예를 시키는 행위 또는 이를 위하여 아동을 제3자에게 인도하는 행위
10. 정당한 권한을 가진 알선기관 외의 자가 아동의 양육을 알선하고 금품을 취득하거나 금품을 요구 또는 약속하는 행위
11. 아동을 위하여 증여 또는 급여된 금품을 그 목적 외의 용도로 사용하는 행위

3) 친권상실의 선고 청구 – 해당 아동의 의견 존중

① 시・도지사, 시장・군수・구청장 또는 검사는 아동의 친권자가 그 친권을 남용하거나 현저한 비행이나 아동학대, 그밖에 친권을 행사할 수 없는 중대한 사유가 있는 것을 발견한 경우 아동의 복지를 위하여 필요하다고 인정할 때에는 법원에 친권행사의 제한 또는 친권상실의 선고를 청구하여야 한다.

② 아동복지시설의 장 및 초・중등교육법에 따른 학교의 장은 제1항의 사유에 해당하는 경우 시・도지사, 시장・군수・구청장 또는 검사에게 법원에 친권행사의 제한 또는 친권상실의 선고를 청구하도록 요청할 수 있다.

1. 법원에 친권행사의 제한 또는 친권상실의 선고 청구자: 시·도지사, 시장·군수·구청장, 검사
2. 법원에 친권행사의 제한 또는 친권상실의 선고 청구 요청자: 아동복지전담기관의 장, 아동복지시설의 장, 학교의 장(아동보호전문기관의 장 ×)

[주의] 아동보호전문기관의 장은 친권 상실의 선고를 청구할 수 없다.

③ 시・도지사, 시장・군수・구청장 또는 검사는 친권행사의 제한 또는 친권상실의 선고 청구를 할 경우 해당 아동의 의견을 존중하여야 한다.

4) 아동의 후견인의 선임 청구

① 시・도지사, 시장・군수・구청장, 아동복지시설의 장 및 학교의 장은 친권자 또는 후견인이 없는 아동을 발견한 경우 그 복지를 위하여 필요하다고 인정할 때에는

법원에 후견인의 선임을 청구하여야 한다.

② 시·도지사, 시장·군수·구청장, 아동복지시설의 장, 학교의 장 또는 검사는 후견인이 해당 아동을 학대하는 등 현저한 비행을 저지른 경우에는 후견인 변경을 법원에 청구하여야 한다.

③ 후견인의 선임 및 후견인의 변경 청구를 할 때에는 해당 아동의 의견을 존중하여야 한다. ☆ 후견인의 선임 및 해임을 청구하는 경우 해당 아동의 의견을 존중하여야 한다.

④ 아동복지시설에 입소 중인 보호대상아동에 대하여는 보호시설에 있는 미성년자의 후견직무에 관한 법률을 적용한다(보호시설에 있는 미성년자: 후견직무에 관한 법률 적용).

> **※ 아동의 후견인 선임(제20조) 및 보조인의 선임(제21조)**
> • 친권자: 부모가 미성년자인 자녀에 대하여 가지는 권리나 의무, 부모가 공동으로 행사
> • 후견인: 미성년자에게 친권자가 없거나 친권자가 친권을 행사할 수 없을 때 미성년자를 보호하는 자
> ⊞ **아동의 후견인이 될 수 있는 경우:** ① 지정(유언) ② 법규정 ③ 법원의 선정 ④ 아동학대 방지 조치

8. 아동학대의 예방 및 방지

1) 아동학대의 예방과 방지 의무

① 국가와 지방자치단체는 아동학대의 예방과 방지를 위하여 다음 각 호의 조치를 취하여야 한다.

> 1. 아동학대의 예방과 방지를 위한 각종 정책의 수립 및 시행
> 2. 아동학대의 예방과 방지를 위한 연구·교육·홍보 및 아동학대 실태조사
> 3. 아동학대에 관한 신고체제의 구축·운영
> 4. 피해아동의 보호와 치료 및 피해아동의 가정에 대한 지원
> 5. 그밖에 대통령령으로 정하는 아동학대의 예방과 방지를 위한 사항

② 지방자치단체는 아동학대를 예방하고 수시로 신고를 받을 수 있도록 긴급전화(번호 1391)를 설치하여야 한다.[109] ※ 피해아동 등에 대한 신분조회 조치(제22조의2)

2) 아동학대 예방의 날 – 11월 19일: 행사와 홍보 실시(홍보영상 제작·배포·송출)

아동의 건강한 성장을 도모하고, 범국민적으로 아동학대의 예방과 방지에 관한 관심을 높이기 위하여 매년 11월 19일을 아동학대 예방의 날로 지정하고, 아동학대예방의 날부터 1주일을 아동학대예방주간으로 한다. ☆ 아동복지법령상 아동학대예방의 날: 11월 19일

109) 아동학대 긴급전화(1391)의 설치: 매일 24시간 운영 [참조] 노인학대신고전화: 1389번

3) 아동학대 신고의무자에 대한 교육

① 관계 중앙행정기관의 장은 아동학대범죄의 처벌 등에 관한 특례법 제10조 2항 각 호의 어느 하나에 해당하는 사람(아동학대 신고의무자)의 자격 취득 과정이나 보수교육 과정에 아동학대 예방 및 신고의무와 관련된 교육 내용을 포함하도록 하여야 한다.

② 관계 중앙행정기관의 장 및 시·도지사는 아동학대 신고의무자에게 본인이 아동학대 신고의무자라는 사실을 고지할 수 있고, 아동학대 예방 및 신고의무와 관련한 교육(신고의무 교육)을 실시할 수 있다.

③ 아동학대 신고의무자가 소속된 기관·시설의 장은 소속 아동학대 신고의무자에게 신고의무 교육을 실시하고, 그 결과를 관계 중앙행정기관의 장에게 제출하여야 한다.

※ 아동복지법령상 아동학대 신고의무자에게 신고의무 교육을 실시의무자
1. 「영유아보육법」에 따른 어린이집
2. 「유아교육법」에 따른 유치원
3. 「초·중등교육법」에 따른 학교
4. 그밖에 대통령령으로 정하는 기관

4) 아동학대 예방교육의 실시

① 국가기관과 지방자치단체의 장, 「공공기관의 운영에 관한 법률」에 따른 공공기관과 대통령령으로 정하는 공공단체의 장은 아동학대의 예방과 방지를 위하여 필요한 교육을 연 1회 이상 실시하고, 그 결과를 보건복지부장관에게 제출하여야 한다.

② 교육 대상이 아닌 사람은 지역아동보호전문기관 또는 대통령령으로 정하는 교육기관에서 아동학대의 예방과 방지에 필요한 교육을 받을 수 있다.

③ 보건복지부장관은 교육을 위하여 전문인력을 양성하고, 교육 프로그램을 개발·보급하여야 한다. ☆ 학생에 대한 학대 예방 및 지원

5) 아동학대 등의 통보

① 사법경찰관리는 아동 사망 및 상해사건, 가정폭력 사건 등에 관한 직무를 행하는 경우 아동학대가 있었다고 의심할 만한 사유가 있는 때에는 아동보호전문기관에 그 사실을 통보하여야 한다.

② 사법경찰관 또는 보호관찰관은 아동학대범죄의 처벌 등에 관한 특례법 제14조 1항에 따라 임시조치의 청구를 신청하였을 때에는 아동보호전문기관에 그 사실을 통보하여야 한다.

③ 통보를 받은 아동보호전문기관은 피해아동 보호조치 등 필요한 조치를 하여야 한다.

※ **국가아동학대정보시스템:** 보건복지부장관은 아동학대 관련 정보를 공유하고 아동학대를 예방하기 위하여 국가아동학대정보시스템을 구축 · 운영하여야 한다.

6) 피해아동 응급조치에 대한 거부금지

아동학대범죄의 처벌 등에 관한 특례법에 따라 사법경찰관리 또는 아동보호전문기관의 직원이 피해아동을 인도하는 경우에는 아동학대 관련 보호시설이나 의료기관은 정당한 사유 없이 이를 거부하여서는 아니 된다.

※ 아동학대 전담의료기관의 지정

7) 사후관리

① 아동보호전문기관의 장은 아동학대가 종료된 이후에도 가정방문, 전화상담 등을 통하여 아동학대의 재발 여부를 확인하여야 한다.

② 아동보호전문기관의 장은 아동학대가 종료된 이후에도 아동학대의 재발 방지 등을 위하여 필요하다고 인정하는 경우 피해아동 및 보호자를 포함한 피해아동의 가족에게 필요한 지원을 제공할 수 있다.

③ 아동보호전문기관이 업무를 수행하는 경우 보호자는 정당한 사유 없이 이를 거부하거나 방해하여서는 아니 된다. ※ 아동학대정보시스템의 구축 · 운영(제28조의2)

8) 피해아동 및 그 가족 등에 대한 지원

아동보호전문기관의 장은 아동의 안전 확보와 재학대 방지, 건전한 가정기능의 유지 등을 위하여 피해아동 및 보호자를 포함한 피해아동의 가족에게 상담, 교육 및 의료적 · 심리적 치료 등의 필요한 지원을 제공하여야 한다.

9) 아동학대행위자에 대한 상담 · 교육 등의 권고

아동보호전문기관의 장은 아동학대행위자에 대하여 상담 · 교육 및 심리적 치료 등 필요한 지원을 받을 것을 권고할 수 있다. 이 경우 아동학대행위자는 정당한 사유가 없으면 상담 · 교육 및 심리적 치료 등에 성실히 참여하여야 한다.

※ 아동학대에 대한 법률상담: 피해아동을 위한 법률상담과 소송대리 등의 지원

10) 아동관련기관의 취업제한

아동학대관련범죄로 형 또는 치료감호를 선고받아 확정된 사람(아동학대관련범죄전력

자)은 그 확정된 때부터 형 또는 치료감호의 전부 또는 일부의 집행이 종료(종료된 것으로 보는 경우 포함)되거나 집행을 받지 아니하기로 확정된 후 10년까지의 기간 동안 다음 각 호에 해당하는 시설 또는 기관(아동관련기관)을 운영하거나 아동관련기관에 취업 또는 사실상 노무를 제공할 수 없다.

※ 아동관련기관의 취업제한(제29조의3)
1. 취약계층 아동 통합서비스 수행기관, 아동보호전문기관, 가정위탁지원센터 및 아동복지시설
2. 「가정폭력방지 및 피해자보호 등에 관한 법률」의 긴급전화센터, 가정폭력 관련 상담소 및 가정폭력피해자 보호시설
3. 「건강가정기본법」의 건강가정지원센터
4. 「다문화가족지원법」의 다문화가족지원센터
5. 「성매매방지 및 피해자보호 등에 관한 법률」의 성매매피해자를 위한 지원시설 및 성매매피해상담소
6. 「성폭력방지 및 피해자보호 등에 관한 법률」의 성폭력피해상담소 및 성폭력피해자보호시설 및 성폭력피해자 통합지원센터
7. 「영유아보육법」의 어린이집
8. 「유아교육법」의 유치원
9. 「의료법」의 의료기관(의료인 한정)
10. 「장애인복지법」의 장애인복지시설
11. 정신건강증진 및 정신질환자 복지서비스 지원에 관한 법률에 따른 정신건강복지센터, 정신건강증진시설, 정신요양시설 및 정신재활시설
12. 「주택법」의 공동주택의 관리사무소(경비업무 종사자 한정)
13. 「청소년기본법」에 따른 청소년시설, 청소년단체
14. 「청소년활동진흥법」의 청소년활동시설
15. 「청소년복지 지원법」의 청소년상담복지센터, 이주배경청소년지원센터 및 청소년쉼터, 청소년자립지원관, 청소년치료재활센터
16. 「청소년 보호법」의 청소년 보호·재활센터
17. 「체육시설의 설치·이용에 관한 법률」의 체육시설 중 아동의 이용이 제한되지 아니하는 체육시설로서 문화체육관광부장관이 지정하는 체육시설
18. 「초·중등교육법」의 학교 및 학습부진아동에 대한 교육을 실시하는 기관
19. 「학원의 설립·운영 및 과외교습에 관한 법률」의 학원 및 교습소 중 아동의 이용이 제한되지 아니하는 학원과 교습소로서 교육부장관이 지정하는 학원·교습소
20. 「한부모가족지원법」의 한부모가족복지시설
22. 「보호소년 등의 처우에 관한 법률」에 따른 소년원 및 소년분류심사원

11) 아동학대관련범죄전력자 취업의 점검·확인

① 보건복지부장관 또는 관계 중앙행정기관의 장은 아동학대관련 범죄전력자가 제29조의3 1항을 위반하여 교육부장관, 문화체육관광부장관, 보건복지부장관, 여성가족부장관, 국토교통부장관 등의 아동관련기관에 취업 또는 사실상 노무를 제공하고 있는지를 직접 또는 관계기관 조회 등의 방법으로 연 1회 이상 점검·확인하여야 한다.

② 보건복지부장관 또는 관계 중앙행정기관의 장은 점검·확인을 위하여 필요한 경우에는 아동관련기관의 장 또는 그 감독기관에 관련 자료의 제출을 요구할 수 있다.

9. 아동에 대한 지원서비스 - 아동 안전 및 건강지원

1) 안전기준의 설정

국가는 대통령령으로 정하는 바에 따라 아동복지시설과 아동용품에 대한 안전기준을 정하고 아동용품을 제작·설치·관리하는 자에게 이를 준수하도록 하여야 한다.

2) 아동의 안전에 대한 교육

아동복지시설의 장, 영유아보육법에 따른 어린이집의 원장, 유아교육법에 따른 유치원의 원장 및 초·중등교육법에 따른 학교의 장은 교육대상 아동의 연령을 고려하여 대통령령으로 정하는 바에 따라 매년 다음 각 호의 사항에 관한 교육계획을 수립하여 교육을 실시하여야 한다.

1. 성폭력 및 아동학대 예방 2. 실종·유괴의 예방과 방지 3. 감염병 및 약물의 오남용 예방 등 보건위생관리
4. 재난대비 안전 5. 교통안전

3) 아동보호구역에서의 영상정보처리기기 설치

국가와 지방자치단체는 유괴 등 범죄의 위험으로부터 아동을 보호하기 위하여 필요하다고 인정하는 경우에는 다음 각 호의 어느 하나에 해당되는 시설의 주변구역을 아동보호구역으로 지정하여, 범죄의 예방을 위한 순찰 및 아동지도 업무 등 필요한 조치를 할 수 있다.

1. 「도시공원 및 녹지 등에 관한 법률」에 따른 도시공원
2. 「영유아보육법」에 따른 어린이집
3. 「초·중등교육법」에 따른 초등학교 및 특수학교
4. 「유아교육법」에 따른 유치원

4) 아동안전 보호인력의 배치

국가와 지방자치단체는 실종 및 유괴 등 아동에 대한 범죄의 예방을 위하여 순찰활동 및 아동지도 업무 등을 수행하는 아동안전 보호인력을 배치·활용할 수 있다.

※ 아동긴급보호소 지정 및 운영(제34조)
경찰청장은 유괴 등의 위험에 처한 아동을 보호하기 위하여 아동긴급보호소를 지정·운영할 수 있다.

5) 건강한 심신의 보존

국가와 지자체는 아동의 건강 증진과 체력 향상을 위하여 다음 각 호에 해당하는 사항을 지원하여야 한다.

1. 신체적 건강 증진에 관한 사항
2. 자살 및 각종 중독의 예방 등 정신적 건강 증진에 관한 사항
3. 급식지원 등을 통한 결식예방 및 영양개선에 관한 사항 → 지자체의 조례로 정한다.
4. 비만 방지 등 체력 및 여가 증진에 관한 사항

10. 취약계층 아동 통합서비스지원 및 자립지원

1) 취약계층 아동에 대한 통합서비스지원

국가와 지방자치단체는 아동의 건강한 성장과 발달을 도모하기 위하여 대통령령으로 정하는 바에 따라 아동의 성장 및 복지 여건이 취약한 가정을 선정하여, 그 가정의 지원대상아동과 가족을 대상으로 보건, 복지, 보호, 교육, 치료 등을 종합적으로 지원하는 통합서비스를 실시한다.

2) 자립지원

국가와 지자체는 보호대상아동의 위탁보호 종료 또는 아동복지시설 퇴소 이후의 자립을 지원하기 위하여 다음 각 호에 해당하는 조치를 시행하여야 한다.

1. 자립에 필요한 주거·생활·교육·취업 등의 지원
2. 자립에 관한 실태조사 및 연구
3. 자립에 필요한 자산의 형성 및 관리 지원(자산형성지원)
4. 사후관리체계 구축 및 운영
5. 그밖에 자립지원에 필요하다고 대통령령으로 정하는 사항

※ **자립지원계획의 수립(제39조)**: 가정위탁지원센터의 장 및 아동복지시설의 장은 보호하고 있는 15세 이상의 아동을 대상으로 매년 개별 아동에 대한 자립지원계획을 수립하고, 그 계획을 수행하는 종사자를 대상으로 자립지원에 관한 교육을 실시하여야 한다.

3) 자산형성 지원사업 관련 업무

보건복지부장관은 자산형성지원사업을 효율적으로 추진하기 위하여 ① 자산형성지원사업 운영업무 및 ② 금융자산관리업무를 하여야 한다. **[주의]** 양 업무 비교

<표 11-1> 자산형성지원사업

업 무	내 용
자산형성지원사업의 운영업무	1. 자산형성지원사업 대상 아동의 관리 2. 자산형성지원사업의 후원자 발굴 및 관리 3. 자산형성지원사업에 관한 교육 및 홍보 4. 자산형성지원사업에 관한 조사·연구 및 평가 5. 그밖에 자산형성지원사업과 관련하여 보건복지부령으로 정하는 사항
금융자산관리업무	1. 자산형성지원사업을 위한 금융상품의 개발 및 관리 2. 자산형성지원사업을 위한 금융상품의 운영 사항

11. 아동보호전담기관 등

1) 아동보호전문기관

① 국가는 아동학대예방사업을 활성화하고 지역 간 연계체계를 구축하기 위하여 중앙아동보호전문기관(지역아동보호전문기관 ×)을 둔다(아동보호전문기관의 설치).

② 지방자치단체는 학대받은 아동의 발견, 보호, 치료에 대한 신속처리 및 아동학대예방을 담당하는 지역아동보호전문기관을 시 · 도 및 시 · 군 · 구에 1개소 이상 두어야 한다. 다만, 시 · 도지사는 관할 구역의 아동 수 및 지리적 요건을 고려하여 조례로 정하는 바에 따라 둘 이상의 시 · 군 · 구를 통합하여 하나의 지역아동보호전문기관을 설치 · 운영할 수 있다(지역아동보호전문기관의 설치 · 운영). <개정 2014.1.28.>

③ 지역아동보호전문기관을 통합하여 설치 · 운영하는 경우 시 · 도지사는 지역아동보호전문기관의 설치 · 운영에 필요한 비용을 관할 구역의 아동의 수 등을 고려하여 시장 · 군수 · 구청장에게 공동으로 부담하게 할 수 있다.

④ 보건복지부장관, 시 · 도지사 및 시장 · 군수 · 구청장은 아동학대예방사업을 목적으로 하는 비영리법인을 지정하여 중앙아동보호전문기관 및 지역아동보호전문기관의 운영을 위탁할 수 있다.

※ 아동보호전문기관의 업무 및 평가

※ 중앙아동보호전문기관의 업무 수행 – 국가

1. 지역아동보호전문기관에 대한 지원
2. 아동학대예방사업과 관련된 연구 및 자료 발간
3. 효율적인 아동학대예방사업을 위한 연계체제 구축
4. 아동학대예방사업을 위한 프로그램 개발 및 평가
5. 아동보호전문기관 및 학대피해아동쉼터 직원 직무교육, 아동학대예방 관련 교육 및 홍보
6. 아동보호전문기관 전산시스템 구축 및 운영
6의2. 제28조의2제6항에 따라 위탁받은 아동학대정보시스템의 운영
7. 그밖에 대통령령으로 정하는 아동학대예방사업과 관련된 업무

⊞ 지역아동보호전문기관의 업무 수행 – 지자체(시·도 및 시·군·구)

1. 아동학대 신고접수, 현장조사 및 응급보호
2. 아동학대예방 교육 및 홍보
3. 피해아동 상담·조사를 위한 진술녹화실 설치·운영
4. 피해아동 가정의 사후관리
5. 피해아동, 피해아동의 가족 및 아동학대행위자를 위한 상담·치료 및 교육
6. 자체사례회의 운영 및 아동학대사례전문위원회의 설치·운영
7. 그밖에 대통령령으로 정하는 아동학대예방사업과 관련된 업무

⊞ 아동보호전문기관의 성과평가

보건복지부장관은 아동보호전문기관의 업무 실적에 대하여 3년마다 성과평가를 실시하여야 한다.

※ 아동학대사례전문위원회의 설치 · 운영 : 아동학대 예방 및 피해아동에 대한 지원 등에 관련된 사항을 심의하기 위하여 지역아동보호전문기관에 둔다.

2) 가정위탁지원센터의 설치

① 국가는 가정위탁사업을 활성화하고 지역 간 연계체계를 구축하기 위하여 중앙가정위탁지원센터를 둔다(보건복지부: 중앙가정위탁지원센터).

② 지방자치단체는 보호대상아동에 대한 가정위탁사업을 활성화하기 위하여 시·도 및 시·군·구에 지역가정위탁지원센터를 둔다(시·도 및 시·군·구: 지역가정위탁지원센터). 다만, 시·도지사는 조례로 정하는 바에 따라 둘 이상의 시·군·구를 통합하여 하나의 지역가정위탁지원센터를 설치·운영할 수 있다.

③ 제2항 단서에 따라 지역가정위탁지원센터를 통합하여 설치·운영하는 경우 시·도지사는 지역가정위탁지원센터의 설치·운영에 필요한 비용을 관할 구역의 아동의 수 등을 고려하여 시장·군수·구청장에게 공동으로 부담하게 할 수 있다.

※ 가정위탁지원센터의 업무

※ 중앙가정위탁지원센터의 업무 수행 – 보건복지부

1. 지역가정위탁지원센터에 대한 지원
2. 효과적인 가정위탁사업을 위한 연계체계 구축
3. 가정위탁사업과 관련된 연구 및 자료발간
4. 가정위탁사업을 위한 프로그램의 개발 및 평가
5. 상담원에 대한 교육 등 가정위탁에 관한 교육 및 홍보
6. 가정위탁사업을 위한 정보기반 구축 및 정보제공
7. 그밖에 대통령령으로 정하는 가정위탁사업과 관련된 업무

⊞ 지역가정위탁지원센터의 업무 수행 – 지자체(시·도 및 시·군·구)

1. 가정위탁사업의 홍보 및 가정위탁을 하고자 하는 가정의 발굴
2. 가정위탁을 하고자 하는 가정에 대한 조사 및 가정위탁 대상 아동에 대한 상담
3. 가정위탁을 하고자 하는 사람과 위탁가정 부모에 대한 교육
4. 위탁가정의 사례관리
5. 친부모 가정으로의 복귀 지원
6. 가정위탁 아동의 자립계획 및 사례관리
7. 관할 구역 내 가정위탁 관련 정보 제공
8. 그밖에 대통령령으로 정하는 가정위탁과 관련된 업무

12. 아동복지시설

1) 아동복지시설의 설치

① 국가 또는 지방자치단체는 아동복지시설을 설치할 수 있다.

② 국가 또는 지방자치단체 외의 자는 관할 시장·군수·구청장에게 신고하고 아동복지시설을 설치할 수 있다. ☆ 국가 또는 지자체 외의 자가 아동복지시설을 설치하려는 경우에는 관할 시장·군수·구청장에게 신고를 하여야 한다.

③ 아동복지시설은 통합하여 설치할 수 있다(종합시설 제52조).

④ 국가와 지방자치단체는 아동이 항상 이용할 수 있는 아동전용시설을 설치하도록 노력하여야 한다(아동전용시설의 설치 제53조).

⑤ 아동복지시설에는 필요한 전문인력을 배치하여야 한다(아동복지시설의 종사자 제54조).

⑥ 시 · 도지사 또는 시장 · 군수 · 구청장은 아동복지시설 종사자의 양성 및 자질향상을 위한 교육 · 훈련을 실시하여야 한다(아동복지시설 종사자의 교육훈련 제55조).

※ 학대피해아동쉼터의 지정 ☆ 휴업·폐업 등의 신고

2) 아동복지시설의 종류

종 류	내 용
1. 아동양육시설	보호대상아동을 입소시켜 보호, 양육 및 취업훈련, 자립지원 서비스 등을 제공하는 것을 목적으로 하는 시설
2. 아동일시보호시설	보호대상아동을 일시보호하고 아동에 대한 향후의 양육대책수립 및 보호조치를 행하는 것을 목적으로 하는 시설
3. 아동보호치료시설	아동에게 보호 및 치료 서비스를 제공하는 다음 각 목의 시설 가) 불량행위를 하거나 불량행위를 할 우려가 있는 아동으로서 보호자가 없거나 친권자나 후견인이 입소를 신청한 아동 또는 가정법원, 지방법원소년부지원에서 보호위탁된 19세 미만인 사람을 입소시켜 치료와 선도를 통하여 건전한 사회인으로 육성하는 것을 목적으로 하는 시설 나) 정서적 · 행동적 장애로 인하여 어려움을 겪고 있는 아동 또는 학대로 인하여 부모로부터 일시 격리되어 치료받을 필요가 있는 아동을 보호 · 치료하는 시설
4. 공동생활가정	보호대상아동에게 가정과 같은 주거여건과 보호, 양육, 자립지원 서비스를 제공하는 것을 목적으로 하는 시설
5. 자립지원시설[110)]	아동복지시설에서 퇴소한 사람에게 취업준비기간 또는 취업 후 일정 기간 동안 보호함으로써 자립을 지원하는 것을 목적으로 하는 시설
6. 아동상담소	아동과 그 가족의 문제에 관한 상담, 치료, 예방 및 연구 등을 목적으로 하는 시설
7. 아동전용시설	어린이공원, 어린이놀이터, 아동회관, 체육 · 연극 · 영화 · 과학실험전시시설, 아동휴게숙박시설, 야영장 등 아동에게 건전한 놀이 · 오락, 그 밖의 각종 편의를 제공하여 심신의 건강유지와 복지증진에 필요한 서비스를 제공하는 것을 목적으로 하는 시설
8. 지역아동센터	지역사회 아동의 보호 · 교육, 건전한 놀이와 오락의 제공, 보호자와 지역사회의 연계 등 아동의 건전 육성을 위하여 종합적인 아동복지서비스를 제공하는 시설
9. 아동보호전문기관	학대받은 아동의 발견, 보호, 치료에 대한 신속처리 및 아동학대예방을 담당
10. 가정위탁지원센터	지원대상아동에 대한 가정위탁사업실시

3) 아동복지시설의 추가사업

아동복지시설은 각 시설 고유의 목적 사업을 해치지 아니하고 각 시설별 설치기준

110) 자립지원시설은 아동복지시설에서 퇴소한 자에게 취업준비기간 동안 보호함으로써 자립을 지원하는 것을 목적으로 하는 시설을 말한다.

및 운영기준을 충족하는 경우 다음 각 호의 사업을 추가로 실시할 수 있다.

아동가정지원사업	지역사회아동의 건전한 발달을 위하여 아동, 가정, 지역주민에게 상담, 조언 및 정보를 제공하여 주는 사업
아동주간보호사업	부득이한 사유로 가정에서 낮 동안 보호를 받을 수 없는 아동을 대상으로 개별적인 보호와 교육을 통하여 아동의 건전한 성장을 도모하는 사업
아동전문상담사업	학교부적응아동 등을 대상으로 올바른 인격형성을 위한 상담, 치료 및 학교폭력예방을 실시하는 사업
학대아동보호사업	학대아동의 발견, 보호, 치료 및 아동학대의 예방 등을 전문적으로 실시하는 사업
공동생활가정사업	보호대상아동에게 가정과 같은 주거여건과 보호를 제공하는 것을 목적으로 하는 사업
방과후 아동지도사업	저소득층 아동을 대상으로 방과 후 개별적인 보호와 교육을 통하여 건전한 인격형성을 목적으로 하는 사업

4) 시설의 개선, 사업의 정지, 시설의 폐쇄

보건복지부장관, 시 · 도지사 또는 시장 · 군수 · 구청장은 아동복지시설과 교육훈련시설(대학 및 전문대학 제외)이 다음 각 호의 어느 하나에 해당하는 경우에는 소관에 따라 그 시설의 개선, 6개월 이내의 사업의 정지, 위탁의 취소 또는 해당 시설의 장의 교체를 명하거나 시설의 폐쇄를 명할 수 있다.

여기서 보건복지부장관, 시 · 도지사 또는 시장 · 군수 · 구청장은 지정의 취소, 위탁의 취소 또는 시설의 폐쇄명령을 하고자 하는 경우에는 청문을 하여야 한다(청문, 제67조 - 위탁의 취소 또는 시설의 폐쇄명령: 청문 의무적 실시). ☆ 아동복지법령상 아동복지시설의 개선을 명하려면 청문을 하여야 하는 것은 아니다.

1. 시설이 설치기준에 미달하게 된 경우
2. 보호대상아동에 대한 아동학대행위가 확인된 경우
3. 거짓이나 그 밖의 부정한 방법으로 경비의 지원을 받은 경우
4. 아동복지시설의 사업정지기간 중에 사업을 한 경우
5. 사회복지법인 또는 비영리법인이 설치·운영하는 시설로서 그 사회복지법인이나 비영리법인의 설립허가가 취소된 경우
6. 설치목적의 달성이나 그 밖의 사유로 계속하여 운영될 필요가 없다고 인정할 때
7. 그밖에 이 법 또는 이 법에 따른 명령을 위반한 경우

13. 비용 부담

1) 비용 보조

국가 또는 지방자치단체는 대통령령으로 정하는 바에 따라 다음 각 호의 어느 하나

에 해당하는 비용의 전부 또는 일부를 보조할 수 있다.

1. 아동복지시설의 설치 및 운영과 프로그램의 운용에 필요한 비용 또는 수탁보호 중인 아동의 양육 및 보호관리에 필요한 비용
2. 보호대상아동의 대리양육이나 가정위탁 보호에 따른 비용
3. 아동복지사업의 지도, 감독, 계몽 및 홍보에 필요한 비용 4의2. 신고의무 교육에 소요되는 비용
4의3. 아동학대 피해에 대한 상담, 신체적·정신적 치료의 조치에 소요되는 비용
5. 취약계층 아동에 대한 통합서비스지원에 필요한 비용 6. 보호대상아동의 자립지원에 필요한 비용
7. 자산형성지원사업에 필요한 비용 8. 아동복지단체의 지도·육성에 필요한 비용

※ **비용 징수(제60조)**: 시·도지사, 시장·군수·구청장 또는 아동복지시설의 장은 보호조치에 필요한 비용의 전부 또는 일부를 대통령령으로 정하는 바에 따라 각각 그 아동의 부양의무자로부터 징수할 수 있다.

2) 보조금의 반환명령

국가 또는 지방자치단체는 아동복지시설의 장 등 보호수탁자, 가정위탁지원센터의 장, 대리양육자 및 아동복지단체의 장이 다음 각 호의 어느 하나에 해당하는 경우에는 이미 교부한 보조금의 전부 또는 일부의 반환을 명할 수 있다.

※ 보조금의 반환사유
1. 보조금의 교부조건을 위반한 경우 2. 거짓이나 그 밖의 부정한 방법으로 보조금의 교부를 받은 경우
3. 아동복지시설의 경영에 관하여 개인의 영리를 도모하는 행위를 한 경우
4. 보조금의 사용잔액이 있는 경우 5. 이 법 또는 이 법에 따른 명령을 위반한 경우

※ 국유·공유 재산의 무상 대부 및 사용·수익(제62조)

14. 벌칙

1) 10년 이하의 징역 – 사회복지법상 가장 무거운 벌칙[상습범: 형의 2분의 1까지 가중함]

아동을 매매하는 행위(아동·청소년의 성보호에 관한 법률에 따른 매매는 제외함)에 해당하는 행위를 한 자(이에 해당한 미수범도 처벌함)

2) 10년 이하의 징역 또는 1억 원 이하의 벌금[상습범: 형의 2분의 1까지 가중함]

1. 아동에게 음란한 행위를 시키거나 이를 매개하는 행위
2. 아동에게 성적 수치심을 주는 성희롱 등의 성적 학대행위에 해당하는 행위를 한 자

3) 5년 이하의 징역 또는 5천만 원 이하의 벌금[상습범: 형의 2분의 1까지 가중함]

3. 아동의 신체에 손상을 주거나 신체의 건강 및 발달을 해치는 신체적 학대행위
4. 삭제 〈2014.1.28.〉
5. 아동의 정신건강 및 발달에 해를 끼치는 정서적 학대행위

6. 자신의 보호·감독을 받는 아동을 유기하거나 의식주를 포함한 기본적 보호·양육·치료 및 교육을 소홀히 하는 방임행위
7. 장애를 가진 아동을 공중에 관람시키는 행위
8. 아동에게 구걸을 시키거나 아동을 이용하여 구걸하는 행위

3 영유아보육법

[시행 2019.7.1.] [법률 제15270호, 2017.12.19., 타법개정] 보건복지부

영유아보육법(1991년 제정, 1991년 시행)은 보건복지부(보육정책과)가 관장하고 있다. 영유아보육은 6세 미만의 취학 전 아동을 건강하고 안전하게 보호 · 양육하고 영유아의 발달특성에 적합한 교육을 제공하는 어린이집 및 가정양육 지원에 관한 사회복지법을 말한다. 즉, 현재 우리 사회가 가지고 있는 저출산 문제를 해결하기 위하여 영유아 보육정책에 대한 지원을 하는 법규범이다.[111]

1. 목적

이 법은 영유아의 심신을 보호하고 건전하게 교육하여 건강한 사회구성원으로 육성함과 아울러 보호자의 경제적 · 사회적 활동이 원활하게 이루어지도록 함으로써 가정복지 증진에 이바지함을 목적으로 한다(양육 · 교육 · 보호 → 가족, 가정의 복지 증진).

2. 보육 이념

① 보육은 영유아의 이익을 최우선적으로 고려하여 제공되어야 한다(영유아의 이익 최우선 제공).

② 보육은 영유아가 안전하고 쾌적한 환경에서 건강하게 성장할 수 있도록 하여야 한다(안전하고 쾌적한 환경과 건강한 성장 보장).

③ 영유아는 자신이나 보호자의 성, 연령, 종교, 사회적 신분, 재산, 장애 및 출생지역 등에 따른 어떠한 종류의 차별도 받지 아니하고 보육되어야 한다(무차별 평등 보육).

---

111) 현대사회의 산업화에 따른 여성의 취업 증가(맞벌이 등) 및 가족구조의 핵가족화에 의한 탁아수요의 급증에 따라 영유아의 보호와 교육에 관한 별도의 입법을 통하여 어린이집의 조속한 확대 및 체계화로 아동의 건전한 보호 · 교육 및 보육자의 경제적 · 사회적 활동의 지원을 통하여 가정복지증진을 꾀하려는 것이다.

3. 용어의 뜻

1. "영유아"란 6세 미만의 취학 전 아동을 말한다.
   • 영아: 3세 미만의 아동, • 유아: 3세 이상부터 6세 미만의 취학전 아동
2. "보육"이란 영유아를 건강하고 안전하게 보호·양육하고 영유아의 발달 특성에 맞는 교육을 제공하는 어린이집 및 가정양육 지원에 관한 사회복지서비스를 말한다.
3. "어린이집"이란 보호자의 위탁을 받아 영유아를 보육하는 기관을 말한다(보육시설).
4. "보호자"란 친권자·후견인, 그 밖의 자로서 영유아를 사실상 보호하고 있는 자를 말한다.
5. "보육교직원"이란 어린이집 영유아의 보육, 건강관리 및 보호자와의 상담, 어린이집 관리·운영 등의 업무를 담당하는 자로서 어린이집의 원장 및 보육교사와 직원을 말한다(어린이집 종사자).

4. 수급권자

수급권자(복지서비스를 받는 자)는 영유아(6세 미만의 취학 전 아동)와 그 보호자이다.

5. 보육 실태 조사 - 3년마다 실시

보건복지부장관은 이 법의 적절한 시행을 위하여 보육 실태 조사를 3년마다 하여야 한다(보육실태조사: 가구조사와 어린이집조사 구분). → [5년에서 3년으로 변경]

※ **보호자 교육** : 영유아의 보호자에게 영유아의 성장·양육방법, 보호자의 역할, 영유아의 인권 등에 대한 교육을 실시할 수 있다.

6. 행정기관

1) 보육정책조정위원회 - 국무총리 소속 정책기구

① 보육정책에 관한 관계 부처 간의 의견을 조정하기 위하여 국무총리 소속으로 보육정책조정위원회를 둔다.

② 보육정책조정위원회는 다음의 사항을 심의·조정한다(심의·조정사항).

1. 보육정책의 기본 방향에 관한 사항
2. 보육 관련 제도개선과 예산지원에 관한 사항
3. 보육에 관한 관계 부처간 협조 사항
4. 그밖에 위원장이 회의에 부치는 사항

③ 보육정책조정위원회는 위원장을 포함한 12명 이내의 위원으로 구성하되, 위원장은 국무총리실장이 되고 임기는 2년이다.

2) 보육정책위원회

① 보육에 관한 각종 정책·사업·보육지도 및 어린이집 평가인증사항 등을 심의하기 위하여 보건복지부에 중앙보육정책위원회를, 특별시·광역시·도·특별자치도

(시·도) 및 시·군·구(자치구)에 지방보육정책위원회를 둔다. 다만, 지방보육정책위원회는 그 기능을 담당하기에 적합한 다른 위원회가 있고 그 위원회의 위원이 제2항에 따른 자격을 갖춘 경우에는 시·도 또는 시·군·구의 조례로 정하는 바에 따라 그 위원회가 지방보육정책위원회의 기능을 대신할 수 있다.

② 중앙보육정책위원회와 지방보육정책위원회의 위원은 보육전문가, 어린이집의 원장 및 보육교사 대표, 보호자 대표 또는 공익을 대표하는 자, 관계 공무원 등으로 구성한다.

※ **육아종합지원센터(제7조)**: 영유아에게 일시보육 서비스를 제공하거나 보육에 관한 정보의 수집·제공 및 상담을 위하여 보건복지부장관은 중앙육아종합지원센터를, 시·도지사 및 시장·군수·구청장은 지방육아종합지원센터를 설치·운영하여야 한다. 이 경우 필요하다고 인정하는 경우에는 영아·장애아 보육 등에 관한 육아종합지원센터를 별도로 설치·운영할 수 있다(보육전문요원 및 보육교직원의 정서적·심리적 상담 등의 업무를 하는 상담전문요원 등을 둔다).

7. 어린이집의 종류와 설치(영유아 보육시설)

1) 어린이집의 종류 – 정원 300명을 초과할 수 없음

어린이집	보육 내용
1. 국공립어린이집	국가 및 지자체가 설치·운영하는 어린이집(상시 11인 이상 영유아)
2. 사회복지법인어린이집	사회복지법인이 설치·운영하는 어린이집(상시 21인 이상 영유아)
3. 법인·단체 등 어린이집	각종 법인(사회복지법인을 제외한 비영리법인)이나 단체 등이 설치·운영하는 어린이집으로서 대통령령으로 정하는 어린이집(상시 21인 이상 영유아)
4. 직장어린이집	사업자가 사업장의 근로자를 위하여 설치·운영하는 어린이집(국가나 지방자치단체의 장이 소속 공무원 및 국가나 지방자치단체의 장과 근로계약을 체결한 자로서 공무원이 아닌 자를 위하여 설치·운영하는 어린이집 포함)(상시 5인 이상 영유아)
5. 가정어린이집	개인이 가정이나 그에 준하는 곳에 설치·운영하는 어린이집(상시 5인 이상 영유아)
6. 협동어린이집	보호자 또는 보호자와 보육교직원이 조합(영리를 목적으로 하지 아니하는 조합)을 결성하여 설치·운영하는 어린이집(보호자와 보육교직원 15인 이상 출자 및 상시 11인 이상 영유아)
7. 민간어린이집	제1호부터 제6호까지의 규정에 해당하지 아니하는 어린이집(상시 21인 이상 영유아)

(1) 국공립어린이집 – 취약지역 우선 설치 의무

국가나 지자체는 국공립어린이집을 설치·운영하여야 한다. 이 경우 국공립어린이집은 보육계획에 따라 도시 저소득주민 밀집 주거지역 및 농어촌지역 등 취약지역,

일정 세대 이상의 공동주택을 건설하는 주택단지 지역, 산업단지 지역에 우선적으로 설치해야 한다.

(2) 국공립어린이집 외의 어린이집

국공립어린이집 외의 어린이집을 설치·운영하려는 자는 특별자치도지사·시장·군수·구청장의 인가를 받아야 한다. 인가받은 사항 중 중요 사항을 변경하려는 경우에도 또한 같다. ☆ 영유아보육법상 직장보육시설은 설립시 시·군·구청장에게 인가를 받는다.

※ 사회복지시설을 설치하는 경우 시·군·구청장에게 신고해야 하는 것은 아동복지시설, 성폭력피해상담소, 장애인복지시설, 한부모보호시설, 노인복지시설 등이다. **[참조]** 어린이집(보육시설) 설립(인가), 입양기관(허가)

(3) 직장어린이집

① 대통령령으로 정하는 일정 규모 이상의 사업장(상시 여성근로자 300명 이상 또는 상시근로자 500명 이상을 고용하고 있는 사업장)의 사업자는 직장어린이집을 설치하여야 한다.

다만, 사업장의 사업자가 직장어린이집을 단독으로 설치할 수 없을 때에는 사업자 공동으로 직장어린이집을 설치·운영하거나, 지역의 어린이집과 위탁계약을 맺어 근로자 자녀의 보육을 지원(위탁보육)하여야 한다.

② 사업장의 사업자가 위탁보육을 하는 경우에는 사업장 내의 보육대상이 되는 근로자 자녀 중에서 위탁보육을 받는 근로자 자녀가 보건복지부령으로 정하는 일정 비율 이상이 되도록 하여야 한다.

① 사업자가 직장어린이집을 설치하여야 하는 사업장은 상시 여성근로자 300명 이상 또는 상시근로자 500명 이상을 고용하고 있는 사업장으로 한다(시행령 제20조).
② 제1항을 적용하는 경우 둘 이상의 국가행정기관이 청사를 공동으로 사용하면 이를 하나의 사업장으로 본다.
③ 직장어린이집을 설치하여야 하는 경우 그 설치·관리를 주관하는 기관은 다음의 순서에 따른다. 다만, 청사를 공동으로 사용하는 기관 간의 협의를 통하여 달리 정할 수 있다.
  1. 청사를 관리하는 기관(청사가 국유재산이 아닌 경우에는 청사의 주된 기능과 관련이 있는 기관)
  2. 보육 수요가 가장 많은 기관
④ 제2항 및 제3항에 따라 설치되는 직장어린이집의 운영에 필요한 비용은 그 시설을 이용하는 영유아의 수에 비례하여 각 기관이 부담한다. 다만, 부득이한 사유로 비용 분담을 조정할 필요가 있는 경우에는 설치·관리를 주관하는 기관과 이용 기관이 협의하여 정한다.
⑤ 제1항 및 제2항에 따른 사업장 외의 사업자는 필요한 경우에 사업장 근로자의 자녀를 보육하기 위한 직장어린이집을 설치할 수 있다.

※ 직장어린이집 설치의무 미이행 사업장 명단 공표(제14조의2)

2) 어린이집 설치기준

어린이집을 설치·운영하려는 자는 보건복지부령으로 정하는 설치기준을 갖추어야 한다. 다만, 놀이터, 비상재해대비시설 및 폐쇄회로 텔레비전의 설치와 관련된 사항은 각각 제15조의2부터 제15조의4까지에 따른다.

(1) 놀이터 설치 – 어린이집 설치기준

어린이집을 설치·운영하는 자는 놀이터를 설치하여야 하며 설치에 관한 기준은 보건복지부령으로 정한다. 다만, 다음 각 호의 어느 하나에 해당하는 어린이집은 그러하지 아니한다.

> **※ 놀이터 설치를 하지 않아도 되는 어린이집**
> 1. 보육 정원 50명 미만인 어린이집
> 2. 100미터 이내에 보건복지부령으로 정하는 기준을 충족하는 놀이터가 설치되어 있는 어린이집
>
> ⊞ 특별자치도지사·시장·군수·구청장은 제6조 1항에 따른 지방보육정책위원회의 심의를 거쳐 2005년 1월 29일 이전에 인가받은 어린이집이 도심지 및 도서·벽지 등 지역의 여건상 놀이터를 설치하기 곤란한 경우로서 보육상 지장이 없다고 인정하는 경우에는 놀이터를 설치하지 아니하거나, 놀이터 설치 기준을 완화하여 변경 인가할 수 있다.

(2) 비상재해대비시설

어린이집을 설치·운영하는 자는 반드시 1층과 2층 이상 등 종류별 비상재해대비시설을 설치하여야 한다.

(3) 폐쇄회로 텔레비전의 설치 – 영상정보: 60일 이상 보관

어린이집을 설치·운영하는 자는 아동학대 방지 등 영유아의 안전과 어린이집의 보안을 위하여 개인정보 보호법 및 관련 법령에 따른 폐쇄회로 텔레비전을 설치·관리하여야 한다. 다만, 다음 각 호의 어느 하나에 해당하는 경우에는 그러하지 아니하다.

> 1. 어린이집을 설치·운영하는 자가 보호자 전원의 동의를 받아 시장·군수·구청장에게 신고한 경우
> 2. 어린이집을 설치·운영하는 자가 보호자 및 보육교직원 전원의 동의를 받아 「개인정보 보호법」 및 관련법령에 따른 네트워크 카메라를 설치한 경우

3) 어린이집을 설치·운영할 수 없는 자(결격사유)

> 1. 미성년자·피성년후견인 또는 피한정후견인
> 2. 「정신보건법」의 정신질환자
> 3. 「마약류 관리에 관한 법률」의 마약류에 중독된 자
> 4. 파산선고를 받고 복권되지 아니한 자
> 5. 금고 이상의 실형을 선고받고 그 집행이 종료(집행이 종료된 것으로 보는 경우 포함)되거나 집행이 면제된 날부터 5년(「아동복지법」에 따른 아동학대관련범죄를 저지른 경우에는 20년)이 경과되지 아니한 자
> 6. 금고 이상의 형의 집행유예를 선고받고 그 유예기간 중에 있는 사람. 다만, 「아동복지법」에 따른 아동학대관련범죄로 금고 이상의 형의 집행유예를 선고받은 경우에는 그 집행유예가 확정된 날부터 20년이 지나지 아니한 사람
> 7. 어린이집의 폐쇄명령을 받고 5년이 경과되지 아니한 자
> 8. 300만 원 이상의 벌금형이 확정된 날부터 2년이 지나지 아니한 사람 또는 「아동복지법」에 따른 아동학대관련범죄로 벌금형이 확정된 날부터 10년이 지나지 아니한 사람
> 9. 제23조의3에 따른 교육명령을 이행하지 아니한 자

☆ 영유아보육법상 어린이집을 설치 운영할 수 있는 자는 금고 이상의 형의 집행유예를 선고받고 그 유예기간이 종료된 자(벌금 ×)

8. 보육교직원(어린이집 종사자)

1) 보육교직원의 배치

① 어린이집에는 보육교직원(어린이집 종사자)을 두어야 한다.

② 어린이집에는 보육교사의 업무 부담을 경감할 수 있도록 보조교사 등을 둔다.

③ 휴가 또는 보수교육 등으로 보육교사의 업무에 공백이 생기는 경우에는 이를 대체할 수 있는 대체교사를 배치한다. <신설 2015.5.18.>

2) 보육교직원의 직무

① 어린이집의 원장은 어린이집을 총괄하고 보육교사와 그 밖의 직원을 지도·감독하며 영유아를 보육한다.

② 보육교사는 영유아를 보육하고 어린이집의 원장(어린이집의 장)이 불가피한 사유로 직무를 수행할 수 없을 때에는 그 직무를 대행한다.

※ **보육교직원의 책무(제18조의2)**
보육교직원은 영유아를 보육함에 있어 영유아에게 신체적 고통이나 고성·폭언 등의 정신적 고통을 가하여서는 아니 된다. 보육교직원은 업무를 수행함에 있어 영유아의 생명·안전보호 및 위험방지를 위하여 주의의무를 다하여야 한다. <신설 2017. 3. 14.>

3) 어린이집 원장과 보육교사의 보수교육

① 보건복지부장관은 어린이집 원장과 보육교사의 자질 향상을 위한 보수교육을 실시하여야 한다. 이 경우 보수교육은 집합교육을 원칙으로 한다.

② 어린이집 원장의 보수교육은 사전직무교육과 직무교육으로 구분하고 보육교사의 보수교육은 직무교육과 승급교육으로 구분한다.

③ 어린이집 원장과 보육교사의 보수교육에는 다음 각 호의 사항에 관한 내용을 포함하여야 한다(보수교육의 내용).

1. 성폭력 및 아동학대 예방
2. 실종·유괴의 예방과 방지
3. 감염병 및 약물의 오남용 예방 등 보건위생 관리
4. 재난대비 안전
5. 교통안전
6. 어린이집 원장과 보육교사의 인성함양(영유아의 인권보호 교육 포함)
7. 그밖에 보건복지부령으로 정하는 사항 : 보육에 대한 실무능력 함양을 위한 내용

⊞ **보수교육의 실시(시행규칙 제20조)**
① 직무교육은 보육에 필요한 지식과 능력을 유지·개발하기 위하여 보육교직원이 정기적으로 받는 교육으로서 교육시간은 40시간 이상으로 한다.
② 승급교육은 보육교사가 3급에서 2급 또는 2급에서 1급으로 승급하기 위하여 필요한 교육으로서 교육시간은 80시간 이상으로 한다.

※ 교육명령(제23조의3) - 사전에 아동학대 방지를 위한 교육실시

9. 어린이집의 운영

1) 어린이집의 운영기준(제24조)

① 어린이집을 설치·운영하는 자는 보건복지부령으로 정하는 운영기준에 따라 어린이집을 운영하여야 한다.

※ 어린이집의 명칭: "○○어린이집"으로 하며, 보육대상으로 어린이집은 가능한 한 2세 미만 영아반, 2세 영아반과 3세 이상 유아반을 동시에 운영하여야 한다.

② 국가나 지자체는 설치된 국공립어린이집을 법인·단체 또는 개인에게 위탁하여 운영할 수 있다(수탁기관).

2) 어린이집 운영위원회 – 설치·운영의무: ㉠ 취약보육, ㉡ 정원 40명 이상

① 어린이집의 원장은 어린이집 운영의 자율성과 투명성을 높이고, 지역사회와의 연계를 강화하여 지역 실정과 특성에 맞는 보육을 실시하기 위하여 어린이집에 어린이집운영위원회를 설치·운영할 수 있다.

다만, 취약보육(脆弱)을 우선적으로 실시하여야 하는 어린이집과 보육정원 40명 이상의 어린이집은 어린이집운영위원회를 설치·운영하여야 한다.

② 어린이집운영위원회는 그 어린이집의 원장, 보육교사 대표, 학부모 대표 및 지역사회 인사(직장어린이집의 경우에는 그 직장의 어린이집 업무 담당자로 함)로 구성한다. 이 경우 학부모 대표가 2분의 1 이상이 되도록 구성하여야 한다.

③ 어린이집의 원장은 어린이집운영위원회의 위원 정수를 5명 이상 10명 이내의 범위에서 어린이집의 규모 등을 고려하여 정할 수 있다.

④ 어린이집운영위원회는 연간 4회 이상 개최하여야 한다.

3) 취약보육의 우선 실시

국가나 지자체, 사회복지법인, 그 밖의 비영리법인이 설치한 어린이집과 대통령령으로 정하는 어린이집의 원장은 영아·장애아·다문화가족의 아동 등에 대한 보육(취약보육)을 우선적으로 실시하여야 한다.

⊞ 취약보육의 종류(시행규칙 제28조)

1. 영아 보육: 만 3세 미만의 영아를 대상으로 보육서비스를 제공하는 것
2. 장애아 보육: 「장애인복지법」에 따라 장애인으로 등록된 영유아 등에게 보육서비스를 제공하는 것
3. 다문화아동 보육: 「다문화가족지원법」에 따른 다문화가족의 영유아 등에게 보육서비스를 제공하는 것
4. 시간연장형 보육: 기준 보육시간 외에 시간을 연장하여 보육서비스를 제공하는 것

4) 어린이집 이용대상

어린이집의 이용대상은 보육이 필요한 영유아(유아: 6세 미만의 취학전 아동, 영아: 3세 미만의 아동)를 원칙으로 한다. 다만, 필요한 경우 어린이집의 원장은 만 12세까지 연장하여 보육할 수 있다.

5) 보육의 우선 제공

① 국가나 지자체, 사회복지법인, 그 밖의 비영리법인이 설치한 어린이집과 대통령령으로 정하는 어린이집의 원장은 다음 각 호의 어느 하나에 해당하는 자가 우선적으로 어린이집을 이용할 수 있도록 하여야 한다. 다만, 고용촉진시설의 설치 · 운영을 위탁받은 공공단체 또는 비영리법인이 설치 · 운영하는 어린이집의 원장은 근로자의 자녀가 우선적으로 어린이집을 이용하게 할 수 있다.

※ 보육의 우선 이용 대상자

1. 「국민기초생활 보장법」에 따른 수급자
2. 「한부모가족지원법」에 따른 보호대상자의 자녀
3. 「국민기초생활 보장법」에 따른 차상위계층의 자녀
4. 「장애인복지법」에 따른 장애인 중 보건복지부령으로 정하는 장애 정도 이상에 해당하는 자의 자녀(1급 또는 2급에 해당하는 사람, 3급에 해당하는 지적장애인 또는 자폐성장애인으로서 다른 장애가 중복된 사람)
5. 「다문화가족지원법」에 따른 다문화가족의 자녀
6. 「국가유공자 등 예우 및 지원에 관한 법률」에 따른 국가유공자 중 전몰군경, 상이자(1급부터 3급까지의 상이등급에 해당하는 사람), 순직자의 자녀
7. 제1형 당뇨를 가진 경우로서 의학적 조치가 용이하고 일상생활이 가능하여 보육에 지장이 없는 영유아
8. 그밖에 소득수준 및 보육수요 등을 고려하여 보건복지부령으로 정하는 자의 자녀

아동복지시설에서 생활 중인 영유아 / 부모가 모두 취업 중이거나 취업을 준비(보건복지부장관이 인정하는 경우 한정) 중인 영유아 / 자녀가 3명 이상인 가구의 영유아 또는 영유아인 자녀가 2명 이상인 가구의 영유아 / 산업단지 입주기업체 및 지원기관 근로자의 자녀로서 산업단지에 설치된 어린이집을 이용하는 영유아 / 법인·단체 등이 부지 또는 건물을 국가 또는 지방자치단체에 기부채납하거나 무상임대하여 국공립어린이집으로 운영하는 경우 해당 법인·단체 등의 근로자 자녀로서 그 어린이집을 이용하는 영유아

② 사업자는 사업장 근로자의 자녀가 우선적으로 직장어린이집을 이용할 수 있도록 하여야 한다.

10. 건강·영양 및 안전 - 어린이집의 원장 의무

1) 건강관리 및 응급조치

2) 어린이집 안전공제사업

① 어린이집 상호 간의 협동조직을 통하여 어린이집의 안전사고를 예방하고, 어린

이집 안전사고로 인하여 생명·신체 또는 재산상의 피해를 입은 영유아 및 보육교직원 등에 대한 보상을 하기 위하여 보건복지부장관의 허가를 받아 어린이집 안전공제사업(공제사업)을 할 수 있다.

② 어린이집의 원장은 공제회의 가입자가 된다.

③ 공제회에 가입한 어린이집의 원장은 공제사업의 수행에 필요한 출자금과 다음 각 호의 공제료 등을 공제회에 납부하여야 한다. 다만, 제2호와 제3호의 공제료는 어린이집의 원장이 선택하여 납부할 수 있다.

1. 영유아의 생명·신체에 대한 피해를 보상하기 위한 공제료
2. 보육교직원 등의 생명·신체에 대한 피해를 보상하기 위한 공제료
3. 어린이집의 재산상 피해를 보상하기 위한 공제료

④ 어린이집의 원장이 제3항 3호의 공제료를 납부하는 경우 사회복지사업법에 따른 보험가입의무를 이행한 것으로 본다.

3) 예방접종 여부의 확인

4) 치료 및 예방조치

5) 급식 관리

6) 어린이집 차량안전관리 – 관할 경찰서장에게 신고

11. 비용

1) 무상보육

① 국가와 지자체는 영유아에 대한 보육을 무상으로 하되, 그 내용 및 범위는 대통령령으로 정한다.

② 국가와 지자체는 장애아 및 다문화가족의 자녀의 무상보육에 대하여는 대통령령으로 정하는 바에 따라 그 대상의 여건과 특성을 고려하여 지원할 수 있다.

③ 무상보육 실시에 드는 비용은 대통령령으로 정하는 바에 따라 국가나 지자체가 부담하거나 보조하여야 한다.

④ 보건복지부장관은 어린이집 표준보육비용 등을 조사하고, 그 결과를 바탕으로 예산의 범위에서 관계 행정기관의 장과 협의하여 국가 및 지자체가 부담하는 비용을 정할 수 있다.

⑤ 국가와 지자체는 자녀가 2명 이상인 경우에 대하여 추가적으로 지원할 수 있다.

⑥ 국가와 지자체는 무상보육을 받으려는 영유아와 장애아 및 다문화가족의 자녀를 보육하기 위하여 필요한 어린이집을 설치·운영하여야 한다.

2) 양육수당

① 국가와 지방자치단체는 어린이집이나 유아교육법에 따른 유치원을 이용하지 아니하는 영유아에 대하여 영유아의 연령과 보호자의 경제적 수준을 고려하여 양육에 필요한 비용을 지원할 수 있다.

② 영유아가 일시보육 서비스를 이용하는 경우에도 그 영유아에 대하여는 양육에 필요한 비용을 지원할 수 있다.

③ 국가와 지방자치단체는 양육에 필요한 비용을 지원받는 영유아가 90일 이상 지속해 해외에 체류하는 경우에는 그 기간 동안 양육에 필요한 비용의 지원을 정지한다.

④ 보건복지부장관 및 지방자치단체의 장은 양육수당의 지급을 정지하는 경우 서면으로 그 이유를 분명하게 밝혀 영유아의 보호자에게 통지하여야 한다.

3) 보육서비스 이용권

국가와 지방자치단체는 무상보육 및 양육수당에 따른 비용 지원을 위하여 보육서비스 이용권(아이사랑카드)을 영유아의 보호자에게 지급할 수 있다.

※ 보육서비스 이용권(아이사랑카드 Voucher)의 신청 및 발급(시행규칙 제35조의3)
영유아의 보호자는 보육서비스 이용권을 발급 받으려면 특별자치도지사·시장·군수·구청장에게 보육서비스 이용권 발급신청서를 제출하여야 한다. – 보건복지부장관은 보육서비스이용권의 전자적 관리의무

⊞ **보육료 지원:** 직접 현금으로 받는 것이 아니라, 보육서비스 이용권(아이사랑카드)을 통해 지원받게 된다. 어린이집에서 영유아 보육료를 아이사랑카드로 결제하면 정부지원금과 부모가 부담하는 금액이 함께 결제되고, 카드사로부터 정부지원금을 제외한 부모 부담분만 청구 받게 된다.

4) 비용 지원의 신청

① 영유아의 보호자는 무상보육 및 양육수당에 따른 비용의 지원을 신청할 수 있다.

② 신청을 할 때 다음의 자료 또는 정보(금융정보, 신용정보, 보험정보)제공에 대한 보호자 및 그 가구원의 동의 서면을 제출하여야 한다.

5) 비용의 보조 및 사업자의 비용 부담

① 국가나 지방자치단체는 어린이집의 설치, 보육교사(대체교사를 포함)의 인건비, 초과보육(超過保育)에 드는 비용 등 운영 경비 또는 지방육아종합지원센터의 설치·운영,

보육교직원의 복지 증진, 취약보육의 실시 등 보육사업에 드는 비용, 폐쇄회로 텔레비전 설치비의 전부 또는 일부를 보조한다.

② 어린이집을 설치한 사업자는 대통령령으로 정하는 바에 따라 그 어린이집의 운영과 보육에 필요한 비용의 전부 또는 일부를 부담하여야 한다.

6) 보육료 등의 수납

어린이집을 설치·운영하는 자는 그 어린이집의 소재지를 관할하는 시·도지사가 정하는 범위에서 그 어린이집을 이용하는 자로부터 보육료와 그 밖의 필요경비 등을 받을 수 있다. 다만, 시·도지사는 필요시 어린이집 유형과 지역적 여건을 고려하여 그 기준을 다르게 정할 수 있다.

7) 비용 및 보조금의 반환명령

국가나 지방자치단체는 어린이집의 설치·운영자, 육아종합지원센터(보육정보센터)의 장, 보수교육 위탁실시자 등이 다음 각 호의 어느 하나에 해당하는 경우에는 이미 교부한 비용과 보조금의 전부 또는 일부의 반환을 명할 수 있다.

※ 비용 및 보조금의 반환명령
1. 어린이집 운영이 정지·폐쇄 또는 취소된 경우
2. 사업 목적 외의 용도에 보조금을 사용한 경우
3. 거짓이나 그 밖의 부정한 방법으로 보조금을 교부받은 경우
4. 삭제 〈2011.8.4.〉 [이 법 또는 이 법에 따른 행정기관의 명령을 위반한 경우]
5. 착오 또는 경미한 과실로 보조금을 교부받은 경우로서 보건복지부령이 정하는 사유에 해당하는 경우

12. 지도와 감독

1) 지도와 명령

보건복지부장관, 시·도지사 및 시장·군수·구청장은 보육사업의 원활한 수행을 위하여 어린이집 설치·운영자 및 보육교직원에 대하여 필요한 지도와 명령을 할 수 있다.

2) 보고와 검사

보건복지부장관, 시·도지사 또는 시장·군수·구청장은 어린이집을 설치·운영하는 자로 하여금 그 어린이집에 관하여 필요한 보고를 하게 하거나, 관계 공무원으로 하여금 그 어린이집의 운영 상황을 조사하게 하거나 장부와 그 밖의 서류를 검사하게

할 수 있다.

3) 어린이집의 폐지·휴지 및 재개 등의 신고

① 인가된 어린이집을 폐지하거나 일정기간 운영을 중단하거나 운영을 재개하려는 자는 보건복지부령으로 정하는 바에 따라 미리 특별자치도지사 · 시장 · 군수 · 구청장에게 신고하여야 한다.

② 어린이집의 원장은 어린이집이 폐지되거나 일정기간 운영이 중단되는 경우에는 보건복지부령으로 정하는 바에 따라 그 어린이집에서 보육 중인 영유아가 다른 어린이집으로 옮길 수 있도록 하는 등 영유아의 권익을 보호하기 위한 조치를 취하여야 한다.

4) 시정 또는 변경 명령

보건복지부장관, 시 · 도지사 또는 시장 · 군수 · 구청장은 어린이집이 다음 각 호의 어느 하나에 해당하면 어린이집의 원장 또는 그 설치 · 운영자에게 기간을 정하여 그 시정 또는 변경을 명할 수 있다.

1. 변경인가를 받지 아니하고 어린이집을 운영하는 경우
2. 어린이집의 설치기준을 위반한 경우
3. 보육교직원의 배치기준을 위반한 경우
3의2. 보육교직원의 임면에 관한 사항을 보고하지 아니하거나 거짓으로 보고한 경우
4. 어린이집의 운영기준을 위반한 경우
4의2. 제25조 1항 단서를 위반하여 어린이집운영위원회를 설치·운영하지 아니한 경우
4의3. 제29조 4항 전단을 위반하여 영유아에게 특별활동을 제공한 경우
4의4. 제29조 4항 후단을 위반하여 특별활동에 참여하지 아니하는 영유아에게 특별활동을 대체할 수 있는 프로그램을 제공하지 아니한 경우
4의5. 생활기록부를 작성·관리하지 아니한 경우
4의6. 질병의 치료와 예방조치를 하지 아니한 경우
4의7. 균형 있고 위생적이며 안전한 급식을 하지 아니한 경우
5. 보육료 등을 한도액을 초과하여 받은 경우
6. 보고를 하지 아니하거나 거짓으로 보고한 경우 또는 조사·검사를 거부하거나 기피한 경우
7. 신고를 하지 아니하고 어린이집을 폐지하거나 일정기간 운영을 중단하거나 운영을 재개한 경우
8. 정보의 공시에 관한 사항을 위반한 경우

5) 어린이집의 폐쇄

① 보건복지부장관, 시 · 도지사 및 시장 · 군수 · 구청장은 어린이집을 설치 · 운영하는 자가 다음 각 호의 어느 하나에 해당하면 1년 이내의 어린이집 운영정지를 명하거나 어린이집의 폐쇄를 명할 수 있다. 이 경우 보육교직원 등 설치 · 운영자의 관리 · 감독 하에 있는 자가 제4호에 해당하는 행위를 한 경우에는 설치 · 운영자가 한

행위로 본다(설치 · 운영자가 그 행위를 방지하기 위하여 상당한 주의와 감독을 게을리하지 아니한 경우에는 그러하지 아니하다). → 과징금처분(제45조의 2)

※ 어린이집의 폐쇄 사유
1. 거짓이나 그 밖의 부정한 방법으로 보조금을 교부받거나 보조금을 유용(流用)한 경우
2. 비용 또는 보조금의 반환명령을 받고 반환하지 아니한 경우
3. 시정 또는 변경 명령을 위반한 경우
4. 「아동복지법」에 따른 아동학대 행위를 한 경우
5. 「도로교통법」을 위반하여 어린이통학버스에 보육교직원을 함께 태우지 아니한 채 어린이통학버스 운행 중 발생한 교통사고로 영유아가 사망하거나 신체에 보건복지부령으로 정하는 중상해를 입은 경우

② 특별자치도지사 · 시장 · 군수 · 구청장은 어린이집이 운영정지 또는 폐쇄되는 경우에는 어린이집에 보육 중인 영유아를 다른 어린이집으로 옮기도록 하는 등 영유아의 권익을 보호하기 위하여 필요한 조치를 하여야 한다.

6) 어린이집의 원장의 자격정지

보건복지부장관은 어린이집의 원장이 다음 각 호의 어느 하나에 해당하면 1년(아동복지법에 따른 아동학대 행위에 해당하게 된 경우에는 2년) 이내의 범위에서 보건복지부령으로 정하는 바에 따라 그 자격을 정지시킬 수 있다. <개정 2015.5.18.>

1. 어린이집의 원장이 업무 수행 중 고의나 중대한 과실로 영유아에게 손해를 입힌 경우로서 다음 각 목의 어느 하나에 해당하는 경우

가. 영유아의 생명을 해치거나 신체 또는 정신에 중대한 손해를 입힌 경우
나. 운영기준을 위반하여 손해를 입힌 경우
다. 보건복지부령으로 정한 급식기준을 위반하여 손해를 입힌 경우
라. 그밖에 손해를 입힌 경우

2. 해당 업무 수행에 필요한 자격이 없는 자를 채용하여 보육교사 · 간호사 또는 영양사 등의 업무를 수행하게 한 경우
3. 보수교육을 연속하여 3회 이상 받지 아니한 경우
4. 거짓이나 그 밖의 부정한 방법으로 보조금을 교부받거나 보조금을 유용한 경우
5. 「공익신고자 보호법」에 따른 공익신고를 한 보육교직원에게 불이익조치를 한 경우

7) 보육교사의 자격정지

보건복지부장관은 보육교사가 다음 각 호의 어느 하나에 해당하면 1년(아동복지법에 따른 아동학대 행위로 해당하게 된 경우에는 2년) 이내의 범위에서 보건복지부령으로 정하는 바에 따라 그 자격을 정지시킬 수 있다. <개정 2015.5.18.>

1. 보육교사가 업무 수행 중 그 자격과 관련하여 고의나 중대한 과실로 손해를 입힌 경우
2. 보수교육을 연속하여 3회 이상 받지 아니한 경우

8) 어린이집의 원장 또는 보육교사의 자격취소

보건복지부장관은 어린이집의 원장 또는 보육교사가 다음 각 호의 어느 하나에 해당하면 그 자격을 취소할 수 있다.

1. 거짓이나 그 밖의 부정한 방법으로 자격증을 취득한 경우(재교부 금지기간: 2년)
2. 자격 취득자가 업무 수행 중 그 자격과 관련하여 고의나 중대한 과실로 손해를 입히고 금고 이상의 형을 선고받은 경우(재교부 금지기간: 2년)
3. 「아동복지법」에 따른 아동학대관련범죄로 처벌을 받은 경우(재교부 금지기간: 10년)
4. 제22조의2에 따른 명의대여 금지 등의 의무를 위반한 경우(재교부 금지기간: 2년)
5. 자격정지처분기간 종료 후 3년 이내에 자격정지처분에 해당하는 행위를 한 경우(재교부 금지기간: 2년)
6. 자격정지처분을 받고도 정지처분기간 이내에 자격증을 사용하여 자격 관련 업무를 수행한 경우(재교부 금지기간: 2년)
7. 자격정지처분을 3회 이상 받은 경우(재교부 금지기간: 2년)
8. 거짓이나 그 밖의 부정한 방법으로 보조금을 교부받거나 보조금을 유용한 경우에 해당하여 금고 이상의 형을 선고받은 경우(재교부 금지기간: 2년)

9) 청문

보건복지부장관, 시・도지사 및 시장・군수・구청장은 제45조(어린이집의 폐쇄 등), 제46조(어린이집의 장의 자격정지), 제47조(보육교사의 자격정지), 제48조(어린이집의 장 또는 보육교사의 자격취소)까지의 행정처분을 하려면 청문을 하여야 한다.

[참조] 위반사실의 공표(제49조의3)

13. 도서·벽지·농어촌 지역 등의 어린이집

시・군・구청장은 도서・벽지・농어촌 지역 등에 있는 어린이집의 설치기준 및 보육교직원의 배치기준을 적용하기 어렵다고 인정하는 경우에는 지방보육정책위원회의 심의를 거쳐 관할 시・도지사의 승인을 받아 이를 달리 적용할 수 있다.

CHAPTER 11

사회서비스법[Ⅲ][아동복지에 관한 법] 학습 핵심문제

01 아동복지법령상 아동보호구역에서의 영상처리기기를 설치해야 하는 장소를 모두 고른 것은?

ㄱ. 도시공원	ㄴ. 초등학교	ㄷ. 어린이집	ㄹ. 어린이 놀이터

① ㄱ, ㄴ, ㄷ　② ㄱ, ㄷ　③ ㄴ, ㄹ　④ ㄹ　⑤ ㄱ, ㄴ, ㄷ, ㄹ

02 아동복지법에 관한 내용으로 옳은 것은?

① 국가 또는 지자체 외의 자가 아동복지시설을 설치하려는 경우에는 관할 시장·군수·구청장의 허가를 받아야 한다.
② 국가는 아동학대예방사업을 활성화하고 지역 간 연계체계를 구축하기 위하여 지역아동보호전문기관을 둔다.
③ 아동복지시설의 종사자가 직무상 아동학대를 알고도 신고하지 않을 경우 100만 원 이하의 벌금에 처해진다.
④ 누구든지 아동을 위하여 증여 또는 급여된 금품을 그 목적 외의 용도에 사용하는 행위를 하여서는 아니 된다.
⑤ 아동단기보호시설은 아동복지시설에서 퇴소한 자에게 취업준비기간 동안 보호함으로써 자립을 지원하는 것을 목적으로 하는 시설을 말한다.

03 아동복지법에 근거하여 설치한 시설이 아닌 것은?

① 아동복지관　② 아동보호시설　③ 보육정보센터
④ 아동자립지원시설　⑤ 지역아동센터

04 아동에 대한 금지행위 및 벌칙으로 가장 엄중한 벌은?

① 아동에게 성폭행을 한 경우
② 아동을 매매하는 행위
③ 시설 설치 신고를 하지 않은 경우
④ 상습적으로 아동의 신체에 손상을 주는 학대 행위
⑤ 아동의 곡예를 시키는 행위

05 **영유아보육법의 내용이다. ( ) 안에 들어갈 알맞은 말은?**

국공립어린이집 외의 어린이집을 설치·운영하려는 자는 특별자치도지사·시장·군수·구청장의 ( )를(을) 받아야 한다.

① 인가 ② 보증 ③ 인증 ④ 허가 ⑤ 특허

06 **영유아보육법령상 직장어린이집에 관한 설명으로 틀린 것은?**

① 직장어린이집이란 사업자가 사업장 근로자를 위하여 설치·운영하는 어린이집을 말한다.
② 직장어린이집을 설치하지 못하는 사업자는 지역의 어린이집과 위탁계약을 맺어 근로자 자녀의 보육을 지원하여야 한다.
③ 여성 근로자 100인 이상 혹은 상시 근로자 300인 이상에 의무 설치해야 한다.
④ 직장어린이집을 단독으로 설치할 수 없는 사업자의 경우 공동으로 설치해야 한다.
⑤ 지역의 어린이집과 위탁계약을 체결하는 때에는 위탁계약을 체결하여야 한다.

07 **영유아보육법상 어린이집 우선 이용자는?**

ㄱ. 국민기초생활 보장법상 수급자
ㄴ. 차상위 계층의 자녀
ㄷ. 한부모가족지원법상 모자가족
ㄹ. 한부모가족지원법상 부자가족

① ㄱ, ㄴ, ㄷ ② ㄱ, ㄷ ③ ㄴ, ㄹ ④ ㄹ ⑤ ㄱ, ㄴ, ㄷ, ㄹ

08 **아동복지법령상 아동학대예방의 날은?**

① 4월 20일 ② 9월 7일 ③ 10월 2일 ④ 11월 19일 ⑤ 12월 10일

09 **아동복지법령상 지역아동보호전문기관의 업무로 옳은 것을 모두 고른 것은?**

ㄱ. 아동학대 신고접수, 현장조사 및 응급보호
ㄴ. 피해아동, 피해아동의 가족 및 아동학대행위자를 위한 상담·치료 및 교육
ㄷ. 아동학대예방 교육 및 홍보
ㄹ. 피해아동 가정의 사후관리

① ㄱ, ㄴ, ㄷ ② ㄱ, ㄷ ③ ㄴ, ㄹ ④ ㄹ ⑤ ㄱ, ㄴ, ㄷ, ㄹ

정답 01. ① 02. ④ 03. ③ 04. ② 05. ① 06. ③ 07. ⑤ 08. ④ 09. ⑤

CHAPTER 12

사회서비스법[Ⅳ] [장애인복지에 관한 법]

1 들어가는 말

1. 장애인복지관련 개요

장애인복지법에 관한 법은 장애인복지법을 중심으로 구성되어 있는 법제이다. 장애인이 인간다운 삶을 누릴 수 있도록 하기 위해 장애인의 생활안정, 생활편의, 의료, 교육, 직업재활, 생활환경개선 및 생활안정 등에 관한 사항을 정하고 있는 사회서비스법이다.

이 장에서는 장애인복지법으로 한정하여 서술하고자 한다.

2 장애인복지법

[시행 2019.7.1] [법률 제15270호, 2017.12.19, 일부개정] 보건복지부

장애인복지법(1981년 제정, 1981년 시행)의 관장부서는 보건복지부(장애인정책과)이며, 장애인들이 자립자활을 할 수 있도록 필요한 법적 지원을 규정하는 법규범이다. 장애의 발생예방과 장애인의 의료·직업재활 및 생활보호 등 복지시책을 효과적으로 추진함으로써 장애인의 재활·자립과 그 가족의 정상적인 경제·사회활동을 도와주며, 나아가 사회복지의 증진과 사회통합에 이바지하려는 법이다.

1. 목적

이 법은 장애인의 인간다운 삶과 권리보장을 위한 국가와 지자체 등의 책임을 명백히 하고, 장애발생 예방과 장애인의 의료·교육·직업재활·생활환경개선 등에 관한 사업을 정하여 장애인복지대책을 종합적으로 추진하며, 장애인의 자립생활·보호 및 수당지급 등에 관하여 필요한 사항을 정하여 장애인의 생활안정에 기여하는 등 장애인의 복지와 사회활동 참여증진을 통하여 사회통합에 이바지함을 목적으로 한다.

2. 기본이념과 권리

1) 기본이념

장애인복지의 기본이념은 장애인의 완전한 사회 참여와 평등을 통하여 사회통합을 이루는 데에 있다(완전한 사회참여와 평등을 통한 사회통합).

[문제] 장애인복지법령에 관한 설명으로 옳은 것은? ②

① 매년 실태조사를 한다.
② 기본이념은 사회통합이다.
③ 정신장애인은 포함되지 않는다.
④ 어떤 경우에는 차별이 가능하다.
⑤ 장애인 복지시설을 설치할 때에는 허가를 받아야 한다.

2) 장애인의 권리

① 장애인은 인간으로서 존엄과 가치를 존중받으며, 그에 걸맞은 대우를 받는다.

② 장애인은 국가·사회의 구성원으로서 정치·경제·사회·문화, 그 밖의 모든 분야의 활동에 참여할 권리를 가진다.

③ 장애인은 장애인관련 정책결정과정에 우선적으로 참여할 권리가 있다.

3. 국가 및 지방자치단체의 복지의무

1) 장애인 및 보호자 등에 대한 의견수렴과 참여

국가 및 지방자치단체는 장애인 정책의 결정과 그 실시에 있어서 장애인 및 장애인의 부모, 배우자, 그밖에 장애인을 보호하는 자의 의견을 수렴하여야 한다. 이 경우 당사자의 의견수렴을 위한 참여를 보장하여야 한다.

2) 중증장애인의 보호

국가와 지자체는 장애 정도가 심하여 자립하기가 매우 곤란한 장애인(중증장애인)이 필요한 보호 등을 평생동안 받을 수 있도록 알맞은 정책을 강구하여야 한다.

3) 여성장애인의 권익보호

국가와 지자체는 여성장애인의 권익을 보호하고 사회참여를 확대하기 위하여 기초학습과 직업교육 등 필요한 시책을 강구하여야 한다.

4) 장애인에 대한 차별금지

① 누구든지 장애를 이유로 정치 · 경제 · 사회 · 문화생활의 모든 영역에서 장애인을 차별하여서는 아니 된다.

② 누구든지 장애인을 비하 · 모욕하거나 장애인을 이용하여 부당한 영리행위를 하여서는 아니 되며, 장애인의 장애를 이해하기 위하여 노력하여야 한다.

4. 수급권자(장애인의 정의)

① "장애인"이란 신체적 · 정신적 장애로 오랫동안 일상생활이나 사회생활에서 상당한 제약을 받는 자를 말한다(장애는 신체적 장애, 정신적 장애로 구분: 사회적 장애 포함 ×).

② 이 법을 적용받는 장애인은 다음 각 호의 어느 하나에 해당하는 장애가 있는 자로서 대통령령으로 정하는 장애의 종류 및 기준에 해당하는 자를 말한다.

※ 장애의 개념
1. "신체적 장애"란 주요 외부 신체 기능의 장애, 내부기관의 장애 등을 말한다.
2. "정신적 장애"란 발달장애 또는 정신 질환으로 발생하는 장애를 말한다.
- WTO 기준 – 기능장애(1차적 장애: 신체적 장애), 능력장애(2차적 장애: 개인적 장애), 사회적 장애 (3차적 장애: 사회적 불리 수준)

※ 장애인의 종류(15개) 및 기준 ⇒ 장애의 종류(15개)에 따라 각 6등급 구분

③ "장애인학대"란 장애인에 대하여 신체적 · 정신적 · 정서적 · 언어적 · 성적 폭력이나 가혹행위, 경제적 착취, 유기 또는 방임을 하는 것을 말한다.

5. 국가와 지방자치단체의 책임

① 국가와 지자체는 장애 발생을 예방하고, 장애의 조기 발견에 대한 국민의 관심을 높이며, 장애인의 자립을 지원하고, 보호가 필요한 장애인을 보호하여 장애인의

복지를 향상시킬 책임을 진다.

② 국가와 지자체는 여성 장애인의 권익을 보호하기 위하여 정책을 강구하여야 한다(정책과 시책의 차이).

③ 국가와 지자체는 장애인복지정책을 장애인과 그 보호자에게 적극적으로 홍보하여야 하며, 국민이 장애인을 올바르게 이해하도록 하는 데에 필요한 정책을 강구하여야 한다.

> ※ 국민의 책임(제10조): 모든 국민은 장애 발생의 예방과 장애의 조기 발견을 위하여 노력하여야 하며, 장애인의 인격을 존중하고 사회통합의 이념에 기초하여 장애인의 복지향상에 협력하여야 한다.

6. 장애인정책종합계획 - 5년마다 수립·시행

① 보건복지부장관은 장애인의 권익과 복지증진을 위하여 관계 중앙행정기관의 장과 협의하여 5년마다 장애인정책종합계획(종합계획)을 수립·시행하여야 한다. → 보건복지부장관은 종합계획을 수립·변경하는 경우에 장애인정책조정위원회의 심의를 미리 거쳐야 한다.

② 보건복지부장관은 종합계획을 수립하거나 해당 연도의 사업계획, 전년도 사업계획의 추진실적, 추진성과의 평가를 확정한 때에는 이를 지체 없이 국회 소관 상임위원회에 보고하여야 한다(국회에 대한 보고 의무, 제10조의3).

③ 종합계획에는 다음 각 호의 사항이 포함되어야 한다.

> 1. 장애인의 복지에 관한 사항 2. 장애인의 교육문화에 관한 사항 3. 장애인의 경제활동에 관한 사항
> 4. 장애인의 사회참여에 관한 사항 5. 그밖에 장애인의 권익과 복지증진을 위하여 필요한 사항

7. 장애인정책조정위원회 - 국무총리소속 정책기구

① 장애인 종합정책을 수립하고 관계 부처 간의 의견을 조정하며 그 정책의 이행을 감독·평가하기 위하여 국무총리 소속하에 장애인정책조정위원회를 둔다.

☆ 장애인정책조정위원회는 국무총리 소속하에 둔다(보건복지부 ×).

> ⊞ **위원회의 구성·운영(시행령 제3조)**
> 1) 장애인정책조정위원회는 위원장 및 부위원장 각 1명을 포함한 30명 이내의 위원으로 구성한다.
> 2) 위원장은 국무총리가 되고, 부위원장은 보건복지부장관이 되며, 위원은 당연직 위원과 위촉위원으로 한다.
> 3) 위촉위원은 장애인 관련 단체의 장이나 장애인 문제에 관한 학식과 경험이 풍부한 자 중에서 위원장이 위촉하되, 위촉위원 중 2분의 1 이상은 장애인으로 한다(임기: 2년).

② 위원회는 다음 각 호의 사항을 심의·조정한다.

> 1. 장애인복지정책의 기본방향에 관한 사항 2. 장애인복지 향상을 위한 제도개선과 예산지원에 관한 사항
> 3. 중요한 특수교육정책의 조정에 관한 사항 4. 장애인 고용촉진정책의 중요한 조정에 관한 사항
> 5. 장애인 이동보장 정책조정에 관한 사항 6. 장애인정책 추진과 관련한 재원조달에 관한 사항
> 7. 장애인복지 관련 부처의 협조에 관한 사항 8. 장애인복지와 관련하여 대통령령으로 정하는 사항

8. 장애인의 날 - 매년 4월 20일

장애인에 대한 국민의 이해를 깊게 하고 장애인의 재활의욕을 높이기 위하여 매년 4월 20일을 장애인의 날로 하며, 장애인의 날부터 1주간을 장애인 주간으로 하며, 국가와 지자체는 장애인의 날의 취지에 맞는 행사 등 사업을 하도록 노력하여야 한다.

9. 기본정책의 강구

1) 장애발생 예방 조치강구

⊞ 모자보건사업의 강화, 장애의 원인이 되는 질병의 조기 발견과 조기 치료, 그밖에 필요한 정책, 교통사고·산업재해·약물중독 및 환경오염

2) 의료와 재활치료, 장애인보조기구제공 등 정책강구

3) 사회적응 훈련 실시

4) 교육 정책

① 국가와 지자체는 사회통합의 이념에 따라 장애인이 연령·능력·장애의 종류 및 정도에 따라 충분히 교육받을 수 있도록 교육 내용과 방법을 개선하는 등 필요한 정책을 강구하여야 한다.
② 국가와 지자체는 장애인의 교육에 관한 조사·연구를 촉진하여야 한다.
③ 국가와 지자체는 장애인에게 전문 진로교육을 실시하는 제도를 강구하여야 한다.
④ 각급 학교의 장은 교육을 필요로 하는 장애인이 그 학교에 입학하려는 경우 장애를 이유로 입학 지원을 거부하거나 입학시험 합격자의 입학을 거부하는 등의 불리한 조치를 하여서는 아니 된다.
⑤ 모든 교육기관은 교육 대상인 장애인의 입학과 수학(修學) 등에 편리하도록 장애의 종류와 정도에 맞추어 시설을 정비하거나 그밖에 필요한 조치를 강구하여야 한다.

5) 직업 정책(장애인 적합한 직종과 재활사업) 강구

6) 정보에의 접근 및 전기통신·방송시설 등 개선 노력

7) 편의시설 설치 및 인적서비스제공 등 정책강구

※ 수화통역 또는 점자자료 등의 제공: 국경일, 기념일 중 보건의 날·장애인의 날·어린이날·어버이날·스승의 날·현충일·국군의 날 및 노인의 날

8) 안전대책 강구

⊞ 시각·청각 장애인과 이동이 불편한 장애인을 위하여 피난용 통로를 확보하고, 점자·음성·문자 안내판을 설치하며, 긴급 통보체계를 마련하는 등

9) 사회적 인식개선 – 교육 및 공익광고 등 홍보사업 실시

10) 선거권 행사를 위한 편의 제공 – 선거용 보조기구 개발·보급조치강구

11) 주택 보급(장애인에게 우선 분양 또는 임대) 노력

주택의 구입자금·임차자금 또는 개·보수비용의 지원 등 장애인의 일상생활에 적합한 주택의 보급·개선 강구

12) 문화환경 정비 및 문화생활과 체육활동, 관광활동 등 지원

13) 경제적 부담의 경감 및 장애인 자립 촉진(세제상의 조치 등) 정책강구

※ 장애인과 장애인을 보호하기 위하여 동행하는 자의 운임 등을 감면하는 정책을 강구하여야 한다.
☆ 한국장애인개발원의 설립 : 장애인 관련 조사·연구 및 정책개발·복지진흥 등을 위하여 한국장애인개발원을 설립한다(개발원 - 법인).

10. 장애인의 복지조치

1) 장애인의 실태조사 – 3년마다 실시

보건복지부장관은 장애인 복지정책의 수립에 필요한 기초 자료로 활용하기 위하여 3년마다 장애실태조사를 실시하여야 한다(※ 장애인의 실태조사: 전수조사 또는 표본조사 실시, 시행령 제18조). ☆ 보건복지부장관은 장애실태조사를 3년마다 실시하여야 한다.

2) 장애인 등록

① 장애인, 그 법정대리인 또는 대통령령으로 정하는 보호자(법정대리인등)는 장애상태와 그밖에 보건복지부령이 정하는 사항을 특별자치시장·특별자치도지사·시장·군수 또는 구청장에게 등록하여야 하며, 특별자치시장·특별자치도지사·시장·군수·구청장은 등록을 신청한 장애인이 제2조에 따른 기준에 맞으면 장애인등록증을 내주어야 한다.

※ 장애인 등록 신청할 수 있는 자가 장애인, 법정대리인, 보호자이다. 시·군·구청장에게 등록신청을 하고 장애판정위원회에 심의를 거쳐서 장애인으로 등록된다(장애인 등록). 시·군·구는 장애등록업무와 장애인 등록증 교부의 업무를 수행한다.

② 특별자치시장·특별자치도지사·시장·군수·구청장은 등록증을 받은 장애인의 장애 상태의 변화에 따른 장애 정도 조정을 위하여 장애 진단을 받게 하는 등 장애인

이나 법정대리인등에게 필요한 조치를 할 수 있다.

③ 장애인의 장애 인정과 장애 정도 사정(査定)에 관한 업무를 담당하게 하기 위하여 보건복지부에 장애판정위원회를 둘 수 있다.

④ 등록증은 양도하거나 대여하지 못하며, 등록증과 비슷한 명칭이나 표시를 사용하여서는 아니 된다.

⑤ 특별자치시장・특별자치도지사・시장・군수・구청장은 장애인 등록 및 장애 상태의 변화에 따른 장애 정도를 조정함에 있어 장애인의 장애 인정과 장애 정도 사정이 적정한지를 확인하기 위하여 필요한 경우 대통령령으로 정하는 「공공기관의 운영에 관한 법률」에 따른 공공기관에 장애 정도에 관한 정밀심사를 의뢰할 수 있다.

⊞ **재외동포 및 외국인의 장애인 등록(제32조의2)**

① 재외동포 및 외국인 중 다음의 어느 하나에 해당하는 사람은 장애인 등록을 할 수 있다.

1. 「재외동포의 출입국과 법적 지위에 관한 법률」에 따라 국내거소신고를 한 사람
2. 「주민등록법」에 따라 재외국민으로 주민등록을 한 사람
3. 「출입국관리법」에 따라 외국인등록을 한 사람으로서 체류자격 중 대한민국에 영주할 수 있는 체류자격을 가진 사람
4. 「재한외국인 처우 기본법」에 따른 결혼이민자
5. 「난민법」에 따른 난민인정자

② 국가와 지자체는 등록한 장애인에 대하여는 예산 등을 고려하여 장애인복지사업의 지원을 제한할 수 있다.

[주의] 모든 재외동포 및 외국인은 장애인 등록을 할 수 있다.

3) 복지서비스에 관한 장애인 지원 사업

국가와 지방자치단체는 등록한 장애인에게 필요한 복지서비스가 적시에 제공될 수 있도록 다음 각 호의 장애인 지원 사업을 실시한다.

1. 복지서비스에 관한 상담 및 정보 제공
2. 장애인학대 등 안전문제 또는 생계곤란 등 위기상황에 놓여있을 가능성이 높은 장애인에 대한 방문 상담
3. 복지서비스 신청의 대행
4. 장애인 개인별로 필요한 욕구의 조사 및 복지서비스 제공 계획의 수립 지원
5. 장애인과 복지서비스 제공 기관・법인・단체・시설과의 연계
6. 복지서비스 등 복지자원의 발굴 및 데이터베이스 구축
7. 그밖에 복지서비스의 제공에 필요한 사업

※ **서비스 지원 종합조사:** 보건복지부장관 또는 특별자치시장・특별자치도지사・시장・군수・구청장은 서비스 신청에 대하여 서비스의 수급자격, 양 및 내용 등의 결정에 필요한 서비스 지원 종합조사를 실시할 수 있다.

☆ **민관협력을 통한 사례관리:** 특별자치시장・특별자치도지사・시장・군수・구청장은 복지서비스가 필요한 장애인을 발굴하고 공공 및 민간의 복지서비스를 연계・제공하기 위하여 민관협력을 통한 사례관리를 실시할 수 있다.

4) 상담서비스

(1) 장애인복지상담원

① 장애인 복지 향상을 위한 상담 및 지원 업무를 맡기기 위하여 시 · 군 · 구에 장애인복지상담원을 둔다.

② 장애인복지상담원은 그 업무를 할 때 개인의 인격을 존중하여야 한다.

> **⊞ 장애인복지상담원의 임용(시행령 제21조)**
> ① 장애인복지상담원은 다음 각 호의 어느 하나에 해당하는 자 중에서 시장·군수·구청장이 지방공무원으로 임용한다(지방공무원법에 의한 임용).
> 1. 「사회복지사업법」에 따른 사회복지사 자격증의 소지자
> 2. 「초·중등교육법」에 따른 특수학교의 교사자격증 소지자
> 3. 국가나 지자체에서 사회복지 관련 업무를 5년 이상 담당한 경력이 있는 자 또는 장애인 복지단체에서 5년 이상 장애인복지 업무에 종사한 자
>
> ② 시장·군수·구청장은 해당 지자체의 인력 운용상 부득이한 경우에는 소속 공무원 중 「사회복지사업법 시행령」에 따라 임용한 사회복지전담공무원에게 상담원의 직무를 수행하게 할 수 있다.

> **[문제] 사회복지전담공무원이 겸임할 수 있도록 규정되어 있는 것은? ②**
> ① 아동위원　② 장애인복지상담원　③ 노인복지명예지도원
> ④ 정신보건전문요원　⑤ 복지위원

(2) 재활상담 등의 조치

보건복지부장관, 특별시장 · 광역시장 · 특별자치시장 · 도지사 · 특별자치도지사 또는 시장 · 군수 · 구청장(장애인복지실시기관)은 장애인에 대한 검진 및 재활상담을 하고, 필요하다고 인정되면 다음 각 호의 조치를 하여야 한다. <개정 2015.6.22.>

> 1. 국·공립병원, 보건소, 보건지소, 그 밖의 의료기관에 의뢰하여 의료와 보건지도를 받게 하는 것
> 2. 국가 또는 지방자치단체가 설치한 장애인복지시설에서 주거편의·상담·치료·훈련 등의 서비스를 받도록 하는 것
> 3. 장애인복지시설에 위탁하여 그 시설에서 주거편의·상담·치료·훈련 등의 필요한 서비스를 받도록 하는 것
> 4. 공공직업능력개발훈련시설이나 사업장 내 직업훈련시설에서 하는 직업훈련 또는 취업알선을 필요로 하는 자를 관련 시설이나 직업안정업무기관에 소개하는 것

> **※ 장애인복지상담원의 직무(시행령 제22조)**
> 1. 장애인과 그 가족 또는 관계인에 대한 상담 및 지도
> 2. 장애인에 대한 진단·진료 또는 보건 등에 관한 지도와 관계 전문기관에 대한 진단·진료 또는 보건지도 등의 의뢰
> 3. 장애인복지시설에 대한 장애인의 입소·통원 또는 그 이용의 알선
> 4. 장애인에 대한 장애인보조기구의 지급과 사용·수리 등에 관한 지도
> 5. 장애인에 대한 직업훈련·취업알선과 관계 전문기관에 대한 직업훈련·취업알선의 의뢰
> 6. 장애인을 위한 지역사회자원의 개발·조직·활용 및 알선
> 7. 장애인복지시설이나 장애인에 관한 조사 및 지도

5) 장애 유형·장애 정도별 재활 및 자립지원 서비스 제공

6) 산후조리도우미 지원사업

7) 자녀교육비의 지급

8) 장애인이 사용하는 자동차 등에 대한 지원 – 조세감면 등 필요한 지원정책 강구

> ⊞ 「교통약자의 이동편의증진법」상 이동편의시설의 설치 대상시설은? 대중교통 수단, 여객시설, 도로, 공공시설, 공동주택 등(운하 ×)

9) 장애인 보조견의 훈련·보급 지원

> ① 국가와 지자체는 장애인의 복지향상을 위하여 장애인을 보조할 장애인 보조견(補助犬)의 훈련·보급을 지원하는 방안을 강구하여야 한다.
> ② 보건복지부장관은 장애인보조견에 대하여 장애인 보조견표지를 발급할 수 있다.

10) 자금의 대여

11) 생업 지원

국가와 지자체, 그 밖의 공공단체는 소관 공공시설 안에 식료품·사무용품·신문 등 일상생활용품을 판매하는 매점이나 자동판매기의 설치를 허가하거나 위탁할 때에는 장애인이 신청하면 우선적으로 반영하도록 노력하여야 한다. → 담배소매인, 국내 우표류 판매업 등 장애인이 우선적으로 지정·계약 노력

12) 자립훈련비 지급

13) 생산품 구매

국가, 지자체 및 그 밖의 공공단체는 장애인복지시설과 장애인복지단체에서 생산한 물품의 우선 구매에 필요한 조치를 마련하여야 한다.

14) 고용 촉진

국가와 지자체는 직접 경영하는 사업에 능력과 적성이 맞는 장애인을 고용·노력하여야 하며, 장애인에게 적합한 사업을 경영하는 자에게 장애인의 능력과 적성에 따라 장애인을 고용·권유할 수 있다. ☆ 국가와 지자체는 장애인에게 적합한 사업을 경영하는 자에게 장애인의 능력과 적성에 따라 장애인을 고용하도록 권유할 수 있다.

15) 공공시설의 우선 이용

> ⊞ **국유·공유 재산의 우선매각이나 유상·무상 대여(제48조)**
> 국가와 지자체는 이 법에 따른 장애인복지시설을 설치하거나 장애인복지단체가 장애인복지사업과 관련한 시설을 설치하는 데에 필요할 경우 「국유재산법」 또는 「공유재산 및 물품 관리법」에도 불구하고 국유재산 또는 공유재산을 우선 매각할 수 있고 유상 또는 무상으로 대부하거나 사용·수익하게 할 수 있다(국유·공유재산의 우선매각이나 유상·무상 대여 – 사용·수익 가능).

16) 장애수당

① 국가와 지자체는 장애인의 장애 정도와 경제적 수준을 고려하여 장애로 인한 추가적 비용을 보전(補塡)하게 하기 위하여 장애수당을 지급할 수 있다. 다만, 국민기초생활 보장법에 따른 생계급여 또는 의료급여를 받는 장애인에게는 장애수당을 반드시 지급하여야 한다.

② 제1항에도 불구하고 장애인연금법에 따른 중증장애인에게는 장애수당을 지급하지 아니한다.

[참고] 중증장애인: 등록한 장애인 중 근로능력이 상실되거나 현저하게 감소된 사람으로서 같은 제1급 및 제2급의 장애등급을 받은 사람과 제3급의 장애등급을 받은 사람 중 대통령령으로 정하는 사람을 말한다.

> ⊞ **장애수당 등의 지급대상자**: 장애수당을 지급받을 수 있는 자는 18세 이상으로서 장애인으로 등록한 자 중 「국민기초생활 보장법」에 따른 수급자 또는 차상위계층(150% 이하)으로서 장애로 인한 추가적 비용 보전(補塡)이 필요한 자로 한다. 다만, 장애아동수당을 지급받는 자는 제외한다(장애수당 등의 지급대상자). 여기서 보장시설 장애인은 연령에 상관없이 장애수당만 지급한다.

17) 장애아동수당 및 보호수당

① 국가와 지자체는 장애아동(18세 미만)에게 보호자의 경제적 생활수준 및 장애아동의 장애 정도를 고려하여 장애로 인한 추가적 비용을 보전(補塡)하게 하기 위하여 장애아동수당을 지급할 수 있다.

② 국가와 지자체는 장애인(18세 이상)을 보호하는 보호자에게 그의 경제적 수준과 장애인의 장애 정도를 고려하여 장애로 인한 추가적 비용을 보전하게 하기 위하여 보호수당을 지급할 수 있다.

[문제] 장애인복지법상 국가나 지자체가 지급할 수 있는 급여에 해당하지 않는 것은? ④

가. 장애수당	나. 장애아동수당	다. 보호수당	라. 장애인 연금

① 가, 나, 다　② 가, 다　③ 나, 라　④ 라　⑤ 가, 나, 다, 라

1. 거짓이나 그 밖의 부정한 방법으로 자녀교육비 및 장애수당 등을 받은 경우
2. 자녀교육비 및 장애수당 등을 받은 후 그 자녀교육비 및 장애수당 등을 받게 된 사유가 소급하여 소멸된 경우
3. 잘못 지급된 경우

18) 장애동료 간 상담

국가와 지자체는 장애인이 장애를 극복하는 데 도움이 되도록 장애동료 간 상호대화나 상담의 기회를 제공하도록 노력하여야 한다.

11. 자립생활의 지원 - 장애인자립생활지원센터

국가와 지방자치단체는 장애인의 자기결정에 의한 자립생활을 위하여 활동보조인의 파견 등 활동보조서비스 또는 장애인보조기구의 제공, 그 밖의 각종 편의 및 정보제공 등 필요한 시책을 강구하여야 한다.

※ **활동보조서비스**
1. 일상생활을 위한 활동 지원 2. 가사생활을 위한 지원 3. 이동수단의 제공 또는 이동의 보조
4. 그밖에 중증장애인의 일상생활과 사회생활을 위하여 필요한 지원이나 보조 활동

※ **활동지원급여의 지원** : 국가와 지방자치단체는 장애인이 일상생활 또는 사회생활을 원활히 할 수 있도록 활동지원급여를 지원할 수 있다.

12. 장애인복지시설과 단체

1) 장애인복지시설의 이용

① 국가와 지자체는 장애인이 장애인복지시설의 이용을 통하여 기능회복과 사회적 향상을 도모할 수 있도록 필요한 정책을 강구하여야 한다(보호조치 등).

② 국가와 지자체는 장애인복지시설을 이용하는 장애인의 인권을 보호하기 위하여 필요한 정책을 마련하고 관련 프로그램을 실시할 수 있는 기반을 조성하여야 한다.

③ 장애인복지실시기관은 장애인복지시설에 대한 장애인의 선택권을 최대한 보장하여야 한다.

④ 장애인복지실시기관은 장애인의 선택권을 보장하기 위하여 장애인복지시설을 이용하려는 장애인에게 시설의 선택에 필요한 정보를 충분히 제공하여야 한다.

⑤ 장애인복지시설의 선택에 필요한 정보 제공과 서비스 제공 시에는 장애인의 성별·연령 및 장애의 유형과 정도를 고려하여야 한다.

2) 장애인복지시설의 종류

시설의 종류	내 용
1. 장애인 거주시설	거주공간을 활용하여 일반가정에서 생활하기 어려운 장애인에게 일정 기간 동안 거주・요양・지원 등의 서비스를 제공하는 동시에 지역사회생활을 지원하는 시설
2. 장애인 지역사회재활시설	장애인을 전문적으로 상담・치료・훈련하거나 장애인의 일상생활, 여가활동 및 사회참여활동 등을 지원하는 시설
3. 장애인 직업재활시설	일반 작업환경에서는 일하기 어려운 장애인이 특별히 준비된 작업환경에서 직업훈련을 받거나 직업 생활을 할 수 있도록 하는 시설
4. 장애인 의료재활시설	장애인을 입원 또는 통원하게 하여 상담, 진단・판정, 치료 등 의료재활서비스를 제공하는 시설 - 의료법에 따른다.
5. 대통령령으로 정하는 시설	장애인 생산품판매시설

3) 장애인복지시설 설치

① 국가와 지자체는 장애인복지시설을 설치할 수 있다.

② 제1항에 규정된 자 외의 자가 장애인복지시설을 설치・운영하려면 해당 시설 소재지 관할 시장・군수・구청장에게 신고하여야 하며, 신고한 사항 중 보건복지부령으로 정하는 중요한 사항을 변경할 때에도 신고하여야 한다. 다만, 폐쇄 명령을 받고 1년이 지나지 아니한 자는 시설의 설치・운영 신고를 할 수 없다.

③ 장애인 거주시설의 정원은 30명을 초과할 수 없다. 다만, 특수한 서비스를 위하여 일정 규모 이상이 필요한 시설 등 대통령령으로 정하는 경우에는 그러하지 아니하다.

④ 의료재활시설의 설치는 의료법에 따른다.

※ **불이익조치의 금지** : 누구든지 장애인학대 및 장애인 대상 성범죄 신고인에게 장애인학대범죄 신고 등을 이유로 파면, 해임, 해고, 그밖에 이에 준하는 신분상실의 조치의 불이익조치를 하여서는 아니 된다.

4) 응급조치의무

① 장애인학대 신고를 접수한 장애인권익옹호기관의 직원이나 사법경찰관리는 지체 없이 장애인학대현장에 출동하여야 한다. 이 경우 장애인권익옹호기관의 장이나 수사기관의 장은 서로 동행하여 줄 것을 요청할 수 있으며, 그 요청을 받은 장애인권익옹호기관의 장이나 수사기관의 장은 정당한 사유가 없으면 소속 직원이나 사법경찰관리가 현장에 동행하도록 하여야 한다.

② 장애인학대현장에 출동한 자는 학대받은 장애인을 학대행위자로부터 분리하거

나 치료가 필요하다고 인정할 때에는 장애인권익옹호기관 또는 의료기관에 인도하여야 한다.

③ 장애인 학대 현장에 출동한 자는 학대받은 장애인을 보호하기 위하여 신고된 현장에 출입하여 관계인에 대하여 조사를 하거나 질문을 할 수 있다. 이 경우 장애인권익옹호기관의 직원은 학대받은 장애인의 보호를 위한 범위에서만 조사 또는 질문을 할 수 있다.

5) 보조인의 선임

학대받은 장애인의 법정대리인, 직계친족, 형제자매, 장애인권익옹호기관의 상담원 또는 변호사는 장애인학대사건의 심리에 있어서 보조인이 될 수 있다. 다만, 변호사가 아닌 경우에는 법원의 허가를 받아야 한다.

6) 장애인복지시설 운영의 개시

① 신고한 자는 지체 없이(즉시) 시설 운영을 시작하여야 한다.

② 시설 운영자가 시설 운영을 중단 또는 재개하거나 시설을 폐지하려는 때에는 보건복지부령이 정하는 바에 따라 미리 시장・군수・구청장에게 신고하여야 한다.

③ 시설 운영자가 시설 운영을 중단하거나 시설을 폐지할 때에는 시설 이용자의 권익을 보호하기 위하여 다음의 조치를 하여야 한다.

1. 시장·군수·구청장의 협조를 받아 시설 이용자가 다른 시설을 선택할 수 있도록 하고 그 이행을 확인하는 조치
2. 시설 이용자가 이용료·사용료 등의 비용을 부담하는 경우 납부한 비용 중 사용하지 아니한 금액을 반환하게 하고 그 이행을 확인하는 조치
3. 보조금·후원금 등의 사용 실태 확인과 이를 재원으로 조성한 재산 중 남은 재산의 회수조치
4. 그밖에 시설 이용자의 권익 보호를 위하여 필요하다고 인정되는 조치

7) 장애인 거주시설 이용절차

① 장애인 거주시설을 이용하려는 자와 그 친족, 관계인은 보건복지부령으로 정하는 서류를 갖추어 시장・군수・구청장에게 장애인의 시설 이용을 신청하여야 한다.

② 시설 이용을 신청받은 시장・군수・구청장은 서비스 지원 종합조사 결과 등을 활용하여 이용 신청자의 시설 이용 적격성 여부를 심사하고 그 결과에 따라 시설 이용 여부를 결정하여야 한다.

③ 시장・군수・구청장은 이용 신청자의 시설 이용 적격성 및 본인부담금을 결정하여 이용 신청자와 시설 운영자에게 통보한다.

④ 시설 이용자가 시설 이용을 중단하려는 경우에는 보건복지부령으로 정하는 기간(20일) 전에 시설 이용을 중단할 의사를 시설 운영자에게 밝혀야 한다.

⊞ **장애인 거주시설의 서비스 최저기준(제60의3조)**
1. 서비스 안내 및 상담 2. 개인의 욕구와 선택 3. 이용자의 참여와 권리 4. 능력개발 5. 일상생활 6. 개별지원 7. 환경 8. 직원관리 9. 시설운영 10. 그밖에 서비스 최저기준으로서 필요한 사항

8) 장애인 거주시설 운영자의 의무

① 시설 운영자는 시설 이용자의 인권을 보호하고, 인권이 침해된 경우에는 즉각적인 회복조치를 취하여야 한다.

② 시설 운영자는 시설 이용자의 거주, 요양, 생활지원, 지역사회생활 지원 등을 위하여 필요한 서비스를 제공하여야 한다.

③ 시설 운영자는 시설 이용자의 사생활 및 자기결정권의 보장을 위하여 노력하여야 한다.

9) 시설의 개선, 사업의 정지, 폐쇄

① 장애인복지실시기관은 장애인복지시설이 다음 각 호의 어느 하나에 해당하는 때에는 그 시설의 개선, 사업의 정지, 시설의 장의 교체를 명하거나 해당 시설의 폐쇄를 명할 수 있다.

1. 시설기준에 미치지 못한 때
2. 정당한 사유 없이 보고를 하지 아니하거나 거짓으로 보고한 때 또는 조사·검사 및 질문을 거부·방해하거나 기피한 때
3. 사회복지법인이나 비영리법인이 설치·운영하는 시설인 경우 그 사회복지법인이나 비영리법인의 설립 허가가 취소된 때
4. 시설의 회계부정이나 시설이용자에 대한 인권침해 등 불법행위, 부당행위 등이 발견된 때
5. 설치 목적을 이루었거나 그 밖의 사유로 계속하여 운영할 필요가 없다고 인정되는 때
6. 이 법 또는 이 법에 따른 명령이나 처분을 위반한 경우

② 장애인복지실시기관은 장애인 거주시설이 서비스 최저기준을 유지하지 못할 때에는 그 시설의 개선, 사업의 정지, 시설의 장의 교체를 명하거나 해당 시설의 폐쇄를 명할 수 있다(시설의 폐쇄: 청문의무 실시).

10) 단체의 보호·육성

국가와 지자체는 장애인의 복지를 향상하고 자립을 돕기 위하여 장애인복지단체를 보호·육성하도록 노력하여야 한다.

13. 장애인의 학대

1) 학대 금지행위

누구든지 다음 각 호의 어느 하나에 해당하는 행위를 하여서는 아니 된다.

1. 장애인에게 성적 수치심을 주는 성희롱·성폭력 등의 행위
2. 장애인의 신체에 폭행을 가하거나 상해를 입히는 행위
2의2. 장애인을 폭행, 협박, 감금, 그밖에 정신상 또는 신체상의 자유를 부당하게 구속하는 수단으로써 장애인의 자유의사에 어긋나는 노동을 강요하는 행위
3. 자신의 보호·감독을 받는 장애인을 유기하거나 의식주를 포함한 기본적 보호와 치료를 소홀히 하는 방임행위
4. 장애인에게 구걸을 하게 하거나 장애인을 이용하여 구걸하는 행위
5. 장애인을 체포 또는 감금하는 행위
6. 장애인의 정신건강 및 발달에 해를 끼치는 정서적 학대행위
7. 장애인을 위하여 증여 또는 급여된 금품을 그 목적 외의 용도에 사용하는 행위
8. 공중의 오락 또는 흥행을 목적으로 장애인의 건강 또는 안전에 유해한 곡예를 시키는 행위

[+] 성범죄자의 취업제한 등(제59조의3)

① 성범죄(「성폭력범죄의 처벌 등에 관한 특례법」에 따른 성폭력범죄 또는 「아동·청소년의 성보호에 관한 법률」에 따른 아동·청소년대상 성범죄)로 형 또는 치료 감호를 선고받아 확정된 사람은 그 형 또는 치료 감호의 전부 또는 일부의 집행을 종료하거나 집행이 유예·면제된 날부터 10년 동안 장애인복지시설을 운영하거나 장애인복지시설에 취업 또는 사실상 노무를 제공할 수 없다.

② 시장·군수·구청장과 장애인복지시설 운영자는 장애인복지시설을 운영하려는 자에 대하여 본인의 동의를 받아 관계 기관의 장에게 성범죄의 경력 조회를 요청하여야 한다.

2) 장애인학대의 예방과 방지 의무

국가와 지방자치단체는 장애인학대의 예방과 방지를 위하여 다음 각 호의 조치를 취하여야 한다.

1. 장애인학대의 예방과 방지를 위한 각종 정책의 수립 및 시행
2. 장애인학대의 예방과 방지를 위한 연구·교육·홍보와 장애인학대 현황 조사
3. 장애인학대에 관한 신고체계의 구축·운영
4. 장애인학대로 인하여 피해를 입은 장애인의 보호 및 치료와 피해장애인의 가정에 대한 지원
5. 장애인학대 예방 관계 기관·법인·단체·시설 등에 대한 지원
6. 그밖에 대통령령으로 정하는 장애인학대의 예방과 방지를 위한 사항

3) 장애인학대 및 장애인대상 성범죄 신고의무와 절차

① 누구든지 장애인학대 및 장애인대상 성범죄를 알게 된 때에는 중앙장애인권익옹호기관 또는 지역장애인권익옹호기관이나 수사기관에 신고할 수 있다.

[참조] 장애인권익옹호기관의 설치(제59조의9)

① 국가는 지역 간의 연계체계를 구축하고 장애인학대를 예방하기 위하여 다음 각 호의 업무를 담당하는 중앙장애인권익옹호기관을 설치·운영하여야 한다.

1. 제2항에 따른 지역장애인권익옹호기관에 대한 지원
2. 장애인학대 예방 관련 연구 및 실태조사
3. 장애인학대 예방 관련 프로그램의 개발·보급
4. 장애인학대 예방 관련 교육 및 홍보
5. 장애인학대 예방 관련 전문인력의 양성 및 능력개발
6. 관계 기관·법인·단체·시설 간 협력체계의 구축 및 교류
7. 장애인학대 신고접수와 그밖에 보건복지부령으로 정하는 장애인학대 예방과 관련된 업무

② 학대받은 장애인을 신속히 발견·보호·치료하고 장애인학대를 예방하기 위하여 다음 각 호의 업무를 담당하는 지역장애인권익옹호기관을 특별시·광역시·특별자치시·도·특별자치도에 둔다.

1. 장애인학대의 신고접수, 현장조사 및 응급보호
2. 피해장애인과 그 가족, 장애인학대행위자에 대한 상담 및 사후관리
3. 장애인학대 예방 관련 교육 및 홍보
4. 장애인학대사례판정위원회 설치·운영
5. 그밖에 보건복지부령으로 정하는 장애인학대 예방과 관련된 업무

② 다음 각 호의 어느 하나에 해당하는 사람은 그 직무상 장애인학대 및 장애인대상 성범죄를 알게 된 경우에는 지체 없이 장애인권익옹호기관 또는 수사기관에 신고하여야 한다.

※ 장애인학대 신고의무자의 범위

1. 사회복지 전담공무원 및 사회복지시설의 장과 그 종사자 2. 활동지원인력 및 활동지원기관의 장과 그 종사자 3. 의료인 및 의료기관의 장 4. 의료기사 5. 응급구조사 6. 구급대의 대원 7. 정신건강복지센터의 장과 종사자 8. 어린이집의 원장 등 보육교직원 9. 유아교육법에 따른 교직원 및 강사 10. 초·중등교육법에 따른 교직원, 전문상담교사 및 산학겸임교사 11. 학원의 운영자·강사·직원 및 교습소의 교습자·직원 12. 성폭력피해상담소의 장과 그 종사자 및 성폭력피해자보호시설의 장과 그 종사자 13. 성매매피해자 보호 지원시설의 장과 종사자 및 성매매피해상담소의 장과 종사자 14. 가정폭력 관련 상담소의 장과 그 종사자 및 가정폭력피해자 보호시설의 장과 그 종사자 15. 건강가정지원센터의 장과 그 종사자 16. 다문화가족지원센터의 장과 그 종사자 17. 가정위탁지원센터의 장과 그 종사자 18. 한부모가족복지시설의 장과 그 종사자 19. 청소년시설의 장과 그 종사자 및 청소년단체의 장과 그 종사자 20. 청소년 보호·재활센터의 장과 그 종사자 21. 장기요양요원

4) 사후관리

장애인권익옹호기관의 장은 장애인학대가 종료된 후에도 가정방문, 시설방문, 전화상담 등을 통하여 장애인학대의 재발 여부를 확인하여야 한다.

※ **피해장애인 쉼터:** 특별시장·광역시장·특별자치시장·도지사·특별자치도지사는 피해장애인의 임시 보호 및 사회복귀 지원을 위하여 장애인 쉼터를 설치·운영할 수 있다.

14. 장애인 보조기구의 교부

국가와 지자체는 장애인의 신청이 있을 때에는 예산의 범위 안에서 장애인보조기구를 교부·대여 또는 수리하거나 장애인보조기구 구입 또는 수리에 필요한 비용을 지급할 수 있다.

15. 장애인복지 전문인력

1) 장애인복지 전문인력 양성

① 국가와 지자체, 그 밖의 공공단체는 의지・보조기 기사, 언어재활사, 장애인재활상담사, 수화통역사, 점역(點譯)・교정사 등 장애인복지 전문인력, 그밖에 장애인복지에 관한 업무에 종사하는 자를 양성・훈련하는 데에 노력해야 한다.

② 장애인복지전문인력의 범위 등에 관한 사항은 보건복지부령으로 정한다.

> **※ 장애인복지 전문인력의 범위(시행규칙 제55조)**
> 1. 의지·보조기 기사 2. 언어재활사 3. 장애인재활상담사 4.수화통역사 5. 점역사(點譯士)·교정사(矯正士)
> ☆ 장애인복지법령상 장애인복지 전문인력에 속하지 않는 사람은?

③ 국가와 지자체는 장애인복지 전문인력의 양성업무를 관계 전문기관 등에 위탁할 수 있다. 또한 장애인복지 전문인력의 양성에 소요되는 비용을 예산의 범위 안에서 보조할 수 있다.

2) 의지·보조기 기사자격증 교부

보건복지부장관은 국가시험에 합격한 자에게 의지・보조기 기사자격증을 내주어야 한다.

3) 언어재활사 및 장애인재활상담사 자격증 교부

보건복지부장관은 자격요건을 갖춘 사람으로서 국가시험에 합격한 사람(언어재활사 및 장애인재활상담사)에게 1・2급 언어재활사 자격증을 내주어야 한다.

4) 국가시험의 실시

의지・보조기 기사, 언어재활사 및 장애인재활상담사(의지・보조기 기사 등)의 국가시험은 보건복지부장관이 실시하되, 시험관리 능력이 있다고 인정되는 관계 전문기관(한국보건의료인 국가시험원)에 위탁할 수 있다.

5) 자격취소

보건복지부장관은 의지・보조기 기사 등이 다음 각 호의 어느 하나에 해당한 때에는 그 자격을 취소해야 한다(의무규정, 자격의 취소: 청문의무 실시).

> 1. 타인에게 의지·보조기 기사자격증을 대여한 때 2. 타인에게 언어재활사 및 장애인재활상담사 자격증을 대여하였을 때
> 3. 응시자격 제한에 해당하게 된 때 4. 자격정지처분 기간에 그 업무를 하거나 자격정지 처분을 3회 받은 때

16. 보칙

1) 비용 부담

① 장애인복지시설의 설치 · 운영에 드는 비용은 예산의 범위 안에서 대통령령으로 정하는 바에 따라 장애인복지실시기관이 부담하게 할 수 있다.

② 국가와 지자체는 장애인이 장애인복지시설을 이용하는 데 드는 비용의 전부 또는 일부를 부담할 수 있다. 시설 이용자의 자산과 소득을 고려하여 본인부담금을 부과할 수 있다.

2) 비용 수납

조치에 필요한 비용을 부담한 장애인복지실시기관은 해당 장애인 또는 그 부양의무자로부터 장애인복지실시기관이 부담한 비용의 전부 또는 일부를 받을 수 있다.

3) 비용 보조

국가와 지자체는 대통령령으로 정하는 바에 따라 장애인복지시설의 설치 · 운영에 필요한 비용의 전부 또는 일부를 보조할 수 있다.

17. 수급자의 권리구제

1) 권리구제 – 이의신청(해당 장애인복지실시기관)

① 장애인이나 법정대리인등은 이 법에 따른 복지조치에 이의가 있으면 해당 장애인복지실시기관에 이의신청을 할 수 있다.

② 이의신청은 복지조치가 있음을 안 날부터 90일 이내에 문서로 하여야 한다. 다만, 정당한 사유로 인하여 그 기간 이내에 이의신청을 할 수 없었음을 증명한 때에는 그 사유가 소멸한 날부터 60일 이내에 이의신청을 할 수 있다.

③ 장애인복지실시기관은 이의신청을 받은 때에는 30일 이내에 심사 · 결정하여 신청인에게 통보하여야 한다.

④ 심사 · 결정에 이의가 있는 자는 「행정심판법」에 따라 행정심판을 제기할 수 있다.

2) 장애인복지실시기관의 청문 의무실시

※ 청문을 해야 하는 경우		
1. 수행기관의 지정 취소	2. 장애인 등록의 취소	3. 장애인복지시설의 폐쇄 명령
4. 의지·보조기 제조업소의 폐쇄 명령	5. 의지·보조기 기사등의 자격취소	

☆ 장애인복지법령상 의지 · 보조기 기사의 자격을 취소하려면 청문을 하여야 한다.

3 정신건강복지법

[시행 2018.12.13.] [법률 제15647호, 2018.6.12., 일부개정] 보건복지부

1. 들어가는 말

1) 의의

정신건강증진 및 정신질환자 복지서비스 지원에 관한 법률(약칭: 정신건강복지법)의 관장부서는 보건복지부(정신건강정책과)이며, 정신질환자의 존엄성과 권익을 보호하기 위하여 제정된 법규범이다. 최근 생활환경의 급격한 변화로 인하여 정신질환자가 증가함에 따라 정신질환을 예방하고 정신질환자에 대한 효율적인 의료 및 사회복귀를 위하여 필요한 사항을 정함으로써 국민의 정신건강증진에 이바지하려는 것이다.

2) 연혁

1995년 12월 30일 제정	[법률 제5133호]	1996년 12월 31일 시행
2016년 5월 29일 제정	[법률 제14224호]	2017년 5월 30일 시행

2. 법의 주요내용

1) 총칙

(1) 목적(제1조)

이 법은 정신질환의 예방 · 치료, 정신질환자의 재활 · 복지 · 권리보장과 정신건강 친화적인 환경 조성에 필요한 사항을 규정함으로써 국민의 정신건강증진 및 정신질

환자의 인간다운 삶을 영위하는 데 이바지함을 목적으로 한다.

(2) 기본이념(제2조)

① 모든 국민은 정신질환으로부터 보호받을 권리를 가진다.

② 모든 정신질환자는 인간으로서의 존엄과 가치를 보장받고, 최적의 치료를 받을 권리를 가진다.

③ 모든 정신질환자는 정신질환이 있다는 이유로 부당한 차별대우를 받지 아니한다.

④ 미성년자인 정신질환자는 특별히 치료, 보호 및 교육을 받을 권리를 가진다(모든 정신질환자 교육 X).

⑤ 정신질환자에 대해서는 입원 또는 입소(입원등)가 최소화되도록 지역 사회 중심의 치료가 우선적으로 고려되어야 하며, 정신건강증진시설에 자신의 의지에 따른 입원 또는 입소(자의입원등)가 권장되어야 한다(보호의무자에 의한 입원 X).

⑥ 정신건강증진시설에 입원등을 하고 있는 모든 사람은 가능한 한 자유로운 환경을 누릴 권리와 다른 사람들과 자유로이 의견교환을 할 수 있는 권리를 가진다.

⑦ 정신질환자는 원칙적으로 자신의 신체와 재산에 관한 사항에 대하여 스스로 판단하고 결정할 권리를 가진다. 특히 주거지, 의료행위에 대한 동의나 거부, 타인과의 교류, 복지서비스의 이용 여부와 복지서비스 종류의 선택 등을 스스로 결정할 수 있도록 자기결정권을 존중받는다.

⑧ 정신질환자는 자신에게 법률·사실적 영향을 미치는 사안에 대하여 스스로 이해하여 자신의 자유로운 의사를 표현할 수 있도록 필요한 도움을 받을 권리를 가진다.

⑨ 정신질환자는 자신과 관련된 정책의 결정과정에 참여할 권리를 가진다.

(3) 용어의 뜻(제3조)

정신건강복지법에서 사용하는 용어의 정의는 다음과 같다.

1. "정신질환자"란 망상, 환각, 사고(思考)나 기분의 장애 등으로 인하여 독립적으로 일상생활을 영위하는 데 중대한 제약이 있는 사람을 말한다.
2. "정신건강증진사업"이란 정신건강 관련 교육·상담, 정신질환의 예방·치료, 정신질환자의 재활, 정신건강에 영향을 미치는 사회복지·교육·주거·근로환경의 개선 등을 통해 국민의 정신건강을 증진시키는 사업을 말한다.
3. "정신건강복지센터"란 정신건강증진시설, 「사회복지사업법」에 따른 사회복지시설, 학교 및 사업장과 연계체계를 구축하여 지역사회에서의 정신건강증진사업 및 정신질환자 복지서비스 지원사업(정신건강증진사업)을 하는 다음 각 목의 기관 또는 단체를 말한다.
4. "정신건강증진시설"이란 정신의료기관, 정신요양시설 및 정신재활시설을 말한다.
5. "정신의료기관"이란 주로 정신질환자를 치료할 목적으로 설치된 다음 각 목에 해당하는 기관을 말한다.

가. 「의료법」에 따른 의료기관 중 기준에 적합하게 설치된 병원(정신병원) 또는 의원
나. 「의료법」에 따른 병원급 의료기관에 설치된 정신건강의학과로서 기준에 적합한 기관
6. "정신요양시설"이란 정신질환자를 입소시켜 요양 서비스를 제공하는 시설을 말한다.
7. "정신재활시설"이란 설치된 시설로서 정신질환자 또는 정신건강상 문제가 있는 사람 중 대통령령으로 정하는 사람(정신질환자등)의 사회적응을 위한 각종 훈련과 생활지도를 하는 시설을 말한다.

(4) 국가등의 의무

가. 국가와 지방자치단체(제4조)

① 국가와 지자체는 국민의 정신건강을 증진시키고, 정신질환을 예방·치료하며, 정신질환자의 재활 및 장애극복과 사회적응 촉진을 위한 연구·조사와 지도·상담 등 필요한 조치를 하여야 한다.

② 국가와 지자체는 정신질환의 예방·치료와 정신질환자의 재활을 위하여 정신건강복지센터와 정신건강증진시설, 사회복지시설, 학교 및 사업장 등을 연계하는 정신건강서비스 전달체계를 확립하여야 한다.

③ 국가와 지자체는 정신질환자등과 그 가족에 대한 권익향상, 인권보호 및 지원서비스 등에 관한 종합적인 시책을 수립하고 그 추진을 위하여 노력하여야 한다.

④ 국가와 지자체는 정신질환자등과 그 가족에 대한 모든 차별 및 편견을 해소하고 차별받은 정신질환자등과 그 가족의 권리를 구제할 책임이 있으며, 정신질환자등과 그 가족에 대한 차별 및 편견을 해소하기 위하여 적극적인 조치를 하여야 한다.

나. 국민의 의무(제5조)

모든 국민은 정신건강증진을 위하여 국가와 지자체가 실시하는 조사 및 정신건강증진사업등에 협력하여야 한다.

다. 정신건강증진시설의 장의 의무(제6조)

① 정신건강증진시설의 장은 정신질환자등이 입원 등을 하거나 사회적응을 위한 훈련을 받으려고 하는 때에는 지체 없이 정신질환자등과 그 보호의무자에게 이 법 및 다른 법률에 따른 권리 및 권리행사 방법을 알리고, 그 권리행사에 필요한 각종 서류를 정신건강증진시설에 갖추어 두어야 한다.

② 정신건강증진시설의 장은 정신질환자등의 치료, 보호 및 재활과정에서 정신질환자등의 의견을 존중하여야 한다.

③ 정신건강증진시설의 장은 입원 등 또는 거주 중인 정신질환자등이 인간으로서의 존엄과 가치를 보장받으며 자유롭게 생활할 수 있도록 노력하여야 한다.

2) 정신건강증진 정책의 추진

(1) 국가계획의 수립(제7조)

① 보건복지부장관은 관계 행정기관의 장과 협의하여 5년마다 정신건강증진 및 정신질환자 복지서비스 지원에 관한 국가의 기본계획(국가계획)을 수립하여야 한다.

② 특별시장・광역시장・특별자치시장・도지사・특별자치도지사(시・도지사)는 국가계획에 따라 각각 특별시・광역시・특별자치시・도・특별자치도(시・도) 단위의 정신건강증진 및 정신질환자 복지서비스 지원에 관한 계획(지역계획)을 수립하여야 한다. 이 경우 해당 지역계획은 「지역보건법」상 지역보건의료계획과 연계되도록 하여야 한다.

③ 국가계획 또는 지역계획에는 다음 각 호의 사항이 포함되어야 한다.

1. 정신질환의 예방, 상담, 조기발견, 치료 및 재활을 위한 활동과 각 활동 상호 간 연계
2. 영·유아, 아동, 청소년, 중장년, 노인 등 생애주기 및 성별에 따른 정신건강증진사업
3. 정신질환자의 조기퇴원 및 사회적응
4. 적정한 정신건강증진시설의 확보 및 운영
5. 정신질환에 대한 인식개선을 위한 교육·홍보, 정신질환자의 법적 권리보장 및 인권보호 방안
6. 전문인력의 양성 및 관리 등 다수 계획

(2) 정신건강증진 관련 주요정책의 심의

보건복지부장관은 국가계획의 수립, 정신건강증진 및 정신질환자 복지서비스 지원체계와 제도의 발전의 사항에 관하여 「국민건강증진법」상 국민건강증진정책심의위원회의 심의를 받아야 한다.

(3) 실태조사(제10조)

보건복지부장관은 5년마다 실태조사를 하여야 한다. 다만, 정신건강증진 정책을 수립하는 데 필요한 경우 수시로 실태조사를 할 수 있다.

(4) 정신건강상 문제의 조기발견과 정신건강증진사업의 추진

보건복지부장관, 시・도지사 및 시장・군수・구청장은 정신질환의 원활한 치료와 만성화 방지를 위하여 정신건강복지센터, 정신건강증진시설 및 의료기관을 연계한 정신건강상 문제의 조기발견 체계를 구축하여야 한다. 보건복지부장관, 시・도지사 및 시장・군수・구청장은 생애주기 및 성별 정신건강상 문제의 조기발견・치료를 위한 교육・상담 등의 정신건강증진사업을 시행한다(제11조).

※ **정신건강의 날** : 정신건강의 중요성을 환기하고 정신질환에 대한 편견을 해소하기 위하여 매년 10

월 10일을 정신건강의 날로 하고, 정신건강의 날이 포함된 주(週)를 정신건강주간으로 한다.

(5) 국가트라우마센터의 설치·운영(제15조의2)

① 보건복지부장관은 재난이나 사고로 정신적 충격을 받은 트라우마 환자의 심리적 안정과 사회 적응을 지원(심리지원)하기 위하여 국가트라우마센터를 설치·운영할 수 있다.

② 국가트라우마센터는 다음 각 호의 업무를 수행한다.

1. 심리지원을 위한 지침의 개발·보급
2. 트라우마 환자에 대한 심리상담, 심리치료
3. 트라우마에 관한 조사연구
4. 심리지원 관련 기관 간 협력체계의 구축
5. 그밖에 심리지원을 위하여 보건복지부장관이 정하는 업무

③ 보건복지부장관은 대통령령으로 정하는 바에 따라 국가트라우마센터의 설치·운영을 그 업무에 필요한 전문인력과 시설을 갖춘 기관에 위임 또는 위탁할 수 있다.

(6) 정신건강전문요원의 자격(제17조)

① 보건복지부장관은 정신건강 분야에 관한 전문지식과 기술을 갖추고 보건복지부령으로 정하는 수련기관에서 수련을 받은 사람에게 정신건강전문요원의 자격을 줄 수 있다.

② 정신건강전문요원은 그 전문분야에 따라 정신건강임상심리사, 정신건강간호사 및 정신건강사회복지사로 구분한다.

③ 보건복지부장관은 정신건강전문요원의 자질을 향상시키기 위하여 보수교육을 실시할 수 있다.

④ 보건복지부장관은 보수교육을 국립정신병원, 「고등교육법」에 따른 학교 또는 대통령령으로 정하는 전문기관에 위탁할 수 있다.

⑤ 보건복지부장관은 정신건강전문요원이 거짓이나 부정한 방법으로 자격을 받은 경우이거나, 고의 또는 중대한 과실로 업무의 수행에 중대한 지장이 발생하게 된 경우에 해당하는 경우에는 그 자격을 취소하거나 6개월 이내의 기간을 정하여 자격의 정지를 명할 수 있다.

[참고] 정신건강전문요원 : 정신건강임상심리사, 정신건강간호사 및 정신건강사회복지사

[+] 정신건강전문요원의 업무범위

1. 공통 업무
   가. 정신재활시설의 운영
   나. 정신질환자등의 재활훈련, 생활훈련 및 작업훈련의 실시 및 지도
   다. 정신질환자등과 그 가족의 권익보장을 위한 활동 지원
   라. 진단 및 보호의 신청
   마. 정신질환자등에 대한 개인별 지원계획의 수립 및 지원
   바. 정신질환 예방 및 정신건강복지에 관한 조사 · 연구
   사. 정신질환자등의 사회적응 및 재활을 위한 활동
   아. 정신건강증진사업등의 사업 수행 및 교육

2. 개별 업무: 정신건강복지법상 정신건강전문요원: 정신보건임상심리사, 정신보건간호사 및 정신보건사회복지사
   가. 정신건강임상심리사
   - 정신질환자등에 대한 심리 평가 및 심리 교육
   - 정신질환자등과 그 가족에 대한 심리 상담 및 심리 안정을 위한 서비스 지원
   나. 정신건강간호사
   - 정신질환자등의 간호 필요성에 대한 관찰, 자료수집, 간호 활동
   - 정신질환자등과 그 가족에 대한 건강증진을 위한 활동의 기획과 수행
   다. 정신건강사회복지사: 정신건강복지법령상 정신건강사회복지사의 업무범위에 해당하는 것
   - 정신질환자등에 대한 사회서비스 지원 등에 대한 조사
   - 정신질환자등과 그 가족에 대한 사회복지서비스 지원에 대한 상담 · 안내

① 보건복지부장관은 정신건강분야에 관한 전문지식과 기술을 갖추고 보건복지부령으로 정하는 수련기관에서 수련을 받은 자에게 정신건강전문요원의 자격증을 교부할 수 있다.
② 정신건강전문요원은 정신건강임상심리사정신건강간호사 및 정신건강사회복지사로 한다. 각각 1급과 2급으로 구분한다.

※ 외국에서 정신건강전문요원과 유사한 교육·수련을 받거나 정신건강전문요원과 유사한 자격을 취득한 사람은 보건복지부장관이 정하는 바에 따라 정신건강전문요원과 동등한 자격을 인정받을 수 있다.

[문제] 정신건강복지법령상 정신건강전문요원으로 규정하고 있는 국가자격증은? ④

ㄱ. 의료사회복지사	ㄴ. 학교사회복지사	ㄷ. 교정사회복지사	ㄹ. 정신건강사회복지사

① ㄱ, ㄴ, ㄷ ② ㄱ, ㄷ ③ ㄴ, ㄹ ④ ㄹ ⑤ ㄱ, ㄴ, ㄷ, ㄹ

3) 정신건강증진시설

(1) 정신의료기관의 개설·운영

① 정신의료기관의 개설은 「의료법」에 따른다. 이 경우 「의료법」 제36조에도 불구하고 정신의료기관의 시설 · 장비의 기준과 의료인 등 종사자의 수 · 자격에 관하여 필요한 사항은 정신의료기관의 규모 등을 고려하여 보건복지부령으로 따로 정한다.

② 보건복지부장관은 정신질환자에 대한 지역별 병상 수급 현황 등을 고려하여 정신의료기관이 다음 각 호의 어느 하나에 해당하는 경우에 그 정신의료기관의 규모를

제한할 수 있다.

1. 300병상 이상의 정신의료기관을 개설하려는 경우
2. 정신의료기관의 병상 수를 300병상 미만에서 기존의 병상 수를 포함하여 300병상 이상으로 증설하려는 경우
3. 300병상 이상의 정신의료기관을 운영하는 자가 병상 수를 증설하려는 경우

(2) 정신요양시설의 설치·운영

① 국가와 지방자치단체는 정신요양시설을 설치 · 운영할 수 있다(설치 주체).

② 「사회복지사업법」에 따른 사회복지법인과 그 밖의 비영리법인이 정신요양시설을 설치 · 운영하려는 경우에는 해당 정신요양시설 소재지 관할 특별자치시장 · 특별자치도지사 · 시장 · 군수 · 구청장의 허가를 받아야 한다.

③ 다음 각 호의 어느 하나에 해당하는 행위로 금고 이상의 형을 선고받고 그 형의 집행이 끝나거나 집행을 받지 아니하기로 확정된 후 5년이 지나지 아니한 사람 또는 그 사람이 대표자로 있는 법인은 정신요양시설을 설치할 수 없다.

1. 이 법을 위반하여 정신질환자를 퇴소나 임시 퇴소를 시키지 아니한 행위
2. 정신건강의학과전문의의 대면 진단에 의하지 아니하고 정신질환자를 정신요양시설에 입소시키거나 입소의 기간을 연장한 행위

④ 허가를 받은 자가 허가받은 사항을 변경하려는 경우에는 특별자치시장 · 특별자치도지사 · 시장 · 군수 · 구청장에게 신고하여야 한다. 다만, 입소 정원을 변경하려는 경우에는 변경허가를 받아야 한다.

(3) 정신재활시설의 설치·운영

① 국가 또는 지방자치단체는 정신재활시설을 설치 · 운영할 수 있다(설치 주체).

② 국가나 지방자치단체 외(민간 : 사회복지법인, 개인)의 자가 정신재활시설을 설치 · 운영하려면 해당 정신재활시설 소재지 관할 특별자치시장 · 특별자치도지사 · 시장 · 군수 · 구청장에게 신고하여야 한다. 신고한 사항 중 보건복지부령으로 정하는 중요한 사항을 변경할 때에도 신고하여야 한다.

한편 정신재활시설의 종류는 다음 각 호와 같다.

1. 생활시설: 정신질환자등이 생활할 수 있도록 주로 의식주 서비스를 제공하는 시설
2. 재활훈련시설: 정신질환자등이 지역사회에서 직업활동과 사회생활을 할 수 있도록 주로 상담·교육·취업·여가·문화·사회참여 등 각종 재활활동을 지원하는 시설
3. 그밖에 대통령령으로 정하는 시설

1. 생산품판매시설: 정신질환자 또는 장애를 가진 사람(정신질환자등)이 생산한 생산품의 판매·유통 등을 지원하는 시설
2. 중독자재활시설: 알코올 중독, 약물 중독 또는 게임 중독 등으로 인한 정신질환자등을 치유하거나 재활을 돕는 시설
3. 종합시설: 2개 이상의 정신재활시설의 기능을 복합적·종합적으로 제공하는 시설

정신재활시설의 구체적인 종류와 사업 등에 관하여 필요한 사항은 보건복지부령으로 정한다.

[별표 10]

정신재활시설의 구체적인 종류 및 사업(제19조 관련)		
종류		사업
1. 생활시설		가정에서 생활하기 어려운 정신질환자등에게 주거, 생활지도, 교육, 직업재활훈련 등의 서비스를 제공하며, 가정으로의 복귀, 재활, 자립 및 사회적응을 지원하는 시설
2. 재활훈련시설	가. 주간재활시설	정신질환자등에게 작업·기술지도, 직업훈련, 사회적응훈련, 취업지원 등의 서비스를 제공하는 시설
	나. 공동생활가정	완전한 독립생활은 어려우나 어느 정도 자립능력을 갖춘 정신질환자등이 공동으로 생활하며 독립생활을 위한 자립역량을 함양하는 시설
	다. 지역사회전환시설	지역 내 정신질환자등에게 일시 보호 서비스 또는 단기 보호 서비스를 제공하고, 퇴원했거나 퇴원계획이 있는 정신질환자등의 안정적인 사회복귀를 위한 기능을 수행하며, 이를 위한 주거제공, 생활훈련, 사회적응훈련 등의 서비스를 제공하는 시설
	라. 직업재활시설	정신질환자등이 특별히 준비된 작업환경에서 직업적응, 직무기능향상 등 직업재활훈련을 받거나 직업생활을 할 수 있도록 지원하며, 일정한 기간이 지난 후 직업능력을 갖추면 고용시장에 참여할 수 있도록 지원하는 시설
	마. 아동·청소년정신건강지원시설	정신질환 아동·청소년을 대상으로 한 상담, 교육 및 정보제공 등을 지원하는 시설
3. 중독자재활시설		알코올 중독, 약물 중독 또는 게임 중독 등으로 인한 정신질환자등을 치유하거나 재활을 돕는 시설
4. 생산품판매시설		정신질환자등이 생산한 생산품을 판매하거나 유통을 대행하고, 정신질환자등이 생산한 생산품이나 서비스에 관한 상담, 홍보, 마케팅, 판로개척, 정보제공 등을 지원하는 시설
5. 종합시설		정신재활시설 중 2개 이상의 정신재활시설이 결합되어 정신질환자등에게 생활지원, 주거지원, 재활훈련 등의 기능을 복합적·종합적으로 제공하는 시설

* 정신재활시설의 종류: 생활시설, 재활훈련시설(주간 재활시설, 공동 생활가정, 지역 사회전환시설, 아동·청소년정신건강지원시설), 중독자재활시설, 생산품판매시설, 종합시설

(4) 정신건강증진시설의 평가

① 보건복지부장관은 정기적으로 정신건강증진시설에 대한 평가를 하여야 한다. 다만, 「의료법」에 따른 의료기관 인증 또는 「사회복지사업법」에 따른 사회복지시설평가로 정신건강증진시설평가를 갈음할 수 있다.

② 정신건강증진시설의 장은 정당한 사유가 있는 경우를 제외하고는 정신건강증진시설평가를 받아야 한다.

③ 보건복지부장관은 정신건강증진시설평가에 관한 업무를 관계 전문기관 또는 단체에 위탁할 수 있다.

④ 보건복지부장관은 정신건강증진시설평가의 결과를 공표하여야 한다.

⑤ 보건복지부장관은 정신건강증진시설평가 결과가 우수한 정신건강증진시설에 행정적·재정적 지원을 할 수 있다.

(5) 청문

보건복지부장관, 시·도지사 또는 시장·군수·구청장은 다음 각 호의 행정처분을 하려면 청문을 하여야 한다.

1. 정신건강전문요원의 자격취소
2. 정신의료기관의 개설허가의 취소 또는 시설 폐쇄명령
3. 정신요양시설의 설치허가의 취소
4. 정신재활시설의 폐쇄명령
5. 인권교육기관의 지정 취소

4) 복지서비스의 제공

(1) 복지서비스의 개발

(2) 고용 및 직업재활 지원

(3) 평생교육 지원

(4) 문화·예술·여가·체육활동 지원

(5) 지역사회 거주·치료·재활 등 통합 지원

(6) 가족에 대한 정보제공과 교육

5) 보호 및 치료

(1) 보호의무자(제39조)

민법에 따른 후견인 또는 부양의무자는 정신질환자의 보호의무자가 된다. 다만, 다음 각 호의 어느 하나에 해당하는 사람은 보호의무자가 될 수 없다.

※보호의무자가 될 수 없는 사람
1. 피성년후견인 및 피한정후견인
1. 피성년후견인 및 피한정후견인 2. 파산선고를 받고 복권되지 아니한 사람
3. 정신질환자를 상대로 한 소송이 계속 중인 사람 또는 소송한 사실이 있었던 사람과 그 배우자
4. 미성년자 5. 행방불명자
6. 부득이한 사유로 보호의무자로서의 의무를 이행할 수 없는 사람 ;
교정시설 또는 치료감호시설 등에 수용되어 있는 경우, 고령·질병·장애 등으로 보호의무자로서 의무를 이행할 의사능력이 현저히 부족하다는 의사의 소견 또는 법원의 결정이 있는 경우, 정신질환자에 대한 부양의무의 이행을 서면으로 거부 또는 포기한 경우

(2) 보호의무자의 의무(제40조)

① 보호의무자는 보호하고 있는 정신질환자가 적절한 치료 및 요양과 사회적응 훈련을 받을 수 있도록 노력하여야 한다.

② 보호의무자는 보호하고 있는 정신질환자가 정신의료기관 또는 정신요양시설(정신의료기관등)에 입원등을 할 필요가 있는 경우에는 정신질환자 본인의 의사를 최대한 존중하여야 하며, 정신건강의학과전문의가 정신의료기관등에서 정신질환자의 퇴원등이 가능하다고 진단할 경우에는 퇴원등에 적극 협조하여야 한다.

③ 보호의무자는 보호하고 있는 정신질환자가 자신이나 다른 사람을 해치지 아니하도록 유의하여야 하며, 정신질환자의 재산상의 이익 등 권리보호를 위하여 노력하여야 한다.

④ 보호의무자는 보호하고 있는 정신질환자를 유기하여서는 아니 된다.

(3) 입원의 종류

정신건강복지법령상 규정된 입원의 종류는 ① 자의 입원 ② 보호의무자에 의한 입원 ③ 시장·군수·구청장에 의한 입원 ④ 응급입원 등이 있다. 다만 시·도지사에 의한 입원은 실시하지 않고 있다.

가. 자의입원

① 정신질환자나 그밖에 정신건강상 문제가 있는 사람은 보건복지부령으로 정하는 입원등 신청서를 정신의료기관등(정신의료기관 또는 정신요양시설)의 장에게 제출함으로써 그 정신의료기관등에 자의입원등을 할 수 있다.

② 정신의료기관등의 장(정신의료기관의 장 또는 정신요양시설의 장)은 자의입원등을 한 사람이 퇴원등을 신청한 경우에는 지체 없이 퇴원등을 시켜야 한다.

③ 정신의료기관등의 장은 자의입원등을 한 사람에 대하여 입원등을 한 날부터 2개월마다 퇴원등을 할 의사가 있는지를 확인하여야 한다.

나. 동의입원등

① 정신질환자는 보호의무자의 동의를 받아 보건복지부령으로 정하는 입원등 신청서를 정신의료기관등의 장에게 제출함으로써 그 정신의료기관등에 입원등을 할 수 있다.

② 정신의료기관등의 장은 입원등을 한 정신질환자가 퇴원등을 신청한 경우에는 지체 없이 퇴원등을 시켜야 한다. 다만, 정신질환자가 보호의무자의 동의를 받지 아니하고 퇴원등을 신청한 경우에는 정신건강의학과전문의 진단 결과 환자의 치료와 보호 필요성이 있다고 인정되는 경우에 한정하여 정신의료기관등의 장은 퇴원등의 신청을 받은 때부터 72시간까지 퇴원등을 거부할 수 있고, 퇴원등을 거부하는 기간 동안 입원등으로 전환할 수 있다.

③ 정신의료기관등의 장은 퇴원등을 거부하는 경우에는 지체 없이 환자 및 보호의무자에게 그 거부 사유 및 퇴원등의 심사를 청구할 수 있음을 서면 또는 전자문서로 통지하여야 한다.

④ 정신의료기관등의 장은 입원등을 한 정신질환자에 대하여 입원등을 한 날부터 2개월마다 퇴원등을 할 의사가 있는지를 확인하여야 한다.

다. 보호의무자에 의한 입원(제43조)

① 정신의료기관등의 장은 정신질환자의 보호의무자 2명 이상(보호의무자 간 입원등에 관하여 다툼이 있는 경우에는 순위에 따른 선순위자 2명 이상을 말하며, 보호의무자가 1명만 있는 경우에는 1명으로 한다)이 신청한 경우로서 정신건강의학과전문의가 입원등이 필요하다고 진단한 경우에만 해당 정신질환자를 입원등을 시킬 수 있다. 이 경우 정신의료기관등의 장은 입원등을 할 때 보호의무자로부터 보건복지부령으로 정하는 바에 따라 입원등 신청서와 보호의무자임을 확인할 수 있는 서류를 받아야 한다.

② 정신건강의학과전문의의 입원등 필요성에 관한 진단은 해당 정신질환자가 다음

각 호의 모두에 해당하는 경우 그 각각에 관한 진단을 적은 입원등 권고서를 입원등 신청서에 첨부하는 방법으로 하여야 한다.

> 1. 정신질환자가 정신의료기관등에서 입원치료 또는 요양을 받을 만한 정도 또는 성질의 정신질환을 앓고 있는 경우
> 2. 정신질환자 자신의 건강 또는 안전이나 다른 사람에게 해를 끼칠 위험(보건복지부령으로 정하는 기준에 해당하는 위험)이 있어 입원등을 할 필요가 있는 경우

③ 정신의료기관등의 장은 정신건강의학과전문의 진단 결과 정신질환자가 입원등이 필요하다고 진단한 경우 그 증상의 정확한 진단을 위하여 2주의 범위에서 기간을 정하여 입원하게 할 수 있다.

④ 정신의료기관등의 장은 진단 결과 해당 정신질환자에 대하여 계속 입원등이 필요하다는 서로 다른 정신의료기관등에 소속된 2명 이상의 정신건강의학과전문의(국립·공립의 정신의료기관등 또는 보건복지부장관이 지정하는 정신의료기관등에 소속된 정신건강의학과전문의가 1명 이상 포함되어야 한다)의 일치된 소견이 있는 경우에만 해당 정신질환자에 대하여 치료를 위한 입원등을 하게 할 수 있다.

⑤ 입원등의 기간은 최초로 입원등을 한 날부터 3개월 이내로 한다. 다만, 다음 각 호의 구분에 따라 입원등의 기간을 연장할 수 있다.

> 1. 3개월 이후의 1차 입원등 기간 연장: 3개월 이내
> 2. 1차 입원등 기간 연장 이후의 입원등 기간 연장: 매 입원등 기간 연장 시마다 6개월 이내

라. 특별자치시장·특별자치도지사·시장·군수·구청장에 의한 입원(제44조)

① 정신건강의학과전문의 또는 정신건강전문요원은 정신질환으로 자신의 건강 또는 안전이나 다른 사람에게 해를 끼칠 위험이 있다고 의심되는 사람을 발견하였을 때에는 특별자치시장·특별자치도지사·시장·군수·구청장에게 대통령령으로 정하는 바에 따라 그 사람에 대한 진단과 보호를 신청할 수 있다.

② 경찰관(「국가공무원법」에 따른 경찰공무원과 「지방공무원법」에 따른 자치경찰공무원)은 정신질환으로 자신의 건강 또는 안전이나 다른 사람에게 해를 끼칠 위험이 있다고 의심되는 사람을 발견한 경우 정신건강의학과전문의 또는 정신건강전문요원에게 그 사람에 대한 진단과 보호의 신청을 요청할 수 있다.

③ 신청을 받은 특별자치시장·특별자치도지사·시장·군수·구청장은 즉시 그 정신질환자로 의심되는 사람에 대한 진단을 정신건강의학과전문의에게 의뢰하여야 한다.

④ 정신건강의학과전문의가 정신질환자로 의심되는 사람에 대하여 자신의 건강 또는 안전이나 다른 사람에게 해를 끼칠 위험이 있어 그 증상의 정확한 진단이 필요하

다고 인정한 경우에 특별자치시장·특별자치도지사·시장·군수·구청장은 그 사람을 보건복지부장관이나 지방자치단체의 장이 지정한 정신의료기관(지정정신의료기관)에 2주의 범위에서 기간을 정하여 입원하게 할 수 있다.

⑤ 특별자치시장·특별자치도지사·시장·군수·구청장은 입원을 시켰을 때에는 그 사람의 보호의무자 또는 보호를 하고 있는 사람에게 지체 없이 입원 사유·기간 및 장소를 서면으로 통지하여야 한다.

⑥ 정신질환자로 의심되는 사람을 입원시킨 정신의료기관의 장은 지체 없이 2명 이상의 정신건강의학과전문의에게 그 사람의 증상을 진단하게 하고 그 결과를 특별자치시장·특별자치도지사·시장·군수·구청장에게 서면으로 통지하여야 한다.

마. 응급입원(제50조)

① 정신질환자로 추정되는 사람으로서 자신의 건강 또는 안전이나 다른 사람에게 해를 끼칠 위험이 큰 사람을 발견한 사람은 그 상황이 매우 급박하여 입원등을 시킬 시간적 여유가 없을 때에는 의사와 경찰관의 동의를 받아 정신의료기관에 그 사람에 대한 응급입원을 의뢰할 수 있다.

② 입원을 의뢰할 때에는 이에 동의한 경찰관 또는 구급대원은 정신의료기관까지 그 사람을 호송한다.

③ 정신의료기관의 장은 응급입원이 의뢰된 사람을 3일(공휴일은 제외) 이내의 기간 동안 응급입원을 시킬 수 있다.

④ 응급입원을 시킨 정신의료기관의 장은 지체 없이 정신건강의학과전문의에게 그 응급입원한 사람의 증상을 진단하게 하여야 한다.

⑤ 정신의료기관의 장은 정신건강의학과전문의의 진단 결과 그 사람이 자신의 건강 또는 안전이나 다른 사람에게 해를 끼칠 위험이 있는 정신질환자로서 계속하여 입원할 필요가 있다고 인정된 경우에는 입원을 할 수 있도록 필요한 조치를 하고, 계속하여 입원할 필요가 없다고 인정된 경우에는 즉시 퇴원시켜야 한다.

⑥ 정신의료기관의 장은 응급입원을 시켰을 때에는 그 사람의 보호의무자 또는 보호를 하고 있는 사람에게 입원이 필요한 사유·기간 및 장소를 지체 없이 서면으로 통지하여야 한다.

[문제] 정신건강복지법상 규정된 입원의 종류가 아닌 것은? ④

① 자의 입원 ② 보호의무자에 의한 입원 ③ 응급입원
④ 시·도지사에 의한 입원 ⑤ 특별자치시장·특별자치도지사시장, 군수, 구청장에 의한 입원

(4) 신상정보의 확인

(5) 퇴원등의 사실의 통보

정신의료기관등의 장은 정신의료기관등에 입원등을 한 사람이 퇴원등을 할 때에는 보건복지부령으로 정하는 바에 따라 본인의 동의를 받아 그 퇴원등의 사실을 관할 정신건강복지센터의 장 또는 보건소의 장(관할 지역에 정신건강복지센터가 없는 경우만 해당함)에게 통보하여야 한다. 다만, 정신건강의학과전문의가 퇴원등을 할 사람 본인의 의사능력이 미흡하다고 판단하는 경우에는 보호의무자의 동의로 본인의 동의를 갈음할 수 있다.

6) 퇴원의 청구·심사

(1) 정신건강심의위원회의 설치·운영

① 시·도지사와 시장·군수·구청장은 정신건강에 관한 중요한 사항을 심의 또는 심사하기 위하여 시·도지사 소속으로 광역정신건강심의위원회를 두고, 시장·군수·구청장 소속으로 기초정신건강심의위원회를 둔다. 다만, 정신의료기관이 없는 시·군·구에는 기초정신건강심의위원회를 두지 아니할 수 있다.

② 광역정신건강심의위원회는 다음 각 호의 사항을 심의 또는 심사한다. 다만, 특별자치시 및 특별자치도에 두는 광역정신건강심의위원회에서는 다음 각 호의 사항 외에 제3항 각 호의 사항을 심의 또는 심사한다.

1. 정신건강증진시설에 대한 감독에 관한 사항	2. 재심사의 청구
3. 보건복지부령으로 정하는 사항 ; 지역계획의 수립에 관한 사항, 시행계획의 수립에 관한 사항	

③ 기초정신건강심의위원회는 다음 각 호의 사항을 심의 또는 심사한다.

1. 입원등 기간 연장의 심사 청구	2. 퇴원등 또는 처우개선의 심사 청구	3. 입원 기간 연장의 심사
4. 외래치료 명령	5. 시장·군수·구청장이 수립하는 시행계획에 관한 사항	

기초정신보건심의위원회는 퇴원 및 계속입원 여부에 대한 심사를 한다.

④ 광역정신건강심의위원회는 10명 이상 20명 이내의 위원으로 구성하고, 기초정신건강심의위원회는 6명 이상 12명 이내의 위원으로 구성하며, 위원의 임기는 각각 2년으로 한다. 광역정신보건심의위원회의 위원은 10인 이상 20인 이내로 한다.

※ 정신건강심의위원회의 직무

시·도지사의 소속 광역정신건강심의위원회 심의 10인~20인 이내	1. 정신건강증진시설에 대한 감독에 관한 사항 2. 재심사의 청구 3. 지역계획의 수립에 관한 사항, 시행계획의 수립에 관한 사항
시장·군수·구청장의 소속 기초정신건강심의위원회 심사 6인~12인 이내	1. 입원등 기간 연장의 심사 청구 2. 입원 기간 연장의 심사 3. 퇴원등 또는 처우개선의 심사 청구 4. 외래치료 명령 5. 시장·군수·구청장이 수립하는 시행계획에 관한 사항

⑤ 정신건강심의위원회는 정신질환자에 대한 인권침해 행위를 알게 되었을 때에는 국가인권위원회에 조사를 요청할 수 있다.

⑥ 정신보건심의위원회는 심의 또는 심사를 위하여 연 2회 이상 위원회의 회의를 개최하여야 한다.

※ **퇴원등 또는 처우개선 심사의 청구(제55조)** : 정신의료기관등에 입원등을 하고 있는 사람 또는 그 보호의무자는 관할 특별자치시장 · 특별자치도지사 · 시장 · 군수 · 구청장에게 입원등을 하고 있는 사람의 퇴원등 또는 처우개선(작업요법의 적정성 여부를 포함함)에 대한 심사를 청구할 수 있다.

(2) 퇴원등 명령의 통지

① 정신건강심의위원회로부터 보고를 받은 특별자치시장 · 특별자치도지사 · 시장 · 군수 · 구청장은 심사 청구를 접수한 날부터 15일 이내에 다음 각 호의 어느 하나에 해당하는 명령 또는 결정을 하여야 한다. 이 경우 제4호 또는 제5호의 명령 또는 결정은 심사 대상자인 입원등을 하고 있는 사람의 청구 또는 동의가 있는 경우에 한정하여 할 수 있다.

1. 퇴원등 또는 임시 퇴원등 명령	2. 처우개선을 위하여 필요한 조치 명령
3. 3개월 이내 재심사	4. 다른 정신의료기관등으로의 이송
5. 자의입원등 또는 동의입원등으로의 전환	6. 외래치료 명령
7. 입원등 기간 연장 결정	8. 계속 입원등 결정

② 입원등을 하고 있는 사람의 청구 또는 동의는 정신건강의학과전문의가 그 사람의 의사능력이 미흡하다고 판단하는 경우에는 보호의무자의 청구 또는 동의로 갈음할 수 있다.

③ 특별자치시장 · 특별자치도지사 · 시장 · 군수 · 구청장은 부득이한 사유로 기간 내에 명령 또는 결정을 하지 못할 때에는 10일의 범위에서 그 기간을 연장할 수 있다.

④ 특별자치시장 · 특별자치도지사 · 시장 · 군수 · 구청장은 심사 청구를 한 사람, 해당 정신질환자 및 해당 정신의료기관등의 장에게 지체 없이 명령 또는 결정의 내용을 서면으로 통지하여야 한다. 다만, 제3항에 해당하는 경우에는 기간 연장의 사유와 그 기간을 통지하여야 한다.

※ **재심사의 청구 :** 심사 청구의 대상인 정신질환자와 그 보호의무자, 심사 청구를 한 사람 및 외래치료 명령을 받은 정신질환자 및 그 보호의무자는 통지받은 심사 결과에 불복하거나 심사 기간 내에 심사를 받지 못한 경우와 외래치료 명령에 불복하는 경우의 어느 하나에 해당하는 경우에 시·도지사에게 재심사를 청구할 수 있다.

(3) 특별자치시장·특별자치도지사·시장·군수·구청장에 의한 입원의 해제

① 특별자치시장·특별자치도지사·시장·군수·구청장은 입원한 정신질환자에 대하여 최초로 입원을 한 날부터 3개월 이내에 입원을 해제하여야 하며, 입원의 해제 사실을 그 정신질환자가 입원하고 있는 정신의료기관의 장에게 서면으로 통지하여야 한다. 이 경우 그 정신의료기관의 장은 지체 없이 그 정신질환자를 퇴원시켜야 한다.

② 특별자치시장·특별자치도지사·시장·군수·구청장은 2명 이상의 정신건강의학과전문의가 진단하고 소관 정신건강심사위원회에서 심사한 결과 그 정신질환자가 퇴원할 경우 정신질환으로 인하여 자신의 건강 또는 안전이나 다른 사람에게 해를 끼칠 위험이 명백하다고 인정되는 경우에는 다음 각 호의 구분에 따라 입원등의 기간을 연장할 수 있다.

1. 3개월 이후의 1차 입원 기간 연장: 3개월 이내
2. 1차 입원 기간 연장 이후의 입원 기간 연장: 매 입원 기간 연장 시마다 6개월 이내

③ 특별자치시장·특별자치도지사·시장·군수·구청장은 입원 기간을 연장하여 정신질환자를 입원시켰을 때에는 그 정신질환자와 보호의무자 또는 그 사람을 보호를 하고 있는 사람에게 입원 기간의 연장이 필요한 사유와 기간을 서면으로 통지하여야 한다.

(4) 임시 퇴원등(가퇴원)(제63조)

① 정신질환자를 입원등을 시키고 있는 정신의료기관등의 장은 2명 이상의 정신건강의학과전문의가 진단한 결과 정신질환자의 증상에 비추어 일시적으로 퇴원등을 시켜 그 회복 경과를 관찰하는 것이 필요하다고 인정되는 경우에는 3개월의 범위에서 해당 정신질환자를 임시 퇴원등을 시키고 그 사실을 보호의무자 또는 특별자치시장·특별자치도지사·시장·군수·구청장에게 통보하여야 한다.

② 특별자치시장·특별자치도지사·시장·군수·구청장은 임시 퇴원등 명령의 통지를 한 경우에는 그 정신질환자가 임시 퇴원등을 한 후의 경과를 관찰할 수 있다.

③ 특별자치시장·특별자치도지사·시장·군수·구청장은 관찰한 결과 증상의 변화 등으로 인하여 다시 입원등을 시킬 필요가 있다고 인정되는 경우에는 2명의 정신건강의학과전문의의 의견을 들어 임시 퇴원등을 한 정신질환자를 재입원 또는 재입

소(재입원등)를 시킬 수 있다. 이 경우 재입원등의 기간은 재입원등을 한 날부터 3개월을 초과할 수 없다.

(5) 외래치료 명령

특별자치시장 · 특별자치도지사 · 시장 · 군수 · 구청장은 외래치료 명령의 청구를 받았을 때에는 소관 정신건강심의위원회의 심의를 거쳐 1년의 범위에서 기간을 정하여 외래치료를 받도록 정신질환자에게 명령할 수 있다.

(6) 무단으로 퇴원등을 한 사람에 대한 조치

정신의료기관등의 장은 입원등을 하고 있는 정신질환자로서 자신의 건강 또는 안전이나 다른 사람에게 해를 끼칠 위험이 있는 사람이 무단으로 퇴원등을 하여 그 행방을 알 수 없을 때에는 관할 경찰서장 또는 자치경찰기구를 설치한 제주특별자치도지사에게 다음 각 호의 사항을 통지하여 탐색을 요청할 수 있다.

1. 퇴원등을 한 사람의 성명·주소·성별 및 생년월일 2. 입원등의 날짜·시간 및 퇴원등의 날짜·시간
3. 보호의무자 또는 보호를 하였던 사람의 성명·주소 4. 증상의 개요 및 인상착의

7) 권익보호 조치

(1) 입원등의 금지

누구든지 응급입원의 경우를 제외하고는 정신건강의학과전문의의 대면 진단에 의하지 아니하고 정신질환자를 정신의료기관등에 입원등을 시키거나 입원등의 기간을 연장할 수 없다. 진단의 유효기간은 진단서 발급일부터 30일까지로 한다.

(2) 권익보호(제69조)

① 누구든지 정신질환자이거나 정신질환자였다는 이유로 그 사람에 대하여 교육, 고용, 시설이용의 기회를 제한 또는 박탈하거나 그 밖의 불공평한 대우를 하여서는 아니 된다.

② 누구든지 정신질환자, 그 보호의무자 또는 보호를 하고 있는 사람의 동의를 받지 아니하고 정신질환자에 대하여 녹음 · 녹화 또는 촬영하여서는 아니 된다.

③ 정신건강증진시설의 장은 입원등을 하거나 정신건강증진시설을 이용하는 정신질환자에게 정신건강의학과전문의의 지시에 따른 치료 또는 재활의 목적이 아닌 노동을 강요하여서는 아니 된다(강제노동금지).

(3) 인권교육

① 정신건강증진시설의 장과 종사자는 인권에 관한 교육(인권교육)을 받아야 한다.

② 보건복지부장관은 인권교육을 하기 위하여 인권교육기관을 지정할 수 있다.

③ 보건복지부장관은 지정한 인권교육기관에 교육과정의 운영에 드는 비용의 일부를 예산의 범위에서 보조할 수 있으며, 지정을 받은 인권교육기관은 보건복지부장관의 승인을 받아 교육에 필요한 경비를 교육대상자로부터 징수할 수 있다.

④ 보건복지부장관은 지정을 받은 인권교육기관이 다음 각 호의 어느 하나에 해당하면 그 지정을 취소하거나 6개월 이내의 기간을 정하여 업무를 정지할 수 있다. 다만, 제1호에 해당하면 그 지정을 취소하여야 한다.

1. 거짓이나 부정한 방법으로 지정을 받은 경우(지정 취소 강제)
2. 보건복지부령으로 정하는 지정요건을 갖추지 못하게 된 경우
3. 인권교육의 수행능력이 현저히 부족하다고 인정되는 경우

※인권교육 – 인권에 관한 교육은 다음 각 호의 구분에 따라 실시한다.

1. 인권교육 내용:
   가. 환자의 인권 및 권익 보호에 관한 사항
   나. 정신건강 및 정신질환 관련 법령 및 제도에 관한 사항
   다. 정신건강증진 및 정신질환자 보호에 관한 국제 동향에 관한 사항
   라. 정신건강증진시설에서의 인권침해 사례에 관한 사항
   마. 정신건강증진 및 정신질환자 보호를 위하여 보건복지부장관이 특히 필요하다고 인정하는 사항
2. 인권교육 시간: 매년 4시간 이상
3. 인권교육 방법: 대면교육 또는 정보통신망을 활용한 온라인 교육

(4) 비밀누설의 금지(제71조)

정신질환자 또는 정신건강증진시설과 관련된 직무를 수행하고 있거나 수행하였던 사람은 그 직무의 수행과 관련하여 알게 된 다른 사람의 비밀을 누설하거나 공표하여서는 아니 된다.

(5) 수용 및 가혹행위의 금지(제72조)

① 누구든지 이 법 또는 다른 법령에 따라 정신질환자를 보호할 수 있는 시설 외의 장소에 정신질환자를 수용하여서는 아니 된다.

② 정신건강증진시설의 장이나 그 종사자는 정신건강증진시설에 입원등을 하거나 시설을 이용하는 사람에게 폭행을 하거나 가혹행위를 하여서는 아니 된다.

(6) 특수치료의 제한(제73조)

① 정신의료기관에 입원을 한 사람에 대한 전기충격요법 · 인슐린혼수요법 · 마취하 최면요법 · 정신외과요법, 그밖에 대통령령으로 정하는 치료(특수치료)는 그 정신의료기관이 구성하는 협의체에서 결정하되, 본인 또는 보호의무자에게 특수치료에 관하여 필요한 정보를 제공하고, 본인의 동의를 받아야 한다. 다만, 본인의 의사능력이 미흡한 경우에는 보호의무자의 동의를 받아야 한다.

(7) 통신과 면회의 자유 제한의 금지

정신의료기관등의 장은 입원등을 한 사람에 대하여 치료 목적으로 정신건강의학과전문의의 지시에 따라 하는 경우가 아니면 통신과 면회의 자유를 제한할 수 없다. 정신의료기관등의 장은 치료 목적으로 정신건강의학과전문의의 지시에 따라 통신과 면회의 자유를 제한하는 경우에도 최소한의 범위에서 하여야 한다.

(8) 격리 등 제한의 금지

정신의료기관등의 장은 입원등을 한 사람에 대하여 치료 또는 보호의 목적으로 정신건강의학과전문의의 지시에 따라 하는 경우가 아니면 격리시키거나 묶는 등의 신체적 제한을 할 수 없다.

정신의료기관등의 장은 치료 또는 보호의 목적으로 정신건강의학과전문의의 지시에 따라 입원등을 한 사람을 격리시키거나 묶는 등의 신체적 제한을 하는 경우에도 자신이나 다른 사람을 위험에 이르게 할 가능성이 뚜렷하게 높고 신체적 제한 외의 방법으로 그 위험을 회피하는 것이 뚜렷하게 곤란하다고 판단되는 경우에만 신체적 제한을 할 수 있다. 이 경우 격리는 해당 시설 안에서 하여야 한다.

(9) 입원환자에 대한 작업요법(제76조)

정신의료기관등의 장은 입원등을 한 사람의 치료, 재활 및 사회적응에 도움이 된다고 인정되는 경우에는 그 사람의 건강상태와 위험성을 고려하여 보건복지부령으로 정하는 작업을 시킬 수 있다.

8) 비용의 부담

(1) 경제적 부담의 경감

국가 또는 지방자치단체는 정신질환자와 그 보호의무자의 경제적 부담을 줄이고 정신질환자의 사회적응을 촉진하기 위하여 의료비의 경감 · 보조나 그밖에 필요한 지원을 할 수 있다.

※비용의 부담(제80조): 국가 또는 지자체는 진단과 치료에 드는 비용의 전부 또는 일부를 부담할 수 있다

(2) 비용의 징수(제81조)

정신요양시설과 정신재활시설의 설치·운영자는 그 시설을 이용하는 사람으로부터 보건복지부장관이 정하여 고시하는 비용징수 한도액의 범위에서 시설 이용에 드는 비용을 받을 수 있다.

9) 퇴원등 또는 처우개선 심사의 청구

① 퇴원등 또는 처우개선 심사의 청구

정신의료기관등에 입원등을 하고 있는 사람 또는 그 보호의무자는 관할 특별자치시장·특별자치도지사·시장·군수·구청장에게 입원등을 하고 있는 사람의 퇴원등 또는 처우개선(작업요법의 적정성 여부 포함)에 대한 심사를 청구할 수 있다. ※ 정신건강심의위원회에의 회부

② 재심사의 청구

심사 청구의 대상인 정신질환자와 그 보호의무자, 심사 청구를 한 사람 및 외래치료 명령을 받은 정신질환자 및 그 보호의무자는 다음 각 호의 어느 하나에 해당하는 경우에 시·도지사에게 재심사를 청구할 수 있다.

1. 제59조제4항에 따라 통지받은 심사 결과에 불복하거나 심사 기간 내에 심사를 받지 못한 경우 2. 제64조제2항에 따른 외래치료 명령에 불복하는 경우

CHAPTER 12

사회서비스법[V][장애인복지에 관한 법] 학습 핵심문제

※ 각 문제에서 요구하는 가장 적합한 답 1개만을 고르시오.

01 장애인복지법령에서 명시하고 있는 사항으로 옳은 것을 모두 고른 것은?

ㄱ. 장애 발생 예방과 조기발견을 위한 국민의 노력	ㄴ. 장애인 대상 성범죄의 신고의무
ㄷ. 장애인에 대한 차별금지	ㄹ. 장애인의 가족계획 수립 및 지도

① ㄱ, ㄴ, ㄷ ② ㄱ, ㄷ ③ ㄴ, ㄹ ④ ㄹ ⑤ ㄱ, ㄴ, ㄷ, ㄹ

02 장애인복지법에 관한 내용으로 옳은 것은?

① 장애인정책조정위원회는 보건복지부 소속하에 둔다.
② 장애인의 실태조사는 5년마다 실시하여야 한다.
③ 국가와 지자체는 장애인에게 적합한 사업을 경영하는 자에게 장애인의 능력과 적성에 따라 장애인을 고용하도록 권유할 수 있다.
④ 장애는 크게 신체적 장애, 정신적 장애, 사회적 장애로 구분된다.
⑤ 국가는 대학에서 사용하는 교양도서에 장애인에 대한 인식개선을 위한 내용이 포함되도록 하여야 한다.

03 장애인복지법령상 (   ) 안에 들어갈 용어를 옳게 나열한 것은?

> 국가와 지자체는 장애인의 장애정도와 경제적 수준을 고려하여 장애인의 소득보전을 위한 (㉠)을 지급할 수 있다. 그러나 (㉡)에 따른 중증장애인에게는 (㉠)을 지급하지 아니한다. 그리고 국가와 지자체는 장애인을 보호하는 보호자에게 그의 경제적 수준과 장애인의 장애정도를 고려하여 장애로 인한 추가적 비용을 보전하게 하기 위하여 (㉢)을 지급할 수 있으며, 장애아동에게 보호자의 경제적 생활수준 및 장애아동의 장애 정도를 고려하여 장애로 인한 추가적 비용을 보전하게 하기 위하여 (㉣)을 지급할 수 있다.

① ㉠ 장애수당, ㉡ 장애인복지법, ㉢ 보호자수당, ㉣ 장애아동 추가비용수당
② ㉠ 장애수당, ㉡ 장애인연금법, ㉢ 보호수당, ㉣ 장애아동수당
③ ㉠ 장애보전수당, ㉡ 장애인고용촉진 및 직업재활법, ㉢ 보호자수당, ㉣ 장애아동 추가비용수당
④ ㉠ 장애보전수당, ㉡ 장애인연금법, ㉢ 보호자수당, ㉣ 장애아동수당
⑤ ㉠ 장애수당, ㉡ 장애인고용촉진 및 직업재활법, ㉢ 보호수당, ㉣ 장애아동 추가비용수당

04 장애인복지법상 국가와 지자체의 의무와 책임으로 맞는 것은?

① 중증장애인에게 필요한 보호 등을 평생 받을 수 있도록 알맞은 정책을 강구하여야 한다.
② 여성장애인의 권익을 보호하기 위하여 필요한 시책을 강구하여야 한다.
③ 교통사고, 산업재해, 약물 중독 및 환경오염 등에 의한 장애발생 예방조치를 강구하여야 한다.
④ 장애인의 고용촉진 및 직접재활에 한하여 사업자 및 국민 일반의 이해를 높이기 위하여 교육하여야 한다.
⑤ 장애 조기 발견에 대한 국민의 관심을 높여야 한다.

05 장애인복지법령에 관한 설명으로 옳은 것은?

① 매년 실태조사를 한다.
② 기본이념은 사회통합이다.
③ 정신장애인은 포함되지 않는다.
④ 어떤 경우에는 차별이 가능하다.
⑤ 장애인 복지시설 설치 시 허가를 받아야 한다.

06 장애인복지법령의 내용으로 옳은 것은?

① 보건복지부장관은 장애실태조사를 5년마다 실시하여야 한다.
② 모든 재외동포 및 외국인은 장애인 등록을 할 수 없다.
③ 보건복지부장관은 3년마다 장애인정책종합계획을 수립, 시행하여야 한다.
④ 장애인은 장애인 관련 정책결정과정에 우선적으로 참여할 권리가 있다.
⑤ 장애인의 장애 인정과 등급 사정에 관한 업무를 담당하게 하기 위하여 국민건강보험공단에 장애판정위원회를 둔다.

07 정신건강복지법령의 기본 이념으로 옳지 않은 것은?

① 모든 정신질환자는 최적의 치료와 보호를 받을 권리를 보장받는다.
② 모든 정신질환자는 정신질환이 있다는 이유로 부당한 차별대우를 받지 않는다.
③ 입원치료가 필요한 정신질환자에 대하여는 보호의무자에 의한 입원이 권장되어야 한다.
④ 입원중인 정신질환자는 가능한 한 자유로운 환경이 보장되어야 한다.
⑤ 입원중인 정신질환자는 다른 사람들과 자유로이 의견교환을 할 수 있도록 보장되어야 한다.

08 정신건강복지법상 정신보건심의위원회에 관한 설명으로 옳지 않은 것은?

① 정신의료기관 및 정신요양시설이 없는 시·군·구에는 기초정신보건심의위원회를 두지 아니할 수 있다.

② 중앙정신보건심의위원회의 위원은 10인 이상 30인 이내로 한다.
③ 정신보건심의위원회는 심의 또는 심사를 위하여 연 2회 이상 위원회의 회의를 개최하여야 한다.
④ 정신보건심의위원회는 정신질환자에 대한 인권침해행위를 알게 된 때에는 국가인권위원회에 조사를 요청할 수 있다.
⑤ 광역정신보건심의위원회는 퇴원 및 계속입원 여부에 대한 심사를 한다.

09 정신건강복지법령상 정신보건시설의 평가에 관한 설명으로 옳지 않은 것은?

① 정신보건시설평가는 수시평가와 정기평가로 나누어지며 정기평가는 2년마다 실시하여야 한다.
② 정신보건시설평가의 결과를 공표하여야 한다.
③ 의료법상 의료기관의 평가로서 정신보건시설평가에 갈음할 수 있다.
④ 사회복지사업법상 사회복지시설평가로서 정신보건시설평가에 갈음할 수 있다.
⑤ 정신보건시설평가에 관한 업무를 관계 전문기관 또는 단체에 위탁할 수 있다.

10 정신건강복지법령상 규정된 입원의 종류가 아닌 것은?

① 자의입원 ② 보호의무자에 의한 입원
③ 시장 · 군수 · 구청장에 의한 입원 ④ 시 · 도지사에 의한 입원
⑤ 응급입원

11 정신건강복지법상 지역사회정신보건사업에 관한 설명으로 옳지 않은 것은?

① 보건소에 정신보건 전문요원을 둘 수 있다.
② 정신보건센터 설립재원은 국가와 지자체가 부담한다.
③ 보건소, 국공립정신의료기관에 정신보건센터를 설치할 수 있다.
④ 보건복지부장관은 중앙정신보건 사업지원단을 설치 · 운영할 수 있다.
⑤ 사회복지법인은 정신요양시설을 시 · 군 · 구청장에 신고하여 설치할 수 있다.

12 다음 중 정신질환자 사회복귀시설에 해당하는 것은?

① 정신질환자복귀시설 ② 정신질환자종합훈련시설
③ 정신질환자생활훈련시설 ④ 정신질환자직업훈련시설
⑤ 정신질환자주거시설

13 정신보건전문요원과 관련된 것은?

가. 정신보건사회복지사 나. 정신보건임상심리학자 다. 정신과 간호사 라. 정신과 의사

① 가, 나, 다 ② 가, 다 ③ 나, 라 ④ 라 ⑤ 가, 나, 다, 라

14 **정신건강복지법에 의한 정신보건사회복지사의 업무 범위는?**

① 정신질환자 간호
② 정신질환자 심리평가
③ 정신질환자 가족에 대한 심리 상담
④ 정신질환자 병세 판단 · 분류
⑤ 정신질환자와 가족에 대한 방문지도

15 **장애인복지법령상 장애인복지전문인력에 속하지 않는 사람은?**

① 의지 · 보조기 기사
② 수화통역사
③ 언어재활사
④ 장애상담치료사
⑤ 점역사 · 교정사

16 **장애인고용촉진 및 직업재활법령상 장애인직업재활 실시기관이 아닌 것은?**

① 특수교육기관
② 장애인복지관
③ 장애인복지단체
④ 직업능력개발훈련시설
⑤ 장애인생활시설

17 **장애인복지법의 내용으로 옳지 않은 것은?**

① 중앙행정기관의 장은 해당 기관의 장애인정책을 효율적으로 수립 · 시행하기 위하여 소속공무원 중에서 장애인정책책임관을 지정할 수 있다.
② 재한외국인 처우 기본법에 따른 결혼이민자는 장애인복지법에 따른 장애인 등록을 할 수 없다.
③ 국가와 지방자치단체는 장애 정도가 심하여 자립하기가 매우 곤란한 장애인이 필요한 보호 등을 평생 받을 수 있도록 알맞은 정책을 강구하여야 한다.
④ 장애인은 장애인 관련 정책결정과정에 우선적으로 참여할 권리가 있다.
⑤ 국가는 초 · 중등교육법에 따른 학교에서 사용하는 교과용도서에 장애인에 대한 인식개선을 위한 내용이 포함되도록 하여야 한다.

정답 01. ① 02. ③ 03. ② 04. ⑤ 05. ② 06. ④ 07. ③ 08. ⑤ 09. ① 10. ④ 11. ⑤ 12. ③ 13. ⑤ 14. ⑤ 15. ④ 16. ⑤ 17. ②

CHAPTER 13

사회서비스법[V] [가족복지에 관한 법]

1 들어가는 말

가족복지(family welfare)는 가족생활을 보호 및 강화하며, 가족 내 상호관계 그리고 사회적응상의 문제를 가진 개인과 가족을 원조한다. 가족의 사회적 기능을 향상시키기 위하여 국가와 민간기관이 제공하는 사회적 서비스를 말한다.

가족복지에 관한 법에서는 건강가정기본법, 한부모가족지원법, 다문화가족지원법, 아이돌봄지원법, 가족친화 사회환경의 조성 촉진에 관한 법률, 가정폭력방지 및 피해자보호 등에 관한 법, 남녀고용평등과 일 · 가정양립지원법 등이 있다.

이 장에서는 건강가정기본법, 한부모가족지원법, 다문화가족지원법, 가정폭력방지 및 피해자보호 등에 관한 법 등에 대하여 서술하고자 한다.

2 건강가정기본법

[시행 2018. 7. 17.] [법률 제15350호, 2018. 1. 16., 일부개정] 여성가족부

건강가정기본법(2004년 제정, 2005년 시행)의 관장부서는 여성가족부(가족정책과)이며, 가정을 건강하게 유지하고 발전시키기 위한 기본 법규범이다(일반법의 성격). 건강한 가정생활의 영위와 가족의 유지 및 발전을 위한 국민의 권리 · 의무와 국가 및 지자체 등의 책임을 명확히 하고 있다.

국가는 건강가정사업과 관련되는 다른 법률을 제정 또는 개정하는 경우에는 이 법에 부합되도록 하여야 한다.

1. 목적

이 법은 건강한 가정생활의 영위와 가족의 유지 및 발전을 위한 국민의 권리 · 의무와 국가 및 지자체 등의 책임을 명백히 하고, 가정문제의 적절한 해결방안을 강구하며 가족구성원의 복지증진에 이바지할 수 있는 지원정책을 강화함으로써 건강가정 구현에 기여하는 것을 목적으로 한다.

2. 기본 이념

가정은 개인의 기본적인 욕구를 충족시키고, 사회통합을 위하여 기능할 수 있도록 유지 · 발전되어야 한다.

3. 용어의 뜻

1. "가족"이라 함은 혼인·혈연·입양으로 이루어진 사회의 기본단위를 말한다.
2. "가정"이라 함은 가족구성원이 생계 또는 주거를 함께 하는 생활공동체로서 구성원의 일상적인 부양·양육·보호·교육 등이 이루어지는 생활단위를 말한다.

2의2. "1인가구"라 함은 1명이 단독으로 생계를 유지하고 있는 생활단위를 말한다.

3. "건강가정"이라 함은 가족구성원의 욕구가 충족되고 인간다운 삶이 보장되는 가정을 말한다.
4. "건강가정사업"이라 함은 건강가정을 저해하는 문제(가정문제)의 발생을 예방하고 해결하기 위한 여러 가지 조치와 가족의 부양·양육·보호·교육 등의 가정기능을 강화하기 위한 사업을 말한다.

4. 국가 및 지방자치단체의 책임

국가 및 지자체는 민주적인 가정형성, 가정친화적 환경조성, 양성평등한 가족가치 실현 및 가사노동의 정당한 가치평가를 위하여 노력하여야 한다.

5. 가족해체 예방

① 가족구성원 모두는 가족해체를 예방하기 위하여 노력하여야 한다(가족구성원의 노력 → 가족해체 예방노력). 다문화가족의 구성원을 비롯한 가족구성원 모두가 해당한다.

② 국가 및 지자체는 가족해체를 예방하기 위하여 필요한 제도와 시책을 강구하여야 한다. ※ **가정의 날**(제12조): 매년 5월 - 가정의 달, 5월 15일 - 가정의 날

6. 건강가정정책

1) 건강가정기본계획의 수립 - 5년마다 수립

① 여성가족부장관은 관계 중앙행정기관의 장과 협의하여 건강가정기본계획(기본계

획)을 5년마다 수립하여야 한다.

② 기본계획에는 다음의 사항을 포함하되, 국무회의의 심의를 거쳐 확정한다.

1. 가족기능의 강화 및 가정의 잠재력개발을 통한 가정의 자립 증진 대책	
2. 사회통합과 문화계승을 위한 가족공동체문화의 조성	3. 위기가족에 대한 긴급 지원책
4. 다양한 가족의 욕구충족을 통한 건강가정 구현	5. 가족의 건강증진을 통한 건강사회 구현
6. 가정친화적인 사회환경의 조성	7. 민주적인 가족관계와 양성평등적인 역할분담
8. 가족의 양육·부양 등의 부담완화와 가족해체예방을 통한 사회비용 절감	
9. 가족지원정책의 추진과 관련한 재정조달 방안	10. 1인가구의 복지 증진을 위한 대책

2) 가족실태조사 – 5년마다 조사 실시

국가 및 지자체는 개인과 가족의 생활실태를 파악하고, 건강가정 구현 및 가정문제 예방 등을 위한 서비스의 욕구와 수요를 파악하기 위하여 5년마다 가족실태조사를 하고 그 결과를 발표하여야 한다. 가족실태조사에는 1인가구의 연령별·성별·지역별 현황과 정책 수요 등에 관한 사항이 포함되어야 한다.

7. 건강가정사업

1) 가정에 대한 지원

① 국가 및 지자체는 가정이 원활한 기능을 수행하도록 지원하여야 한다.

※ 가정에 대한 지원의 사항	
1. 가족구성원의 정신적·신체적 건강지원	2. 소득보장 등 경제생활의 안정
3. 안정된 주거생활	4. 태아검진 및 출산·양육의 지원
5. 직장과 가정의 양립	6. 유흥가·폭력 등 위해환경으로부터의 보호
7. 가정폭력으로부터의 보호	8. 가정친화적 사회분위기의 조성
9. 건강한 가정의 기능을 강화·지원할 수 있는 관련 사항	

② 국가 및 지자체는 임신·출산·수유 및 육아와 관련된 모·부성권 보장을 위한 육아휴직 및 유급휴가시책이 확산되도록 노력하여야 한다.

③ 국가 및 지자체는 한부모가족, 노인단독가정, 장애인가정, 미혼모가정, 공동생활가정, 자활공동체 등 사회적 보호를 필요로 하는 가정에 대하여 적극적으로 지원하여야 한다.

2) 위기가족긴급지원

3) 자녀양육지원의 강화

4) 가족단위 복지증진

5) 가족의 건강증진

6) 가족부양의 지원

7) 민주적이고 양성평등한 가족관계의 증진

8) 가족단위의 시민적 역할증진

9) 가정생활문화의 발전

※ 국가 및 지자체가 지원하여야 하는 건강가정의 생활문화에 포함해야 하는 사항
1. 가족여가문화 2. 양성평등한 가족문화 3. 가족단위 자원봉사활동 4. 지역사회 공동체문화
5. 건강한 의식주생활문화 6. 합리적인 소비문화 7. 건강가정의 생활문화와 관련된 사항

10) 가정의례의 확립

11) 가정봉사원

① 국가 및 지자체는 건강한 가정을 유지하기 위하여 필요한 경우에 가정을 방문하여 가사·육아·산후조리·간병 등을 돕는 가정봉사원을 지원할 수 있다.

② 가정봉사원은 매년 16시간 이상 교육을 받아야 한다.

③ 국가 및 지자체는 가정봉사원에게 예산의 범위 안에서 일정금액을 지급할 수 있다.

→ 여성가족부장관 및 지방자치단체의 장은 가정봉사원의 교육에 소요되는 비용의 전부 또는 일부를 건강가정지원센터에 보조할 수 있다.

12) 이혼예방 및 이혼가정지원

13) 건강가정교육

※ 국가 및 지자체 건강가정교육의 실시사항
1. 결혼준비교육 2. 부모교육 3. 가족윤리교육 4. 가족가치실현 및 가정생활관련 교육

14) 자원봉사활동의 지원

8. 건강가정전담조직

1) 건강가정사업의 전담수행

여성가족부 및 지방자치단체는 건강가정사업에 관한 업무를 전담하여 수행할 수 있도록 하여야 한다.

2) 한국건강가정진흥원의 설립

① 다양한 가족의 삶의 질 제고 및 가족역량 강화를 위한 가족정책을 효율적이고 체계적으로 지원하기 위하여 한국건강가정진흥원을 설립한다.

② 진흥원은 법인으로 한다.

③ 진흥원은 그 주된 사무소의 소재지에서 설립등기를 함으로써 성립한다.

④ 진흥원에는 정관으로 정하는 바에 따라 임원과 필요한 직원을 둔다.

⑤ 진흥원은 다음 각 호의 사업을 한다.

1. 가족상담 및 가족교육 사업 2. 가족친화 사회환경 조성사업 3. 아이돌봄 및 자녀양육지원 사업
4. 「양육비 이행확보 및 지원에 관한 법률」에 따른 양육비 이행 전담기관 운영
5. 다문화가족, 한부모가족, 조손가족 등 취약 가족의 역량강화 지원 사업
6. 다문화가족의 사회통합지원 사업
7. 건강가정지원센터, 다문화가족지원센터 및 가족친화지원센터의 사업 관리 및 종사자 교육훈련
8. 가족사업 관련 대내외 교류 및 협력 사업
9. 가족정책 및 사업개발을 위한 조사, 연구
10. 사업에 부수되는 사업 또는 이와 관련하여 국가기관 등으로부터 위탁받은 사업
11. 그밖에 진흥원의 목적달성을 위하여 정관으로 정하는 사항

⑥ 정부는 예산의 범위에서 진흥원의 사업과 운영에 필요한 경비를 출연할 수 있다.

⑦ 진흥원에 관하여는 이 법에서 규정한 것을 제외하고는 민법 중 재단법인에 관한 규정을 준용한다.

3) 건강가정지원센터의 설치 – 건강가정전담조직

① 국가 및 지자체는 가정문제의 예방·상담 및 치료, 건강가정의 유지를 위한 프로그램의 개발, 가족문화운동의 전개, 가정관련 정보 및 자료제공 등을 위하여 건강가정지원센터(센터)를 설치·운영하여야 한다.

② 센터에는 건강가정사업을 수행하기 위하여 관련분야에 대한 학식과 경험을 가진 전문가(건강가정사)를 두어야 한다.

※ 건강가정사의 직무
1. 가정문제의 예방·상담 및 개선
2. 건강가정의 유지를 위한 프로그램의 개발
3. 건강가정 교육(양성평등한 가족관계 교육 포함)
4. 가정생활문화운동의 전개
5. 가정관련 정보 및 자료제공
6. 가정에 대한 방문 및 실태파악
7. 아동보호전문기관 등 지역사회자원에의 연계
8. 그밖에 건강가정사업과 관련하여 여성가족부장관이 정하는 활동

③ 건강가정사는 다음 각 호의 요건을 모두 갖춘 사람이어야 한다.

1. 대학 또는 이와 동등 이상의 학교를 졸업할 것
2. 학력 취득과정이나 여성가족부장관이 인정하는 방법으로 사회복지학 · 가정학 · 여성학 등 여성가족부령으로 정하는 관련 교과목을 이수할 것

④ 센터의 운영은 여성가족부령이 정하는 바에 의하여 민간에 위탁할 수 있다.

9. 보칙

1) 다른 법률과의 관계

국가는 건강가정사업과 관련되는 다른 법률을 제정 또는 개정하는 경우에는 이 법에 부합되도록 해야 한다.

2) 민간단체의 지원

국가 및 지자체는 건강가정사업을 수행하는 단체 또는 개인에 대하여 필요한 비용의 전부 또는 일부를 보조하거나 그 업무수행에 필요한 지원을 할 수 있다.

3 한부모가족지원법

[시행 2018. 7. 17.] [법률 제15355호, 2018. 1. 16., 일부개정] 여성가족부

한부모가족지원법(1989년 제정, 1989년 시행)의 관장부서는 여성가족부(가족지원과)이며, 한부모가족의 생활안정과 복지증진을 위하여 제정한 법제이다. 우리 사회는 날로 도시화 · 공업화 · 핵가족화가 되고 있는 시점에 배우자와의 사별, 이혼, 유기, 별거 등의 사유로 배우자가 없거나 배우자가 있어도 폐질 · 불구 등으로 장기간 근로능력을 상실하여 생계의 책임을 지는 한부모가정이 날로 격증하고 있다. 그리하여 이들 한부모가정이 자립 · 자활할 수 있도록 생계보호 · 교육보호 · 생업자금융자 · 주택제공 등을 통하여 한부모가정의 건강하고, 문화적인 생활을 보장하려는 것이다.

1. 목적

이 법은 한부모가족이 안정적인 가족 기능을 유지하고 자립할 수 있도록 지원함으로써 한부모가족의 생활 안정과 복지 증진에 이바지함을 목적으로 한다.

2. 국가와 지방자치단체의 책임

① 국가와 지방자치단체는 한부모가족의 복지를 증진할 책임을 진다.

② 국가와 지방자치단체는 한부모가족의 권익과 자립을 지원하기 위한 여건을 조성하고 이를 위한 시책을 수립·시행하여야 한다.

③ 국가와 지방자치단체는 한부모가족에 대한 사회적 편견과 차별을 예방하고, 사회구성원이 한부모가족을 이해하고 존중할 수 있도록 교육 및 홍보 등 필요한 조치를 하여야 한다.

④ 교육부장관과 특별시·광역시·특별자치시·도·특별자치도의 교육감은 유치원, 「초·중등교육법」 및 「고등교육법」의 학교에서 한부모가족에 대한 이해를 돕는 교육을 실시하기 위한 시책을 수립·시행하여야 한다.

⑤ 국가와 지방자치단체는 청소년 한부모가족의 자립을 위하여 노력하여야 한다.

⑥ 모든 국민은 한부모가족의 복지 증진에 협력하여야 한다.

3. 한부모가족의 권리와 책임

① 한부모가족의 모(母) 또는 부(父)는 임신과 출산 및 양육을 사유로 합리적인 이유 없이 교육·고용 등에서 차별을 받지 아니한다.

② 한부모가족의 모 또는 부와 아동은 한부모가족 관련 정책결정과정에 참여할 권리가 있다.

③ 한부모가족의 모 또는 부와 아동은 그가 가지고 있는 자산과 노동능력 등을 최대한으로 활용하여 자립과 생활 향상을 위하여 노력하여야 한다(자립과 생활 향상 노력).

※ 모든 국민은 한부모가족의 복지 증진에 협력하여야 한다(제2조).

4. 용어의 뜻

1. "모" 또는 "부"란 다음 각 목의 어느 하나에 해당하는 자로서 아동인 자녀를 양육하는 자를 말한다.

가. 배우자와 사별 또는 이혼하거나 배우자로부터 유기(遺棄)된 자
나. 정신이나 신체의 장애로 장기간 노동능력을 상실한 배우자를 가진 자
다. 교정시설·치료감호시설에 입소한 배우자 또는 병역복무 중인 배우자를 가진 사람
라. 미혼자(사실혼 관계에 있는 자는 제외)
마. 가목부터 라목까지에 규정된 자에 준하는 자로서 여성가족부령으로 정하는 자

1. 배우자의 생사가 분명하지 아니한 자　2. 배우자 또는 배우자 가족과의 불화 등으로 인하여 가출한 자

1의2. "청소년 한부모"란 24세 이하의 모 또는 부를 말한다.
2. "한부모가족"이란 모자가족 또는 부자가족을 말한다.
3. "모자가족"이란 모가 세대주{세대주가 아니더라도 세대원을 사실상 부양하는 자 포함}인 가족을 말한다.
4. "부자가족"이란 부가 세대주{세대주가 아니더라도 세대원을 사실상 부양하는 자 포함}인 가족을 말한다.

5. "아동"이란 18세 미만(취학 중인 경우에는 22세 미만을 말하되, 병역의무를 이행하고 취학 중인 경우에는 병역의무를 이행한 기간을 가산한 연령 미만을 말함)의 자를 말한다.
6. "지원기관"이란 이 법에 따른 지원을 행하는 국가나 지방자치단체를 말한다.
7. "한부모가족복지단체"란 한부모가족의 복지 증진을 목적으로 설립된 기관이나 단체를 말한다.

[문제] (　) 안에 들어갈 숫자를 순서대로 바르게 나열한 것은? ④

한부모가족지원법상 "청소년 한부모"란 (　)세 이하의 모 또는 부를 말하며, "아동"이란 (　)세 미만의 자를 말하나 취학 중인 경우에는 (　)세 미만을 말한다.

① 18, 14, 18　② 20, 14, 20　③ 20, 18, 20　④ 24, 18, 22　⑤ 24, 20, 22

5. 지원대상자(수급권자)의 범위

① 이 법에 따른 지원대상자는 제4조 1호 · 1호의2 및 2호부터 5호까지의 규정에 해당하는 자로서 여성가족부령으로 정하는 자(최저생계비 · 소득수준 및 재산 고려)로 한다.

② 지원대상자 중 아동의 연령을 초과하는 자녀가 있는 한부모가족의 경우 그 자녀를 제외한 나머지 가족구성원을 지원대상자로 한다.

6. 지원대상자의 범위에 대한 특례

① 혼인 관계에 있지 아니한 자로서 출산 전 임신부와 출산 후 해당 아동을 양육하지 아니하는 모는 미혼모자가족복지시설을 이용할 때에는 이 법에 따른 지원대상자가 된다. ☆ 출산 후 해당 아동을 양육하지 않는 미혼모도 미혼모자가족복지시설을 이용할 수 있다.

② **조손가정에 대한 특례**: 지원대상자 → 아동과 그 아동을 양육하는 조부 또는 조모로서 지원대상자가 된다.

1. 부모가 사망하거나 생사가 분명하지 아니한 아동
2. 부모가 정신 또는 신체의 장애·질병으로 장기간 노동능력을 상실한 아동
3. 부모의 장기복역 등으로 부양을 받을 수 없는 아동
4. 부모가 이혼하거나 유기하여 부양을 받을 수 없는 아동
5. 제1호부터 제4호까지에 규정된 자에 준하는 자로서 여성가족부령으로 정하는 아동
   ㉠ 부모가 가정의 불화 등으로 가출하여 부모의 부양을 받을 수 없는 아동
   ㉡ 그밖에 부모가 실직 등으로 장기간 경제적 능력을 상실하여 부양을 받을 수 없는 아동

③ **외국인에 대한 특례**: 국내에 체류하고 있는 외국인 중 대한민국 국민과 혼인하여 대한민국 국적의 아동을 양육하고 있는 사람으로서 대통령령으로 정하는 사람이 제5조에 해당하면 이 법에 따른 지원대상자가 된다.

※ **한부모가족의 날**: 한부모가족에 대한 국민의 이해와 관심을 제고하기 위하여 매년 5월 10일을 한부모가족의 날로 한다.

7. 실태조사 - 3년마다 실시

여성가족부장관은 한부모가족 지원을 위한 정책수립에 활용하기 위하여 3년마다 한부모가족에 대한 실태조사를 실시하고 그 결과를 공표하여야 한다.

※ 한부모가족복지단체에 대한 지원(제9조): 국가와 지방자치단체는 한부모가족복지단체에 대하여 필요한 비용의 전부 또는 일부를 보조하거나 그 업무수행에 필요한 행정적 지원을 할 수 있다. 국가와 지방자치단체는 한부모가족 간의 정보 공유와 상부상조 등을 위한 자조모임 단체의 사업 등을 지원할 수 있다.

8. 복지의 내용과 실시

1) 지원대상자의 조사

특별자치도지사·시장·군수·구청장은 매년 1회 이상 관할구역 지원대상자의 가족상황, 생활실태 등을 조사하여야 한다(복지대상자 통합관리카드의 기록·관리).

2) 복지 급여의 신청

지원대상자 또는 그 친족이나 이해관계인(1. 사회복지전담공무원, 2. 한부모가족복지시설의 종사자, 3. 지원대상자의 자녀가 재학하는 학교의 교사)은 복지급여를 관할 특별자치시장·특별자치도지사·시장·군수·구청장에게 신청할 수 있다(신청주의).

> ※ **지원**: 모 또는 부와 그에 의하여 양육되는 만 18세 미만(취학한 경우 만 20세 미만)의 자녀로 이루어진 가정으로 선정기준(소득인정액)을 충족한 가구. 고등학생 학비, 아동양육비, 복지자금 대여, 영구임대주택의 입주
>
> ⊞ **생업지원**: 장애인복지법, 노인복지법, 한부모가족지원법 등

3) 복지 급여의 내용

① 국가나 지자체는 복지급여의 신청이 있으면 다음 각 호의 복지급여를 실시하여야 한다. 다만, 이 법에 따른 지원대상자가 국민기초생활 보장법 등 다른 법령에 따라 보호를 받고 있는 경우에는 그 범위에서 급여를 하지 아니한다(타법우선 적용원칙).

> **※ 복지 급여의 내용**
> 1. 생계비 2. 아동교육지원비 3. 삭제 [직업훈련비 및 훈련기간 중 생계비] 〈2011.4.12.〉
> 4. 아동양육비 5. 그밖에 대통령령으로 정하는 비용

[문제] 한부모가족지원법령상 규정된 복지급여에 해당하지 않는 것은? ⑤
① 아동양육비 ② 아동교육지원비 ③ 생계비 ④ 직업훈련비 ⑤ 주택자금지원비

② 아동양육비를 지급할 때에 미혼모나 미혼부가 5세 이하의 아동을 양육하거나 청소년 한부모가 아동을 양육하면 예산의 범위에서 추가적인 복지 급여를 실시하여야 한다. 이 경우 모 또는 부의 직계존속이 5세 이하의 아동을 양육하는 경우에도 또한 같다.

③ 국가나 지자체는 이 법에 따른 지원대상자의 신청이 있는 경우에는 예산의 범위에서 직업훈련비와 훈련기간 중 생계비를 추가적으로 지급할 수 있다(복지급여수급계좌 사용: 제12조의5). ※ 복지 급여 사유의 확인 등(제12조의2)

4) 복지 자금의 대여

국가나 지자체는 한부모가족의 생활안정과 자립을 촉진하기 위하여 다음 각 호의 어느 하나의 자금을 대여할 수 있다.

※ 복지 자금대여의 대상
1. 사업에 필요한 자금 대여 2. 아동교육비 대여 3. 의료비 대여 4. 주택자금 대여
5. 그밖에 대통령령으로 정하는 한부모가족의 복지를 위하여 필요한 자금대여

☆ 사업에 필요한 자금은 복지 자금 대여의 대상에 포함된다.

5) 고용의 촉진

6) 공공시설에 매점 및 시설 설치

7) 시설 우선이용

8) 가족지원서비스

국가나 지자체는 한부모가족에게 다음 각 호의 가족지원서비스를 제공하도록 노력하여야 한다.

※ 한부모가족에게 제공하도록 노력해야 하는 가족지원서비스의 종류
1. 아동의 양육 및 교육 서비스 2. 장애인, 노인, 만성질환자 등의 부양 서비스
3. 취사, 청소, 세탁 등 가사 서비스 4. 교육·상담 등 가족 관계 증진 서비스
5. 인지청구 및 자녀양육비 청구 등을 위한 법률상담, 소송대리 등 법률구조서비스
6. 그밖에 한부모가족에 대한 가족지원서비스(한부모가족에 대한 상담·심리치료)

[주의] 국가나 지자체가 한부모가족에게 제공하도록 노력하여야 하는 가족지원서비스의 종류가 아닌 것은? 의료비·주택자금 대여 등 생활지원서비스는 가족지원서비스의 종류가 아니다.

9) 청소년 한부모에 대한 교육 지원

① 국가나 지방자치단체는 청소년 한부모가 학업을 할 수 있도록 청소년 한부모의 선택에 따라 다음 각 호의 어느 하나에 해당하는 지원을 할 수 있다.

1. 학교에서의 학적 유지를 위한 지원 및 교육비 지원 또는 검정고시 지원
2. 학력인정 평생교육시설에 대한 교육비 지원
3. 교육 지원
4. 그밖에 청소년 한부모의 교육 지원을 위하여 여성가족부령으로 정하는 사항

② 교육 지원을 위하여 특별시·광역시·특별자치시·도·특별자치도의 교육감은 한부모가족복지시설에 순회교육 실시를 위한 지원을 할 수 있다.

③ 국가와 지방자치단체는 청소년 한부모의 학업과 양육의 병행을 위하여 그 자녀가 청소년 한부모가 속한 「고등교육법」에 따른 학교에 설치된 직장어린이집을 이용할 수 있도록 지원할 수 있다.

④ 여성가족부장관은 청소년 한부모가 학업을 계속할 수 있도록 교육부장관에게 협조를 요청하여야 한다.

※ **아동·청소년 보육·교육:** 국가와 지방자치단체는 아동·청소년 보육·교육을 실시함에 있어서 한부모가족 구성원인 아동·청소년을 차별하여서는 아니 된다.

☆ **청소년 한부모의 건강진단:** 국가와 지방자치단체는 청소년 한부모의 건강증진을 위하여 건강진단을 실시할 수 있다.

10) 국민주택의 분양 및 임대

11) 청소년 한부모의 자립지원

① 국가나 지방자치단체는 청소년 한부모가 주거마련 등 자립에 필요한 자산을 형성할 수 있도록 재정적인 지원을 할 수 있다.

② 지원으로 형성된 자산은 청소년 한부모가 이 법에 따른 지원대상자에 해당하는지 여부를 조사·확인할 때 이를 포함하지 아니한다.

※ 한부모가족 상담전화의 설치

9. 한부모가족복지의 시설

1) 한부모가족복지시설의 종류

한부모가족복지시설의 종류는 모자가족복지시설, 부자가족복지시설, 미혼모자가족복지시설, 일시지원복지시설, 한부모가족복지상담소 등의 시설로 한다.

시설종류	내 용	
모자가족 복지시설	모자가족에게 다음 각 목의 어느 하나 이상의 편의를 제공하는 시설	
	가. 기본생활지원	생계가 어려운 모자가족에게 일정기간 동안 주거와 생계를 지원
	나. 공동생활지원	독립적인 생활이 어려운 모자가족에게 일정 기간 동안 공동생활을 통하여 자립을 준비할 수 있도록 주거 등을 지원
	다. 자립생활지원	자립욕구가 강한 모자가족에게 일정 기간 동안 주거를 지원
부자가족 복지시설	부자가족에게 다음 각 목의 어느 하나 이상의 편의를 제공하는 시설	
	가. 기본생활지원	생계가 어려운 부자가족에게 일정 기간 동안 주거와 생계를 지원
	나. 공동생활지원	독립적인 생활이 어려운 부자가족에게 일정 기간 동안 공동생활을 통하여 자립을 준비할 수 있도록 주거 등을 지원
	다. 자립생활지원	자립욕구가 강한 부자가족에게 일정 기간 동안 주거를 지원
미혼모자 가족복지 시설	미혼모자가족과 출산 미혼모 등에게 다음의 어느 하나 이상의 편의를 제공하는 시설	
	가. 기본생활지원	미혼 여성의 임신·출산 시 안전 분만 및 심신의 건강 회복과 출산 후의 아동의 양육 지원을 위하여 일정 기간 동안 주거와 생계 지원 (지원대상자 중 미혼이 아닌 여성의 임신·출산 시 안전 분만과 출산 후 양육 지원 포함)
	나. 공동생활지원	출산 후 해당 아동을 양육하지 아니하는 미혼모 또는 미혼모와 그 출산 아동으로 구성된 미혼모자가족에게 일정 기간 동안 공동생활을 통하여 자립을 준비할 수 있도록 주거 등을 지원
일시지원 복지시설	배우자(사실혼 관계에 있는 사람을 포함)가 있으나 배우자의 물리적·정신적 학대로 아동의 건전한 양육이나 모의 건강에 지장을 초래할 우려가 있을 경우 일시적 또는 일정 기간 동안 모와 아동 또는 모에게 주거와 생계를 지원하는 시설	
한부모가족 복지상담소	한부모가족에 대한 위기·자립 상담 또는 문제해결 지원 등을 목적으로 하는 시설	

2) 한부모가족복지시설의 설치

① 국가나 지자체는 한부모가족복지시설을 설치할 수 있다.

② 한부모가족복지시설의 장은 청소년 한부모가 입소를 요청하는 경우에는 우선 입소를 위한 조치를 취하여야 한다.

③ 국가나 지자체 외의 자가 한부모가족복지시설을 설치·운영하려면 특별자치시장·특별자치도지사·시장·군수·구청장에게 신고하여야 한다(신고주의). 신고한 사항 중 여성가족부령으로 정하는 중요 사항을 변경하려는 경우에도 또한 같다.

④ 입양특례법에 따른 입양기관을 운영하는 자는 기본생활지원(미혼 여성의 임신·출산 시 안전 분만 및 심신의 건강 회복과 출산 후의 아동의 양육 지원을 위하여 일정 기간 동안 주거와 생계를 지원)에 해당하는 편의제공시설을 설치·운영할 수 없다.

3) 시설 폐쇄

특별자치시장·특별자치도지사·시장·군수·구청장은 한부모가족복지시설이 다음 각 호의 어느 하나에 해당하면 그 사업의 정지나 폐지를 명하거나 시설을 폐쇄할 수 있다. ☆ **청문실시**(제24조의2): 한부모가족지원법령상 한부모가족복지사업의 폐지를 명하거나 또는 한부모가족복지 시설의 폐쇄를 명하려면 청문을 실시하여야 한다(의무규정).

1. 제20조 5항(한부모가족복지시설)의 시설 기준에 미달하게 된 경우
2. 제22조(수탁 의무)를 위반한 경우
3. 정당한 이유 없이 제23조 1항(감독)에 따른 보고를 하지 아니하거나 거짓으로 한 경우 또는 조사·검사를 거부하거나 기피한 경우

10. 수급자의 권리구제 - 심사청구: 지원대상자, 친족, 이해관계인

① 지원대상자 또는 그 친족이나 이해관계인은 이 법에 따른 복지 급여 등에 대하여 이의가 있을 경우, 그 결정을 통지받은 날부터 90일 이내에 서면으로 해당 복지실시기관에 심사를 청구할 수 있다(☆ 주의: 보건복지부장관 또는 지방자치단체의 장에게 ×). → 한부모가족지원법에 따른 복지 급여 등에 대하여 이의가 있을 경우 지원대상자 또는 그 친족이나 그 밖의 이해관계인은 해당 복지실시기관에 심사를 청구할 수 있다.

② 복지실시기관은 심사 청구를 받으면 30일 이내에 이를 심사·결정하여 청구인에게 통보하여야 한다.

4 다문화가족지원법

[시행 2018.6.13.] [법률 제15204호, 2017.12.12., 일부개정] 여성가족부

다문화가족지원법(2008년 제정, 2008년 시행)의 관장부서는 여성가족부(다문화가족정책과)이다(법무부 ×). 결혼이민자 및 그 자녀 등으로 구성되는 다문화가족은 언어 및 문화적 차이로 인하여 사회부적응과 가족구성원 간 갈등 및 자녀교육에 어려움을 겪고 있음에 따라, 다문화가족의 구성원이 우리 사회의 구성원으로 순조롭게 통합되어 안정적인 가족생활을 영위할 수 있도록 하기 위한 법규범이다.

1. 목적

이 법은 다문화가족 구성원이 안정적인 가족생활을 영위하고 사회구성원으로서의

역할과 책임을 다 할 수 있도록 함으로써 이들의 삶의 질 향상과 사회통합에 이바지함을 목적으로 한다.

2. 용어의 뜻

1. "다문화가족"이란 다음 각 목의 어느 하나에 해당하는 가족을 말한다(결혼이민자, 귀화허가를 받은 자 → 대한민국 국적의 배우자와 혼인).
   가. 「재한외국인 처우 기본법」의 결혼이민자와 「국적법」에 따라 출생 시부터 대한민국 국적을 취득한 자로 이루어진 가족 → 한국인 배우자와의 사이에서 태어난 자녀를 다문화가족으로 본다.
   나. 「국적법」에 따라 귀화허가를 받은 자와 출생 시부터 국적을 취득한 자로 이루어진 가족
2. "결혼이민자 등"이란 다문화가족의 구성원으로서 다음의 어느 하나에 해당하는 자를 말한다.
   가. 「재한외국인 처우 기본법」의 결혼이민자(외국인)
   나. 「국적법」에 따라 귀화허가를 받은 자
3. "아동·청소년"이란 24세 이하인 사람을 말한다.

☆ 대한민국 국민과 사실혼 관계에서 출생한 자녀를 양육하고 있는 다문화가족 구성원도 이 법의 지원대상이 된다.

3. 국가와 지방자치단체의 책무

① 국가와 지자체는 다문화가족 구성원이 안정적인 가족생활을 영위하고 경제·사회·문화 등 각 분야에서 사회구성원으로서의 역할과 책임을 다 할 수 있도록 필요한 제도와 여건을 조성하고 이를 위한 시책을 수립·시행하여야 한다.

② 특별시·광역시·도·특별자치도 및 시·군·구에는 다문화가족 지원을 담당할 기구와 공무원을 두어야 한다.

③ 국가와 지자체는 이 법에 따른 시책 중 외국인정책 관련 사항에 대하여는 재한외국인처우기본법 제5조부터 제9조까지의 규정에 따른다(외국인도 적용된다).

4. 다문화가족 지원을 위한 기본계획의 수립 - 5년마다 수립

① 여성가족부장관은 다문화가족 지원을 위하여 5년마다 다문화가족정책에 관한 기본계획을 수립하여야 한다. ☆ 여성가족부장관은 5년마다 다문화가족 지원을 위한 기본계획을 수립하여야 한다.

② 기본계획에는 다음 각 호의 사항을 포함하여야 한다.

1. 다문화가족 지원 정책의 기본 방향
2. 다문화가족 지원을 위한 분야별 발전시책과 평가에 관한 사항
3. 다문화가족 지원을 위한 제도 개선에 관한 사항
4. 다문화가족 지원을 위한 재원 확보 및 배분에 관한 사항
5. 다문화가족구성원의 경제·사회·문화 등 각 분야에서 활동증진에 관한 사항

☆ 기본계획에는 다문화가족 지원을 위한 재원 확보 및 배분에 관한 사항이 포함되어야 한다.

③ 여성가족부장관은 기본계획을 수립할 때에는 미리 관계 중앙행정기관의 장과 협의하여야 한다(지방자치단체의 장 ×).

④ 기본계획은 다문화가족정책위원회의 심의를 거쳐 확정한다. 이 경우 여성가족부장관은 확정된 기본계획을 관계 중앙행정기관의 장과 특별시장 · 광역시장 · 도지사 · 특별자치도지사에게 알려야 한다.

⑤ 여성가족부장관은 기본계획을 수립하기 위하여 필요하다고 인정하는 경우, 관계 기관의 장에게 기본계획의 수립에 필요한 자료의 제출을 요구할 수 있다.

☆ 여성가족부장관은 관계 기관의 장에게 기본계획의 수립에 필요한 자료의 제출을 요구할 수 있다.

> ⊞ **연도별 시행계획의 수립 · 시행(제3조의3)**: 여성가족부장관, 관계 중앙행정기관의 장과 시 · 도지사는 기본계획에 따라 다문화가족정책에 관한 시행계획을 매년 수립 · 시행하여야 한다.

5. 다문화가족정책위원회의 설치 - 국무총리소속 정책기구

① 다문화가족의 삶의 질 향상과 사회통합에 관한 중요 사항을 심의 · 조정하기 위하여 국무총리 소속으로 다문화가족정책위원회(정책위원회)를 둔다.

② 정책위원회는 다음 각 호의 사항을 심의 · 조정한다.

> 1. 다문화가족정책에 관한 기본계획의 수립 및 추진에 관한 사항
> 2. 다문화가족정책의 시행계획의 수립, 추진실적 점검 및 평가에 관한 사항
> 3. 다문화가족과 관련된 각종 조사, 연구 및 정책의 분석 · 평가에 관한 사항
> 4. 각종 다문화가족 지원 관련 사업의 조정 및 협력에 관한 사항
> 5. 다문화가족정책과 관련된 국가 간 협력에 관한 사항
> 6. 다문화가족의 사회통합에 관한 중요 사항으로 위원장이 필요하다고 인정하는 사항

6. 실태조사 - 3년마다 실시

여성가족부장관은 다문화가족의 현황 및 실태를 파악하고, 다문화가족 지원을 위한 정책수립에 활용하기 위하여 3년마다 다문화가족에 대한 실태조사를 실시하고 그 결과를 공표하여야 한다. → 여성가족부장관은 실태조사를 실시함에 있어서 외국인정책 관련 사항에 대하여는 법무부장관과, 다문화가족 구성원인 아동의 교육에 관한 사항에 대하여는 교육부장관과 협의를 거쳐 실시한다.

7. 다문화가족에 대한 지원

> 1. 다문화가족에 대한 이해 증진
> 2. 생활정보 제공 및 교육 지원
> 3. 평등한 가족관계의 유지를 위한 조치
> 4. 가정폭력 피해자에 대한 보호 · 지원

5. 의료 및 건강관리 지원(산전·산후 건강관리 지원) 6. 아동 보육·교육의 차별금지 및 지원
7. 다국어에 의한 서비스 제공

1) 다문화가족에 대한 이해증진

국가와 지자체는 다문화가족에 대한 사회적 차별 및 편견을 예방하고 사회구성원이 문화적 다양성을 인정하고 존중할 수 있도록 다문화 이해교육을 실시하고 홍보 등 필요한 조치를 하여야 한다.

2) 생활정보 제공 및 교육 지원

① 국가와 지방자치단체는 결혼이민자등이 대한민국에서 생활하는데 필요한 기본적 정보(아동·청소년에 대한 학습 및 생활지도 관련 정보 포함)를 제공하고, 사회적응교육과 직업교육·훈련 및 언어소통 능력 향상을 위한 한국어교육 등을 받을 수 있도록 필요한 지원을 할 수 있다.
② 국가와 지방자치단체는 결혼이민자등의 배우자 및 가족구성원이 결혼이민자등의 출신 국가 및 문화 등을 이해하는 데 필요한 기본적 정보를 제공하고 관련 교육을 지원할 수 있다.
③ 국가와 지방자치단체는 교육을 실시함에 있어 거주지 및 가정환경 등으로 인하여 서비스에서 소외되는 결혼이민자등과 배우자 및 그 가족구성원이 없도록 방문교육이나 원격교육 등 다양한 방법으로 교육을 지원하고, 교재와 강사 등의 전문성을 강화하기 위한 시책을 수립·시행하여야 한다.
④ 국가와 지방자치단체는 방문교육의 비용을 결혼이민자등의 가구 소득수준, 교육의 종류 등 여성가족부장관이 정하여 고시하는 기준에 따라 차등지원할 수 있다.
⑤ 국가와 지방자치단체가 비용을 지원함에 있어 비용 지원의 신청, 금융정보 등의 제공, 조사·질문 등은 「아이돌봄 지원법」 제22조부터 제25조까지의 규정을 준용한다.
⑥ 결혼이민자등의 배우자 등 다문화가족 구성원은 결혼이민자등이 한국어교육 등 사회적응에 필요한 다양한 교육을 받을 수 있도록 노력하여야 한다.

☆ 다문화가족지원법령상 생활정보 제공 및 교육 지원에 관한 규정을 두고 있다.

3) 평등한 가족관계의 유지를 위한 조치

국가와 지자체는 다문화가족이 민주적이고 양성평등한 가족관계를 누릴 수 있도록 가족상담, 부부교육, 부모교육, 가족생활교육 등을 추진하여야 한다. 이 경우 문화의 차이 등을 고려한 전문적인 서비스가 제공될 수 있도록 노력하여야 한다.

4) 가정폭력 피해자에 대한 보호·지원(제8조) – 규정 존재

① 국가와 지자체는 다문화가족 내 가정폭력을 방지하기 위하여 노력하여야 한다.

② 국가와 지자체는 가정폭력의 피해를 입은 결혼이민자 등에 대한 보호 및 지원을 위하여 외국어 통역 서비스를 갖춘 가정폭력 상담소 및 보호시설의 설치를 확대하도록 노력하여야 한다.

③ 국가와 지자체는 결혼이민자 등이 가정폭력으로 혼인관계를 종료하는 경우, 의사소통의 어려움과 법률체계 등에 관한 정보의 부족 등으로 불리한 입장에 놓이지 아니하도록 의견진술 및 사실확인 등에 있어서 언어통역, 법률상담 및 행정지원 등 필요한 서비스를 제공할 수 있다. → 다국어에 의한 서비스 제공 · 노력하여야 한다(제11조).

5) 산전·산후 건강관리 지원

> 국가와 지자체는 결혼이민자 등이 건강하고 안전하게 임신·출산할 수 있도록 영양·건강에 대한 교육, 산전·산후 도우미 파견, 건강 검진과 그 검진 시 통역 등 필요한 서비스를 지원할 수 있다.

☆ 다문화가족지원법령상 의료 및 건강관리를 위한 지원 규정을 두고 있다.

6) 아동 보육·교육의 차별금지 및 지원

① 국가와 지자체는 아동 · 청소년의 보육 · 교육을 실시함에 있어서 다문화가족 구성원인 아동을 차별하여서는 아니 된다(차별금지 - 교육에서 소외시키지 않도록 한다).

② 국가와 지자체는 다문화가족 구성원인 아동 · 청소년이 학교생활에 신속히 적응할 수 있도록 교육지원대책을 마련하여야 하고, 특별시 · 광역시 · 도 · 특별자치도의 교육감은 다문화가족 구성원인 아동에 대하여 방과 후 교육 프로그램을 지원할 수 있다.

③ 국가와 지자체는 다문화가족 구성원인 18세 미만인 사람의 초등학교 취학 전 보육 및 교육 지원을 위하여 노력하고, 그 구성원의 언어발달을 위하여 한국어 및 결혼이민자 등인 부 또는 모의 모국어 교육을 위한 교재지원 및 학습지원 등 언어능력 제고를 위하여 필요한 지원을 할 수 있다.

7) 다국어에 의한 서비스 제공

국가와 지자체는 다문화가족에 대한 지원정책을 추진함에 있어서 결혼이민자 등의 의사소통의 어려움을 해소하고, 서비스 접근성을 제고하기 위하여 다국어에 의한 서비스 제공이 이루어지도록 노력하여야 한다. ☆ 다국어에 의한 서비스 제공 규정을 두고 있다.

8. 다문화가족지원센터의 설치·운영·지정

① 국가와 지방자치단체는 다문화가족지원센터(지원센터)를 설치 · 운영할 수 있다.

② 국가 또는 지방자치단체는 지원센터의 설치 · 운영을 대통령령으로 정하는 법인

이나 단체에 위탁할 수 있다.

③ 국가 또는 지방자치단체 아닌 자가 지원센터를 설치 · 운영하고자 할 때에는 미리 시 · 도지사 또는 시장 · 군수 · 구청장(자치구의 구청장)의 지정을 받아야 한다. ☆ 시 · 도지사 또는 시장 · 군수 · 구청장은 다문화가족 지원 정책의 시행을 위하여 필요한 경우에는 다문화가족 지원에 필요한 전문인력과 시설을 갖춘 법인이나 단체를 다문화가족지원센터로 지정해야 한다.

※ 지원센터의 업무수행	
1. 다문화가족을 위한 교육·상담 등 지원사업의 실시	2. 결혼이민자등에 대한 한국어교육
3. 다문화가족 지원서비스 정보제공 및 홍보	4. 다문화가족 지원 관련 기관·단체와의 서비스 연계
5. 일자리에 관한 정보제공 및 일자리의 알선	6. 다문화가족을 위한 통역·번역 지원사업
7. 그밖에 다문화가족 지원을 위하여 필요한 사업	

④ 지원센터에는 다문화가족에 대한 교육 · 상담 등의 업무를 수행하기 위하여 관련 분야에 대한 학식과 경험을 가진 전문인력을 두어야 한다.

9. 사실혼 배우자 및 자녀의 처우

제5조부터 제12조까지의 규정은 대한민국 국민과 사실혼 관계에서 출생한 자녀를 양육하고 있는 다문화가족 구성원에 대하여 준용한다.

※ **다문화가족 자녀에 대한 적용 특례(제14조의2)**: 다문화가족이 이혼 등의 사유로 해체된 경우에도 그 구성원이었던 자녀에 대하여는 이 법을 적용한다.

5 가정폭력방지 및 피해자 보호 등에 관한 법률

[시행 2018.9.14.] [법률 제15448호, 2018.3.13., 일부개정] 여성가족부

가정폭력방지 및 피해자 보호 등에 관한 법률(1997년 제정, 1998년 시행)은 여성가족부가 관장하고 있다. 가정 내의 폭력으로 인하여 가정이 파산되고 가정구성원이 신체적 · 정신적 피해를 당하고 있어 가정폭력을 예방하고 가정폭력으로 인한 피해자를 보호함으로서 건전한 가정을 육성하려는 것이다.

1. 목적과 기본이념

가정폭력을 예방하고 가정폭력의 피해자를 보호 · 지원함을 목적으로 하며, 가정폭

력 피해자는 피해 상황에서 신속하게 벗어나 인간으로서의 존엄성과 안전을 보장받을 권리가 있다.

2. 용어의 뜻

1. "가정폭력"이란 가정구성원 사이의 신체적, 정신적 또는 재산상 피해를 수반하는 행위를 말한다(「가정폭력범죄의 처벌 등에 관한 특례법」 제2조 1호의 행위).
2. "가정폭력행위자"란 가정폭력범죄를 범한 사람 및 가정구성원인 공범을 말한다(가정폭력범죄의 처벌 등에 관한 특례법」 제2조 4호의 행위).
3. "피해자"란 가정폭력으로 인하여 직접적으로 피해를 입은 자를 말한다.
4. "아동"이란 18세 미만인 자를 말한다.
5. "가정보호사건"이란 가정폭력범죄로 인하여 이 법에 따른 보호처분의 대상이 되는 사건을 말한다.
6. "보호처분"이란 법원이 가정보호사건에 대하여 심리를 거쳐 가정폭력행위자에게 하는 제40조에 따른 처분을 말한다.

3. 국가 등의 책무

① 국가와 지방자치단체는 가정폭력의 예방·방지와 피해자의 보호·지원을 위하여 다음 각 호의 조치를 취하여야 한다.

1. 가정폭력 신고체계의 구축 및 운영
2. 가정폭력의 예방과 방지를 위한 조사·연구·교육 및 홍보
3. 피해자를 보호·지원하기 위한 시설의 설치·운영
4. 임대주택의 우선 입주권 부여, 직업훈련 등 자립·자활을 위한 지원서비스 제공
5. 법률구조 및 그밖에 피해자에 대한 지원서비스 제공
6. 피해자의 보호와 지원을 원활히 하기 위한 관련 기관 간의 협력 체계 구축 및 운영
7. 가정폭력의 예방·방지와 피해자의 보호·지원을 위한 관계 법령의 정비와 각종 정책의 수립·시행 및 평가
8. 피해자와 긴급전화센터, 가정폭력 관련 상담소, 가정폭력피해자 보호시설의 상담원 등 종사자의 신변보호를 위한 안전대책 마련
9. 가정폭력 피해의 특성을 고려한 피해자 신변노출 방지 및 보호·지원체계 구축

② 국가와 지방자치단체는 제1항에 따른 책무를 다하기 위하여 이에 필요한 재원을 확보하는 등 예산상의 조치를 취하여야 한다.

③ 특별시·광역시·특별자치시·도·특별자치도 및 시·군·구에 가정폭력의 예방·방지 및 피해자의 보호·지원을 담당할 기구와 공무원을 두어야 한다.

④ 국가와 지방자치단체는 설치·운영하는 가정폭력 관련 상담소와 가정폭력피해자 보호시설에 대하여 경비(經費)를 보조하는 등 이를 육성·지원하여야 한다.

※ **가정폭력 실태조사:** 여성가족부장관은 3년마다 가정폭력에 대한 실태조사를 실시하여 그 결과를 발표하고, 이를 가정폭력을 예방하기 위한 정책수립의 기초자료로 활용하여야 한다.

☆ **긴급전화센터의 설치·운영:** 여성가족부장관 또는 시·도지사는 피해자의 신고접수 및 상담 등의 업무 등을 수행하기 위하여 긴급전화센터를 설치·운영하여야 한다.

4. 가정폭력 예방교육의 실시

국가기관, 지방자치단체 및 「초·중등교육법」에 따른 각급 학교의 장, 그밖에 대통령령으로 정하는 공공단체의 장은 가정폭력의 예방과 방지를 위하여 필요한 교육을 실시하고, 그 결과를 여성가족부장관에게 제출하여야 한다.

5. 상담소 및 보호시설의 설치

1) 상담소의 설치·운영

① 국가나 지방자치단체는 가정폭력 관련 상담소를 설치·운영할 수 있다.

② 국가나 지방자치단체 외의 자가 상담소를 설치·운영하려면 특별자치시장·특별자치도지사·시장·군수·구청장에게 신고하여야 한다. 신고한 사항 중 여성가족부령으로 정하는 중요 사항을 변경하려는 경우에도 또한 같다.

③ 상담소는 외국인, 장애인 등 대상별로 특화하여 운영할 수 있다.

2) 상담소의 업무

1. 가정폭력을 신고받거나 이에 관한 상담에 응하는 일
1의2. 가정폭력을 신고하거나 이에 관한 상담을 요청한 사람과 그 가족에 대한 상담
2. 가정폭력으로 정상적인 가정생활과 사회생활이 어렵거나 그밖에 긴급히 보호를 필요로 하는 피해자등을 임시로 보호하거나 의료기관 또는 가정폭력피해자 보호시설로 인도(引渡)하는 일
3. 행위자에 대한 고발 등 법률적 사항에 관하여 자문하기 위한 대한변호사협회 또는 지방변호사회 및 「법률구조법」에 따른 법률 구조법인 등에 대한 필요한 협조와 지원의 요청
4. 경찰관서 등으로부터 인도받은 피해자등의 임시 보호
5. 가정폭력의 예방과 방지에 관한 교육 및 홍보
6. 그밖에 가정폭력과 그 피해에 관한 조사연구

3) 보호시설의 설치

① 국가나 지방자치단체는 가정폭력피해자 보호시설을 설치·운영할 수 있다.

② 「사회복지사업법」에 따른 사회복지법인과 그 밖의 비영리법인은 시장·군수·구청장의 인가를 받아 보호시설을 설치·운영할 수 있다.

③ 보호시설에는 상담원을 두어야 하고, 보호시설의 규모에 따라 생활지도원, 취사원, 관리원 등의 종사자를 둘 수 있다.

4) 보호시설의 종류

1. 단기보호시설	피해자등을 6개월의 범위에서 보호하는 시설
2. 장기보호시설	피해자등에 대하여 2년의 범위에서 자립을 위한 주거편의 등을 제공하는 시설
3. 외국인보호시설	배우자가 대한민국 국민인 외국인 피해자등을 2년의 범위에서 보호하는 시설
4. 장애인보호시설	장애인복지법의 적용을 받는 장애인 피해자등을 2년의 범위에서 보호하는 시설

※ 단기보호시설의 장은 그 단기보호시설에 입소한 피해자등에 대한 보호기간을 여성가족부령으로 정하는 바에 따라 각 3개월의 범위에서 두 차례 연장할 수 있다.

5) 보호시설에 대한 보호비용 지원

국가나 지방자치단체는 보호시설에 입소한 피해자나 피해자가 동반한 가정 구성원의 보호를 위하여 필요한 경우 다음 각 호의 보호비용을 보호시설의 장 또는 피해자에게 지원할 수 있다. 다만, 보호시설에 입소한 피해자나 피해자가 동반한 가정 구성원이 「국민기초생활 보장법」 등 다른 법령에 따라 보호를 받고 있는 경우에는 그 범위에서 이 법에 따른 지원을 하지 아니한다.

1. 생계비 2. 아동교육지원비 3. 아동양육비 4. 직업훈련비 5. 그밖에 대통령령으로 정하는 비용

6) 보호시설의 업무

보호시설은 피해자등에 대하여 다음 각 호의 업무를 행한다. 다만, 피해자가 동반한 가정 구성원에게는 제1호 외의 업무 일부를 하지 아니할 수 있고, 장기보호시설은 피해자등에 대하여 제1호부터 제5호까지에 규정된 업무(주거편의를 제공하는 업무 제외)를 하지 아니할 수 있다.

1. 숙식의 제공
2. 심리적 안정과 사회적응을 위한 상담 및 치료
3. 질병치료와 건강관리(입소 후 1개월 이내의 건강검진 포함)를 위한 의료기관에의 인도 등 의료지원
4. 수사 · 재판과정에 필요한 지원 및 서비스 연계
5. 법률구조기관 등에 필요한 협조와 지원의 요청
6. 자립자활교육의 실시와 취업정보의 제공
7. 다른 법률에 따라 보호시설에 위탁된 사항
8. 그밖에 피해자등의 보호를 위하여 필요한 일

※ **상담소· 보호시설 또는 교육훈련시설의 폐지:** 상담소 · 보호시설 또는 교육훈련시설의 장이 그 시설의 운영을 일시적으로 중단하거나 폐지 또는 그 운영을 재개하려면 여성가족부령으로 정하는 바에 따라 시장 · 군수 · 구청장에게 신고하여야 한다. 시장 · 군수 · 구청장은 일시적 중단 또는 폐지신고를 받은 경우 그 내용을 검토하여 이 법에 적합하면 신고를 수리하여야 한다. 상담소의 장, 보호시설의 장 또는 교육훈련시설의 장은 해당 시설을 일시적으로 중단 또는 폐지하는 경우에는 여성가족부령으로 정하는 바에 따라 해당 시설을 이용하는 사람이 다른 시설로 옮길 수 있도록 하는 등 시설 이용자의 권익을 보호하기 위한 조치를 하여야 한다.

7) 피해자 의사의 존중의무

상담소나 보호시설의 장은 피해자 등이 명시한 의사에 반하여 일시 보호나 치료보호를 할 수 없다.

※ **청문:** 시장 · 군수 · 구청장은 업무의 정지 · 폐지 또는 그 시설의 폐쇄를 명하거나 인가를 취소하려면 청문을 하여야 한다. 시장 · 군수 · 구청장은 상담소 · 보호시설 또는 교육훈련시설이 시설의 폐쇄, 업무의 폐지 또는 6개월의 범위에서 업무의 정지를 명하거나 인가를 취소할 수 있다.

6. 치료보호

① 의료기관은 피해자 본인, 가족, 친지나 긴급전화센터, 상담소 또는 보호시설의 장 등이 요청하면 피해자에 대하여 다음 각 호의 치료보호를 실시하여야 한다.

1. 보건에 관한 상담 및 지도	2. 신체적·정신적 피해에 대한 치료
3. 그밖에 대통령령으로 정하는 의료에 관한 사항	

② 치료보호에 필요한 일체의 비용은 가정폭력행위자가 부담한다.

③ 피해자가 치료보호비를 신청하는 경우에는 국가나 지방자치단체는 가정폭력행위자를 대신하여 치료보호에 필요한 비용을 의료기관에 지급하여야 한다.

④ 국가나 지방자치단체가 제3항에 따라 비용을 지급한 경우에는 가정폭력행위자에 대하여 구상권을 행사할 수 있다. 다만, 피해자가 보호시설 입소 중에 제1항의 치료보호를 받은 경우나 가정폭력행위자가 다음 각 호의 어느 하나에 해당하는 경우에는 그러하지 아니하다.

1. 국민기초생활보장법에 따른 수급자	2. 장애인복지법에 따라 등록된 장애인

CHAPTER 13

사회서비스법[Ⅴ][가족복지에 관한 법] 학습 핵심문제

01 건강가정기본법령에 관한 설명으로 옳지 않은 것은?

① 가족이라 함은 혼인·혈연·입양으로 이루어진 사회의 기본단위를 말한다.
② 가정이라 함은 가족구성원이 생계 또는 주거를 함께 하는 생활공동체로서 구성원의 일상적인 부양·양육·보호·교육 등이 이루어지는 생활단위를 말한다.
③ 건강가정이라 함은 가족구성원의 욕구가 충족되고 인간다운 삶이 보장되는 가정을 말한다.
④ 여성가족부장관은 관계 중앙행정기관의 장과 협의하여 건강가정기본계획을 5년마다 수립하여야 한다.
⑤ 국가 및 지자체는 서비스의 욕구와 수요를 파악하기 위하여 3년마다 가족 실태를 조사하여야 한다.

02 건강가정기본법령상 건강가정사업에 포함되지 않는 것은?

① 자녀양육지원의 강화
② 가족단위 복지증진
③ 생업(생계)융자 지원
④ 가족부양의 지원
⑤ 이혼예방 및 이혼가정지원

03 건강가정기본법령상 가정에 대한 지원으로 옳지 않은 것은?

① 가족구성원의 정신적·신체적 건강지원
② 소득보장 등 경제생활의 안정
③ 안정된 주거생활
④ 가족 구성원의 건강검진 지원
⑤ 유흥가·폭력 등 위해환경으로부터의 보호

04 건강가정기본법령상 건강가정사의 직무에 해당하는 것을 모두 고른 것은?

가. 가정문제의 예방·상담 및 개선	나. 건강가정의 유지를 위한 프로그램의 개발
다. 가정생활문화운동의 전개	라. 가정에 대한 방문 및 실태파악

① 가, 나, 다 ② 가, 다 ③ 나, 라 ④ 라 ⑤ 가, 나, 다, 라

05 **한부모가족복지시설에 해당되는 것은?**

① 자활지원센터 ② 가정폭력상담소 ③ 청소년지원시설
④ 건강가정지원센터 ⑤ 미혼모공동생활가정

06 **한부모가족지원법령의 모·부자에 해당하는 것은?**

가. 이혼 후 아이를 양육하는 모부자
나. 가출 후 아이를 양육하는 모부자
다. 배우자로부터 유기된 후 아이를 양육하는 모부자
라. 미혼자로서 아이를 양육하는 모부자

① 가, 나, 다 ② 가, 다 ③ 나, 라 ④ 라 ⑤ 가, 나, 다, 라

07 **한부모가족지원법령에 관한 설명으로 옳은 것은?**

① 청소년부모란 22세 미만의 모 또는 부를 말한다.
② 출산 후 해당 아동을 양육하지 않는 미혼모도 미혼모자가족복지시설을 이용할 수 있다.
③ 보건복지부장관은 5년마다 한부모가족에 대한 실태조사를 실시하여야 한다.
④ 사업에 필요한 자금은 복지 자금 대여의 대상이 아니다.
⑤ 한부모가족복지상담소는 자립욕구가 강한 모자가족에게 일정 기간 동안 주거를 지원하는 시설이다.

08 **국가나 지자체가 한부모가족에게 제공하도록 노력해야 하는 가족지원서비스의 종류가 아닌 것은?**

① 아동의 양육 및 교육서비스 ② 취사, 청소, 세탁 등 가사서비스
③ 교육·상담 등 가족관계 증진서비스 ④ 의료비·주택자금 대여 등 생활지원서비스
⑤ 장애인, 노인, 만성질환자 등의 부양서비스

09 **다문화가족지원법상 다문화가족정책에 관한 기본계획의 수립에 대한 설명으로 옳지 않은 것은?**

① 여성가족부장관은 5년마다 기본계획을 수립하여야 한다.
② 여성가족부장관은 관계 기관의 장에게 기본계획의 수립에 필요한 자료의 제출을 요구할 수 있다.
③ 기본계획에는 다문화가족 지원을 위한 재원 확보 및 배분에 관한 사항이 포함되어야 한다.
④ 여성가족부장관이 기본계획을 수립할 때에는 미리 지자체의 장과 협의하여야 한다.
⑤ 기본계획은 다문화가족정책위원회의 심의를 거쳐 확정한다.

10 **다문화가족지원법령에 관한 설명으로 옳지 않은 것은?**

① 대한민국 국민과 사실혼 관계에서 출생한 자녀를 양육하고 있는 다문화가족 구성원도 이 법의 지원대상이 된다.
② 생활정보 제공 및 교육 지원에 관한 규정을 두고 있다.
③ 다국어에 의한 서비스 제공 규정은 아직 마련되어 있지 않다.
④ 가정폭력 피해자에 대한 보호·지원 규정을 두고 있다.
⑤ 의료 및 건강관리를 위한 지원 규정을 두고 있다.

11 **가정폭력방지 및 피해자보호 등에 관한 법령상 가정폭력피해자 보호시설에 관한 설명으로 옳은 것은?**

① 단기보호시설은 가정폭력피해자를 2년의 범위에서 보호하는 시설을 말한다.
② 보호시설에는 상담원, 생활지도원, 취사원, 관리인을 두어야 한다.
③ 국가나 지방자치단체는 보호시설을 설치·운영하여야 한다.
④ 보호시설의 장은 입소자가 거짓이나 그 밖의 부정한 방법으로 입소한 경우에는 퇴소를 명하여야 한다.
⑤ 보호시설의 장은 가정폭력피해자에 대한 숙식제공 등 보호시설의 업무로 인한 비용의 전부 또는 일부를 가정폭력행위자로부터 구상할 수 있다.

12 **가정폭력 및 피해자보호 등에 관한 법률에 대한 설명으로 옳은 것은?**

① 피해자 보호시설에는 외국인보호시설도 포함된다.
② 신체적·정신적 피해에 대한 치료보호의 비용은 피해자가 부담한다.
③ 국가 및 지방자치단체는 가정폭력 예방 및 방지를 위하여 필요한 교육을 실시하여야 한다.
④ 초·중등교육법 규정에 따른 각 급 학교의 장은 취학아동에 대한 취학을 지원한다.
⑤ 상담소의 장은 피해자 등의 명시한 의사에 관계없이 보호를 할 수 있다.

13 **가정폭력 방지 및 피해자보호 등에 관한 법률의 내용이다. ( )에 들어갈 기간을 옳게 짝 지은 것은?**

> 가정폭력피해자 보호시설 중 단기보호시설은 가정폭력으로 정상적인 가정생활과 사회생활이 어렵거나 그밖에 긴급히 보호를 필요로 하는 피해자 및 피해자가 동반한 가정구성원을 (ㄱ)의 범위에서 보호하는 시설을 말하며, 단기보호시설의 장은 그 단기보호시설에 입소한 피해자등에 대한 보호기간을 여성가족부령으로 정하는 바에 따라 (ㄴ)의 범위에서 한 차례만 연장할 수 있다.

① ㄱ: 1개월, ㄴ: 1개월 ② ㄱ: 3개월, ㄴ: 2개월 ③ ㄱ: 6개월, ㄴ: 3개월
④ ㄱ: 1년, ㄴ: 1년 6개월 ⑤ ㄱ: 2년, ㄴ: 2년

14 **가정폭력 방지 및 피해자보호 등에 관한 법률상 가정폭력피해자 보호시설의 종류에 해당하지 않는 것은?**

① 단기보호시설 ② 장기보호시설 ③ 외국인보호시설
④ 장애인보호시설 ⑤ 노인보호시설

15 **가정폭력방지 및 피해자보호 등에 관한 법률상 긴급전화센터의 업무에 해당하지 않는 것은?**

① 가정폭력상담
② 관련 기관·시설과의 연계
③ 가정폭력관련 법률자문 및 가해자조사
④ 경찰관서 등으로부터 인도받은 피해자의 임시 보호
⑤ 피해자에 대한 긴급한 구조의 지원

16 **다문화가족지원법률상의 내용으로 옳은 것은?**

① 여성가족부장관은 다문화가족 지원을 위하여 3년마다 다문화가족정책에 관한 기본계획을 수립하여야 한다.
② 다문화가족의 삶의 질 향상과 사회통합에 관한 중요 사항을 심의·조정하기 위하여 여성가족부장관 소속으로 다문화가족정책위원회를 둔다.
③ 지방자치단체는 다문화가족의 현황 및 실태를 파악하고 다문화가족 지원을 위한 정책수립에 활용하기 위하여 5년마다 다문화가족에 대한 실태조사를 실시하고 그 결과를 공표하여야 한다.
④ 시·도에는 다문화가족 지원을 담당할 기구와 공무원을 두어야 한다.
⑤ 기업은 다문화가족에 대한 사회적 차별 및 편견을 예방하고 사회구성원이 문화적 다양성을 인정하고 존중할 수 있도록 홍보와 교육 및 재정상 필요한 조치를 하여야 한다.

정답 01. ⑤ 02. ③ 03. ④ 04. ⑤ 05. ⑤ 06. ② 07. ② 08. ③ 09. ④ 10. ③ 11. ⑤ 12. ① 13. ③ 14. ⑤ 15. ③ 16. ④

Reference
참고문헌

1. 국내 단행본

강대성, 법과 생활, 서울: 삼영사, 2003.
건국대학교, 법의 이해, 서울: 건국대학교출판부, 2001.
고명석, 사회복지법제론, 서울: 동문사, 2010.
고정명, (이론과 사례)생활 속의 법, 서울: 교문사, 2005.
곽윤직, 민법총칙, 서울: 박영사, 1990.
곽효문, 사회복지법제론, 서울: 제일법규, 2000.
구자헌, 한국사회복지사, 서울: 홍익재, 1991.
권영성, 헌법학원론, 파주: 법문사, 2010.
김기원, 사회복지법제론, 서울: 나눔의집, 2007.
김대순, 법학개론, 서울: 박영사, 2003.
김도창, 행정법론(상), 서울: 박영사, 1989.
김동희, 행정법1, 서울: 박영사, 2006.
김만두, 사회복지법론, 서울: 홍익재, 1998.
김백유, 헌법학2 기본권론, 서울: 조은, 2009.
김상규 외, 사회복지론, 서울: 형설출판사, 1982.
김상균, 현대사회와 사회정책, 서울: 서울대학교 출판부, 1987.
김영순, 복지국가의 위기와 재편: 영국과 스웨덴의 경험, 서울: 서울대출판부, 2001.
김영옥, 법학개론, 서울: 학문사. 1996.
김우창, 정의와 정의의 조건, 서울: 생각의 나무, 2008.
김유성, 한국사회보장법론, 서울: 법문사, 1999.
김윤구, 법학개론, 서울: 박영사, 1977.
김재광, 법학이야기, 파주: 한국학술정보(주), 2007.
김중권, 행정법 기본연구, 파주: 법문사, 2010.
김철수, 헌법학신론, 서울: 박영사, 2004.
김춘환, 행정구제법강의, 서울: 조선대학교 출판부, 2000.
김 훈, 사회복지법제론, 서울: 학지사, 2009.
나인균, 국제법, 파주: 법문사, 2008.
남일재, 한국사회복지법제의 이해, 서울: 학현사, 2005.

Reference
참고문헌

노병일 외, 사회복지법제론, 서울: 교육과학사, 2006.

단국대학교, 법학통론, 서울: 신양사, 2002.

류지태, 행정법신론, 서울: 신영사, 1996.

문흥수, 정의와 헌법: 쉽게 쓴 정의 이야기, 서울: 박영사, 2011.

박광준, 사회복지의 사상과 역사, 서울: 양서원, 2004.

박균성, 행정법론(상) 서울: 박영사 2006

박송규, 사회복지법제론, 서울: 법문사, 2003.

박영수 외, 사회보험법해설 법률지식, 서울: 청림출판, 1998.

박준철, 행정법총론, 서울: 웅진패스원: 웅진씽크빅, 2009.

백도광, 현대국제법학, 서울: 보문각, 1963.

백윤철, 법학의 기초와 법정보학, 파주: 한국학술정보(주), 2011.

법무부 보호국 보호과 법교육팀, 한국인의 법과 생활, 법무부, 2007.

법제처, 대한민국법 50년사, 서울: 법제처, 1999.

사회복지교육연구센터, 사회복지법제론, 서울: 나눔의집, 2011.

사회복지교육연구센터, 사회복지정책과 제도, 서울: 나눔의집, 2011.

서울대학교, 법학통론, 서울: 서울대학교 출판부, 1977.

성낙인, 헌법학 입문, 파주: 법문사, 2011.

성재호, 국제기구와 국제법, 서울: 한울아카데미, 2002.

신섭중, 사회복지법제개설, 서울: 대학출판사, 1999.

신섭중 외, 각국의 사회보장, 서울: 유풍출판사, 2001.

신섭중, 사회복지법제, 서울: 대학출판사, 2002.

원석조, 사회복지역사의 이해, 서울: 양서원, 2003.

유희일, 사회복지법제론, 서울: 두남, 2001.

윤명선, 헌법학, 서울: 대명출판사, 2000.

윤세창, 행정법(상), 서울: 박영사, 1981.

윤찬영, 사회복지법제, 서울: 나남출판사, 2004.

이동명, 법학서설강의: 생활법률 법학개론, 서울: 한올출판사, 1996.

이명구, 신행정법원론, 서울: 대명출판사, 1997.

이병철, 행정법강의, 서울: 유스티니아누스, 2006.

이병화, 현대법학개론, 서울: 에듀컨텐츠, 2003.
이봉철, 현대인권사상, 서울: 아카넷, 2001.
이상광, 사회법, 서울: 박영사, 2002.
이상규, 신행정법론(하), 서울: 법문사, 1996.
이태영 · 고영훈, 사회복지법제론, 서울: 법문사, 2003.
이현수, 행정소송상 예방적 구제, 서울: 경인문화사, 2008.
인권운동사랑방 사회권위원회, 인간답게 살 권리, 서울: 사람생각, 1999.
장동일, 한국사회복지법제론, 서울: 동문사, 2010.
장영수, 기본권론, 서울: 홍문사, 2003.
전광석, 한국사회보장법론, 서울: 법문사, 2002.
전시춘, (에센스)사회보험법, 부산: 청출어람, 2011.
정영석, 법학통론, 서울: 법문사, 1986.
정하중, 행정법총론, 서울: 법문사, 2006.
조효제, 인권의 문법, 서울: 후마니타스, 2007.
채구묵, 미국의 사회보장제도, 서울: 나남, 1999.
최종고, 법학통론, 서울: 박영사, 2003.
최준선 외, 법학개론, 서울: 삼조사, 2004.
하상락, 한국사회복지사론, 서울: 박영사, 1994.
한국헌법학회, 인권법 제정과 인권위원회의 과제와 방향, 서울: 한국헌법학회, 2000.
한만봉, 사회복지법제, 파주: 한국학술정보, 2009.
한태연, 헌법학, 서울: 법문사, 1983.
허　영, 한국헌법론, 서울: 박영사, 1997.
허영희, 생활법률 들어가기, 서울: 법문사, 2003.
허영민, 법학개론(일반), 서울: 박영사, 1991.
현외성, 한국사회복지법제론, 서울: 양서원, 2007.
홍성우, 존 롤스의 『정의론』 읽기, 서울: 세창미디어, 2015.
홍정선, (신)행정법입문, 서울: 박영사, 2011.
홍준형, 행정구제법: 국가보상법 · 행정쟁송법, 서울: 한울, 1993.
황근수, 법학의 이해, 파주: 한국학술정보(주), 2010.

Reference
참고문헌

2. 국내 논문

김만두, "사회복지급부관련법의 문제점과 개선방향", 『94 한국사회복지학회 추계학술대회 자료집』, 1994.

김미곤 외, "외국의 공공부조제도비교연구", 『정책보고서』, 한국사회보건연구원, 2000.

김미혜 외, 한국인의 복지권에 대한 인식과 태도연구, 한국사회복지학 통권 제50호, 2002.

김선택, "기본권의 개념", 『법정고시』 제4권 제6호(통권 제33호), 육서당 법률행정연구원, 1998. 6.

______, "인간다운 생활을 할 권리의 헌법규범성", 『판례연구』 제9집, 고려대학교 법학연구, 1998.

김연명, "사회보장발전 목표설정과 정책과제", 『정책보고서』 98-14, 한국사회보건연구원, 1998.

김영모, "사회복지사의 자격기준, 사회복지전달체계와 사회복지사의 역할", 한국 사회사업대학 협의회, 1989.

김철수, "생존권적 기본권의 법적보장", 『고시연구』 1987년 9월호.

나항규, "행정절차법상 청문에 대한 실천적 논증이론의 적용요건", 『한국행정학보』 제30권 제4호, 1996.

노기남, "공법상 사회복지수급권의 실효성 확보를 위한 고찰", 『사회복지실천7권』, 서울여자대학교 사회복지연구센터, 2008.

노기남, "한국 공법학의 발견: 현안과 쟁점", 『송윤 강구철 교수 회갑기념 논문집』, 국민대간행위원회, 2007.

맹장섭, "의무이행소송의 법적 성격과 유형", 『고시연구』 1986년 6월호.

박경숙 외, "사회복지사무소 모형개발", 『정책보고서』, 한국보건사회연구원, 1992.

박석돈, "사회복지법의 정향을 위한 연구", 『박사학위논문』, 대구대, 1989.

박윤영, "국민기초생활보장법 제정에 관한 연구", 『한국사회복지학』, 한국사회복지학회, 2002.

박윤흔, "새행정심판법상의 심판청구의 고지", 『고시연구』 1985년 7월호.

박일경, "인간다운 생활권의 법적 성질", 『사법행정』 1981년 2월호.

안치민, "복지권의 구성과 성격", 『한국사회복지학』 통권 제55호, 2003.

오규석, "사회복지수급권의 법리에 관한 연구", 동의대 대학원 박사학위논문, 1994.

윤찬영, “기본적 인권으로서 복지권의 이해”, 『복지동향』 통권 제79호, 2005.
______, “사회복지법의 이해를 위한 기초적 연구”, 『한국사회복지학』 통권 제18호, 1991.
______, “사회복지법의 체계화를 위한 연구”, 서울대 박사학위논문, 1995.
이강혁, “인간다운 생활을 할 권리”, 『법정』, 1997. 12.
이애자, “사회복지법제의 입법형식의 특수성과 그 문제점”, 『사회복지개발연구』 제1권 제2호, 사회복지개발연구원, 1995.
이헌석, “사회보장행정법상 행정재량에 관한 소고”, 『김영훈 교수 회갑 기념 논문집』, 1994.
이현주 외, “공공부조와 사회복지서비스의 체계분석 및 재편방안”, 『연구보고서』, 한국보건사회연구원, 2003.
이호용, “사회보장행정법의 법리에 관한 연구”, 한양대학교 박사학위논문, 2001.
임정평, “사회보장법의 체계와 과제”, 『법학논총』 제22집, 단국대학교 법학연구소, 1996.
정무권 외, “한국사회보장체계의 법제도적 발전방향”, 『경제정의』 가을호, 1994.
한병호, “인간다운 생존의 헌법적 보장에 관한 연구”, 서울대학교 박사학위논문, 1993.
허　선, “국민기초생활보장법 시행방안의 주요쟁점과 그 대안”, 『사회복지정책』 제10집, 한국사회복지정책학회, 2000.
허　경, “사회적 기본권”, 『월간고시』, 1987년 8월.
현외성, “한국사회복지관련 법률상 권리구제제도와 쟁송의 실태”, 『사회복지연구』 제6집, 부산대학교 사회복지연구소. 1996.

3. 국외 문헌

〈일본 문헌〉

大橋洋一, 行政法學の構造的變革, 東京: 有斐閣, 1996.
大須賀明, “憲法上の不作爲”,『早稲田法學』 第44卷 第1・2號, 1994.
大須賀明, 生活權論, 東京: 日本評論社, 1984.
桑原洋子, 社會福祉法制論, 東京: 有斐閣, 1982.
西原道雄, 社會保障法, 東京: 有斐閣, 1997.
神長 勳, “福祉と行政法”, 『法の科學』 제10호, 1982.

Reference 참고문헌

又坂常人, "社會保障受給權と行政裁量の關係について若干の考察", 『地方自治』第58卷 10號, 1985.

原部逸夫外, 社會保障行政法, 東京: 有斐閣, 1988.

日本評論社 編, 人權と報道を考える, 東京: 日本評論社, 1988.

林迪廣・古賀昭典編, 社會保障法講義, 東京: 法律文化社, 1989.

片岡昇・乾昭三・中山研一 [共]編, 法學の基礎, 東京: 有斐閣, 1979.

平岡久, 行政立法と行政基準, 東京: 有斐閣, 1996.

河野輝, 社會福祉法の新展開, 有斐閣, 2006.

荒木誠之, 社會保障の法的構造, 東京: 有斐閣, 1983.

〈구미 문헌〉

Peters, Law as Critical Discussion, in: Teubner(ed.), Dilemma of law in the Welfare State, 1986.

Reich, "Individual Rights and Social welfare: The Emerging Legal Issues", Yale Law Journal, vol.74, 1965.

Romanyshin John. M., Social Welfare: Charity to Justice, New york: Random House, 1971.

Teubner, Substantive & Reflexive Elements in Modem Law, Law&Society Review17, 1983.

Unger, Robert M., Law in Modern Society: toward a Criticism of Social Theory, New York: Free Press, 1976.

〈번역 문헌〉

1. De Schweinitz, Karl, 남찬섭, 영국 사회복지 발달사, 서울: 인간과 복지, 2001.
2. Hayek, Friedrich August, 민경국 역, 『법・입법, 그리고 자유』, 자유기업센터, 1997.
3. Schmale, Wolfgang(볼프강 슈말레), 박용희 옮김, 유럽의 재발견: 신화와 정체성으로 보는 유럽의 역사, 서울: 을유문화사, 2008.

4. 인터넷 자료

국가복지정보센터 http://www.e-welfare.go.kr
국민건강보험공단 http://www.nhic.or.kr
국민연금공단 http://www.nps.or.kr
근로복지공단 http://www.kcomwel.or.kr
네이버 http://www.naver.com
대법원 http://www.scourt.go.kr
법원도서관 http://library.scourt.go.kr
법제처 http://www.moleg.go.kr
보건복지부 http://www.mw.go.kr
사이버법교육센터 http://www.lawedu.go.kr
구 글 http://www.google.co.kr
21세기 정치학대사전 / 워커백과 / 한민족문화대백과 / 두산백과

Indexs
찾아보기

ㄱ

ㄴ

Indexs
찾아보기

저자약력

정 종 화

일본 사회사업대학(日本社會事業大學) 사회복지학 박사

전) 보건복지부 장애인복지관평가위원장, 사회복지사 1급 국가시험 출제위원, 서울시 장애인복지실무정책위원회 위원장, 일본사회사업대학 사회사업연구소 객원교수

현) 한국케어매니지먼트학회 회장, (사)한국사회복지교육협의회 수석부회장
Rehabilitation International KOREA 사회위원장, 한국자원봉사학회 실천연구위원장, 삼육대학교 사회복지학과 교수

저서) 특수교육학개론(공저, 양성원, 2018), 사회복지법제론(공저, 동문사, 2017), 장애인 복지와 개발(공저, 공동체, 2014), 동료상담의 이론과 실제(공저, 공동체, 2014), 동료상담 실습(공저, 공동체, 2014), 차별 넘어 평등(공저, 빛과소리, 2012), 장애인복지서비스 이용자 참여 매뉴얼(공저, 공동체, 2009), 자립생활과 활동보조서비스(공저, 양서원, 2008).

노 기 남

사회복지학 행정학 석사, 법학(사회법) 박사

전) 현대그룹(현대리바트) 근무, 한국부동산학회 학술이사, 국가정책연구단 정책위원, 남서울 부동산경제연구소 연구위원, 서울여대·경희대·삼육대·동덕여대 등 외래교수, 상지대학교 법학부/특성화기초학부 교수

현) 한국지식재단 연구위원, 삼육대학교 발전위원 교수
삼육대학교 사회복지학부 겸임교수

저서) 사회복지정책론(공저, 동문사, 2018), 사회복지법제론(공저, 동문사, 2017), 노동관계법규(공동체, 2017), 정석 사회복지법제론(동문사, 2016), 사회복지법제론(동문사, 2012)

증보판 **사회복지법제론**

초 판 1쇄 발행 / 2017년 2월 25일
증보판 1쇄 발행 / 2018년 8월 30일
증보판 4쇄 발행 / 2022년 8월 30일

공저자 / 정종화·노기남
발행인 / 이 중 수
발행처 / **동 문 사**

서울특별시 서대문구 홍제원 1길 12
(홍제동 137-8)
Tel : 02)736-3718(대), 736-3710, 3720
Fax : 02)736-3719
등록번호 : 1974.04.27 제9-17호
가격 : 20,000원

ISBN : 978-89-8251-887-4(93330)
E-mail : dong736@naver.com
www.dongmunsa.com